Das Buch

Mit der Epoche der Romantik verbindet man gemeinhin den »geheimnisvollen Weg nach Innen« (Novalis), die Suche nach der »blauen Blume«, Naturschwärmerei und die Rückbesinnung auf ein verklärtes Mittelalter und meint, dies in der Literatur jener Zeit bestätigt zu finden.
Doch auch die Romantiker waren eingebunden in die gesellschaftliche
Realität ihrer Zeit, als Ingenieure, als Kaufleute und Juristen. Diese
scheinbar der Kunst so ferne Lebenspraxis findet auch Eingang in die
Dichtung. Mehr noch: In der Poesie entsteht das intellektuelle Modell
einer Reihe von Institutionen, die in ihrer modernen Form erst durch
den Geist der deutschen Romantik geprägt worden sind.
Der Autor zeigt anhand der Institutionen Bergwerk, Justiz, Irrenhaus,
Universität und Museum, die in der romantischen Literatur eine zentrale
Rolle spielten, die Wechselwirkungen zwischen Literatur und Gesellschaft. Mit diesem wegweisenden neuen literatursoziologischen Ansatz
wird nicht nur die Literaturgeschichte der Romantik in einem neuen
Licht gesehen, sondern dem Autor gelingt zugleich ein lebendiges und
detailreiches Porträt der gesamten Epoche, deren geistesgeschichtliche
Ausstrahlung bis heute wirksam ist.

Der Autor

Theodore Ziolkowski, geb. 1932, lehrt deutsche und allgemeine Literaturwissenschaft an der Princeton University. Zahlreiche Veröffentli-
chungen, u. a. *Varities of Literary Thematics; The Classical German
Elegy; Virgil and the Moderns.*

Theodore Ziolkowski:
Das Amt der Poeten
Die deutsche Romantik
und ihre Institutionen

Aus dem Amerikanischen
von Lothar Müller

Deutscher
Taschenbuch
Verlag

Die Originalausgabe erschien 1990 unter dem Titel *German Romanticism and Its Institutions* bei der Princeton University Press, New Jersey.

September 1994
Deutscher Taschenbuch Verlag GmbH & Co. KG, München
© 1992 J. G. Cotta'sche Buchhandlung Nachfolger GmbH,
gegr. 1659, Stuttgart · ISBN 3-608-91616-4
Umschlagtypographie: Celestino Piatti
Umschlagbild: Bildarchiv Preußischer Kulturbesitz
Blick über den Spree-Arm auf das Alte Museum (Schinkelbau)
Federzeichnung von F. A. Calau, um 1825
Satz: Peter & Partner, Höchberg bei Würzburg
Druck und Bindung: C. H. Beck'sche Buchdruckerei, Nördlingen
Printed in Germany · ISBN 3-423-04631-7

Inhalt

Vorwort
zur deutschen Ausgabe

Bei Gelegenheit einer internationalen Fachkonferenz zur Situation der Germanistik in Tübingen prägte ich vor einigen Jahren den Begriff »Schizophrenie als Lebensform«, um die zwitterhafte Existenz des Auslandsgermanisten zu charakterisieren. Wenn der in Paris oder Tokio oder Princeton wirkende Germanist am internationalen Germanistischen Gespräch teilnehmen möchte, muß er deutsch schreiben. Aber wenn er das tut, verzichtet er auf Obligation der Vermittlung, die dem Auslandsgermanisten im eigenen Land obliegt. Was er für seine Disziplin schreibt, bleibt seinen nächsten Kollegen in Japan oder Frankreich oder USA, die meistens kein Deutsch können, unbekannt; und was er in seiner eigenen Sprache schreibt – denn fast jeder hat doch den Ehrgeiz, von Zeit zu Zeit von den eigenen Kollegen und Landsleuten zur Kenntnis genommen zu werden – bleibt dem Fach so gut wie verloren, weil die Germanisten in Deutschland immer weniger fremdsprachige Fachliteratur lesen. Daher die kulturelle bzw. linguistische Schizophrenie des Auslandsgermanisten.

Aus diesem Grunde bin ich dem Verlag dankbar, daß dieses Buch, das bereits viele amerikanische Leser gefunden hat, jetzt auch in deutscher Sprache veröffentlicht und dadurch einem breiteren deutschsprachigen Publikum zugänglich gemacht werden darf. Zwar will und kann das Buch seinen ausländischen Ursprung nicht verleugnen. Der amerikanische Germanist versucht, vor seinen Lesern eine neue kulturelle Welt mit manchmal fremden Namen und meistens unbekannten Texten auszubreiten und ihnen die Welt durch den Vergleich mit Vertrautem, vor allem aus der englischen Literatur, näherzubringen. Die narrative Form sowie auch die komparatistische Perspektive verraten den Auslandsgermanisten mit seiner Leidenschaft zur Vermittlung. Dazu gehört auch die ständige Beziehung der Vergangenheit auf die Gegenwart, wobei auf den romantischen Ursprung vieler moderner Institutionen, in den USA sowie in Deutschland, hingewiesen werden soll.

Aber das Buch soll keineswegs nur eine Einführung in die deutsche Romantik für amerikanische Leser sein. Es bietet auch eine neue institutionsorientierte Methode des Verständnisses, die den theoretischen Raum mitten zwischen der »Institution Kunst« der deutschen Literaturtheorie und dem »institutional criticism« der amerikanischen Literaturkritik einnimmt. Wie im einleitenden Kapitel näher ausgeführt wird, wird die Institution hier im Sinne der modernen amerikanischen Soziologie als das soziale Gebilde aufgefaßt, das jeweils zwischen Gesellschaft und Individuum liegt und wodurch der Mensch einerseits gebildet wird und andererseits auf seine Umwelt wirkt. Die fünf Institutionen, die aus näher zu erklärenden Gründen zur Zeit der Romantik in Deutschland eine maßgebende Rolle spielten, sind: Bergbau, Recht, Irrenhaus, Universität und Museum, in denen die geistigen Bereiche der Naturwissenschaft, der Gesellschaftstheorie, der Psychologie, der Philosophie und der Kunst konkretisiert werden. Mittels dieser fünf Institutionen wird eine neue Interpretation der deutschen Romantik versucht als einer Kultur, die von Menschen, welche alles andere als wirklichkeitsabgewandt waren, geschaffen wurde. Ja, durch ihre Tätigkeit und ihren Tatendrang trugen die Romantiker zur Gestaltung der Institutionen, in denen sie wirkten, wesentlich bei; und zugleich wurden ihre Werke wiederum durch die Institutionen unverkennlich gefärbt.

Durch diese so präzisierte institutionelle Methode hoffe ich, zum internationalen literaturtheoretischen Gespräch einen Beitrag geliefert zu haben. Die Übersetzung überwindet in diesem Fall die berufliche Schizophrenie des Verfassers, indem sie es ihm ermöglicht, über sein amerikanisches Publikum hinaus zugleich auch dem deutschen Leser eine neue Facette des unerschöpflichen Reichtums der Romantik belichten zu dürfen.

Theodore Ziolkowski
Princeton, New Jersey, USA
Mai 1992

Kapitel 1

Der Ansatz: Institution und Interpretation

Das gängige Bild des romantischen Poeten in Deutschland könnte einer Opernszene entnommen sein, deren Text von Eichendorff, deren Bühnenbild von Caspar David Friedrich und deren Musik von Robert Schumann zu sein hätte. Der Held, ein junger Mann, verläßt die Universität und befindet sich auf einer Bildungs- und Abenteuerreise. Am Ende des ersten Aktes hält er auf einem Berggipfel inne. Während er auf die neblige Landschaft zurückschaut, über der von fern her das Echo eines Posthorns verklingt, greift er zur Gitarre und improvisiert ein Lied. Er singt von der Schönheit der Natur, von der stillen Anziehungskraft der Heimat und von den Verlockungen ferner Länder, die doch zugleich etwas seltsam Bedrohliches haben.

Leicht läßt sich der Entwurf zu einer solchen Szene aus Eichendorffs Roman *Ahnung und Gegenwart* (1815) oder irgendeiner seiner Erzählungen herausziehen. Was den Schauplatz betrifft, so ist er unserem Vorstellungsvermögen unauslöschlich eingeprägt durch eines der bekanntesten Gemälde Friedrichs, nämlich *Der Wanderer über dem Nebelmeer* (1818). Das Motiv erscheint auf dem Schutzumschlag mehrerer Bücher zur deutschen Romantik[1]. Die Szene könnte allerdings ebensogut von irgendeinem anderen Bild Friedrichs inspiriert sein, auf dem einsame Figuren, von Ehrfurcht erfüllt, über weite Landschaften hinwegblicken. Und die Worte, die der junge Reisende singt, ließen sich leicht in einem der Eichendorff-Gedichte finden, die Schumann in seinem *Liederkreis* (1842) vertont.

Das Bild hat seine Variationen, gewiß. Wenn die Geliebte des Helden stirbt, streunt er vielleicht um Friedhöfe herum wie Novalis und wartet auf Erscheinungen. Oder er fühlt sich von der bürgerlichen Gesellschaft zurückgewiesen, getäuscht und verspottet – wie in *Hoffmanns Erzählungen* von Jacques Offenbach –, und findet schließlich Trost in der Umarmung seiner göttlichen Muse.

Alle diese drei Facetten des romantischen Bildes reflektieren ein Stück Wahrheit. Eichendorff war fasziniert von der Zwiespältigkeit einer zugleich heiteren und bedrohlichen Natur wie von der Spannung zwischen der Sicherheit der Heimat und der dämonischen Verlockung des Unbekannten. Novalis war als Philosoph wie als Naturwissenschaftler davon überzeugt, der Tod sei eine Erweiterung des Lebens; und er fand diesen ruhigen, mit Gelassenheit hingenommenen Tod in der Nachtseite der Natur wieder, die er so eindringlich in seinen Schriften beschwor. Und Hoffmann schwankte manchmal, nicht anders als seine Figuren, auf dem schmalen Grat zwischen Realität und Imagination, zwischen bürgerlicher Nüchternheit und poetischem Wahn bedenklich hin und her.

Doch haben wir uns in Erinnerung zu rufen, daß diese Erzählungen und Gedichte – ebenso wie die Bilder und Lieder – nicht Widerspiegelungen der alltäglichen Lebensrealität der Künstler sind, sondern Projektionen ihrer Hoffnungen, ihrer Sehnsüchte und ihres Glaubens. Es ist ein Fehler, Eichendorff allzu umstandslos mit den Geschöpfen seiner Einbildungskraft zu identifizieren, handle es sich um den problematischen Grafen Friedrich aus *Ahnung und Gegenwart* oder um den sorglosen Müllerssohn aus dem *Taugenichts.* Trotz der mystischen Erfahrung, die Novalis am Grab seiner Verlobten durchlebt und in den *Hymnen an die Nacht* verewigt, dürfen wir nicht der falschen Vorstellung verfallen, er habe die meiste Zeit seines Lebens brütend und grübelnd auf Friedhöfen verbracht und sich nach dem Tode gesehnt. Offenbach – oder zumindest Jules Barbier und Michel Carré, die das Stück schrieben, auf dem sein Libretto fußt –, verewigen ein irreführendes Bild, indem sie Hoffmann selbst als den Helden seiner eigenen Erzählungen einführen.

Die romantische Literatur präsentiert uns Helden, welche die Zeit und die Mittel haben, sich auf Berggipfeln zu ergehen, gemächliche *Bildungsreisen* zu unternehmen oder ihre Tage und Nächte in Schänken und Tavernen zu durchzechen. Die Autoren dieser Figuren aber lebten selbst nicht so sorgenfrei. Sie arbeiteten für ihren Lebensunterhalt. Eichendorff war dreißig Jahre lang ein untergeordneter Beamter im preußischen Staatsdienst, Novalis ein fähiger und fleißiger Bergbauingenieur und Verwaltungsbeamter im Staate Sachsen. Hoffmann machte Karriere in der preußischen Justiz und brachte es zum angesehenen Richter am Kammergericht in Berlin. Wohlgemerkt, diese drei Schriftsteller waren repräsentativ, nicht etwa Ausnahmen. Die meisten Autoren, die wir mit der deutschen Romantik assoziieren, konnten sich ein Leben der Muße und Berufslosigkeit nicht leisten. Sie verdienten sich ihren Lebensunterhalt als Universitätsprofessoren, Bibliothekare, Mediziner, Juristen, Geistliche, Journalisten, Naturwissenschaftler und in einer Vielzahl weiterer Berufe. Zwar enthält Friedrich Schlegels Roman *Lucinde* ein Kapitel mit der Überschrift »Lob des Müßiggangs«. Doch entspringt dies eher dem Wunschdenken als der Lebenspraxis seines Autors: eines Schriftstellers, dessen gesammelte Werke in der kritischen Edition immerhin ungefähr 35 umfangreiche Bände umfassen.

Es wäre nun aber ein Irrtum in der Methode, die Schriften der Romantiker schlicht als ein weiteres Beispiel für die Polarität von Leben und Kunst, Bürger und Künstler, *vita activa* und *vita contemplativa* zu lesen. Diese Polarität war ein weitgehend akzeptierter Topos in der literaturwissenschaftlichen Forschung des späten 19. und frühen 20. Jahrhunderts. Es scheint, als habe man damals nicht über Literatur nachdenken können, ohne in allem und jedem die Dualität von Apollinischem und Dionysischem, Zivilisation und Kultur, Geist und Natur, Endlichkeit und Unendlichkeit oder ein anderes jener Begriffspaare zu entdecken, welche die Titelseiten einer idealistisch geprägten deutschen Literaturwissenschaft wie der amerikanischen *history of ideas* zieren.

Die Kunst-Leben-Polarität ist gleichermaßen von den Freunden wie von den Kritikern der Romantik benutzt worden, um die Bewegung zu charakterisieren. Aber die Romantiker selbst hatten eine komplexere Sichtweise ihrer Realität. Es war in der Tat eines der Hauptziele dieser Generation, die Spaltung zwischen Geist und Materie, Rationalismus und Empfindsamkeit, Vernunft und Gefühl zu überwinden, die das 18. Jahrhundert hervorgebracht hatte. Die Romantiker entdeckten die Geschichte im modernen Sinn eben darum, weil hier, in der temporalen Dimension, jenes Element der Veränderung, Entwicklung und Synthese seinen Ort zu haben schien, das in Fichtes »produktiver Einbildungskraft« und in der Energie, die Hegels Dialektik vorantreibt, exemplarisch Gestalt annahm. Wenn die romantischen Schriftsteller in ihren Werken ein idealisiertes Leben entwarfen, so implizierte dies keineswegs eine Zurückweisung der »Realität«, in der sie ihren Alltag verbrachten. Eher und sehr viel fruchtbarer läßt sich die Beziehung zwischen Leben und Literatur als ein produktiver Austausch zwischen zwei einander komplementären Sphären auffassen.

In jüngerer Zeit begannen mehrere Literaturhistoriker damit, die Bedeutung der beruflichen Laufbahn einzelner Autoren der deutschen Ro-

mantik unserem Verständnis näherzubringen. Wolfgang Frühwald spürte den Aktivitäten Eichendorffs als Staatsdiener nach[2]. Gerhard Schulz
legte einen ausgezeichneten Überblick über das Rechts- und Bergbau-
studium des Novalis wie über seine Laufbahn in der Verwaltung vor[3].
Und Wulf Segebrecht präsentierte neues Material aus Hoffmanns juristischer Tätigkeit, um dadurch sowohl dessen Auffassung des Rechts
wie der Literatur genauer zu bestimmen[4]. Allen drei Aufsätzen ist die
Grundannahme gemein, das populäre Bild vom romantischen Dichter,
der dem Alltag nicht gewachsen sei und isoliert von der »Realität« lebe,
sei ein fundamentaler Irrtum. Eichendorff, Novalis und Hoffmann waren hingegen fähige Amtsinhaber in bodenständigen Berufen. Es wäre
irrig, ihre beruflichen Karrieren für eine ihnen unangenehme Notwendigkeit zu halten, durch die sie von der Poesie als der in ihren Augen be-
deutsameren und wichtigeren Sphäre abgelenkt worden wären. In allen
drei Fällen zogen die Schriftsteller in nicht unbeträchtlichem Ausmaß
Befriedigung aus ihren beruflichen Aktivitäten. Dieser Befund legt es
nahe, von einer fruchtbaren Wechselwirkung zwischen ihrem Berufsleben und ihren literarischen Werken zu sprechen.

Geht man von der literarischen Biographie zu einem höheren Niveau
der Verallgemeinerung, also zur Literaturgeschichte über, so erscheinen
die Romantiker im Kontext von Institutionen, an deren Formung sie
mitwirken und von denen sie geformt werden. Es sind die Institutionen
– Familie, Schule, Kirche, Berufsleben, Verwaltung –, in denen die Individuen zusammenkommen und Gruppenmerkmale erkennen lassen,
die das Individuell-Besondere transzendieren. In den Institutionen nehmen die regulativen Ideen Gestalt an, welche die Individuen in bezug
auf ihre Gesellschaft teilen. Als in der Regel unbewußte Voraussetzungen gehen sie so auch in die Werke derjenigen ein, die unter anderem
auch Schriftsteller sind.

Institutionen wandeln sich im Laufe der Zeit. Mit dem Blick auf diese Veränderungen können wir daher die Romantik gegen die ihr vorausgehenden bzw. folgenden Perioden abgrenzen. Im folgenden wird der
Begriff »Romantik« also nicht im Sinne einer spezifischen und streng ty-
pologischen Definition verwendet, sondern als historischer Schlüsselbe-
griff für die gesamte Epoche. Er soll das soziale, kulturelle und intellektuelle Leben in den deutschsprachigen Ländern in der Zeit zwischen der
Französischen Revolution und den unmittelbar auf Napoleons Niederlage folgenden Jahren bezeichnen. In diesem Sinne ist eine klare Unter-

scheidung zwischen der Romantik als historischer Bewegung und einer typologisch begründeten Vorstellung von Romantik vorauszusetzen, in deren Konsequenz sie nicht an eine bestimmte Periode gebunden ist.

Dieses Buch beginnt mit der Prämisse, daß es in jeder Epoche bestimmte Institutionen gibt, die für die jeweilige Gesellschaft wesentlich sind, indem sie als Grundvoraussetzungen regulativ wirken und alle kulturellen Produkte durchziehen. Diese Gemeinsamkeiten transzendieren solch willkürliche Trennungen wie »klassisch« und »romantisch«. Die angelsächsischen Gelehrten haben in diesem Sinne nie die scharfe Scheidung von *Klassik* und *Romantik* getroffen, welche für die meisten deutschen Literaturgeschichten jener Epoche charakteristisch ist.

Institutionen sind nicht nur durch ihre Zeit geprägt, sondern auch durch ihren Raum oder ihren Ort, wobei darunter kulturell definierte Größen zu verstehen sind. Insofern sie auf lokale, regionale oder nationale Gegebenheiten antworten, stellen die Institutionen Kriterien zur Unterscheidung der *deutschen* Romantik von den zeitgleichen Bewegungen in anderen Ländern bereit. Wir werden zum Beispiel sehen, wie das Tempo der Industrialisierung in Deutschland und England eine radikal andere Haltung gegenüber dem Bergbau zur Folge hatte und wie der jeweilige Charakter der juristischen Ausbildung in Deutschland und Frankreich divergierende Typen von Bildungsinteresse an sich zog.

Der Begriff der Institution in der Literaturtheorie

Innerhalb der amerikanischen Literaturtheorie wurde die Kategorie »Institution« in einem Jahrzehnt, das auf der einen Seite von einer Sozialgeschichte der Literatur, auf der anderen Seite durch den *New Historicism* geprägt war, zum Schlagwort. Wenn hier indessen von Institutionen die Rede ist, dann in einem Sinne, der sich von den Positionen eines Großteils der amerikanischen wie der deutschen Literaturtheorie grundsätzlich unterscheidet.

Schon im Jahr 1946 störte sich Harry Levin an »der irreführenden Dichotomie von Inhalt und Form, die es auf der einen Seite Literaturhistorikern wie Parrington erlaubt, das Kokettieren mit der Belletristik zurückzuweisen und auf der anderen Seite ästhetischen Impressionisten wie R.P. Blackmur ermöglicht, über einen Inhalt zu verfügen, der sich schadlos von der Form lösen lassen soll...«[5]. Die Geschichte der soziolo-

gischen Literaturkritik seit Taine rekapitulierend, behauptet Levin, daß
»die Beziehungen zwischen Literatur und Gesellschaft reziprok sind.
Literatur ist nicht nur ein Effekt sozialer Ursachen; sie ist auch die Ursache sozialer Effekte.« Um den »organischen Charakter dieser Beziehung« zu spezifizieren, schlägt Levin eine Methode vor, die er ›institu-
tionenbezogen‹ nennt.

> Die Wahrheit war lange Zeit durch ein unentwirrbares Chaos sub-
> jektiv-individueller und technisch-formeller Bestimmungen ver-
> deckt. Sie lautet schlicht, daß die Literatur immer eine Institution
> gewesen ist. Wie andere Institutionen, z. B. die Kirche oder das
> Recht, dient sie einer eigenen Sphäre menschlicher Erfahrung und
> verfügt wie jene über ein besonderes Corpus von Präzedenzfällen
> und Mustern. Sie tendiert dazu, sich als eigenständige Sphäre zu
> etablieren und aus sich selbst heraus immer weiter zu entwickeln,
> antwortet aber zugleich auf die Hauptströmungen der aufeinan-
> derfolgenden Epochen. Sie ist fortwährend offen für alle Impulse
> aus der Gesamtheit des Lebens, muß sie aber in ihre eigene Spra-
> che übersetzen und den ihr eigentümlichen Formen anpassen.

Ist einmal begriffen, »wie Kunst zur Gesellschaft gehören und doch innerhalb ihrer eigenen Grenzen autonom sein kann«, so Levins Fazit,
werden wir »nicht länger verwirrt durch die scheinbare Polarität von so-
zialwissenschaftlich orientierter und formal argumentierender Literaturwissenschaft« (664).

Seit je war in der amerikanischen Literaturwissenschaft, soweit sie
mit dem Begriff Institution operiert, die Analogie zu Kirche und Staat
vorherrschend. In der *Theorie der Literatur* (1948) von Wellek und Warren heißt es im Kapitel über die »Literarischen Gattungen« unter Be-
zugnahme auf Levins Essay: »Die literarische Gattung ist eine ›Institution‹ – im gleichen Sinne, wie die Kirche, die Universität oder der Staat
Institutionen sind. Sie existiert nicht in der Weise eines Tieres, oder
auch eines Gebäudes, einer Kirche, einer Bibliothek, eines Parlaments,
sondern eben in der Weise einer Institution. Man kann mit Hilfe von
bestehenden Institutionen arbeiten und sich ausdrücken, man kann
neue gründen oder so gut wie möglich auskommen, ohne an ihren Unternehmungen oder Riten teilzunehmen; auch kann man Institutionen
beitreten, muß sich dann aber um ihre Umgestaltung bemühen.«[6]

Während Levin und Warren das Konzept der Institution auf literarische Gattungen anwendeten, weiten in jüngerer Zeit einige Wissenschaftler die Analogie aus, um mit ihr die Sphäre der Literatur insgesamt zu erfassen. In einem Aufsatz über »Institutionelle Kontrolle der Interpretation« schreibt Frank Kermode, die Literaturwissenschaft werde von einer »professionellen Gemeinschaft« beherrscht, »welche die (nicht undiskutierte) Autorität besitzt, ein Thema zu definieren (oder seine Grenzen zu bezeichnen), Bewertungen vorzunehmen und Interpretationen für gültig zu erklären«. An der literaturwissenschaftlichen Forschung, die man selbst als Institution auffassen müsse, ließen sich Analogien »zu kirchlichen und anderen Institutionen« zeigen, die ebenfalls »Texten Wert verleihen und sie auszeichnen bzw. bestimmten Arten von Interpretationen eine Lizenz erteilen«.[7] In mehreren Publikationen entwickelt Stanley Fish den Begriff der »Interpretationsgemeinschaft« als einer Institution. »Die gedanklichen Operationen, die wir ausführen können, sind begrenzt durch die Institution, in die wir *immer schon* eingebettet sind. Die Institutionen gehen uns voraus, und nur indem wir in ihnen leben oder sie uns innewohnen, haben wir Zugang zu den öffentlichen und konventionellen Bedeutungen, die sie stiften.«[8] Interpretieren sei eine Aktivität, die »bestimmt ist durch die literarische Institution, die zu jeder gegebenen Zeit nur eine begrenzte Anzahl von Interpretationsstrategien autorisieren wird«. Diese Strategien seien nicht formell festgeschrieben, bildeten aber einen Zusammenhang ungeschriebener Regeln. Von den Dozenten und Studenten, aus denen die Interpretationsgemeinschaft sich zusammensetze, würden diese Regeln verstanden und befolgt. Die Geschichte der Interpretationsgemeinschaft stellt Gerald Graff in seinem im Jahr 1987 erschienenen Buch *Professing Literature*[9] in allen Einzelheiten dar. Graff definiert seinen Gegenstand als »eine Geschichte des akademischen Literaturstudiums in den Vereinigten Staaten« von 1928 bis zur Gegenwart und erläutert: »Indem ich dieses Buch eine Institutionengeschichte nenne, möchte ich betonen, daß es sich nicht nur mit einzelnen Verfahrensweisen von Literaturwissenschaft und -kritik befaßt, sondern zugleich damit, was aus diesen Verfahrensweisen wurde, nachdem sie einmal in den modernen Universitäten institutionalisiert worden waren.«

Alvin Kernan schließlich kehrt zur Parallele mit der Religion zurück, dehnt sie aber zugleich so weit aus, daß er damit eine sehr viel breitere literarische Gemeinschaft umfassen kann, als das Kermode, Fish oder Graff möglich ist. »Beide Institutionen sind um ein Korpus heiliger Texte zentriert, beide haben einen Kanon autorisierter Werke etabliert und kennen nichtautorisierte, aber stets Schwierigkeiten machende Apokryphen, beide haben ein Lehrgebäude dogmatischer Interpretation errichtet – die Theologie im einen Fall, Literaturwissenschaft und -kritik im andern – und ebenso eifrige wie umfangreiche Anstrengungen unternommen, eine Orthodoxie zu definieren und zu fixieren.«[10] Für Kernan ist Literatur »eine sich verändernde, von Menschen gemachte Institution und nicht eine natürliche oder kulturelle Gegebenheit«. »Wie andere Institutionen prägt die Literatur ihre etablierten Rollen oder sozialen Identitäten aus, vor allem die des Dichters, seit dem 18.Jahrhundert in zunehmendem Maße aber auch die des Kritikers, des Gelehrten, des Lehrers, des Lesers, des Literaten, des Verlegers, des Rezensenten.« Kernan plädiert für eine Institutionengeschichte der Literatur, die den »Sozialgeschichten der anderen bedeutenden Institutionen, also vor allem der Familie, des Rechts, des Strafsystems, der Religion und des Staates« korrespondieren soll.

Diese verschiedenen Ansätze einer »institutionenorientierten« Literaturwissenschaft, sosehr sie sich in den Nuancen ihrer Definitionen unterscheiden, teilen ein Merkmal. Seien sie wie bei Levin und Warren mit literarischen Gattungen befaßt oder wie bei den späteren Theoretikern mit der literarischen Sphäre und ihren Einrichtungen insgesamt: Alle betrachten sie die Literatur aus einer Perspektive *innerhalb* der Institution bzw. Interpretationsgemeinschaft. Sie verwenden den Begriff der Institution in dem Bemühen, uns das Funktionieren der Gattungskohärenz, der Interpretationsgemeinschaft oder des akademischen Berufsstandes verstehen zu lehren. Allgemein gesagt, blicken diese angloamerikanischen Institutionalisten lediglich um der Analogie willen über die Literatur auf andere soziale Institutionen hinaus. Graff sagt: Sie sprechen von der Literatur als Institution aus der Perspektive von Leuten, deren Beruf die Literatur ist.

Auf ganz anderem Terrain bewegen wir uns, wenn wir uns den europäischen, insbesondere den deutschen Literaturwissenschaftlern zuwenden, die sich ebenfalls zur Institutionstheorie bekennen[11]. Dieser Ansatz, wie er etwa von Peter Bürger und den Beiträgern der in den Niederlanden erscheinenden Zeitschrift *Poetics* definiert wird, unterscheidet sich in zumindest drei Punkten von den oben erörterten Ansätzen. Erstens ist er nicht primär mit Literatur, sondern genereller mit »Kunst« befaßt. Zweitens interessiert er sich für das Kunstwerk nicht als

Absolutum, sondern als »Ware«. Und drittens betrachtet das Projekt der Institutionstheorie insgesamt die Literatur von außen, als eine weitere soziale Institution der bürgerlichen Gesellschaft neben anderen.

Der Begriff des Kunstwerks als Ware läßt sich zurückverfolgen bis mindestens zu Karl Marx. Verschiedene deutsche Ästhetiker griffen die der politischen Ökonomie entstammende Terminologie recht früh auf. Arno Holz, obwohl nicht Marxist, begeisterte sich für die Idee, ein grundlegendes Gesetz für die Literatur zu bestimmen, das ähnlich streng sein sollte wie Marx' ökonomische Gesetze der Gesellschaft und Darwins evolutionäre Gesetze der Natur. In seiner Abhandlung *Die Kunst. Ihr Wesen und ihre Gesetze* (1891) kam er zu dem Schluß: »Die Kunst hat die Tendenz, wieder die Natur zu sein. Sie wird sie nach Maßgabe ihrer jeweiligen Reproduktionsbedingungen und deren Handhabung.«[12] Er faßte seine Ansicht in der pseudowissenschaftlichen Formel »Kunst = Natur − x« zusammen. Und Walter Benjamin vertrat in einem seiner berühmtesten Aufsätze, nämlich in »Das Kunstwerk im Zeitalter seiner technischen Reproduzierbarkeit« (1936)[13] die Ansicht, das Kunstwerk sei durch die Technik jener »kultischen *Aura*« beraubt worden, die für alle wahre Kunst charakteristisch sei. Ihre erste umfassende Darstellung aber erfuhr die Warenästhetik in der Frankfurter Schule. Wie Max Horkheimer und Theodor W. Adorno in der *Dialektik der Aufklärung* (1947) formulierten, steht am Beginn der Kritischen Theorie die Grundeinsicht, daß die Gesellschaft auf dem einfachen Austausch von Waren beruht. Indem das unbarmherzige Gesetz der Ökonomie die kulturellen Erzeugnisse in Waren verwandle, würden sie fortschreitend jeder verbindlichen Bedeutung entleert und von einer »Kulturindustrie« übernommen, die sie in ihrer Geistlosigkeit schließlich zu kulturellen Fetischen für die »neue Barbarei« werden lasse[14].

Die Institutionstheorie, wie sie sich in den siebziger Jahren in der Nachfolge von Jürgen Habermas' einflußreicher Analyse des Strukturwandels der Öffentlichkeit[15] entwickelte, akzeptierte die Warenästhetik als eine ihrer Grundvoraussetzungen. Für Peter Bürger kann kein Zweifel daran bestehen, »daß Kunstwerke in der bürgerlichen Gesellschaft als Waren gehandelt werden.«[16] Ohne daß er auf die anglo-amerikanische Tradition Bezug nähme oder ein erkennbares Bewußtsein von ihr hätte, bedient auch Bürger sich des Vergleichs mit der Religion. »Die Institution Kunst/Literatur in einer voll entwickelten bürgerlichen Gesellschaft kann als funktionales Äquivalent der Institution Religion betrachtet

werden«[17], insofern beide eine radikale Trennung zweier Sphären
(menschlich/göttlich und alltäglich/poetisch) postulierten. Dadurch
werde der Schein der Autonomie des Kunstwerks beglaubigt. In seiner
Einleitung zu einer Sondernummer der *Poetics* zum Thema »Empirische
Soziologie der Literatur und der Künste« treibt Cees J. van Rees die
marxistische Analyse einen Schritt weiter und behauptet, daß »die
Wertbestimmung literarischer Texte (Kunstwerke) das Privileg literarischer (kultureller) Institutionen ist«[18]. Van Rees definiert die literarische
Institution als die Gesamtheit aller Kräfte, die in Produktion, Vertrieb
und Werbung für das literarische Werk bestimmte Aufgaben überneh-
men, und erläutert: Die »institutionelle Analyse macht deutlich, daß die
Aktivitäten aller literarischen Institutionen gemeinsam zu der Art von
(Mehr)wert beitragen, der einem Kunstwerk zugeschrieben wird.«

Anders als die amerikanischen Literaturwissenschaftler, die sich auf
den institutionellen Charakter eines bestimmten Werks oder des Litera-
turbetriebs selbst (des akademischen, des kritischen, des verlegerischen
Sektors etc.) konzentrieren, weitet der deutsche institutionstheoretische
Ansatz den Gegenstandsbereich auf die »sozialen Determinanten, ma-
krosoziologischen Kategorien« aus. Wie Bürger ausführt, bezieht sich
sein Konzept der »Institution Kunst« nicht auf die spezifischen sozialen
Dispositionen, die zwischen Werk und Öffentlichkeit vermitteln, sondern auf »die epochalen Funktionsbestimmungen von Kunst in ihrer sozialen Bedingtheit«.[19] Obwohl eine Soziologie des Theaters oder des
Verlagswesens ebensoviel Berechtigung hat wie, sagen wir, eine Soziolo-
gie des Rechts, kann sie uns aus dieser Sicht nicht helfen, die soziale
Funktion der Kunst zu verstehen. »Die Addition von Untersuchungen
einzelner Fälle kann den theoretischen Rahmen nicht ersetzen, der das
Studium der sozialen Funktion der Kunst überhaupt erst ermöglicht.«
Es ist charakteristisch für die deutsche Institutionstheorie, daß ihre Ex-
ponenten so hartnäckig im Bereich der reinen Abstraktion verbleiben.
Kaum einmal begeben sie sich hinab auf die Ebene der spezifischen
Analyse einzelner Künstler oder Werke. Sie befassen sich statt dessen
mit der »Kunst in der spätkapitalistischen Gesellschaft« auf dem gleichen Abstraktionsniveau wie beispielsweise mit dem »Staat in der kapi-
talistischen Gesellschaft«.

Der Begriff der Institution in der soziologischen Theorie

Wir können von den amerikanischen Literaturwissenschaftlern, die den Begriff Institution heranziehen, manches über die Funktion der Gattung oder den Berufsstand der Literaten und Interpreten lernen. Auf der anderen Seite beförderten die deutschen Institutionstheoretiker unsere Einsicht in die Rolle, welche die Kunst in der Gesellschaft der letzten zwei Jahrhunderte spielte. Der Ansatz, den ich mit diesem Buch vorschlage, gehört in die Mitte zwischen beiden Methoden. Weder habe ich vor, mich mit der Literatur (oder dem Literaturbetrieb) als einer Institution noch auf höchstem Abstraktionsniveau mit der Funktion der Kunst als Ware in der bürgerlichen Gesellschaft zu befassen. Vielmehr geht es mir um die Wechselwirkung zwischen konkreten literarischen Werken und der Gesellschaft, wie sie sich im speziellen Fall fünf ausgewählter Institutionen manifestiert. Beginnen wir mit einer Definition des Begriffs »Institution« im Sinne dieses Vorhabens.

In seinem Essay über »Selbstvertrauen« (1841) bemerkt Emerson mit Blick auf Beispiele wie Cäsars Rom und Luthers Reformation: »eine Institution ist der verlängerte Schatten eines einzelnen.«[20] Auch die moderne Soziologie erkennt die Rolle des Individuums bei der Entstehung von Institutionen an. »Es ist eine seltsame Tatsache, daß ungeachtet der Anonymität des typischen Institutionsmenschen die Institutionen gerade nicht auf anonyme Weise geschaffen bzw. weiterentwickelt werden«, schreibt James K. Feibleman und fährt unter Verweis auf Ignatius von Loyola und den Jesuitenorden fort: »Es ist der originelle Denker, der starke Mann mit der ausgeprägten Fähigkeit, oft allein zu stehen, der die Institution ins Leben ruft oder sie fortentwickelt.«[21] Wir werden diese Funktion in der Beschäftigung mit den Denkern der deutschen Romantik immer wieder beobachten können.

Für die Analyse ist es jedoch nützlich, eine weniger subjektive soziologische Bestimmung von Institution heranzuziehen. Allgemein gesagt, stimmen die meisten Soziologen darin überein, daß der strukturelle Ort der Institutionen zwischen dem Individuum und der Gesellschaft als ganzer liegt. So wie die Psychologie das Individuum als ihren genuinen Gegenstand ansieht und die Anthropologie die gesamte Gesellschaft und Kultur überblickt, so befaßt sich die Soziologie zunächst und vor allem mit Institutionen. Talcott Parsons definiert »Institution« als »einen Komplex institutionalisierter Rollenintegration, der im jeweils in

Frage stehenden gesellschaftlichen System strategische strukturelle Bedeutung hat«, und stellt fest, daß »die Theorie institutionellen Verhaltens im wesentlichen soziologische Theorie ist«.[22] Im Abschnitt »Soziale Institutionen« der *International Encyclopedia of the Social Sciences* definiert Shmuel N. Eisenstadt seinen Gegenstand als »regulative Prinzipien, welche die meisten Aktivitäten der Individuen in einer Gesellschaft in definierbare Organisationsmuster bringen, und zwar aus dem Blickwinkel einiger der fortdauernden Basisprobleme einer gegebenen Gesellschaft bzw. eines strukturierten sozialen Lebens.«[23] Feibleman beginnt seine eben zitierte Untersuchung so: »Unter einer Institution werden wir jene Unterabteilung von Gesellschaft verstehen, die aus Gruppen von Menschen besteht, die in ihren Gewohnheiten, Gesetzen und materiellen Instrumenten zusammengefaßt und um ein gemeinsames Ziel oder einen Zweck herum zentriert sind.«

Die Soziologie befaßt sich insbesondere mit der Art und Weise, in der Institutionen zu dem Zweck etabliert und organisiert werden, bestimmte Grundbedürfnisse der Menschen zu befriedigen. Für Bronislaw Malinowski ist eine Institution diejenige Struktur, durch die Gruppen wie Jäger, Handwerker oder Priester ihre kollektiven Zwecke in Handlungen überführen[24]. Lloyd Vernor Ballard eröffnet sein Buch über *Soziale Institutionen* mit der kursiv gesetzten Definition: »*Soziale Institutionen sind Aggregate organisierter menschlicher Beziehungen, die zweckorientiert durch gemeinsamen Willen etabliert sind.* Als solche stellen sie die Endprodukte sozialer Prozesse dar, indem es ihre spezifische Funktion ist, das Verhalten der handelnden Gruppe zu kanalisieren.«[25] Ein neueres deutsches Wörterbuch soziologischer Begriffe liefert eine ähnliche Definition: »Institution nennen wir die jeweils kulturell geltende, einen Sinnzusammenhang bildende, durch Sitte und Recht öffentlich garantierte Ordnungsgestalt, in der sich das Zusammenleben von Menschen darbietet.«[26] So können wir im Vorgriff auf das hier anvisierte Untersuchungsvorhaben sagen, daß sich das Bedürfnis der Gesellschaft nach Gerechtigkeit in der Institution des Rechts organisiert, das Bedürfnis nach Bildung in der Institution der Universität, das Bedürfnis nach Gesundheit in der Institution der Nervenheilanstalt, das Bedürfnis nach Kultur in der Institution des Museums und das Bedürfnis nach bestimmten Rohstoffen in der Institution des Bergbaus. Feibleman faßt den Befund so zusammen: »Vielleicht weil die Natur des Menschen darin liegt, Werkzeuge zu machen, schiebt sich irgendwo zwischen das Individuum und seine Kultur eine Struktur ein, die darauf abzielt, ihm die größtmögliche Lizenz für seine Unternehmungen zu geben und diese doch zugleich mit Kontinuität auszustatten. Der Name für diese Struktur ist: die Institution.«

Für unsere Zwecke ist die Erkenntnis der Soziologie wichtig, daß, wie Malinowski formuliert, »eine Gesellschaft mit Hilfe eines Systems von Institutionen funktioniert, die miteinander verbunden sind.« Wenn wir eine Gesellschaft oder eine Kultur wie z.B. die deutsche Romantik verstehen wollen, dann tun wir gut daran, uns ihr durch ihre konstitutiven Institutionen und deren Beziehungen untereinander zu nähern. »Es sind eher die Institutionen als die Individuen oder deren Kultur, die wir untersuchen müssen, wenn wir versuchen, Gesellschaft zu verstehen«, schreibt Feibleman. »Niemand trägt schließlich direkt zur Kultur, ja nicht einmal zur Gesellschaft bei, in der er lebt. Er leistet seinen Beitrag durch die Institution, die ihrerseits der Gesellschaft dient, welche wiederum Teil der Kultur ist. So mag sein Werk schließlich kulturelle Bedeutung gewinnen, aber nicht direkt, nur durch die Vermittlung der Institution.«

Vor diesem Hintergrund ist die Perspektive meiner Untersuchung zugleich genereller als die der amerikanischen Institutionalisten, deren Interesse allein auf die Literatur als Institution beschränkt ist, und enger als die der europäischen Institutionstheoretiker, die über die Gesellschaft als ganze unter solch großen Einheitsbegriffen wie »Kunst« reflektieren[27]. Die folgenden Kapitel handeln davon, inwieweit die Schriftsteller und Denker der deutschen Romantik durch die regulativen Prinzipien der Institutionen, in denen sie tätig waren, geprägt wurden und inwieweit sie durch ihr Wirken zugleich zur Gestaltung der charakteristisch modernen Form dieser Institutionen beitrugen[28]. Als Weg der Annäherung an dieses Ziel schlage ich vor, zunächst die Herausbildung der Institutionen im Kontext des sozialen und intellektuellen Klimas der Epoche zu verfolgen und dann repräsentative literarische Texte im Blick auf diese Institutionen zu analysieren.

Es wird im Verlauf der folgenden Kapitel deutlich werden, warum ich die Institutionen des Bergbaus, des Rechts, des Irrenhauses, der Universität und des Museums in den Mittelpunkt meiner Untersuchung stelle. Die Beispiele haben sich mir aufgedrängt: Welchem Bereich ich mich auch bei meinem Studium der Romantik zuwandte, sei es der Textanalyse, der Biographie des jeweiligen Autors oder dem kulturellen Hintergrund eines Werks – immer wieder stieß ich auf diese fünf Institutionen. Stets ergaben sich zum einen starke lokale, also für Deutschland spezifische wie allgemein-historische Gründe für das breite öffentliche Interesse an der jeweiligen Institution. Jede von ihnen hatte am Ende der romantischen Epoche eine deutlich andere Form angenommen als zu Beginn. Zudem kommt in jeder dieser Institutionen über ihre engere Bestimmung hinaus ein allgemeineres Element zum Tragen: Die romantische Obsession am Bergbau z.B. reflektiert die Haltung des Zeitalters gegenüber Wissenschaft und Technologie; in die Debatte über das Recht geht das romantische Verständnis von Gesellschaft und Staat ein; die Universität des 19.Jahrhunderts gewinnt ihre Form auf dem Wege der Institutionalisierung romantischer Theorien des Wissens und der *Bildung.*

Aus einer Vielzahl von Gründen, die noch genauer bestimmt werden müssen, sind diese fünf Institutionen von zentraler Bedeutung für die Romantik. Der individuelle Umgang mit den Institutionen mag weit voneinander differieren, doch stattet die Teilhabe an Institutionen *alle* Zeitgenossen mit gewissen, ihnen selbst oft nicht bewußten Grundannahmen und Reflexionsimpulsen aus, welche die künstlichen und willkürlichen Aufteilungen in »romantisch«, »klassisch« und »klassizistisch« transzendieren. Durch genaue Erkundung der Texte und Institutionen soll die Frage beantwortet werden, inwieweit die Schriften der Romantiker in ihren Stoffen und Gehalten, ihrem Wortschatz und ihrer Bildlichkeit durch die Institutionen geprägt waren, denen die Autoren als Mitglieder ihrer Gesellschaft angehörten. Umgekehrt wird deutlich werden, wie die Romantiker durch ihre Tätigkeit in den Institutionen Ideen des *Zeitgeistes* eine handfeste und dauerhafte Gestalt verliehen.

Der Begriff der Institution im romantischen Denken

Die hier vorgestellte Untersuchungsperspektive ist ihrer Konzeption nach selbst romantisch. An nichts glaubte das romantische Denken so fest wie an die Vorstellung einer zentralen Kraft, die alle Unternehmungen des Zeitalters durchdringt und ihnen einen gemeinsamen Ton verleiht. Hegel postulierte in seinen Vorlesungen zur Geschichte der Philosophie, die er zwischen den Jahren 1805/06 und 1829/30 neunmal hielt, den »Geist der Zeit«. Das heißt: »*ein* bestimmtes Wesen, Charakter, welcher alle Seiten durchdringt und sich in dem Politischen und in dem Anderen als in verschiedenen Elementen darstellt; es ist *ein* Zustand, der in allen seinen Teilen in sich zusammenhängt und dessen verschiedene Seiten, so mannigfaltig und zufällig sie aussehen mögen, sosehr sie sich auch zu widersprechen scheinen, nichts der Grundlage Heterogenes in sich enthalten.«[29] Er arbeitet weiter heraus, daß die Beziehung zwischen den verschiedenen Sektoren – Politik, Staatsverfassung, Kunst, Religion, Philosophie – nicht darin besteht, »daß sie Ursachen der Philosophie wären oder umgekehrt diese der Grund von jenen; sondern sie haben vielmehr alle zusammen eine und dieselbe gemeinschaftliche Wurzel – den Geist der Zeit.« In den Vorlesungen zur Philosophie der Geschichte, die er zwischen 1822/23 und 1830/31 fünfmal hielt, kehrte Hegel zu dieser Vorstellung in Begriffen zurück, die präzise die moderne soziologische Unterscheidung zwischen einer Gesellschaft oder Kultur und ihren Institutionen antizipieren. »Der wirkliche Staat ist beseelt von diesem Geist in allen seinen besonderen Angelegenheiten, Kriegen, Institutionen usf.«[30] Der *Volksgeist*, der seinen konkreten Ausdruck in der Geschichte findet, sei »das gemeinschaftliche Gepräge seiner Religion, seiner politischen Verfassung, seiner Sittlichkeit, seines Rechtssystems, seiner Sitten, auch seiner Wissenschaft, Kunst und technischen Geschicklichkeit«.

Varnhagen von Ense bemerkt im Zusammenhang mit den Preußischen Reformen, »daß der Trieb und die Macht des Ganzen mit dem geistigen Gehalte der Zeit in den ganzen Umfang der Bewegung ausgebreitet erscheint«.[31] Novalis bringt, wenn auch ungleich poetischer, den gleichen Gedanken in einem der Aphorismen aus *Blüthenstaub* (1798) zum Ausdruck: »Gerichtshöfe, Theater, Hof, Kirche, Regierung, öffentliche Zusammenkünfte, Akademieen, Kollegien u.s.w. sind gleichsam die speciellen, innern Organe des mystischen Staatsindividuums.«[32] Friedrich Schlegel legt seine Überzeugung, daß der gesamten Kultur eines jeden Zeitalters ein vereinheitlichendes Prinzip unterliege, in zahlreichen seiner Schriften dar. Im Vorwort zu *Die Griechen und Römer* (1797) bemerkt er, daß der Schlüssel zu den scheinbaren Rätseln, Unstimmigkeiten oder Lücken in der Geschichte der Kunst oft in den moralischen und politischen Verhältnissen, in der Sphäre der »Sitten und Staatengeschichte« der Antike gefunden werden könne: »denn Kunst, Sitten und Staaten der Griechen sind so innigst verflochten, daß ihre Kenntnis sich nicht trennen läßt.«[33] Am poetischsten formulierte er sei-

ne Überzeugung wohl in dem Gedicht »Die Gebüsche« aus dem Zyklus
Abendröte (1801):

> Durch alle Töne tönet
> Im bunten Erdentraume
> Ein leiser Ton gezogen
> Für den, der heimlich lauschet[34].

Wenn der Geist des Ganzen sich in seinen Institutionen manifestiert,
dann führt der rechte Weg zum Verständnis des Ganzen nicht zu den
abstrakten Höhen der Gesellschaftstheorie, sondern eben durch diese
Institutionen hindurch. Schon Vico hatte in seiner *Scienza Nuova* und
anderswo darauf insistiert, daß sich mit den Institutionen auseinander-
setzen muß, wer sich als Gelehrter der Literatur zuwendet und ihre
Werke verstehen will. »Weil aber den Worten die Vorstellungen der
Dinge entsprechen, hat die Philologie vor allem die Aufgabe, die Geschichte der Dinge zu begreifen. Daher kommt es, daß es zum engeren
Aufgabengebiet der Philologen gehört, Kommentare zur Staatsverfassung, zu den Sitten, den Gesetzen, Institutionen, Disziplinen und anspruchsvollen wie volkstümlichen Werken zu verfassen.«[35] Eine Schrift-
stellerin des romantischen Zeitalters, Madame de Staël, übertrug dieses
Prinzip systematisch in die Praxis, und zwar in einem Buch mit dem
sprechenden Titel *De la littérature considérée dans ses rapports avec les in-*
stitutions sociales (1800). »Ich schlage vor, zu untersuchen, worin der
Einfluß von Religion, Moral und Gesetzen auf die Literatur besteht und
worin umgekehrt der Einfluß der Literatur auf Religion, Moral und Gesetze besteht. Es gibt in französischer Sprache Abhandlungen über die
Kunst des Schreibens und über die Prinzipien des Geschmacks, die
nichts zu wünschen übriglassen; aber mir scheint, daß die moralischen
und politischen Ursachen, die den Geist der Literatur verändern, noch
nicht hinreichend untersucht worden sind.«[36] In seinen Vorlesungen
Über die Bestimmung des Gelehrten (1794) bezeichnet Fichte die Ausbildung eines bestimmten Talents und damit den Eintritt in einen *Stand*
als dasjenige Mittel, wodurch das Individuum in der Lage sei, »der Gesellschaft dasjenige, was sie für uns gethan hat, wiedergeben zu können«.[37] Aus einer ähnlichen Geisteshaltung heraus erklärt der Rechtshi-
storiker Savigny in einer programmatischen Darstellung seines
Konzepts im Jahre 1814: »Überhaupt wird sich Jeder durch gründliches
Studium der Literaturgeschichte überzeugen, wie weniges in ihren Er-

scheinungen ganz den einzelnen Individuen, unabhängig von den Kräften und Bestrebungen des Zeitalters und der Nation, mit Wahrheit zugeschrieben werden kann.«[38]. Aus diesem Prinzip erwächst seine bedeutende Geschichte des römischen Rechts im Mittelalter und damit ein Werk, dessen romantischer Charakter exemplarisch ist.

Auch Goethes Überzeugung, daß wir durch die Institutionen am schnellsten zum Verständnis einer historischen Epoche gelangen, ist repräsentativ für das Zeitalter. In *Dichtung und Wahrheit* bemerkt er, als er die Vorbereitungen für die Niederschrift des historischen Dramas *Götz von Berlichingen* schildert: »Gibt doch die Beschaffenheit der Gerichte und der Heere die genauste Einsicht in die Beschaffenheit irgend eines Reichs«[39]. Goethe, der selbst an zahlreichen Institutionen des Herzogtums Sachsen-Weimar regen Anteil nahm, wußte sehr genau, daß nur durch Institutionen die Leistungen hervorragender Individuen und Gruppen für die Gesellschaft als ganze fruchtbar gemacht werden können[40]. Einer der bemerkenswertesten Belege für diese Überzeugung findet sich in einer Ansprache *Über die verschiedenen Zweige der hiesigen Thätigkeit*, die er im Jahr 1795 für die Freitagsgesellschaft in Weimar vorbereitete. Durch den Besuch einer Ausstellung in der örtlichen Kunstakademie war Goethe angeregt worden, sich über den allgemeinen Nutzen solcher öffentlichen Institutionen Gedanken zu machen. »Weder ein Künstler noch eine Kunstschule ist isolirt zu betrachten, er hängt mit dem Lande, worin er lebt, mit dem Publico seiner Nation, mit dem Jahrhundert zusammen, er muß, in so fern er wirken, in so fern er sich durch seine Arbeit einen Stand machen und Unterhalt verschaffen will, sich nach der Zeit richten und für ihre Bedürfnisse arbeiten.«[41]

In der Hoffnung, die anderen Mitglieder der Freitagsgesellschaft zu einem systematischen Studium der sozialen Institutionen und ihrer Rolle im kulturellen Leben zu veranlassen, lieferte Goethe einen knappen Überblick über die bedeutenderen unter den Institutionen, die zum intellektuellen und kulturellen Leben in Weimar und Jena beitrugen: von den visuellen Künsten (einschließlich der Architektur) bis hin zu Musik, Theater und Tanz; von den körperlichen Fertigkeiten (Reiten und Fechten) über Gartengestaltung und Forstwirtschaft bis hin zu den Ausbildungsstätten, Zeitschriften und wissenschaftlichen Akademien; vom Museum in Jena bis hin zu Wissenschaft und Technik, einschließlich der Astronomie, des Bergbaus und der Topographie. Im Schlußsatz ver-

sprach Goethe für die nächste Zusammenkunft »einige allgemeine Bemerkungen«. Es wäre für unseren Zusammenhang vorteilhaft, diese Bemerkungen von Goethes Hand zu besitzen, aber er kam auf sein Vorhaben nie in systematischer Weise zurück. Dennoch geht aus seinen
verschiedenen Darlegungen zu diesem Thema hervor, daß er die Ansichten des Zeitalters zur zentralen Funktion der Institutionen teilte. In
der Biographie Goethes verkörpert sich die Anschauung, daß Institutionen einerseits die Vermittlungsinstanz sind, mit deren Hilfe die Indidi-
viduen zur Gesellschaft beitragen, und daß die Individuen umgekehrt
in ihrem Denken und in ihren Ausdrucksmöglichkeiten von den Institutionen geprägt werden.

In der modernen Romantik-Forschung ist diese im romantischen
Zeitalter selbst gewonnene Einsicht nicht verloren. In ihrem Werk *Die
Romantik: Blütezeit, Ausbreitung und Verfall* (1899–1902), einem Buch
von epochaler Bedeutung, schildert Ricarda Huch die Romantik als ein
Phänomen, das sich von der Literatur über die Philosophie und Religion bis hin zu Wissenschaft, Medizin und Politik erstreckt. Ein Jahrzehnt später schreibt Friedrich Meinecke ganz im Sinne des Historis-
mus, daß man der Romantik niemals gerecht werden könne, »wenn
man sie nur als eine literarische Bewegung mit allerlei Nebenfrüchten
ansieht, sondern sie wirkte, wo sie überhaupt wirkte, auf das gesamte
Leben ein, auf das des einzelnen in sich nicht nur, sondern auch auf sein
Verhältnis zu den großen Mächten der Religion, der Gesellschaft und
des Staates«[42]. Die gleiche Tendenz, Romantik als eine Bewegung zu
verstehen, deren durchdringende Kräfte und Energien sich in mannig-
faltigen nicht-literarischen Formen manifestieren, kommt in den inter-
disziplinären Symposien zum Ausdruck, die seit dem Ende des Zweiten
Weltkrieges in periodischen Abständen veranstaltet wurden[43].

Allzu oft beschränken allerdings gerade solche Wissenschaftler, die
den Hegelschen *Zeitgeist* als die Kraft anerkennen, die alle Facetten der
romantischen Kultur durchdringt und vereinheitlicht, ihre Perspektive
durch die vorschnelle Annahme, diese Einheit werde in der Romantik
allein in der Sphäre des Geistes gesucht. Henri Brunschwig folgt in seinem bedeutendem Buch *Die Krise des preußischen Staates am Ende des
18. Jahrhunderts und die Entstehung der romantischen Mentalität* (1947)
der zentralen These, die Romantiker hätten sich der Literatur und ihrer
»Flucht ins Wunderbare« zugewandt, weil sie in einer geschlossenen Gesellschaft kein anderes Ventil für ihre Energien fanden. Diese Ansicht

wurde oft wiederholt. Roger Cardinal etwa schreibt: »Die Romantik entwickelte sich innerhalb dieses Kontextes von physischer Beschränkt-heit und aufgezwungener Hypertrophie der Spekulation; ihre Anhänger wandten sich von der begrenzten, unveränderlichen, realen Welt des philiströsen Konservatismus ab und richteten ihre Gedanken dorthin, wo Fortschritt möglich war, auf das Ideal und das Unbegrenzte.«[44] Isaiah Berlin folgt einem ähnlichen Modell, wenn er die deutsche Ro-mantik in einen »linken Flügel« unterteilt, der »die traditionellen Mäch-te der Autorität und hierarchischen Organisation als die bedrücken-sten und gewaltsamsten unter den gesellschaftlichen Kräften ansah«, und in einen anderen, konservativeren, der »das öffentliche Leben prin-zipiell verachtete und sich mit der Kultivierung seines inneren Geistes beschäftigte«.[45]

Mir liegt nicht daran, die romantische Tendenz zur Innerlichkeit zu bestreiten, die Novalis im *Blüthenstaub* den »geheimnisvollen Weg nach Innen«[46] nennt. Aber ich denke, daß wir die Romantik allzu unkritisch im Lichte ihrer eigenen *literarischen* Begriffe sehen, wenn wir versäu-men, ihre Wechselbeziehungen mit der »realen« Welt der Erziehung, der Technik, des Rechts und der anderen Institutionen in Rechnung zu stellen, in denen ihre bedeutendsten Repräsentanten ausgebildet wur-den, lebten und arbeiteten. Der romantische Schriftsteller steht, poin-tiert formuliert, *zwischen* Realität und Ideal. Er ist durchaus nicht nur dem Unbegrenzten und dem Wunderbaren zugewandt, sondern auch der sozialen Wirklichkeit seiner Zeit. Wie die folgenden Kapitel aufzei-gen werden, versuchen die Romantiker ihre Träume nicht nur in ihrer Poesie, sondern zugleich innerhalb der Institutionen und mit ihrer Hilfe zu verwirklichen. Wenn wir diese spannungsreiche Komplementarität zwischen Literatur und Leben, Amt und Poesie verkennen, setzen wir uns der Gefahr aus, das romantische Zeitalter und seine Errungenschaf-ten falsch zu beurteilen.

Kapitel 2

Das Bergwerk: Bild der Seele

Fahrten ins Innere der Erde

In der deutschen Literatur des romantischen Zeitalters begegnet man auf Schritt und Tritt so vielen Bergleuten, die mit ihren Lederschürzen, schwarzen Jacken und grünen Filzhüten daherkommen und den traditionellen Gruß *Glück auf!* rufen, daß ein unbedachter Leser glauben könnte, er sei in eine surrealistische Bibliothek hineingeraten, in der die Geschichte der Literatur nach einem willkürlichen Zufallsprinzip von der Geschichte der Technik durchsetzt ist. Das bekannteste Beispiel findet sich in Novalis' *Heinrich von Ofterdingen* (1802), wo der alte böhmische Bergmann sich weitläufig über Bedeutung und Verdienst seines Berufsstandes ausläßt, ehe er Heinrich und seine Reisebegleiter in die nahegelegenen Höhlen führt. Aber es mangelt nicht an weiteren Belegen, von dem geheimnisvollen Bergwanderer in Ludwig Tiecks früher Erzählung *Der Runenberg* (1802) bis zur Bergwerksgemeinschaft in seiner späten Novelle *Der Alte vom Berge* (1828), von dem frommen Bergmann in Achim von Arnims *Die Kronenwächter* (1817) bis zu den Bergbaustudenten, die Henrik Steffens' Novellensammlung *Die vier Norweger* (1828) bevölkern. Das Auftauchen von Bergleuten ist überdies nicht auf die romantische Erzählprosa beschränkt. Zacharias Werners Drama *Martin Luther, oder: die Weihe der Kraft* (1807) beginnt in einem Stollen und endet mit einem Bergwerkschor; Theodor Körners ›romantische Oper‹ *Die Bergknappen* (1811) spielt gänzlich unter Grubenarbeitern und Berggeistern; und der erste Akt in Clemens Brentanos ›historisch-romantischem Drama‹ *Die Gründung Prags* (1815) hat seinen Höhepunkt darin, daß Libussa von Bergleuten mit einem Silberblock beschenkt wird. Sie beschwört darauf über fünf Strophen hinweg, die in *ottave rime* verfaßt sind, eine ekstatische Vision der Gold-, Silber- und Mineralgruben, aus denen ihrem Reich ungeheure Schätze zuwachsen sollen. Körner schreibt mehrere Gedichte zum Lob des Bergbaus und Bergarbeiterlebens; Joseph von Eichendorff spricht in seinen Versen von den dämonischen wie von den frommen Aspekten des Bergbaus; und

eines von Brentanos wichtigsten Gedichten enthält die Klagen eines
Bergmanns aus der Tiefe seines Stollens.

In der Sage von den Bergwerken zu Falun geht es um einen jungen
Bergmann, der am Tage seiner Hochzeit in den Kupferminen verschwindet und dessen Körper, vom vitriolhaltigen Wasser vollständig
konserviert, fünfzig Jahre später entdeckt und von seiner inzwischen alt
gewordenen Verlobten identifiziert wird. Dieser Stoff beschäftigte die
Einbildungskraft des Zeitalters so nachhaltig, daß daraus nicht nur die
klassischen Prosaversionen Johann Peter Hebels und E.T.A. Hoffmanns
hervorgingen, sondern auch mindestens ein Dutzend Verserzählungen.
Achim von Arnims und Clemens Brentanos Anthologie *Des Knaben
Wunderhorn* (1806–1808) enthält Lieder aus dem Bereich des Bergbaus,
etwa »Der unterirdische Pilger«; die Sammlung *Deutsche Sagen* (1816–
1818) der Brüder Grimm beginnt mit drei Bergwerksgeschichten; und
das vielleicht bekannteste ihrer *Kinder- und Hausmärchen* (1812–1815)
handelt von einem jungen Mädchen, das zu den sieben Zwergen geht,
die Gold und andere Metalle in den Bergen schürfen. Fast alle bedeutenden romantischen Schriftsteller ebenso wie die zahllosen weniger bedeutenden benutzten die Figur des Bergmanns und das Bild des Bergwerks. Diese Beobachtung erlaubt es uns, die Literatur der Romantik
im deutschsprachigen Raum nicht nur von den ihr vorausgehenden und
den ihr folgenden Literaturepochen abzusetzen, sondern auch – ungeachtet isolierter Gegenbeispiele wie des »lonely Miner« in Wordsworth' *The Excursion* – von der zeitgleichen Literatur der englischen
Romantik.

Wenn wir uns nun zunächst die Frage vorlegen, warum die Bilderwelt des Bergbaus bei den jungen Schriftstellern in Deutschland zwischen den Jahren 1790 und 1820 einen so starken Anklang fand, so
drängt sich uns ein Grund unmittelbar auf: Erstaunlich viele unter
ihnen waren tatsächlich als Bergbauingenieure ausgebildet. Die exemplarische Figur ist hier wie in so vielen anderen Bereichen Goethe, obwohl er nicht formell Bergwissenschaft studierte. Er war ausgebildeter
Jurist. Aber als junger Beamter im Herzogtum Sachsen-Weimar war er
damit beauftragt, die Silberminen in Ilmenau wiederzueröffnen. Damals widmete er sich voller Tatendrang sowohl den technischen wie den
administrativen Aspekten dieser Aufgabe[1]. Diese Erfahrung ergänzte
nicht nur das Interesse an der Geologie, das er über weite Strecken seines Lebens verfolgte, sie inspirierte ihn auch zu einem seiner schönsten

Gedichte: »Ilmenau«. Zudem lieferte sie einen bedeutsamen Schauplatz für den Roman *Wilhelm Meisters Lehrjahre*, der passagenweise in Ilmenau spielt und im vierten Kapitel des zweiten Buches einen komischen Dialog zwischen Bergleuten enthält, und verschaffte schließlich in *Wilhelm Meisters Wanderjahre* der Figur des Jarno, der dann Montan genannt wird und im 9. Kapitel des zweiten Buches Wilhelms Gastgeber bei einem Bergfest ist, seinen neuen Beruf[2]. Novalis, von der Ausbildung her ebenfalls Jurist, begann seine Laufbahn als Verwalter in den Königlichen Salinen von Sachsen – ein Amt, dessen Wirkungskreis einige Bergwerke umfaßte. Als ihm klar wurde, daß es ihm zur Erfüllung seiner Aufgaben an einer hinreichenden technischen Ausbildung fehlte, schrieb er sich im Jahr 1797 an der Königlichen Bergakademie in Freiberg ein und arbeitete von da an bis zu seinem Tod im Jahre 1801 als Salinen- und Bergwerksinspektor[3]. Clemens Brentano studierte im Jahre 1794 ein Semester Bergbau in Bonn und war dann ein Jahr lang als Lehrling für seinen Onkel Karl von Laroche, den Bergrat und Direktor der Salinen in Schönbeck bei Magdeburg tätig, ehe er 1797 nach Halle ging, um dort Kameralwissenschaft zu studieren. Eichendorff besuchte im Verlauf seines kameralwissenschaftlichen Studiums in Halle Vorlesungen über den Bergbau. Henrich Steffens und Theodor Körner studierten beide in Freiberg, ebenso ihre Zeitgenossen Alexander von Humboldt, Franz von Baader und Gotthilf Heinrich Schubert. Man kann mit Fug und Recht behaupten, daß es zwischen 1790 und 1810 sehr schwierig gewesen wäre, in einem der Zentren der deutschen Romantik eine Gruppe von Intellektuellen zu versammeln, unter der nicht mindestens ein oder zwei Gäste in irgendeiner Weise mit dem Bergbau befaßt gewesen wären. Alexander von Humboldt war einige Jahre lang als Oberbergmeister im Preußischen Bergdepartement tätig, bevor er seine wissenschaftlichen Expeditionen unternahm. Während seiner Zeit als Mineninspektor publizierte er mehrere einschlägige Werke, erfand eine Sicherheitslampe sowie eine Respirationsmaschine und gründete eine freie Schule für Bergleute. Baron Karl vom Stein begann seine Karriere im Preußischen Staatsdienst als Bergwerksverwalter in Westfalen. Während Franz von Baader seine mystische Theologie entwickelte, durchlief er nicht ohne Ehrgeiz die Karriere eines Bergbauingenieurs (ehe er sich 1820 von seinem Amt als Direktor der Bayerischen Bergwerke zurückzog). Johann Friedrich Reichardt war Königlicher Kapellmeister am Hof Friedrichs des Großen und verlor im Jahr 1794 sein Amt

wegen »revolutionärer Sympathien«. Er zog sich nach Halle zurück, wo
er ab 1796 Salineninspektor war und in seinem Haus im nahen Giebi-
chenstein einen der einflußreichsten Salons der Zeit unterhielt. Die
Bergwissenschaften waren ein so aktuelles Fach, daß Dorothea von
Schlözer, die im Jahr 1787 als erste Frau in Göttingen einen akademi-
schen Titel erwarb, in ihrer Abschlußprüfung nicht nur zu Horaz, zur
Algebra und zur Architektur befragt wurde, sondern auch zur *Berg-
Werks-Wissenschaft*[4].

Die Faszination am Bergbau übertrug sich von den Wissenschaftlern
und Ingenieuren auch auf viele, die zu ihm keine beruflichen Verbindungen hatten. Jean Paul, der in der Bergregion des bayrisch-böhmi-
schen Grenzgebietes aufwuchs, war zeitlebens von Bergleuten umgeben
und benutzte das Bergwerk oft als ironisches Bild für das menschliche
Leben. In dem Roman *Hesperus* (1795) etwa bezeichnet er sich als einen
»Berg-Hauptmann«, dessen Aufgabe es sei, die Schächte und Stollen der
menschlichen Existenz zu erkunden[5]. Auch Hölderlin, der keine direkte
Verbindung zum Bergbau hatte, benutzte das Bergwerk als Bild für die
menschliche Seele. So ruft im *Hyperion* (1797) der junge Held, als er
Griechenland verlassen und in irgendeinem Tal der Alpen oder Pyrenäen seine Zuflucht suchen will, seiner Geliebten Diotima zu: »O
komm! in den Tiefen der Gebirgswelt wird das Geheimniß unsers
Herzens ruhn, wie das Edelgestein im Schacht.«[6] In ähnlicher Weise
vergleicht Joseph Görres in der Einleitung zu seiner Anthologie *Die
deutschen Volksbücher* (1807) den Wesenskern des Volksgeistes mit einem
»schlackenlosen Metallkönig«, der trotz aller Verunreinigungen durch
Zeit und äußere Umstände seinen Glanz nicht verliert[7].

Der Abstieg in den Schacht eines Bergwerks wurde schnell zum festen
Bestandteil der Wanderungen, die jeder deutsche Student unternahm.
Während des Pfingstausflugs, den Tieck und Wackenroder 1793 unter-
nahmen – er wird oft zitiert, um das Anfangsdatum der romantischen
Bewegung zu markieren –, besuchten die beiden jungen Freunde die
Eisenminen in Oberfranken und berichteten davon in ekstatischen
Briefen an ihre Eltern[8]. Friedrich Carl von Savigny, der spätere Begrün-
der der historischen Rechtswissenschaft, stieg im Jahr 1799 in Berg-
mannstracht in eine Grube in Freiberg und erfuhr dort eine archetypische Offenbarung des geheimnisvollen Lebens unterhalb der Oberfläche
der Erde. »Das Bewußtseyn einer unterirdischen Existenz, die eigne
Kleidung, die besondre Sprache und der besondre Gruß, das alles würkt

recht harmonisch zusammen und versezt gewaltsam in den eignen Kreis des Lebens und Empfindens dieser Menschen.«[9] Heinrich von Kleist kam ein Jahr später durch Freiberg und geriet, als er die berühmten Bergwerke aus der Ferne sah, in heftige Versuchung, ihnen einen Besuch abzustatten. Aber die Dringlichkeit der Unternehmung, die ihn zu seiner geheimnisvollen Reise nach Würzburg veranlaßte, hielt ihn davon ab. Demgegenüber machte Eichendorff, als er 1805 von Halle nach Hamburg reiste, lange genug im Harz Station, um Bergmannskleider anzulegen und, eine Lampe in der Hand, den rituellen Abstieg »in die Unterwelt hinab« zu vollziehen, wo er »mit frommer Ehrfurcht« Betrachtungen über die trostlose Nacht der großen Höhlen anstellte und ehrfürchtig dem monotonen Tropfen zuhörte, das die Stalagmiten zu erstaunlich »menschenähnlichen Gespenstergestalten« formte[10].

Im selben Jahr 1805 träumte Adolph Müller in Halle von einer Reise nach Freiberg, um dort »die unterirdischen Hieroglyphen und ihre Auslegung« zu erleben. »Wer nur will, der kann alles Leben und alle organisirte Bildung da unten erforschen; obgleich jetzt da unten alles aufgehört hat zu leben, oder vielmehr im Leben nur einen Stillstand gemacht hat, so mag nun jeder den stehenden Augenblick betrachten.«[11] Müller kam nie nach Freiberg, aber 1806 machte er zusammen mit seinem Lehrer Henrich Steffens eine Exkursion zu den Minen des Harz. Es ist vor diesem Hintergrund nicht verwunderlich, daß Friedrich Gottschalcks *Taschenbuch für Reisende in den Harz* (1817), ein damals weitverbreiteter Reiseführer, der von deutschen Studenten, aber auch von ausländischen Reisenden wie Washington Irving konsultiert wurde, mit allem Nachdruck den Abstieg in die Silberminen bei Clausthal empfahl[12]. Als Heinrich Heine 1824 seine Reise in den Harz unternahm, folgte er, wenn auch nicht ohne Vorbehalte, Gottschalcks Rat. Er legte »die dunkle Delinquententracht« an und wagte sich, auf allen vieren kriechend, hinab in zwei Minen[13]. Nachdem er seine anfängliche Angst überwunden hatte, gewann er schließlich einen günstigen Eindruck sowohl vom Charakter der Bergleute wie von ihrer Kultur. Aber zu diesem Zeitpunkt, dreißig Jahre nach den frühesten Abstiegen der Romantiker, ist das Geheimnisvolle schon mit Ironie gepaart. Heine beobachtet sich selbst beim neuerlichen Inszenieren dessen, was längst ein Ritual geworden war – bis hinab zur gemischten Empfindung aus Angst und Ehrfurcht.

Bis hierher kann unsere Auflistung von Bergleuten in der deutschen Literatur der Romantik und von Schriftstellern, die Bergwissenschaft studierten oder Bergwerke besuchten, allenfalls symptomatische Geltung beanspruchen. Wenn die Sammlung der Fakten substantielle Aussagekraft gewinnen soll, müssen wir über die reinen Daten hinausgehen und uns fragen, warum es in Deutschland zu diesem plötzlichen Anschwellen des Interesses am Bergbau gekommen sein mag und ob sich diesem Interesse eine spezifisch literarische Bedeutung zuschreiben läßt.

In nicht unbeträchtlichem Ausmaß wurde das Interesse am Bergbau durch die aufsehenerregenden Entwicklungen in der Geologie stimuliert. Der Autor einer klassischen wissenschaftsgeschichtlichen Darstellung nennt die Zeit zwischen den Jahren 1790 und 1820 ihr »Heroisches Zeitalter«[14]. Im frühen 19. Jahrhundert war die Geologie die populärste Wissenschaft in Großbritannien – die einzige Wissenschaft, die mit gleicher Intensität in Oxford wie in Cambridge betrieben wurde[15]. In Deutschland fand der lebhafte Streit zwischen den sogenannten ›Neptunisten‹ und ›Vulkanisten‹ über die Erdbildung im öffentlichen Bewußtsein so großen Widerhall, daß Goethe ihn ohne Bedenken als ein Hauptmotiv in den zweiten Teil seines *Faust* einführen konnte. Das weitverbreitete Interesse an der Geologie rührte zum Teil daher, daß sie die kosmogonischen Lehren der Bibel untergrub. Zur Kontroverse zwischen Genesis und Geologie kam als nicht zu unterschätzender Faktor hinzu, daß die Geologie zu großen Teilen im Freien und nicht in düsteren Laboratorien betrieben wurde. Dies war ein Umstand, der dazu beitrug, sie im Rahmen der romantischen Wertschätzung der Natur attraktiv zu machen.

Die europäische Öffentlichkeit hatte erst kurz zuvor, nämlich in der zweiten Hälfte des 18. Jahrhunderts, das Vergnügen an Bergbesteigungen entdeckt. Ursprünglich wurde diese Anstrengung auf der Suche nach dem Erhabenen unternommen[16]. Zur gleichen Zeit, als in diesem Sinne die Höhen das bevorzugte Ziel der Wanderer in englischen Ausflugsgedichten wurden, stellte die Bergwelt den gattungsspezifischen Ort für die Meditationen der klassischen deutschen Elegie dar, wie sie von Schiller, Goethe und ihren Zeitgenossen entwickelt wurde. Es lag nahe, daß die ursprüngliche Begeisterung für die Außenseite der Berge auf ihre inneren Tiefen übertragen wurde, und so entstand die Mode, Ausflüge und Picknicks zu solch bequem zugänglichen Plätzen wie der Beatus-Höhle oberhalb des Thuner Sees zu arrangieren[17]. Der Schweizer

Landschaftsmaler Caspar Wolf bediente in den siebziger Jahren des 18. Jahrhunderts das interessierte Publikum mit so vielen Höhlenbildern, daß er den Spitznamen »Höhlenwolf« erhielt. Das Höhlenmotiv taucht mit zunehmender Häufigkeit in der Kunst des späten 18. Jahrhunderts auf. Gelegentlich wurde es zur Obsession. An der Wende zum 19. Jahrhundert machte sich der Schweizer Speläologe Carl Lang auf, alle berühmten Minen und Höhlen in Europa zu erkunden. Er sah in ihnen »Hallen und Kammern, die der Ruhe geweiht sind«.[18]

Während das wissenschaftliche Interesse an der Geologie und die kulturelle Faszinationskraft der Höhlen zur Aufnahmebereitschaft des Publikums für das Thema Bergbau beitrugen, wurde dessen faktische Entwicklung von den Erfordernissen der industriellen Revolution vorangetrieben[19]. Jahrhundertelang war die Nachfrage nach Metallen im wesentlichen auf die Bedürfnisse von Landwirtschaft und Militär beschränkt: auf Pflugscharen, Sicheln, Pfeilspitzen, Schwerter und andere Werkzeuge oder Waffen. Als neue, industrielle Verwendungsmöglichkeiten der Metalle für Maschinen, Brücken, Eisenbahnen und Gebäude gefunden wurden, stieg die Nachfrage nach ihnen dramatisch an. In den neunziger Jahren des 18. Jahrhunderts wurde die Expansion des Bergbaus durch die Vervollkommnung der Dampfmaschine befördert, weil sie das Wasser in den Minen beherrschbar machte und die unterirdische Förderung der Metalle erleichterte. Zur selben Zeit wurde entdeckt, daß Koks sehr viel effizienter für das Schmelzen und die Verarbeitung von Eisen benutzt werden konnte als Holzkohle, wodurch auch die Kohlenindustrie rasch zu expandieren begann. Die Industrielle Revolution schritt in den verschiedenen Ländern in unterschiedlichem Tempo voran, so daß der Bergbau von Ort zu Ort einen gänzlich verschiedenen Charakter annahm. England, dessen nationale Ökonomie als erste in der Welt voll industrialisiert war, hatte Deutschland fast ein Jahrhundert in der Erfahrung der Industriellen Revolution voraus. Während der neunziger Jahre des 18. Jahrhunderts ließ die Kohle das Holz als wichtigstes Brennmaterial für die Produktion von Eisen und Stahl hinter sich. Um das Jahr 1800 förderte Großbritannien schon elf Millionen Tonnen Kohle pro Jahr. Diese technisch-industriellen Faktoren wirkten sich nachhaltig auf die englische Dichtkunst aus[20]. Als John Dalton 1755 ein langes, beschreibendes Gedicht an »Zwei Ladies bei ihrer Rückkehr von einer Besichtigung der Minen nahe Whiteheaven« adressierte, faßte er »die wilden Eingeweide der Natur« in Bilder von Gestank und Schrecken:

Welcome to light, advent'rous pair!
Thrice welcome to the balmy air
From sulphurous damps in caverns deep
Where subterraneous thunders sleep,
Or, wak'd, with dire Aetnaean sound
Bellow the trembling mountain round,
Till to the frighted realms of day
Thro' flaming mouths they force their way[21].

Dalton, so ist anzumerken, nahm ein Thema in Angriff, das bis dahin einem zeitgenössischen Leser als Poesie, in Versform nicht begegnet war. Der Gegenstand war in der Tat so neu, daß Dalton seinen Text mit Anmerkungen versah, die fast halb so umfangreich waren wie das 335 Zeilen lange Gedicht selbst. Und er hatte alle Kräfte mythologisierender Analogiebildung aufzubieten, um »den dunklen Wohnsitz der Verzweiflung« mit einer poetischen Aura auszustatten. In ähnlicher Weise sah sich Richard Jago in *Edge-Hill* (1767), einem Loblied auf die Landschaft von Warwickshire veranlaßt, Rechtfertigungen für die prosaisch-nützlichen Produkte der örtlichen Minen zu finden:

Hail, Native British Ore! of thee possess'd
We envy not Golconda's sparkling mines
Nor thine, Potosi! nor the kindred hills
Teeming with gold. What though in outward form
Less fair? not less thy worth. To thee we owe
More riches than Peruvian mines can yield,
Or Montezuma's crowded magazines
And palaces could boast, though roof'd with gold.[22]

Und im Jahr 1785 beschrieb Anna Seward, der »Schwan von Lichfield«, die »entweihten Haine« des »geschändeten Colebrook«:

Grim Wolverhampton lights her smouldering fires,
And Sheffield, smoke-involv'd; dim where she stands
Circled by lofty mountains, which condense
Her dark and spiral wreaths to drizzling rains,
Frequent and sullied; as the neighbouring hills
Ope their deep veins, and feed her cavern'd flames;
While to her dusky sister, Ketley yields

From her long-desolate, and livid breast,
The ponderous metal.[23]

Um den Bergbau als romantisch-poetisches Phänomen darstellen zu können, mußten englische Dichter wie James Thomson und Christopher Smart sich den exotischen Sphären Indiens und Südamerikas zuwenden. In ihrer Heimat nahmen sie, darin auf Blake vorausweisend, nur »dunkle Fabriken Satans« wahr, abscheuliche Höllenstätten, wo – wie in Keats' »Isabella« (Strophe 14) – »many a weary hand did swelt/ In Torched mines and noisy factories«. Es paßt zu dieser Haltung, daß Lord Byron, als er im Jahr 1811 in Lancashire seine Besitztümer inspizierte, hocherfreut darüber war, daß sein Gesichtskreis dabei »stets freiblieb vom Anblick einer Kohlengrube«.[24]

Es ist angesichts der für seine Nation typischen Haltung gegenüber dem Bergbau wenig verwunderlich, daß Henry Crabb Robinson, der Deutschland wahrscheinlich besser kannte als irgendein anderer Engländer seiner Zeit, durchaus nicht angetan war, als er mit Brentanos jüngerem Bruder Christian eine Besichtigungstour durch »die berühmten Berg-Minen des Harz« unternahm. In Sankt Andreasberg, so berichtet er im Jahr 1801, »stillte ich meine Neugier durch den Abstieg in eine Mine, wobei ich erfuhr, daß dies ein ermüdendes, wenig lehrreiches und außerordentlich uninteressantes Spektakel ist. Allgemein gesprochen, kenne ich keinen Anblick, der die Mühe so wenig lohnt ... Ich konnte kaum ungehalten sein über die wenig feine Eintragung eines englischen ›Mylord‹ in das Gästebuch: ›Descended this d———d old hole‹.«[25] Robinson, so müssen wir uns erinnern, besuchte eben die Minen, in die genau zur gleichen Zeit Wackenroder, Tieck, Novalis, Savigny, Eichendorff und zahllose andere Reisende so begeistert hinabstiegen. Aber er nahm sie mit den Erwartungen eines Engländers wahr und betrachtete sie mit Augen, die an industrielle Kohlen- und Eisenminen gewöhnt waren.

Deutschland hingegen war in der Entwicklung einer modernen Eisenindustrie die langsamste unter den großen westlichen Nationen. Die neunziger Jahre des 18. Jahrhunderts gelten den Wirtschaftshistorikern als das noch »vorhomerische Zeitalter des industriellen Deutschland«.[26] Bis zur Reform des Bergbaus im Jahre 1766, der sogenannten »revidirten Bergordnung«, wurden die Arbeiter in den Kohlegruben als niederer Stand angesehen, der von den gesetzlichen Rechten und Privilegien wirklicher Bergleute ausgeschlossen war[27]. Die riesigen Kohlevorkommen an der Ruhr, die Deutschlands spektakulären Industrialisierungsschub in der zweiten Hälfte des 19. Jahrhunderts möglich machten, waren noch unentdeckt. Dementsprechend war die deutsche Kohleförderung im ersten Jahrzehnt des 19. Jahrhunderts im Vergleich zu den jährlichen elf Millionen Tonnen Fördermenge in England fast zu unbedeutend, um überhaupt registriert zu werden. Erst im Jahr 1850 erreichte die Kohleförderung in Deutschland annähernd die Hälfte der Produktion Englands im Jahr 1800.

Auf der anderen Seite war Deutschland bis zur Entdeckung Amerikas die Hauptquelle für Edelmetalle in Europa. Diese Tradition bestimmte den Charakter des Bergbaus in Regionen wie dem Harz oder dem Erzgebirge bis weit ins 19.Jahrhundert. Wenn deutsche Schriftsteller an Minen und Bergwerke dachten, dann hatten sie nicht Kohle und Eisen, sondern Gold, Silber und andere wertvolle Metalle im Sinn, die im Innern der Hügel und Berge lagen. Oft konnten diese Metalle geborgen werden, ohne daß die Landschaft in Mitleidenschaft gezogen wurde, und nützlich waren sie nicht so sehr für die Fabrik als vielmehr für das Kunsthandwerk .

Das Zentrum des deutschen Bergbaus war seit dem 12. Jahrhundert Freiberg in Sachsen. Dreißig Kilometer südwestlich von Dresden gelegen, wurde es aufgrund der außergewöhnlichen Vielfalt seiner Adern und Erze zur bedeutendsten Stätte metallurgischer Studien in Europa[28]. Sogar nach der Entdeckung Amerikas, in deren Folge die Bedeutung der deutschen Minen zurückging, blieb Freiberg Zentrum für das Studium der Bergbautechnologie und Mineralogie. Agricolas *De re metallica* (1556), die klassische Abhandlung zum Thema, ist mit speziellem Bezug auf die Minen um Freiberg geschrieben. Die erste Bergbauakademie der Welt wurde im Jahr 1765 in Freiberg gegründet und diente den nach und nach in ganz Europa eingerichteten Nachfolgerinnen als Modell – sei es in Chemnitz 1770, in St. Petersburg 1783, in Paris 1790 oder anderswo. Nicht nur für die öffentliche Geltung des Bergbaus, sondern auch für die Reputation des Lehrplans und Lehrkörpers in Freiberg ist es aufschlußreich, daß Studenten aus ganz Europa hierherströmten, um das Studium an der Bergakademie aufzunehmen. Über die schon erwähnten Schriftsteller hinaus weist das Immatrikulationsregister Studenten aus Italien, Spanien, Portugal, Norwegen, Dänemark, Polen, Rußland und natürlich aus England auf[29]. Der bekannte Edinburger

Geologe Robert Jameson studierte in Freiberg und regte in der Folge seinen Schüler Thomas Carlyle dazu an, Deutsch zu lernen – und zwar mit der ausdrücklichen Absicht, ihn Abhandlungen über Bergbau und Geologie aus dem Deutschen ins Englische übersetzen zu lassen[30]. Während der romantischen Epoche war Freiberg in einem Ausmaß kosmopolitisches Zentrum, wie es deutsche Universitäten ansonsten erst später im 19. Jahrhundert werden sollten. Bis zum Ende des Jahrhunderts gingen die fähigsten amerikanischen Bergbauingenieure nach Freiberg, um sich dort ausbilden zu lassen[31]. Noch heute ist die Bergakademie mit über viertausend Studenten ein aktives Zentrum technischer Lehre in Deutschland.

Die treibende Kraft hinter dem Aufstieg Freibergs war Abraham Gottlob Werner, ein ausgezeichneter Mineraloge, dessen Familie schon seit drei Jahrhunderten mit dem Bergbau verknüpft war und der an der Akademie von 1775 bis zu seinem Tod im Jahr 1817 lehrte[32]. Werners spezielle Interessengebiete waren die *Geognosie*, also das Studium der Struktur und Zusammensetzung der Erde, sowie die *Oryktognosie*, also die Klassifizierung der Mineralien. Nach seinem grundlegenden Werk zur Taxonomie der Mineralien mit dem Titel *Von den äußerlichen Kennzeichen der Fossilien* (1774) publizierte Werner nur noch wenig. Seine Ideen machte er weniger durch Bücher als durch seine charismatische Wirkung als Lehrer allgemein bekannt. In ihrem Zentrum stand der Neptunismus, also die Theorie, daß die Mineralien sich als Rückstände oder Niederschläge des Urozeans gebildet hatten, der die Erde in ihren Anfängen bedeckte. Werner bekehrte Generationen von »Bergaposteln«, die seine Lehre über ganz Europa verbreiteten: Stein, Humboldt, Baader, Novalis, Steffens, Schubert und Körner, um nur diejenigen zu erwähnen, deren Namen in der Kulturgeschichte bekannt sind[33]. Viele seiner Studenten, darunter Steffens in seiner Autobiographie, berichten von dem Eindruck, den Werner auf sie machte. Die dauerhafteste Achtungsbezeugung aber erwies ihm Novalis, der ihn in zwei seiner literarischen Werke verewigte: als den Lehrer in *Die Lehrlinge zu Sais* und als den alten Bergmann in *Heinrich von Ofterdingen*. Thomas Carlyle wurde über Robert Jameson mit Werners Ideen bekannt. Dies führte zu einer Anspielung in den Einleitungsparagraphen von *Sartor Resartus* (I, 1.4). Als angesehener Freund Goethes spielt Werner übrigens eine zentrale Rolle im achten Kapitel von Thomas Manns Roman *Lotte in Weimar* (1939), wo der

»Herr Bergrat Werner aus Freiberg« der bevorzugte Gast an Goethes Abendtafel ist.

Besonders hervorzuheben ist der Umstand, daß Werners geologische Interessen – genauer: seine gesteinskundliche Passion – aufs engste verknüpft waren mit seiner praktischen Erfahrung als Bergbauingenieur. Ungeachtet seines Eintretens für den Neptunismus hatte Werner wenig übrig für das große kosmogonische Spekulieren und Theoretisieren, wie es die meisten anderen Geologen seiner Generation betrieben. Statt dessen wollte er mittels seiner *Geognosie* den Bergleuten helfen, Mineralvorkommen zu lokalisieren, und durch seine *Oryktognosie* versuchte er, sie präzise zu identifizieren. Es geht auf Werners mächtigen Einfluß zurück, daß das Studium der Geologie in Deutschland eine ungewöhnlich enge Beziehung zur Bergbautechnologie behielt. Dank der großen Ausstrahlung dieses einzelnen Mannes entwickelten viele deutsche Schriftsteller und Denker ein leidenschaftliches Interesse am Bergbau. Daß er von einem so hervorragenden Wissenschaftler in einer so pittoresk gelegenen Akademie gelehrt wurde, gehört zu der spezifischen Konstellation, in der in Deutschland der Bergbau kulturell attraktiv wurde. Anstelle von Kohlebergbau, Eisenproduktion und Industrialisierung mit den sie begleitenden sozialen Problemen, welche die Ludditen auf den Plan riefen und schließlich Karl Marx und Friedrich Engels in England beschäftigten, rief der Begriff Bergbau im Geist der deutschen Romantik archetypische Bilder von Abstiegen in geheimnisvolle unterirdische Höhlen herauf, die unter der Führung von weisen alten Männern und auf der Suche nach einem verborgenen sagenhaften Wissen unternommen wurden, dessen Symbol glitzernde Steine und Edelmetalle waren[34].

Der Glaube an das Wachstum der Steine

Im Lichte all dessen, was bisher gesagt wurde, mag die Feststellung erstaunlich scheinen, wie wenig von der praktischen Realität des Bergbaus in Erzählkunst, Drama und Poesie der Romantik einging. Der alte Bergmann im *Heinrich von Ofterdingen* durchsetzt seine Rede mit einigen wenigen technischen Begriffen, die in modernen Editionen in der Regel in den Fußnoten erklärt werden. In Arnims Roman *Die Kronenwächter* wird das Ausschachten eines tiefen Brunnens in Begriffen beschrieben, die mit den Holzschnitten in Editionen von Agricolas *De re*

metallica aus dem 16. Jahrhundert übereinstimmen. Hoffmann macht
für seine Beschreibung der weltberühmten Kupferminen von Falun
sorgfältigen Gebrauch von zeitgenössischen Reisebüchern. Steffens gibt
knappe Kommentare zur rauhen Düsternis des Lebens der Bergleute in
Freiberg, bevor er vom Realismus zur euphorischen Verklärung übergeht. Sein erster Eindruck von der Hauptstadt des Bergbaus, wie ihn
seine Autobiographie wiedergibt, war so bedrückend, daß er anfänglich
seinem Aufenthalt ohne Vorfreude entgegensah. In einer Erzählung des
Zyklus *Die vier Norweger* ist diese niedergedrückte Stimmung eingefangen. »Es war ein trauriger Abend, dicke Wolken hatten den Himmel
überzogen, ein trüber Nebel sich auf die ganze Gegend gelagert, und
diese lag öde, finster und baumlos vor mir; die kahlen Halden, zwischen
welchen, einsam und still, ermüdete Bergleute in ihrer schmutzigen, ab-
getragenen, schwarzen Tracht herumschlichen, ließen mich den Eingang zum Tartarus erblicken, so abgestorben, todt, einsam kam mir
alles vor.«[35] Im allgemeinen aber enthält die Literatur der deutschen
Romantik nichts, was dem realistischen Detailreichtum der John
Dalton, Richard Jago und Anna Seward im englischen topographischen
Gedicht des 18. Jahrhunderts die Waage halten könnte. Das Bergwerk
der deutschen Romantik ist ein Bergwerk der Seele, kein technisch-
industriell bestimmtes Gelände. Es drängt sich daher die Frage auf, wodurch sich die Bergwerke dem romantischen Blick so unwiderstehlich
als Bild für die Natur des Menschen empfahlen.

Northrop Frye macht darauf aufmerksam, daß »die metaphorische
Struktur romantischer Poesie dahin tendiert, sich nach innen und unten
statt nach außen und oben zu bewegen«.[36] Während die Dichter des
18. Jahrhunderts in England und in Deutschland auf der Suche nach
dem Erhabenen die Höhen erkundeten, durchforschten ihre jüngeren
romantischen Nachfolger die Tiefen. Blakes Jerusalem liegt in der Mitte
der Welt; im *Prometheus Unbound* ist der ausbrechende Vulkan ein be-
herrschendes Bild; die Geographie von *Kubla Khan* stellt unterirdische
Ströme vor Augen. Gewiß, in einem weiteren Sinne können innere
Topographien wie diese als Beispiele für das allgemeine Muster von Abstieg und Wiederkehr gelten, wie wir es aus den Höllenfahrten von der
Odyssee über die *Aeneis* bis zur *Göttlichen Komödie* kennen. Dies erklärt
die romantische Faszination durch das Orpheus-Motiv[37]. Aber wie wir
gesehen haben, machten die englischen Dichter keinen Gebrauch von
dem Bild für das ›Innen‹ und ›Hinab‹, das die deutsche romantische

Literatur beherrschte. Daß der Bergbau Eingang ins romantische Bewußtsein fand und dort eine so auffällige Rolle spielte, resultierte aus der besonderen Verfassung dieser Institution in Deutschland zu dieser Zeit, wobei sie der Dichtung der Periode einer Gruppe von institutionseigenen Bildern und Bedeutungen einprägte.

Von der Antike bis ins 18. Jahrhundert war der Glaube weit verbreitet, daß Steine und Metalle unter der Erde wachsen wie organische Materie[38]. Diese Vorstellung war dem archaischen Glauben an eine *Terra Mater* und eine *monde sexualisé* verpflichtet[39]. Im fünften Buch seiner *Geographie* berichtete Strabo, daß das Eisen in den Minen der Insel Elba sich selbst erneuere, nicht anders als das Salz in den Minen Indiens. Er versicherte seinen Zeitgenossen, daß der Marmor von Paros und die Steine in den Brüchen von Rhodos nachwüchsen. Dieser Glaube hielt sich so hartnäckig, daß noch im 17. Jahrhundert erschöpfte Minen von Zeit zu Zeit geschlossen wurden, um den Mineralien Gelegenheit zu geben, sich wieder aufzufüllen. Diese alte Vorstellung überlebte in der Folklore der Bergleute bis heute und ist noch greifbar im deutschen Bergmannsgruß: »*Es wachse das Erz!*«[40] Die Theorie stützte sich auf Analogien. Warum sollten Steine nicht in der Erde wachsen, wo sie doch schließlich in allen anderen Bereichen der Natur auch wuchsen? Der Körper produzierte *calculi* in der Form von Nieren- oder Gallensteinen; die Auster erzeugte Perlen, ganz so wie der Legende zufolge der Drache hinter seiner Stirn die wertvollen *draconites*. Antike und mittelalterliche Gelehrte dachten, daß Onyx und Bernstein auf Pflanzen wüchsen. Und machten nicht Korallen, Sand und Stalaktiten augenfällig, daß Wasser sich in Steinen materialisieren kann? Man war zudem jahrhundertelang der Ansicht, Meteoriten seien Steine, die von der Luft hervorgebracht wurden. Man stellte sie mit bestimmten Fossilien, z. B. den *glossopetrae*, und jenen primitiven Werkzeugen auf eine Stufe, die in Deutschland als »Donnerkeile« bekannt waren.

Zur Erklärung der Entstehung und Fortzeugung der Steine im Innern der Erde entwickelten sich im Lauf der Zeit im wesentlichen drei Theorien. In der Antike war die aristotelische Theorie der Einflüsse des Himmels maßgeblich: Die Strahlen der Sonne und andrer Himmelkörper bewirken dieser Theorie zufolge durch ihr Eindringen in die Erdkruste, daß sich dort die Elemente neu zusammensetzen und dabei Steine entstehen. Diese Lehre, die von Thomas von Aquin, Albertus Magnus und den meisten anderen Scholastikern des Mittelalters übernommen wurde, herrschte so lange, bis sie allmählich im 16. Jahrhundert durch die Theorie des sogenannten »Steinsamens« ergänzt wurde, nach der sich die Mineralien ganz ähnlich wie die Pflanzen fortzeugen sollten. Gelegentlich wurde diese Theorie mit der von Theophrast und Plinius übernommenen Vorstellung kombiniert, daß die Steine entweder männlichen oder weiblichen Geschlechts seien, was eine offen sexuelle Erklärung mineralogischer Reproduktion ermöglichte. Schließlich kam die Theorie vom »steinerzeugenden Saft« auf. Wie Agricola in seiner Abhandlung *De ortu et causis subterraneorum* (1546) erklärte, zirkuliere der *succus lapidescens* durch die Erdkruste und verwandele dabei verschiedene Substanzen in Stein, ganz so, wie das Blut im menschlichen Körper durch Stoffumwandlung Nierensteine erzeuge. Den Zweiflern am Wachstum der Steine antwortete Agricola mit der Einladung, verlassene Stollen in den Bergwerken zu inspizieren. Man werde finden, daß sie oft genug sehr eng geworden seien, »während doch die Bergleute sie breit genug anzulegen pflegen, damit sie den Durchgang nicht hindern. Sie sind so verengt infolge des Zuwachses an Stoff, woraus Stein entstanden ist; ... durch solche Zunahme vermehrt sich auch in gewisser Weise Blei. Denn wenn es an einem feuchten Flecke liegt, bekommt es Zuwachs.«[41]. Als weiteren Beleg zitierte Agricola die Beobachtung, daß Dachziegel aus Blei mit der Zeit so schwer würden, daß sie durch leichtere aus Kupfer ersetzt werden müßten. Der Glaube, daß die Mineralien und Metalle wüchsen und in diesem Wachstumsprozeß zunehmend verfeinert würden, so daß alle unedleren Metalle sich in Richtung auf Silber und Gold entwickelten, lieferte die rationale Basis für die Alchimie. Die Theorie schien durch die Tatsache erhärtet zu werden, daß ein Edelmetall wie das Silber oft in bleiernem Erz gefunden wurde. Denn hatte man darin nicht einen Beleg für den Prozeß der Selbstvervollkommnung des Bleis über das Erz zum Silber vor Augen? Tatsächlich berichtete Roger Bacon, bei einer bestimmten Silbermine, die dreißig Jahre geschlossen gewesen sei, habe sich nach ihrer Wiedereröffnung herausgestellt, daß sie sich in eine Goldmine verwandelt habe[42].

Der Glaube an Wachstum und Fortzeugung der Metalle und Mineralien verschwand nicht mit der Alchimie. In der maßgeblichen deutschen Enzyklopädie des 18. Jahrhunderts erklärt der Artikel »Mineralisches Reich, Regnum minerale« die Erzeugung der Mineralien durch eine Kombination der antiken Theorie der himmlischen Einflüsse und

der neueren Theorie des steinbildenden Samens. »Die Mineralien haben
ihren Anfang und Saamen (wie die Thiere und Erd-Gewächse) auch
von Gott, durch den Einfluß des Gestirns.«[43] Wenn die Sterne ihre
Strahlen auf die Erde würfen, würden ihre Kräfte veredelt, destilliert
und über den ganzen Planeten verstreut. In diesem Prozeß stießen sie
auf »eine fette Feuchtigkeit« und gerönnen zu greifbar materiellen Kör-
pern, aus denen entsprechend dem Reinheitsgrad des jeweiligen Erd-
strichs verschiedene Metalle »geboren« würden, »und kan solches auch
daran erkannt werden, weil in der Erde die Metalle, wenn sie noch in
ihrem Wachsthum liegen, immer zeitiger werden, und sich je länger je
mehr verbessern und veredeln, welche Verbesserung auch über der Erde
gespüret wird.«

Ungeachtet der Erkenntnisse moderner Geologie hatte die alte Vorstellung sich selbst vervielfachender Metalle eine starke Faszinationskraft
für das romantische Bewußtsein. Denn es sah überall unablässige
Wachstums- und Umformungsprozesse in einem Universum, in dem es
keine trennenden Kategorien gab, sondern nur eine kontinuierlich glei-
tende Skala von Begriffen. Geist und Materie waren im Wesenskern
identisch. Schelling faßte am Ende seiner *Ideen zu einer Philosophie der
Natur* (1797) diesen Gedanken in die berühmte Formel: »Die Natur soll
der sichtbare Geist, der Geist soll die unsichtbare Natur seyn.« In dieser
Welt der romantischen Naturphilosophie strebten die Elemente der
Natur beständig aufwärts, um eine Seele zu erlangen. Fouqués Erzählung *Undine* (1811) etwa, in der ein Wassergeist ein menschliches Wesen
heiratet, faßt diese Bewegung ins Bild. Für diejenigen, die der allgegenwärtigen romantischen Überzeugung von der Durchdringung des Organischen und des Anorganischen anhingen, war die Vorstellung eines
mineralischen Königreichs, das sich ewig *in statu nascendi* befand und
sich fortwährend in immer edlere Formen sublimierte, äußerst attraktiv.
Und in der Tat waren die *Beyträge zur inneren Naturgeschichte der Erde*
(1801), mit denen Steffens seine wissenschaftliche Reputation begründete, ausdrücklich in der Intention verfaßt, die Erde als einen Schauplatz des kontinuierlichen Übergangs vom Unbelebtem zum Belebten,
vom Unbeseeltem zum Beseelten zu erweisen[44].

Im Standard-Leitfaden durch die romantische Naturphilosophie,
Gotthilf Heinrich Schuberts *Ansichten von der Nachtseite der Naturwissenschaft* (1808), bildet die Erörterung der Metalle den Übergang von
der anorganischen Natur zur Welt des Organischen. Hier sehen wir,

sagt Schubert, die Formen der oberen Welt im Reich der Metalle reflektiert. »Überhaupt muß, wie ich anderswo gezeigt habe, der Uebergang aus dem Steinreich in das der Pflanzen und Thiere, in jeder Hinsicht in den Metallen gesucht werden.«[45] Ihre Brennbarkeit verweist auf ihre chemische Verwandtschaft mit organischer Materie, während ihre Farben und Formen die der höheren, organischen Welt imitieren. »Das ganze Reich der Metalle,« so Schubert, »scheint an den Gränzen der beyden Welten, aus dem Untergang und einer der Verwesung ähnlichen Vernichtung des Anorganischen entstanden, und in sich den Keim der neuen, organischen Zeit zu tragen.«

Es wäre schwierig und wahrscheinlich unergiebig, wollte man im Detail zu bestimmen versuchen, inwieweit einzelne romantische Schriftsteller der Vorstellung von der halb-organischen Natur der Metalle und dem Glauben an ein Königreich der Mineralien als Vermittlungssphäre zwischen Organischem und Anorganischem verpflichtet blieben. Hinreichend klar dürfte sein, daß dieser Glaube in der Literatur des Zeitalters die mächtige Funktion einer herrschenden Metapher innehatte. Novalis war als ausgebildeter Bergbauingenieur mit den modernsten Theorien der Mineralogie vertraut. Und doch finden wir in seinen literarischen Werken wiederholt Hinweise darauf, daß er zugleich der alten Vorstellung eines organischen Reichs der Metalle anhing. Im *Heinrich von Ofterdingen* schließen die Metaphern, die der alte böhmische Bergmann benutzt, eine organische Konzeption mineralogischen Lebens ein. Als er zum Beispiel vom Bergmannsberuf und seinen Mühen spricht, metaphorisiert er die Metalle und Edelsteine als Blumen der Tiefe: »welches köstliche Gewächs blüht ihm auch in diesen schauerlichen Tiefen.«[46] An anderer Stelle gedenkt der alte Bergmann jener sagenhaften Urzeit, »wo jeder Keim noch für sich schlummerte, und einsam und unberührt sich vergeblich sehnte, die dunkle Fülle seines unermeßlichen Daseyns zu entfalten«[47] Als Heinrich, von diesen Gedanken unwiderstehlich in Bann gezogen, allein in der Höhle des Einsiedlers zurückbleibt, fragt er sich: »Wäre es möglich, daß unter unsern Füßen eine eigene Welt in einem ungeheuern Leben sich bewegte? daß unerhörte Geburten in den Vesten der Erde ihr Wesen trieben, die das innere Feuer des dunkeln Schooßes zu riesenmäßigen und geistesgewaltigen Gestalten auftriebe?«[48] In gewissem Sinn ist schließlich das große *Märchen*, das Klingsor am Ende des Buches erzählt, eine kunstvolle Allegorie des pulsierenden Lebens, das sich im Reich der Metalle

und Mineralien regt und kraft elektromagnetischer Eigenschaften die
Fähigkeit fortwährender Verjüngung besitzt.

Der junge Tieck teilte den Glauben des Novalis an den unterirdischen Vitalismus der Mineralien, so in dem Schauspiel *Kaiser Oktavianus* (1804). Hier besitzt der Dichter durch seine visionären Kräfte die
Fähigkeit, die Reiche zu durchdringen, wo Metalle, Mineralien und
wertvolle Steine wachsen:

> Aufgeschlossen sind die Reiche
> Wo das Gold, die Erze wachsen,
> Wo Demant, Rubinen keimen
> Ruhig sprießen in den Schalen.

Zwei Jahrzehnte später nutzte Tieck den gleichen Vorstellungskreis für
humoristische Zwecke. In der Erzählung *Der Alte vom Berge* (1828) gibt
es einen Bergmann namens Kunz. Er ist nicht nur abergläubisch, sondern auch betrunken und behauptet, die Mineralien wüchsen »wie ein
fortwucherndes Kartoffelnfeld«. »Daß aber Leben und Weben in den
Erzen und Gebirgen ist«, ruft Kunz, »versteht sich von selbst, daß sie
wachsen und vergehn, und daß, wie hier oben Sonne und Mond
scheint, Regen und Nebel ist, Frost und Hitze, so da drunten Brodem
und Wetter, die einschlagen und ausfahren und da im Finstern unsichtbar kochen und sich gestalten, ... und wie dann der Qualm geht und
sich richtet, so erzeugt er Erz, oder Gestein, verquickt sich in Silber
oder Gold oder rennt als anschießendes und zersprengtes Eisen und
Kupfer durch die fernen und nahen Adern hin.«[49] In der Mischung von
Angst und Ironie schließlich, die für den Ton von Heines Reisebild *Die
Harzreise* (1824) so charakteristisch ist, fühlt sich der Autor unbehaglich,
als er in den Tiefen der Mine ein beständiges Hasten und geschäftiges
Treiben hört. »Zuweilen gelangt man auch in durchgehauene Gänge,
Stollen genannt, wo man das Erz wachsen sieht...«[50].

In der Geschichte der Wissenschaft könnten diese weitverbreiteten li-
terarischen Anspielungen auf das Wachstum der Metalle allenfalls eine
Fußnote beanspruchen. Für uns aber verweisen sie auf einen zentralen
Punkt in der romantischen Ausgestaltung des Bergwerks als Bild der
Seele. Der Übergang vom Anorganischen zum Organischen symboli-
sierte im Denken der Romantik zugleich den vom Unbewußten zum
Bewußtsein. Das Bergwerk, wie die deutsche Romantik es sah, war
nicht einfach eine kaltes, dunkles Loch im Erdboden; es war ein vitaler,

pulsierender Ort, in den der Mensch hinabstieg wie in seine eigene
Seele, um dort der menschlichen Erfahrung in drei wesentlichen
Dimensionen zu begegnen: der Geschichte, der Religion und der Sexua-
lität.

Der Abstieg zur Geschichte

Der alte Glaube an das Wachstum der Steine war nicht gänzlich unver-
einbar mit der modernen Geologie, die es ihrerseits eher mit einem
historisch-prozeßhaften als mit einem statischen Gegenstand zu tun
hatte, der seit der Schöpfung ein für allemal festgelegt war. Im späten
18. Jahrhundert begann man die Steine als Quellen historischer Informa-
tion anzusehen. Die Rhetorik des Zeitalters sprach von *lapides literati*
und »graphischem Granit«, in denen die Geschichte der Erdepochen
festgehalten war[51]. Dichter, die sich Quarzkristalle genau ansahen,
glaubten in ihnen hebräische und arabische Schriftzeichen zu entdecken; der schottische Geologe James Hutton, der Vater des Vulkanis-
mus, machte sogar Runeninschriften in ihnen aus. Der Abbé La Pluche
behauptete in seinen Bänden über *Le Spectacle de la nature* (1783), daß
»die Steine und Metalle die Geschichte der Welt getreulich für uns aufgezeichnet haben«.[52] Niemand benutzte diese Sprache der steinernen
Metaphorik beredter als Novalis. Er skizzierte eine »historische Oryktognosie«, mit deren Hilfe Philosophen die physische Wirklichkeit als ver-
stehbare Ordnung sollten begreifen können, und andernorts faßte er
»eine philosophische Mineralistik« ins Auge, die von der gesamten Natur handeln sollte[53]. Das Romanfragment *Die Lehrlinge zu Sais* ist ein
lexikalisches Kompendium von Ausdrücken der Naturerkenntnis, speziell der Geologie, als einer »Chiffernsprache«, deren Entschlüsselung der
Mensch zu lernen hat. Der Enthusiasmus des Novalis teilte sich seinen
Freunden mit. Henrich Steffens ließ in der zweiten Erzählung seines
Zyklus *Die vier Norweger* den Erzähler Julius sich an seine Studentenjahre in Jena erinnern, wo er »den ätherischen Novalis« kennenlernte,
der Natur und Geschichte wie ein fremder, aber nahe verwandter Gast
besuchte, der Grüße und Erinnerungen aus der uralten, gemeinschaftlichen Heimat brachte, und dessen Sprache, wie seltsame Musik tönend,
äußerlich uns wunderbar erklang, eben weil sie die tiefsten Grundtöne,
das längst Vergessene, was in der Geschichte, in der Natur, in unserer

eigenen Kindheit, wie ein liebliches Geheimnis verhüllt lag, plötzlich enthüllte, so daß die eröffnete Tiefe unsers eigenen Daseins uns mit freudigem Schrecken ergriff.«[54]

Viele Mitglieder ihres Kreises, so fährt Julius fort, waren unfähig, ein so tiefgründiges Phänomen des Menschlichen zu verstehen; andere waren seltsam bewegt. Von sich selbst sagt Julius, »daß Novalis phantastische Ansicht der nächtlichen Beschäftigung der Bergleute keinen geringen Einfluß auf meinen Entschluß, das Bergfach zu wählen, gehabt hat«.[55]

Wenn, wie Novalis und viele seiner Freunde glaubten, Steine, Metalle und Felsformationen letztlich Umschriften der Erdgeschichte waren, welche Orte konnten dann zum Studium dieser Geschichte geeigneter sein als die Minen und Höhlen der Erde, wo die gesamte Überlieferung aufbewahrt war und unverdeckt der Entzifferung harrte? An diesem Punkt traf die alte Vorstellung von den Schächten und Berghöhlen als Orten steinerner Lebendigkeit und organischen Wachstums auf eine zweite, volkstümliche Überlieferung. Sie besagt, daß im Innern der Berge die Zeit stillstehe. Der Glaube an die *Bergentrückung* oder die »unterirdische Verrückung« von Göttern, Helden und weisen Männern ist als Element primitiven Unsterblichkeitsglaubens seit der Antike bekannt, von Griechenland durch die islamischen Länder bis hin zum präkolumbianischen Mexiko[56]. In der Renaissance ging er in die Vorstellung der *spelunca aevi*, der Höhle der Ewigkeit ein[57]. Unter den germanischen Völkern war der Glaube an die Bergentrückung besonders weit verbreitet[58]. Die wohl bekannteste unter den einschlägigen Sagen ist die von Tannhäuser und vom Venusberg. Aber ähnliche Erzählungen kamen auch in Verbindung mit dem Rattenfänger von Hameln auf, der die Kinder der Stadt in den Koppelberg führte, oder im Umkreis des »Wütenden Heeres« der germanischen Mythen, das sich von Zeit zu Zeit erhob, um das Land zu verwüsten. Oft waren die Sagen an volkstümliche Herrscherfiguren gebunden, von Arminius, Karl dem Großen und Holger dem Dänen bis hin zu Barbarossa und seinem Enkel Friedrich II., von denen es hieß, daß sie im Innern der Berge schliefen. Meist trugen sie einen Bart, der durch den Tisch wuchs oder sich um den Stuhl wand, bis die Zeit gekommen war, daß die Könige aufstehen und den Berg verlassen mußten, um ihr Volk von großen Plagen wie den Türken oder dem Antichrist zu befreien.

Der gemeinsame Nenner dieser Sagen ist ungeachtet lokaler Unterschiede und Abweichungen die Zeitlosigkeit des Rückzugs ins Berginnere, handle es sich um den Hörselberg, den die Volksüberlieferung mit dem Venusberg identifizierte, um den Kyffhäuser, der als Zufluchtsort für die Kaiser der Hohenstaufer galt, oder um andere Stätten mythischer Zeitenthobenheit. Nicht nur die Bergentrückten selbst lebten in ihren verborgenen Refugien zeitlos, ohne zu altern. Auch ihre Besucher konnten in den Bereichen des Berginnern Stunden, Tage, Jahre, ja sogar Jahrhunderte verbringen, ohne gewahr zu werden, daß in der Welt draußen die Zeit verging. Wenn sie aber schließlich wieder auftauchten, dann entdeckten sie wie Tannhäuser oder die drei Bergleute in der ersten von Grimms *Deutschen Sagen*, daß sie plötzlich alt geworden waren.

Das Echo dieser Tradition hallt in den Erzählungen vom Bergwerk zu Falun und anderen Werken der Romantik nach, vor allem aber und besonders auffällig im *Heinrich von Ofterdingen*. Dies hilft uns zu verstehen, warum Novalis im zentralen fünften Kapitel des Romans die Figur des Bergmanns auftreten läßt. Durch ihn wird Heinrich nicht nur in das Studium der Natur eingeführt. Er hat auch die wichtige Funktion, die Begegnung des Helden mit der Geschichte in Gestalt des Einsiedlers zu vermitteln, der im Innern des Berges wohnt. Genauso ausdrücklich wie Wordsworths großes Gedicht *The Prelude* stellt der Roman des Novalis »das Wachstum eines poetischen Geistes« dar. Aber er schildert diesen Prozeß nicht in seiner kontinuierlichen autobiographischen Verlaufsform; nur die entscheidenden Stufen werden symbolisch porträtiert. Aus diesem Grund gewinnen die Begegnungen Heinrichs im Verlauf der kurzen Reise, die den ersten Teil des Romans ausmacht, eine besondere Bedeutung. Als er in Eisenach zu seiner Reise nach Augsburg aufbricht, ist Heinrich ein unbeschriebenes Blatt, so unberührt und unbefleckt, wie es nur denkbar ist für einen jungen Mann von zwanzig Jahren, der am Hof Hermanns von Thüringen aufwächst. Nie wagt er sich über die unmittelbare Umgebung von Eisenach hinaus; er liest nur wenige Bücher und kein einziges Gedicht; er nimmt nicht einmal, so wird uns versichert, an einem großen Fest oder einer bedeutsamen Feier teil. Wenig später aber erfährt er die gesamte Welt in einer Folge symbolischer Begegnungen. Im zweiten und dritten Kapitel führt der Chor der Kaufleute Heinrich in die Welt der alltäglichen Realität und durch eine gemeinsam vorgetragene Erzählung auch in das Reich der Kunst ein. Die Kreuzritter des vierten Kapitels repräsentieren die Welt des Krieges, während die Gefangene Zulima durch ihre Erinnerungen den für die Poesie bestimmten Helden mit dem Geist des

Orients vertraut macht. Im fünften Kapitel schließlich wird Heinrich in das Reich der Natur und in die Welt der Geschichte eingeführt. Diese Erfahrungen, so heißt es am Ende des Kapitels, »rückten ihn schnell aus dem engen Kreise seiner Jugend auf die Höhe der Welt. Wie lange Jahre lagen die eben vergangenen Stunden hinter ihm, und er glaubte nie anders gedacht und empfunden zu haben«[59]. Mit diesen Worten wird uns zu verstehen gegeben, daß die Erfahrungen dieses Kapitels einen besonderen Platz in der Herausbildung des Dichtergeistes einnehmen. Wir müssen uns ihnen deshalb mit großer Aufmerksamkeit nähern.

Das Kapitel, bei weitem das längste des ersten Teils, zerfällt in verschiedene, deutlich markierte Abschnitte. Im Mittelpunkt der ersten Seiten steht die Figur des namenlosen böhmischen Bergmanns. Er wird als ein frommer, bescheidener, würdiger alter Mann porträtiert, dessen rationale Naturauffassung nichts mit dem Aberglauben der Bauern und ihrer unvernünftigen Angst vor den Höhlen in den Bergen der Umgegend gemein hat. Die Erzählung seiner Jugend in Böhmen und Ausbildung in Eula, dem tschechischen Jilova, enthält manches Detail aus Novalis' eigenem Leben: So heißt z.B. der Lehrer des alten Bergmanns Werner und stammt aus der Lausitz; er verlobt sich mit der Tochter eines Lehrers; und der Tag, an dem er zum ersten Mal eine Goldader entdeckt, ist der 16. März, der Geburtstag von Novalis' Verlobter Julie von Charpentier. Die idealisierende Schilderung, die der alte Mann von seiner Laufbahn als Bergmann gibt, kulminiert in einer Passage, welche der habgierigen Welt des Handels auf der Oberfläche der Erde das fromme Streben unter der Erde gegenüberstellt. »Wie ruhig arbeitet dagegen der arme genügsame Bergmann in seinen tiefen Einöden, entfernt von dem unruhigen Tumult des Tages, und einzig von Wißbegier und Liebe zur Eintracht beseelt.« Der alte Mann sieht im Bergbau »das ernste Sinnbild des menschlichen Lebens«, das reich oder arm sein kann, gerade oder verschlungen, weit oder eng, das aber die Geduldigen und Beständigen unvermeidlich zu ihrem wahren Ziel führt. Dieser Hymnus leitet sanft zu den zwei großen Liedern hinüber. Das erste stellt die Liebe des Bergmanns zu seinem Handwerk dar, und das zweite enthält eine Allegorie des Goldschürfens.

Nun lädt der Bergmann die im Wirtshaus versammelten Gäste, also die reisenden Kaufleute und die örtlichen Bauern dazu ein, gemeinsam mit ihm die nahegelegenen Höhlen zu erkunden. Als die Gruppe durch die vom Mondlicht erhellte Nacht zieht, wird Heinrich von den Offenbarungen des Bergmannes überwältigt. »Die Worte des Alten hatten eine versteckte Tapetenthür in ihm geöffnet. Er sah sein kleines Wohnzimmer dicht an einen erhabnen Münster gebaut, aus dessen steinernem Boden die ernste Vorwelt emporstieg, während von der Kuppel die klare fröhliche Zukunft in goldnen Engelskindern ihr singend entgegenschwebte«. Diese anfängliche Verknüpfung des Bergbaus als Reich der Natur mit dem Reich der Geschichte wird in der Folge verstärkt, als die Gruppe bei ihren ersten Schritten ins Höhleninnere große Haufen von Zähnen und Knochen am Boden entdeckt. Während die abergläubischen Bauern von Angst ergriffen werden, führt der Bergmann in vernünftigen Worten aus, daß es sich bei diesen Fossilien um Relikte aus prähistorischer Zeit handele. Plötzlich hören die Höhlenwanderer von fern her einen Gesang und stoßen wenig später auf einen hochbetagten Einsiedler, der die unerwarteten Gäste freundlich an seinem Rückzugsort willkommen heißt. Der Einsiedler, der sich später als der Herzog Friedrich von Hohenzollern vorstellt – der historische starb im Jahr 1200 –, entdeckt nach einem Leben voller soldatischer Unternehmungen das kontemplative Gefallen an der Geschichte, dem er nun inmitten seiner Bücher in den Höhlen nachgeht. »Der eigentliche Sinn für die Geschichten der Menschen entwickelt sich erst spät, und mehr unter den stillen Einflüssen der Erinnerung, als unter den gewaltsameren Eindrücken der Gegenwart.« Die Jugend, sagt er, lese historische Werke nur aus Neugier, das reife Alter aber sehe in der Geschichte einen trostspendenden und aufbauenden Freund. »Von der Geschichte sollten nur alte, gottesfürchtige Leute schreiben, deren Geschichte selbst zu Ende ist.« Ja mehr noch, jeder gute Historiker müsse etwas vom Dichter haben, weil nur Dichter die Ereignisse angemessen und geschickt zu verbinden wüßten.

Im Gespräch zwischen den beiden alten Männern entsteht ein starkes Gefühl innerer Verwandtschaft. Der Bergmann ist durch die Geologie zur Wertschätzung der Geschichte gelangt, während umgekehrt der Einsiedler einen tiefen Respekt vor dem Handwerk des Bergmanns bekundet. »Ihr seyd beynah verkehrte Astrologen«, sagt er zu ihm.

Wenn diese den Himmel unverwandt betrachten und seine unermeßlichen Räume durchirren: so wendet ihr euren Blick auf den Erdboden, und erforscht seinen Bau. Jene studieren die Kräfte und Einflüsse der Gestirne, und ihr untersucht die Kräfte der Felsen

und Berge, und die mannichfaltigen Wirkungen der Erd- und
Steinschichten. Jenen ist der Himmel das Buch der Zukunft, während euch die Erde Denkmale der Urwelt zeigt.

Die Prozesse und Bewegungen, die in Natur und Geschichte am Werk
sind, standen im Gespräch zwischen Bergmann und Einsiedler im Zentrum. Kaum zufällig hat es in einer Reflexion auf die Zukunft seinen
Höhepunkt. Als der Einsiedler und der Bergmann mit den anderen Reisenden fortgehen, um weitere Höhlen zu erkunden, bleibt Heinrich mit
den Büchern des Einsiedlers allein zurück. Unter ihnen entdeckt er ein
rätselhaftes Buch in provenzalischer Sprache. Er kann es nicht lesen,
aber in den Illustrationen erkennt er sich selbst, zusammen mit seiner
Familie und seinen Freunden, aber auch mit vielen anderen Leuten in
fremder Kleidung und an unbekannten Orten. Das Kapitel schließt mit
der geheimnisvollen Vorwegnahme der Zukunft. Daraufhin verschwindet der alte Bergmann aus der Erzählung.

Novalis war keineswegs der einzige romantische Schriftsteller, der
eine Verbindung zwischen dem Abstieg ins Bergwerk oder eine Berghöhle und der Entdeckung der Geschichte herstellte. In seiner Autobiographie gibt Henrich Steffens zu verstehen, daß seine *Beyträge zur innern Naturgeschichte der Erde* in einem expliziten Versuch gipfelten, die
Ideen von Schelling und Werner zu einer »Naturgeschichte« zu vereinigen. »Das ganze Dasein sollte Geschichte werden … Die Geschichte
selbst mußte ganz Natur werden, wenn sie mit der Natur, das heißt in
allen Richtungen ihres Daseins, sich als Geschichte behaupten wollte.«[60]
In keinem anderen literarischen Werk der Epoche ist jedoch die Beziehung zwischen Bergwerk und Geschichte so eng wie im *Heinrich von
Ofterdingen*. Es ist womöglich eine der wesentlichen Leistungen des
Novalis, zumindest in der Sphäre der Poesie die Spannung zwischen
Naturphilosophie und *Geschichtsphilosophie* aufgelöst zu haben, die das
spätere romantische Denken – beispielsweise im Gegensatz von Schelling und Friedrich Schlegel – charakterisierte[61].

Der Abstieg zur moralischen Prüfung

Der Abstieg in das Bergwerk der Seele führt nicht nur zur Kenntnis der
Geschichte, sondern auch zu jenem sündigen Wissen, dessen Folge qualvolle Angst ist. Obwohl Novalis den Bergbau vor allem als Bild für die

Geschichte aufgriff und in die symbolischen Lehrjahre seines Helden einarbeitete, war er sich zugleich der Ambivalenz bewußt, die den Bergmannsberuf seit alters her begleitete. Von der Antike bis ins 18. Jahrhundert wurde der Bergbau selbst von großen Denkern verachtet, weil er Habgier und Geiz, Eitelkeit und Gewalttätigkeit fördere. In den *Metamorphosen* tadelte Ovid die gottlosen Männer, die, nicht zufrieden mit den Reichtümern der Erdoberfläche, in ihren Eingeweiden wühlen, um verbotene Schätze freizulegen, und so mit dem zerstörerischen Eisen und dem Gold, das sie heraufbringen, deren unvermeidliche Konsequenz, den Krieg zeitigen.

> iamque nocens ferrum ferroque nocentius aurum
> prodierat, prodit bellum, quod pugnat utroque
>
> (1, 141–42)

Plinius beginnt die fünf mineralogischen Bücher seiner *Historia naturalis* (33–37) mit Klagen über den Mißbrauch der Metalle und den verderblichen Einfluß, den die Suche nach ihnen auf die Tugend habe. Und Seneca spricht in seinen *Naturales quaestiones* (V, 15.3–4) voller Verachtung von den Männern, die dem Licht den Rücken zukehren, sich in Höhlen hineinstürzen, die keinen Unterschied zwischen Tag und Nacht erlauben, und sogar den aufrechten Gang menschlicher Wesen aufgeben und im Staub herumkriechen um des Goldes willen, das sie dann zu seinen Sklaven mache. Der *locus classicus* aus Seneca blieb bis ins 18. Jahrhundert hinein lebendig, wo er von verschiedenen Schriftstellern aufgegriffen wurde – bekanntlich auch von Rousseau in seinen *Träumereien eines einsamen Spaziergängers*[62]. Die bemerkenswerte Passage im siebten Spaziergang läßt nicht nur die Struktur von Senecas Gedankengang, sondern auch seinen Wortlaut erkennen. »Das Mineralreich hat an sich nichts Liebenswertes und Anziehendes, seine Reichtümer scheinen im Schoß der Erde verborgen zu liegen, um die Habsucht der Menschen nicht zu reizen.«[63] Diese Schätze, so fährt Rousseau fort, seien nur ein Zusatz zu den wahren Reichtümern, die in unmittelbarer Reichweite des Menschen lägen, derer er aber in dem Maß müde werde, in dem er mehr und mehr der Verderbtheit anheimfalle. »Er durchwühlt die Eingeweide der Erde und sucht bei Gefahr seines Lebens und auf Kosten seiner Gesundheit in ihrem Innern nach eingebildeten Schätzen.« Auf der Flucht vor der Sonne, die er nicht länger wert sei zu erblicken, begrabe er sich bei lebendigem Leibe. »Statt des Rasens,

der Blumen, des azurenen Himmels, der liebenden Hirten und des
gesunden Ackermanns auf der Oberfläche der Erde sieht man in den
Bergwerken im Schoß der Erde nichts als bleiche ausgemergelte Gesich-
ter der Elenden, die in den stickigen Grubendämpfen dahinsiechen,
schwarze Schmiedeknechte und scheußliche Zyklopen.« Von Rousseau
ist es nur ein kleiner Schritt zu Blakes »dark Satanic mills« und zu den
Verdikten der englischen Romantiker.

Die moralischen Argumente gegen den Bergbau waren im 16. Jahrhundert Gemeingut. Agricola verwendet einen Großteil des ersten Buches
seines Werks *De re metallica* auf ihre Zusammenfassung und Zurückweisung[64]. In neuerer Zeit seien, so rekapituliert er die Vorwürfe, zum Beispiel Kupfer und Zinn schuldhaft geworden, weil aus ihrer Legierung,
der Bronze, Musketen gemacht würden. Die Bronze werde überdies zur
Herstellung von Folterinstrumenten benutzt. Hinzu komme, daß die
Entdeckung von Minen mit Metallvorkommen die Unredlichkeit der
Menschen herausfordere: Richter, welche die rechtmäßigen Eigentümer
enteignen; ränkeschmiedende Aufsichtsbeamte, welche die Unwahrheit
über den Wert eines Flözes sagen, verschlagene Vorarbeiter, welche die
besten Abschnitte für sich selbst im Verborgenen halten. All diese potentiellen Übel aber sieht Agricola aufgewogen durch den Nutzen, den der
Bergbau bringt. Denn sind nicht auch die Metalle von Gott erschaffen
worden? Es ist ebensowenig eine Sünde, der Erde die Metalle zu entnehmen wie dem Meer die Fische. Landwirtschaft und Handwerk wären
unmöglich ohne Werkzeuge aus Metall. Weder bringt das Gold die Habsucht noch das Eisen den Krieg hervor; beide Übel sind der Sündhaftigkeit der Menschen geschuldet. Daher muß der Bergmann, wenn er diesen
Versuchungen widerstehen will, zu den besten Menschen gehören. Agricola zählt verschiedene Künste und Wissenschaften auf, die der Bergmann beherrschen muß, um sein Geschäft zu betreiben zu können: Er
muß Geschicklichkeit nicht nur auf solch naheliegenden Gebieten wie
der Astronomie, der Landvermessung, der Arithmetik, der Architektur
und Zeichenkunst besitzen. Er benötigt darüber hinaus die Medizin, um
seine Arbeiter gegen Verletzung und Krankheit zu schützen, und sogar
die Philosophie, um eine Grundlage für das Verständnis von Ursprung,
Ursachen und Natur der unterirdischen Dinge zu haben. Höhepunkt im
ersten Buch der Abhandlung ist ein hymnisches Lob auf die moralischen
Eigenschaften des Bergmannes. Agricola weist ihm einen höheren Rang
zu als dem Bauern, dem Bürger und den meisten anderen Ständen[65].

Novalis war mit den Werken Agricolas, der zu den Berühmtheiten der Freiberger Bergbau-Tradition gehörte war, vertraut. Werner pries Agricola als den Vater der Mineralogie, Novalis selbst zitierte ihn in seinen Aufzeichnungen. In den Worten des böhmischen Bergmanns im *Heinrich von Ofterdingen* über seinen Berufsstand findet Agricolas hohe Wertschätzung der Bergleute ein Echo. Novalis kannte zwar die Ambivalenz, die den Bergbau zumindest seit Agricola umgab. Aber die Strategie seines Romans, in dem der Bergbau als symbolische Einführung in die Welt der Natur und als Übergang zur Welt der Geschichte dient, machte erforderlich, daß er ihn in vollem Glanz und möglichst ohne Spuren von Sünd- und Frevelhaftigkeit erstrahlen ließ. Wenn wir uns jedoch anderen Schriftstellern der Epoche zuwenden, so finden wir, daß das Bergwerk in der Regel als Schauplatz einer schicksalhaften Prüfung benutzt wird, in der ein Individuum leibhaftig oder metaphorisch mit den Kräften des Guten und des Bösen in seiner eigenen Seele kämpft.

Ein einfaches, doch lebendiges Beispiel hierfür ist Eichendorffs kurzes Gedicht *Der Schatzgräber* (1834)[66]. Es verdient Beachtung, daß der Bergmann in diesem Gedicht mit einem Namen versehen wird, den Novalis' frommer Bergmann indigniert zurückweist: »Schatzgräber«. In diesem Gedicht, das in seiner unverschlüsselten Direktheit kaum der Auslegung bedarf, wird der törichte Bergmann, der nächtens in heilloser Verblendung im verlassenen Schacht nach Edelmetallen gräbt, zum Streitgegenstand zwischen den Engeln der oberen Sphären und den dunklen Mächten der Unterwelt. In die Irre geführt von seiner Leidenschaft für den falschen Reichtum, wird der Bergmann am Ende von einem Höhleneinsturz getötet.

> Wenn alle Wälder schliefen,
> Er an zu graben hub,
> Rastlos in Berges Tiefen
> Nach einem Schatz er grub.
>
> Die Engel Gottes sangen
> Derweil in stiller Nacht,
> Wie rote Augen drangen
> Metalle aus dem Schacht.
>
> »Und wirst doch mein!« und grimmer
> Wühlt er und wühlt hinab,

Da stürzen Steine und Trümmer
Über den Narren herab.

Hohnlachen wild erschallte
Aus der verfallnen Kluft.
Der Engelgesang verhallte
Wehmütig in der Luft.

Auch in verschiedenen Werken Theodor Körners ist das Bergwerk vor allem Schauplatz des Streites zwischen den Mächten des Guten und des Bösen. Er zieht gern das »Labyrinth« als Bild heran, um den Ort dieser menschlichen Kämpfe zu bezeichnen. Für Körner, den ehemaligen Schüler Werners in Freiberg, ist der Bergmann eine heroische Figur. Er steigt täglich in das labyrinthische Reich des Todes hinab und nimmt den gottgefälligen Kampf um die wertvollen Schätze auf, die er zum Wohle seiner Mitmenschen an die Welt des Lichts hinaufbringt. Das Gedicht *Bergmannsleben* (1810) beginnt mit heroischen Tönen dieser Art:

In das ew'ge Dunkel nieder
Steigt der Knappe, der Gebieter
Einer unterird'schen Welt.
Er, der stillen Nacht Gefährte,
Athmet tief im Schooß der Erde,
Den kein Himmelslicht erhellt.
Neu erzeugt mit jedem Morgen
Geht die Sonne ihren Lauf.
Ungestört ertönt der Berge
Uralt Zauberwort! *Glück auf!*[67]

Die dunklen Geister der Unterwelt, so fährt das Gedicht fort, können dem Knappen kein Leid zufügen, denn es stehen ihm in seinen Anstrengungen nicht nur die lieblichen Bergnixen der Wasserströme zur Seite, sondern auch Vulkan und der Gatte Proserpinas. Unterstützt von diesen wohlwollenden Mächten und kraft ihres eigenen Glaubens sind die Bergleute in der Lage, die Edelmetalle und Steine aus »der Erden dunklem Schooße« zu bergen, bis sie eines Tages auf immer in ihre ewigwährende Nacht zurückkehren. Die gleichen Bilder tauchen in Körners »Berglied« wieder auf, wo tapfere Bergleute »zum erzgeschwängerten Grunde« und in das düstere Grab der Erde hinabklettern[68]. Tief

unterhalb der Oberfläche und der Sphären des Lebens erkunden sie un-
erschrocken die labyrinthischen Schächte: »Der Gänge verschlungenes
Labyrinth/ Durchschreiten wir kühn und verwegen.« Mögen die Völker
oben ihre Schlachten schlagen – Körner schrieb zur Zeit der Napoleonischen Kriege –, der Bergmann in seinen Tiefen ist sicher und geschützt.
Gewiß haben auch die Minen und Schächte ihre Tücken und Gefahren, doch tritt der Bergmann ihnen mutig und entschlossen entgegen.
Durch seine Mühen liefert er der Welt oben die Schätze und Reichtümer, von denen sein eigenes reines Herz nie verdorben wird. Wenn
»der große Lohntag« kommt und »des Lebens Schicht« vorüber ist,
dann wird der Geist des Bergmanns sich aus dem Dunkel der Welt ins
Licht des Himmels erheben und »die Knappschaft des Himmels« ihn
mit der vertrauten Losung des *Glück auf!* begrüßen.

In zwei weiteren Werken bringt Körner den romantischen Glauben
an die unablässige Aktivität im Erdinnern zum Ausdruck. In seinem
dramatischem Gedicht *Der Kampf der Geister mit den Bergknappen*, das
ebenfalls im Jahr 1810, also während seiner Studentenzeit in Freiberg
entstand, wird der fromme Bergmann herausgefordert von »des Berges
Fürst« herausgefordert, einem Kobold, der alle Schätze der Mine für
sich selbst beansprucht:

> Was kletterst du nieder aus glänzender Luft
> Zum finstern Schooße der Erde?
>
> Was suchst du in der grausenden Kluft,
> Die des Tages Leuchte nicht klärte?
> Halt ein, Verwegner, und hemme den Streich;
> Denn weiter nicht dringst du in's Geisterreich[69].

Als die Bergknappen sich weigern, nachzugeben und zurückzuweichen,
ruft der Kobold seine dienstbaren Geister herbei, die in offensichtlicher
Anspielung auf den Glauben an das Wachstum der Mineralien ge-
schwind einen Wall aufbauen und so die Bergleute in den Eingeweiden
der Erde einschließen. Als es ihnen immer wieder gelingt, die Barriere
zu durchbrechen, beschwört der Kobold Feuer aus der Erde hervor, und
die Bergleute müssen sich zurückziehen. Plötzlich erscheint die Wasser-
königin mit ihren Feen, löscht die Flammen und vertreibt den Kobold,
der daraufhin bittere Klage darüber führt, daß der Mensch herrscht, wo
die Kräfte der Natur untereinander uneins sind:

> Nur wo die Kräfte vereinigt quellen,
> Ist das geheime Schloß ihrer Macht.
> Doch, wo Elemente sich feindlich bekriegen,
> Da muß der Mensch, der Sterbliche, siegen.

Die Flammen ziehen sich in die Tiefen der Erde zurück, während die Wasser sich frohlockend mit den Kräften der Bergleute vereinen, die ihnen helfen, ans Licht des Tages hinaufzuströmen. In seiner »romantischen Oper« *Die Bergknappen* (1811) schließlich erweiterte Körner den Grundkonflikt seines dramatischen Gedichts zu einem sehr viel längeren Libretto mit einer Nebenhandlung, in der Runal, der Feuergeist, Röschen, die Tochter des Herrn der Bergknappen, entführt. Aber Alberga, die Königin der Luftgeister, überwältigt Runal und bannt ihn zurück in die Tiefen, denen er entstiegen war, um die frommen Bergleute zu quälen[70].

In Zacharias Werners Drama *Martin Luther, oder: die Weihe der Kraft* (1807) erreicht diese Bilderwelt, obwohl sie auch hier stets auf den Konflikt zwischen Gut und Böse verweist, einen höheren Grad an Komplexität[71]. Das Schauspiel beginnt in einer Mine in Freiberg, wo die Bergleute ihr Arbeitslied singen:

> Glück auf! Glück auf!
> Wir fördern es herauf
> Das blinkende Erz, wir fördern's herauf!

Zunächst sind wir nicht in der Lage, den Bedeutungszusammenhang des Bildes voll zu erkennen, das an diesem Punkt noch ganz wörtlich verstanden werden kann. Der Schauplatz verweist jedoch schon darüber hinaus. Denn Martin Luthers Vater war Bergmann.

Plötzlich stürzt während des Gesangs ein Bergmann herein und verkündet, daß ein Bann gegen den Dr. Luther verhängt ist. Die Bergleute eilen daraufhin aus dem Schacht. Im weiteren Verlauf des langen Schauspiels, das sich auf die Ereignisse unmittelbar vor und nach dem Reichstag zu Worms bezieht, benutzen Luther und sein Vater Hans wiederholt den Bergbau als Bild für die Suche nach der wahren Religion. Dieser Zusammenhang wird vor allem in der ersten Szene des zweiten Aktes entwickelt, in der Hans seinen Sohn aufsucht, um Genaueres über dessen neue Lehren in Erfahrung zu bringen. Er kennt nur entstellende Berichte darüber und will nun seinen Sohn direkt zu befragen. Luther erläutert seine Lehren in Begriffen des Bergbaus, die seinem Vater unmittelbar zugänglich sind. Ob er einen neuen Schacht entdeckt oder nur einen alten neu eröffnet habe, fragt Hans. Der Schacht sei alt, antwortet sein Sohn:

> 's ist ein verfall'ner Schacht, die Bergleut' haben
> Ihn selber zugestürzt, aus Faulheit, seht Ihr,
> Und Mißgunst, lieber darben wollen sie,
> als graben, und das Erz zu Tage fördern.
> Verkommen lassen sie's! ————

In Fortführung der Analogie bemerkt Hans, daß in diesem Fall das Erz in der Tat verkommen werde. Der Fürst müsse nun das Bergwerk freisetzen, damit die Menschen auf eigne Faust dort graben könnten. Da antwortet Luther, der protestantische Bergmannssohn:

> Das sag' ich auch, und weil ich just die Hacke
> Von ungefähr zuerst ergreif', und grabe,
> Und allen Leuten zuruf': Grabt doch auch!
> Warum verlieh' der Herr Gott denn Euch Hände?
> Da liegt der Schacht, dicht vor Euch; grabt doch nur!
> Weil ich das thue, seht! – so machen jene,
> Die von der falschen Knappschaft, groß Geschrei,
> Und nennen einen Pfuscher mich, und bilden
> Den armen Leuten ein, das schöne Erz,
> Das sey nur für den alten Berggeist unten;
> Sie sollten nur im Sande d'rüber kriechen,
> Da würden sie schon manches Stückchen finden,
> Das er heraufspeit – Ist das nicht zu toll?

Hans warnt seinen Sohn, man dürfe mit dem päpstlichen *Berggeist* keinen Scherz treiben, aber Luther versichert ihm, seine Entschlossenheit werde ihn schützen. Als Hans die Frage stellt, ob denn das Erz, um das Martin einen derartigen Aufruhr veranstalte, so viel Mühe und Unannehmlichkeit wert sei, bürgt Luther für die Reinheit des Metalls.

> Wahrhaftig, ja! – es hielt mir oft schon Probe.
> Kommt manchmal etwas Kies auch – hätt' ich's nur -
> Zum Schmelzwerk erst gebracht!

Passagen wie diese lassen ebenso wie verschiedene beiläufigere Anspielungen vollends deutlich werden, daß der Bergbau in diesem Stück
die Reformation symbolisiert. Wie die ersten Verse gehören auch die
letzten Worte des Schauspiels den Bergleuten:

> Das blinkende Erz
> Wir fördern es herauf!

Nun verstehen wir nicht nur, daß sie entschlossen sind, Luther, dem
Bergmannssohn, in dem auf ihn zukommenden Kampf gegen Rom an
die Seite zu treten. Wir begreifen auch, daß es der Reformation wie
dem Bergbau um das Ausgraben von Wahrheiten und Schätzen geht,
die lange von boshaften Kräften der Finsternis gehortet wurden.

Der Umstand, daß Luther aus einer Bergmannsfamilie stammte, gewährte auch anderen Schriftstellern der romantischen Epoche eine
leicht geknüpfte Verbindung zwischen Bergbau und Religion. Als Beispiel wäre Arnims Reformationsroman *Die Kronenwächter* (1817) zu
nennen. Der fromme Bergmann tritt darin zwar nur in einem Kapitel
auf, doch wird das Bergwerk zum Schauplatz einer Charakterprobe[72].
Im zweiten Kapitel ist Berthold nach einer magischen Bluttransfusion,
die seine geschwundenen Kräfte wiederherstellt, Bürgermeister von
Weiblingen geworden und genießt im Alter von 40 Jahren ein beträchtliches Ansehen. Doch er begehrt noch mehr Macht und Einfluß und
läßt sich von Dr. Faust dazu überreden, einen tiefen Brunnenschacht in
der Nähe seines Hauses zu graben, obwohl das Vorhaben aus vielerlei
Gründen als unbesonnen erscheint. Tatsächlich scheitern die ersten Versuche, obwohl Faust mit Hilfe der Magie voraussagt, wo Wasser zu
finden sein werde. Doch damit nicht genug, kosten die Fehlschläge fast
das Leben mehrerer unerfahrener Arbeiter, die keine geeigneten Abstüt-
zungen für die Ausschachtung zu bauen wissen. Berthold sieht seine
voreiligen Hoffnungen enttäuscht und vereitelt.

Da erscheint eines Tages ein rätselhafter Fremder, angetan mit Leder-
schürze, schwarzer Jacke und grüner Kappe, der Berthold mit den Worten *Glück auf!* begrüßt. Es ist ein Bergmann, den niemand anders als
Martin Luther sendet. Er soll ein Pferd zurückzubringen, das der Refor-
mator einst entliehen hatte. Berthold sieht in seiner Ankunft ein gutes
Omen. Der Bergmann versichert ihm, im Vergleich zum wirklichen
Bergbau sei das Graben eines Brunnens ein Kinderspiel. Er erklärt, welche Hilfsmittel er braucht, geht an die Arbeit und macht schnell Fort-

schritte, obwohl die ortsansässigen Handwerker Schwierigkeiten haben, die Befehle und Aufträge zu verstehen, die er in einem unbekannten Dialekt und in seiner ihnen ungewohnten Fachsprache erteilt. Nach einem Streit mit einem Bürger des Ortes will der Bergmann die ganze Unternehmung aufgeben, aber Berthold überredet ihn fortzufahren, indem er geltend macht, ein einziger weiterer Arbeitstag würde womöglich ausreichen, den Brunnen zu eröffnen. Der Bergmann kehrt widerstrebend zur Ausschachtung zurück, ein frommes Lied auf den Lippen. Wenig später treibt er den Schacht bis zur unterirdischen Quelle voran und ertrinkt in den Wasserfluten, die dabei freigesetzt werden. Beschämt durch dieses Ereignis, gibt Berthold den anderen Arbeitern Bestechungsgelder, damit sie Stillschweigen bewahren. Den Bewohnern der Stadt verheimlicht er die Tragödie und berichtet nur, daß die von Dr. Faust vorhergesagte Quelle entdeckt worden sei. Arnim macht sich in diesem Roman die gesamte Ambivalenz des Bergbaus zunutze und läßt deren Pole in Faust und Martin Luther lebendige Gestalt gewinnen. Wie in Werners Drama symbolisiert der Bergbau die Suche nach Wahrheit. Während der Bergmann in den Tiefen arbeitet, denkt Berthold an Luther, den frommen Bergmannssohn, der – auf das Verlangen der Welt nach tiefem Wissen antwortend – sein Leben dafür aufs Spiel setzt, eine Quelle des Glaubens zu entdecken. Aber die Suche untertage ist gefährlich. Der fromme Bergmann wird durch die Kräfte bedroht und womöglich vernichtet, die infolge des unfrommen Brunnenprojekts entbunden sind. Denn das schmiedet Dr. Faust nicht im Interesse der Wahrheit und des öffentlichen Wohls, sondern um der persönlichen Eitelkeit Bertholds willen.

Arnims Freund und Schwager Clemens Brentano, der ehemalige Bergbaustudent, verwendete häufig die Bilderwelt des Bergbaus: in seinem Roman *Godwi*, in seinem Drama *Die Gründung Prags*, in seinem epischen Zyklus *Romanzen vom Rosenkranz* sowie an mehreren anderen Stellen[73]. So begrüßen in seiner »Kantate« auf die Gründung der Berliner Universität die Studenten die neue Einrichtung als einen »Musenberg voll Gloria«, den die Meister (Professoren) eröffnet haben und dessen Schächte die Studenten wie Bergleute mit hellen Lampen nach edlen Juwelen zu durchforschen haben werden.

> Glück auf, Glück auf! die Hoffnung lacht,
> Seid rüstig, ihr Gesellen,

Geöffnet ist ein neuer Schacht,
Wir wollen ihn bestellen.
Glück auf, Glück auf! ihr Meister all,
Die ihr den Bau gegründet,
Wir grüßen euch mit lautem Schall,
Die Lampen sind gezündet.
Glück auf, Glück auf! wir fahren ein
Nach edelem Gesteine,
Ein jeder soll gewärtig sein
Daß er es redlich meine[74].

Als religiöses Bild aber ist der Bergbau am umfassendsten und prägnan-
testen in dem großen Krisengedicht gestaltet, das Brentano im Jahre 1816
schrieb. Aus autobiographischen Dokumenten wissen wir, daß Brentano
den Frühling als eine höchst unangenehme Jahreszeit empfand, als Zeit
des Umschwungs, in der das Alte schon verschwunden und das Neue
noch nicht voll entwickelt ist. Der Frühling des Jahres 1816 war für Brentano doppelt quälend, weil er damals – nach einer vom Agnostizismus
bestimmten Jugendzeit – im Begriff stand, zum Katholizismus zu konvertieren. Vor dem Hintergrund seiner eigenen Erfahrungen als vormaliger Bergbaustudent verbanden sich die Ängste angesichts des Frühlings
mit den Gefühlen religiöser Ungewißheit und ließen eines seiner schönsten Gedichte entstehen, den *Frühlingsschrei eines Knechtes aus der Tiefe*.
Es geht darin um einen Bergmann, der in den Tiefen seines Schachtes
von den Schmelzwassern des Frühlings bedroht wird[75].

Wie die Werke, in denen das Bergwerk den Ort des Kampfes zwischen
den Kräften des Guten und des Bösen repräsentiert, beginnt Brentanos
Gedicht mit dem Aufschrei des Bergmanns. Den erfaßt die Angst, ohne
die Hilfe seines Meisters in den Gruben zugrundegehen zu müssen:

I.
Meister, ohne dein Erbarmen
Muß im Abgrund ich verzagen,
Willst du nicht mit starken Armen
Wieder mich zum Lichte tragen.

Es wird schnell offensichtlich, daß der Bergmann in seiner Beschreibung der Fluten in den unterirdischen Stollen metaphorisch über die
Verfassung seiner eigenen Seele spricht.

2.

Jährlich greifet deine Güte,
In die Erde, in die Herzen,
Jährlich weckest du die Blüte,
Weckst in mir die alten Schmerzen.

Innerhalb weniger Strophen wird das Bild der Fluten im Bergwerk so
erweitert, daß es sich auf die Angst beziehen läßt, die das Herz des
Dichters überflutet:

5.

Und in meinem Herzen schauert
Ein betrübter bittrer Bronnen,
Wenn der Frühling draußen lauert,
Kömmt die Angstflut angeronnen.

Durch ein im Deutschen mögliches Wortspiel wird das Wasser, das
aus dem Schacht und damit auch aus den Tiefen des Unbewußten des
Dichters hervorquillt, mit der biblischen Sintflut gleichgesetzt.

8.

Andern ruf' ich, schwimme, schwimme,
Mir kann solcher Ruf nicht taugen,
Denn in mir steigt ja die grimme
Sündflut, bricht aus meinen Augen.

In den abschließenden Strophen führt Brentano eine ganze Reihe weiterer Bilder aus dem Bergbau ein, um geistig-religiöse Prozesse zu bezeichnen. Dem Bergmann, so verzweifelt er auch schöpft, gelingt es nicht,
durch das Wasser zur festen Schicht reinen Kristalls durchzudringen.
Die Wände fallen weiter zusammen, das Wasser steigt höher und höher,
der Raum im Schacht wird enger und enger. An diesem Punkt wird die
Lage so aussichtslos, daß sich der Bergmann nicht länger selber helfen
kann: Er fleht seinen Meister an, ihn aus den Tiefen zu retten – ganz so,
wie der Dichter Jesus ruft, um aus den Tiefen der Verzweiflung erlöst zu
werden.

16.

Und so muß ich zu dir schreien,
Schreien aus der bittern Tiefe,

Könntest du auch nicht verzeihen,
Da dein Knecht so kühnlich riefe!

17.
Daß des Lichtes Quelle wieder
Rein und heilig in mir flute,
Träufle einen Tropfen nieder,
Jesus, mir, von deinem Blute!

Der Grad, mit dem in diesem großen Gedicht die Bilderwelt des Bergbaus als Metaphorik der Verinnerlichung benutzt wird, ist in der gesamten deutschen Literatur nahezu ohne Paralle. Der bei Brentano erreichten Intensität halten allein die Schlußzeilen in Heinrich von Kleists
Tragödie *Penthesilea* (1808) die Waage. Als die Königin der Amazonen
begreift, daß sie im Wahn ihren Geliebten Achilles auf grausamste Weise tötete, gibt sie sich selbst durch eine reine Willensanstrengung den
Tod, durch den gewissermaßen »wörtlichen« Vollzug einer Metapher,
die in ihrer Härte und Präzision überwältigend ist:

Denn jetzt steig ich in meinen Busen nieder,
Gleich einem Schacht, und grabe, kalt wie Erz,
Mir ein vernichtendes Gefühl hervor.
Dies Erz, dies läutr' ich in der Glut des Jammers
Hart mir zu Stahl; tränk es mit Gift sodann,
Heißätzendem der Reue, durch und durch;
Trag es der Hoffnung ewgem Amboß zu,
Und schärf und spitz es mir zu einem Dolch;
Und diesem Dolch jetzt reich ich meine Brust:
So! So! So! Und Wieder! – Nun ists gut. (Szene 24)

Der Abstieg in die Sexualität

Neben der Geschichte und der religiösen Krise verbleibt eine dritte Erfahrung, der das romantische Individuum im Bergwerk seiner Seele ausgesetzt ist: die Sexualität. Seit der Antike wurden die dunklen, feuchten
Stätten in der Erde, wo unablässig die Erzeugung von Steinen und Metallen vor sich geht, mit der Vorstellung erotischer Begegnungen in Verbindung gebracht. Schächte und Höhlen galten als Orte, wie geschaffen

für satyrhafte Paarungen[76]. Eines der bekanntesten Beispiele ist neben
der *Minne-Grotte* der Tristan-Sage Tannhäusers Venusberg. Diese volkstümliche mittelalterliche Sage wurde von mehreren Schriftstellern des
romantischen Zeitalters wiederentdeckt und neu erzählt, zum Beispiel
im »Tannhäuserlied« aus *Des Knaben Wunderhorn*. In seiner frühen
zweiteiligen Erzählung *Der getreue Eckart und der Tannhäuser* (1799) legte Tieck eine sorgfältig ausgearbeitete Neufassung vor. Brentano benutzte die Sage als Grundlage für seine *Romanzen vom Rosenkranz*. Heine
verfaßte einen Zyklus von drei Gedichten unter dem Titel *Der Tannhäuser* (1836) und erörterte den Stoff am Ende seines Essays *Elementar-
geister* (1837), der Wagners Opernversion als Quelle diente.

Es ist bekannt, daß Novalis dazu neigte, Religion und Erotik in seiner
Bilderwelt zu vermischen. Im *Heinrich von Ofterdingen* sind erotische
Untertöne im Lied des böhmischen Bergmanns unüberhörbar:

> Der ist der Herr der Erde,
> Wer ihre Tiefen mißt,
> Und jeglicher Beschwerde
> In ihrem Schoß vergißt.

> Wer ihrer Felsenglieder
> Geheimen Bau versteht,
> Und unverdrossen nieder
> Zu ihrer Werkstatt geht.

> Er ist mit ihr verbündet,
> Und inniglich vertraut,
> Und wird von ihr entzündet,
> Als wär sie seine Braut.[77]

Während Novalis in all seiner Keuschheit der Einbildungskraft wenig
Raum läßt, gewinnt Heine der geläufigen sexuellen Metaphorik in zweideutigen Wendungen eine durchaus obszöne Pointe ab. Die zwei
Schächte, in die er während seiner Harzreise hinabstieg, hießen »Carolina« und »Dorothea«. »Ich war zuerst in die ›Karolina‹ gestiegen«, beginnt Heine scheinbar unschuldig, um dann fortzufahren: »Das ist die
schmutzigste und unerfreulichste Karolina, die ich je kennengelernt
habe.«[78] Besonders pikant wird der Witz durch den Umstand, daß die
Schächte die Namen von zwei Frauen tragen, die in romantischen
Kreisen Berühmtheit genossen – Dorothea Schlegel und Caroline Schel-

ling. Nach dieser Einleitung nimmt Heines Schilderung der Arbeits-
tätigkeit in den Minen, die mit krampfartig angespannten Bewegungen
auf schlüpfrigem Boden verbunden ist, deutlich sexuelle Färbung an.

Die Beliebtheit des Tannhäuser-Stoffs, die erotische Religiosität des
Bergmannsliedes bei Novalis und Heines durchtriebene Wortspiele sind
darin symptomatisch, daß sie die assoziative Verknüpfung von Bergbau
und Sexualität im romantischen Bewußtsein etablieren. Ihr gemeinsamer Bezugspunkt ist der *regressus ad uterum*, an den der Akt des Hin-
absteigens in die tellurischen Tiefen der Mutter Erde suggestiv erinnert.
Ein frühes Beispiel hierfür liefert Tiecks Erzählung *Der Runenberg*
(1802), die ein wahres Lexikon der romantischen Vorstellungen vom
Bergbau enthält. Sie wirkt im einen Moment wie eine verrückte Inversion des fünften Kapitel im *Heinrich von Ofterdingen* und im nächsten
wie eine Vorwegnahme von Eichendorffs *Der Schatzgräber*. Im allgemeinen dominieren in dieser Erzählung, in der die religiöse Krise gänzlich
zur erotischen säkularisiert ist, die negativen Assoziationen im Umkreis
des Bergbaus. Wiederum dient die Mine im Innern des Berges als
Schauplatz eines schicksalhaften Konfliktes, in dem der Held mit dem
sprechenden Namen Christian den Kampf mit den Mächten der Dun-
kelheit aufnimmt. Anders aber als die frommen Bergleute, die in den
Werken von Theodor Körner, Zacharias Werner und Clemens Brentano
triumphieren, fällt Tiecks Held hoffnungsloser Verzweiflung anheim.

Bereits der erste Satz schlägt den Ton sanfter Melancholie und
Niedergeschlagenheit an, der die Erzählung beherrscht. Zugleich stellt
er die Verbindung zwischen Bergwelt und Absonderung her: »Ein junger Jäger saß im innersten Gebirge nachdenkend bei einem Vogelherde,
indem das Rauschen der Gewässer und des Waldes in der Einsamkeit
tönte.«[79] Sohn eines Gärtners aus den Ebenen nördlich des Gebirges, ist
Christian unzufrieden mit dem Leben seines Vaters wie mit seinem
eigenen, in dem er sich als Fischer und Gehilfe eines Handelsmannes
versucht. Die Erzählungen seines Vaters über das Gebirge mit seinen
Minen und Bergleuten rütteln ihn auf, und er beschließt, sich in dieser
ihm unbekannten Welt umzusehen. In den vergangenen drei Monaten
– hier wie andernorts ist Tieck unnötig genau hinsichtlich trivialer Daten und zugleich sehr vage hinsichtlich ihrer Bedeutung – stand er als
Jäger in den Diensten eines Försters. An diesem Abend aber wird er
plötzlich melancholisch, als er über die verschiedenen Gegensätze nach-
denkt, die sein Leben prägen. Stets stand er zwischen Ebene und Berg-

welt, Pflanzen und Steinen, Zeitlichkeit und Zeitlosigkeit, Religion und
gedankenloser Hemmungslosigkeit, Gemeinschaft und Entfremdung.
Als er zufällig eine Wurzel aus der Erde zieht, erweist sie sich als Al-
raune, und er wird durch einen lauten Schrei aus der Tiefe aufge-
schreckt. Plötzlich sieht er einen Fremden hinter sich stehen. Während
sie gemeinsam weitergehn, nehmen die beiden eine Unterhaltung auf.
Beim Abschied macht der Fremde Christian auf den geheimnisvollen
Runenberg aufmerksam, den dieser selbst zuvor nie bemerkt hatte. Der
Fremde geht den Berg hinunter zu einem alten Schacht, bei dem er lebt
und wo er, so merkt er an, die Erze zu seinen Nachbarn hat. Christian
macht sich daraufhin auf den Weg zum Runenberg. Der Berggeist wird
in Tiecks Erzählung weder von einer historischen Figur verkörpert wie
im *Heinrich von Ofterdingen* noch von dunklen Kräften des Bösen, wie
in Eichendorffs Gedicht *Der Schatzgräber* oder Brentanos *Frühlingsschrei*, sondern von einer schwarzhaarigen, üppigen Frau, die alle nur
denkbaren mineralogischen Assoziationen um sich versammelt. Sie steht
in einem Raum, der mit Steinen und Kristallen von verschiedenster Farbe geschmückt ist; ihr nackter Körper glänzt wie Marmor; und sie hän-
digt Christian eine wunderbare, mit lauter Edelsteinen besetzte Tafel
aus, deren Farben und Linien eine geheimnisvolle Botschaft mitzuteilen
scheinen.

Die Parallelen liegen keineswegs so offen zutage wie in den anderen
Werken, die wir betrachtet haben. Aber der Fremde im Gebirge ist –
man denke nur an die Alraunewurzel – deutlich als einer jener Bergleute gezeichnet, die mit den dunklen Mächten der Natur in Verbindung
stehen. Und er weist Christian den Weg zur symbolischen Begegnung
mit dem Geist des Berges, dessen Erscheinen Gedanken an Wissen,
Habgier und Lust wachruft. Jedenfalls sind dies die Gefühle, die Christian umtreiben, als er das Gebirge verläßt und ins flache Land hinabsteigt. Dort heiratet er die blonde, schlanke und fromme Elisabeth, also
eine Frau, die in jeder Hinsicht zu der wollüstigen Bergschönheit im
Gegensatz steht. In den folgenden Jahren gründet Christian eine Familie und wird ein wohlhabender und angesehener Bürger im Dorf. Sein
Hang zu Übellaunigkeit und Trübsinn aber steigert sich bis zu einem
Punkt, an dem sein Vater und seine Gattin klare Anzeichen des Wahnsinns an ihm zu erkennen glauben. Als sein Vater ihn warnt, er solle
»dieses verfluchte Metall« nicht Herrschaft über sich gewinnen lassen,
bekennt Christian, »daß mir der rote Glanz tief in mein Herz hinein-

geht«. Er kann nichts anderes fühlen, hören und sehen als die Schmeicheleien dieser »Glut der Entzückung« und erzählt seinem Vater, der ihm mit wachsendem Entsetzen zuhört, wie die Steine zu ihm sprechen und welch wunderbare Bedeutungen in der Schrift ihrer Lineamente niedergelegt sind. In einer seltsamen Umkehrung der gewöhnlichen Theorie erklärt Christian, daß die organische Welt der Pflanzen nichts anderes sei als »der Leichnam vormaliger herrlicher Steinwelten« und daß die grünen Gewächse im Garten des Vaters ihm feindlich gesonnen seien wegen seiner Liebe zu den herrlichen Figuren und Symbolen der mineralischen Welt.

Wenig später verläßt Christian, von seinem Wahn überwältigt, Frau und Familie und eilt ins Gebirge, wo er in einem alten Schacht verschwindet und damit einen symbolischen Akt vollzieht, der deutlich die sexuelle Vereinigung mit dem verführerischen, wahnerzeugenden Berggeist darstellt. »Wunderbare, unermeßliche Schätze«, hatte Christian im Gespräch mit dem Vater vermutet, »muß es noch in den Tiefen der Erde geben. Wer diese ergründen, heben und an sich reißen könnte! Wer die Erde so wie eine geliebte Braut an sich zu drücken vermöchte, daß sie ihm in Angst und Liebe gern ihre Kostbarkeiten gönnte!« Mehrere Jahre später taucht Christian wieder auf, hat eine abschließende Unterredung mit Elisabeth, die in der Zwischenzeit erneut geheiratet hat und in Elend und Armut geraten ist, und verschwindet danach endgültig. Dieser Schluß aber bleibt für das Hauptthema nebensächlich. Tiecks Erzählung liest sich so, als habe er versucht, um jeden Preis alle romantischen Assoziationen und Motive im Umkreis des Bergbaus darin aufzunehmen: den Schacht als Ort des schicksalhaften Kampfes der frommen (»Christian«) Seele, die tödliche Verlockung der edlen Metalle, die Sexualität des mineralischen Reichs, die altüberlieferte Kunde von sprechenden Steinen und den Abstieg in dunkle Tiefen als Umarmung der Geliebten. Wir mögen in Zweifel ziehen, ob es Tieck gelungen ist, dieser großzügigen Verknüpfung gängiger Motive eine überzeugende Rechtfertigung für Christians Wahn abzugewinnen. Doch bleibt seine Erzählung in jedem Fall ein wichtiger Beleg für die Bedeutung, die der Bergbau und sein Assoziationsfeld in den Zirkeln der deutschen Romantik gewonnen hatte.

Von Tiecks *Runenberg* ist es nicht weit zu E.T.A. Hoffmanns Erzählung *Die Bergwerke zu Falun* (1819), einem Höhepunkt der romantischen Faszination durch Minen und Schächte[80]. Alten schwedischen

Berichten zufolge wurde 1719 in den Kupferminen von Falun in einer
Tiefe von 130 Metern der vollkommen erhaltene Körper eines jungen
Mannes entdeckt, der bei einem Einsturz im Jahre 1670 zu Tode gekommen war. Obwohl die Geschichte bereits im 18.Jahrhundert kursierte, wurde sie in Deutschland erstmals durch Gotthilf Heinrich Schuberts *Ansichten von der Nachtseite der Naturwissenschaft* (1808) weithin
bekannt. Dies Buch ist auch Hoffmanns direkte Quelle. Schubert erzählt die Geschichte in knapper Form in seinem achten Kapitel, in dem
es um den Übergang von der anorganischen zur organischen Natur
geht. Er zitiert sie als einen Beleg für die These, daß menschliche Über-
reste schneller verderben als diejenigen großer urzeitlicher Tiere und
daß es deshalb unmöglich ist, Gewißheit darüber zu erlangen, ob der
Mensch schon zu jener Zeit die Erde bevölkerte, als die Sintflut die erste Entfaltung organischen Lebens auf ihr vernichtete. Schubert erzählt
die Geschichte seinem wissenschaftlichen Erkenntnisinteresse entsprechend ökonomisch und geradlinig. So beginnt seine Version mit der
Schlußfolgerung, die sich aus dem Fall ziehen läßt. »Unter die merk-
würdigsten Fälle von sogenannten Menschen-Versteinerungen gehört
wohl der, dessen Hülpher, Cronstädt und die schwedischen gelehrten
Tagebücher gedenken. Auch hier zerfiel ein dem Anscheine nach in fest-
en Stein verwandelter Leichnam nach wenigen Jahren in eine Art von
Asche, obgleich man ihn unter einem Glasschrank vor dem Zutritt der
Luft zu wahren gesucht.«[81] Nachdem er sein theoretisches Interesse vor-
angestellt hat, skizziert Schubert rasch die wesentlichen Elemente der
Geschichte. Der Körper des ehemaligen Bergmannes wurde, ganz von
Eisenvitriol durchdrungen, entdeckt, als Bergleute versuchten, zwischen
zwei Schächten einen Durchgang zu schlagen. Obwohl anfangs ganz
weich, wurde der Leichnam hart wie Stein, sobald man ihn der Luft
aussetzte. Niemand konnte den noch vollkommen erhaltenen Toten
identifizieren, eine alte Frau auf Krücken aber erkannte an ihm die
Gesichtszüge ihres Verlobten, der ein halbes Jahrhundert zuvor ver-
unglückt war. Schubert legt besondere Betonung auf den Kontrast zwischen den beiden Liebenden und stellt in seinem Schlußsatz heraus,
»wie bei der fünfzigjährigen goldnen Hochzeit der noch jugendliche
Bräutigam starr und kalt, die alte und graue Braut voll warmer Liebe
gefunden wurde«.[82]

Johann Peter Hebels klassische Prosaversion *Unverhofftes Wiedersehen*
(1811) verlegt zwar das Geschehen in die unmittelbare Vergangenheit,

bleibt aber auffällig nahe an den Details von Schuberts Bericht[83]. Doch
leistete Hebels Erzählung, die von Goethe sehr bewundert wurde, zugleich eine dramatische Vertiefung des Stoffes, und zwar in dreierlei
Hinsicht. Erstens beginnt Hebel nicht mit einem wissenschaftlichen
›quod erat demonstrandum‹, sondern mit der Ausrufung des Hochzeits-
aufgebots in der Kirche: »›So nun jemand Hindernis wüßte anzuzeigen,
warum diese Personen nicht möchten ehelich zusammenkommen‹, da
meldete sich der Tod.« Zweitens fügt er nach dem Verschwinden des
jungen Mannes eine berühmte Passage ein, die annähernd ein Viertel
der kurzen Erzählung ausmacht und vom Vergehen der Zeit berichtet:
wie die Stadt Lissabon durch ein Erdbeben zerstört wird, der Sieben-
jährige Krieg beginnt und endet, Amerika seine Freiheit erhält und andere Ereignisse in der Welt der großen Geschichte aufeinander folgen.
Drittens schließlich erzählt Hebel das gesamte Geschehen aus der
Perspektive der Braut: ihren Kummer und ihre Treue nach dem Verschwinden ihres Verlobten, ihre Freude, als sie ihn wiedererkennt, ihre
liebevollen Vorbereitungen für sein Begräbnis und schließlich ihr Versprechen, bald mit ihm vereint zu sein »im kühlen Hochzeitbett«.

Wenn wir eine Anzahl uninspirierter Versifizierungen des Stoffes
überspringen – darunter eine, die in Arnims Roman *Die Gräfin Dolores*
(1810) enthalten ist – , und zu Hoffmanns Version zurückkehren, so fällt
uns zunächst ins Auge, daß sie sehr viel umfangreicher ist als die anderen Prosafassungen. Die 250 Worte von Schuberts knappem Bericht
und die 800 Worte von Hebels Anekdote sind in Hoffmanns voll ausge-
arbeiteter Novelle auf nahezu 10 000 Worte angewachsen. Dabei haben
wir es durchaus nicht mit einer einfachen Ausdehnung und Streckung
zu tun: Vielmehr hat Hoffmann die Proportionen innerhalb der Fabel
radikal verändert. Es geht nun nicht mehr um die Geschichte einer
Braut; ja, Hoffmann gesteht ihrem Kummer und ihrer Freude gerade
ebenso viele Zeilen zu wie Hebel in seiner knappen Version. Die Erzählung ist schon fast zur Hälfte vorüber, ehe Elis Fröbom das Mädchen
Ulla Dahlsjö überhaupt trifft; und die Ereignisse, in denen sie kulminiert – der Hochzeitstag, das Verschwinden des Bräutigams, die Entdeckung des Leichnams fünfzig Jahre später –, stellen kaum mehr als
eine kurze Nachschrift zu den Elementen der Geschichte dar, die für
Hoffmann das eigentliche Faszinosum darstellen. Bei ihm geht das Interesse von dem ungewöhnlichen Ereignis selbst auf die inneren Beweggründe des jungen Mannes über. Warum ist Elis Fröbom Bergmann

geworden? Was zog ihn an seinem Hochzeitstag in die Minen? Wiederum begegnen wir allen wichtigen Elementen der romantischen Erkundung der Welt der Tiefe und des Unbewußten. Zwar entnahm Hoffmann die Fabel seiner Erzählung Schuberts *Ansichten von der Nachtseite der Naturwissenschaft* und erwies in dem Motiv, daß der junge Bergmann sich mit der Tochter des Bergwerkeigners verlobt, dem *Heinrich von Ofterdingen* des Novalis seine Reverenz. Doch ist seine Version des Falun-Stoffes im Kern ein Seitenstück zu Tiecks Erzählung *Der Runenberg*. In beiden Fällen ist ein junger Mann aus der Ebene enttäuscht von seinem bisherigen Leben; unter der Führung eines geheimnisvollen alten Bergmanns macht er sich auf den Weg ins Gebirge, wo er dem Zauberbann einer dämonischen Frau aus der Welt der Schächte und Mineralien verfällt; ihr Reiz ist so unwiderstehlich, daß in beiden Fällen der Held eine glückliche Ehe oder zumindest ein Eheversprechen aufgibt, um die Verführerin in ihrem Schlupfwinkel in den Bergen aufzusuchen. In Christians Fall führt die Entscheidung zum Wahnsinn; im Fall des Hoffmannschen Helden zum Tod bei einem Grubenunglück.

Die Erzählung beginnt damit, daß Elis Fröbom, ein junger Seemann aus einer Familie, die seit je dem Meer verbunden ist, den Entschluß faßt, nicht auf sein Schiff zurückzukehren. »Sein ganzes Leben auf der See«, so erfahren wir, »erscheine ihm wie ein irres, zweckloses Treiben«, mit Abscheu betrachtet er das lärmende Treiben der betrunkenen Matrosen im Hafen[84]. In Göteborg trifft Elis auf einen geheimnisvollen Bergmann, der ihm auseinandersetzt, daß sein nach innen gewandtes, frommes und kindliches Wesen ihn sehr viel besser für den Bergbau geeignet mache als für das wilde, unbeständige Leben eines Seemanns. An diesem Punkt teilt Elis Fröbom noch alle seit Seneca kursierenden Vorurteile gegen den Bergbau als eine Tätigkeit, bei der Männer in Höllenregionen hinabsteigen und aus keinem anderen Beweggrund als der Lust auf Profit wie Molche im Dreck den Erzen und Metallen hinterherkriechen. Aber der alte Bergmann malt ihm ein so leuchtendes Bild vom Bergmannsleben als der Suche nach Wissen und vom Bergwerk als einem Ort, an dem die Steine und Fossilien vor Leben vibrieren, daß Elis zu der Überzeugung gelangt, er sei seit den ersten Vorahnungen seiner Kindheit für diese unterirdische Zauberwelt bestimmt. Als der alte Bergmann verschwindet, fällt Elis in einen tiefen Schlaf und träumt von köstlichen unterirdischen Gewölben, in denen er einer schönen Frau begegnet, die ihm als die Königin der Tiefen bezeichnet wird.

Beim Aufwachen ist Elis von der Idee beherrscht, nach Falun zu gehen und dort Bergmann zu werden. Auf der Reise dorthin scheint es ihm, als sehe er auf seinem Weg von Zeit zu Zeit den geheimnisvollen alten Bergmann auftauchen und ihm zuwinken.

Elis' erster Eindruck von den großen Schächten, den »Pingen« in Falun ist schreckenerregend. Hoffmann macht geschickten Gebrauch von zeitgenössischen Reiseberichten, um eine technisch präzise Beschreibung der damals bedeutendsten Kupfermine Nordeuropas zu geben. Elis wird im folgenden Zeuge eines Bergarbeiterfestes, das am Ende des »Bergsthing«, des Gerichtstages stattfindet; ein örtlicher Grubenbesitzer, Pehrson Dahlsjö, nimmt ihn freundlich auf; und Dahlsjös Tochter Ulla übt eine große Anziehung auf ihn aus. All dies trägt dazu bei, daß Elis seine anfängliche Abneigung gegen Falun überwindet. Er geht in Dahlsjös Minen in die Lehre und erwirbt sich bald so große Geschicklichkeit, daß er rasch in seinem Beruf vorankommt und ihm die Hand seiner geliebten Ulla sicher zu sein scheint. Währenddessen aber finden zwei beunruhigende Entwicklungen statt. Als Elis einmal allein tief unten im Schacht arbeitet, begegnet er dem alten Bergmann vom Beginn der Erzählung, der ihm Untreue gegenüber dem Königreich der Metalle vorwirft. Heftig erschüttert durch dieses Erlebnis, erfährt Elis, bei dem alten Bergmann handle es sich um den Geist eines gewissen Torbern, der Jahre zuvor bei einem großen Bergsturz zu Tode kam und nun in den Schächten sein Unwesen treibe. Insbesondere sagt man von ihm, daß er umherziehe und junge Bergleute anwerbe, wenn es in den Gruben an Arbeitern mangele. Zum zweiten hat Elis in Reaktion auf die beunruhigende Begegnung im Schacht immer eindringlichere Visionen der Königin der Minen und fühlt sich schließlich zwischen der Leidenschaft für sie und seiner reinen Liebe zu Ulla ausweglos zerrissen. »Er fühlte sich wie in zwei Hälften geteilt, es war ihm, als stiege sein besseres, sein eigentliches Ich hinab in den Mittelpunkt der Erdkugel und ruhe aus in den Armen der Königin, während er in Falun sein düsteres Lager suche.« Seine Freunde und seine Familie bemerken sein wachsendes Unbehagen. Er erzählt ihnen von geheimnisvollen Botschaften, welche die Königin selbst in die Steingrüfte eingegraben habe und die nur er selbst entziffern könne. Aber alle hoffen, daß seine Unruhe sich legen wird, wenn er einmal verheiratet ist.

Die Hochzeit soll am St. Johannistag stattfinden, also zur Mittsommernacht, der vom Volksaberglauben magische Bedeutung zugesprochen wird. Elis erscheint sehr früh und schon in Hochzeitskleidung im Haus seiner Verlobten und erklärt, er wolle, weil ihm dies in der Nacht bedeutet worden sei, in den Schacht hinabsteigen, um von dort einen wertvollen funkelnden Stein als Brautgeschenk für Ulla heraufzuholen[85]. Ulla fleht ihn an zu bleiben, Elis aber macht sich los und verschwindet im Bergwerk. Wenige Stunden später treffen Bergleute ein, die von einem fürchterlichen Bergsturz in der Grube berichten. Elis' Leichnam wird nicht gefunden. Als man ihn fünfzig Jahre später entdeckt, erscheint er zunächst als versteinert, wie in Erfüllung des romantischen Wunsches, mit dem beseelten Stein vereint zu sein. Aber als die inzwischen hochbetagte Ulla erscheint – es heißt, sie sei »steinalt« – und unmittelbar darauf ihr Leben über dem Leichnam aushaucht, beginnt dieser selbst zu zerfallen. Hoffmann läßt dies unkommentiert. Aber er läßt kaum einen Zweifel daran, daß Elis' Glaube, er könne im steinernen Reich der Königin der Tiefe die Ewigkeit finden, wahrhaftig Wahnsinn ist.

In Hoffmanns Erzählung haben wir eine Rekapitulation aller gängigen romantischen Vorstellungen vom Bergbau vor uns. Der Abstieg in den Schacht, wo die Steine lebendig sein sollen, ist ausdrücklich als Abstieg in die Seele gekennzeichnet. Der alte Torbern verspricht Wissen, aber dieses Wissen erweist sich nicht als das wahre der Geschichte, sondern als das sündige Wissen der Sinnlichkeit. So führt es zu Wahnsinn und Tod. In einem Zeitraum von weniger als dreißig Jahren durchlief in Deutschland das Thema vom Bergbau die gesamte Bahn von der Spiritualisierung bis zur Dämonisierung. Es hat symptomatische, ja symbolische Bedeutung, daß Hoffmann seine Erzählung im Jahre 1818 schrieb, nur ein Jahr nach dem Tod Abraham Gottlob Werners. Denn Werner war nicht nur der wissenschaftliche Spiritus rector der kurzen, aber heftigen Welle von Begeisterung für den Bergbau in der Literatur und im Denken der deutschen Romantik. Er war auch das Modell für die geheimnisvollen alten Bergleute in den Romanen und Erzählungen der Epoche.

Bald darauf aber änderte sich der Charakter des Bergbaus in Deutschland überhaupt und auch in Freiberg selbst so radikal, daß die Wirklichkeit von einst zu einem nur noch literarischen Bild verblaßte. Im Jahr 1818 mußte die Bergakademie in Freiberg vergrößert werden. Den Anlaß hierzu bildeten paradoxerweise die umfassende Bibliothek und die reichhaltigen Sammlungen, die Abraham Gottlob Werner

seiner geliebten Institution vermacht hatte und die nun unterzubringen
waren. Und im Jahre 1829 wurde der Lehrplan, der über Jahrzehnte hinweg relativ unberührt geblieben war, einer umfassenden Revision unterzogen, mit der man auf die neuen technischen Gegebenheiten der Arbeit von Bergbau-Ingenieuren reagieren wollte. Im ersten Viertel des
19. Jahrhunderts gab es im deutschen Bergbau nur wenige Veränderungen. Seit 1825 aber wurden im Zuge der mit immer stärkerer Dynamik
voranschreitenden Industrialisierung neue Methoden eingeführt. Neben
den wissenschaftlichen Fortschritten in Nachbargebieten des Bergbaus
wie der Hydraulik waren es im wesentlichen zwei Verbesserungen,
welche die Bergbau-Technologie so nachhaltig veränderten, daß sie
kaum noch mit den Bergwerken vergleichbar war, die Novalis und seine
Zeitgenossen vor Augen hatten. Eisenschienen beschleunigten den
Transport der Erze untertage und auf der Erde, und verbesserte Dampf-
maschinen sicherten das effektive Funktionieren von Pumpen, Hebe-
werken und Förderbändern. Der Bergbau wurde laut, und er wurde
schmutzig. Mit Beginn des zweiten Jahrhundertviertels nahm der
Kohlebergbau in unvorhergesehenem Ausmaß und Tempo zu. Die alten
Mineralminen im Erzgebirge und im Harz, die Quellen der romantischen Inspiration, verloren zwar nicht sogleich ihre Bedeutung, allmählich aber verlagerte sich die Bergbauindustrie westwärts ins Ruhrgebiet.
Hier erinnerte in der nachhaltig vom Industrialisierungsschub erfaßten
deutschen Gesellschaft der Jahrhundertmitte nur noch wenig an den
alten, den romantischen Bergbau und seine Poesie.

Moderne Rückgriffe auf die romantische Bilderwelt

Die Ursache, warum der Bergbau in die deutsche Literatur der romantischen Epoche Eingang fand und dort eine so auffällige Rolle spielte,
war der einzigartige Charakter dieser Institution, wie sie in Deutschland
damals existierte. So büßte der Bergbau an Faszinationskraft ein, als die
Institution selbst sich zu ändern begann. Es wäre jedoch überraschend,
wenn eine Bilderwelt, welche die deutsche Kultur – ihr Recht, ihre
Sprache und ihre volkstümliche Überlieferung – so nachhaltig prägte,
einfach verschwände, ohne Spuren zu hinterlassen. Und in der Tat geschah dies nicht. In den detailreichen holzgeschnitzten Darstellungen
von Bergleuten in ihrer angestammten Tracht, wie sie im Erzgebirge

hergestellt und in großen Stückzahlen exportiert werden, ist das romantische Bild des Bergbaus in der Form, die wir als 'gesunkenes Kulturgut' bezeichnen, aufbewahrt. Ebenso in den Pfefferkuchenfiguren von Bergleuten, die traditionell in der gleichen Region Sachsens zur Weihnachtszeit gebacken werden. Beispiele wie diese aus der Volkskultur sind die Schwundstufe jener Arbeiten in Porzellan, Gold, Glas und Zinn aus früheren Jahrhunderten, für die der Bergbau ein ikonographisch bedeutendes Motiv darstellte[86].

Auf einer anderen Ebene überlebte der romantische Bergbau in der Literatur. Hier blieben seine Bilder noch lange nach dem Ende der Institutionen, die sie ursprünglich hervorgebracht haben, von Bedeutung. Wie wir gesehen haben, kannten die romantischen Schriftsteller den Bergbau aus erster Hand, sei es aus eigenem Studium oder dem ihrer Freunde oder von Besichtigungen im Rahmen ihrer Reisen und Wanderungen. Unter modernen Autoren war dies nicht länger der Fall, sie kannten den Bergbau ausschließlich als literarisches Bild. Oder, um es präziser zu formulieren, wenn moderne Autoren den Bergbau aus erster Hand kannten, dann tendierten ihre Werke zum naturalistischen Dokument von der Art, wie es in Frankreich seit Zolas *Germinal* (1885) und in den Vereinigten Staaten seit Frank Norris' *McTeague* (1899) und Upton Sinclairs *King Coal* (1917) aufkam.[87]

In Deutschland jedoch und hin und wieder auch bei nicht-deutschen Schriftstellern wie Jules Verne in seinem Bergbau-Roman *Les Indes Noires* (1877) oder Richard Llewellyn in *How Green Was My Valley* (1940) lebten die alten Bilder und Assoziationen fort. Revitalisiert wurden sie vor allem von drei Autoren, deren Denken tief von romantischem Ideengut beeinflußt war: Johann Jakob Bachofen, Sigmund Freud und Carl Gustav Jung. In ihren Theorien spielt das Bergwerk als explizit verwandtes Bild für Geschichte, Sexualität und Entdeckung der Psyche eine signifikante symbolische Rolle. In der Mutterrechts-Theorie Bachofens, deren Einfluß auf das deutsche Denken der Jahrhundertwende kaum überschätzt werden kann, begegnen die Mine und das Berginnere wiederholt als Ort der *magna mater*. In seiner Unterscheidung zwischen dem weiblichen *sanctum* und dem männlichen *sacrum* etwa betont Bachofen die enge Verbindung des *sanctum* mit den chthonischen Kräften der Erde. Mauern waren den Alten heilig, so führt er aus, weil in der Antike Erdwälle, die sich aus den Tiefen hervorhoben, als Geburten aus dem Schoß der *magna mater* verehrt wurden, die in den dunklen

Kammern geruht hatten, bis sie durch die Wirkung maskuliner Kraft
aufgeweckt und ans Licht gebracht wurden.[88]

Von Bachofen ist es nur ein kleiner Schritt zur Psychoanalyse. In seinem Buch *Die Traumdeutung* (1900) und andernorts interpretierte
Freud den Abstieg in einen Bergwerksschacht oder eine Berghöhle als
Symbol für den Akt des Coitus[89]. Diese klassische Deutung Freuds erlaubte es Emil Franz Lorenz in seiner Lektüre der Sage von Falun die
Mine oder Höhle als »das bekannteste« Symbol für den weiblichen
Schoß und den Abstieg in den Schacht als »Inzestphantasie« zu bezeichnen[90]. In Jungs Arbeiten schließlich ist die Figur des weisen alten Man-
nes oft mit Gebirgen und Bergwerken verknüpft[91]. Darin liegt zweifel-
los eine Reminiszenz an die antiken und mittelalterlichen Sagen über
die unterirdische Ortsverrückung großer Herrscher und weiser Männer.
Sie verbindet sich mit einer Inversion der Sagen über Dämonen, die im
Innern der Erde hausen[92]. Zu ihrer Ausdeutung der Schächte und
Minen als Orte chthonischer Mächte, der Sexualität oder der Weisheit
wurden Bachofen, Freund und Jung in nicht geringem Maß durch ihre
Lektüre romantischer Schriftsteller angeregt. Und umgekehrt gewann
die romantische Ideenwelt durch die Aufmerksamkeit, die ihr von so
bedeutenden Geistern wie Bachofen, Freud und Jung gewidmet wurde,
zunehmend an Wirkung und Glaubwürdigkeit. Die so gewonnene
Publizität trug zweifellos zum Wiederauftauchen der romantischen Bilder in der deutschen Literatur des 20.Jahrhunderts bei.

Es herrscht in ihr kein Mangel an Werken, in denen der Bergbau seine überlieferte Leistungsfähigkeit als Chiffre für die Erkundung der Psyche unter Beweis stellt. In *Orpheus.Eurydike.Hermes*, einem der großen
mythologischen Gedichte, mit denen Rilke seine *Neuen Gedichte* abschließt, heißt es über den Aufstieg der drei Figuren aus dem Hades:
»wie stille Silbererze gingen sie/als Adern durch sein Dunkel.«[93] Das beherrschende Bild am Eingang des Gedichts macht die metaphorische
Dimension des in ihm beschriebenen Geschehens explizit: »Das war der
Seelen wunderliches Bergwerk.« Das ist ein doppeldeutiger Satz. Er
meint zum einen das Bergwerk als Ort der Seele und läßt zum anderen
im Wort »Werk« die seltsame Arbeit und Aufgabe anklingen, welche die
Seelen im Hinabsteigen in die unterirdischen Tiefen zu erfüllen haben.
In der zehnten der *Duineser Elegien* erklärt die Führerin durch die weite
Landschaft der Klagen dem Jüngling, daß ihre Familie einst ein
»Großes Geschlecht« war, dessen Väter den Bergbau im großen Gebirge

trieben. Manchmal, so sagt sie, finde man bei Menschen noch »ein Stück geschliffenes Ur-Leid« oder »schlackig versteinerten Zorn«[94]. Als sie ihn am Fuß des Gebirges verläßt, steigt der Jüngling »in die Berge des Ur-Leids« und sucht dort die Schächte, an denen vormals die Menschheit nach ihrer eigenen Natur grub. Damit geht er aufs neue einen Weg, den schon zahllose romantische Helden vor ihm beschritten.

Auch bei Kafka (»Ein Besuch im Bergwerk«), Hesse (»Iris«) und Thomas Mann finden sich Passagen, in denen das Bergwerk die menschliche Psyche symbolisiert. Thomas Mann fügte in seinen Roman *Doktor Faustus* einige Zeilen aus einem Gedicht mit dem Titel »Der Bergmann« ein. Es erinnert an Clemens Brentano und ist vorgeblich von Ines Rodde, einer Figur des Romans verfaßt:

> Ich bin ein Bergmann in der Seele Schacht
> Und steige still und furchtlos dunkelwärts
> Und seh' des Leidens kostbar Edelerz
> Mit scheuem Schimmer leuchten durch die Nacht[95].

Der deutlichste Beleg für das Weiterwirken der romantischen Metaphorik des Bergwerks ist zweifellos die Neubearbeitung der Sage von Falun, die Hugo von Hofmannsthal im Jahre 1899 schrieb. *Das Bergwerk zu Falun* ist das letzte der großen lyrischen Dramen seiner Jugend. Seine Quelle war Hoffmanns tragische Erzählung[96].

Für Rainer Maria Rilke, Franz Kafka, Hermann Hesse, Thomas Mann und Hugo von Hofmannsthal war der Abstieg ins Bergwerk vor allem, wenn auch nicht ausschließlich, der Abstieg in den Schoß des Bewußtseins und der Selbsterkenntnis. Andere Schriftsteller der Moderne nutzten in ihrem Rückgriff auf die romantische Bilderwelt die Assoziationen an Sexualität und Gewalt. In allen drei Erzählungen seiner Sammlung *Drei Frauen* (1924) porträtiert Robert Musil rationale, analytische Helden, die sich im Verlauf einer Lebenskrise zur Auseinandersetzung mit den irrationalen und mystischen Aspekten des Lebens in Gestalt einer Frau gezwungen sehen. In der Erzählung *Grigia* (1921) läßt der Name des Helden – er heißt Homo – wenig Zweifel an seiner exemplarischen Funktion. Allein zurückbleibend, als seine Frau und sein Sohn an einen Badekurort abreisen, nimmt Homo, der von Beruf Geologe ist, eine Einladung zu einer Expedition an. Ihr Ziel ist die Wiedereröffnung der alten venezianischen Goldminen in den Tiroler Alpen. Hoch im Gebirge, in einer Gemeinde, die als nahezu prähistorisch

beschrieben wird, unterliegt der von seiner Karriere und Familie ent-
täuschte Homo den freimütigen sexuellen Avancen einer örtlichen
Bäuerin. Er nennt sie Grigia – das ist der Name, den die Frau selbst
ihrer Kuh gibt. Wiederholt wird Grigia mit Worten charakterisiert, die
auf die Tier- oder Pflanzenwelt anspielen. Sie erinnert Homo an
Blumen und Steine; ihre Sprache wirkt auf ihn »magisch« in ihrer Ein-
fachheit; als sie im Bergwerk überrascht werden, quietscht sie wie ein
Schwein und bockt wie ein Pferd. Und ihre sexuellen Akte mit Homo
haben eher tierische als menschliche Züge. Als Grigias Mann Verdacht
schöpft, arrangiert Homo ein letztes Treffen mit ihr. Die beiden suchen
Zuflucht in einem verlassenen Schacht, wo sie auf dem Erdboden ko-
pulieren. Plötzlich schließt sich der Eingang zur Mine, als Grigias eifersüchtiger Mann, der den beiden gefolgt ist, einen Felsblock davorrollt.
Als sie sich von ihrem ersten animalischen Schrecken erholt, entdeckt
Grigia eine kleine Felsspalte, durch die sie entfliehen kann. Homo bemerkt, daß es auch ihm möglich wäre, durch die Spalte ins Freie zu gelangen. »Aber er war in diesem Augenblick vielleicht schon zu schwach,
um ins Leben zurückzukehren, wollte nicht oder war ohnmächtig geworden.«[97] In Musils Erzählung findet wie in Hofmannsthals Drama
der Held durch den Abstieg ins Bergwerk zu sich selbst. Aber Homo
gelangt nicht zur mystischen Erleuchtung, sondern stößt in der Mine,
die bezeichnenderweise »verlassen« ist, auf die sexuelle, in der Tat ani-
malische Seite seiner eigenen Natur, die bis dahin durch den Rationalismus seiner westlich geprägten Persönlichkeitsstruktur unterdrückt war.
Musil ist Tieck sehr viel näher, als er wohl gerne zugegeben hätte.

In Hermann Brochs unvollendetem Roman, der unter verschiedenen
Titeln – »Der Versucher«, »Die Verzauberung«, »Demeter« – in den
mittleren dreißiger Jahren geschrieben und 1950/51 überarbeitet wurde,
ist ebenfalls ein Goldminen-Dorf in den österreichischen Alpen der
Schauplatz. Auch hier ist die Atmosphäre, wie sie in den Augen eines
pensionierten Arztes aus Wien erscheint, ausgesprochen archaisch. Obwohl die Minen schon seit Jahrhunderten erschöpft sind, begehen die
Bewohner dieses Dorfes nach wie vor das überlieferte Bergritual. Dabei
weihen sie zur Besänftigung des Drachens im Berginnern eine »Berg-
braut«, die dann jeweils im Herbst symbolisch dem Berggeist geopfert
wird. Wie sein Zeitgenosse und Landsmann Musil ist auch Broch von
den primitiv-sexuellen Aspekten des Gebirges und seiner Minen fasziniert. Einer der Arbeitstitel des Romans, »Demeter«, verweist auf das

Hauptthema des Buches, die Analyse des Übergangs von einer matriarchalischen zu einer patriarchalischen Gesellschaft. Die Autorität der
Mutter Gisson wird von dem Hitler-ähnlichen Vagabunden Marius
Ratti untergraben, der die Dörfler durch das Versprechen in Aufregung
versetzt, die Goldminen wiederzueröffnen[98]. Broch geht freilich, begünstigt durch die von ihm gewählte Großform des Romans, weiter, als es
Musil innerhalb der engeren Grenzen seiner Erzählung möglich war. Er
ist interessiert am Phänomen der Massenpsychologie, durch deren Wirken nicht mehr nur ein einzelnes Individuum, sondern eine ganze Gemeinschaft von den Kräften des Irrationalen ergriffen und durch einen
falschen »Führer« dahin gebracht werden kann, de facto ein Menschen-
opfer zu vollziehen, das bis dahin lediglich symbolisch dargebracht wurde. In diesem Roman, den Broch auch seinen »Bergroman« nannte,
finden wir die bekannten Elemente der Mine als des Ortes der Versuchung und des Kampfes zwischen Gut und Böse. Durch den Abstieg in
den Schacht geben die Menschen den archaischen Instinkten ihrer
Natur wieder Raum und werden zur Gewalt angestachelt, während den
Kräften der matriarchalischen Stille und Gelassenheit sowie dem zivilisierten Anstand nichts bleibt, als in machtlosem Schrecken und Abscheu zuzuschauen.

Musil diente während des Ersten Weltkrieges in den Bergen Südtirols
in der Nähe der Goldminen. Broch lebte während seiner Arretierung
durch die Nazionalsozialisten in den dreißiger Jahren mehrere Wochen
in der Goldminen-Region des Salzkammergutes. Dennoch kannten
beide Schriftsteller, obwohl von der Ausbildung her Techniker, den
Bergbau nur aus zweiter Hand. Im Deutschland der Nachkriegszeit trat
demgegenüber ein Schriftsteller hervor, der selbst eine zeitlang Bergar-
beiter war und die alten romantischen Assoziationen in den Dienst einer harschen Kritik an der modernen Zivilisation stellte. Günter Grass
arbeitete in der unmittelbaren Nachkriegszeit in einem Kaliumbergwerk
in der Nähe von Hildesheim, und diese Erfahrung hat in seiner Erzählkunst Spuren hinterlassen. In seinem Roman *Hundejahre* (1963) wird
ein Bergwerk zum Schauplatz des letzten Kapitels. Es ist ein Höhepunkt
der Wiederaufnahme des Bergbau-Motivs in der modernen deutschen
Literatur. Gegen Ende der Handlung treffen sich die Jugendfreunde
Walter Matern und Eddi Amsel wieder, nachdem sie viele Jahre lang getrennte Wege gingen. Amsel, der sich nun Brauchsel nennt und dessen
künstlerisches Talent sich seit der Kindheit in der unheimlichen Fähig-

keit manifestiert, Vogelscheuchen von frappierender Vielfalt und Verschiedenheit zu konstruieren, überredet Matern, ihn in die Harzregion zu begleiten, wo die beiden das in einem verlassenen Kalibergwerk angesiedelte Unternehmen Brauchsels besuchen.

In den Szenen untertage erweist sich Grass' Beherrschung der technischen Details und der Fachsprache des modernen Bergbaus. Wie ihre romantischen Vorgänger legen Brauchsel und Matern die Bergmannstracht an – aber es ist eine zeitgenössische Ausrüstung aus uniformartigen geschlossenen Overalls, gelben Helmen und Karbidlampen. Während des Abstiegs, der in vollautomatisierten Geschwindigkeitsaufzügen vor sich geht, ist der Gruß *Glück auf!* das einzige traditionelle Element. Durch zweiunddreißig Kammern geht es abwärts, ehe der unterirdische Stollen erreicht ist. Was Matern dort zu sehen bekommt, ist eine groteske Überspitzung und Verkehrung des romantischen Motivs vom Bergwerk als Ort der Begegnung mit der Geschichte und der eigenen Seele. Hier, mehr als sechshundert Meter unter der Erdoberfläche, ist Brauchsel-Amsels riesige Fabrik aufgebaut. Seine Arbeiter setzen ganze Hundertschaften automatischer Vogelscheuchen zusammen, die als lebensechte Parodien philosophischer, soziologischer, politischer, theologischer und religiöser Denker alle Facetten deutscher Kultur und jede Epoche der deutschen Geschichte vom Mittelalter bis in die Gegenwart darstellen. Mit Hilfe seines Katalogs, den er über die ganze Welt verschickt, betreibt Brauchsel ein lebhaftes Exportgeschäft mit dieser toten deutschen Vergangenheit. Besonders viele Abnehmer, so merkt er an, hat er in Argentinien und Kanada. Als der ehemalige Nazionalsozialist Matern, überwältigt von diesem grotesken Ausverkauf der Geschichte, in dem er auch seiner eigenen Vergangenheit begegnet, dem Unternehmen den Namen »Hölle und Co.« geben will, erwidert Brauchsel ruhig und wie als Echo auf Generationen von Bergleuten von Agricola bis Theodor Körner, die wahre Hölle befinde sich sechshundert Meter über ihnen.

Der Roman *Hundejahre* stellt die endgültige Inversion des *Heinrich von Ofterdingen* dar. Auch hier führt der Abstieg ins Bergwerk zur traditionellen Begegnung mit der Geschichte – aber einer Geschichte, die in all ihrer sinnlosen Brutalität nur noch von einer absurden Karikatur des alten geheimnisvollen Bergmanns von einst vorgeführt wird. Günter Grass gehört zu den zeitgenössischen deutschen Schriftstellern, denen die überlieferten Mythen und Sagen ihrer Kultur gegenwärtig sind. Daß

er in der Schlüsselszene seines bedeutenden Romans über Deutschland
im 20.Jahrhundert auf ein Zentralmotiv der deutschen Romantik
zurückgriff, ist kaum ein Zufall. Denn Grass ist stärker als viele seiner
Zeitgenossen von einer archetypisch romantischen Leidenschaft geprägt: der Erkundung der Bergwerke der Seele.

Kapitel 3

Das Recht: Grundbuch der Gesellschaft

Die Faszination durch das Recht in Deutschland

LESER mit juristischer Bildung könnten sich von einem Überblick über die deutsche Literatur zu der Auffassung veranlaßt sehen, die Meisterwerke des romantischen Zeitalters seien in der Absicht verfaßt, exemplarische Fälle für Lehrbücher des Rechts zusammenzustellen. Die Handlung von Goethes *Faust I* (1808) beruht auf einer Abmachung zwischen Faust und dem dienstbaren Geist des Teufels. Ohne den Beistand des Mephistopheles gäbe es keines der spektakulären Elemente, die zum Erfolg der Sage beitrugen: weder die Verjüngung des alternden Gelehrten noch den Ritt auf dem Weinfaß, weder die weiteren tollen Streiche in Auerbachs Keller noch die Verführung Gretchens und die Walpurgisnacht. Ein ganzes Jahrhundert lang wurde über den Charakter dieser Abmachung debattiert[1]. Ist sie eine Wette oder ein Pakt? Sollte man sie gemäß dem Recht des 16. Jahrhunderts interpretieren oder im Blick auf die Rechtspraktiken in Goethes eigener Zeit? Kann eine Vereinbarung rechtlich bindend sein, wenn sie die Seele eines Menschen betrifft, die doch letztlich das Eigentum Gottes ist? Und wenn sie bindend ist, sind dann alle Bedingungen am Ende von Fausts Leben erfüllt worden? Entkommt er durch eine windige Klausel im Wortlaut des Paktes oder durch göttliche Intervention? Solche Fragen liefern den Stoff, aus dem Seminare gemacht sind.

Kleists Erzählung *Michael Kohlhaas* (1810) könnte als Handbuch der Rechtswege und Instanzen des 16. Jahrhunderts dienen. Denn ihr Held wird durch seine fanatische Jagd nach Gerechtigkeit von den Gerichtshöfen Sachsens zu denen Brandenburgs und schließlich bis zum Reichskammergericht des Heiligen Römischen Reiches geführt[2]. Die ganze Sequenz der schreckenerregenden Eskalation aber bis hin zur Exekution Kohlhaas' wegen Landfriedensbruchs wird ausgelöst durch eine scheinbar unbedeutende Zivilklage, bei der es um die Mißhandlung zweier Pferde geht.

In E.T.A. Hoffmanns klassischer Erzählung *Das Fräulein von Scuderi*

(1820) geraten wir auf einen anderen Schauplatz. Von Deutschland zur
Zeit der Reformation mit Luther, Faust und Kohlhaas werden wir ins
Goldene Zeitalter Ludwigs XIV. nach Frankreich versetzt. Doch hier
wie dort steht ein Rechtsfall zur Debatte. In den Straßen von Paris
kommt es zu einer Serie brutaler bewaffneter Raubüberfälle. Als der
Goldschmied Cardillac ermordet aufgefunden wird, gerät sein Gehilfe,
der zugleich der Verlobte seiner Tochter ist, unter Verdacht. Der brillante Advokat Pierre Armand d'Andilly muß sein ganzes juristisches Geschick aufbieten, um den jungen Mann vor den Verfolgungen der uner-
bittlichen *chambre ardente* zu schützen und Madame de Scudéry ihren
ganzen psychologischen Scharfsinn, um den wahren Schuldigen
ausfindig zu machen. Es ist Cardillac selbst. Er hing so leidenschaftlich
an seinen kunstvoll gearbeiteten Schmuckstücken, daß er vor nichts
zurückschreckte, um sie den Käufern wieder abzunehmen, und wurde
schließlich von einem der Opfer, denen er auflauerte, in Notwehr getötet.

Nun wäre jeder Jurastudent schon in den ersten Semestern in der
Lage, die bei Goethe, Kleist und Hoffmann zugrundeliegenden Fälle innerhalb der gängigen Kategorien zu klassifizieren: Es geht im wesentlichen um Verträge, Schadensfälle, Gewaltverbrechen und die entsprechenden zivil- und strafrechtlichen Verfahren. Diese berühmten
literarischen Fälle zogen denn auch immer wieder die Aufmerksamkeit
deutscher Rechtsgelehrter auf sich. Aber das Interesse am Recht ist
weder auf Juristen beschränkt, noch ist es ein ausschließlich modernes
Phänomen. Es läßt sich bis in die Anfänge der menschlichen Kultur
zurückverfolgen[3]. Am mythischen Beginn vieler nationaler Überliefe-
rungen stehen jene Gesetzgeberfiguren, die auffällig ähnliche Namen
tragen und das Gesetz, das sie verkünden, vorgeblich aus den Händen
der Götter empfingen. Zu ihnen gehören Manu, der Urvater der
Menschheit in der Hindu-Mythologie und Begründer des Brahmani-
schen Rechts; Menes, der erste König von Ägypten und Gründer von
Memphis; Minos, der sagenhafte König und Gesetzgeber von Kreta,
dessen maßvolle Rechtsprechung vom obersten Richter der Unterwelt
belohnt wurde; und natürlich Moses, der von seiner Begegnung mit
Gott auf dem Berg Sinai dem Volk Israel die zwei steinernen Gesetzes-
tafeln mitbrachte.

Wie am Beginn der menschlichen Geschichte oft mythische Gesetzgeber stehen, so markieren nicht selten Gesetzestexte den Anfang

schriftlicher Überlieferung. Über die Spätzeit der archaischen Kultur von Sumeria und Akkad besitzen wir umfassende Kenntnis durch den Codex Hammurabi, den der Herrscher von Babylon als Inschrift auf einer 2,25 m hohen Stele aus schwarzem Diorit festhalten ließ. Die ersten fünf Bücher des Alten Testaments, der Pentateuch, heißen bei den Juden die »Tora« – das bedeutet »Gesetz«. Tatsächlich handeln diese Teile der Bibel ausführlich von Gesetzen und Gesetzgebung. Vor allem der Heilige Bund (Exodus 20,22 bis 23,33) basiert auf früheren Quellen, in denen die ältesten Rechtsbestimmungen der Israeliten festgehalten sind. Die Fakten der frühen griechischen Geschichte sind uns weitgehend durch die Verfassungen zugänglich, die in Tafeln aus Stein oder Holz eingegraben und auf drehbaren Achsen in den Ratshallen Athens und anderer Stadtstaaten aufgerichtet wurden. In den römischen Zwölftafelgesetzen, die in den frühen Jahren der Republik (451–450 v.Chr.) als Kompromiß im Streit zwischen Patriziern und Plebejern erlassen wurden, sind die Grundlagen des Römischen Rechts festgehalten. Obwohl die originalen Bronzetafeln, die auf dem Forum standen, von den Galliern zerstört wurden, blieb der Text erhalten. Denn, so berichtet Cicero, jeder Schuljunge hatte seit Jahrhunderten in Rom die Gesetze auswendig zu lernen. Die Rechtsüberlieferung der Franken, wie sie in der *Lex Salica* enthalten ist, liefert eine der wichtigsten Quellen für unser Verständnis der alten germanischen Gesellschaft. Die enge Verbindung von Zivilisation und Recht legt dem historischen Beobachter unwiderstehlich die Formel nahe: Am Anfang war das Wort, aber gleich danach kamen seine juristischen Interpreten.

Ein für die menschliche Kultur so zentrales Thema wie das Recht mußte in zahlreichen Werken der Weltliteratur zum Reflexionsgegenstand werden[4]. Die obsessive Beschäftigung der Griechen mit dem Recht, wie sie in Platos *Staat* und Aristoteles' *Politik* unverkennbar ist, beherrschte die klassische Tragödie von Beginn an. Das wohl bekannteste Beispiel ist die *Antigone* des Sophokles, in der das göttliche bzw. natürliche Recht in dramatischen Konflikt mit dem positiven Recht des Staates gerät. In Mißachtung einer Verordnung, die das Begräbnis von Verrätern verbietet, erweist die Heldin ihrem Bruder Polyneikes die Totenehre und wird dafür mit dem Tode bestraft. Die Faszination durch das Recht, wie sie in vielen Stücken Shakespeares zum Ausdruck kommt, war überall in Europa zur Zeit der Renaissance ein Charakteristikum der jungen, noch im Entstehen begriffenen bürgerlichen Gesellschaft. Das rechtliche Dilemma, das der »Komödie« *Der Kaufmann von Venedig* unterliegt, ob ein Pfund menschliches Fleisch ein angemessenes Pfand für ein anders nicht gesichertes Darlehen sein kann, war schon in mehreren Werken behandelt worden, ehe Shakespeare es als Stoff für sein tragikomisches Meisterwerk aufgriff. In Dostojewskis Romane *Schuld und Sühne* und *Die Brüder Karamasow* ging als realistische Grundierung die Auseinandersetzung mit der zaristischen Justiz ein, die Dostojewski am eigenen Leib erfahren hatte. Von den fast tausend Seiten des Romans *Die Brüder Karamasow* sind ein Viertel dem Prozeß gegen Dimitri Karamasow gewidmet, dem der Mord an seinem lüsternen Vaters angelastet wird. Franz Kafka trieb in seinem Roman *Der Prozeß* das Modell des Rechtsverfahrens ins metaphysische Absurde. Sein Held Josef K. sieht sich verhaftet, vor Gericht gestellt und verurteilt, ohne daß er je Auskunft über das ihm zur Last gelegte Verbrechen erhielte oder gar eine förmliche Anklage erhoben würde. Die enge Verbindung von Literatur und Recht läßt sich bis in die Gegenwart verfolgen[5].

Die drei deutschen Werke, die am Anfang dieses Kapitels zur Sprache kamen, reflektieren in einer Hinsicht diese allgemeine Tradition des intensiven Interesses der Dichter an Recht und Jurisprudenz. Eine grundlegende Besonderheit aber, durch die sie sich auszeichnen, verdient hervorgehoben zu werden. *Faust, Michael Kohlhaas* und *Das Fräulein von Scuderi* handeln nicht nur vom Recht. Im Unterschied zu den meisten anderen bisher erwähnten Werken wurden sie darüber hinaus von juristisch gebildeten Autoren verfaßt[6]. Goethe entstammte einer Juristenfamilie; er studierte Jurisprudenz zunächst in Leipzig und dann in Straßburg, wo er 1771 zum Lizenziaten der Rechte promoviert wurde. Nach einem Jahr praktischer Ausbildung verbrachte er den Sommer des Jahres 1772 als Praktikant am Reichskammergericht in Wetzlar. Zurück in Frankfurt, war er zwei weitere Jahre als Advokat tätig und brachte während dieser Zeit zwar nicht brillant, aber immerhin kompetent ungefähr 28 Fälle zum Abschluß, bevor er im Jahr 1775 nach Weimar ging.

Kleist brachte anders als Goethe sein akademisches Studium der Jurisprudenz nicht zum Abschluß. Nachdem er die militärische Laufbahn, die zur Familientradition gehörte, aufgegeben hatte, studierte er drei Semester lang in Frankfurt an der Oder Rechts- und Naturwissenschaften und arbeitete dann für einige Zeit als Praktikant bei der Technischen Deputation des Manufactur-Collegiums und im Finanz-Departement in Berlin. Nach einer Unterbrechung von mehreren Jahren wurde Kleist neuerlich in den Verwaltungsdienst eingestellt, diesmal als Diätar an der Domänenkammer in Königsberg. Er besuchte dort wiederum finanz- und staatswissenschaftliche Vorlesungen an der Universität, bevor er endgültig aus dem Staatsdient ausschied. Sein Interesse an Rechtsfragen schwand damit freilich nicht. In seiner Laufbahn als Journalist verfaßte er häufig Kommentare zu den zeitgenössischen Rechtsreformen in Preußen.

E.T.A. Hoffmann war einer der engagiertesten Juristen seiner Generation. Auch er studierte in Königsberg, trat dann sofort in die Dienste der Preußischen Justiz ein und versah zwischen 1800 und 1806 verschiedene Ämter in Polen. Nach Napoleons Sieg über die Preußen wurde das gesamte System der preußischen Provinzverwaltung außer Kraft gesetzt. Hoffmann schlug sich in den nächsten acht Jahren mühsam im Musik- und Theaterbetrieb verschiedener deutscher Städte durch. Gleich nach dem Rückzug der Franzosen im Jahr 1814 trat er wieder als Jurist in den Preußischen Staatsdienst ein und wirkte bis zu seinem Tod im Jahre 1822 als hochangesehener Richter am Kammergericht in Berlin.

Für unsere Zwecke ist der Umstand von Bedeutung, daß Goethe, Kleist und Hoffmann keine Ausnahmen waren. Sie waren vielmehr exemplarische Figuren in einer Epoche, als viele Schriftsteller die juristische Fakultät besuchten und in der einen oder anderen Weise juristische Tätigkeiten ausübten. Zu ihnen gehörten, um nur einige der bekannteren Namen zu nennen, der Bildungsreformer Wilhelm von Humboldt, Ludwig Tiecks poetisch-schwärmerischer Freund Johann Heinrich Wackenroder sowie der Dichter und Salineninspektor Novalis, die Heidelberger Romantiker Görres, Arnim und Eichendorff, die Brüder Grimm und der Philologe Friedrich von der Hagen, der gelehrte Balladendichter Ludwig Uhland und der Historiker Friedrich von Raumer, die Dramatiker Zacharias Werner, Franz Grillparzer, Christian Dietrich Grabbe und Friedrich Hebbel, der Ästhetiker Karl Solger – und natürlich Heinrich Heine. In der Laudatio, die der bedeutende Jurist Gustav Hugo als Dekan anläßlich der Verleihung der Doktorwürde an Heinrich Heine hielt, zitierte er einige der erwähnten und darüber hinaus noch weitere Namen, um die Häufigkeit der glücklichen Verbindung von Literatur und Jurisprudenz in Deutschland herauszustellen. *Quasi vero tandem inter nostrates neque Wielandus Göthius Sprickmannus Stolbergii Bürgerus Hoffmannus, neque sexcenti alii juris artem cum poesi junxissent*[7]. Die Liste ist in der Tat erstaunlich, und sie ließe sich leicht erweitern. Weder in der Epoche der Romantik selbst noch in einem anderen Zeitalter dürfte man in irgendeinem anderen Land so vielen Dichterjuristen begegnen wie im Deutschland der Napoleonischen Ära.

In einer Ansprache anläßlich der feierlichen Verleihung akademischer Titel und Auszeichnungen im Jahre 1897 rief Oliver Wendell Holmes die »schwarze und bitterkalte Nacht« in Erinnerung, von der er die Welt des Rechts verdunkelt sah, als er selbst sein juristisches Studium aufnahm[8]. »Man sah die Künstler und Dichter vor der Jurisprudenz zurückschrecken wie vor einer fremden und feindlichen Welt. Und man selbst war im Zweifel darüber, ob sie den Interessen eines intelligenten Geistes genügen könne.« Diese Haltung war in den angelsächsischen Ländern weithin vorherrschend. Sir William Blackstone, einer der bedeutendsten Juristen Englands, fühlte sich bemüßigt, ein Gedicht *Des Juristen Abschied von seiner Muse* zu verfassen, als er 1744 Oxford verließ, um in die Welt der Inns of Court in London einzutreten.

> Companion of my tender age,
> Serenely gay, and sweetly sage,
> How blithsome were we wont to rove
> By verdant hill, or shady grove.
>
> But now the pleasing dream is o'er,
> These scenes must charm me now no more,
> Lost to the field, and torn from you –
> Farewell! – a long, a last adieu!
>
> Me wrangling Courts, and stubborn Law,
> To smoke, and crowds, and cities draw;
> There selfish Faction rules the day,
> And Pride and Av'rice throng the way:
>
> No room for Peace, no room for you –
> Adieu, celestial Nymph, adieu![9]

Kehren wir zu den Romantikern zurück. Kann man sich Wordsworth und Coleridge ernsthaft in Anwaltsrobe vorstellen, wie sie gerade vor den Schranken des Gerichts ein Plädoyer halten? Shelley und Keats in der Funktion von Regierungsbeamten? Oder Byron unter der Perücke des vorsitzenden Richters? Sie alle hätten wahrscheinlich Mr. Bumble aus *Oliver Twist* zugestimmt: »Das Recht ist ein Esel – ein Idiot.«

Nur wenigen britischen Romanciers – die bekanntesten sind Fielding und Scott – gelang es, juristische Tätigkeit und Schriftstellerei miteinander zu verbinden. Ihre Zeitgenossen in den Vereinigten Staaten entflohen so schnell wie möglich »diesem streitsüchtigen, unbarmherzig machenden Beruf«, wie etwa Washington Irving das Juristendasein bezeichnete[10]. Autoren, die Literatur und Juristerei erfolgreich miteinander in Einklang brachten, sind in Amerika so selten, daß gelegentliche Ausnahmen wie z.B. Wallace Stevens auffällig hervorstechen. Sehr viel öfter verwarfen sie ihren Beruf wie William Cullen Bryant, dessen frühe Gedichte die innere Anstrengung festhalten, sich mit der ungeliebten Juristenlaufbahn auszusöhnen.

Das gleiche läßt sich von Frankreich sagen, wo Balzac die bedeutende Ausnahme darstellt. Zahlreiche seiner Romane lassen erkennen, daß er eine Lehrzeit in einem Rechtsanwaltsbüro absolvierte. Ein Balzac-Forscher hat innerhalb der *Comédie humaine* 118 Figuren ausgemacht, die der Sphäre der Justiz zugehören[11]. Flaubert aber, nicht anders als Frédéric Moreau in der *Education sentimentale*, fiel durch sein juristisches Examen. Die zahlreichen französischen Schriftsteller mit diplomatischen Karrieren – Chateaubriand, Lamartine, Stendhal – gelangten nicht durch eine juristische Ausbildung in den Staatsdienst, sondern in der Regel über das Militär. Stendhal brachte sich angeblich täglich mit der Lektüre einiger Paragraphen des Code Civil in Stimmung, ehe er ans Schreiben ging; und oft wurde gesagt, der Stil dieses bedeutenden Rechtsdokuments sei ein Muster jener »clarté«, die von französischen Autoren so gern gepriesen wird. Doch sucht man auch in Frankreich vergeblich nach einer Generation von Schriftsteller-Juristen, wie sie das literarische Leben in Deutschland während der romantischen Epoche prägte. Woher diese auffällige Besonderheit?

Die Geschichte des Rechtsstudiums in Deutschland

Die Ausnahmestellung Deutschlands resultiert zunächst daraus, daß hier die juristische Ausbildung ein Universitätsstudium war und nicht wie in England, Frankreich und den Vereinigten Staaten eine praktische Lehrzeit, die in Anwaltsstuben, in den Inns of Court oder in berufsorientierten Schulen zu absolvieren war, die das Universitätsstudium entweder ersetzten oder sich daran anschlossen[12]. Natürlich wurde in

Oxford und Cambridge traditionell Jurisprudenz gelehrt, aber dabei handelte es sich nur um eine spezielle Variante, nämlich die Geschichte des römischen und des kanonischen Rechts. Das empirisch gültige Gewohnheitsrecht, das man in der juristischen Praxis brauchte, war darin nicht inbegriffen. Der erste Lehrstuhl für Geschichte des Englischen Rechts wurde in Oxford erst im Jahr 1758 und in Cambridge erst im Jahr 1800 eingerichtet. In den Vereinigten Staaten wurde die erste universitäre »school of law« als akademisches Gegenstück zur praktischen Lehrzeit in den Anwaltsbüros 1817 in Harvard gegründet. Und in Frankreich fand nach der Auflösung der Universitäten im Jahr 1794 die gesamte praktische Berufsausbildung in den neueingerichteten *écoles spéciales* statt.

In Deutschland dagegen war die Jurisprudenz von jeher ein Universitätsstudium und bildete eine der vier herkömmlichen Fakultäten. Dies erklärt die Anspielung im Eröffnungsmonolog sowohl in Marlowes *Doctor Faustus* wie in Goethes *Faust*, wo der alternde Gelehrte darüber klagt, an den vier Fakultäten Philosophie, Medizin, Theologie und »Juristerei« studiert zu haben, ohne dabei klüger geworden zu sein. Die juristische Fakultät umfaßte in einer deutschen Universität um 1800 sehr viel mehr als die praxisorientierte Juristenausbildung, wie sie in England die Inns of Court, in Frankreich die école spéciales und in den Vereinigten Staaten die law schools boten. Die Jurisprudenz in Deutschland strebte danach, jene Synthese von Philosophie, Geschichte und Rhetorik darzustellen, die Vico in seinen Schriften proklamiert hatte, am beeindruckendsten wohl im Vorwort zu seinem *Diritto universale* (1720–1722)[13]. Die Realität mag hinter diesem Ideal zurückgeblieben sein, aber sie wurde davon geprägt. Unter anderem wegen dieser umfassenden Orientierung der juristischen Fakultät erwarben im 19. Jahrhundert Studenten von so unterschiedlicher Interessenlage wie Johann Jakob Bachofen, Karl Marx und Max Weber ihre universitäre Ausbildung als Studenten der Jurisprudenz.

Als der junge Goethe die Universität in Leipzig bezog, brachte er sein Interesse am »Studium der Alten« zum Ausdruck. Sein akademischer Lehrer, der Hofrat Böhme, überzeugte ihn, die juristische Fakultät biete ein besseres *studium generale* und eine nützlichere Einführung in die klassische Philologie als die philosophische Fakultät[14]. Daß Goethe sich Böhmes Lektion zu Herzen nahm, wird durch die Nummer XLI der 65 Thesen nahegelegt, die er während seiner Disputation zur Erlangung der juristischen Doktorwürde in Straßburg verteidigte: *Studium Juris longe praestantissimum est*[15]. In dieser These fanden Zitate aus dem Justinianischen Corpus Juris Civilis ein Echo, die zu den Gemeinplätzen im europäischen Denken des Zeitalters gehörten: *Jurisprudentia est divinarum, atque humanarum rerum notitia* oder *Jurisprudentia est vere philosophia.*

Die juristische Fakultät einer deutschen Universität hatte mehr oder weniger den Charakter einer Fakultät für Sozialwissenschaften, wie wir sie heutzutage in der *Kennedy School of Government* der Universität Harvard, der *Woodrow Wilson School of Public Affairs* in Princeton oder der *London School of Economics* kennen. Sie vermittelte den angehenden Juristen nicht praktische Kniffe und Verfahrensprozeduren, sondern lehrte historisch wie theoretisch grundlegende Prinzipien des Rechts, die auf individuelle Fälle angewandt werden konnten[16]. Jeder Student, der eine Laufbahn in der öffentlichen Verwaltung oder im Kameralwesen anstrebte, schrieb sich in der Regel auch in der juristischen Fakultät ein. Wir sollten uns in diesem Kontext daran erinnern, daß in Deutschland vor den Napoleonischen Reformen Hunderte von Fürstentümern für einen kontinuierlichen Bedarf an Beamtennachwuchs sorgten. Goethe qualifizierte sich durch seinen in Straßburg erworbenen Status eines promovierten Lizenziaten der Rechte für die verschiedenen administrativen Funktionen, die er im Verlauf von fast fünfzig Jahren im Herzogtum Sachsen-Weimar ausübte. Sie reichten von öffentlichen Bauarbeiten und Kriegswesen bis hin zu Theater und Erziehung. Die Jurisprudenz war im übrigen das traditionelle Studium der Söhne aus reichen Patrizierhäusern, die sich dieser Ausbildung nicht nur in Erwartung von Ämtern im Regierungsdienst, sondern auch als Vorbereitung auf die Verwaltung ihres Familienvermögens unterzogen.

Aus verschiedenen Gründen entwickelte sich die Rechtsfakultät an den deutschen Universitäten sehr langsam. Bis zum Ende des 17. Jahrhunderts umfaßte sie nur einen kleinen Teil des Lehrkörpers wie der Studentenschaft. Viele Studenten, die eine juristische Ausbildung absolvieren wollten, gingen nach Italien oder in die Niederlande. Während des 18. Jahrhunderts jedoch erhöhte sich die Zahl der in Deutschland eingeschriebenen Rechtsstudenten drastisch, als der Bedarf an ausgebildeten Juristen wuchs und ehrgeizige junge Bürger eine Karriere im Regierungsdienst anstrebten[17]. Bezogen auf das gesamte Jahrhundert machte die Zahl der Jurastudenten in Deutschland ungefähr 35 Prozent

der Gesamtstudentenschaft aus. An einigen Universitäten, die wie zum
Beispiel Straßburg für ihre juristische Fakultät berühmt waren, lag ihr
Anteil bei über fünfzig Prozent. In Heidelberg stiegen im Verlauf eines
Jahrhunderts die Einschreibungen zum Jurastudium von nur zwölf Prozent in den Jahren zwischen 1704 und 1710 auf über 75 Prozent um das
Jahr 1807 an. In Halle war im 18. Jahrhundert das Rechtsstudium so po-
pulär, daß ein Professor der klassischen Philologie sich zu dem Stoßseuf-
zer veranlaßt fühlte: *ius, ius, ius – et nihil plus*[18]. Als die im Jahre 1737
neugegründete Universität Göttingen wegen ihrer nur geringen Finanz-
ausstattung versuchen mußte, reiche Studenten anzuziehen, um mit den
älteren und besser ausgestatteten Institutionen konkurrieren zu können,
traf der zuständige Minister eine bedeutsame Entscheidung[19]. Er re-
duzierte die theologische Fakultät, die vor allem arme und bedürftige
Studenten anzog, und machte sich daran, mittels hoher Besoldungen
die beste juristische Fakultät in Deutschland aufzubauen. Um den reichen jungen Männern, die dadurch gewonnen werden sollten, Unterhaltung zu bieten, folgte er dem Beispiel der ›Ritterakademien‹ und
stellte Reitlehrer, Fecht- und Tanzmeister sowie Lehrer für moderne
Sprachen und andere Bereiche der feinen Lebensart ein. Er engagierte
darüber hinaus den besten Stallmeister in Deutschland. Dieser hatte für
die Pferde der jungen Leute zu sorgen und marschierte bei akademischen Umzügen direkt hinter den ordentlichen und noch vor den
außerordentlichen Professoren. Der Plan ging auf: Göttingen hatte bald
von allen deutschen Universitäten den höchsten Anteil an reichen Adligen, und um seine juristische Fakultät wurde es in ganz Europa benei-
det.
    Aufgrund des Zusammentreffens der skizzierten Besonderheiten des
akademischen Rechtsstudiums in Deutschland wies die deutsche Literatur stets eine beträchtliche Anzahl von »Dichterjuristen« auf, wie sie
Eugen Wohlhaupter in seiner dreibändigen bio-bibliographischen Zusammenstellung nannte. Die Medizin war noch nicht angesehen genug;
die Theologie verlor für junge Gelehrte während der Aufklärung an Anziehungskraft; die Philosophie eröffnete in der Regel lediglich eine
Laufbahn im niederen Schuldienst. Für einen jungen Adligen mit literarischen Ambitionen oder einen jungen Bürgerlichen, der auf einen Posten im Regierungsdienst hoffte, der ihm den Unterhalt sicherte und
zugleich eine schriftstellerische Tätigkeit erlaubte, gab es kaum Alternativen zum Studium der Jurisprudenz. Zugleich genossen die Absol-

venten der juristischen Fakultäten in Deutschland ein Prestige und eine
Autorität, wie sie in England, Frankreich oder den Vereinigten Staaten
keine Parallele hatten, weil das in Deutschland gelehrte Recht akademisches Professorenrecht und nicht praktisches Juristenrecht war.

Doch war selbst nach deutschen Maßstäben die Zahl der Juristen im
romantischen Zeitalter ungewöhnlich hoch. Warum war das so? Obwohl aus den erwähnten Gründen die Zahl der an den juristischen
Fakultäten eingeschriebenen Studenten von Jahrzehnt zu Jahrzehnt
wuchs, hatte im 18. Jahrhundert niemand Hymnen auf die Jurisprudenz
als ein aufregendes oder geistig herausforderndes Studiengebiet gesun-
gen. Einem damals kursierenden lateinischen Zitat zufolge war alles,
was man brauchte, um ein kompetenter Jurist zu sein, ein Geist von
Eisen, ein Hinterteil aus Blei und ein Säckel aus Gold:

> *Ferrea mens, podex sit plumbeus, aurea pera,*
> *Juris-Consultus sic potes esse bonus.*[20]

Der Held in Goethes Roman *Die Leiden des jungen Werthers* (1774) ist
wie sein Autor ein Jurist. Einen nicht unbeträchtlichen Teil seiner Zeit
verbringt er damit, Klienten bei der Verwaltung ihres Vermögens zu be-
raten[21]. Als Werther freilich einen Posten als Gesandtschaftssekretär annimmt – wahrscheinlich bei der Kaiserlichen Kammer –, da erwartet
sein Vorgesetzter, »der pünktlichste Narr, den es nur geben kann«, daß
er seine Berichte im präzisen Kanzleistil verfaßt und nicht so, als habe
die spontane Eingebung sie diktiert[22]. Zerrissen von der Spannung
zwischen seinen poetischen Aspirationen und der beruflichen Realität,
reicht Werther schließlich seine Kündigung ein. Er weiß dabei sehr
wohl, daß seine Mutter darüber bestürzt sein wird, ihn eine so vielversprechende Laufbahn aufgeben zu sehen. Hatte sie doch gehofft, daß an
deren Ende die sichere Position eines Geheimen Rates stehen würde.
Zwei Jahrzehnte später klagte Wackenroder, als er von seinem Vater, einem Juristen, dazu gedrängt wurde, das Studium der Rechte aufzunehmen, in einem Brief an seinen Freund Tieck:

Ich habe keine lebendige Aufmunterung; die Hälfte meiner Seele
ist von mir gerissen! Und meine Zeit wird von oft nicht würdigen
Dingen und Zerstreuungen besetzt. Ach! die Jurisprudenz! Wann
werde ich mich überwinden können, nur mein Gedächtnis mit der
Terminologie, Definition, Distinktion usw. zu bemühen! Was ist

das Römische Recht für ein seltsam Gewebe von Worten und
Worten, womit die einfachsten Sachen umsponnen sind! Und was
führt ein Richter für ein Amt! Eine Begebenheit, die Herzen zer-
sprengen und Köpfe wahnsinnig machen kann, eine Sache der Leidenschaft, der menschlichen Seele, wie sieht er sie an? Er sucht unter den verschiedenen barbarischen Namen, welche die Römer den
Klagen gegeben haben, den aus, der für den Fall paßt; und nun
wird das Uhrwerk aufgezogen; es geht seinen Gang und läuft ab.[23]

Die meisten Studenten des Zeitalters dürften mit ihrem Kommilitonen
E.T.A. Hoffmann übereingestimmt haben, der 1795 an seinen Freund
Theodor Gottlieb von Hippel schrieb: »Das Studiren geht langsam und
traurig – ich muß mich zwingen ein Jurist zu werden.«[24] So nützlich im
späten 18. Jahrhundert das Rechtsstudium im Hinblick auf eine Karriere
war, es blieb im wesentlichen ein geistloses ›Brotstudium‹. So charakterisiert es Mephistopheles in einer satirischen Szene des *Faust*, die
Goethe kurz nach der Beendigung seines eigenen Studiums der Jurisprudenz schrieb:

> Ich weiß, wie es um diese Lehre steht.
> Es erben sich Gesetz' und Rechte
> Wie eine ew'ge Krankheit fort,
> Sie schleppen von Geschlecht sich zum Geschlechte
> Und rücken sacht von Ort zu Ort.
> Vernunft wird Unsinn, Wohltat Plage;
> Weh dir, daß du ein Enkel bist!
> Vom Rechte, das mit uns geboren ist,
> Von dem ist leider! nie die Frage.
> (Faust I, Verse 1971–79)

Mit dem Beginn des neuen Jahrhunderts aber änderte sich die Situation: Die Jurisprudenz entwickelte sich plötzlich zum reizvollen Stu-
dienfeld, das viele der besten Köpfe der jungen Generation anzog. Dieser Wandel war den einzigartigen Bedingungen geschuldet, die das
Recht in Deutschland im frühen 19. Jahrhundert zu einem Zentrum der
geistigen Neuorientierung machten.

Obwohl das englische wie das deutsche Recht im alten germanischen
Gewohnheitsrecht wurzelten, wie es die frühmittelalterlichen *leges Ger-
manorum* repräsentieren, bildeten sich im Verlauf der Jahrhunderte zwi-

schen den beiden Rechtsordnungen signifikante Unterschiede heraus[25]. Das englische Recht entwickelte sich in der relativen Isolierung eines Insel-Königreichs, gewann so den Status eines allgemeingültigen Gewohnheitsrechts für ganz England und war von Anfang an in der angelsächsischen Landessprache schriftlich niedergelegt. Es blieb dadurch unberührt auch von solch geringfügigen Entstellungen und Verunreinigungen, wie sie auf dem Kontinent die Übersetzung des deutschen Gewohnheitsrechts ins Lateinische – man denke etwa an die *Lex salica* – mit sich brachte. Nachdem das englische Gewohnheitsrecht zum erstenmal systematisiert worden war, als gegen Ende des 12. Jahrhunderts Glanvill sein Traktat über juristische Verfahren schrieb, zeigte es in den Werken von Rechtsgelehrten wie Bracton, Coke und Blackstone eine bemerkenswerte Beständigkeit. Von den britischen Siedlern nach Amerika gebracht, lieferte das englische Gewohnheitsrecht die Grundlage für das Rechtssystem der Vereinigten Staaten. Vor dem Unabhängigkeitskrieg reisten junge Amerikaner häufig nach England, um ihre Rechtsausbildung dort zu absolvieren; einige der besten Kommentare zum englischen Recht stammen von amerikanischen Juristen wie Oliver Wendell Holmes. Seine maßgebliche Studie *The Common Law* (1881) faßt in ihrem ersten Satz die Essenz des Gewohnheitsrechts in seinem Gegensatz zum römischen Recht prägnant zusammen: »Die Entwicklung des Rechts ist nicht der Logik gefolgt; sondern der Erfahrung.«

In den deutschsprachigen Ländern unterlag demgegenüber das Gewohnheitsrecht zahlreichen Umwandlungen[26]. Über einen Zeitraum von fast tausend Jahren hinweg entwickelte es sich in relativer Autonomie unter einer Vielzahl unterschiedlicher politischer Rahmenbedingungen. Dies führte dazu, daß im mittelalterlichen Deutschland verschiedene, einander überlagernde Rechtsordnungen galten: vor allem das Stadtrecht, das Landrecht und das gemeine Recht. Diese unterschiedlichen Rechtsordnungen funktionierten gemäß einer Werthierarchie, die in einem alten Sprichwort festgehalten ist: »Stadtrecht bricht Landrecht, Landrecht bricht gemeines Recht.« Das Sprichwort ist absichtlich doppeldeutig und konnte von jeder Seite – von der kaiserlichen wie von der populistischen – in einem Rechtskonflikt benutzt werden. Daß die Rechtsordnungen einander überschnitten, wird allerdings durch beide Deutungen bestätigt.

Das ursprüngliche Gewohnheitsrecht wurde auf dem Kontinent durch zwei große Wellen der Konfrontation mit dem römischen Recht

modifiziert. Zunächst unterlag das germanische Recht schon dadurch,
daß es ins Lateinische übersetzt wurde, einer gewissen Veränderung, indem römische Rechtsbegriffe verwandt wurden, um germanische Rechtsprozeduren zu beschreiben. Zweitens waren die weltlichen Gesetzgeber
beständig der Erfahrung des einzigen wahrhaft internationalen Rechts
im Mittelalter, des Kanonischen Rechts der Kirche, ausgesetzt. Es blieb
nicht aus, daß sie eine gewisse Bewunderung für manche der Verfahrensweisen hegten, die im Laufe der Entwicklung dieses überaus subtilen Rechtssystems immer weiter verfeinert wurden. Am Ende des Mittelalters hatte sich das weltliche Recht im Heiligen Römischen Reich zu
einem Chaos rivalisierender Rechtssysteme entwickelt, die in einer Vielzahl von Sprachen und Dialekten niedergelegt waren. Ein Reisender,
der im Mittelalter Zentraleuropa durchquerte, hatte häufiger Rechts-
grenzen zu überschreiten als Grenzen der Sprache oder sogar der
Währung.

Am Ende des 15. Jahrhunderts war die Notwendigkeit einer Rechts-
reform offensichtlich. Der ökonomische Aufschwung zur Zeit der Renaissance erforderte die persönliche Sicherheit der Geschäftsleute bei
ihren Reisen durch Europa und zudem ein Vertragssystem, das vom einen zum anderen Stadt- oder Staatsgebiet Verbindlichkeit besaß. Shakespeare nimmt in seinem Drama *Der Kaufmann von Venedig* hierauf Bezug, wenn Antonio erklärt, warum der Doge dem grausamen Vertrag
Shylocks Geltung verschaffen muß:

> Der Doge kann des Rechtes Lauf nicht hemmen.
> Denn die Bequemlichkeit, die Fremde finden
> Hier in Venedig, wenn man sie versagt,
> Setzt die Gerechtigkeit des Staats herab
> Weil der Gewinn und Handel dieser Stadt
> Beruht auf allen Völkern. (III,3)

Initiativen in dieser Richtung wurden zuerst in Italien unternommen,
wo der neue Handelsgeist sich am frühesten manifestierte. An den Universitäten von Bologna, Padua und anderen norditalienischen Städten
begann man zuerst mit der Unterweisung in weltlichem Recht und folgte dabei einem System, das auf Kommentaren zu Justinians Kompila-
tion des *Corpus juris civilis* aus dem 6. Jahrhundert beruhte. In dieser
durch die sogenannten »Glossatores« revidierten Form gewann das römische Recht als *jus commune* allmählich auch nördlich der Alpen an

Einfluß, als deutsche Studenten mit ihrem neu erworbenen Wissen aus Italien zurückkehrten. Den Prozeß, in dem die entstehenden National-staaten das Römische Zivilrecht ihren jeweiligen lokalen Gegebenheiten anpaßten, nennen die Historiker »die Rezeption«. Sie bildet zusammen mit der Renaissance und der Reformation eines der drei großen »R«, von denen die frühneuzeitliche Gesellschaft in Deutschland geprägt ist.

Verschiedene Faktoren begünstigten es, daß die Rezeption der römi-schen Rechtstradition und nicht die Reform des alten Gewohnheits-rechts zur Basis des neuen Rechtssystems in Deutschland wurde[27]. Er-stens diente dies dem Eigeninteresse der Deutschen, die nach Italien gegangen waren, um römisches und kanonisches Recht zu studieren. Das Germanische Gewohnheitsrecht kannte keine Juristen in der Funktion von Advokaten: Ein Mann, der sein Recht suchte oder eines Verbrechens angeklagt wurde, mochte erfahrene Ratgeber in der Ge-stalt weiser oder erfahrener Freunde haben, aber in juristischen Streit-fällen mußte er sich vor Gericht selbst verteidigen. Die ersten in römi-schem Recht ausgebildeten Juristen waren daher an der Einführung eines Rechtssystems interessiert, das den ausgebildeten Advokaten an-erkannte. (Goethe entging dieses oft marktschreierische Eigeninteresse nicht, und er brachte es in der Figur des Juristen Olearius im ersten Akt des *Götz von Berlichingen* satirisch zur Darstellung.) Zweitens stand das Interesse der Juristen mit den Bedürfnissen des allgemeinen Publikums in Einklang, das seit langer Zeit die lokalen Gesetze in vie-len Fällen als inadäquat empfand. Hinzu kam als weiterer Faktor der Unzufriedenheit die bereits erwähnte Rechtsunsicherheit, wenn man von Ort zu Ort reiste. Drittens wurde das Studium des Römischen Rechts in lateinischer Sprache von den Humanisten unterstützt, die in Deutschland zu einer bestimmenden geistigen Kraft zu werden began-nen. Sie förderten jede Entwicklung, die zur Wiederherstellung dessen beitragen konnte, was sie als Werte der klassischen Antike ansahen. Und schließlich waren der Kaiser und der herrschende Adel jedem Rechtssystem günstig gesonnen, das dazu beitragen konnte, eine zen-trale Autorität zu stabilisieren und der Partikularisierung entgegenzu-wirken, welche die Herrschaft in Deutschland zu einem verworrenen Alptraum machte. Alle diese mehr oder weniger eigennützigen Motive ließen sich leicht mit großen Worten verbrämen und dem ideologi-schen Konzept der sogenannten *translatio imperii* subsumieren. Es be-sagte, die Aufoktroyierung des römischen Rechts sei gleichbedeutend

damit, den Fortbestand des Heiligen Römischen Reiches und seiner
Institutionen zu sichern.

Am Beginn des 16. Jahrhunderts herrschte im deutschsprachigen
Europa ein Rechtssystem, das als *usus modernus pandectarum* firmierte
und aus einem Amalgam von römischem Recht, kanonischem Recht
und germanischem Gewohnheitsrecht bestand. Im Jahre 1495 richtete
Kaiser Maximilian das Reichskammergericht ein, um die Kontrolle über
solche Streitfälle zu haben, die das gesamte Reich betrafen. Er wollte damit vor allem private Kriege unterdrücken und die virtuell sakrosankte
Rechtsordnung des Landfriedens stärken, den gebrochen zu haben das
Vergehen etwa eines Michael Kohlhaas war. Das Reichskammergericht
hatte im Römischen Recht seine Grundlage und bildete für die nächsten dreihundert Jahre die höchste Appellationsinstanz in Deutschland.
Anders als die mittelalterlichen Gerichte, die im Gefolge des Königs
von Ort zu Ort zogen, erhielt das Reichskammergericht mit seinen ste-
tig anschwellenden Archiven einen festen Sitz. Zunächst residierte es in
Worms, dann in Speyer und schließlich von 1693 bis 1806 in Wetzlar,
wo Goethe mit dieser Institution seine Erfahrungen machte.

In einigen sehr aufschlußreichen Passagen seiner Autobiographie
kommt Goethe auf die Gründung des Reichskammergerichtes und ihren
historischen Hintergrund zu sprechen. Er war mit dieser Epoche sowohl
aus seinem Rechtsstudium wie durch die Recherchen für sein Schauspiel *Götz von Berlichingen* vertraut. Goethe erkannte sehr genau, wie
dringend der Staat des Reichskammergerichtes bedurfte, um für die Sicherheit der Person und des Eigentums bürgen zu können. Zugleich
aber entging ihm die von Beginn an zutagetretende organisatorische
Schwäche der neuen Institution nicht. Die Mittel, die dem Reichskammergericht zur Verfügung standen, waren unzureichend für das ihm gesetzte Ziel. Es war daher unvermeidlich, daß die gesamte Institution immer schwerfälliger wurde. Als Goethe im Jahre 1772 dort arbeitete, war
das Reichskammergericht nahe daran, unter der Last seiner eigenen
dreihundertjährigen Vergangenheit zusammenzubrechen. »Seit hundert-
undsechsundsechzig Jahren«, so bemerkt er in *Dichtung und Wahrheit*,
»hatte man keine ordentliche Visitation zustande gebracht; ein ungeheurer Wust von Akten lag aufgeschwollen und wuchs jährlich, da die
siebzehn Assessoren nicht einmal imstande waren, das Laufende wegzu-
arbeiten. Zwanzigtausend Prozesse hatten sich aufgehäuft, jährlich
konnten sechzig abgetan werden, und das Doppelte kam hinzu.«[28]

Goethe betrachtete die Institution insgesamt mit eher zynisch-distanziertem Blick. Als er am 7. August 1806 auf einer Reise von Karlsbad nach Weimar erfuhr, Kaiser Franz II. habe abgedankt, notierte er in sein Tagebuch, der Streit zwischen einem Lakaien und dem Kutscher habe unter den Passagieren mehr Aufmerksamkeit erregt als der Zusammenbruch des Heiligen Römischen Reiches.

Parallel zum modernen römischen Recht und schließlich als seine Herausforderung entstand im Jahrhundert seines Niedergangs das Modell einer anderen Rechtsordnung, die allmählich einen vollkommen autonomen Status erwarb: das sogenannte Naturrecht. Bekanntlich wurde der Begriff »Naturrecht« zur Bezeichnung mehrerer rechtstheoretischer Systeme verwendet[29]. Vereinfachend könnte man das Naturrecht als das jeweilige philosophische oder ideologische System definieren, auf dessen Basis ein Zeitalter versucht, sein existierendes positives Recht zu rationalisieren und zu legitimieren. In der Antike und im christlichen Mittelalter suchte man diese Legitimation in transzendenten Autoritäten. Cicero etwa glaubte an eine göttliche *ratio*, die aus einem vergleichenden Studium der Rechtspraktiken abstrahiert werden könnte, wie sie bei den verschiedenen Völkern herrschten, mit denen die Römer in Berührung kamen. Thomas von Aquin sah hinter den weltlichen Gesetzen des 13. Jahrhunderts eine *lex aeterna*, die den Willen Gottes zum Ausdruck brachte. Wenn wir Goethe wieder zu Wort kommen lassen, so hören wir ein Echo auf dieses traditionelle Verständnis des Naturrechts in der ersten der 56 Thesen, die er innerhalb der Disputation zur Erlangung des juristischen Doktorgrades verteidigte: *Jus naturae est, quod natura omnia animalia docuit*[30].

Durch den Rationalismus des 17. und 18. Jahrhunderts aber wurde der Schwerpunkt verschoben. Ein anthropozentrisches Naturrecht suchte den Grund der universellen Menschenrechte nicht länger in Gott oder einer göttlichen Natur, sondern ausschließlich in der menschlichen Vernunft. Anstatt die menschlichen Rechte als irdischen Ausdruck eines höheren Willens aufzufassen, versuchten Hugo Grotius und seine Nachfolger in Deutschland – Pufendorf, Thomasius, Christian Wolff und andere – aus der reinen Vernunft ein ideales Rechtssystem zu deduzieren[31]. Je mehr sich das Naturrecht vom positiven Recht löste, desto weniger unterlag es der streng juristischen Bestimmung. Es wurde immer stärker zur philosophisch begründeten Rechtstheorie. So veröffentliche Fichte im Jahr 1796 eine *Grundlage des Naturrechts*, und Kant brachte im Jahr 1797 *Metaphysische Anfangsgründe der Rechtslehre* als ersten Teil seiner *Metaphysik der Sitten* heraus. Dies führte zum einen dazu, daß das Naturrecht zu einem weitverbreiteten Gegenstand des gelehrten Diskurses wurde, an dem jeder, ob juristisch ausgebildet oder nicht, glaubte kompetent teilnehmen zu können. Um Beispiele dafür zu finden, brauchen wir nur die Rousseau-Schwärmereien in den Briefen von Hölderlin, Kleist und anderen jungen Romantikern heranzuziehen. Der zweite Effekt aber war, daß das Naturrecht in den Augen nicht nur der Juristen allmählich diskreditiert wurde. Denn indem es sich von allem positiven Recht und aller historischen Realität entfernte, kam das Naturrecht oft zu in sich gänzlich widersprüchlichen Schlüssen. So sah Hobbes im kriegerischen Zustand des *bellum omnium contra omnes* die notwendige Vorbedingung für die Entstehung des Gesellschaftsvertrages, während Rousseau glaubte, dieser Gesellschaftsvertrag sei einem ursprünglich paradiesischen Zustand entsprungen. In jedem Fall kulminierte das populäre und zunehmend unverantwortliche Theoretisieren über das Naturrecht gegen Ende des 18. Jahrhunderts in einer wahren Flut von Publikationen, deren weitschweifige Räsonnements und Überspanntheiten Schiller in seinem Gedicht *Die Weltweisen* der Lächerlichkeit preisgab:

»Der Mensch bedarf des Menschen sehr
Zu seinem großen Ziele,
Nur in dem Ganzen wirket er,
Viel Tropfen geben erst das Meer,
Viel Wasser treibt die Mühle.
Drum flieht der wilden Wölfe Stand
Und knüpft des Staates dauernd Band.«
So lehren vom Katheder
Herr Pufendorf und Feder.[32]

In der Darstellung, die Eichendorff von seinen Studienjahren in Halle und Heidelberg gibt, heißt es über das erste Jahrzehnt des 19. Jahrhunderts: »die Theologen lehrten eine elegante Aufklärungsreligion; die Juristen ein sogenanntes Naturrecht, das nirgends galt und niemals gelten konnte.«[33] Es war zu der Zeit ein gängiger Scherz, auf jeder Buchmesse erscheine eine neue Theorie des Naturrechts.

Der Kodifikationsstreit

Es kam schließlich im Deutschland des Napoleonischen Zeitalters zu einer Reihe von Rechtskontroversen, die von den meisten gebildeten Zeitgenossen mit großer Aufmerksamkeit verfolgt wurden. Im ersten Stadium der Kontroverse sahen sich die Vertreter des zunehmend unfruchtbareren Naturrechtsdenkens zwei Gruppen von Kritikern gegenüber. Die Rechtspositivisten insistierten auf der Realität existierender Gesetze und stellten sie polemisch den Abstraktionen der Naturrechtstheoretiker gegenüber. Zugleich machte die neu entstehende historische Schule der Rechtswissenschaft Front gegen das Naturrecht. Ihr Hauptargument war, Recht könne nicht durch die Vernunft gesetzt werden, sondern sich nur im Verlauf der Geschichte organisch herausbilden.

Kaum war das Naturrecht in Deutschland diskreditiert, entbrannte eine zweite Kontroverse, in der sich Rechtspositivisten und historische Schule gegenüberstanden: der sogenannte Kodifikationsstreit[34]. Verschiedene aufgeklärte Herrscher des 18. Jahrhunderts hatten – vor allem in Bayern und Preußen – Reformimpulse zur Kodifikation einer neu gestalteten umfassenden Rechtsordnung gegeben. Friedrich der Große beauftragte kurz nach seiner Thronbesteigung im Jahre 1746 seinen Großkanzler Samuel Cocceji damit, ein *Corpus Juris Fridericiani* zu erstellen. Damit sollte ein Landrecht für Preußen geschaffen werden, das im Naturrecht wie in den Landesverfassungen wurzeln und das römische Recht »in eine natürliche Ordnung und richtiges System« bringen sollte[35]. Weil hier der Versuch gemacht wurde, die Menschenrechtskonzeption der Aufklärung aus den Hörsälen der Universitäten ins praktische Leben zu überführen, stieß Friedrichs Projekt vor allem beim Adel auf Widerstand. Die Ausarbeitung wurde überdies wenig später durch den Siebenjährigen Krieg unterbrochen. Erst mehr als dreißig Jahre später konnte ein neuer Großkanzler, Heinrich Casimir von Cramer, mit der Unterstützung seines brillanten Kollegen Carl Gottlieb Suarez dem Publikum einen vollständigen Entwurf des neuen Gesetzbuches vorlegen. Zwischen 1784 und 1788 wurden die Teile einzeln veröffentlicht und kompetente Juristen zur Debatte eingeladen. Die charakteristische Verbindung von Naturrecht und positivem Recht kam in der Ausschreibung eines Preises für den besten Begleitkommentar zum Gesetzentwurf deutlich zum Ausdruck. Es wurde nämlich ein zweiteiliger Leitfaden ge-

fordert: Das Naturrecht sollte in lateinischer Sprache und die Theorie
des preußischen positiven Rechts in deutscher Sprache behandelt
werden.[36]

Friedrich Wilhelm II. stand den Ideen der Aufklärung keineswegs so
aufgeschlossen gegenüber wie sein Vorgänger. Gegenüber dem Entwurf
der achtziger Jahre gab es in dem endgültigen, von Suarez formulierten
Text des *Allgemeinen Preußischen Landrechts*, wie es 1794 bekanntge-
macht wurde, zahlreiche Änderungen. So waren die Autoren zum Beispiel sorgsam darauf bedacht, die Unterstützung für das neue Gesetzeswerk nicht dadurch zu gefährden, daß sie das dem Adel so wichtige
Prinzip der Leibeigenschaft in Frage stellten. Cramer und Suarez, die
eher Bürokraten als Reformer waren, wollten weniger neue Gesetze
schaffen als bereits existierende kodifizieren. Doch stellte dieses große
Dokument der Preußischen Aufklärung trotz seines grundsätzlichen
Konservatismus eine Herausforderung schlicht und einfach dadurch
dar, daß es kodifiziert wurde und so die Interpretation des Rechts aus
den Händen der etablierten Autoritäten nahm und der allgemeinen
Öffentlichkeit überantwortete.

In einem klaren, knappen Deutsch geschrieben, mit nur einem einzigen Satz für jeden seiner mehr als 19 000 Paragraphen, fand das Allgemeine Landrecht schnell Eingang ins Bewußtsein der Preußischen Bürger. Durch die öffentlichen Debatten der Jahre um 1790, durch die
sogenannten »Kronprinzvorträge«, die Suarez 1792 zur juristischen Unterweisung des künftigen Friedrich Wilhelm III. hielt, sowie durch die
Rechtsausbildung und alltägliche Rechtspraxis verbreitete sich die
Kenntnis des neuen Gesetzbuches so rasch und nachhaltig, daß Achim
von Arnim es nur zwanzig Jahre später in seiner kulturellen Bedeutung
mit Luthers Bibelübersetzung auf eine Stufe stellte.[37]

Das zweite große Gesetzeswerk, dem es gelang, die Grenzen eines
einzelnen Staates zu überschreiten, war der französische Code Civil von
1804, der zeitweilig schlicht als Code Napoléon bezeichnet wurde. Dieses Dokument wurde weithin als Verkörperung der revolutionären
Prinzipien von Freiheit und Gleichheit bewundert. In seiner Grundstruktur weitgehend dem *Corpus juris civilis* und weniger dem Naturrecht verpflichtet, bot der Code Civil im wesentlichen eine vereinfachte
und modernisierte Version von Justinians weitläufigem Kommentar.
(Hier war tatsächlich das Kunststück vollbracht, die Gesamtheit des
französischen Rechts in einem schmalen Band von 2281 Artikeln zusam-

menzufassen.) Von liberalen Denkern überschwenglich begrüßt, verbreitete sich der Code Civil rasch über den größten Teil Europas und bis hinein nach Lateinamerika. Napoleon erkannte, daß ein gemeinsames Rechtssystem die notwendige Voraussetzung für die Konsolidierung und Vereinheitlichung der Territorien war, die zunächst nur durch die militärische Eroberung miteinander verbunden waren. In den annektierten linksrheinischen Gebieten Deutschlands wurde der Code Civil sofort im Jahre 1804 übernommen und blieb bis zum Ende des 19. Jahrhunderts die grundlegende Rechtsordnung[38]. In anderen Gebieten aber stieß seine Verbreitung von Beginn an auf deutliche Widerstände, besonders von seiten des konservativen deutschen Adels, der das neue Rechtssystem als Subversionsinstrument in den Händen der bürgerlichen Schichten beargwöhnte. Als Franz II. im Jahre 1806 als Kaiser des Heiligen Römischen Reiches abdankte und das Reichskammergericht abgeschafft wurde, mußten sich die zahlreichen Fürstentümer entscheiden, ob sie eines der bestehenden Rechtssysteme übernehmen, eine neue nationale Rechtsordnung schaffen oder in das alte juristische Chaos zurückfallen wollten, das aus Hunderten von partikularistischen, regionalen Systemen untereinander inkompatibler Landesrechte bestand.

Die große Debatte, die aus dieser Rechtskrise erwuchs, ließ die Jurisprudenz wie überhaupt die Sphäre des Rechts zu einem Gegenstand lebhafter Aufmerksamkeit der gebildeten Männer und Frauen in Deutschland werden. Denn die Kontroverse umfaßte nahezu alle bedeutenden Themen der romantischen Epoche; an erster Stelle den Nationalismus: Von vielen wurde der Code Napoléon als ein französisches Produkt angesehen, das vom verhaßten Feind anstelle des schwerfälligen, aber vertrauten Kompromisses zwischen Römischem Recht und lokalem Gewohnheitsrecht aufgezwungen wurde, wie er für mehr als drei Jahrhunderte Gültigkeit gehabt hatte. Hinzu kam ein anderer Aspekt. Die Kodifizierer wollten ein Recht in der Landessprache; wie alle Revolutionäre von Plato über Thomas More bis zu Thomas Jefferson und Karl Marx hatten sie die Vorstellung von einer Gesellschaft, deren Bürger in der Lage sein sollten, ein vernunftmäßiges Recht selbständig und ohne die Vermittlung von Juristen in Anspruch zu nehmen. Ihre Widersacher dagegen hielten das Recht für ein allzu empfindliches Instrument, als daß man es den Laien ausliefern könnte. Das Latein, in dem Justinians *Corpus juris civilis* verfaßt war, galt ihnen als

notwendige Barriere zwischen den Experten und einer unwissenden
Öffentlichkeit. Die sogenannten »Romanisten« hielten es für eine aussichtslose Anstrengung, in einigen wenigen Jahren ein Gesetzbuch verfassen zu wollen, das in der Lage wäre, für alle Subtilitäten, die im Laufe
eines Jahrtausends scharfsinniger Exegese benannt, erforscht und gelöst
worden waren, adäquate Neufassungen zu finden. Während die Anhänger der Kodifikation an die aufstrebenden bürgerlichen Werte von Freiheit und Gleichheit glaubten, lehnten ihre Gegner den französischen
Code ab, weil er solch zentralen Bestimmungen des römischen Rechts
wie dem Adelsprivileg, dem Feudalrecht und dem Erstgeburtsrecht keinen Raum gab. Die Kodifikation war modern und rational; das
Römisch-Germanische Recht, so wurde argumentiert, war in einem historischen Prozeß organisch gewachsen. Der Geschichte aber schrieben
die Kodifikationsgegner nahezu sakrosankte Dignität zu.

Die Kontroverse berührte solch brisante Themen wie den nationalen
Antagonismus zwischen Deutschland und Frankreich, die philosophische Auseinandersetzung zwischen Geschichte und Theorie, den politischen Streit zwischen Adelsprivileg und Bürgerrecht sowie die für das
Erziehungswesen bedeutsame Spannung zwischen gelehrt-akademi-
schem Latein und der Alltagssprache der bürgerlichen Schichten. Es war
nur folgerichtig, daß sie die besten Köpfe des Zeitalters in ihren Bann
zog. Einige Schriftsteller, die Jurisprudenz studierten, haben wir schon
erwähnt. Nun ist daran zu erinnern, daß sich im Zeitraum dieser zwei
Jahrzehnte viele führende Denker mit der Rechtsphilosophie befaßten,
z. B. Kant in seiner *Metaphysik der Sitten* (1797), Fichte in seinen Vorlesungen über *Rechtslehre* (1812) und Hegel in seinen *Grundlinien der
Philosophie des Rechts* (1821). Im übrigen standen zwei der bedeutendsten und angesehensten Zivilrechtler des Zeitalters, Anton Friedrich
Justus Thibaut (1772–1840) und Friedrich Carl von Savigny (1779–1861)
im Zentrum der Kontroverse.

Zu Anfang des Jahres 1814 war unverkennbar, daß es zu einer Krise
kommen mußte. Durch die Niederlage Napoleons ließ der Druck zur
Übernahme des Code Civil nach. Wie sollte Deutschland das Chaos
vermeiden, das sich in dem Vakuum nach Aufhebung der Militär-
herrschaft entwickeln würde? Es gab im wesentlichen drei Möglichkeiten: den Code Napoléon beizubehalten, ein neues Recht für Deutschland zu entwickeln oder zum alten System des römischen Rechts und
seiner Ergänzung durch lokales Gewohnheitsrecht zurückzukehren.

Zum Auslöser der Debatte wurde eine Streitschrift *Über den Code Napoleon und dessen Einführung in Deutschland,* die der königlich-hannoversche Hofrat August Wilhelm Rehberg im Frühjahr 1814 publizierte. Rehberg, ein strammer Konservativer *voller* Nationalstolz, polemisierte mit großer Verachtung gegen die »philosophischen Schwärmer, die vollkommene Freyheit und Gleichheit unter den Menschen einführen wollten«, und plädierte dafür, Deutschland solle die künstliche Vereinheitlichung des römischen Rechts vermeiden und zur Vielfalt nebeneinanderstehender Partikularzivilrechte zurückkehren[39]. Rehbergs reaktionäres Programm wurde von Thibaut unverzüglich attackiert, zunächst in einer Rezension des Büchleins und dann in einer eigenen Streitschrift *Über die Nothwendigkeit eines allgemeinen bürgerlichen Rechts für Deutschland* (Heidelberg, 1814).

Innerhalb der bedeutenden Rechtsfakultät in Heidelberg, wo im Jahre 1808 drei Viertel der insgesamt 440 Studenten der Universität, darunter Goethes Sohn August, Jurisprudenz oder Kameralwissenschaft studierten, besaß Thibaut von allen Professoren die größte persönliche Autorität. Er erkannte die Gefahren und Chancen, die der historische Moment in sich barg, mit großer Klarheit. Es schien ihm unvermeidlich, daß Deutschland die politische Einheit, die ihm von Napoleon aufgezwungen war, trotz ihrer potentiellen Vorzüge zurückweisen würde. Zugleich aber hielt er es für eine Tragödie, wenn die Nation zugleich die Vorteile eines vereinheitlichten Rechtssystems ausschlagen würde. »Ich bin der Meynung, daß unser bürgerliches Recht ... eine gänzliche schnelle Umänderung bedarf, und daß die Deutschen nicht anders in ihren bürgerlichen Verhältnissen glücklich werden können, als wenn alle Deutschen Regierungen mit vereinten Kräften die Abfassung eines, der Willkühr der einzelnen Regierungen entzogenen, für ganz Deutschland erlassenen Gesetzbuchs zu bewirken suchen.«[40]

Das alte deutsche Recht sei so unvollständig, daß von hundert Fragen, die man daran richtete, neunzig vom römischen oder kanonischen Recht beantwortet werden müßten. Das römische Recht wiederum entstamme der Zeit des römischen Niedergangs und sei so umfangreich und komplex, daß nicht einmal der gelehrteste »Professor der Pandekten« es vollständig beherrschen könne. Daher die Notwendigkeit eines neuen, eigens für Deutschland verfaßten Gesetzeswerks. »Ein einfaches National-Gesetzbuch, mit Deutscher Kraft im Deutschen Geist gearbeitet, wird jedem auch nur mittelmäßigen Kopfe in allen seinen

Theilen zugänglich seyn, und unsre Anwälte und Richter werden dadurch endlich in die Lage kommen, daß ihnen für jeden Fall das Recht lebendig gegenwärtig ist.« Ein solches Gesetzbuch wird zugleich auch den Rechtslehrern und Studenten nützen, indem es zum ersten Mal die an der Universität gelehrten Rechtstheorien mit der tatsächlichen Praxis vor Gericht zusammenbringt. Es wird schließlich darüber hinaus mit der rechtlichen auch die sittliche Einheit in der Nation befördern und so die unvermeidliche politische Trennung der Staaten transzendieren.

Thibaut war sich über die Schwierigkeiten, auf die sein Lösungsentwurf stoßen mußte, vollkommen im klaren und antizipierte in seiner Argumentation zwei Arten von Opposition, eine öffentliche und eine verdeckte. Unter den »heimlichen Einwendungen« nennt er vor allem die Befürchtungen einzelner Landesfürsten, daß ein allgemeines Gesetzbuch ihre Autorität untergraben würde, sowie die Sorge, daß bedenkenlose Ratgeber die Gelegenheit nutzen könnten, unter den Herrschern unverdientes Mißtrauen gegen das deutsche Volk zu säen. Was diesen Punkt betrifft, baut Thibaut darauf, daß die Fürsten nicht zuletzt aufgrund der Erfahrung der Befreiungskriege zu der vernünftigen Einsicht kommen müßten, die Völker selbst als die wichtigste Quelle nationaler Standhaftigkeit zu begreifen. Unter den öffentlich propagierten Argumenten der Gegner eines neuen allgemeinen Gesetzbuches sieht er als das wichtigste die seit Montesqieu immer wieder erneuerte Überzeugung an, das Recht habe sich nach dem je besonderen Geist des Volkes, nach Zeit, Ort und Umständen zu richten, »und insofern führe ein allgemeines bürgerliches Gesetzbuch für alle Deutschen zu einem verderblichen, unnatürlichen Zwange«. Thibaut weist diesen Einwand mit der Ausmalung des denkbar schlechtesten Falles einer individuellen Rechtsetzung durch den Volksgeist zurück und bittet den Leser sich vorzustellen, welche Gesetze wohl von einem Volk zu erwarten wären, das – was immerhin möglich sei – seinen am wenigsten edlen und vernünftigen Trieben folge. Mit ähnlichen Appellen an den gesunden Menschenverstand geht Thibaut vorausgreifend auf die anderen innerhalb der zeitgenössischen Debatte zu erwartenden Argumente ein. In fortlaufender Auseinandersetzung mit den zu erwartenden Einwänden entwickelt er sein zwingendes Plädoyer für die absolute Dringlichkeit eines gemeinsamen bürgerlichen Gesetzbuches für die gesamte deutsche Nation.

Thibaut besaß so viel Autorität und Überzeugungskraft, daß er sich womöglich gegen die vereinten Kräfte des Konservatismus und ihre

Bemühungen um einen Wiedergewinn der unter Napoleon verlorengegangenen Privilegien erfolgreich hätte durchsetzen können, wäre sein
Kontrahent nicht ausgerechnet Savigny gewesen, der brillanteste zeitgenössische Jurist. Thibaut und Savigny hatten in der römischen
Rechtsgeschichte einen gemeinsamen Forschungsgegenstand, aber ansonsten hätten die Unterschiede zwischen ihnen nicht drastischer ausfallen können. Thibauts republikanische Gesinnung erwuchs aus seiner
familiären Herkunft. Aufgewachsen in Hannover als Sohn eines Majors
von hugenottischer Abstammung, war er bescheiden und anspruchslos,
Protestant in seinen Glaubensüberzeugungen und Bürger in seinen
Zielen und Bestrebungen. Für Thibaut war das Recht kein sakrosanktes
Geheimnis, das ähnlich wie die Messe allein von priesterähnlichen
Spezialisten in Kirchlenlatein zum Nutzen der Frommen praktiziert
werden durfte, sondern eine öffentliche Sphäre, die in schlichtem
Deutsch für alle Bürger nach gleichem Maßstab zugänglich zu sein hatte.
Diese Auffassung – der Student Joseph von Eichendorff bezeichnete sie
im Jahre 1807 als »jacobinisch« – vertrat er ruhig und beständig vor
vielen Generationen von Studenten, zuerst in Kiel und Jena, dann in
Heidelberg. Hier lehrte er von 1805 bis zu seinem Tod im Jahre 1840,
ebensosehr geschätzt für die allwöchentlich in seinem Haus stattfindenden Abende mit Chormusik, die er selbst leitete, wie für seine gewissen-
hafte und engagierte Tätigkeit als Universitätslehrer[41].

Im Gegensatz zu Thibaut war Savigny unbeherrscht und von kom-
promißloser Direktheit, wenn er für seine Überzeugungen eintrat. Kon-
servativ, wohlhabend und durch seine Heirat mit Kunigunde Brentano
einer fromm katholischen Familie verbunden, war er ein Anwalt des
rechtlichen und politischen Status quo, wie er sich seit dem Mittelalter
entwickelt hatte. Er verabscheute die revolutionären Franzosen und
alles, wofür sie standen, zumal den ihm besonders verhaßten »Code
Napoléon«. Darüber hinaus aber lehnte er alle Codes ab und beharrte
gegenüber seinem Schwager, dem Dichter Achim von Arnim, darauf,
auch das Preußische Landrecht sei »eine Schweinerei«[42]. Als Dozent verlangte er absolute Loyalität von seinen Studenten und nutzte seinen
Lehrstuhl an der neugegründeten Universität in Berlin zur Indoktrinati-
on der preußischen Jugend. Er hatte mit Thibaut in jungen Jahren
freundschaftlich Bekanntschaft geschlossen, aber Savigny war später ver-
ärgert darüber, daß Thibaut in Heidelberg die Stelle angenommen hatte,
die ursprünglich ihm selbst angeboten worden war. Ihre Kontroverse

erhielt dadurch einen unüberhörbaren Unterton von persönlicher Rivalität.

Noch vor Thibauts Antwort an Rehberg hatte Savigny in seinen Vorlesungen gegen die Kodifikation gesprochen. Sein epochemachendes Erstlingswerk, *Das Recht des Besitzes* (1803), mit dem sich der junge Wissenschaftler auf einen Schlag öffentliche Reputation verschaffte, beginnt mit der Behauptung, das einem Volk eigentümliche Recht lasse sich ebensowenig auf ein feststehendes System reduzieren wie seine Sprache. Vielmehr befinde es sich seinem Wesen nach »in ununterbrochener Bildung und Entwicklung«. Als Rehbergs und Thibauts Schriften erschienen, arbeitete Savigny gerade an einer eigenen Stellungnahme, die er nun in aller Eile unter dem Titel *Vom Beruf unsrer Zeit für Gesetzgebung und Rechtswissenschaft* (1814) zum Druck brachte. Die ganze Leidenschaft und Brillanz Savignys fand in diese Schrift Eingang. Sie ist eines der repräsentativen Dokumente für die Denkweise der deutschen Romantik. Savigny versuchte den Nachweis zu führen, daß Deutschland weder der Kodifikation eines neuen Rechts bedürfe noch in der Lage sei, eine solch bedeutende Aufgabe in Angriff zu nehmen. Notwendig sei allein ein gründliches Verständnis des römischen Rechts, und zwar nicht im Sinne einer rein systematisch-rationalen Jurisprudenz, wie sie in jüngerer Zeit zum Verfall des Rechtsdenkens in Deutschland beigetragen habe, sondern gemäß den geschichtlich begründeten Prinzipien jener neuen Wissenschaft, für die er den Begriff *Rechtswissenschaft* prägte. Auf der Titelseite von Savignys Broschüre ist dieser Begriff schon durch den Druck als das wichtigste Element hervorgehoben.

Auch für Savigny ist die Niederlage Napoleons Ausgangspunkt der Argumentation. Die Bedrohung einer fortwährenden Unterdrückung durch die Franzosen sei nun aufgehoben und der Code Civil, der »in Deutschland eindrang, und immer weiter fraß«[43], abgeschüttelt. Die dringende Notwendigkeit eines allgemein akzeptierten bürgerlichen Rechtes sei nicht von der Hand zu weisen. Doch gehe die vom Rationalismus des 18. Jahrhunderts inspirierte Auffassung in die Irre, »daß es ein practisches Naturrecht oder Vernunftrecht gebe, eine ideale Gesetzgebung für alle Zeiten und alle Fälle gültig, die wir nur zu entdecken brauchten, um das positive Recht für immer zu vollenden.« Vielmehr lehre uns die Geschichte, daß das Recht einen bestimmten, dem jeweiligen Volk eigentümlichen Charakter habe wie die Sprache und die Sitten; daß es seine Einheit allein durch die gemeinsame Überzeugung des Volkes finde; ja, daß nur der »organische Zusammenhang« mit dem Wesen des Volkes seine Existenz garantiere. »Ein gemeinsames Bewußtseyn des Volkes« sei der wahre Sitz des Rechts. Das geschichtlich überlieferte Gewohnheitsrecht sei stets durch Sitte und Volksglaube entstanden, »also durch innere, stillwirkende Kräfte, nicht durch die Willkühr eines Gesetzgebers«. (Kap.2) Savigny begreift das römische Recht als Modellfall für die organische Entstehung eines solchen Gewohnheitsrechtes. In den Gesetzbüchern Justinians, die in ganz Europa und auch Deutschland Eingang gefunden hätten, sei sein Geist festgehalten. »Bis auf sehr neue Zeiten war in Deutschland ein gleichförmiges bürgerliches Recht unter dem namen des *gemeinen rechts* in Übung, durch Landesrechte mehr oder weniger modificirt, aber nirgends in allen seinen Theilen außer Kraft gesetzt. Die Hauptquelle dieses gemeinen Rechts waren die Rechtsbücher von *Justinian.*« Savigny gesteht zu, dieses alte System habe die oft beklagte übermäßig lange Prozeßdauer – wie wir sie bei Goethe belegt fanden – und eine exzessive Vielfalt von Rechtsnormen mit sich gebracht. Doch beharrt er darauf, die Kombination von römischem Recht und jeweiligem Landesrecht sei die für Deutschland am besten geeignete Lösung. Ausdrücklich verwirft er die Ansicht, jedes Zeitalter sei in gleicher Weise dazu befähigt, ein allgemeines Gesetzbuch zu verfassen. Die Fähigkeit zur Gesetzgebung sei vielmehr von Epoche zu Epoche und von Land zu Land ebenso unterschiedlich ausgeprägt wie die Produktivität im Bereich der schönen Künste. Seinem eigenen Zeitalter mangele es nun aber gerade an den beiden Talenten, die ein zur Gesetzgebung berufener Jurist aufweisen müsse: am historischen Sinn, »um das eigenthümliche jedes Zeitalters und jeder Rechtsform scharf aufzufassen«; und am systematischen Sinn, »um jeden Begriff und jeden Satz in lebendiger Verbindung und Wechselwirkung mit dem ganzen anzusehen«.

Savigny widmet den ausführlichen Mittelabschnitt seines Buches einer detaillierten Analyse der drei neuen Gesetzbücher: des Code Napoléon, des Preußischen Allgemeinen Landrechts von 1794 und des Österreichischen Allgemeinen Bürgerlichen Gesetzbuches von 1811. Alle Unzulänglichkeiten, die er dabei ausmacht, dienen ihm als Beweis für seine Generalthese, das gegenwärtige Zeitalter sei nicht dazu berufen, ein neues Gesetzgebungswerk in Angriff zu nehmen. Die mangelhafte juristische Bildung einer ganzen Generation sieht er am Ende nicht in

einzelnen Fehlern, sondern im Charakter der gesamten Unternehmung
zum Ausdruck kommen.

Es bedürfe zunächst und vor allem der neuen, historisch orientierten
Rechtswissenschaft, um den Zusammenhang zwischen dem römischen
Recht, dem germanischen Recht und den jüngeren Modifikationen bei-
der Rechtssysteme zu begreifen. Erst nach dem gründlichen Studium
der römischen Rechtslehrer, so Savigny, werde man in Deutschland all-
mählich lernen, auch so zu denken wie sie. Das historische Studium des
Rechts müsse Gemeingut aller Juristen werden, damit sich auf diese
Weise eine juristische Schule herausbilde, die erneut ein »lebendiges
Gewohnheitsrecht« formulieren könne. »Der historische Stoff des
Rechts, der uns jetzt überall hemmt, wird dann von uns durchdrungen
seyn und uns bereichern. Wir werden dann ein eigenes, nationales
Recht haben, und eine mächtig wirksame Sprache wird ihm nicht feh-
len. Das Römische Recht können wir dann der Geschichte übergeben,
und wir werden nicht blos eine schwache Nachahmung Römischer
Bildung, sondern eine ganz eigene und neue Bildung haben.«

Den französischen Code bezeichnet Savigny als »eine überstandene
politische Krankheit«, während er seine Kritik am Preußischen Land-
recht und am Österreichischen Gesetzbuch keineswegs als Plädoyer für
ihre Abschaffung aufgefaßt wissen will. Vielmehr sei eine allzu große
Verwirrung die unvermeidliche Folge, wolle man auch diese neu ent-
standenen Gesetzbücher zugleich mit dem Code Civil zurücknehmen.
Sie seien vielmehr »als eigene, neue Thatsachen in der Geschichte des
Rechts zu behandeln«. Obwohl also diese Gesetzbücher als praktischer
Notbehelf beibehalten werden sollten, müsse sich das Studium des
Rechts an den Universitäten auf die Lehre des römischen Rechts auf
Basis der lateinischen Lehrbücher konzentrieren. Denn das Ziel der uni-
versitären juristischen Ausbildung sei nicht die unmittelbar praktische
Bildung, sondern das theoretische Wissen und tiefere Verständnis des
Rechts und seiner Voraussetzungen. Durch die Einführung eines neuen
Gesetzbuches, wie es seine Gegner vorschlagen, sieht Savigny Deutsch-
land in drei große Ländermassen – Österreich, Preußen und die anderen Länder – zerfallen, während er selbst es als von allen gemeinsam zu
leistende Aufgabe akzentuiert, »die Urquellen unsres Rechts« geschichtlich zu erforschen.

Savigny bezeichnet zusammenfassend »die festere, innigere Vereinigung der Nation«, die er als Ziel von Thibauts Vorschlag erkennt,

ausdrücklich auch als eigenes Anliegen. Er verwirft aber den Gedanken, ein Gesetzbuch könne durch ein autorisiertes Collegium verfaßt werden: Es habe ein organisches Ganzes, nicht eine Summierung von Einzelentscheidungen zu sein. Im gegenwärtigen Deutschland mangele es sowohl an Juristen, die ein wahrhaft populäres Gesetzeswerk entwerfen könnten, wie an einer Sprache, in der es niederzulegen wäre. Darum seien die Vorschläge der »Freunde eines Gesetzbuches« untauglich.

> In dem Zweck sind wir uns einig: wir wolen Grundlage eines sicheren Rechts, sicher gegen Eingriff der Willkühr und ungerechter Gesinnung; desgleichen Gemeinschaft der Nation und Concentration ihrer wissenschaftlichen Bestrebungen auf dasselbe Object. Für diesen Zweck verlangen sie ein gesetzbuch, was aber die gewünschte Einheit nur für die Hälfte von Deutschland hervorbringen, die andere Hälfte dagegen schärfer als vorher absondern würde. Ich sehe das rechte Mittel in einer organisch fortschreitenden Rechtswissenschaft, die der ganzen Nation gemeyn sein kann.

Savigny sieht in deutlicher Abgrenzung zu den Kodifikationsbefürwortern das eigentliche Problem nicht in der Unzulänglichkeit der alten Rechtsquellen des Römischen und des Gewohnheitsrechts, sondern in der inneren Verfassung der Nation selbst. Da der »Grund des Übels« nicht in den Rechtsquellen liege, könne ihm auch nicht durch ein Gesetzbuch abgeholfen werden. In Wiederaufnahme des Titels seiner Broschüre formuliert er sein Fazit, Deutschland sei gegenwärtig zur Gesetzgebung nicht berufen, wohl aber mit einer besonderen Fähigkeit zum Studium des Rechts begabt.

Der Kodifikationsstreit war keineswegs auf Thibaut und Savigny als die prominentesten Kontrahenten beschränkt. Die führenden Zeitschriften wurden zum Schauplatz der Auseinandersetzung; viele Juristen und andere Repräsentanten des öffentlichen Lebens griffen in den Streit ein[44]. Gustav Hugo, Lehrstuhlinhaber für Altes Römisches Recht in Göttingen, stärkte die Partei Savignys und der Traditionalisten, während der angesehene Strafrechtler Anselm von Feuerbach an die Seite Thibauts trat. Die beiden Protagonisten setzten ihren Kampf bis ans Ende ihrer Laufbahn fort. Im Jahre 1838, nur zwei Jahre vor seinem Tod, verteidigte Thibaut in einem Artikel *Über die sogenannte historische und nicht-historische Rechtsschule* die Position der Kodifikationsbefürworter gegen den von Savigny und seinen Gefolgsleuten erhobenen Vorwurf

unhistorischen Denkens. Im Vorwort zur zweiten Auflage seiner Monographie von 1828 formulierte Savigny seinerseits erneut seinen Widerstand gegen die Einführung eines neuen allgemeinen Gesetzbuchs, und
von 1842 bis 1848 war er als Preußischer Justizminister in einer besonders günstigen Position, um jede tatsächliche Bewegung in Richtung auf
die Kodifizierung eines neuen Rechts zu verhindern.

Die Debatte war, was ihren praktischen Kern betraf, im Jahre 1814
entschieden. Savignys Argumente und seine Rhetorik fanden Anklang
bei den Kräften der Restauration, die sich gerade zum Wiener Kongreß
versammelten. Im Bereich des Rechts kehrte Deutschland tatsächlich
zum Status der Zeit vor 1806 zurück, und daran änderte sich nichts bis
zum Ende des 19. Jahrhunderts. Erst im Jahre 1896 führte ein neuerlich
vereinigtes Deutschland schließlich ein allgemeines Recht für die gesamte Nation ein, das *Bürgerliche Gesetzbuch*. Es trat mit dem ersten
Tag des 20. Jahrhunderts in Kraft.

Die Anziehungskraft des Naturrechts

Es ist im Lichte all dessen, was bisher gesagt wurde, kaum überraschend,
daß in der deutschen Literatur der Periode zwischen der Französischen
Revolution und der Niederlage Napoleons so häufig Themen aus dem
Rechtsbereich aufgegriffen wurden. In diesem Zeitalter der großen sozialen und politischen Umwälzungen war das Recht eine Angelegenheit
von allgemeiner und dringlicher Bedeutung für alle Bürger. Einige
wichtige historische Ereignisse sorgten dafür, daß die Frage des Rechts
kontinuierlich im Blickfeld der Öffentlichkeit blieb. Zu nennen sind
hier vor allem die Inkraftsetzung des Preußischen Allgemeinen Landrechts im Jahre 1794, die Einführung des Code Civil im Jahre 1804, die
Auflösung des Heiligen Römischen Reiches und seines Reichskammergerichts im Jahre 1806 und der Wiener Kongreß von 1814/15. Eine Reihe
von Rechtskontroversen, die das Naturrecht, das kodifizierte positive
Recht und das traditionelle römische Recht betrafen, beanspruchte die
geistigen Repräsentanten der Nation über den Zeitraum von zwei Jahrzehnten hinweg. Viele Schriftsteller besaßen, wie gezeigt, durch ihren
bürgerlichen Beruf das nötige Wissen, diese Kontroversen mit Interesse
und Sachverstand zu verfolgen. Ja, man könnte argumentieren, daß sich

ein umfassendes Verständnis und Urteil über die Implikationen und subtilen Anspielungen eines Großteils der zeitgenössischen Literatur nicht ohne eine zumindest weitläufige Kenntnis des juristischen Hintergrundes gewinnen läßt, vor dem die Werke geschrieben wurden. Es ist daher häufig aufschlußreich zu fragen, wo ein Schriftsteller dieser Epoche mit Blick auf die Rechtskontroversen anzusiedeln ist: im Lager des Naturrechts, des Rechtspositivismus oder der historischen Schule.

Autoren des frühen 19. Jahrhunderts, die dem Naturrecht anhingen, waren in der Regel Erben der Aufklärung und erörterten Rechtsfragen von einem philosophischen Standpunkt aus, der auf Kant zurückging. Es ging ihnen weder um das positive noch um das historische Recht, sondern um die allgemeinen und universellen Menschenrechte. Daß Kant selbst dem Naturrecht verpflichtet war, ist in vielen seiner Schriften unverkennbar[45], zum Beispiel in seinem einflußreichen »philosophischen Projekt« *Zum ewigen Frieden* (1795), das im Jahre des Friedens von Basel publiziert wurde[46]. In einem Zusatz hierzu unter dem Titel *Von der Garantie des ewigen Friedens* schreibt Kant: »Das, was diese Gewähr (Garantie) leistet, ist nichts Geringeres, als die große Künstlerin Natur (natura daedala rerum).«[47] Wenig später erläutert er: »Wenn ich von der Natur sage: sie *will,* daß dieses oder jenes geschehe, so heißt das nicht soviel als: sie legt uns eine *Pflicht* auf, es zu thun (denn das kann nur die zwangsfreie praktische Vernunft), sondern sie *thut* es selbst, wir mögen wollen oder nicht. ... Die Natur *will* unwiderstehlich, daß das Recht zuletzt die Obergewalt erhalte.« Diese Grundannahme, daß das Recht im allgemeinen und die Menschenrechte im besonderen der Natur inhärent seien, unterliegt vor allem der frühen romantischen Philosophie des Rechts.

Wilhelm von Humboldts *Ideen zu einem Versuch, die Gränzen der Wirksamkeit des Staates zu bestimmen* (1792) wurden erst im Jahr 1851 veröffentlicht. Sie konnten daher zu seinen Lebzeiten keine öffentliche Wirkung entfalten, doch sind sie ein repräsentatives Dokument für das an Kant anschließende Rechtsdenken. Humboldts grundlegende These in dieser Frühschrift ist, »daß die wahre Vernunft dem Menschen keinen andren Zustand, als einen solchen wünschen kann, in welchem ... jeder einzelne der ungebundensten Freiheit genießt, sich aus sich selbst, in seiner Eigentümlichkeit zu entwickeln«.[48] Aus dieser klassischen konservativen Überzeugung leitet Humboldt mit strenger Konsequenz sein Verständnis des Staates und der Gesetze ab und formuliert als erstes

Prinzip seines Aufsatzes: »der Staat enthalte sich aller Sorgfalt für den
positiven Wohlstand der Bürger, und gehe keinen Schritt weiter, als zu
ihrer Sicherstellung gegen sich selbst, und gegen auswärtige Feinde
nothwendig ist; zu keinem andren Endzwecke beschränke er ihre Freiheit.« Dementsprechend heißt es im Abschnitt über das Strafrecht
(Kap.X): »um für die Sicherheit der Bürger Sorge zu tragen, muß der
Staat diejenigen … Handlungen verbieten, oder einschränken, deren
Folgen die Rechte andrer kränken.« Jede andere Einschränkung der privaten Freiheiten aber liegt für Humboldt außerhalb der Grenzen der
Wirksamkeit des Staates. In ähnlicher Weise werden die zivilrechtlichen
gesetzlichen Regelungen auf diejenigen Fälle beschränkt, in denen der
einzelne Handlungen unternimmt, die nicht »innerhalb des Kreises seiner Kräfte, und seines Eigenthums« bleiben, sondern sich unmittelbar
auf den andern beziehen. Humboldt schließt mit dem Grundsatz, Ausgangspunkt jeder politischen Veränderung müsse die menschliche Vernunft sein. »Um den Übergang von dem gegenwärtigen Zustande zum
neu beschlossenen zu bewürken, lasse man, soviel möglich, jede Reform
von den Ideen und den Köpfen der Menschen ausgehen.« Von den
Ideen und Köpfen der Menschen – und nicht von einem weitläufigen
Corpus existierenden positiven Rechts, sei es das römische oder deutsche. Humboldt erinnert uns in diesen Schlußpassagen ausdrücklich
daran, er sei »bei den, im vorigen aufgestellten, bloß theoretischen
Grundsätzen…überall von der Natur des Menschen ausgegangen«.
    Ein ähnliches Vertrauen auf die Prinzipien des Naturrechts ist in den
Werken einiger Schriftsteller um 1800 noch unverkennbar, bevor das
Naturrecht durch die Exzesse seiner Befürworter diskreditiert wurde.
Schillers *Wilhelm Tell* bezieht sich auf den Unabhängigkeitskampf der
Schweizer Kantone gegen die Landvögte des Österreichischen Kaisers,
der ihnen strenge neue Gesetze auflegen wollte. In der berühmten Rütli-
Szene, in der die Volksvertreter zusammenkommen, um den Wider-
stand zu planen, geht die Anrufung des Naturrechts nicht auf Rechts-
vorstellungen des frühen 14. Jahrhunderts zurück, sondern auf Kants
Ethik und auf Rousseaus Vorstellung einer glückseligen Urgesellschaft:

> Nein, eine Grenze hat Tyrannenmacht,
> Wenn der Gedrückte nirgends Recht kann finden,
> Wenn unerträglich wird die Last – greift er
> Hinauf getrosten Mutes in den Himmel

> Und holt herunter seine ewgen Rechte,
> Die droben hangen unveräußerlich
> Und zerbrechlich wie die Sterne selbst -
> Der alte Urstand der Natur kehrt wieder,
> Wo Mensch dem Menschen gegenübersteht.
> (II,2)[49]

Hölderlin war nicht anders als sein schwäbischer Landsmann Schiller von Rousseau wie vom Naturrechtsdenken tief geprägt. Als er seine frühe *Hymne an die Menschheit* (1791) dichtete, schrieb er an seinen Freund Neuffer, er habe sich »vom großen *Jean Jacques* ... ein wenig über Menschenrecht belehren lassen.«[50] Einige Jahre sprach er in einem Brief an seinen Bruder Karl von der Mathematik als der einzigen Wissenschaft, die an die Perfektion des Naturrechts heranreiche. »Ich beschäfftige mich jezt häufig mit dieser herrlichen Wissenschaft, und finde, um es noch einmal zu sagen, daß diese – und die Rechtlehre, wie sie werden kann und muß, die einzigen, in diesem Grade vollkommenen reinen Wissenschaften sind im ganzen Gebiete des Geistes.«[51] (Man sollte betonen, daß eine fachliche juristische Ausbildung in Hölderlins Stifterziehung nicht enthalten war.) Es ist kaum überraschend, in der Dichtung seiner frühen Jahre ähnliche Überzeugungen reflektiert zu finden. Das aus Rousseaus *Du Contrat Social* entnommene Motto seiner *Hymne an die Menschheit* wird in der dritten Strophe des Gedichts von einer emphatischen Beschwörung der »Bruderrechte« – »Wir reichen uns die Bruderrechte gerne« – aufgenommen. Und in seiner *Hymne an die Freiheit* (1791) erzählt der Geist der Freiheit den Mythos seiner Ursprünge wie folgt:

> »Als die Liebe noch im Schäferkleide
> Mit der Unschuld unter Blumen ging,
> Und der Erdensohn in Ruh und Freude
> Der Natur am Mutterbusen hing,
> Nicht der Übermut auf Richterstühlen
> Blind und fürchterlich das Band zerriß,
> Tauscht ich gerne mit der Götter Spielen
> Meiner Kinder stilles Paradies.«

Aber dieser ruhige und friedliche Zustand, so fährt die Freiheit fort, wich mehr und mehr dem Aufruhr und Chaos, und »des Gesetzes

Rute« erhob sich, um künstlich nachzubilden, was zuvor die Liebe
allein geschaffen hatte.

Ein ähnlicher Gedanke, nun auf das Gebiet der Ästhetik angewandt,
läßt sich in der Ode *Natur und Kunst* ausmachen. Jupiter als Gott der
Gesetze wird darin seinem Vater Saturn gegenübergestellt, der in einem
Zeitalter lebte, als Gebote und Verbote noch unbekannt waren:

> Du waltest hoch am Tag und es blühet dein
> Gesetz, du hältst die Waage, Saturnus Sohn!
> Und teilst die Los' und ruhest froh im
> Ruhm der unsterblichen Herrscherkünste.
>
> Doch in den Abgrund, sagen die Sänger sich,
> Habst du den heil'gen Vater, den eignen, einst
> Verwiesen und es jammre drunten,
> Da, wo die Wilden vor dir mit Recht sind,
>
> Schuldlos der Gott der goldenen Zeit schon längst:
> Einst mühelos, und größer, wie du, wenn schon
> Er kein Gebot aussprach und ihn der
> Sterblichen keiner mit Namen nannte.[52]

Heinrich von Kleist wurde im Preußischen Militärdienst mit seiner
Orientierung am Naturrecht Pufendorfs erzogen. Pufendorfs Version
des Naturrechts wurde in Preußen favorisiert, weil sie größere Betonung
auf die Pflichten als auf die Rechte legte. Dementsprechend schrieb der
Zweiundzwanzigjährige an seine Schwester Ulrike: »Uns beiden, denen
es die Zeremonien der Religion und die Vorschriften des konventionellen Wohlstandes nicht sind, müssen um so mehr die Gesetze der Vernunft heilig sein. Der Staat fordert von uns weiter nichts, als daß wir
die zehn Gebote nicht übertreten. Wer gebietet uns aber die Tugenden
der Menschenliebe, der Duldung, der Bescheidenheit, der Sittsamkeit
zu üben, wenn es nicht die Vernunft tut?«[53] Kleists frühe Bekanntschaft
mit dem Naturrecht fand ihre Fortsetzung an der Universität in Frank-
furt/Oder, wo er die Vorlesungen des Professors Ludwig Gottfried
Madihn hörte, eines Repräsentanten der trivialsten Variante des Naturrechts im späten 18.Jahrhundert[54]. Kleist konnte seine naive Vorstellung
vom Naturrecht freilich nicht aufrechterhalten, als er im Jahre 1801 in
Paris ankam und entdeckte, daß das Leben in der Hauptstadt der
jungen Republik in offensichtlichem Widerspruch zu den Lehren Rous-

seaus stand. Die französische Nation, so schreibt er, sei reifer zum Untergang als irgendeine andere europäische Nation. Wenn er die Bibliotheken ansehe, in denen die Werke von Rousseau, Helvetius und Vol-
taire stünden, so frage er sich, ob sie das Gute, von dem sie nur
schrieben, nicht besser *getan* hätten. Habe ein einziges Werk seinen
Zweck erreicht? Und bitter stellt er den Begriff des Naturrechts in Frage, den er in seiner Jugend unbefragt akzeptierte. »Man sage nicht, daß
eine Stimme im Innern uns heimlich und deutlich anvertraue, was recht
sei. Dieselbe Stimme, die dem Christen zuruft, seinem Feinde zu vergeben, ruft dem Seeländer zu, ihn zu braten, und mit Andacht ißt er ihn
auf –«.[55]

Schiller starb im Jahr 1805, Hölderlin versank ab 1806 allmählich im
Wahnsinn. Kleist aber lebte lange genug, um Zeuge sowohl der Diskre-
ditierung des Naturrechts wie der nationalen Demütigung zu werden,
als die er die Niederlage Preußens gegen Napoleon im Jahre 1806 erfuhr.
Wir werden sehen, wie diese Erfahrungen seine Auffassung vom Recht
und dessen Darstellung in seinen Werken nachhaltig änderte.

In dem angedeuteten Zusammenhang ist schließlich von jenem
bemerkenswerten und außergewöhnlichen Werk zu sprechen, das der
Romantik auf diffizile Weise vor allem dadurch verbunden ist, daß es
ihre Inversion darstellt: die *Nachtwachen von Bonaventura* (1804). Der
Autor mag seinen Spaß mit den Gefühlen treiben, die Novalis in seinen
Hymnen an die Nacht ausdrückt, und er mag spöttisch über die Subti-
litäten von Fichtes spekulativem System herziehen. Aber die Liste seiner
Themen wächst sich zu einem Katalog der wichtigsten Themen und
Motive des Zeitalters aus. So ist es kaum verwunderlich, daß die Num-
mern drei und sieben der insgesamt sechzehn »Nachtwachen«, aus de-
nen das Buch besteht, sich mit dem Recht befassen. An einer Stelle
scheint der Erzähler – er heißt Kreuzgang – Einblick in seine eigenen
Überzeugungen zu geben. Er beklagt dort, das gemeine Volk – »Bettler,
Vagabunden und andere arme Teufel, wie ich einer bin«[56] – habe sich
das Faustrecht nehmen lassen und es den Fürsten zugestanden, die es
nun im Großen ausübten: »konnte ich doch wahrlich kein Stückchen
Erde finden, um mich darauf niederzulassen, so sehr hatten sie jede
Handbreit unter sich zerteilt und zerstückelt, und wollten schlechterdings von dem Naturrechte, als dem einzigen allgemeinen und positiven
nichts wissen, sondern hatten in jedem Winkelchen ihr besonderes
Recht und ihren besonderen Glauben.«

Es ist freilich weniger die Absicht des Erzählers, das Naturrecht zu verteidigen als vielmehr andere Manifestationen des Rechts anzugreifen, und er führt diese Attacken mit dem Kenntnisreichtum und Sachverstand eines ausgebildeten Advokaten aus. Kreuzgang, so erfahren wir im Verlaufe seiner nächtlichen Grübeleien, ist ein Findling. Er wurde von einem Schuhmacher großgezogen, den es zu den Schriften solch poetischer Schuster wie Hans Sachs und Jakob Böhme zog. Kreuzgang arbeitete als flickschusternder Poet, Bänkelsänger, Puppenspieler und versah darüberhinaus, wie wir im nächsten Kapitel sehen werden, eine zeitlang Dienst in einem Irrenhaus, ehe er sich als Nachtwächter in einer ungenannten deutschen Stadt niederließ.

An einem Punkt seiner Laufbahn hat er »mit allen drei Brotfakultäten Umgang gepflogen«. Er nimmt zwar auf das Justinianische *Corpus juris civilis* und auf die »Peinliche Gerichtsordnung« Karls V., die *Constitutio criminalis Carolina* von 1532 Bezug, aber nie auf das *Allgemeine Landrecht*. Daraus können wir den Schluß ziehen, daß er nicht in Preußen studierte, sondern in einem Teil des Heiligen Römischen Reiches, wo die Rechtspraxis noch dem *usus modernus pandectarum* folgte. Als er einmal einen jungen Schauspieler, der offenbar Selbstmord begehen will, von seinem Vorhaben abzubringen versucht, zählt er alle Vorteile dieser Welt gegenüber der jenseitigen auf. »Was denken Sie auch dort zu gewinnen, Freund? Bessere Gesetze etwa? Für unsere hienieden spricht das Alter!«

Jedenfalls ist Kreuzgang als Anwalt zugelassen. Wegen seiner Satiren auf Kirche und Staat werden über fünfzig Injurienprozesse gegen ihn angestrengt, in denen er sich selbst vertritt – »Ich trat auf vor Gericht als mein eigener advocatus diaboli.« Er hält ein Plädoyer nach allen Regeln der Kunst und mit zahlreichen Zitaten, die sowohl dem *Corpus juris civilis* als auch aus zeitgenössischen Schriften wie Adolf Dietrich Webers Abhandlung *Über Injurien und Schmähschriften* (1793) entnommen sind. Der erste Teil seiner Ausführungen ist eine typisch satirische Inversion. Die Verbrecher, so der Ausgangspunkt, könnten die gleiche Beschwerde gegenüber ihren Richtern vorbringen wie die Dichter gegenüber den Kritikern: daß sie sich zwar in der Theorie, aber nicht in der Praxis auskennen würden. Was für ein unglaublicher Vorteil, so fährt er fort, wäre es für den Staat, wenn die Gerichtsherren sich mit den Verbrechen auf praktische Weise vertraut machten und sie ans Tageslicht brächten, indem sie sich als Diebe unter die Diebe mischten, in eigner Person die Lusthäuser besuchten oder selbst den Ehebruch vollzögen, um die etwaigen Ehebrecherinnen kennenzulernen! Im zweiten Teil seiner Einlassung schreitet Kreuzgang zur spezifischen Verteidigung gegen die Anklage der *iniuria oralis* fort. Er weist darauf hin, daß man ihm eine *gesungene* Injurie zur Last lege, und behauptet, dieser Umstand allein erweise die Grundlosigkeit der Anklage. Denn die Sänger gehörten offenbar zur Kaste der Dichter, die »nach der neuen Schule keine Tendenz bezwecken«. Daher müsse es ihnen erlaubt sein, in ihrer poetischen Begeisterung »zu injuriieren und blasphemieren soviel sie nur wollten«. Überdies sei die poetische Begeisterung der Trunksucht gleichzusetzen und wie diese als Gabe der Götter von aller Strafe befreit. »Indes will ich meine Verteidigung noch bündiger formieren, und verweise Sie deshalb auf die Schriften unserer vorzüglichsten neuern Rechtslehrer, in denen es bündig dargetan ist, daß die Gerechtigkeit schlechterdings nichts mit der Moralität zu schaffen habe, und daß nur eine die *äußern* Rechte verletzende Handlung als ein Verbrechen V.R.W. imputiert werden könne.« (64) Da er aber, so schließt Kreuzgang triumphierend, nur moralisch injuriert habe, müsse die Klage gemäß der zeitgenössischen Rechtsauffassung abgewiesen werden. Er zitiert eine juristische Autorität, um zu beweisen, daß an Personen, die auf das Recht auf Ehre verzichtet hätten, keine Injurie begangen werden könne: »so darf ich auch der Analogie gemäß folgern, daß ich Sie da Sie als Jurisconsulti und Gerichtspersonen schlechthin von der Moralität sich losgesagt haben, hier an offener Gerichtsstätte mit allen möglichen moralischen Injurien überhäufen darf.« Kreuzgang weist alle daraus möglicherweise hervorgehenden gerichtlichen Ansprüche als unzulänglich ab. Doch die Richter entscheiden, unbeeindruckt von seiner Rhetorik, daß er »zu den mente captis zu zählen sei«, und lassen ihn ins Tollhaus einliefern.

Kreuzgang tritt in dieser siebten Nachtwache in seiner Eigenschaft als Jurist auf und entwickelt mit dem Gestus des Experten seine Auffassungen zum derzeit geltenden Recht, zur Justiz und zu der aktuellen rechtsphilosophischen Frage, welche Beziehung beide zur Moralität haben. Diese Reflexionen stellen die theoretische Quintessenz von Haltungen dar, die schon in einer früheren Szene zum Ausdruck kommen. In der dritten Nachtwache wird Kreuzgang während seines Rundgangs Zeuge der Vereinbarung eines Stelldicheins zweier Liebender. Er macht sich auf den Weg zu dem von der Frau bezeichneten Haus und erblickt dort

»ein Wesen in einem Schlafrock am Arbeitstische, von dem ich anfangs
zweifelhaft blieb, ob es ein Mensch oder eine mechanische Figur sei, so
sehr war alles Menschliche an ihm verwischt, und nur bloß der Ausdruck von Arbeit geblieben.« In Aktenstöße vergraben, schreibt und
schreibt das Wesen und sitzt wie ein lebendig begrabener Leichnam
ohne jede Leidenschaft und Teilnahme leblos in dem Aktensarg da wie
eine Marionette. »Jetzt wurde der unsichtbare Draht gezogen, da klap-
perten die Finger, ergriffen die Feder und unterzeichneten drei Papiere
nacheinander; ich blickte schärfer hin – es waren Todesurteile. Auf dem
Tische lagen der Justinian und die Halsordnung, gleichsam die per-
sonifizirte Seele der Marionette.« (19) Kreuzgang erscheint dieser »kalte
Gerechte«, den er beobachtet, wie eine »mechanische Todesmaschine«.
Als die junge Frau eintritt, wird ihm klar, daß die juristische Marionette
ihr Ehemann ist, der gehofft hatte, seiner in Schrecken erstarrten Frau
eine Freude zu machen, indem er die Hinrichtungen auf ihren Geburtstag legte, »weil in den Büchern, die Sie lesen, so viele ums Leben
kommen«.

Kreuzgang folgt der Frau, als die beiden in getrennte Zimmer gehen,
um sich schlafenzulegen, und beobachtet, wie der Geliebte auftaucht.
Entschlossen, die beiden Sünder, die in poetischer Beschwörung von
Nymphen und Liebesgöttern schwelgen, der Entdeckung preiszugeben,
wendet Kreuzgang sein »antipoeticum« an, stößt gellend in sein Nacht-
wächterhorn und verbirgt sich dann auf einem leeren Piedestal. Als alle
drei daraufhin aus ihren Zimmern eilen, glaubt der Ehemann, Kreuzgang sei eine Statue der Justitia, mit der seine Frau ihm ein Über-
raschungspräsent machen wollte. Kreuzgang aber eröfffnet ihm, die
Statue liege noch beim Bildhauer. Er selbst sei nur ein provisorischer Er-
satz sei: »denn die Gerechtigkeit ist kalt wie Marmor, und hat kein Herz
in der steinernen Brust«. Die Liebenden fallen angesichts der sprechenden Statue in Ohnmacht. Kreuzgang aber führt ein närrisches Ehe-
bruchsverhör durch, dessen Ironie darin kulminiert, daß der Ehemann
nicht begreift, von seiner Frau, die »Karolina« heißt, getäuscht worden
zu sein. In Anspielung auf die strengen Gesetze gegen den Ehebruch in
der *Peinlichen Halsgerichtsordnung* Karls V., die auf dem Arbeitstisch des
Richters liegt, fährt Kreuzgang fort: »Wenn wir, Personen von Rechts
wegen, Milderungsgründe aus moralischen Prinzipien herleiten dürften,
so möchte ich schon sein Defensor sein, und wollte wenigstens die
Strafe des Köpfens, die die Carolina über ihn verhängt, von ihm abwen-

den...« »Die Karolina sollte auf einmal so grausam geworden sein!«, verwundert sich daraufhin der Richter. »Vorhin schauderte sie doch noch, als ich vom Hinrichten sprach!« Kreuzgang ist nicht überrascht, daß der Richter die beiden Karolinen miteinander verwechselt. »Denn eure lebende Karolina ist, als Ehekreuz und Folter, leicht mit der hochnotpeinlichen zu vertauschen, die ebenfalls keinen Himmel voller Geigen abhandelt. Ja fast möchte ich behaupten, eine solche eheliche sei noch viel ärger als die kaiserliche, indem in dieser wenigstens in keinem einzigen Falle von *lebenslänglicher* Folter die Rede ist.«

Als Hymne auf das Naturrecht können die *Nachtwachen* kaum aufgefaßt werden. Doch sind sowohl die häufigen Anspielungen wie die zwei ausführlichen Abschnitte über das Recht, in denen das Naturrecht, das römische Recht und die Rechtsphilosophie zur Sprache kommen, ein weiterer Beleg für das starke Interesse an der Rechtssphäre, das wir im ersten Jahrzehnt des 19. Jahrhunderts beobachten können. Darüberhinaus liefert die ungewöhnliche Sachkenntnis, mit der hier zwanzig Jahre vor Heine das Recht ironisierend behandelt wird, starke Argumente für die Vermutung, daß der anonyme Autor wie so viele seiner Zeitgenossen eine juristische Ausbildung durchlaufen haben könnte.[57]

Die Bindung an das traditionelle Recht

Während viele deutsche Schriftsteller des späten 18. Jahrhunderts naturrechtlichen Theorien anhingen, sympathisierten die meisten Autoren der entstehenden romantischen Bewegung mit Savignys Verteidigung des herkömmlichen Rechts. Darin fand durchaus nicht nur die Opposition gegen Frankreich ihren Ausdruck. Es spielte dabei vielmehr eine Vielzahl anderer Beweggründe mit, die von der Entdeckung der Geschichte über die Wiederaufnahme des monarchischen Prinzips bis hin zum neu entwickelten Ideal des organischen Volksbegriffs reichten. Die Tendenz zur Bindung an das traditionelle Recht kann in nahezu jedem einzelnen Fall auf eine konservative Grundstimmung zurückgeführt werden, die sich als Wunsch nach Stabilisierung der als bedroht wahrgenommenen Ordnung umschreiben läßt. Niemand exemplifiziert diese Grundstimmung besser als Savigny selbst. Als junger Rechtsstudent im Alter von zwanzig Jahren schrieb er im Jahre 1799: »Jetzt, wo den alten Formen allgemeine Zerstörung droht, ist es nöthiger als je, einen Standpunkt zu suchen, der unabhängig von dem positiven und conventionellen, *in uns* gegründet ist. ... Und wenn (was ich hoffe und wünsche) der Geist der gewaltsamen Revolutionen erloschen sein sollte, so ist jener höhere Standpunkt nicht weniger nöthig.«[58]

Novalis schrieb die Aphorismensammlung, die er *Glauben und Liebe* nannte, im Jahre 1798, also viel zu früh, als daß sie von Savigny hätte beeinflußt sein können. Als Verwaltungsbeamter mit juristischer Ausbildung war Novalis mit dem Preußischen Landrecht vertraut. Seine Aphorismen aber verraten eine tiefe Bindung an das traditionelle Recht, in der Savignys Haltung vorweggenommen ist. »Ein wahrhaftes Königspaar ist für den ganzen Menschen, was eine Constitution für den bloßen Verstand ist. Man kann sich für eine Constitution nur, wie für einen Buchstaben interessieren. Ist das Zeichen nicht ein schönes Bild, oder ein Gesang, so ist Anhänglichkeit an Zeichen, die verkehrteste aller Neigungen. – Was ist ein Gesetz, wenn es nicht Ausdruck des Willens einer geliebten, achtungswehrten Person ist?«[59] »Es wird eine Zeit kommen und das bald, wo man allgemein überzeugt seyn wird, daß kein König ohne Republik, und keine Republik ohne König bestehn könne, daß beide so unteilbar sind, wie Körper und Seele, und daß ein König ohne Republik, und eine Republik ohne König, nur Worte ohne Bedeutung sind.« Die Äußerungen der Bindung an das traditionelle Recht wurden bald sehr viel expliziter. Friedrich Schlegel verfaßte kurz nach der Niederlage Preußens bei Jena-Auerstedt und der Aufhebung der Rechtsordnung des Heiligen Römischen Reiches patriotische Lieder, die zahlreiche Anspielungen auf das alte deutsche Recht und die deutschen Sitten enthalten. In seinem Gedicht *Freiheit* (1807) behauptete er, deutsche Tugenden könnten nur unter deutschem Recht gedeihen:

> Wo nach altem Rechte
> Fromme Sitte gilt,
> Da sind edle Mächte
> Noch der Freiheit Schild.
> Jeder stark alleine,
> Stärker im Vereine,
> Ist des Ganzen Bild.[60]

In dem aphoristischen Gedicht *Deutscher Sinn* werden die wahren Deutschen auf heimtückische Weise durch fremde Sitten und »fremder Rechte loses Spiel« zugrundegerichtet[61].

Adam Müller vertrat in den Vorlesungen, die er im Jahre 1809 unter dem Titel *Die Elemente der Staatskunst* veröffentlichte, den typisch konservativen Glauben an ein »lebendiges« monarchisches Recht. »Ein unvollkommenes lebendiges Gesetz ist allen meinen Voraussetzungen zufolge, besser als ein noch so logisches, künstliches, aber totes Gesetz. Darin nun besteht der große Vorzug aller monarchischen Verfassung: das Gesetz wird nicht bloß mechanisch ausgelegt, sondern wirklich repräsentiert durch eine Person.« In seiner Vorlesung über den »Geist der römischen Gesetzgebung« läßt Müller die große Wertschätzung erkennen, die er dem Römischen Recht entgegenbringt. »Im Studium des Rechts hat das römische System, wenn es historisch und ohne weitere besondere Vorliebe neben den übrigen Systemen der Gesetzgebung vorgetragen wird, einen hohen Wert: im Studium soll auch der gründliche Verstandeskalkül, wie er überall aus römischen Gesetzen hervorleuchtet, seine Rechte behaupten.« Weil er aber von der Geschichtlichkeit des Rechts überzeugt ist, kommt Müller zu dem Schluß, das römische Recht könne nun, da der lebendige Geist aus ihm geschwunden sei, keine substantielle Bedeutung mehr haben. »Was soll uns eine Gesetzgebung, deren begleitende souveräne Idee der römischen Freiheit, schon beinahe seit zwei Jahrtausenden ausgestorben ist und die zwar auf unsern Verstand, aber in keinem Stücke auf unsere Neigung und auf die Totalität unsres Privatlebens bezogen werden kann!« Alle großen Rechtskonzeptionen, so das Fazit, waren an ihren historischen Ort gebunden: das Mosaische Gesetz an Palästina, die griechischen Sittengesetze an das vom Meer zerrissene Land zwischen Jonischem und Ägäischem Meer und die römische Freiheit an die Stadt auf den sieben Hügeln. Die wesentliche Aufgabe für Deutschland wie für alle anderen Völker sei, das dem eigenen Wesen entsprechende Rechtssystem zu finden.

Eine ähnliche Ansicht begegnet uns in den Briefen des begabten jungen klassischen Philologen Alexander von der Marwitz, des umschwärmten Lieblings in Rahel Varnhagens Kreis. Als er von seinem Studium in Halle bei F. A. Wolf im Sommer 1808 nach Berlin zurückkehrte, um sich auf eine Stelle im preußischen Staatsdienst vorzubereiten, schrieb er an seinen Studienfreund Adolph Müller:

Ich bin hier, um nächstens angestellt zu werden, und studire zu diesem Behufe mit großem Fleiße das jus, natürlicherweise ganz auf dem historischen Wege, so viel wie möglich im lebendigen Zusammenhange mit den Formen des Staats und der Geselligkeit. So angeschaut als ein Spiegel, worauf der Völkergeist auf eine eigenthümliche Weise sich abgebildet hat, und ergriffen in dem organischen Verhältniß zu dem ganzen vollen Leben vergangener Geschlechter, ist die Lehre von den Rechten voll Bedeutung und Interesse.[62]

Ludwig Uhland – auch er ein »Dichterjurist« – verfaßte unmittelbar nach Napoleons Niederlage eine Reihe patriotischer Gedichte. Darunter befindet sich eine Hymne an Themis, die Göttin der Justiz, mit dem Titel *Die neue Muse* (1816). Das Gedicht beginnt mit Erinnerungen an die Zeit seines unwillig betriebenen Rechtsstudiums – »Als ich mich des Rechts beflissen/Gegen meines Herzens Drang« – , aber es läuft auf den Gedanken zu, daß in der gegenwärtigen ernsten Zeit nichts so bewegend und inspirierend ist wie der Gedanke an die aufrüttelnde Kraft von Recht und Justiz:

> Andre Zeiten, andre Musen!
> Und in dieser ernsten Zeit
> Schüttert nichts mir so den Busen,
> Weckt mich so zum Liederstreit:
> Als wenn du, mit Schwert und Waage,
> Themis, thronst in deiner Kraft,
> Und die Völker rufst zur Klage,
> Könige zur Rechenschaft![63]

Im Verlauf desselben Jahres verfaßte Uhland ein volkstümliches, elf Strophen langes Gedicht, in dem »das alte, gute Recht« gefeiert wird:

> Wo bei altem, gutem Wein
> Der Württemberger zecht,
> Da soll der erste Trinkspruch sein:
> *Das alte, gute Recht!*[64]

Es verdient hervorgehoben zu werden, daß Uhland mit diesem Begriff weniger das Römische Recht meinte als vielmehr das germanische Gewohnheitsrecht, wie es in seiner Heimat Schwaben überliefert war.[65]

Sehr aufschlußreich sind auch Goethes Bemerkungen zum Thema. Wenn der Leser seiner Autobiographie in der gespannten Erwartung, auf Einzelheiten zu stoßen, die in *Die Leiden des jungen Werthers* Ein-

gang gefunden haben, beim Bericht über den Sommer in Wetzlar ange-
langt ist, muß er erstaunt mit der lapidaren Mitteilung Vorlieb nehmen:
»Was mir in Wetzlar begegnete, ist von keiner großen Bedeutung ...«
Statt der erwarteten Liebesgeschichte, die doch zu den bekanntesten der
Weltliteratur gehört, wird uns ein detaillierter und nachdenklicher Bericht über die spätmittelalterlichen Begleitumstände der Einrichtung
des Reichskammergerichts geboten. Die Passage läßt keinen Zweifel
daran, welche Bedeutung Goethe im Frühjahr 1813, als er diesen Abschnitt des zwölften Buches von *Dichtung und Wahrheit* verfaßte, seinem Gegenstand, dem Recht, beimaß. Als er die Seiten über das
Reichskammergericht schrieb, entlieh er nachweislich zahlreiche Bände
aus der Weimarer Bibliothek, um seine Erinnerung aufzufrischen und
die Fakten zu überprüfen. Es findet sich an dieser Stelle kein Hinweis
auf den sich ankündigenden Kodifikationsstreit. Doch verfolgte Goethe
als ausgebildeter Jurist die Kontroverse mit Interesse, zumal ihm ihre
Hauptkontrahenten persönlich bekannt waren. Er hatte Thibaut während dessen Anstellung in Jena kennengelernt und ihm seinen Sohn
zum Rechtsstudium nach Heidelberg geschickt. Doch wissen wir, daß
Goethe der Kodifikationsidee seit seinen 56 Thesen von 1771 – die
Nummer XLIX besagt: *Legum corpus nunquam colligendum* – ablehnend
gegenüberstand. Von seinem ganzen Temperament her war er der Seite
des jungen Savigny zugeneigt, dem er im Lauf seines Lebens mehrmals
begegnet war. Seine eigenen konservativen Anschauungen können wir
an der Mißbilligung ablesen, mit der er im Jahre 1816 darauf reagierte,
daß der Erzherzog Karl August als erster deutscher Herrscher seinem
Staat eine neue Verfassung zugestand. In Fragen der Gesetzgebung hatte
Goethe, wie er an anderer Stelle seiner Autobiographie schreibt, »für
nichts Positives einen Sinn, sondern wollte alles, wo nicht verständig,
doch historisch erklärt haben«.[66]

Es war nicht lediglich das von Savigny vertretene »alte, gute Recht«,
dem die meisten seiner Zeitgenossen hohen Wert beimaßen. Ein großer
Anteil dieser Wertschätzung galt dem charismatischen Gelehrten selbst,
in dem seine Bewunderer den »Kant der Rechtswissenschaften« sahen.
Es ist daher kaum verwunderlich, daß er im Werk seiner beiden poetischen Schwager eine prominente Rolle spielt. Clemens Brentanos Bekanntschaft mit dem systematischen Rechtsstudium fand in seinen beiden Semestern in Halle im Jahre 1797 statt und war wie all seine Flirts

mit diversen Fächern an verschiedenen Universitäten eher flüchtiger
Natur. Doch nahm er, nicht zuletzt durch Savigny, einen guten Teil
von dem Pathos und den hochfliegenden Ideen in sich auf, von denen
damals das Studium des Rechts und seiner Geschichte umgeben war.
Wie Brentano, der kaum ein Jahr älter war als er selbst, entstammte
Savigny einer alteingesessenen Frankfurter Familie. Doch weil er als
Waise von einem Freund der Familie in Wetzlar aufgezogen wurde, trafen sich die beiden jungen Männer erst 1799 in Jena. Trotz aller Ungleichheit entstand sofort eine Freundschaft zwischen dem unsteten
poetischen Wunderkind und dem ernsten jungen Gelehrten, der in der
Familie Brentano bald als »Studiermaschine« apostrophiert wurde[67].
Während ihrer Jugendjahre verbrachten die beiden viel Zeit miteinander. Nach Savignys Heirat mit Kunigunde Brentano im Jahre 1804
schwächte sich diese Freundschaft ab und verlor weiter an Intensität, als
Savignys Forschungen ihn nach Paris führten. Einige Jahre später aber,
während Brentanos schwieriger zweiter Ehe mit Auguste Bußmann, trat
ihm Savigny sowohl mit moralischer Unterstützung wie mit juristischer
Beratung zur Seite.

Von Anfang an tauchen in Brentanos Schriften Hinweise auf Savigny
auf. In den Paralipomena zu seinem Roman *Godwi* (1800–1802) adres-
siert Brentano ein Sonett »An S...y« und schildert ihn als einen der An-
wesenden am Totenbett des Dichters Maria[68]. Und in seinem autobiographischen Prolog zu dem »historisch-romantischen Drama« *Die
Gründung Prags* (1815) führt er »den erhabenen, strahlenden Savigny« in
der Liste der bedeutenden Figuren seiner Heimatstadt Frankfurt an[69].
Brentanos schönstes Loblied auf Savigny ist jedoch in seiner unvollen-
deten epischen Dichtung, den *Romanzen vom Rosenkranz* enthalten. Sie
entstanden zwischen den Jahren 1803 und 1812. Einen beträchtlichen
Teil von ihnen schrieb Brentano, während er – zunächst in Marburg
1803 und dann zwischen 1808 und 1809 in Landshut – im Hause Savignys lebte. Er wußte, wieviel er Savigny verdankte, und zwar insbesondere seinem ausgedehnten Wissen über das mittelalterliche Bologna, dem
Hauptschauplatz der *Romanzen vom Rosenkranz*[70]. Die komplizierte genealogische Handlung muß hier nicht rekapituliert werden: Im Verlauf
des Geschehens heiratet der glänzende junge Jurist Jacopone, der als
Waisenkind in einem Kloster aufgewachsen ist, das Mädchen Rosarosa,
ohne zu erkennen, daß sie seine Halbschwester ist. Rosarosa, die das
schreckliche Geheimnis in der Hochzeitsnacht erfährt, besteht darauf,

daß sie eine keusche Ehe führen und eröffnet ihrem geliebten Jacopone den Grund dafür erst auf dem Totenbett. Bedeutsam für unseren Kontext ist die Beobachtung, daß die Figur des Jacopone und die Umrisse seines Werks weitgehend als Schilderung Savignys gelesen werden können.

> Er verstand wohl die Gesetze
> Gleich dem griech'schen Hermodore,
> Die zwölf Tafeln hergestellet
> Hätt' er, wären sie verloren.
>
> Und wie Flavius gelernet
> Auswendig die Aktionen,
> Kannte auch wohl alle Leges,
> Alle Formuln Jakopone.
>
> Mutius hat er gelesen,
> Und den Brutus wohl erwogen,
> Den Manilius versteht er
> Ist Sulpicio gewogen. (795)

Die Dissertation, die ihm den frühen Ruhm brachte, ist – ein Scherz für Eingeweihte – demselben Thema gewidmet wie Savignys berühmte Abhandlung *Das Recht des Besitzes* von 1803:

> Er hielt streng bei den Gesetzen
> Und schrieb dissertationem
> Die ihn bracht' zu hohen Ehren:
> De bonorum possessione. (795)

Hätte er zur Zeit Justinians gelebt, erfahren wir, so wäre sein Name in einer Reihe mit denen der anderen Autoren der Kodices und Pandekten genannt worden. Bologna preise sich Hunderte von Jahren später glücklich, in ihm das Glanzlicht seiner berühmten Rechtsfakultät zu besitzen. Die Namen und Buchtitel, die Brentano in den ersten zwanzig Strophen seiner elften Romanze zitiert, lassen erkennen, daß er sich ein zumindest oberflächliches Wissen über die weitläufige Forschungsarbeit angeeignet hatte, die sein Schwager dem Römischen Recht des Mittelalters widmete.

In Alter und und äußerer Erscheinung ist Jacopone ein Ebenbild Savignys:

Und kaum dreißig Jahre zählt er;
Um die hohe Stirne Locken
Wallen braun aus dem Barette,
Und sein Bart ist schön geordnet. (797)

Sein flammender Vorlesungsstil ist eben der, mit dem Savigny in Marburg, Landshut und Berlin die Studenten in Begeisterung versetzte:

Wenn er im Ornate stehet
Und kreieret die Doktoren,
Fließet ihm die stolze Rede
Gleich dem zweiten Cicerone. (797)

Die *Romanzen vom Rosenkranz* wurden erst viele Jahre später posthum zum erstenmal veröffentlicht. Doch zeigen sie, daß zur Zeit ihrer Abfassung sowohl die römische Rechtsgeschichte wie Savignys bedeutender Beitrag zu ihrer Erforschung Ausstrahlungskraft genug besaßen, um in zahlreichen Strophen und in Gestalt einer Hauptfigur der langen Romanze Brentanos gewürdigt zu werden.

Achim von Arnim, Savignys anderer poetischer Schwager, der mit Bettina Brentano verheiratet war, stand ihm nicht so uneingeschränkt bewundernd gegenüber[71]. Er verteidigte vielmehr das Preußische Landrecht gegen die Attacken Savignys. Freilich war er kein Befürworter der Kodifikation um ihrer selbst willen. Aber wenn ein Gesetzeswerk schon existierte, hervorgerufen durch den Willen des Volkes, dann sah er keinen Grund dafür, es aufzuheben. »Das Landrecht hat für unser Volk in rechtlicher Hinsicht dieselbe Wichtigkeit wie in religiöser Luthers Bibelübersetzung«[72], schrieb er 1814. Doch war auch in seinen Augen Savignys juristisches Genie unbestreitbar, und er war behilflich dabei, ihn im Jahre 1810 zur Annahme eines Lehrstuhls an der neugegründeten Universität von Berlin zu bewegen. Überdies erkannte er in einer Serie von Gedichten, welche die Geburtstage Savignys am 21. Februar der Jahre 1820, 1825, 1826 und 1830 feierten, den Rang des Schwagers ausdrücklich an[73]. Im Gedicht des Jahres 1820 müssen sich wegen des polizeilichen Verbots öffentlicher Versammlungen im Zuge der »Demagogenverfolgungen«, in die auch E.T.A. Hoffmann hineingezogen werden sollte, die Studenten und Freunde des Geehrten heimlich zu ihrem Fackelzug zusammenfinden.

> Heimlich, wie ein Werck der Nacht,
> Wird ein Vivat dargebracht
> Unserm Meister von dem Stuhle
> Der Historisch römschen Schule!
> Denn es will die Polizei
> Nirgends solch ein Lustgeschrei!

Das gegenwärtige Zeitalter, so Arnims Klage, schwindet dahin in Argwohn und Hader. Die jüngeren Brüder der heutigen Studenten aber werden die Universität einer besseren Zukunft besuchen, und dann wird wieder eine Zeit kommen, in der das Recht geehrt wird und neues und altes Recht in Einheit zusammenfinden.

> Wird das Rechte einst geehrt,
> Öffentlich wird dann gehört
> Unser Wunsch, der heimlich schallte
> Und das Neue und das Alte,
> Dringt zu schöner Einigung
> Lebe dann im Geiste jung!

Sechs Jahre später verfaßte Arnim ein weiteres Geburtstagsgedicht. Darin treten als fiktive Sprecher »italienische Doktoren« auf, die nach Deutschland gekommen sind, um von Savigny, in dem sie ein Abbild der Gelehrten des alten Bologna erkennen, in deren Denken eingeführt zu werden.

> Wir lernten Deutsch, von Dir zu lernen,
> Wie einst Italien gedacht,
> Als von der Freiheit Segenssternen
> Sein schöner Himmel war bewacht.

Die Weisheit des verehrungswürdigen Gelehrten findet ihren lebendigen und kraftvollen Ausdruck in seiner Tätigkeit als Berater und Ratsmitglied.

> Sie zeigt im Rath sich neugeboren
> Und alt in Deiner Wissenschaft,
> Des Meisters Wort geht nicht verloren
> Dein lebend Wort übt Wunderkraft.

Der literarische Effekt der Revitalisierung des traditionellen Rechts erschöpfte sich nicht in den Hymnen auf »das alte, gute Recht« oder in den Lobliedern auf Savigny. Joseph von Eichendorff zeichnete sich während der dreißig Jahre, die er zunächst in der Provinzverwaltung in Ostpreußen und später bei der Zentralverwaltung in Berlin im Regierungsdienst stand, durch einen Konservatismus aus, dessen Wurzeln sich zurückverfolgen lassen bis zu seinen Lehrern Joseph Görres in Heidelberg und Adam Müller in Wien. Hinzu kam die Bewunderung für Goethe, die er zeitlebens hegte[74]. Seine Ablehnung geschriebener Verfassungen, die er in einer ganzen Anzahl von Aufsätzen der frühen 1830er Jahre über Verfassungsgarantien zum Ausdruck brachte, entspricht voll und ganz jenem jugendlichen Konservatismus[75]. In seinen posthum veröffentlichten autobiographischen Schriften blickt Eichendorff auf den inneren Aufruhr seiner Jugend mit dem Verständnis des erfahrenen und gereiften Mannes zurück. In *Der Adel und die Revolution* skizziert er die geistige und kulturelle Situation Deutschlands während der letzten Jahrzehnte des 18.Jahrhunderts, um zu zeigen, wie unvorbereitet man den von der Französischen Revolution entfesselten Kräften gegenüberstand. »Man kann sich heutzutage schwer noch einen Begriff machen von dem Schreck und der ungeheuren Verwirrung, die der plötzliche Knalleffekt durch das ganze Philisterium verbreitete, als nun die Mine in Frankreich wirklich explodierte.«[76] Freiheit und Gleichheit seien die Zauberworte der Umstürzung gewesen. »Das Alte war in der allgemeinen Meinung auf einmal zertrümmert, der goldene Faden aus der Vergangenheit gewaltsam abgerissen. Aber unter Trümmern kann niemand wohnen, es mußte notwendig auf anderen Fundamenten neugebaut werden, und von da ab begann das verzweifelte Experimentieren der vermeintlichen Staatskünstler, das noch bis heut die Gesellschaft in beständiger fieberhafter Bewegung hält.«

Ihren unmittelbarsten Niederschlag fand jene Verwirrung in dem Roman, den Eichendorff zwischen 1810 und 1812 schrieb, während er sein Rechtsstudium in Wien zu Ende brachte. Hier, in *Ahnung und Gegenwart* (1815), hält die ethische Kraft des Rechts den Helden, Graf Friedrich, in einer Welt aufrecht, die im Auseinanderfallen begriffen scheint. In der Flut von romantischen Romanen, die in Nachahmung von Goethes *Wilhelm Meisters Lehrjahre* entstanden, dürfte *Ahnung und Gegenwart* wohl der versponnenste sein. Es ist für unsere Zwecke nicht notwendig, die vielfältigen Wendungen der Handlung im einzelnen nachzuzeichnen. Sie führt die Figuren durch eine geographisch unmögliche Landschaft und drängt ein kompliziertes Geschehen, bei dem

Doppelgänger, mysteriöse Begegnungen und genealogische Geheimnisse ein bedeutsame Rolle spielen, in einem Zeitraum von kaum mehr als einem Jahr zusammen, an dessen Ende alle Figuren, die nicht schon gestorben sind, auf wundersame Weise zusammengebracht und alle Geheimnisse, die noch verblieben sind, geklärt und aufgelöst werden. Wir begegnen dem jungen Grafen, als er die Universität gerade hinter sich läßt, und folgen ihm bei einer Reihe von Abenteuern. Er lernt dabei das gesellschaftliche Leben des Landadels und die Welt städtischer Ästheten kennen, erfährt die Macht der Liebe und die Enttäuschung von Freundschaft, wird mit der politischen Realität und den Schrecken des Krieges konfrontiert, bis er sich schließlich in die Einsamkeit eines Klosters zurückzieht. Bei alledem ist es die Suche nach dem Recht, die seinem Sehnen und Trachten das Ziel gibt und in weiten Teilen des Werks die treibende Kraft darstellt.

Im ersten Teil des Romans ist Friedrich ein typisch romantischer Jüngling – poetisch begabt, enthusiastisch und fromm, rein im Geiste und äußerst naiv in seinen Wünschen und Bestrebungen. Im zweiten Buch kommt er in der königlichen Residenz an und legt dem Minister, der ihm von Freunden als ein Wunder an Tüchtigkeit gerühmt wurde, sein Empfehlungsschreiben vor. Er ärgert sich zunächst heftig über »das britisierende, eingefrorne Wesen, das er aus Jean Pauls Romanen bis zum Ekel kannte«.[77] Daß an diesem Punkt Friedrichs Wahrnehmung und seine Urteile noch weitgehend von literarischen Reminiszenzen geprägt sind, ist charakteristisch. In Reaktion auf des Ministers kühle Höflichkeit steigert er sich in eine hitzig übersprudelnde Darstellung seiner Ansichten über Staat, öffentliche Verhandlungen und Patriotismus hinein. Der Minister entläßt ihn mit der ruhigen Bemerkung: »Ich bitte Sie, verlegen Sie sich doch einige Zeit mit ausschließlichem Fleiße auf das Studium der Jurisprudenz und der kameralistischen Wissenschaften.« Bestürzt über die abschätzige Behandlung, als die ihm das Verhalten des Ministers erscheint, zieht Friedrich sich rasch zurück und erfährt wenig später mit nicht geringer Verwunderung, der Minister habe ihn dem Prinzen wärmstens als einen Mann von der Art empfohlen, wie man sie angesichts der gewaltigen Aufgaben der Zeit brauche. Es sei groß, so bedeutet ihm später der Prinz, sich selber, von aller Welt losgesagt, fromm und fleißig auszubilden, »aber es ist größer, alle Freuden, alle eigenen Wünsche und Bestrebungen, wegzuwerfen für das Recht«. Durch diese Worte angespornt, stürzt sich Friedrich nun auf

das Studium der Staatswissenschaften und sitzt oft nächtelang voller
Gedanken inmitten seiner Bücher und arbeitet. Zum erstenmal blickt
er in den großen Spiegel der Welt und erkennt darin betroffen »die
Schönheit und Hoheit und das heilige Recht«. Fasziniert von seinen
neuen Einsichten, ekelt es ihn plötzlich angesichts der »falschen Dichter
mit ihren tauben Herzen, die, uneingedenk der himmelschreienden
Mahnung der Zeit, ihre Nationalkraft in müßigem Spiele verliederten«.
    Innerhalb kurzer Zeit sieht sich Friedrich von einem Kreis fähiger
neuer Freunde umgeben, die sich in der Residenz als Gleichgesinnte
zusammengefunden haben. »Eine gleiche Gesinnung schien alle Glieder
dieses Kreises zu verbrüdern. Sie arbeiteten fleißig, hoffend und glau-
bend, dem alten Recht in der engen Zeit Luft zu machen, auf Tod und
Leben bereit.« Wochen vergehen, und Friedrich wirft sich mit doppel-
tem Eifer wieder auf sein Studium: »sein ganzes Sinnen und Trachten
war endlich auf sein Vaterland gerichtet.« Mit wachsender Bestürzung
muß er freilich erkennen, daß seine Bundesgenossen ihre Verpflichtung
zu lösen beginnen, als Frühling und Sommer den Winter verdrängen.
Er findet sich schließlich nahezu allein in dem Vakuum, das durch
mangelnde Loyalität und allgemeine Willenlosigkeit zwischen den
früheren Freunden entsteht. Sogar der Prinz, der in Liebesaffären verstrickt ist, gesteht ihm, den großen Entwürfen von einst selbst nicht
gewachsen zu sein. Während des Krieges begegnet Friedrich einem
Offizier, der früher dem politischen Freundesbund angehörte und nun
für die gegnerische Seite kämpft. »Hast du denn alles vergessen, was wir
in der guten Zeit vorbereitet?«, fragt er ihn und fügt hinzu: »Mir war es
ernst mit dem, was ich vorhatte. Ich war ein ehrlicher Narr, und ich will
es lieber sein, als klug ohne Ehre.« Weil er sich auf die »falsche«, d. h.
die unterliegende Seite schlägt, verliert Friedrich seinen gesamten Besitz
und muß erkennen, wiederum an einem entscheidenden Wendepunkt
seines Lebens zu stehen. »Die Poesie, seine damalige, süße Reisegefähr-
tin, genügte ihm nicht mehr, alle seine ernstesten, herzlichsten Pläne
waren an dem Neide seiner Zeit gescheitert.«
    Vom Ungenügen an der Poesie erfüllt, verraten von Recht und Poli-
tik, und ohne Erfüllung in der Liebe gefunden zu haben, wendet sich
Friedrich mehr und mehr der Religion zu. Es ist dieser Entwicklungs-
prozeß, der den Roman als *Bildungsroman* qualifiziert[78]. Am Ende
treffen sich die drei Freunde noch einmal wieder, bevor jeder seine eigenen Wege geht: Leontin, der in die politische Realität der Neuen Welt

aufbricht, und Faber, der sein Leben nach wie vor in den Dienst der Poesie stellt, repräsentieren frühere Stufen von Friedrichs eigener Entwicklung. Doch macht Eichendorff klar, daß Friedrichs Entscheidung, ins Kloster zu gehen, nicht einfach als Flucht aus der Realität und Widerruf der Überzeugungen und Ambitionen von einst gesehen werden kann. Vielmehr ist er zu der Einsicht gelangt, die Zeit sei zur Erfüllung seiner Ziele noch nicht reif. »Es ist noch nicht an der Zeit, zu bauen, solange die Backsteine, noch weich und unreif, unter den Händen zerfließen. Mir scheint in diesem Elend, wie immer, keine andere Hülfe, als die Religion. Denn wo ist in dem Schwalle von Poesie, Andacht, Deutschheit, Tugend und Vaterländerei, die jetzt, wie bei der babylonischen Sprachverwirrung, schwankend hin und her summen, ein sicherer Mittelpunkt, aus welchem alles dieses zu einem klaren Verständnis, zu einem lebendigen Ganzen gelangen könnte?«

Friedrich dringt auf eine Rückkehr zu »den göttlichen Wahrheiten der Religion« als auf einen Akt der Vorbereitung und Reinigung, in dessen Folge der Geist Gottes und »das Große« wieder einen Platz im öffentlichen Leben finden wird. »Dann erst wird es Zeit sein, unmittelbar zu handeln, und das alte Recht, die alte Freiheit, Ehre und Ruhm in das wiedereroberte Reich zurückzuführen.« So vertritt der junge Rechtsstudent Eichendorff, verwirrt durch die Entwicklungen der Napoleonischen Ära, doch getröstet durch seinen religiösen Glauben und die Sicherheit seines Vertrauens auf die traditionellen Formen von Recht und Ordnung, seinen Standpunkt und setzt auf die ethische Kraft des Rechtes. Ein junger Mann mit solchen Überzeugungen konnte naturgemäß wenig Sympathie für die Vertreter des Naturrechts aufbringen, die unter den Juristen an den Universitäten dominierten. Lediglich unter den Lehrern des römischen Rechts traf er hier und dort auf Ausnahmen, weil, so formuliert es Eichendorff in *Halle und Heidelberg*, »der Gegenstand sie zwang, sich in das Positive einer großartigen Vergangenheit zu vertiefen. Es ist bekannt, wie Bedeutendes *Thibaut* auf diesem Felde geleistet und wie der mild-ernste *Savigny*, der überdies niemals in dieser Reihe gestanden, grade damals sich überall neue Bahnen gebrochen hat.«

Einer der produktivsten Seitenstränge im Umkreis der Kontroverse um das Recht war das Werk der Brüder Grimm[79]. Als Söhne eines Hofgerichtsadvokaten hatten Jacob und Wilhelm Grimm zunächst eine ad-

ministrative Laufbahn als Ziel vor Augen, als sie ihr Rechtsstudium in
Marburg aufnahmen. In Savignys privater Bibliothek stießen sie auf
Tiecks *Minnelieder* und die von Bodmer und Breitinger herausgegebene
Sammlung von Minnesingern und damit zum ersten Mal auf die ältere
deutsche Literatur, der sie ihr Leben widmen sollten. Doch war dies
damals noch nicht abzusehen. Unter dem charismatischen Einfluß seines akademischen Lehrers Savigny, der zu der Zeit kaum älter als seine
Studenten war, wollte Jacob sich ursprünglich dem römischen Recht
widmen. Dies Vorhaben stand im Einklang mit der Ablehnung, die er
schon zuvor dem Preußischen Landrecht entgegenbrachte. Jacob war
ein so begabter Schüler, daß ihn Savigny im Jahre 1805 nach Paris kommen ließ, um ihn zu seinem Assistenten bei den dortigen Archivfor-
schungen für seine monumentale Geschichte des römischen Rechts im
Mittelalter zu machen. Einer Anregung Wilhelms folgend, begann
Jacob in der Nationalbibliothek nach Manuskripten mittelalterlicher
deutscher Literatur zu suchen. Die Ergebnisse – er stieß unter anderem
auf die Manessische Handschrift mittelhochdeutscher Lieder – waren so
überwältigend, daß Jacob bei seiner Rückkehr nach Deutschland sein
Rechtsstudium abbrach und sich ganz der Erforschung der mittelhoch-
deutschen Literatur zuwandte. Diese Hinwendung zu Stoffgebieten der
deutschen Heimat war in nicht geringem Maß durch den Kummer des
Bruders über die Unterwerfung Deutschlands durch die Franzosen im
Jahre 1806 und die darin enthaltene Bedrohung deutscher Kultur mo-
tiviert. Es war Jacobs ausdrückliche Absicht – und seine große Leistung
–, die von Savigny für das Studium des römischen Rechts entwickelten
Methoden auf die Erforschung der mittelalterlichen deutschen Literatur
anzuwenden. Dies bedeutete vor allem die intensive Analyse der Quellen auf Basis einer umfassenden Kenntnis aller relevanten philolo-
gischen wie historischen Einzelheiten sowie ihre Einfügung in den jeweiligen größeren Kontext. Zu diesem Zweck gaben die Brüder alle
Pläne einer juristischen Karriere auf und widmeten sich ganz ihrem
neuen Forschungsgebiet, zunächst während der kurzfristigen Anstellung
Jacobs beim kurfürstlichen Kriegskollegium, dann als Bibliothekare in
Kassel.

Das unmittelbare Ergebnis waren ihre bahnbrechenden Werke über
die ältere deutsche Literatur und die volkstümlichen Märchen und
Sagen: Jacobs Studie *Über den altdeutschen Meistergesang* (1811), die Editionen des Hildebrandslieds und des Wessobrunner Gebets im Jahre

1812 sowie die großen Sammlungen *Kinder- und Hausmärchen* (1812–1815) und *Deutsche Sagen* (1816). Im Zuge seiner Forschungen zur mittelalterlichen deutschen Poesie entwickelte sich allmählich Jacobs Interesse am alten deutschen Recht. Er begann 1813 systematisch rechtshistorisches Material zu sammeln und schrieb gegen Ende dieses Jahres im Ton höchsten Entzückens über seine Entdeckungen an Savigny: »Schwerlich ist irgend eine Jurisprudenz so poetisch gewesen, und eben damit war sie dennoch sinnlich practisch im höchsten Grad, sie verhält sich zum römischen Recht wie das Epos zur Speculation.«[80]. Jacob Grimm hatte bemerkt, daß in einer großen Anzahl der alten poetischen Texte Rechtsfragen eine wesentliche Rolle spielten. Zum Beispiel enthielt der Band *Deutsche Sagen* eine Gruppe von »rechtlichen Sagen«. Sie handeln von Raub, Mord und Grenzstreitigkeiten, von illegalen Bestrafungen, Hinrichtungen Unschuldiger und anderen Rechtsfällen. Grimm erkannte allmählich, daß diese Fälle nur im Kontext des alten deutschen Rechts zu interpretieren waren und nicht im Horizont der Rechtsnormen, wie sie sich nach der Rezeption des römischen Rechts entwickelt hatten. Zugleich wurde er sich der poetischen Form eines Großteils des deutschen Rechts sowie der unauflöslichen Verbindung zwischen Poesie und Recht im Denken des deutschen Mittelalters bewußt.

Das erste Produkt dieser neu gewonnenen Einsichten war Jacobs Aufsatz *Von der Poesie im Recht*, der 1815 im zweiten Band von Savignys *Zeitschrift für geschichtliche Rechtswissenschaft* erschien. Grimm beginnt mit Erörterungen darüber, warum es für das Verständnis des deutschen Altertums angemessen sei, die Wechselbeziehungen von Recht und Poesie zu untersuchen. Er sieht den Grund in dem frappierenden Reichtum an bedeutenden Denkmälern aus beiden Sphären, die annähernd gleichen Zeitschichten und zugleich ganz unterschiedlichen Regionen des Territoriums der germanischen Völker entstammten. Kein anderes Volk weise einen so großen, von Beginn an durch fortwährende Zufuhr immer weiter angereicherten Strom von Rechten und Rechtsprozeduren auf. Mit Ausnahme des Römischen Rechts beruhe kein anderes Rechtssystem in Europa auf einer so breiten, sicheren Grundlage wie das alte deutsche Recht. Freilich sei es im Unterschied zum römischen Recht nie in eine künstliche Form gebracht und systematisch gelehrt, geschweige denn von Gelehrten verfeinert und fortentwickelt worden. Dafür präsentiere es sich aber in all seiner jugendlichen Vitalität, weil es in

poetischer Gestalt aufbewahrt und lebendig überliefert worden sei.
»Dasz recht und poesie miteinander aus einem bette aufgestanden waren, hält nicht schwer zu glauben,« schreibt Grimm. Denn in beiden
Sphären begegne man einem nicht-historischen Element, das über die
einfache Gesetzesvorschrift hinausgehe[81]. »Ihr beider ursprung beruhet
auf zweierlei wesentlichem, auf dem wunderbaren und dem glaub-
reichen.« Die Überlieferung ältesten gottesfürchtigen Wissens sei die
einzige Form des Rechts, der die Völker vertrauten, so wie sie auch am
glücklichsten mit den Sagen und Märchen seien, die sie mit der Mutter-
milch in sich aufgenommen hätten. »Was aber aus einer quelle springt,
das ist sich jederzeit auch selbst verwandt und greift in einander, die
poesie wird folglich das recht enthalten wie das gesetz die poesie in sich
schlieszen.«
    Die nachdrückliche Betonung der Wesensähnlichkeit und des ge-
meinsamen Ursprungs von Poesie und Recht führt Grimm zur pointier-
ten Formulierung des Grundgedankens, der seinen Ansatz rechts- wie
sprachhistorischer Forschung prägt: »Alles was anfänglich und innerlich verwandt ist, wird sich bei genauer untersuchung als ein solches
stets aus dem bau und wesen der sprache selbst rechtfertigen lassen, …
und so reicht die aufgestellte verwandtschaft zwischen recht und poesie
schon in die tiefsten gründe aller sprachen hinab.« Um hierfür allein im
Gebiet der deutschen Sprache den Beweis zu führen, bedürfte es umfangreicher Untersuchungen. Jacob Grimm kündigt daher an, sich in
diesem vorläufigen Zwischenbericht auf einige wenige repräsentative
Beispiele aus verschiedenen Bereichen zu beschränken. Seine Sammel-
tätigkeit setzte er freilich unvermindert fort. Auf ihr beruhte die im Jahr
1828 erschienene, noch immer maßgebliche Edition *Deutsche Rechts-
altertümer*. Er widmete sie – natürlich – Savigny.
    Obwohl Savigny als Historiker des römischen Rechts im Kern ein
»Romanist« blieb, ermutigte er die frühen »Germanisten« Jacob und
Wilhelm Grimm zu ihrem Werk. Der Begriff »Germanist« wurde ursprünglich als Bezeichnung für die Historiker des deutschen Rechts geprägt. Savigny gründete im Jahre 1814 die *Zeitschrift für geschichtliche
Rechtswissenschaft* und führte sie mit einem Aufsatz ein, in dem er ein
weiteres Mal das Ideal des historisch-organischen Ansatzes beim Studium des Rechts erläuterte. Wie nicht anders zu erwarten, sympathisierten die Brüder Grimm in der großen Kodifikationskontroverse von 1814
mit Savigny. Am 29. Oktober 1814 schrieb Jacob Grimm, der, wie

bereits erwähnt, den Kodifikationsgedanken zumindest seit 1805 ab-
lehnte, an Savigny eine lange und überaus detaillierte Antwort auf die
eben publizierte Schrift *Vom Beruf unsrer Zeit für Gesetzgebung und
Rechtswissenschaft*. Noch bei der ersten *Frankfurter Germanistenversamm-
lung* im Jahre 1846 trat Grimm öffentlich für den Fortbestand des Studiums des römischen Rechts als lebendiger Quelle des deutschen Rechts
ein.[82]

Die Brüder Grimm waren in ihrer romantischen Suche nach dem
»Volksgeist« der Deutschen, den sie in alten Quellen jeglicher Herkunft,
besonders aber in der Poesie und im Recht aufspürten, im wesentlichen
Historiker. Wie sie 1819 im Vorwort zur zweiten Auflage der *Kinder-
und Hausmärchen* feststellten, war ihr leitender Gedanke bei der Nach-
erzählung der Volksmärchen, den »Geist des Volkes« zu bewahren. Ihre
Laufbahn ist jedoch über ihre sprach- und kulturhistorische Bedeutung
hinaus zugleich exemplarisch für die Anziehungskraft, die das Recht in
der Romantik besaß. Sie begannen ihr Rechtsstudium aus Gründen der
Familientradition und mit dem Ziel, Verwaltungsposten im Regierungsdienst anzutreten. Unter dem Einfluß von Savignys charismatischer Persönlichkeit wandten sie sich von den Kameralwissenschaften ab und
dem römischen Recht zu. Und obwohl sie allmählich von den römischen zu den heimischen deutschen »Altertümern« übergingen, war ihre
Anwendung der Methode von Savignys *Rechtswissenschaft* auf deutsche
Quellen der Poesie und des Rechts der entscheidende Schritt, durch den
sie jenen Wissenschaftszweig begründeten, der uns als Mediävistik
geläufig ist.

Wenn Eichendorffs Werk die romantische Hinwendung zum Recht als
ethische Kraft veranschaulicht und Jacob Grimms Laufbahn zeigt, wie
Savignys Beispiel zur systematischen Erforschung des deutschen Mittelalters führte, so läßt sich an einer anderen Gruppe typisch romantischer
Werke demonstrieren, wie sehr ein einzelnes juristisches Problem zum
Faszinosum für eine Generation werden konnte, die von der Auseinandersetzung um Rechtsfragen nachhaltig geprägt war. Daß Goethes
Faust auf einer vertraglichen Vereinbarung beruht, notierten wir bereits
zu Beginn dieses Kapitels. Goethe war mit der juristischen Problematik
von Vertragsschließungen, die im römischen Zivilrecht eine so bedeutsame Rolle spielt, von seiner Studienzeit her vertraut. Drei seiner 56
Thesen von 1771 behandelten die Natur von Verträgen; eine (Nr. IV)

befaßte sich insbesondere mit der Differenz zwischen Vertrag und Pakt[83]. Die Vertragsszenen im *Faust* – nicht nur der Pakt zwischen Faust und Mephistopheles, sondern auch die anfängliche Wette zwischen Mephistopheles und Gott – wurden jedoch erst in den Jahren zwischen 1797 und 1806 verfaßt, als die Rechtskontroverse sich zuzuspitzen begann. Auch Adam Müller sprach in seiner dreizehnten Vorlesung über *Die Elemente der Staatskunst* von der Schlüsselstellung der Verträge innerhalb der Rechtslehre. »Ich fordere jeden Kenner des römischen Rechtes auf, mir außer der Lehre von dem Kontrakte irgendeine Spur wahrer Gegenseitigkeit der Rechtsverhältnisse darin zu zeigen. Und dennoch sind dies die beiden Grundeigenschaften jedes Gesetzes und jeder Gesetzgebung: erstens die innerlichste Gegenseitigkeit, die Kontraktsnatur aller Verhältnisse des Lebens, der sächlichen wie der persönlichen, um des Rechtes willen; zweitens die weiseste Disziplin, Subordination, Rangordnung aller Verhältnisse des Lebens um der Ausübung des Rechtes willen.« Was immer der Grund gewesen mag – sei es die Diskussion über Verträge und das römische Recht oder der Einfluß des *Faust* nach Veröffentlichung seines ersten Teils im Jahre 1808 –, jedenfalls bilden in zahlreichen Werken der Epoche Vertragskonstellationen die Grundvoraussetzung der Handlung.

Zu den beliebtesten Sagen der Zeit gehörte die vom Jäger, der einen Kontrakt mit dem Teufel abschließt, um in den Besitz von Kugeln zu gelangen, die ihr Ziel niemals verfehlen. Allgemein bekannt wurde sie durch das 1810 von Johann August Apel und Friedrich Laun veröffentlichte *Gespensterbuch*, und weltweite Verbreitung fand sie, als Carl Maria von Weber sie für seine »romantische Oper« *Der Freischütz* (1821) benutzte[84]. In den verschiedenen Versionen dieser Sage wird der Vertrag zwar als Handlungsvoraussetzung erwähnt, spielt aber im weiteren keine Rolle. In Chamissos *Peter Schlemihls wundersame Geschichte* dagegen, die 1814, im Jahr des Kodifikationsstreits, erschien, stellt sich das Vertragsproblem an bedeutsamen Knotenpunkten der Handlung. Die Geschichte beginnt damit, daß der mittellose Peter Schlemihl mit einem mysteriösen Fremden in grauem Rock darin übereinkommt, ihm im Austausch für einen Geldbeutel, dessen Vorrat an Goldmünzen unerschöpflich ist, seinen Schatten zu überlassen. Von einem förmlichen Vertrag ist an dieser Stelle nicht die Rede, nur von einer Übereinkunft per Handschlag. Als Schlemihl jedoch sehr bald die Unannehmlichkeiten und das peinliche Gefühl eines Lebens ohne Schatten zu spüren

bekommt, ist er begierig darauf, die Vereinbarung rückgängig zu machen. Der Mann im grauen Rock, den man einen »Biedermeier-Me-
phisto«[85] genannt hat, zeigt sich wider Erwarten zugänglich: Schlemihl
darf sogar den wunderbaren Geldbeutel behalten. »Ich erbitte mir bloß
eine Kleinigkeit zum Andenken, Sie sind nur so gut, und unterschreiben mir den Zettel da.«[86] Was Schlemihl mit seinem Blut unterschreiben soll, ist natürlich der traditionelle Teufelspakt: »Kraft dieser
meiner Unterschrift vermache ich dem Inhaber dieses meine Seele nach
ihrer natürlichen Trennung von meinem Leibe.« Schreckerfüllt weist
Schlemihl dieses Ansinnen zurück. Aber nach Monaten des Elends in
seinem schattenlosen Leben gerät er in arge Versuchung, als der Mann
im grauen Rock ihm zum zweiten Mal das Papier zur Unterschrift ent-
gegenhält. Er setzt schon dazu an, mit seinem eigenen Blut zu unterschreiben, als er in eine tiefe Ohnmacht fällt und dadurch vor dem
Schlimmsten bewahrt wird.

Bei ihrer letzten Begegnung erörtert Schlemihl mit dem Mann im
grauen Rock erneut seine Lage und fragt ihn, ob der Herr John, der
reiche Geschäftsmann, in dessen Haus sie einander zuerst begegneten,
den Vertrag unterzeichnet habe. Er erhält zur Antwort, bei einem so guten und vertrauenswürdigen Freund sei eine Unterschrift nicht notwendig. Als Schlemihl darauf besteht zu erfahren, was mit dem Herrn John
geschehen sei, greift der Mann im grauen Rock in seine Tasche und zieht
daraus an den Haaren Thomas Johns bleiche, entstellte Gestalt hervor,
deren Leichenlippen murmeln:«*Justo judicio Dei judicatus sum; Justo judicio Dei condemnatus sum*!« Entsetzt wirft Schlemihl den verfluchten Geldbeutel fort und eilt davon, um den Rest seines Lebens abgeschieden von
der Menschheit zu verbringen und wissenschaftliche Forschungen zu unternehmen. Dabei helfen ihm seine Siebenmeilenstiefel, indem sie ihn in
die Lage versetzen, noch die entferntesten Teile der Welt zu erreichen.
Über die symbolische Bedeutung des verlorenen Schattens ist viel geschrieben worden. Die Interpretationen reichen von der Nationalität
über die Ehre bis zu materiellen Reichtümern, deren unrechtmäßige Aneignung hier verschlüsselt dargestellt sei. Demgegenüber hat man dem
Zusammenhang der im Zentrum der Erzählung stehenden Vertragspro-
blematik mit zentralen Motiven der zeitgenössischen Rechtsdebatte allzu
wenig Aufmerksamkeit geschenkt.

In E.T.A. Hoffmanns *Geschichte vom verlornen Spiegelbilde*, die im
Jahre 1814 als direkte Antwort auf den *Peter Schlemihl* entstand und

durch ihre Verarbeitung in Offenbachs *Hoffmanns Erzählungen* allgemein bekannt ist, begegnen wir erneut dem Motiv des Teufelspaktes.
Der Held dieser Erzählung, der junge deutsche Italienreisende Erasmus
Spikher, opfert nicht seinen Schatten, sondern sein Spiegelbild, um die
Liebe der Kurtisane Giulietta zu gewinnen. Er muß aus Florenz fliehen,
um der Bestrafung für den Mord an einem italienischen Rivalen zu entgehen. Zurück in Deutschland, hat er Beleidigungen und Erniedrigun-
gen wegen seines fehlenden Spiegelbildes zu erdulden. Als Giulietta in
Begleitung des sinistren Signor Dapertutto auftaucht, versichert man
ihm, sein Herzenswunsch könne erfüllt werden, wenn er nur – mit
Blut, versteht sich – einen einfachen Kontrakt unterzeichne, in dem er
alle Gewalt über Weib und Kind an Dapertutto übertrage. Spikher hat
die Feder schon in das Blut getaucht und will das Dokument gerade
unterschreiben, als eine Erscheinung seiner Frau materiell-physische
Gestalt annimmt und ihn anfleht, davon abzulassen. Wie Schlemihl
weist Spikher daraufhin Papier und Feder zurück, sagt seiner Familie
Lebewohl und macht sich auf, in einsamer Verzweiflung durch die Welt
zu ziehen.

Es ginge zu weit, wollte man die obsessive Auseinandersetzung mit
dem Motiv des Teufelspakts während dieser kurzen Periode der deutschen Literaturgeschichte direkt mit dem Kodifikationsstreit in Verbindung bringen, wenn auch sowohl Chamisso wie Hoffmann in Berlin
mit Savigny bekannt waren. Doch dürfte es einsichtig sein, von einem
kulturellen Klima zu sprechen, das die interessierte Wahrnehmung von
Rechtsfragen verschiedenster Art durch gebildete, mit wachem Gegen-
wartsbewußtsein ausgestattete Zeitgenossen stark begünstigte. Durch
Savignys einflußreiche Neubestimmung der Rechtswissenschaft und
durch die Forschungen Jacob Grimms entwickelte sich das Interesse am
Recht als historisches Phänomen. Zugleich regte dieses neue geschichtli
che Bewußtsein der Relativität von Rechtssystemen die Schriftsteller
dazu an, über solche Konflikte zu spekulieren, die aus dem Aufeinan-
dertreffen verschiedener Rechtssysteme resultieren könnten. So behandelten Goethe, Chamisso und Hoffmann auf verschiedene Weise das
Problem der Bedeutung traditioneller Vertragsvereinbarungen unter
nicht-traditionellen Bedingungen. Und Clemens Brentano, um ein ganz
anderes Beispiel zu wählen, befaßte sich in den beiden Teilen seiner
Geschichte vom braven Kasperl und dem schönen Annerl (1817) mit dem
Verhältnis von Legalität und Gnade, also profaner und göttlicher Justiz.

In der ersten Hälfte der Erzählung erfahren wir die Geschichte eines jungen Soldaten, der seinen Vater und seinen Stiefbruder der Justiz ausliefert, als er entdeckt, daß sie Diebe sind, und dann in der Überzeugung, daß auch seine eigene Ehre befleckt ist, Selbstmord begeht. Weil er sich aus schierer Verzweiflung und nicht aufgrund einer verzeihlichen krankhaften Melancholie tötete, wird ihm eine ordentliche Bestattung auf dem Friedhof verweigert und seine Leiche der Anatomie zum Sezieren überwiesen. Seine Großmutter fleht nun den Erzähler an, ein Bittgesuch an den Herzog zu verfassen, damit dieser auf die Erfüllung dieser Vorschrift verzichtet und gestattet, daß Kasperl an der Seite seines geliebten Annerl begraben werde. Erst an diesem Punkt erfahren wir die zweite Hälfte der Geschichte: Annerl wurde von einem Adligen verführt, der ihr die Ehe versprach. Sie tötete ihr Kind und stellte sich dann selbst dem Gericht. Die Begnadigung, die man ihr in Aussicht stellte, wenn sie den Namen ihres Verführers nennen würde, schlug sie aus. Nun ist sie zur Hinrichtung mit dem Schwert verurteilt, die an eben diesem Morgen stattfinden soll. Es gelingt dem Erzähler, den Herzog zu erreichen, der sich die Geschichte anhört und eine Begnadigung gewährt. Doch trifft sie zu spät ein, und Annerl wird enthauptet. Dies ist ein Motiv, das Brentano vertraut war, spätestens seit er und Arnim das Gedicht *Weltlich Recht* in den zweiten Band ihrer Sammlung *Des Knaben Wunderhorn* (1808) aufgenommen hatten. Der Verführer vergiftet sich nach dem Tod Annerls aus Schuldbewußtsein. Die alte Großmutter erfährt die Genugtuung, Kasperl und Annerl gemeinsam begraben zu sehen, weil der Herzog, bewegt durch beider Geschick, ihrer Bitte stattgibt. Im letzten Abschnitt erfahren wir, daß der Herzog und seine Verlobte die Absicht haben, auf dem Kirchhof des Dorfs ein allegorisches Monument errichten zu lassen, das sie selbst entworfen haben. »Es stellt die falsche und wahre Ehre vor, die sich vor einem Kreuze beiderseits gleich tief zur Erde beugen; die Gerechtigkeit steht mit dem geschwungenen Schwerte zur einen Seite, die Gnade zur andern Seite und wirft einen Schleier heran. Man will im Kopfe der Gerechtigkeit Ähnlichkeit mit dem Herzoge, in dem Kopfe der Gnade Ähnlichkeit mit dem Gesichte der Fürstin finden.«[87]

Die Erzählung ist in der kunstvollen Subtilität, in der sie ihre Handlungsstränge mit Elementen des Geheimnisvollen durchsetzt, ein Meisterwerk. Das Monument zum Beispiel verkörpert die Motive eines Liedes, das wir schon kennen. Die Mätresse des Herzogs, die er am Ausgang der Geschichte in ihrem Rang erhöht, um sie heiraten zu können, singt es am Tag der Hinrichtung Annas. Die Enthauptung Annas erhält durch die Anspielung auf das Märchenmotiv vom Schwert des Henkers, das nach Blut dürstet, den Anschein der Unvermeidlichkeit. Brentano war übrigens auf Exekutionen und Blut in einer Weise fixiert, die für Psychiater von Interesse sein könnte. Man denke nur an das in den Jahren 1817 bis 1818 entstandene Gedicht unter dem Titel *An das Blut am Abend vor dem Gericht*. Die gesamte profane Handlung der *Geschichte vom braven Kasperl und schönen Annerl* findet vor dem Hintergrund des himmlischen Jüngsten Gerichtes statt, auf das wiederholt im Refrain eines Liedes verwiesen wird:

> Ihr Toten, ihr Toten sollt auferstehn,
> Ihr sollt vor das Jüngste Gerichte gehn.

Die Wirkung der Erzählung beruht letztlich auf der bildkräftigen Verschränkung der Macht weltlichen Rechts und der Sphäre göttlicher Gnade. Im Jahre 1815 durchlebte Brentano eine tiefe geistige Krise und bewegte sich unter dem Einfluß von Luise Hensel und ihrem neu-pietistischen Kreis allmählich auf die Rückkehr zum Katholizismus zu. Dieser Prozeß kulminierte im Jahre 1817 in seiner vieldiskutierten Generalbeichte und führte ihn zwischen 1818 und 1824 in sein freiwilliges Exil im westfälischen Städtchen Dülmen, wo er sich bei der stigmatisierten Nonne Anna Katharina Emmerick aufhielt[88]. Wir dürfen vermuten, daß Brentano bei seiner Hinbewegung auf den Mystizismus seiner späten Jahre eine symbolische Aussage über die relativen Verdienste der zwei Arten von Justiz im Auge hatte – des profanen Rechts, wie es sein berühmter Schwager vertrat, und der Gnade Gottes, der er sich in die Arme werfen sollte.

Es verdient in diesem Zusammenhang Beachtung, daß Brentano in verschiedenen anderen, ungefähr zur gleichen Zeit geschriebenen Erzählungen ebenfalls seine nachhaltige Faszination durch rätselhafte Rechtsfälle erkennen ließ. *Die Schachtel mit der Friedenspuppe* (1815) nimmt das im Titel gesetzte Bild in ihre narrative Struktur auf, indem sie den einen Handlungsstrang in den anderen einschachtelt. Der Titel selbst bezieht sich auf eine verhängnisvolle Schachtel, in der ein preußischer Adliger nach dem Sturz Napoleons eine Puppe mit nach Hause bringt. Es stellt sich heraus, daß die Schachtel kurz nach der Revolution dazu benutzt wurde, die Leiche eines toten Kindes aufzunehmen. Dies geschah im

Zuge eines Verbrechens, bei dem der Täter zum Mittel der Kindesunterschiebung griff, um die Erbschaft seines Neffen betrügerisch an
sich zu bringen. Nachforschungen der preußischen Polizei anläßlich eines Falles von Totschlag, in den zwei Franzosen verwickelt sind, führen
zur Aufdeckung des alten Verbrechens und zur späten Wiederherstellung der Gerechtigkeit. Wie in *Kasperl und Annerl* wird auch hier am
Ende der ganze Vorgang durch ein symbolisches Grabmonument, das
der französische Edelmann in Preußen errichten läßt, der ewigen Erinnerung überantwortet. In der Erzählung *Die drei Nüsse* (1817) nutzt
Brentano das Motiv der Kindesunterschiebung dazu, der ansonsten sehr
trüben und finsteren Geschichte ein glückliches Ende zu geben. Hier
tötet im Lyon des 17. Jahrhunderts ein Apotheker in wilder Eifersucht
einen jungen Mann, den er für den Geliebten seiner wunderschönen
Frau hält. Als sich herausstellt, daß der junge Soldat nicht der Geliebte,
sondern der Bruder seiner Frau ist, flieht der Apotheker. Acht Jahre später aber kehrt er, von seinem Gewissen getrieben, nach Lyon zurück,
stellt sich der Justiz, wird zum Tode verurteilt und enthauptet. Nun
aber kommt an den Tag, daß der Major aus Colmar, dem die liebrei-
zende Witwe bei ihrem Versuch, sich ein neues Leben aufzubauen, ihre
Geschichte erzählt, selbst ihr wahrer Bruder ist. Der tote Soldat, der ihr
tatsächlich in mehr als brüderlicher Liebe zugetan war, ist aus Gründen,
die unaufgeklärt bleiben, bei der Geburt des wahren Bruders an dessen
Stelle untergeschoben worden. Kurz, wenn wir über Brentanos berühmte *Geschichte vom braven Kasperl und dem schönen Annerl* hinausgehen
und die anderen Erzählungen ins Auge fassen, die er ungefähr zur gleichen Zeit schrieb, dann sehen wir, daß er fast immer einen einzigen
Motivkomplex variiert. Aus Enthauptungen, Wechselbälgern, symbolischen Monumenten und verschiedenen anderen Mystifikationen konstruiert er Handlungsverläufe, deren Spannung aus dem Konflikt zwischen profaner Justiz einerseits und individuellem Gewissen bzw.
göttlicher Gerechtigkeit andererseits entsteht. Es ist der Konflikt zwischen dem Recht Savignys und dem Recht Gottes.

Die Anerkennung des Preußischen Allgemeinen Landrechts

Die Unterstützung des römischen Rechts und seines berühmten Advokaten war keineswegs so einhellig, wie es nach der bisherigen Dar-

stellung erscheinen könnte. Wir sahen bereits, daß sogar Savignys
Schwager, Achim von Arnim, das Allgemeine Preußische Landrecht verteidigte und es als ein Dokument bezeichnete, dem für das Rechtswesen
die gleiche Bedeutung zuzumessen sei wie der Lutherschen Bibelübersetzung für die Religion. Karl Marx, der im Wintersemester 1836/37 bei
Savigny in Berlin die Pandekten studierte, schrieb am 10./11.November
1837 an seinen Vater, die Lektüre von Savignys *Das Recht des Besitzes*
habe ihn in seiner Grundüberzeugung bestärkt, daß Form und Inhalt
bei der sozialen Analyse nicht getrennt werden dürften[89], und wurde
zum unermüdlichen Opponenten der historischen Rechtsschule[90].

Es gab auch heftige persönliche Reaktionen gegen Savigny. Heinrich
Heine war jüdischer Frankophiler und Rheinländer wie Karl Marx und
hatte zudem als bürgerlicher Liberaler Grund genug, den Code Civil
gutzuheißen, der von seinem Heros Napoleon in Kraft gesetzt worden
war. Seit er 1821 als Student in Berlin Savigny erstmals begegnet war, ließ
er in Poesie und Prosa keine Gelegenheit aus, den »elegant geleckten,
süßlichen Troubadour der Pandekten« der Lächerlichkeit preiszugeben.
So warnt Heine den Leser schon auf der ersten Seite seiner frühen *Briefe
aus Berlin* (1822), worüber er ganz unsystematisch berichten werde: »Ich
spreche heute von den Redouten und den Kirchen, morgen von Savigny
und den Possenreißern, die in seltsamen Aufzügen durch die Stadt ziehen, übermorgen von der Giustinianischen Galerie und dann wieder
von Savigny und den Possenreißern. Assoziation der Ideen soll immer
vorwalten.«[91] Im zweiten Brief spricht er denn auch »von einem großen
norddeutschen Juristen, der das schwarze Haar so lang als möglich von
der Schulter herabwallen läßt, mit frommen Liebesaugen gen Himmel
schaut, einem Christusbilde ähnlich sehen möchte, übrigens einen französischen Namen trägt, von französischer Abstammung ist und doch gar
gewaltig *deutsch* tut«. Später, im fünften Kapitel des Reisebilds *Die
Bäder von Lucca* (1829) wird Heine die zeitgenössische juristische Szene-
rie in Deutschland ausgelassen als eine verrückte Quadrille porträtieren,
bei der Gustav Hugo, Thibaut, Savigny sowie Savignys rationalistischer
Widersacher Gans die Tänzer sind. Wiederum kommt Savigny am
schlechtesten weg. Heines italienische Gesprächspartner haben zwar von
ihm gehört, lassen sich aber nicht von der Meinung abbringen, es müsse
sich bei diesem Autor um eine Frau handeln.

Viele Schriftsteller der Epoche begleiteten die zeitgenössischen
Rechtskontroversen mit wachem Interesse und äußerten sich selbst zu

den dabei verhandelten Sachverhalten. Doch nur wenige nahmen mit so hartnäckiger, geradezu zwanghaft wirkender Konsequenz Stoffe aus der Rechtssphäre in ihr Werk auf wie Heinrich von Kleist[92]. Abgesehen von der kurzen Erzählung *Das Bettelweib von Locarno* findet sich bei ihm kein einziges literarisches Werk, in dem Rechtsfragen nicht eine konstitutive Rolle spielten. Das reicht vom alles motivierenden Erbvertrag in seinem Erstlingsdrama *Die Familie Schroffenstein* über das »Gesetz der Ehe« in der Komödie *Amphitryon* und den Heiratskontrakt in der Erzählung *Die Marquise von O…* bis hin zu den komplizierten und umständlich dargestellten Rechts- und Gerichtsverhältnissen im *Michael Kohlhaas*. In seinen Dramen und Erzählungen treffen wir auf ein weites Spektrum von Rechtsgebräuchen der verschiedensten Zeiten und Länder. Da sind die deutschen Länder im Spätmittelalter sowie im 16. und 17. Jahrhundert, da ist das Italien der Renaissance und des 18. Jahrhunderts, da ist Südamerika im 17. und Haiti im frühen 19. Jahrhundert. Und da sind römisches Jus gentium und germanisches Gewohnheitsrecht, Kriegsgericht und Gottesurteil, Femgericht und Schöffengericht, weltliches und kirchliches Gesetz. In seiner Faszination durch die Rechtsverhältnisse der verschiedensten Kulturen ist Kleist ein wahrer Zeitgenosse Savignys und der Romantiker.

Freilich teilte er nicht deren Verehrung für das römische Recht. Das mag zum einen daran liegen, daß Kleist so spät mit dem römischen Recht und dem Latein, in dem es verfaßt war, in Berührung kam. In den Spitzfindigkeiten und komplexen rhetorischen Figuren dieses komplizierten Rechtssystems wußte er sich nie ohne Schwierigkeiten zurechtzufinden. Er unterschied sich von den Romantikern um Savigny aber vor allem darin, daß er als Preuße in einem Staat seine Ausbildung absolvierte und innerhalb eines Verwaltungssystems arbeitete, wo das neue Recht bereits herrschte. Das Naturrecht, für das er in seiner Jugend eine Zeitlang in naiver Begeisterung geschwärmt hatte, lehnte er in der Folgezeit mehr und mehr ab. In seinen Werken taucht es zwar gelegentlich auf, doch nur, um kritisiert zu werden wie in der Erzählung *Das Erdbeben von Chili*. Hier erweist sich die scheinbar paradiesische Gesellschaft, die sich kurzfristig etabliert, als durch die Naturkatastrophe die Herrschaft des positiven Rechts unterbrochen ist, als Traum, der keinen Bestand hat. Wenn er zu Anfang des Jahres 1800 als Student in einem Brief an Wilhelmine Zenge über »die Rechte« klagt, so beinhaltet dies eine Ablehnung vor allem des Naturrechts, wie es damals

an der Universität in Frankfurt/Oder von dem Professor Ludwig Gottfried Madihn vertreten wurde, nicht etwa der Justiz und des positiven
Rechts insgesamt. Mit dem akademischen Rechtsstudium kam Kleist in
der Folgezeit immer wieder in Berührung, so während seiner Tätigkeit
in Königsberg, als er Vorlesungen sowohl über das Domänenrecht wie
über Institutionen und Pandekten besuchte. Die Denkweise der Jurisprudenz lag ihm immer nahe, wie aus dem Aufsatz *Über die allmähliche
Verfertigung der Gedanken beim Reden* zu ersehen ist. Als er dort ein Beispiel für typische Prüfungsfragen sucht, fällt ihm gleich eine Reminiszenz aus dem Rechtsunterricht ein: »Was ist der Staat? Oder: was ist das
Eigentum?«[93] Wir dürfen zudem nicht vergessen, daß viele seiner
Freunde und Bekannten von Ludwig Brockes, seinem Begleiter auf der
rätselhaften Reise nach Würzburg, über seinen Mitherausgeber beim
Phoebus-Projekt, Adam Müller, bis zu Savigny, den er später in der Berliner Gesellschaft kennenlernte, Juristen waren. Ungeachtet der Lücken
in seiner Ausbildung lebte Kleist in einer kulturellen Sphäre, in der das
juristische Element große Bedeutung besaß. Er hatte stets Gelegenheit,
sich über die wichtigsten Entwicklungen auf dem Feld der juristischen
Forschung wie der Rechtsphilosophie auf dem laufenden zu halten.
Man hat in diesem Zusammenhang sehr eindringlich die These vertreten, das Lustspiel *Der zerbrochne Krug* gehe weit eher auf Rechtsskan-
dale im Preußen des 18. Jahrhunderts als auf Ereignisse im holländischen
17. Jahrhundert zurück[94]. Darüberhinaus ließ sich zeigen, daß Kleists so
unverwechselbarer Erzählstil entscheidend durch die zeitgenössischen
Richtlinien für die sogenannten »Relationen«, also jene knappen Einlassungen geprägt ist, deren Formulierung er als Student erlernte und
die er im Verwaltungsdienst selbst abfaßte.[95]
Bereits in einem Brief vom Mai 1799 unterscheidet Kleist pedantisch
zwischen den naturrechtlichen »Gesetzen der Vernunft« und den positiven Gesetzen des Staates, die »unser Eigentum, unsre Ehre, und unser
Leben« sichern[96]. Mit diesem Hinweis auf Eigentum, Ehre und Leben
rekapituliert Kleist den »Ersten Theil« des *Allgemeinen Landrechts*, in
dem die Titel 8 bis 22 Eigentumsfragen behandeln, sowie den letzten
Titel des »Zweiten Theils«, der Verbrechen gegen das Leben bzw. Beleidigungen der Ehre behandelt. Kleist stand gerade in den Jahren im
Staatsdienst, als das *Allgemeine Landrecht* heftig diskutiert wurde. Für
ihn als »Militairbedienten« galten die »Kriegsartikel, und andre dahin
einschlagende Verordnungen«, in denen die besonderen Pflichten des

Soldatenstandes festgelegt waren. Es ist unwahrscheinlich, daß der junge Kadett den Kontroversen um das neue Gesetzbuch, die vor allem auf Seiten des Adels entbrannten, dessen Privilegien dadurch angetastet waren, gleichgültig gegenüberstand. Aber wie Achim von Arnim, der in einer ähnlich prekären Situation lebte, hatte Kleist wenig Grund, den Verlust von Privilegien zu befürchten. Nach seiner Entlassung aus dem Kriegsdienst trat er in den Zivildienst ein. Zum Begriff des »Amts« stand er bekanntlich in einem höchst ambivalenten Verhältnis. Nach unerfreulichen Erfahrungen in Berlin bei der Technischen Deputation des Manufactur-Collegiums und nachher im Finanz-Departement in Berlin und Königsberg (1805–1807) trat er endgültig aus dem Staatsdienst aus. Doch hatten ihn seine Erfahrungen im Laufe von fünfzehn Jahren im preußischen Dienst gelehrt, wo im Staate die Macht residiert: im Gesetzbuch. So versuchte er auch in seiner neuen Karriere als Publizist der Rechtssphäre nahezubleiben. Zunächst trug er sich 1807 in Dresden mit der Hoffnung, daß sein Buchhandelsunternehmen die Rechte für die deutsche Ausgabe des Code Napoléon erhalten und er ferner »überhaupt von der französischen Regierung erwählt wird, ihre Publikationen in Deutschland zu verbreiten«.[97]

Es hat für unsere Zwecke wenig zu besagen, daß sich diese unrealistischen Hoffnungen zerschlugen. Aufschlußreich bleibt, wie schnell Kleist die große Bedeutung der französischen Kodifikation erkannte und daraus sein Kalkül entwickelte, von der Verbreitung des ›Code‹ in Deutschland zu profitieren. Seine zweite wichtige Initiative war die Gründung der *Berliner Abendblätter.* Kleist hoffte, daß sie ein »halbministerielles Blatt« würden[98]. In der Ankündigung der neuen Zeitschrift versprach er als ihre große Attraktion die Würdigung der »Veränderungen der *vaterländischen Gesetzgebung*«[99]. Wie etwa seine Auslassungen *Über die Finanzmaßregeln der Regierung* zeigen, stand Kleist dem großen preußischen Reformwerk oft ablehnend gegenüber. Dennoch galt ihm die Gesetzgebung – und das heißt natürlich das *Allgemeine Landrecht* – als »zuvörderst der nächste und würdigste Gegenstand der allgemeinen Teilnahme«. Dementsprechend druckte Kleist in der Ausgabe der *Berliner Abendblätter* vom 4. Oktober 1810 Adam Müllers Forderung ab, es dürfe künftig niemand in die Justiz und allgemeine Verwaltung Preußens eintreten, der nicht ausgerüstet sei »mit einer tüchtigen vollständigen Anschauung des vaterländischen Universums«. Damit war selbstverständlich auch das *Allgemeine Landrecht* gemeint.

Zusammenfassend läßt sich sagen, daß Kleists geistige Entwicklung von etwa dem Jahr 1799 an bis zu seinem Tode eine beständige Entfernung vom Naturrecht und hin zu einer immer engeren Bindung an das positive Recht in Form des *Allgemeinen Landrechts* erkennen läßt. Seine frühen Briefe verraten eine zumindest oberflächliche Bekanntschaft sowohl mit dem populären Naturrecht im Sinne Pufendorfs wie mit dem Geist des neuen preußischen Gesetzbuchs. Aber nach der großen »Rechtskrise« vom Sommer 1801, auf die wir schon hingewiesen haben, wird seine Einstellung zum Naturrecht zunehmend kritischer. Das berühmte »Rechtsgefühl«, an das er oft appelliert, ist eine subjektive Überzeugung und keineswegs mit dem allgemein-menschlichen Recht zu identifizieren, von dem im philosophischen Naturrecht die Rede ist. Zugleich interessiert er sich mehr und mehr für das positive Recht, wie es seit dem Jahr 1794 in Preußen und Frankreich im *Allgemeinen Landrecht* und im *Code Civil* formuliert wird. In den beiden großen Gesetzeswerken meint er die Grundlage der gesellschaftlichen Ordnung zu erkennen.

Welche Bedeutung haben diese Feststellungen und Vermutungen für unser Verständnis von Kleists literarischem Werk? Von den Rechtshistorikern wissen wir, daß Kleist trotz seines gelegentlich frappierenden Einfühlungsvermögens durchaus kein Spezialist auf dem Gebiet der Rechtsgeschichte war. Vielmehr unterliefen ihm immer wieder Fehler und Anachronismen[100]. Der Befund, daß Kleist nicht über die Kenntnisse eines Rechtshistorikers verfügte, dürfte uns freilich im Falle dieses großen Autodidakten kaum überraschen. Das Verwunderliche liegt vielmehr darin, daß es ihm trotz des Mangels an systematischem Studium gelang, die Rechtssituation seiner verschiedenen fiktiven Schauplätze intuitiv so präzise zu erfassen.

Woher hat er sich das Material verschafft, wenn es in einer Fallgeschichte auf einen spezifischen Rechtsartikel ankam? Nehmen wir als einfaches Beispiel den *Amphitryon*, in dem das positive Recht eine geringere Rolle spielt als in irgendeinem anderen von Kleists Stücken. In der frühen Szene, in der Jupiter und Alkmene nach ihrer Liebesnacht zum erstenmal auftreten, möchte Jupiter sich vergewissern, daß Alkmene sich ihm aus Leidenschaft für den Geliebten und nicht aus Pflicht gegenüber dem Gemahl hingegeben hat:

> Du weißt, daß ein Gesetz der Ehe ist,
> Und eine Pflicht, und daß wer Liebe nicht erwirbt,
> Noch Liebe vor dem Richter fordern kann.
> (Verse 446–448)

Kleist vergaß anscheinend oder hatte nie gewußt, daß der mythologische Amphitryon nur deswegen zu seiner militärischen Expedition auszog, weil Alkmene ihm – was ihr nach altem griechischem Recht *legal* zustand – den Vollzug der Ehe so lange verweigerte, bis er den Tod ihrer Brüder gerächt hätte. Das »Gesetz der Ehe« konnte Kleist also keineswegs der klassischen Quelle und auch nicht dem ausgesprochen naturrechtlich gefärbten *Amphitryon* Molières entnehmen[101]. Eher schon läßt sich sein Jupiter als aufgeklärter Despot des 18. Jahrhunderts verstehen, der auf das *Allgemeine Landrecht* pocht. Dort ist im Abschnitt »Von den Rechten und Pflichten der Eheleute in Beziehung auf ihre Personen« festgelegt: »Eheleute dürfen einander die eheliche Pflicht anhaltend nicht versagen.« (II 1 § 178) Diese Bestimmung unterscheidet sich deutlich sowohl von der klassisch-griechischen wie von der französischen Auffassung der im Amphitryon-Stoff enthaltenen Einforderung der Gattenliebe.

Wann immer er für seine Fabeln ein Rechtsfaktum benötigt – und zwar durchaus unabhängig von der historischen Epoche, in der die jeweilige Handlung angesiedelt ist – greift Kleist in der Regel auf die Quelle zurück, die er am besten kennt: das *Allgemeine Landrecht* von 1794. Auf Schritt und Tritt läßt sich dies an seinem Werk belegen: an den zivilrechtlichen Bestimmungen, die in der *Marquise von O…* nach der Aufhebung des Kriegszustandes ins Spiel kommen und den Grafen F… vor der Todesstrafe bewahren, die er ansonsten für seine Vergewaltigung der bewußtlosen Marquise zu gewärtigen hätte; an den Erbgesetzen, die im *Käthchen von Heilbronn* Kunigundes Ansprüche auf den Besitz des Grafen vom Strahl als nichtig erweisen; an den Prozeßregeln, die vom Dorfrichter Adam in *Der zerbrochne Krug* verletzt werden; an der Rechtmäßigkeit der Ansprüche auf Wiederherstellung seines Besitzes, die Michael Kohlhaas an den Junker Wenzel von Tronka stellt, und ebenso an der harten Strafe, die er wegen seiner Vergehen gegen den Landfrieden zu erdulden hat; oder am Delikt der Verführung einer Schülerin, aufgrund dessen Jeronimo am Anfang der Erzählung *Das Erdbeben in Chili* eingekerkert ist. Wir wollen unsere Schlußfolgerung vorsichtig formulieren. Es ist selbstverständlich nicht ausgeschlossen, daß Kleist aus seinen jeweiligen Quellen bzw. aufgrund eigener rechtshistorischer Recherchen mit älteren Rechtsformen bekannt gewesen ist. Dies dürfte vor allem auf historische Institutionen wie Gottesurteil und Femgericht zutreffen. Aber es hat sehr oft den Anschein, als seien die spezifischen Rechtsformulierungen, die sich in seinen Werken finden, weitgehend im *Allgemeinen Landrecht* vorgeprägt. Jedenfalls dürfen wir annehmen, daß der juristische Erwartungshorizont, den Kleist beim Publikum voraussetzt, von den Prinzipien des *Allgemeinen Landrechts* bestimmt ist.

Dies führt uns zu einer umfassenderen Betrachtung. In seiner Haltung gegenüber dem positiven Recht unterscheidet sich Kleist nachhaltig von den meisten seiner literarischen Zeitgenossen. Ja, es läßt sich zeigen, daß die Bestätigung des positiven Rechts in seinen Erzählungen und Dramen zum zentralen Paradigma der Handlungsführung avanciert. Wieder und wieder wird am Schluß seiner Texte das Rechtssystem, das zu Beginn in Kraft war und dann erschüttert wurde, aufs neue etabliert. Im *Erdbeben in Chili* leben Don Fernando und Donna Elvira mit ihrem kleinen Adoptivsohn unter denselben Gesetzen weiter, die zu Beginn Jeronimo und Donna Josephe in Unglück und Verzweiflung stürzten. In der *Verlobung in St. Domingo* kehrt Herr Ströhmli mit seiner Familie in ein Europa zurück, wo dieselben Gesetze in Kraft sind, wie sie in Haiti galten, ehe »die unbesonnenen Schritte des National-Konvents« den Rechtsstaat aufhoben und den Weg freimachten für die »Landgesetze« der rebellierenden Sklaven. Im *Findling* wird Piachi am Ende paradoxerweise von demselben Kirchengesetz vor dem gewollten Tod in Schutz genommen, das ihn zuvor seiner Besitztümer beraubte. Im *Zweikampf* wird die Gültigkeit des Gottesurteils und des Kaiserlichen Tribunals gegen allen Anschein bestätigt. Und im *Michael Kohlhaas* wird zweierlei Gesetz zugleich erfüllt, zum einen das Landesgesetz, nach dem Kohlhaas sein Recht erhält, und zum anderen das Reichsgesetz gegen Landfriedensbruch, nach dem er verurteilt wird. Dasselbe Paradigma gilt für die Dramen. In dem Lustspiel *Der zerbrochne Krug* wird das Landesgesetz trotz der Verdunkelungsmanöver des Dorfrichters erfüllt. Und der Prinz von Homburg erreicht den Gipfel des Glücks in der Erkenntnis:

> Ich will das heilige Gesetz des Kriegs,
> Das ich verletzt, im Angesicht des Heers,
> Durch einen freien Tod verherrlichen!

Für unsere Zwecke ist es irrelevant, daß er nachher begnadigt wird. Kleist hatte dieselbe Sehnsucht, ja Leidenschaft nach Ordnung in sich, die viele seiner Zeitgenossen während der Krise in Preußen und der romantischen Neubestimmung aller Werte erfüllte. Als Preuße glaubte er, die Stabilität sozialer Ordnung im *Allgemeinen Landrecht* und analog hierzu im positiven Recht jeder der Gesellschaften finden zu können, die er in seinem Werk darstellte. So wird fast immer das zu Beginn herrschende Recht am Ende wieder bestätigt[102].

Dies bedeutet selbstverständlich nicht, daß dieses Recht immer im Sinne seiner idealen Bestimmung funktionierte. Doch sind bei Kleist nicht die Gesetze selbst, sondern ihre menschlichen Vollstrecker fehlerhaft und unzulänglich. Es sind die negativen Figuren und Kräfte seiner Erzählungen und Dramen, die das Recht zu untergraben oder für ihre eigenen Zwecke zu verdrehen suchen: der skrupellose Dorfrichter im *Zerbrochnen Krug*, der Junker von Tronka und seine ränkeschmiedenden Verwandten im *Kohlhaas*, und die Vertreter der kirchlichen Macht, die das positive Recht des Staates zugunsten ihrer eigenen dunklen Zwecke verkehren wollen wie im *Erdbeben in Chili* und im *Findling*. Was in Zweifel gezogen oder als zweideutig dargestellt wird, ist nicht das Recht, sondern jeder transzendente Sinn der Welt. Allein das Recht garantiert in ihr den Anschein von Ordnung.

Kleist sehnte sich im Unterschied zu vielen seiner Zeitgenossen nicht nach dem »alten, guten Recht« der römischen oder der alten deutschen Rechtsprechung. Zudem verwarf er nach der naiven Schwärmerei seiner Jugend das Naturrecht Rousseaus und seine Implikation, ein Leben der Menschheit im Naturzustand ohne die Restriktionen des Rechts wäre paradiesisch. Als ein Mann, der im praktischen Umgang mit dem preußischen Rechtssystem seine Erfahrungen gesammelt hatte, wußte er sehr wohl, daß eine Gesellschaft ohne Gesetze chaotisch ist und daß es angesichts der zwiespältigen Natur des Menschen das beste sein dürfte, wenn das Recht nicht nur den Experten verfügbar ist, die es womöglich ihren eigenen Zwecken dienstbar machen, sondern jedem Bürger, d. h. wenn es in einem unkomplizierten allgemeinen Gesetzbuch kodifiziert ist.

Unter den vielen romantischen Juristen war keiner der Welt des Gerichts und der Gesetze enger verbunden als E.T.A. Hoffmann (1776–1822)[103]. Mit Ausnahme der acht Jahre zwischen Dezember 1806 und Oktober 1814, als er durch die französische Besetzung Preußens daran gehindert war, sein Amt auszuüben, arbeitete Hoffmann während seines gesamten Berufslebens im preußischen Staatsdienst. Nach einem Rechtsstudium in Königsberg (1792–1795) absolvierte er das erste Staatsexamen und wurde als »Auskultator« in der ostpreußischen Verwaltung eingestellt. Er versah seinen Dienst zunächst in Königsberg, dann in Glogau. Kurz nach seinem Referendarexamen im Jahre 1798 kam er nach Berlin ans Preußische Kammergericht. Nach dem dritten und abschließenden Examen im Jahre 1800 wurde er zum Richter auf Probe in Posen ernannt und zwei Jahre später zum Regierungsrat befördert. Er nahm dieses Amt zunächst in Plock (1802–1804) und dann in Warschau (1804–1806) wahr. Gerade zu dem Zeitpunkt aber, als er sich fest und mit guten Karriereaussichten in der preußischen Justiz etabliert hatte, wurde auf Napoleons Befehl die preußische Verwaltung aufgehoben, und Hoffmann hatte für die nächsten acht Jahre sein Auskommen in anderen Berufen zu suchen. Zunächst in Bamberg, anschließend in Dresden versuchte er sich vor allem als Dirigent und Theaterdirektor. Nach Napoleons Niederlage jedoch trat er sofort wieder in den preußischen Staatsdienst beim Kammergericht in Berlin ein, anfangs als unbezahlter Assistent, später mit einem bescheidenen Gehalt. Im Mai 1816 brachte er es schließlich zum Kammergerichtsrat mit einem jährlichen Salär, und er hatte diese Position bis zum Dezember 1821 inne, als er kurz vor seinem Tod in den Oberappellations-Senat des Kammergerichts berufen wurde.

Wie die meisten anderen Juristen zur Zeit der Romantik beklagte sich auch Hoffmann fortwährend über seinen Beruf, insbesondere in den Briefen an seinen engen Freund Theodor Gottlieb von Hippel, der ebenfalls Jurist war. Am 1. Mai 1795, als er sich gerade auf sein erstes Examen vorbereitet, schreibt er an Hippel: »Das Studiren geht langsam und traurig – ich muß mich zwingen ein Jurist zu werden.«[104] Nach seiner Übersiedlung nach Bamberg klagt er wiederum in einem Brief an Hippel, wie falsch die zuvor eingeschlagene Laufbahn für ihn gewesen sei und wie er nun aufblühe in seinem neuen Leben als Künstler[105]. Noch nach seiner Rückkehr ans Kammergericht in Berlin sind Hoffmanns Briefe voller Beschwerden über die »Juridica«[106]. Am 1. November 1814, als er gerade einen Monat wieder in der Stadt ist, bekennt er gegenüber Hippel, es sei sein großer Wunsch sei, in Berlin zu bleiben, »das Schicksal eines KammerGerichtsRaths ist indessen wohl nicht beneidenswerth«.[107] Wiederum ein halbes Jahr später erinnert er den Freund daran, »daß es nie meine Idee war, zur Justiz zurückzukehren, denn zu heterogen ist sie der Kunst, der ich geschworen«.[108] Ja, das Gebäude, in dem das Kammergericht untergebracht war, erscheint ihm als Prometheusfelsen, an den er angeschmiedet sei[109].

Parallel zu dieser Litanei von Klagen absolvierte Hoffmann alle seine Examina mit Auszeichnung und erhielt während seiner Laufbahn von seiten der Vorgesetzten und Aufsichtsbeamten die besten Beurteilungen und höchstes Lob von seinen Kollegen für seinen Fleiß, seine Sachkenntnis, seine Präzision und Gründlichkeit, für die Klarheit seiner Vorlagen und Falldarstellungen sowie für sein »tiefes Eindringen in den Geist der Gesetze«.[110] Dieser Geist konnte konkret nur der des Preußischen Allgemeinen Landrechts sein, das in eben den Jahren in Kraft trat, in denen Hoffmann sein Rechtsstudium absolvierte. Tatsächlich findet man es schon in den Relationen zitiert, die er – übrigens zur vollen Zufriedenheit seines Vorgesetzten – während seiner Probezeit in Glogau im Jahr 1798 verfaßte, und noch in einem der letzten Fälle, mit denen er befaßt war, einem urheberrechtlichen Streit um eine Klaviertranskription von Webers *Freischütz*, bezieht er sich, drei Wochen vor seinem Tod, auf das Allgemeine Landrecht[111]. Überdies ist es mehrfach in seinen literarischen Werken zitiert, zum Beispiel in der Rahmenerzählung der *Serapionsbrüder*, wo Theodor (= Hoffmann) an einen geselligen Zirkel in Posen erinnert, dessen selbstverfaßtes kompliziertes System von Regeln akribisch der Form des Landrechts mit seinen Titeln und Paragraphen folgt[112]. Kurz, Hoffmanns notorische Klagen über seine Arbeit als Richter besagen weder etwas über seine Kenntnis des Rechts im allgemeinen oder des Preußischen Landrechts im besonderen, noch können sie die Gewissenhaftigkeit und peinliche Genauigkeit in Zweifel ziehen, mit der er seine Pflichten als Beamter im preußischen Staatsdienst erfüllte.

In den lebhaften Wechselbeziehungen zwischen Hoffmanns Aktivitäten als Jurist und seinen schriftstellerischen Projekten haben wir ein besonders auffälliges Beispiel für die Korrespondenzen zwischen Institution und Literatur vor Augen. Zunächst ist die Beziehung zwischen Amt und Poesie im Stil seiner Relationen und Vorlagen unverkennbar.

In den frühen Jahren antizipieren, später parallelisieren sie die Klarheit, mit der Hoffmann als Schriftsteller die Exposition seiner Erzählungen anlegt. Greifbar wird die Wechselwirkung aber vor allem im Stoff seiner Erzählungen, in denen es von Kriminalfällen, Richtern und Prozessen nur so wimmelt. Hoffmann war sich dieser Eigenart seines Werks deutlich bewußt. Das geht aus der Einlassung hervor, die er zu seiner eigenen Verteidigung im Jahre 1822 vorbereitete, als man ihn beschuldigte, den Direktor im Preußischen Polizeiministerium verleumdet zu haben. »Man könnte fragen, wie ich wohl dazu gekommen bin, diese juristische Rügen in ein Märchen zu bringen?, und ich kann nur darauf antworten, daß jeder Schriftsteller von seinem Metier nicht abläßt, sondern sich an Schilderungen daraus ergötzt.«[113] Hoffmann fährt mit dem Hinweis auf andere Schriftsteller fort, in deren Werk durchgängig erkennbar sei, daß sie Juristen von Profession gewesen seien. Er nennt den Satiriker G.W. Rabener, den Humoristen Theodor Gottlieb von Hippel, also den Onkel seines Freundes, und natürlich Walter Scott: »Auch der neue berühmte Walter Scott, einer der ersten Rechtsbeamten in Edinburgh hat es beinahe in jedem seiner Romane mit Prozessen zu tun.« Hoffmann schließt seine Argumentation mit dem Hinweis ab, er selbst habe schon in einigen seiner früheren Werke, so in dem Roman *Die Elixiere des Teufels* und in einzelnen Erzählungen der Sammlung *Nachtstücke* Prozesse beschrieben. Es sei daher kein besonders bemerkenswerter Umstand, daß er auch in der Märchenerzählung *Meister Floh* so verfahren sei. Auf die Verleumdungsklage um den *Meister Floh* werden wir in anderem Zusammenhang zurückkommen. Betrachten wir zunächst die Rolle des Rechts in den anderen, früher entstandenen Werken, die Hoffmann in dieser Passage erwähnt.

In etwas grober Verallgemeinerung läßt sich sagen, daß die Erzählungen, die Hoffmann während seiner Jahre in Bamberg und Dresden schrieb, in erster Linie von Künstlerfiguren und ihrer problematischen Innenwelt handeln. Das gilt vor allem für die in der Sammlung *Fantasiestücke in Callots Manier* (1814–1815) enthaltenen *Kreisleriana,* die *Nachricht von den neuesten Schicksalen des Hundes Berganza* sowie die Erzählungen *Der goldne Topf* und *Die Abenteuer der Silvester-Nacht.* Erst als Hoffmann nach Berlin zurückkehrt und seine Tätigkeit als Jurist wieder aufnimmt, tritt in seinen Erzählungen das Interesse an der Gesellschaft insgesamt wie an den sozialen Bedingungen des Künstlerlebens stärker hervor. In den nach 1814 entstandenen Werken beginnt seine juristische Erfahrung spürbar wirksam zu werden. Der Roman *Die Elixiere des Teufels* (1815–1816) läßt diese Entwicklung erkennen, obwohl er weitgehend auf Hoffmanns Erfahrungen in Bamberg und mit dem süddeutschen Katholizismus beruht. Die Abenteuer des sündigen Kapuzinermönchs Medardus sind ebenso außergewöhnlich und ausschweifend wie die in M.G. Lewis' Schauerroman *The Monk*, auf den sich Hoffmann ausdrücklich bezieht. Zu den raffinierten Komplikationen der Handlung und der Genealogie des Helden gehören inzestuöse Beziehungen, mysteriöse Doppelgänger, Heiligenbilder, die leibhaftig herumlaufenden Menschen ähneln, kirchliche und höfische Intrigen sowie ständige Bedrohungen durch den Wahnsinn. Die aufgebotenen Motive scheinen althergebrachten Elementen des Aberglaubens wie der fluchbeladenen Familie und der allgegenwärtigen Versuchung durch den Teufel eher verpflichtet zu sein als der Rationalität des 18. Jahrhunderts, in dem der Roman angesiedelt ist. Auf halbem Wege aber, als der Mönch Medardus unter Mordverdacht verhaftet wird, stoßen wir auf die lange, detaillierte Schilderung eines juristischen Verhörs. Die Untersuchung findet in zwei Teilen statt. Der Richter, der Medardus am Morgen nach seiner Verhaftung zuerst verhört, »ein kleiner dürrer Mann mit fuchsroten Haaren«, mit heiserer, lächerlich quäkender Stimme«[114], wird als gänzlich unfähig geschildert. Er räsonniert so unüberlegt und geschwätzig vor sich hin, daß der gerissene Mönch, dem die Morde zu Recht zur Last gelegt werden, Zeit genug hat, sich eine falsche Identität samt sorgfältig um sie herum konstruierter Lebensgeschichte als Alibi auszudenken. Während der nächsten zehn Tage läßt man Medardus allein in seiner Zelle. Als er aber zum zweiten Verhör geholt wird, sieht er sich einem anderen Richter gegenüber.

Nicht der Richter, der mich zuerst vernommen, sondern ein anderer, ziemlich junger Mann, dem ich auf den ersten Blick anmerkte, daß er dem vorigen an Gewandtheit und eindringendem Sinn weit überlegen sein müsse, trat freundlich auf mich zu und lud mich zum Sitzen ein. Noch steht er mir gar lebendig vor Augen. Er war für seine Jahre ziemlich untersetzt, sein Kopf beinahe haarlos, er trug eine Brille. In seinem ganzen Wesen lag so viel Güte und Gemütlichkeit, daß ich wohl fühlte, gerade deshalb müsse jeder nicht ganz verstockte Verbrecher ihm schwer widerstehen können. Seine Fragen warf er leicht, beinahe im Konversationston hin, aber sie waren überdacht und so präzis gestellt, daß nur bestimmte Antworten erfolgen konnten.

Der Richter führt das Verhör mit so ruhiger Überlegenheit und so methodisch durch, daß Medardus über seine eigene ursprüngliche Aussage in Verwirrung gerät und in wüste Schmähungen ausbricht, als er mit einem Zeugen konfrontiert wird, der ihn als Täter identifiziert.

> Der Richter war bis jetzt in ruhiger Fassung geblieben, ohne Blick und Ton zu ändern; zum erstenmal verzog sich nun sein Gesicht zum finstern, durchbohrenden Ernst, er stand auf und blickte mir scharf ins Auge. Ich muß gestehen, selbst das Funkeln seiner Gläser hatte für mich etwas Unerträgliches, Entsetzliches, ich konnte nicht weiter reden.

Am Ende des Verhörs ist Medardus gänzlich gebrochen. »Die Worte des Richters durchbohrten mein Innres wie glühende Stacheln.«

Kurz nachdem er in seine Zelle zurückgeführt wurde, kommen Wächter und fesseln ihn an die Wand, weil nun ein überwältigendes Beweismaterial den Verdacht stützt, daß er ein dreifacher Mörder ist. In seiner Verzweiflung träumt Medardus, er müsse sich noch einem zweiten Verhör unterziehen, einer kirchlichen Inquisitionsverhandlung, bei der er an seinen Armen aufgehängt wird, so daß »die ausgedehnten Gelenke knackend zerbröckeln wollten«. Als er wenig später zu einem weiteren Verhör geholt wird, hat er ein Geständnis vorbereitet, das seinen sicheren Tod bedeutet. »Mein Bekenntnis hatte ich im Innern so geordnet, daß ich dem Richter eine kurze, aber den kleinsten Umstand mit aufgreifende Erzählung zu machen hoffte.« An diesem Punkt geschieht das Unerwartete: Der »wahre« Schuldige wird gefunden und die Untersuchung auf Befehl des Fürsten niedergeschlagen. Benommen unterzeichnet Medardus das Entlassungsprotokoll und will gerade fortgehen, als der junge Richter ihn anspricht und ihm eröffnet, er habe ein besonderes Interesse an diesem Fall und stets gehofft, in ihm nicht den verbrecherischen Mönch vor sich zu haben. Doch wolle er sich Klarheit über die Resultate seiner Untersuchung verschaffen. Medardus räumt ein, nicht der polnische Edelmann zu sein, für den er sich ausgegeben hat. Als er nach einigem Zögern die Frage beantworten will, ob er ein Geistlicher sei, unterbricht ihn der Richter und läßt ihn nicht fortfahren: »Was ich gleich anfangs geglaubt und noch glaube, bestätigt sich. Ich sehe, daß hier rätselhafte Umstände walten, und daß Sie selbst mit gewissen Personen des Hofes in ein geheimnisvolles Spiel des Schicksals verflochten sind. Es ist nicht mehr meines Berufs, tiefer einzudringen, und ich würde es für unziemlichen Vorwitz halten, Ihnen irgend etwas über Ihre Person, über Ihre wahrscheinlich ganz eigne Lebensverhältnisse entlocken zu wollen.«

Damit verschwindet der junge Richter für immer aus dem Roman, und die Geschichte kehrt in ihr altes Fahrwasser zurück. Aber auf diesen zwanzig Seiten, die Hoffmanns erste ausführliche Darstellung einer juristischen Untersuchung enthalten, wird uns bereits sehr viel mitgeteilt. Erstens gibt der Erzähler uns ein lebendiges Porträt zweier unterschiedlicher Typen von Untersuchungsrichtern, und es liegt verführerisch nahe, in dem tüchtigen jungen Richter nicht nur eine Personifizierung von Hoffmanns Idealbild effektiver Justiz, sondern zugleich gewisse charakteristische Züge seines eigenen Stils als Richter zu erkennen. Zweitens liefert er uns einen lebendigen und anschaulichen Bericht über den konkreten Verlauf eines Verhörs, einschließlich der dramatischen psychologischen Wechselbeziehung zwischen Untersuchungsrichter und Angeklagtem. Und schließlich deutet er einige Unzulänglichkeiten des Rechts an, aufgrund derer der Täter durch die Autorität des Fürsten freigesprochen werden kann, obwohl der scharfsinnige Untersuchungsrichter den wohlbegründeten Verdacht hat, es seien in diesem Fall noch einige Dunkelheiten und Geheimnisse aufzuklären. Doch in einer Monarchie gibt es so manches, von dem auch die Gerichte am besten nichts wissen.

Aus einem der *Nachtstücke*, der Erzählung *Ignaz Denner*, die Hoffmann 1814 im Jahr des Kodifikationsstreits verfaßte, geht hervor, daß er das Interesse der Romantiker an der Rechtsgeschichte teilte. Wie viele seiner Geistergeschichten und Märchen wird auch die Handlung des *Ignaz Denner*, die viele Jahre vor der Gegenwart des Erzählers angesiedelt ist, durch eine nachgetragene Vorgeschichte »erklärt«. Hier ist deren Inhalt ein teuflischer Fluch, der über der Familie der Frau des Helden liegt. Ihm ist es zu verdanken, daß der rechtschaffene Jäger Andres gegen seinen Willen und fast unwissentlich in eine Räuberbande gerät, die in den Wäldern um Fulda ihr Unwesen treibt. Die Geschichte erreicht ihren Höhepunkt, als Andres nach einem Überfall auf das Schloß des Grafen von Vach wegen Raubmordes festgenommen wird. Trotz trotz seiner Unschuldsbeteuerungen wird er für schuldig befunden, auf

der Folter zum Geständnis gebracht und erst in letzter Minute vor dem
Galgen gerettet. Denn es taucht ein Zeuge auf und bestätigt, daß An-
dres sich zu dem Zeitpunkt, als der Raubmord ausgeführt wurde, in
Frankfurt aufhielt.

Von Interesse in unserem Zusammenhang ist die Sorgfalt, die Hoffmann bei der Konstruktion der Beweislage und ihrer Elemente von Ungewißheit an den Tag legt. Der Leser weiß aus dem Gang der
Erzählung, daß Andres bei der angegebenen Gelegenheit tatsächlich in
Frankfurt war, um sich eine Erbschaft seiner Frau auszahlen zu lassen.
Weil er sie aber damit überraschen wollte, hatte er niemandem von
seiner Reise erzählt außer dem Grafen und seinem Knecht. In der Folge
wird auch das Erbschaftsgeld zu einem der Beweisstücke gegen ihn, da
man annimmt, es sei Teil der Beute aus dem geplünderten Schloß.
Niemand im Schloß kann zu seinen Gunsten aussagen, weil der Graf
und sein Knecht bei dem Überfall getötet wurden. Der Bankier in
Frankfurt wiederum, von dem er die Adresse des Kaufmanns erfuhr, an
den er sich wegen der Erbschaft zu wenden hatte, kann sich an ihn
nicht mehr erinnern. Der Kaufmann selbst befindet sich während der
Zeit, als die Untersuchungen stattfinden, auf einer Geschäftsreise nach
Frankreich und Italien und erfährt daher von der Verurteilung des Andres erst in letzter Minute. Die Räuber ihrerseits bezeugen – vor allem
weil sie ihm seine Weigerung übelnehmen, sich ihrer Bande anzuschließen –, Andres sei bei ihrem Überfall auf das Schloß dabeigewesen.
»All dieses hätte aber die Richter noch nicht so von der Schuld des unglücklichen Andres überzeugt als die Aussage von zwei Vachschen
Jägern, die bei dem Schein der Flammen ganz genau den Andres erkannt und gesehen haben wollten, wie von ihm der Graf niedergestreckt
wurde.«[115] Erst am Ende, als der unwiderlegbare Zeuge für die Unschuld des schon Verurteilten auftaucht, werden die früheren Zeugenaussagen in die richtige Perspektive gerückt. In der Zwischenzeit über-
antworten die Richter, die aufgrund der Beweisaufnahme von seiner
Schuld überzeugt sind, den Andres der Folter, um ein Geständnis von
ihm zu erzwingen.

Hoffmann ließ die Implikationen, die sich aus seiner Erzählung für
Zuverlässigkeit von Beweismaterial und Zeugenaussagen ergeben und
die offensichtlich auf seine eigenen Erfahrungen als Untersuchungsrichter in Kriminalfällen zurückgehen, im *Ignaz Denner* unausgesprochen.
In der späteren Erzählung *Die Marquise de la Pivardière* aber, die er 1820

schrieb und 1821 publizierte, gab er in einem ähnlichen Fall seiner juristischen Meinung unmißverständlich Ausdruck. Die Quelle dieser Erzählung findet sich in den von Pitaval im frühen 18. Jahrhundert begründeten und später von François Richer fortgeführten *Causes célèbres*, der berühmten Sammlung von Kriminalfällen, die von Friedrich Schiller bis Ernst Jünger die Aufmerksamkeit deutscher Schriftsteller auf sich zog. Für unsere Zwecke reicht es aus, wenn wir uns einen groben Überblick über diese Originalversion verschaffen: Die Marquise wird beschuldigt, mit Hilfe des Augustinerpaters Charost, dem sie zwanzig Jahre früher in Liebe verbunden war, ihren Gemahl ermordet zu haben. Wir erfahren im Fortgang der Erzählung, daß dieser in Bigamie mit einer Gastwirtstochter in Auxerre lebte, daß die Marquise ihn voller Verachtung zurückwies, als er zu ihr zurückkehren wollte und daß er daraufhin voller Scham heimlich ein weiteres Mal aus dem Schloß floh. Nach dem Verschwinden ihres Mannes ergreift die unter Mordverdacht stehende Marquise mit ihrer Zofe die Flucht, wodurch sich der Verdacht gegen sie erhärtet. Der Untersuchungsrichter Bonnet verhört zwei Mägde der Marquise, die behaupten, Zeuginnen des Mordes gewesen zu sein. Die Marquise stellt sich freiwillig, und Charost wird ebenfalls inhaftiert. Ungeachtet ihrer Unschuldsbeteuerungen und der Tatsache, daß die Leiche des Marquis nicht gefunden wurde, erklärt man sie für schuldig. Gerade sollen sie der Folterung überantwortet werden, als plötzlich die Türen des Gerichtssaals aufspringen und der Marquis de la Pivardière erscheint. Er erklärt, aus Furcht vor einer strengen Strafe wegen Bigamie geflohen zu sein. Erst sehr viel später habe er von der Mordanklage und dem Prozeß gegen seine Frau erfahren. Mit dieser Eröffnung kommt der Fall jedoch immer noch nicht an sein Ende. Wegen der Zeugenaussage der beiden Mägde, die seine Ermordung detailliert geschildert hatten, gerät nun der Marquis selbst ins Zwielicht. Seine Identität wird erst anerkannt, als zwei seiner Schwestern und die Äbtissin ihres Klosters ihn drei Wochen lang beobachten und bestätigen, er sei tatsächlich der Marquis de la Pivardière.

An dieser Stelle endet die Geschichte in der Fassung der *Causes célèbres* – die Marquise und Charost werden freigesprochen. Hoffmann aber setzt sie als Erzähler noch über einige Seiten hinweg fort, weil das berufliche Interesse des Richters Hoffmann an dem Fall noch nicht befriedigt ist. Zunächst beschäftigt ihn die technische Frage nach dem Corpus delicti. »Nach allen Regeln des Rechts mußte das Gericht annehmen: daß der Beweis über die Person des Marquis de la Pivardière auf das vollständigste geführt sei. Nicht des Mordes irgendeiner Person im allgemeinen, sondern der Ermordung des Marquis de la Pivardière waren aber die Marquise und Charost angeklagt; wurde daher das Leben des Marquis vollkommen nachgewiesen, so mußte jene Anklage falsch sein.«[116]

Sodann wirft auch der Freispruch der Marquise neue Fragen auf. »War aber ferner jene Anklage falsch, so mußten die Personen, auf deren Aussage sich dieselbe bezog, falsch Zeugnis abgelegt haben.« Diese Überlegung führt zu einem neuerlichen Prozeß, diesmal gegen die beiden Mägde Mercier und Lemoine. Ihre Angaben über das Eindringen bewaffneter Männer in den Schloßhof, den Lärm im Schlafzimmer der Marquise sowie die klagende Stimme und den Schuß, den gehört haben wollen, werden im Licht der erwiesenen Unschuld der Marquise überprüft. Alle diese Aussagen stellen sich zwar als korrekt heraus, nur zogen die Mägde aus ihren Wahrnehmungen die falschen Schlüsse. Die Gerüchte über eine schuldhafte Verbindung zwischen der Marquise und ihrem Beichtvater begünstigten diese falsche Interpretation von Umständen, an denen die Verdächtigten gänzlich unschuldig waren. So kam es zur Anklageerhebung. »Bonnet war (wie es kein Richter sein soll) leidenschaftlich im höchsten Grade, voller Vorurteile, befangen in jeder Art und noch dazu mit der Familie des Augustiners Charost verfeindet.« Dementsprechend ging er von der vorgefaßten Überzeugung aus, die Marquise unterhalte eine illegitime Liebesbeziehung mit Charost und sei daher daran interessiert gewesen, sich des Marquis schnell wieder zu entledigen, als er so unerwartet zurückkehrte. »Bonnet nahm hiernach keinen Anstand, die Mercier und die Lemoine mit dem Tode zu bedrohen, wenn sie nicht alles gestehen würden, und fragte alles aus ihnen heraus, was er nur wollte. Die Methode dabei ist sehr leicht.«

Mehrere Personen sprechen mit den beiden Mägden im Gefängnis und bezeugen, diese hätten sich über Bonnets Methoden bitter beklagt und gewünscht, vor einen andern Richter gestellt zu werden, um die Wahrheit sagen zu können: daß sie durchaus keine Beweise für den Mord, sondern ihn nur vermutet hätten. Sogar der Gerichtsschreiber gibt zu Protokoll, Bonnet habe damit gedroht, der Magd Mercier einen Finger abzuschneiden, wenn sie nicht sofort ein Detail gestehe, das er sich in den Kopf gesetzt habe. Um den Aspekt der ungerechtfertigten

Anklage noch stärker hervortreten zu lassen, fügt Hoffmann der Geschichte noch einige Passagen hinzu, die zeigen, wie schnell die gesamte
Pariser gute Gesellschaft bereit ist, die Schuld der Marquise so lange zu
unterstellen, bis ihr Gemahl wohlbehalten wieder auftaucht, – und wie
dann dieselben Leute, die eben noch das Schlimmste von der Marquise
annahmen, ebenso bereitwillig der Ansicht beipflichten, ihr Gatte sei
ein übler Bösewicht. Kurz, der erfahrene Richter Hoffmann hebt bei
jeder sich bietenden Gelegenheit die Zweideutigkeit und Unzuverlässig-
keit von Aussagen und Indizien hervor, um zu demonstrieren, wie be-
hutsam und vorsichtig man bei der Interpretation jeglichen Beweis-
materials verfahren müsse.

Hoffmann wollte in literarischer Form Fehler und Unzulänglichkeiten der zeitgenössischen Justiz kritisieren. Als ob das Zeugnis seiner
Erzählungen diesen Befund nicht schon hinlänglich bestätigte, liefert er
uns für diese Intention ein unzweideutiges Dokument. In seiner Vertei-
digungsschrift in der *Meister-Floh*-Affäre erläutert er, daß er das Märchen dazu habe nutzen wollen, »zwei der größten criminalistischen
Mißgriffe ins Licht zu stellen; einmal, wenn der Inquirent ohne den
Thatbestand des wirklich begangenen Verbrechens festzustellen, auf gut
Glück hineininquirirt, zweimal, wenn sich seiner Seele eine vorgefaßte
Meinung festsetzt, von der er nicht ablassen will und die ihm allein zur
Richtschnur seines Verfahrens dient«.[117] Obwohl Hoffmann sich hier
speziell auf den *Meister Floh* bezieht, gelten seine Bemerkungen zugleich
für die Erzählungen *Ignaz Denner* und insbesondere *Die Marquise de la
Pivardière*. Hier macht das Gericht zunächst den Fehler, ein Verbrechen
zu unterstellen, obwohl das entsprechende corpus delicti fehlt. Und
zweitens ist der Richter Bonnet so vollständig durch seine Vorurteile
verblendet, daß er nicht nur die verfügbaren Beweismittel willentlich
und wissentlich verzerrt, sondern zudem dort, wo es sich nicht von
selbst einstellt, seinerseits belastendes Material konstruiert. In beiden
Erzählungen gehen in die Handlungsführung des Schriftstellers die Erfahrungen und Überzeugungen des Richters Hoffmann ein.

Hoffmann erzählt seine Geschichten nicht etwa nur als Rohmaterial
zur Kommentierung von juristischen Verfahrensfragen. Sie bringen darüber hinaus andere Dimensionen des Rechts zur Darstellung. Die Erzählung *Das Majorat* aus der Sammlung *Nachtstücke* hat die Problematik des Erstgeburtsrechts zum Hintergrund, an dem der preußischen
Aristokratie viel lag. Hoffmann macht seine eigene Position hierzu

nachdrücklich klar, wenn er den alten Advokaten als sein Sprachrohr
innerhalb der Erzählung die Meinung äußern läßt, »daß jede Stiftung,
die den Erstgebornen so vorwiegend begünstige und die anderen Kinder in den Hintergrund stelle, etwas Gehässiges habe«.[118] Ebenso deutlich bringt er seinen Respekt vor dem Recht als einer Institution zum
Ausdruck, der sich jedes Mitglied der Gesellschaft, insbesondere auch
der Adlige, zu unterwerfen hat. Als der junge Baron Hubert gegenüber
dem Testamentsvollzieher auf dem Gut seines Vaters ungeduldig wird,
antwortet dieser ihm:

> »Keine Übereilung, Herr Baron! – Durchaus dürfen Sie hier nicht
> regieren wollen vor Eröffnung des Testaments; jetzt bin *ich*, ich
> allein hier Herr und werde Gewalt mit Gewalt zu vertreiben
> wissen. – Erinnern Sie sich, daß ich kraft meiner Vollmacht als
> Vollzieher des väterlichen Testaments, kraft der getroffenen Verfü-
> gungen des Gerichts berechtigt bin, Ihnen den Aufenthalt hier in
> R…sitten zu versagen, und ich rate Ihnen, um das Unangenehme
> zu verhüten, sich ruhig nach K. zu begeben.« Der Ernst des Ge-
> richtshalters, der entschiedene Ton, mit dem er sprach, gab seinen
> Worten gehörigen Nachdruck.

Bedeutsam an dieser Erzählung ist über das verwaltungsrechtliche Detail bzw. die aus dem Erstgeburtsrecht entwickelte Handlung hinaus,
daß sie weitgehend auf Hoffmanns eigenen Jugenderfahrungen beruht.
Sein Großonkel, der Hofrat Christoph Ernst Voeteri, war Justitiar bzw.
Liegenschaftsverwalter für verschiedene ostpreußische Adelsfamilien. Im
Jahre 1794, noch während seines Rechtsstudiums an der Universität,
begleitete Hoffmann seinen Onkel als offizieller Rechtssekretär auf mehreren Reisen zu den betreffenden Gütern. Die Erzählung *Das Majorat*
berichtet aus der Perspektive des Neffen von einer Liebesgeschichte, wie
sie fast unvermeidlich in Hoffmanns Erzählungen vorkommen: Der
junge angehende Jurist verliebt sich in die ebenfalls junge Frau eines älteren Mannes, der sie, sei es faktisch oder nur in der Einbildung des
jungen Mannes, schlecht behandelt. Als er schon nahe daran ist, sich zu
kompromittieren, wird der junge Mann aus der peinlichen Lage von
seinem Onkel gerettet. Er enthüllt seinem Neffen die geheimnisvollen
Familienbegebenheiten in den vorangegangenen Generationen des
Hauses, aus denen sich die gegenwärtig stattfindende Handlung verstehen läßt. Zugleich erhalten wir im Verlauf der Erzählung eine mit viel

Liebe zum Detail verfaßte Beschreibung des Inspektionsbesuchs, den der Erzähler und sein Onkel V. zu absolvieren haben. Ihre Unterbringung während ihres Aufenthaltes auf dem Anwesen sowie insbesondere die Pflichten des Justitiars treten dem Leser deutlich vor Augen. »Am andern Morgen ging die Arbeit los, der Wirtschaftsinspektor kam mit den Rechnungen, und Leute meldeten sich, die irgendeinen Streit geschlichtet, irgendeine Angelegenheit geordnet haben wollten.«[119] Der angehende junge Jurist bemerkt beeindruckt »die Hochachtung, ja die kindliche Ehrfurcht, die der Baron meinem alten Großonkel bezeigte«, der bei Tisch an der Seite der Baronin sitzt. »Da das Gespräch sich auf Musik gewandt,« spricht der Erzähler selbst, dem jungen Hoffmann nicht unähnlich, »mit voller Begeisterung von der herrlichen, heiligen Kunst« und verhehlt nicht, »daß ich, trockner, langweiliger Juristerei, der ich mich ergeben, unerachtet, den Flügel mit ziemlicher Fertigkeit spiele, singe und wohl auch schon manches Lied gesetzt habe«. Insgesamt ist nicht nur die Fabel der Geschichte, bei der es um Erbschaftsfragen geht, sondern ihre gesamte Atmosphäre vom Juristischen so nachhaltig geprägt, wie es nur bei einem Autor möglich und zu erwarten ist, der sich in der Rechtskultur seiner Zeit auskennt. Es ist gewiß kein Zufall, daß so viele Figuren in Hoffmanns Erzählungen auch dort, wo Rechtsprobleme gar keine Rolle spielen, Juristen sind. Man denke nur an den Rat Krespel, an den Advokaten Coppelius im *Sandmann* oder den Einsiedler Serapion, um nur einige der auffälligsten Beispiele zu nennen.

Hoffmann nutzt das Berufsfeld des Juristen auch für komische Situationen, so in der späten, 1822 geschriebenen und posthum 1823 publizierten Erzählung *Meister Johannes Wacht*. Hier ist die Titelfigur, ein Zimmermeister in Bamberg, ein im Kern gutmütiger und anständiger Mann, der jedoch von zwei Vorurteilen besessen ist. Er ist anti-katholisch, und er hat für Advokaten nur Verachtung übrig. Zu Beginn der Erzählung bewirkt sein erstes Vorurteil, daß er einen Bewerber um die Hand seiner älteren Tochter davonjagt. Der Großteil des Textes ist aber den Intrigen gewidmet, durch die er die Hochzeit zwischen seiner zweiten, jüngeren Tochter und einem Advokaten zu hintertreiben sucht. Meister Wacht erweist sich als Anhänger einer sehr schlichten Variante des Naturrechts, ohne daß er selbst es als solches begrifflich fassen könnte. »Wacht trug nämlich die vollkommenste Überzeugung in sich, daß alles, was man unter dem Namen Rechtsgelehrsamkeit verstehe, nichts anders als künstlich ergrübelte Menschensatzung wäre, die nur dazu diene, das wahre Recht, das in jedes Tugendhaften Brust geschrieben stehe, zu verwirren.«[120] Als Jonathan, der jüngere Sohn seines verstorbenen Freundes und Partners, ein Advokat wird und um die Hand seiner Tochter anhält, ist, wie zu erwarten, ein Wutausbruch Wachts die Folge:

> »Was«, rief Vater Wacht mit einer Stimme, daß die Wände erdröhnten, »was, du elender Taugenichts, die Natur hat deinen Körper vernachlässigt, aber dich mit herrlichen Geistesgaben reichlich geschmückt, und diese willst du wie ein hinterlistiger Bösewicht mißbrauchen auf schändliche Weise und so das Messer gegen deine eigene Mutter kehren? Mit dem Recht willst du Handel treiben, wie mit einer feilen schnöden Ware auf dem öffentlichen Markt, und es zuwägen mit falscher Wage den armen Bauern, dem gedrückten Bürger, der vor des starren Richters Polsterstuhl vergebens winselte, und dich zahlen lassen mit dem blutigen Heller, den der Arme dir, in Tränen gebadet, hinreicht?
>
> Mit lügnerischen Menschensatzungen willst du dein Hirn anfüllen und Lug und Trug treiben wie ein einträgliches Handwerk, wovon du dich mästest? Ist denn alle Tugend des Vaters aus deinem Herzen gewichen?

Für Meister Wacht wäre es »das entsetzlichste Unglück ..., seinem liebsten Kinde einen Advokaten, mithin den Satan selber, verbunden zu sehen«. Im Laufe der Erzählung verhilft Jonathan durch eine einfallsreiche und findige Verfahrensführung einer ungarischen Gräfin zu ihrer rechtmäßigen Erbschaft und erhält dafür ein beträchtliches Entgelt, mit dem er seinem verschwenderischen Bruder aus der Klemme und auf den rechten Weg zurückhilft. Dadurch gewinnt er schließlich doch die Zuneigung Wachts und die Hand seiner geliebten Nanni. »Advokat, mache, daß ich eindringe in die Tiefe des Rechts, wie es in deiner Brust lebendig geworden, und daß ich bestehe vor dem ewigen Weltgericht, wie du dereinst bestehen wirst.« Jonathan verrät schon als junger Anwalt all die Eigenschaften, die ihn in reifem Alter zu einem Juristen von der Integrität und Fähigkeit des Rates V. im *Majorat* machen werden. Er ist ein weiteres Beispiel für den Respekt, den Hoffmann dem Recht und seinen besten Anwälten entgegenbringt.

Das umfangreiche Märchen *Klein Zaches* (1819) ist insgesamt in ein im wesentlichen juristisches Klima eingebettet, obwohl sich die Handlung nicht um Rechtsfragen dreht. Wie in allen Märchen Hoffmanns wird auch hier das Geschehen, das auf der Ebene alltäglicher Lebensrealität stattfindet, durch eine Folge von Ereignissen, die auf der mythischen Ebene angesiedelt sind, »erklärt«. In diesem Fall bleiben, als der junge Fürst Paphnutius ein Edikt erläßt, »daß von Stund' an die Aufklärung eingeführt sei«, und zugleich alle Feen aus dem Lande vertrieben werden, weil sie »ein gefährliches Gewerbe mit dem Wunderbaren«[121] treiben, zwei Vertreter der Welt des Wunderbaren zurück: die Fee Rosabelverde, die als Stiftsfräulein von Rosengrünschön weiterlebt und sich auf Bitten des Baron Prätextus von Mondschein einfach Fräulein von Rosenschön nennt, und der Magier Prosper Alpanus, der sich als Doktor in ein Landhaus zurückzieht. Fräulein von Rosenschöns mitleidige Gabe an den mißgestalteten Gnom Klein Zaches, durch deren geheime Zauberkraft alles Vortreffliche, was in seiner Gegenwart gedacht, gesprochen oder getan wird, als sein Verdienst erscheint, setzt die Handlung in Gang. Sie endet erst mit dem Tod Zaches', der sich im Verlauf der Erzählung den Namen Zinnober zulegt. Zinnobers gesamte Karriere findet in der Sphäre des Rechts und der Regierungsadministration statt. Als Rechtsstudent an der Universität gilt er den Professoren als der brillanteste Student von allen; als er sich zusammen mit einem Konkurrenten der Prüfung für eine Position beim Minister für auswärtige Angelegenheiten unterzieht, kommen die scharfsinnigen Antworten des wirklich qualifizierten Kandidaten dem gänzlich unwissenden Zinnober zugute, und er erhält den Posten; bald wird er zum »Geheimen Spezialrat« befördert und tritt in der Wertschätzung des Fürsten an die Stelle seines eigenen Vorgesetzten, des Ministers für auswärtige Angelegenheiten. Schließlich verleiht ihm der Fürst wegen der unschätzbaren Verdienste, die er sich um den Staat erworben hat, den »Orden des grüngefleckten Tigers mit zwanzig Knöpfen«. Die Erzählung bietet Hoffmann zahlreiche Möglichkeiten, satirische Kommentare zum behördlichen Verdienst- und Entlohnungssystem einzustreuen, das hier als verkehrte Ordnung erscheint. Die Vorgesetzten streichen die Anerkennung für die von ihren Untergebenen geleistete Arbeit ein, und notorische Speichellecker und Bürohengste machen an ihren fähigen Kollegen vorbei Karriere. Darüber hinaus zeigt auf einer allgemeineren Ebene die Erzählung von Klein Zaches ein weiteres Mal, wie gern Hoffmann ungeachtet der Einzelheiten der jeweiligen Handlung und unabhängig

davon, ob es sich um eine eher realistische Erzählung oder ein Märchen
handelt, auf die juristische oder kameralistische Sphäre als Hintergrund
zurückgreift.

In Hoffmanns Augen war trotz aller Klagen in seinen Briefen das
Recht als solches eine über jeden Zweifel erhabene Institution. Ihre
fähigen und verantwortungsvollen Repräsentanten betrachtete er voller
Respekt. Er sah in ihnen die Garanten dafür, daß die Gesellschaft
reibungslos und gerecht funktioniert. Hoffmann arbeitete nicht nur in
seinen literarischen Schriften an diesem Ideal, sondern vesuchte es auch
– mit nicht geringem Erfolg – in seiner eigenen juristischen Laufbahn
zu verwirklichen. Seiner Wertschätzung des Rechts als Institution entsprach seine Verachtung für jeden, der das Recht und seine höchsten
Prinzipien auszunutzen, zu verfälschen oder in anderer Weise zu miß-
brauchen versuchte. In seinem letzten großen Werk, dem Märchen
Meister Floh (1822), sollten sich seine juristische und seine literarische
Laufbahn in schicksalhafter und für Hoffmann selbst verhängnisvoller
Weise kreuzen.

Nach dem Wiener Kongreß und insbesondere in Reaktion auf das
Wartburgfest, das die Studenten im Jahr 1817 in Erinnerung an die
Reformation begingen, begannen in vielen deutschen Staaten die konservativen Kräfte zu drakonischen Maßnahmen zu greifen, um die weitere Verbreitung der aus ihrer Sicht bedrohlichen liberalen und demokratischen Ideen aufzuhalten. Die Karlsbader Beschlüsse, die 1819 von
Österreich, Preußen und anderen deutschen Staaten in Kraft gesetzt
wurden, waren vorgeblich die Antwort auf einige Gewalttaten, vor allem auf die Ermordung August von Kotzebues durch den Studenten
Sand. In Wahrheit sollte dadurch generell der Liberalismus und rebel-
lische Nationalismus unterdrückt werden. In Preußen stattete Friedrich
Wilhelm III. das Polizeiministerium in Berlin unter seinem Direktor
Karl Albert von Kamptz mit außerordentlichen Vollmachten zur
»Demagogenverfolgung« aus und richtete speziell zu diesem Zweck eine
eigene Kommission ein, die *Immediatkommission zur Ermittlung hoch-
verräterischer Verbindungen und anderer gefährlicher Umtriebe.* Im Verlauf der mit fanatischem Eifer betriebenen »Demagogen«-Jagd des Polizeidirektors Kamptz wurden eine ganze Anzahl liberaler Wortführer
trotz offenkundig unzureichender Beweislage verhaftet. Darunter befanden sich Georg Ludwig Roediger, ein führender Kopf der Jenaer Burschenschaften, der Jurist Dr. Ludwig von Mühlenfels und Friedrich

Ludwig Jahn, der wegen seines leidenschaftlichen Eintretens für die körperliche Ertüchtigung der Jugend der »Turnvater Jahn« genannt wurde. Seine ungesetzliche Verhaftung war der skandalöseste dieser Fälle. Als Jahn im Juli 1819 festgesetzt wurde, ließ Kamptz noch vor Beginn der Untersuchung oder gar des Prozesses in den Berliner Zeitungen eine Falschmeldung erscheinen, die Jahn bezichtigte, die Berliner Jugend zu revolutionären Umtrieben verführt zu haben[122]. Im November reichte Jahn seinerseits gegen Kamptz »als einen Pasquillanten« Klage ein. Kurz nachdem Hoffmann am 1. Oktober 1819 in die Immediatkommission berufen worden war, gelang es ihm, Georg Ludwig Roediger aus dem unrechtmäßigen Arrest zu befreien. Danach wandte er sich der Klage Jahns gegen Kamptz zu, den er wegen seiner inhumanen und ungesetzlichen Methoden tief verachtete. Hoffmann lud als untersuchender Richter den Polizeidirektor, also seinen Vorgesetzten, zur Vernehmung. Am 28. Dezember 1819 erhielt Hoffmann vom Justizminister Friedrich Leopold von Kircheisen die Anweisung, das Verfahren gegen Kamptz einzustellen, weil es die angemessene *Ordo cognitionum* stören und beunruhigende »Anomalien« nach sich ziehen könne.

Hoffmann zitierte in seiner Antwort vom 10. Januar 1820 das *Allgemeine Landrecht* zur Stützung seiner Behauptung, »daß auch selbst der erhaltene höhere Befehl, den Verklagten von der Strafe der Injurie nicht befreien würde«. Am 28. Februar empfahl Hoffmann vor der Immediatkommission dem Minister Kircheisen die sofortige Freilassung Jahns. Im März jedoch griff der König selbst in den Konflikt ein und beendete ihn durch eine Anordnung zugunsten des Polizeidirektors. Kamptz setzte daraufhin seine Verfolgungen wie zuvor fort. Die *Immediatkommission* aber wurde einer Ministerialkommission unterstellt, die ihren Bemühungen um eine unabhängige Untersuchungspraxis Zügel anlegte.

Hoffmann war durch diese Entwicklungen tief getroffen. Am 24. Juni 1820 schrieb er an Hippel:

»Wie du mich kennst, magst Du Dir wohl meine Stimmung denken, als sich vor meinen Augen ein ganzes Gewebe heilloser Willkühr, frecher Nichtachtung aller Gesetze, persönlicher Animosität, entwickelte! – Dir darf ich nicht erst versichern, daß ich eben so wie jeder rechtliche vom wahren Patriotismus beseelte Mann überzeugt war und bin, daß dem hirngespenstischen Treiben einiger jungen Strudelköpfe Schranken gesetzt werden mußten... Hier war es an der Zeit, auf gesetzlichem Wege mit aller Strenge zu steuern und zu strafen. Aber statt dessen traten Maßregeln ein, die nicht nur gegen die That, sondern gegen Gesinnungen gerichtet waren.«[123]

Als die Immediatkommission im Spätsommer die Freilassung des Dr. Mühlenfels empfahl, gelang es Kamptz, den Beschluß zu hintertreiben und seine Ausführung zu vereiteln. Hoffmann mußte erkennen, daß die Arbeit der Immediatkommission nahezu vollständig durch Kamptz und die ihr übergeordnete Ministerialkommission lahmgelegt wurde, und suchte daraufhin um seine Entlassung nach. Sie wurde im Sommer 1821 bestätigt.

Genau zu dieser Zeit begann Hoffmann, den *Meister Floh* zu schreiben. Dies Werk sollte ihm dazu dienen, seine Kampagne gegen Kamptz in literarischer Form fortzusetzen[124]. Das Märchen handelt von dem verstockten Junggesellen Peregrinus Tyß und dem weisen Meister Floh, der ihn berät und ihm ein mikroskopisches Zauberglas zur Verfügung stellt, das ihm die verborgensten Gedanken der anderen zeigt. Weder in dieser Kernhandlung noch in der mythischen Rahmenerzählung, die dem irdischen Geschehen eine tiefere Bedeutung verleiht, ist eine explizit juristische oder politische Dimension enthalten. Im Dezember 1821 aber hatte Hoffmann plötzlich einen Einfall, wie er sich literarisch für die Machenschaften des Polizeidirektors revanchieren könnte. Er fügte zwei Episoden in den Text ein, in denen es um einen Geheimen Hofrat namens Knarrpanti geht, »ein sogenanntes Faktotum an dem Hofe eines kleinen Fürsten«, von dem der Erzähler angibt, er sei zu unbedeutend, als daß er sich an seinen Namen erinnern könnte. Während Knarrpantis Aufenthalt in Frankfurt, dem Schauplatz der Erzählung, breitet sich in der Stadt das Gerücht aus, eine sehr vornehme junge Dame sei am Weihnachtsabend aus einer großen Gesellschaft im Hause eines reichen Bankiers entführt worden. Als man jedoch der Sache offiziell nachgeht, stellt sich heraus, daß überhaupt niemand eine junge Dame vermißt. So wird das Gerücht für grundlos erklärt, und der Fall scheint erledigt.

Als Knarrpanti von dem Gerücht erfährt, steht für ihn augenblicklich fest, die verlorengegangene junge Dame könne nur jene Prinzessin sein, die vor einiger Zeit auf unerklärliche Weise vom Hofe seines Prinzen verschwand. Er ersucht den Magistrat der Stadt, ihm bei seinen Nachforschungen behilflich zu sein. Der Rat gibt ihm zu Bedenken, daß das

Gerücht als grundlos widerlegt, niemand entführt worden und daher auch keine Nachforschung nach einem Entführer anzustellen sei. Da aber versichert Knarrpanti, es sei ihm bereits gelungen, den Täter ausfindig zu machen.

> Auf die Erinnerung, daß doch eine Tat begangen sein müsse, wenn es einen Täter geben solle, meinte Knarrpanti, daß, sei erst der Verbrecher ausgemittelt, sich das begangene Verbrechen von selbst finde. Nur ein oberflächlicher, leichtsinniger Richter sei, wenn auch selbst die Hauptanklage wegen Verstocktheit des Angeklagten nicht festzustellen, nicht imstande, dies und das hineinzuinquirieren, welches dem Angeklagten doch irgendeinen kleinen Makel anhänge und die Haft rechtfertige.[125]

Der Verdächtige, den Knarrpanti im Auge hat, ist niemand anderes als der stille und unbescholtene Frankfurter Bürger Peregrinus Tyß. Zwei Zeugen hätten gesehen, wie Tyß in der Weihnacht mit Gewalt ein schön geputztes Mädchen in sein Haus geschleppt habe. Knarrpanti behauptet, der Umstand, daß man keine junge Dame vermisse, beweise gar nichts; denn sie könne ja aus dem Hause des Verdächtigen entkommen sein und aus purer Scham den ganzen Vorfall verschweigen. Er benötige nur noch die Papiere und Aufzeichnungen des Verbrechers, um aus ihnen die gesamte Tat zu rekonstruieren. Zögernd gibt der Rat dem Ersuchen Knarrpantis statt und verfügt die Beschlagnahmung der Papiere des Peregrinus Tyß.

Auch als nachgewiesen wird, daß in ihnen das Wort »Entführung« stets in literarischem Kontext begegnet, also z. B. als Anspielung auf Mozarts *Entführung aus dem Serail,* bleibt Knarrpanti standfest und behauptet, »daß selbst der Zusammenhang die Sache nicht bessere, da es eben arglistige Schlauheit der Verbrecher sei, solche Äußerungen so zu verhüllen, daß sie auf den ersten Blick für ganz indifferent, für ganz unschuldig gelten können«. Ähnlich reagiert er, als die Sachverständigen, die man zu Rate zieht, darauf verweisen, daß in diesem Fall überhaupt kein corpus delicti vorhanden sei. »Der weise Rat Knarrpanti blieb aber fest dabei stehen, daß ihn das delictum den Henker was kümmere, wenn er nur ein Corpus in die Faust bekäme, und das Corpus sei der gefährliche Entführer und Mörder, Herr Peregrinus Tyß.« Peregrinus bemerkt sehr bald, daß alle seine Aussagen von Knarrpanti in ihr Gegenteil verkehrt und zu seinen Ungunsten ausgelegt werden, und

beschließt, fortan zu schweigen. Er verweigert die Aussage mit dem
Hinweis darauf, es existiere kein wirkliches, bestimmbares Verbrechen,
das ihm zur Last gelegt werden könnte. Knarrpanti, wohlvorbereitet,
stellt nun über hundert Fragen, die Peregrinus irgendeine Bestätigung
seiner Schuld entlocken sollen. »Vorzüglich waren sie dahin gerichtet,
zu erforschen, was Peregrinus sowohl im allgemeinen sein ganzes Leben
hindurch als auch bei diesem, jenen besonderen Anlaß, wie z. B. bei
dem Aufschreiben der verdächtigen Worte in seinen Papieren, *gedacht*
habe.« Das Denken hält Knarrpanti schon »an und vor sich selbst« für
eine »gefährliche Operation«, die bei gefährlichen Menschen um so gefährlicher werde. Und er fragt Peregrinus, »ob er nicht selbst einsehe,
daß all die geheimnisvollen Stellen in seinen Papieren mit Recht den
Verdacht erweckten, daß das, was niederzuschreiben er unterlassen,
noch viel Verdächtigeres, ja ein vollkommenes Zugeständnis der Tat
hätte enthalten können?«

Mit Hilfe von Meister Flohs mikroskopischem Zauberglas kann
Peregrinus sehen, daß Knarrpanti in Wirklichkeit selbst nicht glaubt, er
habe die Prinzessin entführt. Doch konnte er die Gelegenheit nicht un-
genutzt lassen, das Gerücht zu seinem eigenen Vorteil auszunutzen und
die Aufmerksamkeit seines kleinen Hofes auf seinen Eifer und sein
Pflichtbewußtsein zu lenken. »Gepriesen sei die Kunst, der gleichgültig-
sten Sache einen Anstrich von gehässiger Bedeutsamkeit zu geben. Es ist
eine Gabe, die mir die Natur verlieh und vermöge der ich mir meine
Feinde vom Halse schaffe und selbst im besten Wohlsein bleibe.« Weil
Peregrinus Knarrpantis Gedanken und Absichten durchschaut, kann er
ihn während des Verhörs überlisten, und damit ist der merkwürdige
Entführungsprozeß beendet. Knarrpanti sieht sich gezwungen, Frankfurt zu verlassen, und man legt ihm nahe, daß er »als Resultat seiner
Bemühungen, als Beweis seiner Sagazität, seines regen Diensteifers das
bewundrungswürdige Aktenstück seinem Herrn selbst überbringe«. Zu
seinem nicht geringen Verdruß muß er beim Verlassen der Stadt feststellen, daß die Leute sich mit allen Zeichen des Abscheus die Nasen zu-
halten, als er an ihnen vorbeigeht.

Mit der Knarrpanti-Episode wollte Hoffmann Kamptz zur Verantwortung ziehen. Denn er sah das unrechtmäßige und zugleich unmora-
lische Vorgehen des Polizeidirektors gegen die »Demagogen« als eine
Schande für den Berufsstand der Juristen an. Insbesondere ging es ihm
dabei um die Praxis der Erfindung eines strafwürdigen Vergehens, wo

keines vorlag, und um die Tendenz des Polizeidirektors, sich von Haß und politischem Fanatismus statt von vernünftigen Verfahrensweisen und den Idealen gerechter Justiz leiten zu lassen. Hoffmanns Absicht schlug jedoch fehl. Anfang Januar des Jahres 1822, noch bevor er den fraglichen Teil des Manuskripts an seinen Verleger in Frankfurt geschickt hatte, verbreitete sich in den literarischen Zirkeln Berlins das Gerücht, es gebe ein Pamphlet auf Kamptz aus Hoffmanns Feder. Als das Gerücht dem Polizeidirektor zu Ohren kam, schickte er einen Beamten nach Frankfurt, der vom dortigen Senat die Erlaubnis erhielt, Einsicht in das Manuskript zu nehmen. Am 1. Februar verlangten die Berliner Behörden die Unterdrückung von acht Manuskriptseiten, und trotz anfänglicher Einwände des Verlegers erschien die Erzählung, als sie schließlich im April publiziert wurde, ohne die Knarrpanti/Kamptz betreffenden Passagen. Sie wurden erst zu Beginn dieses Jahrhunderts im Geheimen Staatsarchiv Berlin wiederentdeckt und in den Text wieder eingefügt.

Für Hoffmann selbst war mit der Entfernung der inkriminierten Stellen aus der Druckfassung der Fall noch nicht ausgestanden. Schon Ende Januar des Jahres 1822 reichte Kamptz beim Innenminister Friedrich von Schuckmann eine Beschwerde gegen Hoffmann ein, die auf dem sorgfältigen Studium der zensierten Seiten beruhte. Darin warf er Hoffmann mangelnden Respekt vor dem König und seinen eigenen Vorgesetzten und damit Majestätsbeleidigung vor und beschuldigte ihn, die durch Amtseid gebotene Geheimhaltungspflicht verletzt sowie einen Regierungsbeamten in Ausübung seiner Pflichten gröblich verleumdet zu haben[126]. Hoffmann war wegen seiner schweren Krankheit, die binnen fünf Monaten zu seinem Tod führen sollte, nicht mehr in der Lage, den Vorladungen zu einer offiziellen Untersuchung Folge zu leisten. Am 23. Februar entwarf er seine bereits zitierte schriftliche Stellungnahme. Er benennt darin die beiden wichtigsten Mängel, die er bei zeitgenössischen Justizbeamten beobachtet, und rechtfertigt sein Verfahren, seine literarischen Werke als Forum der Justizkritik zu benutzen. Natürlich bestritt er, daß die Knarrpanti-Episode in irgendeinem spezifischen Sinne als Pamphlet gegen den Polizeidirektor Kamptz intendiert sei. Gleichwohl zog sich das Verfahren weiter in die Länge und wurde, anders als Jahns Beschwerde gegen Kamptz, vom König nicht eingestellt. Erst Hoffmanns Tod am 25. Juni 1822 führte dazu, daß Kanzler Hardenberg den Fall schließlich »ad acta« legte.

In der Märchenerzählung *Meister Floh* haben wir das dramatischste Beispiel für die Wechselwirkung von Recht und Literatur in der deutschen Romantik vor Augen. Ihr Autor konnte nur ein Jurist sein, der an Ereignissen wie den geschilderten beteiligt gewesen war und zugleich als Schriftsteller einen Grad an Reife und innerer Distanz erreicht hatte, der es ihm erlaubte, sich in souverän ironischer Form mit ihnen auseinanderzusetzen. Hoffmanns offizielle Verteidigungsschrift wiederum ist das wohl ehrenhafteste Zeugnis, das ein »Dichterjurist« des romantischen Zeitalters für die Würde des Rechts wie für die Legitimität der Austauschbeziehung von Amt und Poesie, Institution und Literatur abgelegt hat.

Das Recht, als dessen Fürsprecher Hoffmann auftrat, war weder ein vages Naturrecht noch das überlieferte Recht der Vergangenheit, sei es das römische oder das deutsche, sondern das positive Recht des *Allgemeinen Preußischen Landrechts*. Er zitierte es immer wieder bei der Darlegung seiner Auffassungen und nannte es in der Erzählung *Das öde Haus* das »Gesetzbuch eines sehr aufgeklärten Staats«[127]. Doch unabhängig davon, ob es als deutsches oder römisches Recht, als durch Natur, Geschichte oder Kodifikation beglaubigt auftrat, spielte das Recht in allen seinen Ausformungen im geistigen Leben Deutschlands während des romantischen Zeitalters eine große Rolle. Davon legen nicht nur einige der glänzendsten Dokumente des Rechtsdenkens im 19. Jahrhundert Zeugnis ab, sondern auch zahlreiche bedeutende literarische Werke der Epoche.

Kapitel 4

Das Irrenhaus: Asyl der Phantasie

Zur Geschichte der Irrenhäuser in Deutschland

Im Jahre 1805 wurde auf Verordnung Karl August von Hardenbergs, des Ministers im Kabinett Friedrich Wilhelms III. von Preußen, die im deutschsprachigen Raum erste »Psychische Heilanstalt für Geisteskranke« in Bayreuth gegründet. Literarisch interessierte Spaßvögel mögen daraufhin gewitzelt haben, diese Einrichtung sei schon deshalb notwendig, um all die Irren aufzunehmen, die seit einiger Zeit mit alarmierender Häufigkeit in der Literatur des Zeitalters aufzutauchen begannen. Als frühe Beispiele hätten dabei Goethes exemplarischer »Bildungsroman« *Wilhelm Meister* sowie die Erzählungen des jungen Tieck – etwa *Der blonde Eckbert* und *Der Runenberg* – dienen können, in denen die Figuren oft der Bedrohung durch den Wahnsinn ausgesetzt sind. Nur zwei Jahre vor der Bayreuther Neugründung hatte Jean Paul seinen Roman *Der Titan* vollendet, in dem einige der faszinierendsten Figuren des Wahnsinns in der deutschen Literatur auftreten; und wie um diesen Befund unmißverständlich zu akzentuieren, war der Autor selbst kurz zuvor nach Bamberg gezogen, wo er bald zum engen Freundeskreis des Direktors der neuen Heilanstalt gehörte. Im Jahr 1804 erschien die romantische Hymne auf den Wahnsinn, anonym publiziert unter dem Titel *Nachtwachen des Bonaventura*. Und auch E.T.A. Hoffmann sollte sich wenig später in Bamberg niederlassen und eine Galerie literarischer Figuren des Wahns ins Leben rufen, mit der man leicht einen ganzen Flügel der neuen Heilanstalt hätte bevölkern können.

Die Psychische Heilanstalt für Geisteskranke in Bayreuth war ein Markstein in der Geschichte der deutschen Psychiatrie. Die Überzeugung, es sei möglich, die Irren zu behandeln und zu heilen, statt sie lediglich aus dem Gesichtskreis der Öffentlichkeit zu entfernen, erhielt durch die neue Institution erstmals offizielle Anerkennung. Noch im Zeitalter der Aufklärung war es vorherrschende Praxis, die Unvernunft administrativ abzusondern. Nun war ein Kulminationspunkt der theoretischen und praktischen Bemühungen erreicht, die Wahnsinnigen aus

der Gewalt der hergebrachten Methoden der Zwangsbehandlung zu befreien. Sie sollten nun mit Hilfe der Techniken des preußischen »therapeutischen Idealismus« wieder in die Gesellschaft integriert werden, aus
der sie so lange ausgegrenzt gewesen waren[1].

Die Debatte, die zu diesem Wandel führte, fand in Form eines weitgespannten Diskurses statt, an dem Philosophen wie Ärzte, Vertreter des
öffentlichen Gesundheitswesens wie Staatsminister teilnahmen. An den
zeitgenössischen Schriftstellern ging dieser Reflexionsprozeß nicht vorbei. Sie griffen sie schnell auf und nutzten ihre literarischen Möglichkeiten, dem Publikum das aufregende Thema der medizinisch-psycho-
logischen Neubestimmung des Wahnsinns und der Debatten darüber,
wie mit den Irren zu verfahren sei, nahezubringen. Die Häufigkeit, mit
der in der deutschen Literatur des romantischen Zeitalters Figuren des
Wahns auftreten, ist oft bemerkt worden[2]. Doch hat man vielleicht
nicht genügend Nachdruck auf die Beobachtung gelegt, daß die Strategien, mit denen dabei der Wahnsinn literarisiert wurde, sich allmählich
wandelten. Dieser Wandel läßt sich als Weg vom Motiv zur Metapher
beschreiben und darauf zurückführen, daß die Einstellung der Schriftsteller gegenüber der zeitgenössischen Psychiatrie sich änderte. An die
Stelle weitgehender Zustimmung zu den vorherrschenden Theorien
und Behandlungsmethoden traten Positionen, die sich erkennbar von
den Ideen der entstehenden Psychiatrie unterschieden. An die Stelle der
Psychologisierung der Literatur trat die Literarisierung der Psychologie
und noch jungen Psychiatrie. Das Jahr 1803, in dem die Psychische
Heilanstalt in Bayreuth gegründet und die Psychiatrie formell institutionalisiert wurde, markiert symbolisch den Punkt, an dem sich die ad-
ministrativ-professionellen und die literarisch-philosophischen Interessen am Thema Wahnsinn trennten.

Seit je hatte es im christlichen Abendland Orte des Asyls für die Irren
gegeben, aus denen sich im Laufe der Jahrhunderte ein Netz leidlich
humaner, sich wechselseitig ergänzender Einrichtungen herausbildete[3].
Ursprünglich war es die Kirche, die entsprechend ihrer Verpflichtung zu
Nächstenliebe und Barmherzigkeit die Hauptverantwortung für die
Irren übernahm. Bestimmte Pilgerstätten erwarben sich den Ruf besonderer Heilkraft für die Leiden der Geistesgestörten. Seit dem 14. Jahrhundert zog der Schrein des irischen Märtyrers St. Dymphna in der
flämischen Stadt Geel die Gemütskranken an. Ursprünglich wurden sie
in der Obhut örtlicher Familien belassen, die ihnen eine einfache

Unterbringung und Verköstigung zukommen ließen. Die heutige moderne Pflegeanstalt in Geel ist aus den alten Traditionen der Irrenversorgung hervorgegangen. Michel Foucault vermutete, daß die berühmten Narrenschiffe, welche die Einbildungskraft der Menschen während der gesamten Frührenaissance so nachhaltig beschäftigten, ihren Ursprung in den Pilgerschiffen haben könnten, die auf dem Rhein die Geisteskranken nach Geel und zu anderen Heilorten brachten[4]. In vielen Regionen richteten die lokalen Bistümer Krankenhäuser ein, häufig unter dem Namen »Hôtel-Dieu«, in denen die Irren zusammen mit den Kranken, den Armen, den Alten, den Waisen, den Verlassenen und Gebrechlichen jeder Art versorgt wurden. Zugleich nahmen viele Orden gemäß dem Gebot der Nächstenliebe zusammen mit den Kranken und Bedürftigen auch die Geistesgestörten auf. Man darf annehmen, daß sie aus dem streng reglementierten, den Gelübden der Demut, Armut und Keuschheit folgenden Tagesablauf in den Klöstern oft therapeutischen Nutzen zogen. Bestimmte Orden spezialisierten sich auf die Irren-Fürsorge, insbesondere die ›Hermanos de la Caridad‹, die nach der Reformation unter verschiedenen lokalen Namen als ›Frères de la Charité‹, ›Fatebenefratelli‹ oder ›Barmherzige Brüder‹ die Versorgung der Irren in den Mittelmeerländern wie in Österreich und im katholischen Deutschland weitgehend übernahmen.

Als im Spätmittelalter die Städte und Gemeinden aufzublühen begannen, stieg durch die Bevölkerungskonzentration die Zahl der Kranken und Bedürftigen so sehr an, daß sie durch bestehende kirchliche Einrichtungen nicht mehr bewältigt werden konnte. Dementsprechend entstanden in ganz Europa städtische Krankenhäuser, um die Vielzahl der von öffentlicher Fürsorge Abhängigen aufzunehmen. Die Bereitschaft der Stadtbürger, Störungen durch durch die Ungebärdigeren und Aufsässigeren unter den Irren zu tolerieren, ging mehr und mehr zurück. So bildeten sich seit dem 15. Jahrhundert die typischen Formen der Irrenunterbringung außerhalb der Städte heraus. Man steckte sie entweder in Türme, die an die Stadtmauern angebaut wurden wie z. B. die ›Tour aux Fous‹ in Caens, oder in transportable Holzkäfige. In Deutschland hießen diese Käfige »Tollkasten« oder »Dorenkisten«. Sie wurden außerhalb der Stadttore an günstigen Stellen der Hauptverkehrsstraßen aufgestellt, wo die Insassen von den Vorbeikommenden Almosen erbetteln konnten oder ihnen gegen ein Entgelt zur Schau gestellt wurden. Als nach dem mysteriösen Verschwinden der Lepra in den Jahrzehnten nach 1500 viele Leprosien leerstanden, nutzte man diese oft weiträumigen Einrichtungen als geeignete Plätze für die Einkerkerung der Irren sowie der Landstreicher und Vagabunden aller Art.

Nach der Reformation standen auch die Landesregierungen vor der Notwendigkeit, eine gewisse Verantwortung für die Bedürftigen, Kranken und Irren zu übernehmen. Denn als in den protestantischen Ländern die Klöster aufgelöst wurden, fielen die bis dahin wichtigsten Fürsorgeeinrichtungen weg. Ihre Insassen wurden ausgesetzt und der Gnade der Allgemeinheit überantwortet, und deshalb gingen Städte und Gemeinden mit immer restriktiveren Bestimmungen dazu über, in ihre öffentlichen Einrichtungen nur noch ortsansässige Bürger aufzunehmen. Dies führte dazu, daß die ländliche Bevölkerung ganzer Regionen – die umherziehenden Vaganten, Bettler und Irren eingeschlossen – ohne medizinische Versorgung blieben. Philipp der Großmütige von Hessen ließ in den Jahren von 1533 bis 1535 vier Krankenhäuser in verlassenen Klöstern einrichten; sie lieferten das Modell für ein neues System landesherrlicher Einrichtungen der Alten- und Krankenversorgung. Als politische Antwort auf diese protestantische Innovation gründeten die Herrscher in einigen katholischen Gebieten neue regionale Hospitäler. So richtete Bischof Julius Echter im Jahr 1579 in Würzburg das berühmte Juliusspital ein. Als Patienten wurden Bewohner des gesamten Bistums aufgenommen, auch Protestanten und Juden.

Dies waren vielversprechende Anfänge der Krankenversorgung in Deutschland: Kirchliche, kommunale und landesherrliche Einrichtungen ergänzten sich und bildeten ein weitverzweigtes Netz von Orten, an denen Patienten und Bedürftige jeder Art in Obhut genommen werden konnten. Doch wurden diese Ansätze durch die Verwüstungen des Dreißigjährigen Krieges unterbrochen. Als die Deutschen danach begannen, ihre arg in Mitleidenschaft gezogenen öffentlichen Institutionen wiederherzustellen, knüpften sie nicht an ihre früheren, eigenen traditionellen Strukturen an, sondern folgten dem neuen System der *hôpitaux généraux*, das sich seit der Schaffung des großen Modells in Paris im Jahre 1656 schnell in ganz Frankreich verbreitet hatte. Die Gründung des Hôpital Général in Paris ging nicht etwa auf neue medizinische Theorien und Einsichten zurück. Es entstand vielmehr im Zuge einer umfangreichen Verwaltungsreform der bestehenden Einrichtungen. Das Ziel dieser Reform wie des Aufbaus neuer Institutionen bestand darin, ein zentralisiertes System für die Versorgung der Kranken, der Waisen, der Armen, der Alten und Gebrechlichen, der Kranken, der Irren, der Verbrecher und anderer Randfiguren der Gesellschaft zu schaffen, die das Zeitalter der Vernunft am liebsten dem Blick entzog und verborgen hielt. In dem weitläufigen Versorgungs- und Unterbringungskomplex in Paris gab es verschiedene Stätten zur Isolierung und Einschließung der Irren. Die »heilbaren« Geisteskranken wurden im Hôtel-Dieu in der Innenstadt behandelt, und die »Unheilbaren« brachte man zu Schiff in die Vororte, die Männer nach Bicêtre und die Frauen zur Salpêtrière, die ebenfalls um die Mitte des 17. Jahrhunderts in den Gebäuden einer ehemaligen königlichen Salpetersiederei angesiedelt worden war.

Einige deutsche Staaten orientierten sich an den französischen *hôpitaux généraux* und begannen im 18. Jahrhundert multifunktionale Einrichtungen zu schaffen, deren Namen so klingen, als seien sie einem Alptraum Jean Pauls entsprungen: Im Jahr 1714 wurde das *Waisen-, Toll-, Kranken, Zucht- und Arbeitshaus* in Pforzheim gegründet; 1716 das *Armen-, Waysen-, Zucht- und Tollhaus* in Waldheim; 1749 das *Toll-, Zucht-, Waisen- und Findelhaus* in Mannheim; und im selben Jahr erhielt das alte *Zucht- und Arbeitshaus* in Ludwigsburg eine neues *Doll-Haus*, dem wenig später ein *Waisenhaus* angefügt wurde. Die für diese Einrichtungen typische Anhäufung von Funktionen wird durch einen Blick in die deutsche Standard-Enzyklopädie der Zeit, Zedlers Universal-Lexikon, bestätigt, wo der kurze Eintrag unter »Toll-Haus« den Leser auf die sehr viel längere Rubrik »Zucht-Haus« verweist. Als Kandidaten für das Zuchthaus werden in dreizehn Kategorien aufgelistet: Herumtreiber, Bettler, Müßiggänger, entlassene Soldaten, fahrende Studenten, Zigeuner, aufsässige Kinder, Bankrotteure, gefangene Türken, Verurteilte, die keine Kaution aufbringen können, Verleumder und Verbrecher, bei denen der Staat die Exekutionskosten sparen wollte.[5]

Wenn die Funktionen hingegen getrennt und aufgeteilt wurden, dann tendierte man im Norden Deutschlands dazu, die Insassen nach dem Kriterium voneinander zu trennen, inwieweit sie möglicherweise öffentliches Ärgernis erregen konnten. So brachte man die Vagabunden und die Irren zusammen in *Zucht- und Tollhäusern* unter, wie sie in den Jahren 1710 in Celle, 1780 in Schwabach und 1788 in Bayreuth gegründet wurden. Im katholischen Süden verlief die Entwicklung anders. In der großen Spitalreform, die Joseph II. im Jahr 1784 in Wien in Angriff nahm, wurden nach dem Modell des Hôpital Général die kleinen tra-

ditionellen Wohlfahrtseinrichtungen zu einem großen Allgemeinen
Krankenhaus zusammengeschlossen. An der Rückseite des Gebäudes
fügte man einen besonders gesicherten Trakt für die Irren, den sogenannte »Narrenturm« an. Dieses Grundmuster wurde in anderen Ländern des Habsburgischen Reiches übernommen, etwa in Prag. Dort
baute man im Jahr 1790 dem schon bestehenden Allgemeinen Krankenhaus ein Irrenasyl an.

So gab es am Ende des 18. Jahrhunderts in Europa eine große Anzahl
verschiedener Institutionen zur Aufnahme der Irren, angefangen von
den vielfältig gegliederten *hôpitaux généraux* in Frankreich und
Deutschland über die stärker spezialisierten *Zucht- und Tollhäuser* in
Norddeutschland bis zu den Narrentürmen innerhalb der Allgemeinen
Spitäler im deutschsprachigen Süden. Das Gemeinsame all dieser Einrichtungen aber war »die große Gefangenschaft«, die Michel Foucault
so eindringlich beschreibt. Denn sie waren nicht in erster Linie Heil-
stätten. Die Irren wurden nicht dorthin gebracht, um in ihrem eigenen
Interesse behandelt, sondern um zusammen mit anderen Unerwünsch-
ten vor dem Blick einer ängstlichen Gesellschaft isoliert zu werden. Die
Ausgrenzung des Wahnsinns ging so weit, daß im Jahre 1737 in einer
berühmt gewordenen Zeremonie der Caroline Neuberschen Theater-
truppe sogar die Figur des Hanswurst feierlich von der deutschen Bühne verbannt wurde.

Für die Ausgrenzung und Einschließung der Irren, die uns heute als
überraschend inhumaner Zug des Zeitalters der Vernunft erscheinen
mag, waren bis zum Ende des 18. Jahrhunderts mindestens drei Gründe
ausschlaggebend: Der Ursprung der Geisteskrankheiten war weitgehend unbekannt; Irre lösten ein tiefes Grauen aus, weil sie in ihrem
Dasein das leibhaftige Gegenteil der Vernunft verkörperten; und
schließlich war man überzeugt davon, daß der Wahnsinn in der Regel
unheilbar sei[6]. Diese Einstellungen versuchte eine erste Generation von
Schriftstellern in den neunziger Jahren des 18. Jahrhunderts zu überwinden. Am Ende des Säkulums ging dann eine Welle der Veränderung
durch Europa. Im Zuge eines Umschwungs, welcher als »der größte
einzelne Schritt in der Geschichte der psychiatrischen Behandlung«[7]
bezeichnet wurde, wandelte sich das Irrenhaus, in dem die Insassen den
Praktiken der Absonderung und Überwachung unterlagen, zur modernen Heilanstalt, in der die Geisteskranken therapeutisch behandelt
wurden.

Zum Teil wurde diese Umwälzung von großen gesellschaftlichen Entwicklungen vorangetrieben, die sich in spektakulären Ereignissen verdichteten. In Frankreich war diese Dynamik im wesentlichen soziopolitischer Natur. Als – so will es die Legende – Philippe Pinel den Insassen in Bicêtre und der Salpêtrière die Ketten abnahm, galt dies als ein symbolischer Akt der Befreiung. Er stand im Zusammenhang der Erziehungs- und Medizinreformen, wie sie mit den Namen des Arztes Pierre Cabanis und der sogenannten »Idéologues« verbunden waren[8]. Der Umstand, daß es in Wirklichkeit gar nicht Pinel war, sondern der Direktor der Anstalt, J.B. Pussin, der den humanen Akt vollzog, hat dabei nicht viel zu sagen.[9] Von symptomatischer Bedeutung ist hingegen, daß das Zeitalter der Revolution von seinem führenden medizinischen Repräsentanten nicht weniger als einen solchen Akt der Befreiung erwartete und deshalb ihm die symbolische Tat zuschrieb. In mehreren Gemälden und in einer Statue, die bis heute am Eingang der Salpetrière steht, wurde sie verewigt.

England wurde kurz vor der französischen Revolution durch den Wahnsinn Georges III. in Aufregung versetzt. Im Vergleich zu Frankreich waren dort die Reformen sehr viel stärker von religiösen Motiven geprägt. Die Geisteskrankheit des Königs hatte sich seit dem Jahr 1765 wiederholt angekündigt und kam 1788/89 offen zum Ausbruch[10]. Wegen des politischen Streits um die Regentschaft wuchs sich die Episode zur Staatsaffäre aus. Fasziniert blickte die Öffentlichkeit auf den Arzt Francis Willis, der den König mit Hilfe der Techniken des sogenannten »moral management« heilte. Diese moralisch-psychologische Behandlungsart war zum erstenmal im Jahr 1758 von William Battie in seiner *Abhandlung über den Wahnsinn* erörtert worden, dann aber für dreißig Jahre unbeachtet geblieben. Der Teehändler William Tuke, ein Quäker, gründete wenig später, sein »Retreat« außerhalb der Stadt York als Anstalt für Geisteskranke; sie wurde als Zentrum der humanen Irrenfürsorge schnell weithin bekannt und lieferte ein Modell für andere, vergleichbare Einrichtungen.

In Deutschland kam ein weiterer Faktor hinzu: der preußische »therapeutische Idealismus«. Er läßt sich am besten verstehen, wenn man ihn als Teil der generellen Liberalisierung preußischer Institutionen im ersten Jahrzehnt des 19. Jahrhunderts, insbesondere in der Periode zwischen der Niederlage bei Jena-Auerstedt und den Befreiungskriegen, ansieht[11]. In den Jahren von 1806 bis 1813 veranlaßten die Minister Stein

und Hardenberg eine ganze Reihe bedeutender Reformen: Aufhebung
der Leibeigenschaft der Bauern und bürgerliche Emanzipation der
Juden, Aufhebung der Kabinettsregierungen im Verein mit einer Neu-
organisierung des Verwaltungssystems und Wiedereinführung der kom-
munalen Selbstverwaltung, Ausgleich der Steuerlasten und Säkularisierung der Kirchengüter, Neustrukturierung der Armee unter Scharnhorst
sowie Reform des Erziehungswesens unter Wilhelm von Humboldt.
Anders als die Neuerungen in Frankreich wurden diese Reformen nicht
von einem artikulierten Volkswillen vorangetrieben, sondern von einer
Gruppe liberaler Aristokraten. Sie glaubten an das Ideal eines Wohl-
fahrtsstaates und hofften die allgemeine Gleichgültigkeit im Bürgertum
zu überwinden.

Aus verschiedenen Gründen kam die Reform von Institutionen des
öffentlichen Gewahrsams vergleichsweise schnell in Gang, vor allem in
den deutschen Territorien, die von den Franzosen besetzt waren und –
wie etwa die Städte entlang des Rheins – in den Prinzipien der Regio-
nalverwaltung den Bestimmungen des Code Napoléon unterlagen. Hier
wurden bestimmte Verbesserungen des allgemeinen Gesundheitswesens
schon früh in Angriff genommen. Nach dem Reichsdeputationshaupt-
schluß des Jahres 1803 wurden die klösterlichen Krankeneinrichtungen
in Köln aufgelöst und in ein zentrales Bürgerhospital eingegliedert.
Doch folgte die Unterbringung der Irren weitgehend noch älteren
Modellen. Holzkäfige mit den strohbedeckten Böden auf der Rückseite
des Hospitals dienten nach wie vor allein der Isolierung, nicht der
Heilung. Zur gleichen Zeit war der Freiherr vom Stein, damals Präsi-
dent der Westfälischen Kammer, mit der Reform der säkularisierten
Kirchengüter beauftragt. Seine Anordnungen während dieses Jahres befassen sich oft mit dem Problem der Anstaltsreform.

Daß die erste »preußische« Reform im Umgang mit den Geisteskranken in Bayreuth verwirklicht wurde, war das Ergebnis eines historischen
Zufalls[12]. Als Markgraf Alexander von Ansbach-Bayreuth, kinderlos
und der Regierungslasten überdrüssig, im Jahr 1791 beschloß, sein kleines Fürstentum seinem künftigen Erben, Friedrich Wilhelm II. von
Preußen zu überlassen, wurde Hardenberg zum Gouverneur der neuen
preußischen Provinz ernannt. Dadurch wurde er mit den lokalen Gegebenheiten in diesem ziemlich abgelegenen südlichen Teil Preußens vertraut, der im Jahr 1810 an die Bayerische Krone zurückfiel. Ansbach und
Bayreuth hatten erst seit 1769 unter der Regentschaft eines einzigen

Fürsten gestanden. Bis dahin waren die beiden Fürstentümer unabhängig gewesen und hatten auf vielen Gebieten separate Institutionen unterhalten, darunter auch ihre eigenen Anstalten für Verbrecher und Irre. Bayreuths kombiniertes *Zucht- und Arbeitshaus* im Vorort St. Georgen wurde im Jahr 1735 fertiggestellt, die entsprechende Einrichtung des Fürstentums Ansbach im Jahr 1763 in Schwabach eröffnet. Nach der Vereinigung der beiden Fürstentümer ließ der Markgraf separate *Tollhäuser* in Schwabach und Bayreuth bauen, so daß die Geisteskranken physisch von den anderen Gefangenen abgesondert werden konnten. Obwohl dies ein bemerkenswert fortschrittlicher Versuch in einem Zeitalter war, das im allgemeinen die Irren zusammen mit anderen unsteten Gesellen wie etwa den Landstreichern arretierte, blieben die Irrenhäuser im wesentlichen Orte der Gefangenschaft im traditionellen Sinn des 18. Jahrhunderts. Als Hardenberg jedoch, inspiriert durch den gleichen Reformwillen wie der Freiherr vom Stein in Westfalen, im Jahre 1803 nach einer Gelegenheit suchte, die Reform des preußischen Gesundheitssystems praktisch voranzubringen, erwies sich die Provinz Ansbach-Bayreuth als für dieses Experiment besonders geeignet. Eines der beiden »Irrenhäuser« konnte als Einrichtung für die »unheilbar« Wahnsinnigen beibehalten, das andere aber in eine »Psychische Heilanstalt für Geisteskranke« umgewandelt werden. Damit entstand in Bayreuth eine Institution, die weithin als der Beginn der modernen Psychiatrie in den deutschsprachigen Ländern gilt.

Der Wahnsinn in der Sicht der Spätaufklärung

Die administrative Entscheidung zur Reform einer Institution, sei sie durch soziale, religiöse oder rationale Impulse veranlaßt, ist stets nur der erste Schritt. Die Geisteskrankheit des englischen Königs George III. wurde erfolgreich behandelt; die Einrichtung des »Retreat« nahe bei York und die »Befreiung« der Irren in Paris fanden ein großes publizistisches Echo. Dadurch wurde am Ende des 18. Jahrhunderts die Öffentlichkeit nachdrücklich auf die Not der Geisteskranken aufmerksam gemacht. Während der Jahre im Umkreis der Französischen Revolution war das Interesse am Wahnsinn größer als je zuvor. Der Irrenhausbesuch wurde im Deutschland des ausgehenden 18. Jahrhunderts zum Pflichtthema für Reiseberichte[13]. Ärzte, Theologen, Pädagogen, Damen der

Gesellschaft und junge Männer auf ihrer Bildungsreise begannen einen Besuch im Irrenhaus oder im entsprechenden Trakt des lokalen Krankenhauses für unabdingbar zu halten, wenn sie ihre Besichtigungstour durch eine fremde Stadt machten. Exemplarisch ist die Beschreibung Würzburgs in der folgenden Passage aus dem Reisetagebuch der Sophie Becker. Sie begleitete in den Jahren 1784 bis 1786 ihre Freundin Elise von der Recke auf deren Reise durch Deutschland:

> Nach der Tafel besahen wir die Residenz, ein großes wahrhaft fürstliches Gebäude. Es ist auch eine kleine, aber gewählte Bildergalerie da. Von da besahen wir im Durchgehen die Domkirche und endlich das Hospital, auch ein sehr schönes Gebäude, das mehr das Ansehen des Wohlseins und Vergnügens hat, als daß es eine Wohnung Unglücklicher an Leib und Seele wäre. Außerdem, daß es eine Menge Arme, Kranke und Narren enthält, deren Anzahl ich aber nicht angeben kann, so ist da auch eine Schule und Anatomie.[14]

In der Sequenz Palast, Galerie, Dom, Hospital, Irrenhaus und Schule rangiert das Irrenasyl unverkennbar in der Reihe der wichtigen Institutionen, die eine gebildete Person kennen muß, wenn es ihr um ein umfassend aufgeklärtes Verständnis der Welt zu tun ist. Das berühmte Julius-Hospital in Würzburg zog viele Besucher an, darunter Heinrich von Kleist. In einem Brief vom 13. September 1800 an seine Verlobte Wilhelmine von Zenge beschrieb er es ausführlich. Ungeachtet der besonderen Umstände, also des jeweiligen Autors und des Schauplatzes, endet die Beschreibung stets mit einem Kommentar zum Wert des Irrenhausbesuches: als Schritt zur Erweiterung der Kenntnisse von der Natur des Menschen. Kleist für seinen Teil wird angesichts der Unvernunft von einem für die Aufklärung typischen Schrecken erfaßt: »O lieber tausend Tode, als ein einziges Leben wie dieses!«, so ruft er in der Erinnerung an einen achtzehnjährigen Jüngling aus, »den ein unnatürliches Laster wahnsinnig gemacht hatte«. Das »unnatürliche Laster« ist hier wie stets im Sprachgebrauch der Zeit die Masturbation. »So schrecklich rächt die Natur den Frevel gegen ihren eignen Willen!«[15] Carl Friedrich Pockel hingegen bezeichnet es im Bericht über seinen Irrenhaus- und Gefängnisbesuch in Celle – *Meine Beobachtungen im Zellischen Zucht- und Irrhaus* – im Jahre 1794 als sein Ziel, »die Aufmerksamkeit des Lesers auf gewisse Erscheinungen der menschlichen Seele (zu) erregen«.[16]

Öffentliches Interesse und administrative Reformbestrebungen lassen sich als allgemeine Gründe für die Einrichtung der Anstalten in Paris, in York oder in Bayreuth namhaft machen. Doch bleiben noch viele Fragen offen. Wer war dort Patient? Wie waren die Anstalten aufgebaut? Wer führte sie? Mit welchen Methoden wurden die Patienten behandelt? Während der romantischen Epoche, also zwischen den Jahren 1790 und 1820, lösten die Theorien einander in schneller Folge ab. Wird der Wahnsinn durch die Säfte verursacht oder durch soziale Faktoren wie die Revolution? Sollte er ätiologisch oder symptomatisch klassifiziert werden? Ist er im wesentlichen seelisch oder körperlich bedingt? Sollte er »moralisch« oder mit Medikamenten behandelt werden? Wer ist geeignet, für die Geistesgestörten zu sorgen? Der Arzt, der Laie, der Theologe, der professionelle Anstaltsleiter oder der spezialisierte Irrenarzt?[17] Einigkeit herrschte über fast nichts – außer über die Notwendigkeit einer Reform.

Im 17. und 18. Jahrhundert war im Zuge des wachsenden Interesses an den Wissenschaften vom Menschen eine Vielzahl von Daten und Beobachtungen über den Wahnsinn zusammengetragen worden, die nach Synthese und Systematisierung verlangten. Es wurde zum leitmotivischen Ausgangspunkt zahlreicher Schriften des späten 18. Jahrhunderts zum Thema Wahnsinn, über das Chaos und die Unordnung des vorliegenden Materials zu klagen. Alexander Crichton spricht im Vorwort zu seiner *Inquiry into the Nature and Origin of Mental Derangement* (1798) von den »zusammenhanglosen Fakten, die sich in den Schriften der Mediziner, Metaphysiker und Philosophen verschiedener Zeitalter und Länder im Überfluß finden lassen«.[18] Philippe Pinel hebt in der Einleitung zu seinem *Traité médico-philosophique sur l'aliénation mentale ou la manie* (1800), der unter dem Titel *Philosophisch-medizinische Abhandlungen über Geistesverwirrungen oder Manie* (1801) rasch ins Deutsche übersetzt wurde, die »Unordnung und Verwirrung« als Charakteristika aller früheren Versuche hervor, die Phänomene der Geisteskrankheit zu beschreiben[19]. Und Kant verweist in seiner *Anthropologie in pragmatischer Hinsicht* (1798) auf die Schwierigkeit, »eine systematische Einteilung in das zu bringen, was wesentliche und unheilbare Unordnung ist«.[20] Und doch müsse der Ordnungsversuch gemacht werden. Teils, wie Kant fortfährt, weil jedes gründliche anthropologische Studium verlange, »wenigstens einen allgemeinen Abriß dieser tiefsten, aber von der Natur herrührenden Erniedrigung der Menschheit

zu versuchen«. Darüber hinaus aber auch, weil man einen alarmieren-
den Anstieg in der Verbreitung des Wahnsinns zu beobachten glaubte.
Crichton bemerkt, daß die Geisteskrankheiten, von denen er sprechen
wolle, »in den zivilisierten Nationen gang und gäbe sind und täglich
immer häufiger werden, so daß allgemein Klage darüber geführt wird,
sie seien das größte Übel, dem die Menschheit gegenwärtig ausgesetzt
ist«. Pinel argumentiert spezifischer. Zu den zentralen Elementen seiner
Abhandlung gehört die These, daß der Sturm der Revolution selbst den
Ausbruch der Manie in allen ihren Formen entfesselt habe.

Die eben zitierten Werke repräsentieren drei der Methoden, mit denen
die Spätaufklärung versuchte, das Phänomen der Geisteskrankheiten zu
klassifizieren, nachdem sich ihm das Interesse der Öffentlichkeit und
die Aufmerksamkeit der Regierungen am Ende des 18. Jahrhunderts zugewandt hatten. Crichtons *Untersuchung* verbindet die Einsichten der
Forschung auf dem Kontinent mit englischen Traditionen der Physiologie, die über Thomas Arnold auf William Cullen zurückgehen[21]. Cullen, der den Begriff »Neurose« – im Sinne einer Störung der Nerven-
funktion ohne grobe, sichtbare strukturelle Schädigung – prägte, um
damit Krankheiten ohne Fieber zu bezeichnen, hatte die Neurosen in
vier Kategorien aufgeteilt: die *Comata*, z.B. den Schlaganfall, die *Adyna-
mien*, z.B. die Hypochondrie, die *Spasmi*, z.B. konvulsivische Attacken
im Kontext der Hysterie, sowie die *Vesaniae*, die vor allem die eigentlichen Verstandesstörungen umfassen[22]. Crichton widmet seine umfangreiche *Untersuchung* im wesentlichen der letzten Kategorie, den
Vesaniae. Am Ende des Textes sind sie in einem nosologischen Tableau
veranschaulicht. Es folgt in seinem Klassifikationssystem den zeitgenössischen Kategorien. Crichton merkt an, daß in seinem Tableau nur die
Gattungen und Species Erwähnung finden könnten. Denn »die Varie-
täten sind außerordentlich zahlreich, und dies Buch würde über alles
vernünftige Maß hinaus anschwellen, wollte man sie alle definieren«.
Auch unter dieser Einschränkung füllen seine drei Gattungen mit ihren
Species noch mehrere Seiten. Das »Delirium« definiert er als »allgemeine Störung der Geistesfähigkeiten, bei der krankhafte Vorstellungen
fälschlich für wirklich gehalten werden«. Es gliedert sich auf in die
»mania furibunda« (Delirium mit Raserei und Wut), die »mania mitis«
(Delirium unter dem Anschein der Fröhlichkeit) und die »melancholia«
(Delirium mit Trübsinn und Verzweiflung). Die »hallucinatio« oder

Illusion, definiert als »Verstandesirrtum, bei dem unwirkliche Objekte für wirklich genommen werden«, hat folgende Unterarten bzw. Species: hypochondriasis, daemonomania, Vertigo und Somnambulismus. Die »amentia« oder »verminderte Geisteskraft« schließlich manifestiert sich als »fatuitas« (Idiotie), »memoria imminuta« (Einschränkung der Erinnerungsfähigkeit), »perceptio imminuta« (Schwierigkeit, die Vorstellungen voneinander zu unterscheiden), »vis idearum associandi imminuta« (mangelnde Fähigkeit, die Gedanken in die rechte Ordnung zu bringen) oder »vis judicandi imminuta« (mangelnde Urteilskraft).

Wie unsicher man im späten 18. Jahrhundert in der Beurteilung des Wahnsinns war, wird darin erkennbar, daß die Nosologie, mit der Crichtons Buch schließt, nach Symptomen angeordnet ist. Die *Untersuchung* selbst aber ist um die Ursachen der Geistesgestörtheit zentriert, soweit Crichton sie angeben kann. Im Vorwort teilt er dem Leser mit, die Ordnung, in die er die verschiedenen »Erkrankungen des menschlichen Geistes« gebracht habe, sei »gegründet auf die Analogie, die die Ursachen der Geistesgestörtheit untereinander haben«. Er unterscheidet vier Klassen: physische oder körperliche Ursachen, Überanstrengung der Geisteskräfte, unverhältnismäßige Aktivität einiger Vermögen sowie die heftigen Leidenschaften oder deren Einfluß. Diese Ordnung legt er im folgendem dem Aufbau seines Buches zugrunde.

Crichton (1763–1856) reiste im Verlauf seines Medizinstudiums viel in Kontinentaleuropa; er dürfte mit der dortigen Forschung besser vertraut gewesen sein als die Mehrzahl seiner englischen Zeitgenossen. Einen großen Teil seiner Laufbahn verbrachte er im Ausland. Zwischen den Jahren 1804 und 1819 war er als Leibarzt des Zaren Alexander und an herausgehobener Stelle in die russische medizinische Forschung integriert. Als er sein Buch schrieb, arbeitete er jedoch noch als Arzt am Westminster Hospital in London und hielt dort zugleich Vorlesungen über Chemie, Pharmakologie und allgemeine Medizin. Im Zuge dieser weitgespannten wissenschaftlichen Interessen faßte er den Plan, die Symptome des Wahnsinns mit Hilfe konventioneller Klassifikationen in ein Kategoriensystem zu bringen. Als er seine *Untersuchung* niederschrieb, hatte er nur wenig klinische Erfahrung mit den Irren. Freimütig gesteht er im Vorwort ein, die meisten Fälle, die er zur Illustration zitiere, seien dem deutschen *Magazin für Erfahrungsseelenkunde* entnommen. »In diesem Werk fand ich, was ich in anderen Publikationen vergeblich gesucht hatte: eine Anzahl unzweifelhaft authentischer Fälle

krankhafter Geistesverwirrung, erzählt in ausführlicher und zufrieden-
stellender Manier, ohne Rücksicht auf irgendein bestimmtes System.«
Crichton machte es sich daher zur Aufgabe, über die Fallgeschichten des
Magazins, die dem Herausgeber von verschiedenen Beiträgern ohne umfassende Kommentare zugeschickt worden waren, ein Netz von Kategorien zu legen, das er auf Basis der gängigen medizinischen Klassifikationen geknüpft hatte.

Im Vergleich mit Crichtons *Inquiry* ist Pinels *Traité médico-philosophique*,
der gemeinhin als Gründungsurkunde der modernen klinischen Psychiatrie gilt, am extremen Gegenpol angesiedelt. Pinel (1745–1826) kam
spät zur Psychiatrie[23]. Er war Sohn eines Wundarztes in der südfran-
zösischen Provinz und fand über die Theologie und die Mathematik
den Weg zur Medizin. Als junger Mann in Paris verbrachte er die meiste
Zeit mit seinen wissenschaftlichen Studien und verdiente sich seinen
Lebensunterhalt als Hauslehrer und Übersetzer, unter anderem des
Werks von William Cullen. Erst im Alter von über vierzig Jahren entwickelte Pinel ein Interesse an den Geisteskrankheiten, und zwar nicht
zuletzt deshalb, weil er bei einem seiner Freunde Zeuge eines Ausbruchs
von Wahnsinn geworden war. Nach dem Jahr 1784 arbeitete er für einige Jahre in einem privaten Asyl für die »Aliénés«. Die dort gewonnenen
Erfahrungen wurden zur Grundlage seiner ersten Schriften. Im Jahr
1793 wurde er zum Arzt in Bicêtre ernannt, und seine eigentliche Karriere begann.

Pinel war Empirist. Seine geistigen Wurzeln reichten zurück bis
Locke und Condillac, und er war der festen Überzeugung, daß die direkte Beobachtung die einzige Quelle des Wissens sei. Als Mathema-
tiker widmete er sich der statistischen Analyse des Materials und brachte es in die Form jener Tabellen, die in so charakteristischer Weise in
seinem Werk verstreut sind. Im allgemeinen Grundriß seines *Traité*
kündigt er an, auf das Studium der Medizin den gleichen »Geist der
Beobachtung«, die präzise Terminologie und die Methoden der
Klassifikation anzuwenden, die der Wissenschaft insgesamt so reichen
Ertrag gebracht hätten. Alle seine Versuche, die Klassifikationsschemata
früherer Untersuchungen auf die Patienten von Bicêtre anzuwenden,
hätten nichts als Verwirrung und Chaos produziert. Die willkürlichen
und unvollständigen Nosologien von Sauvages und Cullen seien eher
dazu geeignet, den Leser zu beeindrucken, als die Arbeit des Arztes zu

vereinfachen. Er habe daher, so teilt Pinel der Leserschaft mit, die Methode zugrundegelegt, die in allen anderen Zweigen der Wissenschaft so erfolgreich sei: »jedes Objekt der Reihe nach mit Aufmerksamkeit und keiner anderen Absicht als derjenigen zu betrachten, Material für die Zukunft zu sammeln«. Statt auf früheren Untersuchungen aufzubauen, ging Pinel empirisch und klinisch vor. Er begann damit, einen allgemeinen Überblick über alle Patienten in Bicêtre zu erstellen, und untersuchte den Zustand jedes einzelnen mit dem Ziel, die Natur seiner Störungen individuell zu bestimmen. Zu diesem Zweck führte er ein Tagebuch über alle Patienten.

Pinel erörtert in seiner Abhandlung zunächst die periodischen manischen Schübe, weil dies die verbreitetste und daher am leichtesten zu beobachtende Form des Wahnsinns sei. Unter den verschiedenen Faktoren, die derartige Anfälle verursachen könnten, nennt er unter anderem die Jahreszeiten, das Wetter und die Körperzyklen. In diesem ersten Abschnitt stellt er fest, die hier beschriebenen Fälle hätten sich oft durch die »moralische« Behandlung heilen lassen. Dadurch eröffnet er gleich zu Beginn die Aussicht auf psychologische Techniken jenseits der Traditionen des physischen Zwangs oder der extensiven Verabreichung von Medikamenten. Im zweiten Abschnitt geht Pinel zu einer ausführlichen Erläuterung dieses »traitement moral des Aliénés« über. Freilich nicht, ohne zuvor den Chauvinismus und das Überlegenheitsgefühl zu attackieren, mit dem die Engländer sich ihrer Meisterschaft in der Behandlung der Wahnsinnigen rühmten. In Wahrheit, so setzt Pinel dagegen, seien die allseits bewunderten Erfolge des Francis Willis an keiner Stelle systematisch gemäß allgemeinen Prinzipien und mit theoretischen Ansprüchen erklärt worden; Thomas Arnolds Kompilationen hätten eher zur Verzögerung als zur Beschleunigung des wissenschaftlichen Fortschritts beigetragen; und die zwei Bände von Crichtons *Inquiry* enthielten außer einigen Beobachtungen, die zudem aus einer deutschen Zeitschrift abgeschrieben seien, kaum mehr als geistreiche Ansätze zur Entwicklung einer modernen physiologischen Theorie und beschränkten sich im übrigen darauf, die moralischen und physischen Wirkungen der menschlichen Leidenschaften in eine übersichtliche Darstellung zu bringen.

Pinel erläutert im folgenden eine Anzahl von Fällen, in denen er verschiedene Typen des Wahnsinns durch geeignete physische und moralische Mittel erfolgreich behandeln konnte. Weil die »moralische Be-

handlung« auf der Überzeugung beruht, daß Wahnsinn heilbar sei,
weist Pinel im dritten Abschnitt ausführlich das verbreitete Vorurteil
zurück, der Wahnsinn sei stets die Folge einer organischen Hirnschädi-
gung. Dabei greift er auf seine eigenen umfangreichen anatomischen
Forschungen zurück. Im langen vierten Abschnitt schließlich, dem
wichtigsten des gesamten Buches, bietet er eine Nosologie der Geistesgestörtheit, die auf eigener Beobachtung der Symptome beruht. Er unterscheidet fünf Hauptkategorien: die Melancholie als Form der Herrschaft einer einzelnen Wahnidee über die anderen Verstandesvermögen;
die Manie ohne Wahnvorstellungen, also die reine Willensstörung bei
ungestörtem Verstande; die Manie mit Wahnvorstellungen, bei der eine
oder mehrere Verstandesfunktionen gestört sind; die Demenz als Verlust
aller Fähigkeit des Denkens; und schließlich den Idiotismus als Auslöschung oder Verkümmerung aller Verstandes- und Empfindungsver-
mögen. Im fünften Abschnitt beschreibt Pinel detailliert das aufgeklärte
System einer inneren Polizei, deren es beim Aufbau einer Anstalt für
Geisteskranke bedarf. Denn wie die meisten revolutionären Denker
ging auch Pinel davon aus, die Freiheit müsse sorgfältig organisiert und
administrativ gesichert werden. Der *Traité* schließt mit einer Erörterung
der Umstände, unter denen die moralische Behandlung mit Hilfe von
Medikamenten unterstützt werden kann.

Kants reduktiver Rationalismus steht sowohl zu Crichtons enzyklopä-
disch orientierter Systematisierung wie zu Pinels klinischem Pragmatismus in scharfem Kontrast. Wie schon angedeutet, begreift Kant den
Wahnsinn als im wesentlichen chaotisch und von daher wahrhafter
Systematisierung unzugänglich. Seine gesamte *Anthropologie* basiert auf
der im Vorwort zum Ausdruck gebrachten Überzeugung, daß es dem
Menschen auch unter den günstigsten Bedingungen unmöglich sei, auf
dem Weg der Selbstbeobachtung zu einem wahren Verständnis seiner
eigenen Natur zu kommen. Die wahre Natur des Wahnsinns werden
wir wahrscheinlich niemals verstehen, denn es sei zu gefährlich, Experi-
mente mit dem eigenen Gemüt anzustellen, um die dabei hervortreten-
den Erscheinungen zu beobachten. Der ganze Schrecken der Aufklärung angesichts des Wahns ist in Kants Warnung enthalten: »Ein
gekünstelter Wahnsinn könnte leicht ein wahrer werden.« Doch sei ungeachtet dieses Schreckens der Mann von Vernunft gehalten, den
Wahnsinn zu studieren, auch wenn er sich der rationalen Erfassung und

Darstellung widersetze. Zum einen müsse die »Anthropologie« – Kant definiert sie als »eine Lehre von der Kenntnis des Menschen, systematisch abgefaßt« – der menschlichen Natur in jedem Zustand gerecht werden, von ihren erhabensten Höhen bis hinab in die tiefsten Abgründe ihrer Erniedrigung durch den Wahn. Zum zweiten mangele es trotz Crichton und Pinel den nur in der Medizin ausgebildeten Ärzten an Kompetenz, weil der Wahnsinn gänzlich psychologischer und nicht physiologischer Natur sei. So läßt Kant alle ungeklärten Fragen in den Bereich des Philosophen fallen, darunter auch das Problem, wie rechtsverbindlich bestimmt werden könne, ob ein Individuum für Handlungen verantwortlich zu machen sei, die es in einem Moment angeblicher Geistesverwirrung begangen habe.

Kants *Anthropologie* beruht auf dem Grundgedanken, der Mensch zeichne sich vor allen anderen Lebewesen dadurch aus, daß er im Unterschied zu ihnen eine Vorstellung seiner selbst haben könne. Dadurch sei es ihm möglich, alles, was in seinen Wahrnehmungsbereich falle, zur *Erfahrung* zu erweitern. Weil er das *Erkenntisvermögen* als das wichtigste Charakteristikum des Menschen begreift, betrachtet Kant jede Schwächung oder Störung dieses Vermögens mit Entsetzen. Nicht zufällig kulminiert das lange vorletzte Kapitel im Buch über das Erkenntnisvermögen in dem Abschnitt *Von den Schwächen und Krankheiten der Seele in Ansehung ihres Erkenntnisvermögens*[24]. Kant widmet im Paragraphen 43 mehrere Seiten den milderen Formen von Schwächung des Erkenntnisvermögens. Sorgfältig unterscheidet er zwischen dem Mangel an Witz beim »stumpfen Kopf« (= obtusum caput), der Dummheit (= stupiditas), der Unwissenheit sowie der Einfalt. Er geht dann im folgenden zur Gemütsschwäche als Folge von »Zerstreuung« über, deren intentionale Variante er »Dissipation« nennt, während die unwillkürliche die »Abwesenheit (absentia) von sich selbst« ist. Ein an sich gesunder Verstand könne dennoch gelegentlich von »Schwächen in Ansehung seiner Ausübung« begleitet sein, die man situativ nennen könne. Als Beispiele hierfür nennt Kant das unreife Kind, den Untertan vis-à-vis dem Landesherrn und den in seine Bücher vergrabenen Gelehrten. Schließlich zitiert er etliche umgangssprachliche Bezeichnungen für Gemütsschwächen und Seelenkrankheiten, um die einzelnen Varianten streng voneinander abzugrenzen.

Die »Gemütskrankheiten« unterteilt Kant in zwei Klassen: die »Hypochondrie« und das »gestörte Gemüt« (mania). Beim Hypochondristen könne es sich einfach um einen eingebildeten Kranken handeln, jedoch auch um jemanden, der einem plötzlichen Wandel der Launen (raptus) unterliege oder von der »Tiefsinnigkeit (melancholia)« bzw. einem bloßen »Wahn von Elend« heimgesucht werde. All diese Formen könnten zwar zur eigentlichen Gemütsstörung führen, fielen aber selbst nicht unter ihren Begriff. Mit dem »Irrereden (delirium)« erst erreicht Kant die Sphäre der eigentlichen »Verrücktheit«. Obwohl eine systematische Einteilung des wesentlich Unordentlichen schwierig und die Verrücktheit im Grunde nicht heilbar sei, schreitet er fort zu ihrer Unterteilung in die drei Kategorien »tumultuarisch«, »methodisch« und »systematisch«.

Als »tumultuarisch« begreift Kant die »Unsinnigkeit (amentia)«, also das Unvermögen, seine Vorstellungen in eine vernünftige Ordnung zu bringen. Als »methodische« Verrücktheit, also »Wahnsinn (dementia)« gilt ihm vor allem diejenige Störung, die den Verrückten zwar den formalen Gesetzen des Denkens Rechnung tragen lasse, bei der ihm aber seine Einbildungskraft selbstgemachte Vorstellungen als tatsächliche Wahrnehmungen erscheinen lasse. Kant unterscheidet zwischen diesem Typ des Wahnsinns als »dementia« und der »insania« als »Wahnwitz« der gestörten Urteilskraft. Beim Wahnsinn in Form der »insania« werde das Gemüt durch oberflächliche Analogien zwischen den Dingen getäuscht, und die Einbildungskraft könne nicht mehr zwischen einer logisch geordneten Folge von Assoziationen und dem wahllosen Durcheinanderwerfen disparater Dinge unterscheiden.

Der »Aberwitz (vesania)« schließlich ist Kants Name für die »systematische« Verrücktheit. Sie ist »Krankheit einer gestörten Vernunft«. Bei diesem Typus überfliege der Kranke das Gebiet aller denkbaren Erfahrung auf der Suche nach Prinzipien, die der Beglaubigung durch Erfahrung nicht unterworfen seien. Hier herrsche der Wahn, »das Unbegreifliche zu begreifen«, etwa die Quadratur des Kreises, das perpetuum mobile oder das Geheimnis der Dreieinigkeit.

Für Kant, so läßt sich zusammenfassend sagen, stellen die Gemütskrankheiten eine Störung der menschlichen Vernunft und des Erkenntnisvermögens dar. »Das einzige allgemeine Merkmal der Verrücktheit ist der Verlust des *Gemeinsinnes* (sensus communis), und der dagegen eintretende *logische Eigensinn* (sensus privatus).« Da Kant den Wahnsinn als unheilbar ansieht, gehören die Wahnsinnigen ins »Narrenhospital, d. i. einen Ort, wo *Menschen*, unerachtet der Reife und Stärke ihres

Alters, doch in Ansehung der geringsten Lebensangelegenheiten durch fremde Vernunft in Ordnung gehalten werden müssen«.

Aus diesen kurzen Skizzen zu Crichton, Pinel und Kant sollte deutlich geworden sein, daß zwar alle drei vom gleichen Streben nach Ordnung und Systematisierung durchdrungen sind, im übrigen aber sehr verschiedene Ansätze zur Kategorisierung des Wahnsinns repräsentieren, wie er im ausgehenden 18. Jahrhundert ins Zentrum des allgemeinen Interesses zu rücken begann. Crichton beginnt mit der Erörterung angenommener Ursachen der Geistesgestörtheit, erläutert insbesondere die physischen Ursachen von Wahnvorstellungen, die krankhafte Verkümmerung der Verstandesfähigkeiten sowie die Wirkungen der Leidenschaften, um dann sein Material, das einige sehr anschauliche Fallbeispiele aus dem Fundus seiner umfassenden Belesenheit enthält, nach einem nosologischen Schema zu ordnen, das den gängigen Klassifikationen der Naturwissenschaft folgt. Pinel spricht nur allgemein über Ursachen wie Vererbung, Konstitution oder die Ereignisse der Revolutionszeit und konzentriert sich auf einzelne Fälle, die er selbst innerhalb seiner klinischen Praxis beobachtet, um auf diese Weise Erfolg oder Mißerfolg seiner »moralischen Behandlung« zu erörtern. Kant schließlich nimmt an, der Wahnsinn vererbe sich über die Mütter und weist jede Erörterung der Ursachen zurück. Er beschäftigt sich nicht mit dem Problem der Behandlung der Irren, weil nach seiner Überzeugung der Wahnsinn unheilbar ist. Er konzentriert sich statt dessen darauf, den Wahnsinn nach Kategorien aufzugliedern, die ihm die Vernunft an die Hand gibt. Indem Kant alle klinischen Erfahrungen geringschätzt und mißachtet, nimmt er die verhängnisvolle Trennung von Theorie und Praxis, von akademischer und klinischer Psychiatrie sowie von Neurosen- und Psychosenforschung vorweg, die für die deutsche Psychiatrie über weite Strecken des 19. Jahrhunderts so bezeichnend war.

Die drei hier herangezogenen Denker des späten 18. Jahrhunderts reagierten auf das Phänomen der Geisteskrankheiten mit dem typischen Instrumentarium ihrer Zeit: mit enzyklopädischem Wissen und subtilen Klassifikationen, mit einer klinischen Präzision, die auf intensive Beobachtung zurückging, und mit einem »anthropologischen« Interesse an der Natur, das seine Methoden auf die »Vernunft« zurückführte. Über das allgemeine Problembewußtsein hinaus ist der wichtigste gemeinsame Nenner die Überzeugung, daß die Geisteskrankheit im wesentlichen eine Störung der menschlichen Vernunft darstelle, mit anderen Worten: eine »Entfremdung« des Menschen von sich selbst wie von der Gesellschaft.

Die Werke von Crichton, Pinel und Kant spiegeln den Stand der Erforschung des Wahnsinns im letzten Jahrzehnt des 18. Jahrhunderts. Sie zeigen zum einen, daß die Psychiatrie sich als wissenschaftliche Disziplin damals noch im Frühstadium der Entwicklung befand. Sie hatte nicht einmal einen eigenen Namen, denn der Begriff »Psychiatrie« wurde erst im Jahr 1808 von Reil geprägt. Bei allen diesen frühen Denkern waren die Versuche, den Wahnsinn theoretisch zu bestimmen, durch einen Mangel an exakter Terminologie erheblich eingeschränkt. Der Begriff »Psychose« wurde zum erstenmal erst im Jahr 1845 von dem Arzt und Dichter Ernst von Feuchtersleben in seinem *Lehrbuch der ärztlichen Seelenkunde* benutzt[25] und in seinem modernen Sinn definiert. So stand den ersten »Psychiatern« die heute allgemein anerkannte Differenzierung zwischen Psychosen und Neurosen nicht zur Verfügung. Überdies machten sie keinen grundsätzlichen Unterschied zwischen Geisteskrankheit und geistiger Behinderung. Vielmehr stellten sie – wie oben gezeigt – Idiotie und Schwachsinn zusammen mit den funktionalen und organischen Formen der Geisteskrankheit in eine Reihe. Im übrigen versuchten sie ihre Ziele mit einem begrifflichen Instrumentarium zu erreichen, das auf die Antike zurückging und mit all den vagen Assoziationen behaftet war, die sich etwa an Begriffe wie »mania«, »melancholia« oder »dementia« durch die volkstümliche Überlieferung wie durch die vielfältige Deutungsgeschichte der Schwermut geheftet hatten. Ungeachtet aller Mängel aber demonstrieren die herangezogenen Werke zugleich sehr eindringlich, daß der Wahnsinn aus dem Dunkel der »großen Gefangenschaft« herausgetreten und für ein sehr weitgespanntes Spektrum von Denkern zu einem herausfordernden Thema geworden war: für Wissenschaftler wie Crichton, für an Anthropologie und Recht interessierte Philosophen wie Kant, für klinische Praktiker wie Pinel, für religiöse Führer wie William Tuke und für führende Köpfe der staatlichen Verwaltungsreformen wie Stein und Hardenberg.

Der Wahnsinn als Thema der Künste

Es wäre verwunderlich, hätte der Wahnsinn als ein Phänomen von so weitreichender Ausstrahlung auf das Denken der Zeit seine Faszination nicht auch im Bereich der Künste geltend gemacht. Und wirklich spielte er auch hier im späten 18.Jahrhundert eine auffällige Rolle[26]. William Hogarth schuf in der populären Kupferstichfolge *The Rake's Progress*, insbesondere in *The Rake in Bedlam* (1732–1735) eine der verbreitetsten Darstellungen des Irrenhauses. Damit war ein Genre etabliert, das sich über Daniel Chodowieckis Illustrationen zu Matthias Claudius' *Der Besuch in St. Hiob zu …*(1783), Heinrich Fuesslis für die englische Ausgabe von Lavaters *Physiognomischen Fragmenten* entstandenen Kupferstich *The Mad House* (1792), Thomas Rowlandsons *The Hospital for Lunatics* (1789) und Goyas *Hof des Irrenhauses in Saragossa* (1794) bis hin zu Wilhelm von Kaulbachs Gemälde vom Sanatorium in Düsseldorf aus dem Jahr 1835 verfolgen läßt. Théodor Géricaults obsessive Beschäftigung mit individuellen Fällen von Wahnsinn kam in seiner letzten und vielleicht beeindruckendsten Serie von Bildnissen Geistesgestörter aus den Jahren 1821 bis 1824 zum Ausdruck. Zu den Vorläufern dieser Porträts gehören die sechzig Büsten Wahnsinniger, die der österreichische Bildhauer Franz Xaver Messerschmidt kurz vor der Französischen Revolution schuf. Daß auch die Schriftsteller von dem zeitgenössischen Interesse am Wahnsinn erfaßt wurden, ist naheliegend.

In Deutschland läßt sich um das Jahr 1795 eine plötzliche Intensivierung des literarischen Interesses am Wahnsinn beobachten. Diese Datierung ist natürlich nicht so zu verstehen, als habe es früher in literarischen Werken keine Figuren gegeben, deren Geist oder Seele außer Balance geraten waren. In der romantischen Bibliothek der Weltliteratur nahmen die klassischen Gestalten des gefährdeten Geistes, allen voran *Hamlet* und *Don Quijote*, eine prominente Stelle ein. Doch waren solche Figuren in der europäischen Literatur des 18. Jahrhunderts eher eine Seltenheit. Vielleicht darf man darin eine Konsequenz der »großen Gefangenschaft« sehen, insofern sie die Irren sozial unsichtbar machte. In den populären Schauerromanen, wo man das Auftreten von Irren am ehesten erwarten sollte, versinken die Figuren von Zeit zu Zeit in Melancholie oder Wahnsinn, fast stets aufgrund des Verlusts einer oder eines Geliebten. In der Regel treten in diesen Romanen die seelischen Reaktionen unmittelbar und augenblicklich zutage. An der Ätiologie

der Krankheit hat man hier wenig Interesse. Und wenn ein Wahnsinniger oder eine Wahnsinnige endgültig der Krankheit zum Opfer gefallen
ist, dann wird die Gestalt meist uninteressant und möglichst rasch aus
der Handlung entfernt[27]. Das Gretchen in Goethes *Faust* hat eine entfernte Ähnlichkeit mit diesem Typus und ist doch zugleich, indem ihr
Wahnsinn das Ende der Tragödie beherrscht, eine bemerkenswerte Ausnahme. Aber der *Faust*, wie er im Jahr 1790 unvollständig unter dem
Titel *Faust. Ein Fragment* erschien, war noch nicht das große, einflußreiche Drama, das wir kennen. Sehr viel repräsentativer waren Haltungen gegenüber dem Wahnsinn, wie sie etwa Friedrich von Blanckenburg
in seiner Romantheorie zum Ausdruck brachte: »Alle wahre Uebertrei-
bungen, alle unnatürliche Zeichnungen von Charakteren, und wenn sie
selbst nicht im Bösen übertrieben sind, kann der Romandichter nur so
brauchen, wie Wieland seinen Don Sylvio, – oder, damit ich von seinem Vorgänger anfange, wie Cervantes den Don Quijote, u.a.m. solche
unnatürliche Helden gebraucht haben, – um sie lächerlich zu machen.«[28]

In den Jahren nach 1790 änderte sich die Situation. In seiner Studie
über den Sonderling in der deutschen Literatur verweist Herman Meyer
darauf, daß der Begriff selbst wie die modernen Umrisse der Figur erst
im letzten Jahrzehnt des 18. Jahrhunderts entscheidend geprägt wurden.
Meyer erklärt das Hervortreten des Sonderlings im wesentlichen als
Produkt des Subjektivismus. »Der Sonderling trat dort auf, wo der
Zwiespalt zwischen der subjektiven Innerlichkeit und der objektiven
Wirklichkeit als zentraler, das Seelenleben bestimmender Faktor zum
Bewußtsein kam.«[29] Doch sind dem wahrscheinlich weitere Bestimmungen hinzuzufügen. Zum einen ist hier die allgemeine Enttäuschung
über den Rationalismus des 18. Jahrhunderts zu nennen, der – wir
konnten es am Beispiel des Naturrechts sehen – insbesondere in
Deutschland mehr und mehr verflachte. So rückte allmählich das komplizierte Innenleben des Menschen in den Mittelpunkt des Interesses,
und zwar vor allem der Kampf dieser inneren Welt mit jener äußeren
Realität, um deren analytische Durchdringung sich der Rationalismus
so inständig bemüht hatte. Zum zweiten ging die Enttäuschung am
Rationalismus mit dem Siegeszug des philosophischen Idealismus einher, wie ihn Kant und seine Nachfolger in einer wiederum für Deutschland spezifischen Intensität ausprägten. Die Versuche einer transzendentalen Wesensbestimmung des Menschen verbanden sich in diesem

Prozeß mit der Reflexion des Verhältnisses von Natur und Geist. Die psychologische und die philosophische Erkundung der Natur des Menschen standen dadurch in enger Verbindung. Darin, daß die Psychologie in Deutschland ihre Aufmerksamkeit vor allem auf die vielfältigen Facetten des »Seelischen« richtete, unterschied sie sich vom Studium der Geisteskrankheit in Frankreich, das seit Pinel alle praxisferne Theoriebildung mit höchstem Argwohn betrachtete und klinisch, empirisch sowie stark somatisch orientiert war. In Deutschland wurde der Rückzug in die Innenwelt vom Subjektivismus des 18. Jahrhunderts ausgelöst, durch die Enttäuschung am Rationalismus beschleunigt und schließlich vom Idealismus überhöht und sanktioniert. Diese Bewegung hatte eine Parallele in der historischen Realität der Zeit. Der Rückzug Deutschlands vom internationalen diplomatischen Parkett zwischen den Jahren 1795 und 1805 begünstigte Haltungen, die den Lebenssinn nicht in äußeren Angelegenheiten, sondern im Innenleben des Menschen suchten. In der Geschichtsschreibung der Psychiatrie wird nicht zufällig ebenfalls darauf verwiesen, daß eine Beziehung zwischen der Entstehung dieser neuen Disziplin und der zeitgenössischen Tendenz zur sozialen wie kulturellen Innerlichkeit bestehe, für deren Herausbildung wir einige Gründe anführten.[30]

Den Beobachtungen genereller Entwicklungen der Kultur- und Geistesgeschichte, die das Interesse am Wahnsinn beförderten, ist ein spezieller Faktor hinzuzufügen: die elementare Beziehung zwischen Literatur und Psychiatrie, die sich aus der häufig auftretenden Personalunion von Autor und Psychiater ergab. Ein Historiker der Psychiatrie hebt den auffälligen Umstand hervor, daß so viele frühe Psychiater in Deutschland zugleich Poeten waren[31]. Wir erwähnten bereits, daß der Topos des Irrenhausbesuches in den Jahrzehnten um 1800 zum gängigen Bestandteil im Genre der Reiseberichte wurde. In den Anstalten selbst ersetzte zugleich ein stark von erzählerischen Elementen durchsetzter Typ psychologisch-medizinischer Krankengeschichten die Darstellungsformen der älteren, den Traditionen der Naturgeschichte folgenden Kompilationen. Die Fallgeschichten etwa, die in Pinels *Traité* eine so beherrschende Rolle spielen, erweisen sich sehr häufig als kunstvoll gebaute kleine Erzählungen von der Art, wie sie im ausgehenden 18. Jahrhundert als populäres Genre aufgekommen waren. Oft erzählt Pinel auch ausgedehnte Geschichten – etwa über einen jungen Mann, der zum Studieren nach Paris kommt. Er ist fest entschlossen, als brillanter Jurist

Karriere zu machen, und arbeitet so schwer, daß er bald an heftiger Migräne, häufigem Nasenbluten und Magenkrämpfen leidet. Pinels medizinischen Rat mißachtend, sinkt er hinab bis auf die tiefste Stufe manisch-depressiven Irreseins. Eines Tages sieht er im Theater das Schauspiel *Le Philosophe sans le savoir* und setzt sich in den Kopf, Pinel müsse seine vertraulichen Eröffnungen dem Autor dieses Stückes verraten haben. Von da an glaubt er sich auf jeder Straße von verkleideten Schauspielern umgeben, die seine Bewegungen und Gesten studieren. Von seinen Eltern zur Behandlung ins Hôtel-Dieu und dann zur Erholung in die Pyrenäen geschickt, entkommt er seinen Wärtern und stirbt entkräftet in den Wäldern, ein Exemplar von Platos Dialog über die Unsterblichkeit der Seele in der verkrampften Hand.[32]

In diesem Kontext gewinnt der Umstand Bedeutung, daß sich um das Jahr 1800 die erzählenden Genres als charakteristische Form des romantischen Zeitalters etablierten. Vor allem der Roman mit seinen vielen Charakteren, abenteuerlichen Situationen und Möglichkeiten zur kalkulierten Abschweifung bot sich den Zwecken des neuen psychiatrischen Interesses als geeignetes literarisches Medium an. Denn der Roman eröffnete nicht nur ideale Möglichkeiten zur pädagogisch inspirierten Darstellung von Figuren, die zur Warnung des Lesers an den Abgründen des Wahns entlangtaumeln. Er erlaubte zugleich die Erforschung der Quellen und Ursachen des Wahnsinns, die detailgenaue Verfolgung seines Wachstums und Verlaufs und die Einbettung seiner Funktionen und Wirkungen in den Gesamtkontext eines voll entwickelten Charakters. Die Romanschriftsteller, so werden wir sehen, waren an der Form interessiert, die wir die »funktionalen« Geisteskrankheiten nennen, also an einer Verrücktheit, die identifizierbare nicht-organische Ursachen hat. Demgegenüber erschienen die angeborenen geistigen Behinderungen, die Kretins und Schwachsinnigen als Charaktere von begrenztem literarischen Interesse.

Die in den Romanen und Erzählungen des romantischen Zeitalters auftretenden Melancholiker, die Pinel als einer *idée fixe* und Kant als auf den *sensus privatus* zurückgefallen diagnostizieren würde, werden nicht einfach in ihren Symptomen beschrieben. Vielmehr werden sie in eben dem Maße zu literarisch interessanten Gestalten, in dem wir Entstehung und Wachstum ihrer Melancholie verfolgen können. Indem sie dies leistet, spiegelt die erzählende Literatur des späten 18. Jahrhunderts das nachhaltige Interesse der Zeitgenossen am Wahnsinn und zugleich den pädagogischen Impetus dieser ersten Generation von Schriftstellern und Gelehrten, die sich des kranken Geistes und der kranken Seele annahmen.

Die Psychologisierung der fiktionalen Literatur

In den Jahren 1795 und 1796 erschienen drei einflußreiche Bücher, in denen der Wahnsinn plötzlich zum Phänomen der zeitgenössischen Prosaliteratur avancierte: Spiess' *Biographien der Wahnsinnigen*, Tiecks *William Lovell* und Goethes *Wilhelm Meisters Lehrjahre*. Bemerkenswert an dieser Konstellation sehr unterschiedlicher Werke ist, daß sie in der jeweiligen Art, wie sie sich dem Motiv des Wahnsinns nähern, eine repräsentative Auswahl aus dem gesamten Spektrum des zeitgenössischen Geschmacks und Publikums darstellen – vom Spätrationalismus über den Klassizismus bis zur Frühromantik, von den Lesern, die sich die leichte Kost der literarischen Brotarbeiten aus den Leihbibliotheken holten, über die Olympier der Literatur von Weimar bis hin zu den strengen jungen Kritikern der Zeitschriften in der Romantik.

Christian Heinrich Spiess (1755–1799) gehörte zu einer Gruppe von Erfolgsautoren, die damals den Markt der populären Lesestoffe dominierte, heute aber so gut wie vergessen ist. In den Jahren nach 1790 hatten Schriftsteller wie Spiess einen unverhältnismäßig großen Anteil an der Gesamtproduktion von ungefähr 2500 Romanen und Erzählbänden, die in diesem Jahrzehnt erschienen[33]. Neben Christian August Vulpius' »romantischer Geschichte unseres Jahrhunderts«, *Rinaldo Rinaldini der Räuberhauptmann* (1799–1800) und Karl Gottlob Cramers historischem Roman *Adolph der Kühne* (1792) ist hier vor allem *Der Genius* (1791) des »Marquis« Karl Grosse zu nennen. Ludwig Tieck brachte die komplizierten Machinationen dieses Romans um eine Geheimgesellschaft, die vom Idealismus zum Verbrechertum hinabsinkt, in einer langen enthusiastischen Nachtlesung einer Gruppe von Freunden zu Gehör.

Spiess wurde im Jahr 1755 als Sohn eines Pfarrers nahe bei Freiberg geboren. Er besuchte das Gymnasium zur Zeit der Gründung der Freiberger Bergakademie und ging dann nach Prag, wo er am Karolinum die »Vorlesungen über die deutsche Schreibart« des »Prager Gottsched« Karl Heinrich Seibt hörte[34]. Im Jahre 1774 bewährte sich bei einem

öffentlichen Debut sein Talent zur Schauspielerei, und er hatte in der
Folge als Mitglied der bekannten Schauspielgruppe Karl Wahl von
Wien bis Petersburg beträchtlichen Erfolg in einer Vielzahl von Rollen,
angefangen beim jugendlichen Liebhaber bis zum tragischen alten Vater
der Brüder Moor in Schillers *Räubern.* Während dieser Bühnenjahre
entdeckte er seine Begabung als Stückeschreiber und verfaßte eine ganze
Anzahl von Schauspielen, darunter Komödien, eine Tragödie über
Maria Stuart, und – sein größter Erfolg – eines der historischen Ritter-
dramen, wie sie im Gefolge von Goethes *Götz von Berlichingen* beliebt
wurden, unter dem Titel *Klara von Hoheneichen* (1792).

Erst in den letzten fünfzehn Jahren seines Lebens, die er überwiegend
als Gast auf dem Schloß eines Adligen in der Nähe von Prag verbrachte,
schrieb Spiess die stattlichen vierzig Bände, mit denen er zu einem der
meistgelesenen Autoren in den Leihbibliotheken wurde. Im Jahr 1785
veröffentlichte er einen Band mit zwanzig *Biographien der Selbstmörder*
und trug damit zur Publizität eines Themas bei, das seit dem Erscheinen von Goethes *Werther* im Jahr 1774 attraktiv geworden war. Sein
größter Erfolg war die Erzählung *Das Petermännchen, eine Geisterge-
schichte aus dem dreizehnten Jahrhundert* (1791/92), in der dem Leser auf
Schritt und Tritt Verführungen, Morde, Inzest und Verschwörungen
begegneten. Dieses Buch trug nachhaltig zur Etablierung des Schauerromans in Deutschland bei. *Die Biographien der Wahnsinnigen* (1795–
1796) waren eines seiner letzten Werke. In einer jener Wendungen, bei
denen das Leben die Kunst nachzuahmen scheint, verfiel Spiess selbst
nur drei Jahre später dem Wahnsinn und starb kurz darauf. Er soll in
seinen letzten Lebensjahren, in denen er immer größere Ähnlichkeit mit
den Figuren seiner Bücher annahm, die Gattin seines Wohltäters Künigl
geliebt haben. Dem Grafen sagte man seinerseits ein Verhältnis mit der
Geliebten Spiess', Sofie Körner, nach. Jedenfalls heiratete Graf Künigl
Sofie Körner zwei Jahre nach Spiess' Tod. Als die erste Gräfin Künigl im
August 1799 starb – es hieß, sie habe sich vergiftet –, brach Spiess zusammen, verfiel nach Ausbruch des Wahnsinns in eine regelrechte Tobsucht und starb im Alter von 45 Jahren.

Zweifellos fühlte sich Spiess zu den Fällen des Wahnsinns durch die
Tendenz zur Melancholie hingezogen, die er an sich selbst beobachtete,
doch ist dies nicht der entscheidende Punkt. Die *Biographien der Wahnsinnigen* veranschaulichen unabhängig vom persönlichen Schicksal ihres
Autors geradezu exemplarisch die Ansichten über den Wahnsinn, seine

Ursachen und seine Behandlungsart, wie sie im ausgehenden 18. Jahrhundert vorherrschten, als die Aufklärung der Romantik zu weichen begann. Spiess ging mit einer explizit didaktischen Intention an sein Werk heran. Die *Biographien* haben dadurch ein eher propagandistisches als dokumentarisches Profil. »Wahnsinn ist schrecklich,« so schreibt er im Vorwort, »aber noch schrecklicher ist's, daß man so leicht ein Opfer desselben werden kann. Überspannte, heftige Leidenschaft, betrogne Hoffnung, verlorne Aussicht, oft auch nur eingebildete Gefahr kann uns das kostbarste Geschenk des Schöpfers, unsern Verstand, rauben, und welcher unter den Sterblichen darf sich rühmen, daß er nicht einst im ähnlichen Falle, folglich in gleicher Gefahr war?« Er wolle daher, so fährt Spiess fort, mit der Erzählung der Biographien dieser Unglücklichen nicht allein das Mitleid der Leser erwecken, sondern »Ihnen vorzüglich beweisen, daß jeder derselben der Urheber seines Unglücks war, daß es folglich in unserer Macht steht, ähnliches Unglück zu verhindern.«[35]

Im Original enthalten die vier Bände der *Biographien der Wahnsinnigen* achtzehn Biographien, von denen siebzehn in verschiedener Länge und Komplexität individuelle Lebensgeschichten erzählen. Die Geschichte der »Marie L.« zum Beispiel ist kaum mehr als eine etwas erweiterte Anekdote. Marie ist die Tochter eines verwitweten Hausierers, der sich wieder verheiratet. Die verderbte Stiefmutter, die ihre eigenen Amouren mit den in der Stadt einquartierten Soldaten kaschieren will, öffnet Maries Bettkammer einem Soldaten, der sie verführt. In paradoxer Verkehrung des wahren Sachverhalts wird Marie von den Stadtbewohnern beschuldigt, ihre Stiefmutter zugrunde zu richten; sie verfällt daraufhin dem Wahnsinn, lebt aber noch für einige Jahre, verspottet und verhöhnt von den Leuten, in unerschütterlicher Erwartung jenes Tages, an dem der Verführer, den ihre Einbildungskraft zum General werden läßt, zurückkommen und um ihre Hand anhalten wird.

Andere Biographien nähern sich der Form knapper Novellen. Die Handlung in »Esther L.« ist so verwickelt wie die eines Schauerromans. Ein schönes und gebildetes jüdisches Mädchen verliebt sich in Friedrich, den Sproß einer vornehmen Familie, der ihre Liebe erwidert. Als die beiden durch die Machenschaften seiner Familie an der Heirat gehindert werden, nimmt Esther ihr vom Vater ererbtes Vermögen, konvertiert unter dem Namen Karoline zum Katholizismus und geht in ein Kloster. Friedrich entdeckt schließlich ihren Aufenthaltsort und rettet

sie. Sie konvertiert erneut, diesmal zum Protestantismus, die beiden heiraten und leben glücklich zusammen, bis Friedrich in einem Duell getötet wird. Esther-Karoline, die schwanger ist, wird von den Nonnen, die
ihrer habhaft werden wollen, um sich des Geldes zu versichern, das sie
in den Orden eingebracht hat, zurück ins Kloster geholt. Als das Kind
geboren und ihr weggenommen wird, verfällt Esther-Karoline dem
Wahnsinn und tröstet sich mit allerlei Lumpenpuppen. Schließlich entkommt sie während einer Feuersbrunst dem Nonnenkloster und verbringt die letzten Jahre ihres Lebens in der Obhut einer Prinzessin, mit
der sie und Friedrich seit der Zeit ihrer Hochzeit bekannt waren.

Die unter dem Titel *Zwischen Wahn und Wilhelm* erzählte »Geschichte
von Wilhelm M***r und Karoline W*g« variiert die Esther-Geschichte
durch Verdoppelung. Wiederum werden zwei junge Leute, die sterblich
ineinander verliebt sind, voneinander getrennt, diesmal durch den
Siebenjährigen Krieg. Karolines Wahnsinn, dem sie nach dem Tod ihres
Vaters verfällt, manifestiert sich in der fixen Idee, daß sie und ihr unehe-
lich geborenes Kind schon tot und im Himmel seien. Als ihr geliebter
Wilhelm, der in den Krieg ziehen mußte, schließlich zurückkehrt, ist sie
glücklich, ihn zu sehen, doch duldet sie es nicht, daß er sich ihr an-
nähert oder sie berührt. Denn sie fürchtet, daß er sie aus dem Himmel
hinab wieder in die Welt der irdischen Leiden bringen würde. Wilhelm
wird schließlich selber wahnsinnig, und die beiden zärtlichen Irren werden von den Dorfbewohnern versorgt, bis sie am Ende Arm in Arm bei
einer großen Überschwemmung umkommen. Die Tochter des Paares
wächst heran und wird glücklich verheiratet, aber die Geschichte endet
mit der – Kantischen – Andeutung, daß ihr Gesicht von einem angeborenen Hang zur Melancholie gezeichnet ist.

Es ist nicht nötig, hier alle Geschichten zu rekapitulieren, die übrigens sehr lesbar geschrieben sind. Spiess war ein erfahrener Schriftsteller, der wußte, wie er aus seinem Material das Beste machen konnte.
Ebenso unnötig ist es, darüber zu spekulieren, was an den Geschichten
Faktum und was Fiktion ist. Einige gehen zweifellos auf tatsächliche
Fälle zurück, von denen Spiess im Laufe seiner Reisen gehört hatte.
Andere haben ersichtlich literarische Quellen, zum Beispiel die Geschichte des »Jakob W…r«, dessen Liebe zu einer Magd von seinen adligen Freunden und Verwandten so sehr verspottet und verhöhnt wird,
daß er schließlich glaubt, eine gläserne Brust zu haben, durch die sein
Herz vor den Augen aller offen zutage liegt. Sie gehört unverkennbar

zum Kreis jener Erzählungen, für die *Der gläserne Lizensiat* aus Cervantes' »Exemplarischen Erzählungen« das berühmteste Urbild ist. Für unsere Zwecke ist aufschlußreich, daß in allen *Biographien,* die sich bei Spiess finden, der Wahnsinn keine periphere Erscheinung ist, sondern im Zentrum der Darstellung steht. Die unwiderstehliche Faszination, die für die Leser von den wahnsinnigen Männern und Frauen dieser Geschichten ausging, war der Neugier verwandt, welche die Reisenden dazu brachte, die leibhaftigen Irren in den Spitälern und Tollhäusern zu besuchen. Überdies haben die von Spiess zusammengetragenen Geschichten mehrere gemeinsame Merkmale, an denen sich die besondere Ausrichtung des Interesses am Wahnsinn im späten 18. Jahrhundert erläutern läßt. Zunächst werden die individuellen Geschicke vor einem Hintergrund sozialen und politischen Aufruhrs erzählt. Zum Katalysator des Wahnsinns wird häufig eine gewaltsame Trennung durch Zwangsrekrutierung oder durch die Intrige einer Familie, die der Verbindung der Liebenden feindlich gegenübersteht. Das Thema der gewaltsamen Zeit taucht immer wieder bei Crichton, Pinel und anderen Zeitgenossen auf. Aber die Verantwortung – ja die Schuld! – liegt dennoch stets im Bereich der individuellen Leidenschaft.

Auffällig ist, daß bei Spiess die Opfer des Wahnsinns nicht zu den amoralischen Vergnügungssüchtigen gehören. Figuren wie die verruchte Stiefmutter profitieren von ihrer Bösartigkeit und bleiben gesund. Vielmehr handelt es sich bei den Opfern stets um anständige und ehrbare Leute. In der Regel entstammen sie dem wohlhabenden Bürgertum, das den größten Teil des damaligen Lesepublikums ausmachte, und sie weichen in gutem Glauben nur einen kleinen Schritt vom Pfad der Tugend ab, um dann dafür auf ewig die Konsequenzen zu tragen. So gleichen die Helden dieser warnenden Geschichten den Lesern, an die Spiess sich in seinem Vorwort wendet. »Wie erhaben würde ich mich belohnt dünken, wenn meine Erzählungen das leichtgläubige Mädchen, den unvorsichtigen Jüngling an der Ausführung eines kühnen Planes hinderten, der ihnen einst den Verstand rauben könnte.«

Gewiß wird die Abweichung vom Pfad der Tugend oft dramatisiert durch den Tod eines geliebten Elternteils, für den sich der Jüngling oder das gefallene Mädchen verantwortlich fühlt. Im Kern aber ist Wahnsinn ein moralisches Delikt, eine Schuld, die das Individuum zu sühnen hat. Er ist aber nicht nur selbstverschuldet, sondern darüber hinaus – auch dies im Sinne Kants – unheilbar, und von daher um so gefährlicher. In der Geschichte von »Konrad G.« zum Beispiel hat der Held einen sehr robusten Charakter, der auch nicht außer Balance gerät, als er zweimal erst im vorletzten Moment der bereits angesetzten Hinrichtung entkommt. Als er aber schließlich nach Hause zurückkehrt und entdeckt, daß seine Geliebte, der man fälschlicherweise die Nachricht von seinem Tod überbracht hatte, inzwischen mit einem anderen Mann verheiratet ist, verliert er den Verstand. Im Spital für Wahnsinnige hilft man ihm mit einer Art Schocktherapie. »Die sogenannte Eiskur« gibt ihm Sprache und Vernunft zurück, und er kehrt ohne erkennbare Symptome zum Militärdienst zurück. Als er aber gerade im Begriff steht, eine andere junge Frau zu heiraten, erleidet er durch die visuelle Erinnerung an das Geschehen von einst einen plötzlichen Rückfall und versinkt in unheilbarem Tiefsinn und in Raserei.

Verallgemeinernd läßt sich aus Spiess' *Biographien* die Ansicht herauslesen, der Wahnsinn sei eine unheilbare Krankheit, die in erster Linie aus exzessiver, über alles legitime Maß hinausgehender Leidenschaft oder Verzweiflung resultiere, aber auch erblich bedingt sein könne. Als anfällig für Geisteskrankheiten erscheinen insbesondere junge Männer und Frauen aus gutbürgerlichen Häusern. Die Notwendigkeit, Vorkehrungen gegen den drohenden Wahnsinn zu treffen, legt Spiess nicht zuletzt mit Blick auf die Versorgung der Opfer nahe, die vor allem die Familie und die Gemeinde zu leisten hätten. In fast allen von Spiess erzählten Lebensgeschichten ist der Patient abhängig von der Geduld und Großherzigkeit der Dorfbevölkerung, der Familie, eines adligen Wohltäters oder – im Falle der Esther L. – eines religiösen Ordens. Patienten können nur dann zu Hause belassen werden, wenn sie relativ harmlos sind; sobald sie gewalttätig werden oder in der Öffentlichkeit Ärgernis erregen, müssen sie in Anstalten gebracht werden. Insgesamt stellen die *Biographien der Wahnsinnigen* ein exaktes literarisches Gegenstück zu Kants Denken über das Thema Wahnsinn dar.

Eine Episode unterscheidet sich von den siebzehn anderen in zwei auffälligen Punkten. Zum einen ist ihr Schauplatz durchgängig ein Irrenhaus, und zum anderen enthält sie nicht eine einzelne ausführliche Lebensgeschichte, sondern mehrere knappe Lebensabrisse von neun Insassen. »Das Hospital der Wahnsinnigen zu P.« berichtet von einem Gang durch das Irrenhaus. Der Erzähler macht ihn in Begleitung seines Arztes, eines würdigen Mannes, dessen Pflichteifer ihn während seines Aufenthaltes in P. stark beeindruckt. Von den Berichten des Doktors über seine Patienten bewegt, bittet der Erzähler, das Irrenhaus besuchen zu dürfen. Als sie den ummauerten Hof betreten, passieren sie eine Gruppe von ungefähr zwanzig jungen Männern, die schweigend umhergehen, pantomimisch gestikulieren oder an den Blüten und Blättern der Bäume zerren. Dies, so stellt sich heraus, sind die heilbaren Patienten. Der Doktor rechnet dazu vor allem die Insassen mit identifizierbaren körperlichen Krankheitsursachen, die durch Medikamente behandelt werden können. Als seien ihrer Definition nach diese heilbar Verrückten von geringem erzählerischem Interesse, verlassen die beiden Männer ohne Aufenthalt und nahezu kommentarlos diese Gruppe und wenden sich dem großen runden Turm im Hintergrund des Hofes zu, aus dessen kleinen vergitterten Fenstern dumpfes Kettengerassel zu hören ist. Der Doktor gibt dem Erzähler zu verstehen, »daß in diesem Gefängnisse nur schuldlose Menschen schmachten, welche meistens ohne Hoffnung die Beute des Wahnsinns wären, oft hart gefesselt werden müßten, damit sie im Anfalle der Raserei nicht ihre Wohltäter und Wärter unglücklich machten«. Diese Worte des Arztes ziehen die ausführlichste und sprachgewaltigste unter den zahlreichen Hymnen auf die Vernunft nach sich, mit denen Spiess als wahrer Zeitgenosse Kants von Zeit zu Zeit seine Erzählungen unterbricht.

Nie fühlte ich's lebhafter als itzt, welch ein kostbares Kleinod die Vernunft sei. Nur sie unterscheidet den eingebildeten, stolzen Menschen vom reißenden, grimmigen Tiere! Ohne sie muß er, gleich diesem, um unschädlich zu sein, mit Ketten belastet und im Kerker verwahrt werden! Allmächtiger, gütiger Schöpfer! Sie ist das Meisterstück deiner Allmacht, ein Teil deines göttlichen Urstoffs und doch – o daß ich nicht Ankläger meiner Mitbrüder werden müßte – und doch achtet man dein unschätzbares Geschenk so wenig! Eine namlose Menge spielt und tändelt mit ihr gleich einer Puppe, gibt sie den wilden Leidenschaften zum Raube und läßt sie schmachten und mißhandeln unter ihrer Geißel! … O daß meine Stimme der Stärke meines Gefühls gleichen möchte, sie würde wie Posaunenruf des letzten Gerichts durch die weite Welt ertönen und jedem Bewohner derselben zurufen: Mensch! Achte den Wert deiner Vernunft! Ohne sie gleichst du dem Löwen, welchen man im eng vergitterten Kasten zur Schau umher führt. Ohne sie bist du undankbarer als ein Hund, der die nährende Hand seines Wohltäters dankbar leckt!

Als die beiden Männer den großen Saal des Turms betreten, begegnen
sie zunächst zwei Patienten, die wortlos umhergehen. Es sind zwei junge
Offiziere, die aus Liebe zu derselben Frau dem unheilbaren Wahnsinn
verfallen sind. Weil sie harmlos sind und ihr Glück im unzertrennlichen
Zusammensein finden, ist es ihnen gestattet, sich in gewöhnlicher
Kleidung und ohne Ketten zu bewegen. In den Zellen aber, die man
von dem kreisförmigen Gang oben im Turm erreicht, geht es anders zu.
Hier sind die unheilbar Wahnsinnigen eingesperrt. Nur mit einem langen, leinenen Hemd bekleidet, müssen sie an den Füßen angekettet
werden, damit sie nicht sich selbst oder andere verletzen. Begleitet von
der Tochter des Wärters, dessen Anblick allein »die Raserei der
Unglücklichen dämpfen« kann, machen der Arzt und der Besucher
ihren Rundgang durch den Turm, und wir hören die Geschichte jedes
Insassen. Von den acht Geschichten handeln die Hälfte vom Wahnsinn
aus enttäuschter Liebe. Beim letzten Fall geht es um einen jungen
Mann, der in seiner Zelle eine Art Guckkasten hat, anhand dessen er
wie auf dem Jahrmarkt die Szenen vorführt, die sein Wahnsinn ihm im
Kopf herumgehen läßt. Jede dieser Szenen handelt von der Falschheit
intrigenspinnender Frauen. Ein anderer Insasse ist ein vormaliger Beamter der Staatskasse, der glaubte, für das Verschwinden von 10.000 Gul-
den verantwortlich zu sein, sich selbst anzeigte und ins Gefängnis ging.
Als sich unmittelbar darauf herausstellte, daß der angebliche Verlust auf
einem einfachen Additionsfehler beruhte, wurde der Mann freigelassen,
aber diese plötzliche Befreiung war mehr, als er ertragen konnte, und er
verlor den Verstand. Nun verbringt er seine Tage im Irrenhaus damit,
unter allen Anzeichen einer sonderbaren Angst immer wieder »Eins und
Eins ist Eins?« zu wiederholen und momentane Erleichterung nur dadurch zu finden, daß jemand ihm das korrekte »Eins und Eins ist
Zwei!« ins Ohr schreit. Ein Greis, dessen Geschichte der Arzt erzählt,
war der Sohn eines armen Edelmannes und Malteserritters. Er hatte
fünfundvierzig Jahre in Gefangenschaft als Sklave bei den Türken mit
Gleichmut ertragen. Als er freigelassen wurde und nach Deutschland
zurückkehrte, fing er an, irre zu reden, kaum hatte er den Boden der
Heimat geküßt. Ein anderer Mann, Schuhmacher von Beruf, sah seine
Frau und sieben Kinder in Zeiten der Teuerung und Epidemie vor Not
und Hunger todkrank werden und ging betteln, um sie zu retten. Alle
genasen, aber die Anspannung und Anstrengung, die das Betteln für
ihn bedeutete, raubten dem Schuhmacher den Verstand. Ein geiziger

alter Mann schließlich verfiel dem Wahnsinn, nachdem er zur Rückgabe von Geld gezwungen wurde, das er einem minderjährigen Jüngling gegen eine extrem hohe Pfandsumme geliehen hatte.

Bei diesen im Rundgang durch das Irrenhaus erzählten Fällen ist die Ätiologie im wesentlichen dieselbe wie in den anderen siebzehn Geschichten. Der Wahnsinn wird durch eine heftige Leidenschaft und einen gefühlsmäßigen Schock hervorgerufen, der häufig die Liebe, manchmal aber auch die Sorge um Heimatland und Familie oder die Habsucht zum Hintergrund hat. In der Regel ist er unheilbar. Festzuhalten ist, daß die einzigen heilbaren Fälle, die erwähnt werden, somatischer Natur sind, also körperliche Ursachen haben, die durch entsprechende Medikamente und physische Therapien behandelt werden können. Die Differenz zwischen heilbarem und unheilbarem Wahnsinn hängt eng mit dem Phänomen der Einkerkerung zusammen. Zunächst bemerken wir, daß der Erzähler ein Irrenhaus besucht, an dem die für das 18. Jahrhundert charakteristische Praxis der Absonderung nach Geschlechtszugehörigkeit ablesbar ist. Es ist ein Irrenhaus allein für Männer. Zum zweiten verweist der Umstand, daß die Patienten eingekerkert sind, gewissermaßen per definitionem darauf, daß es sich bei ihnen um krasse Fälle handeln muß. Denn die harmloseren und leichteren Fälle von Verrücktheit werden zu Hause, von der Dorfgemeinde oder im Kloster versorgt. Dementsprechend begegnet auf den Seiten über das Irrenhaus häufig das Schreckbild des Animalischen, das sich im Zeitalter der Vernunft unvermeidlich dem Wahnsinn anheftet. Es ist allein die Vernunft, die uns von den Tieren unterscheidet – vom Löwen im Käfig, vom angeketteten Hund. Wenn wir unsere Vernunft verlieren, dann müssen auch wir angekettet und in Käfige gesperrt werden wie die wilden Tiere, auf deren Status wir herabgesunken sind. Das Irrenhaus selbst und vor allem der Turm an seiner Innenmauer symbolisieren die Entfernung des Patienten aus der Gesellschaft, die ihn nur so lange ertragen kann, wie der Wahnsinn in relativ ruhigen Formen verläuft und sein Opfer nicht zum öffentlichen Ärgernis wird.

In den *Biographien der Wahnsinnigen*, die in der Schilderung des Irrenhauses zu P. ihren Höhepunkt, wenn auch nicht Abschluß erreichen, führt Spiess seine faszinierten Leser durch die ganze Skala der Symptome von der ätherischen fixen Idee der Karoline W…g, die mit ihrem Kind im Himmel zu sein glaubt, bis zur extrem gewalttätigen Manie der kettenrasselnden Turminsassen, die ihre Wärter mit der Wut wilder Tiere angreifen. In jedem Fall aber gilt die aus den Beispielen gezogene Moral: Sei auf der Hut! Denn der Verlust der Vernunft ist das schrecklichste Schicksal, von dem der Mensch getroffen werden kann; es wird aber stets herausgefordert durch die eigene Unvorsichtigkeit des Individuums im Umgang mit seinen Leidenschaften.

Wenn wir uns Ludwig Tiecks frühem Roman *Die Geschichte des Herrn William Lovell* (1795) zuwenden, so scheint darin die Figur des deutschen Dichters Balder auf den ersten Blick vollkommen in Spiess' *Biographien der Wahnsinnigen* hineinzupassen. Ein weiteres Mal haben wir es mit einem Fall von Melancholie zu tun, die sich, ursprünglich ausgelöst durch den Tod einer Geliebten, über die Dementia mit Wahnvorstellungen zur gewalttätigen Manie steigert und mit dem Tode des Betroffenen endet. Doch trotz der oberflächlichen Ähnlichkeit unterscheidet sich Balder von Spiess' Wahnsinnigen in zweierlei Hinsicht. Zum einen ist Balder dadurch, daß er extensiv über sich selbst spricht und schreibt, nicht mehr nur ein Objekt, das man aus sicherer Distanz heraus betrachten kann, sondern ein Subjekt, das seine Lebensgeschichte und seinen Sturz in den Wahnsinn selbst zur Darstellung bringt. Der Wahnsinn ist hier internalisiert, und wir erfahren ihn ebensosehr als Prozeß, wie wir ihn als Produkt beobachten. Zum zweiten gewinnt er in Tiecks Roman seine Bedeutung nicht einfach als Objekt von Neugier und Sympathie, sondern als lebendiges Beispiel für die möglichen Konsequenzen der romantischen »Zerrissenheit«, an der auch Lovell, der Held des Romans, wie so viele andere Figuren leidet. Hierin antizipiert Balder Elemente der romantischen Einstellung gegenüber dem Wahnsinn, auf die wir später zurückkommen werden.

Der *William Lovell* erinnert in manchem an die von Tieck so sehr bewunderten populären Schauerromane, in denen der Held das Werkzeug einer mysteriösen Geheimgesellschaft wird, die ihn für ihre verborgenen Zwecke benutzt[36]. William Lovell, ein anständiger junger Engländer mit einer ausgesprochenen Neigung zur Empfindsamkeit und jenem fast hysterischen Enthusiasmus, dem man im Deutschland des 18. Jahrhunderts den Namen »Schwärmerei«[37] gab, wird auf seiner Bildungsreise nach Paris und Rom zunächst zu Ausschweifungen verführt, die ihn von Freunden und Familie entfernen, sodann finanziell ruinierten und schließlich moralisch so weit erniedrigten, daß er zum verhinderten Brandstifter und Mörder wird. All dies geschieht, um den Rachedurst ei-

nes alten Feindes seiner Familie zu stillen. Leicht können wir in diesem
Buch das Echo nicht nur auf Grosses *Genius,* sondern auch auf Rétif de
la Bretonnes *Le Paysan perverti* und Choderlos de Laclos' *Liaisons dangereuses* erkennen. Vor allem der Briefroman Laclos' demonstriert in
seiner multiperspektivischen Schilderung der Ereignisse und virtuosen
analytischen Durchdringung der Figuren auf exemplarische Weise jene
»Menschenkenntnis«, die der Stolz des 18. Jahrhunderts war.[38]

Auf einer anderen Ebene durchbrechen in Tiecks Roman die Vorboten der herannahenden romantischen Revolution durchgängig den
dünnen Firnis des 18. Jahrhunderts. Denn Tieck will sich nicht damit
zufriedengeben, daß allein die Vernunft in der Lage sein soll, die Wirklichkeit zu umfassen. Am Ende des Romans, wenn alle rationalistischen
Auflösungen gegeben sind, bleibt ein Rest von Geheimnis.

Tieck war kaum zwanzig Jahre alt, als er die Arbeit an seinem Roman
begann und gerade dreiundzwanzig, als er veröffentlicht wurde. Im
Unterschied zu den reifen Schriftstellern, die er nachahmte, gelang es
ihm nicht, eine in sich logisch und vernünftig geordnete Welt zu entwerfen. Was Kant die »Anthropologie« seines Romans genannt hätte, ist
von deprimierender Dürftigkeit. Zudem war Tieck zweifellos der philosophisch am wenigsten gebildete Autor unter den Frühromantikern. Er
und seine Figuren sehen die Welt nicht als geordnetes Ganzes, sondern
im Sinne der in den Briefen immer wiederkehrenden Bilder als
»Chaos«, »Labyrinth« oder »Gefängnis«[39]. Es handelt sich zudem um
eine Welt beständiger Drohung und Gefahr. Immer wieder taucht in
den Alpträumen Lovells die Vorstellung eines Todessturzes von einer
hohen Klippe auf. Zweimal wird das mythologische Bild des Ikarus
bemüht, um ihn zu charakterisieren, so zum Beispiel in Wilmonts
Eröffnungsbrief, in dem wir zum erstenmal von dem Helden hören. Er
wird hier als ein vortrefflicher junger Mann beschrieben, der noch vielversprechender wäre, wenn es ihm nur gelänge, festen Fuß zu fassen.
»Aber er gedeiht in keinem Boden. Kein Adler steht mit dem Äther und
allen himmlischen Lüften in so gutem Vernehmen, als er; oft fliegt er
mir so weit aus den Augen, daß ich ganz im Ernste an den armen Ikarus
denke – mit einem Wort: er ist ein Schwärmer.«[40]

Tieck neigte zumindest in jungen Jahren dazu, die Antwort auf die
bedrohliche, chaotische Welt in relativ einfach konstruierten Polaritäten
zu suchen. Die Vorstellung einer harmonischen Synthese der Persönlichkeit lag ihm bei der Ausarbeitung seiner Gestalten gänzlich fern.

Dementsprechend ist sein Roman nicht nach einem klar hervortreten-
den Bauplan konstruiert, sondern in eher lockerer Fügung so choreo-
graphiert, daß die verschiedenen Möglichkeiten menschlicher Existenz
möglichst scharf akzentuiert werden. Der unbarmherzige Skeptizismus
des ränkeschmiedenden Andrea, der sich über die Welt erheben und sie
beherrschen will, hat sein polares Gegenüber in der selbstlosen Zuneigung und naiven Gutherzigkeit von Lovells Diener Willy. Die zwei
miteinander ringenden Seiten in Williams Charakter, die seine »Zerrissenheit« (auch dies ein Schlüsselwort des Romans) bewirken, sind in
den zwei engsten Freunden bei seinen Abenteuern auf dem Kontinent
verkörpert, in dem weltgewandten italienischen Skeptiker Rosa und in
Balder, dem poetischen Deutschen mit seinem Hang zur Melancholie.
Am Ende des Romans überleben weder die satanischen Intriganten
noch die frommen Seelen. Andrea und Willy sind tot, ebenso Balder
und Lovell selbst. Die Überlebenden sind die Figuren, die sich am Ende
bewußt für ein Leben der Entsagung entscheiden. Mortimer schreibt,
»daß nur der glücklich sein kann, der vom Leben nicht zu große Erwartungen hegt und in seinen Forderungen davon und in seinen Vorstellungen von sich bescheiden ist«. Sein Adressat Burton antwortet: »Das
Leben tut sich bei mir immer enger zusammen, ich habe alle Reisen
und alle meine jugendlichen Pläne aufgegeben, jedem glänzenden
Glücke entsagt.« In seinem letzten Brief lädt Rosa Lovell ein, in seine
Villa nach Tivoli zu kommen, wo vielleicht in schöner Einsamkeit sein
kranker Geist wiederhergestellt werden könne: »Wir wollen das Leben
sanft genießen...« In den Schlußzeilen des Buches kündigt Wilmont an,
daß er nach Amerika gehen wird: »Es wird in der englischen Armee
wohl eine Stelle für einen Lebenssatten übrig sein, der sich dann wenigstens noch einbilden kann, zum Besten seines Vaterlands zu sterben.«
Kurz, die Welt ist ein Chaos, in dem nur diejenigen nicht unterge-
hen, die willentlich allen hochfliegenden Plänen und allem menschlichen Ehrgeiz entsagen oder ihre Menschlichkeit so vollkommen negie-
ren, daß sie die anderen als Werkzeug für unwürdige Zwecke benutzen.
Die Figuren aber, die unbeirrt fortfahren, ihrer menschlichen Natur
gemäß nach höchster Erfüllung des Daseins zu streben, kommen entweder von ihrem Weg ab, verlieren sich im Labyrinth der Welt und in den
dunklen Regionen des Wahnsinns oder stürzen wie Ikarus von den
Höhen, die sie gesucht haben, in den Tod hinab. Dieses Fazit entspricht
der Weltsicht eines jungen Mannes, dessen Beziehung zur Realität so

ernsthaft gestört war, daß er seinem eigenen Bericht zufolge schon als
Kind an Zuständen der Angst und des Schreckens litt und als Student
von Beklemmungen und Todesahnungen gequält wurde[41]. Die Angst
vor dem Wahnsinn, die Tieck während seiner Jugend plagte, ging in seine frühen Werke wie *Der blonde Eckbert* (1797) und *Der Runenberg*
(1802) ein[42]. Sie war schon in seinen ersten, noch nicht unter eigenem
Namen erschienenen literarischen Auftragsarbeiten unverkennbar. So
wird im von Tieck verfaßten letzten Kapitel von Rambachs Roman *Die
eiserne Maske* (1792) der Held, Ryno, über seinem Schuldbewußtsein
und seinen Selbstanklagen verrückt und stirbt schließlich – die Alpträume im *William Lovell* vorwegnehmend –, indem er von einer
Klippe ins Meer stürzt.

Im Lichte der allgemeinen Furcht der Aufklärung vor dem Wahnsinn
und in Anbetracht von Tiecks persönlichen Phobien überrascht es
kaum, wie häufig das Motiv des Wahnsinns in seinem ersten großen
Roman auftaucht. Die Angst vor dem Verrücktwerden befällt hier viele
Figuren, nicht etwa nur Lovell selbst, der beständig in dem Gefühl lebt,
am Rande des Wahnsinns zu stehen. In einem seiner Briefe erzählt
Wilmont in einer kunstvoll ausgearbeiteten Parabel von einem Staat, in
dem die Untertanen – das sind die Leidenschaften – gewöhnlich von
ihrem Herrscher – das ist die Vernunft – in ruhigem Gleichgewicht
gehalten werden. Von Zeit zu Zeit aber dankt die Vernunft ab wie ein
Herrscher, dem es nicht gelingt, mit den Regierungsgeschäften zurechtzukommen, und überläßt den Staat der Anarchie, d. h. dem Wahnsinn.
Bei einer anderen Gelegenheit schreibt Mortimer über den Schwärmer,
der sich selbst aus dem gewöhnlichen Leben mehr und mehr zurückzieht: »Auf diesem Wege könnte man aber auf eine recht vernünftige
Art verrückt werden, und dieser Zustand mag nun in sich selbst so vor-
trefflich sein, als er will, so sieht er doch in der Entfernung zu abschreckend aus, als daß ich ihm sollte näherkommen wollen.« In ähnlicher Weise kommen zwei der desillusionierten Gefolgsleute Andreas
zu der Einsicht: »Die Sucht, ganz als freier Mensch zu handeln, führt
am Ende wieder den schlimmsten Vorurteilen, oder dem Wahnsinne
entgegen. Ich will lieber manches glauben, um nur mit mir selbst zur
Ruhe zu kommen.« Es verwundert kaum, daß die Entwicklung Balders
eine so nachhaltige und beunruhigende Faszination auf die anderen
Charaktere im Roman ausübt.

Die Figur Balders ist so einzigartig, daß es zu ihm in keinem der

Schauerromane, denen Tiecks Buch in anderer Hinsicht so nahe
kommt, ein Gegenstück gibt[43]. Mit den Helden in Spiess' *Biographien*
ist der melancholische Poet freilich, wie wir bereits sahen, entfernt verwandt[44]. Wir hören das erste Mal von Balder, als Lovells Reisebegleiter
Mortimer von Paris aus schreibt, sie seien »mit einem jungen aufbrau-
senden, sonderbaren Deutschen bekannt geworden, dem sich William
ganz und gar hingibt; er heißt *Balder* und ist auch nur seit kurzem in
Paris.« Mortimer legt großen Nachdruck auf die Ähnlichkeit zwischen
den beiden jungen Freunden. »Zwei harmonierende Töne können nicht
so leicht ineinanderschmelzen als diese beiden Seelen: beide sind Enthu-
siasten, beide poetisch gestimmt, beide begegnen sich mit gleicher
Liebe.« Mortimer ist beunruhigt und befürchtet, eine Freundschaft
zwischen zwei so ähnlichen Naturen müsse sich schnell aufzehren.
Denn wo man nicht fremde Fehler und fremde Vorzüge entdecken könne, da sei man auch nicht in der Lage, den anderen Menschen wahrhaft
zu achten und zu lieben.

Schon der nächste Brief enthält eine etwas andere Sicht auf Balder.
William kommt darin gleich zu Beginn auf seine Neigung für Balder zu
sprechen: »Ein Jüngling, dessen Seele fast allen Forderungen entspricht,
die meine übertreibende Empfindung an einen Freund macht; er ist sanft
und gefühlvoll, sein Herz wird leicht von der Schönheit und Erhabenheit
erwärmt, fast allenthalben treffen sich unsre verwandten Geister in einem
Mittelpunkte...« Zugleich aber, so fährt William fort, gebe es Nuancen
der Verschiedenheit, wie sie für eine wahre und dauerhafte Freundschaft
notwendig seien. »Ich habe nicht wie er diesen tiefen Hang zur düstern
Schwärmerei, diese Kindlichkeit, mit der er sich an jeden Charakter
schmiegt, den er liebt; ich bin kälter und zurückgezogener, meine Phantasie ist mehr in süßen, lieblichen Träumen zu Hause, er ist mit der Unterwelt und ihren Schrecknissen vertrauter.« Von Beginn an werden wir
so mit Balders symbolischer Funktion als Spiegel Williams vertraut gemacht, aber auch mit seinem Hang zur Melancholie, der ihn schließlich
ruinieren wird. Als sie Florenz erreichen, ist William besorgt über Balder,
der ihm als »verschlossener und trauriger denn je« erscheint, und zwar so
sehr, daß William gelegentlich vor seinem »verirrten« Blick erschrickt. An
diesem Punkt weiß William noch nichts über die Ursache von Balders
Melancholie, sondern hält sie für »ein ansteckendes Übel«, von dem er
glaubt, es sei womöglich auch für seine eigenen seltsamen Träume und
trüben Gedanken verantwortlich.

Erst nachdem wir von mehreren anderen Figuren bereits einiges über Balder gehört haben, begegnen wir ihm schließlich auch in seinen eigenen Worten – und zwar in der Antwort auf einen Brief Williams, in dem dieser ihm seine Untreue gegenüber seiner Verlobten gestanden hatte. Balder beginnt mit Reflexionen über die Welt als ein nichtswürdiges langweiliges Marionettenspiel, in dem die Figuren glauben, von erhabenen Empfindungen bewegt zu werden, wo doch »ein flüchtiger Blick das verächtliche Spiel der Maschinen enträtseln würde«. William, so fährt er fort, entweihe das hohe Wort »Liebe«, wenn er es dort benutzte, wo nichts als »Sinnlichkeit« gemeint sei. Wir beginnen den Hintergrund von Balders Zorn zu erkennen, wenn er im folgenden von »den wenigen goldenen Tagen« seines Lebens spricht, in denen er erfahren habe, was wahre Liebe sei. Doch Balders Geliebte starb, und wie Meteore gingen seine Seligkeiten unter. »Ich sitze auf dem Grabmale meiner Freuden ... mein Elend ist mein Trost.« Schon an diesem Punkt wird die Ätiologie von Balders Melancholie in ersten Umrissen kenntlich. Ganz im Sinne klassischer Aufklärungstheorie steht an ihrem Ursprung der Schock beim Verlust einer Geliebten.

Als die Freunde Rom erreichen, ist Wilhelm über Balders Zustand ernsthaft besorgt. »Balder zieht sich oft ganz von uns zurück, er träumt gern für sich in der Einsamkeit, meine Besorgnis für ihn nimmt mit jedem Tag zu, denn er ist sich oft selbst nicht ähnlich.« Einmal aber kommt es zu einer ausführlichen Unterredung zwischen den Freunden. Sie findet während eines Spaziergangs statt, bei dem Balder alle Schönheiten der Natur ignoriert, weil alle Schöpfung ihn an den Tod erinnert. »Vergissest du, daß wir über Leichen von Millionen mannigfaltiger Geschöpfe gehen – daß die Pracht der Natur ihren Stoff aus dem Moder nimmt – daß sie nichts als verkleidete Verwesung ist?« Die Freunde gelangen in ihrem Gespräch zu der Übereinkunft, es hänge von der individuellen Wahrnehmung ab, ob die Welt als schön oder entsetzlich erscheine. Als Lovell jedoch zu bedenken gibt, Balders Art, die Welt anzusehen, könne ihn in den Wahnsinn führen, antwortet dieser: »Es ist immer noch die Frage, ob ich beim Wahnsinn gewinnen oder verlieren würde.« Als William demgegenüber die Vernunft – »das göttliche Kennzeichen des Menschen« – beschwört, ruft Balder mit bitterem Spott aus:

Seine Vernunft! – O William, was nennen wir Vernunft? – Schon viele wurden wahnsinnig, weil sie ihre Vernunft anbeteten und sich unermüdet ihren Forschungen überließen. Unsre Vernunft, die vom Himmel stammt, darf nur auf der Erde wandeln; noch keinem ist es gelungen, über Ewigkeit, Gott und Bestimmmung der Welt eine feste Wahrheit aufzufinden, wir irren in einem großen Gefängnisse umher, wir winseln nach Freiheit und schreien nach Tageslicht, unsre Hand klopft an hundert eherne Tore an, aber alle sind verschlossen und ein hohler Widerhall antwortet uns.

Wenn sich, so Balder weiter, einige hin und wieder so weit vorwagten, daß sie von Angesicht zu Angesicht dem Göttlichen gegenüberstünden und dadurch in tiefe Verwirrung gestürzt würden, so nenne man ihre höhere Weisheit »Wahnsinn« und ihre Entzückung »Raserei«. In dem Bemühen, sich zu zerstreuen, unternimmt Balder im folgenden eine Reise nach Neapel, doch verleidet ihm ein Fieber die Unternehmung. Sein Begleiter Rosa beginnt ihm zur Last zu fallen, er ist sich selbst unerträglich. Am ehesten noch fühlt er sich in der Gesellschaft der Phantome seiner Einbildungskraft wohl. »Ich komme mir vor wie ein verlarvtes Gespenst, das ungekannt und düster, still und verschlossen durch die Menschen hingeht: sie sind mir ein fremdes Geschlecht.«
Als Balders Zustand sich verschlimmert, erkennt William, daß die Krankheit des Freundes nicht einfach physischer Natur ist und bedrängt ihn, den Exzessen seiner Einbildungskraft nicht weiter nachzuhängen und in die Gesellschaft der Menschen zurückzukehren. Doch Balders Fieber steigt von Tag zu Tag. Als er in Neapel den *Hamlet* liest, findet er alle seine Überzeugungen bestätigt. »Hier ist es gesagt, wie nüchtern, arm und unersprießlich das Leben sei, wie Wahnsinn und Vernunft ineinandergehn und sich einander vernichten …« Er berichtet William, seine Phantasien hätten einmal genau um Mitternacht leibhaftige Gestalt angenommen und die Erscheinung eines weißhaarigen Mannes sei durch sein Schlafzimmer geschritten. Einige Tage später kündigt er an, Rosa wolle nach Rom zurückkreisen, und fleht Lovell an, ihm in Neapel Gesellschaft zu leisten. »Mein Gehirn ist wüst, eine heiße Trokkenheit brennt in meinem Kopfe, alles flieht, ich kann keinen Gedanken festhalten: alles saust mir vorüber, kein Ton dringt mehr in meine Seele.«
Balder beginnt darüber zu grübeln, was aus ihm werden würde, wenn die Leute ihn »wahnsinnig« nennten. »O ich fühle es, daß ich in vielen Augenblicken diesem Zustande so nahe bin, daß ich nur noch einen

einzigen kleinen Schritt vorwärts zu tun brauche, um nicht wieder zurückzukehren.« Seine schrecklichen Träume rauben ihm alle Lebenskraft. Sogar im wachen Zustand sieht er Heere von Ungeheuern an sich vorbeiziehen, die ihn angrinsen. »Eine blinde Wut könnte mich ergreifen, wenn ich das armselige Geschwätz der Ärzte von Fieberhitze und Paroxismus höre. Die Narren! Weil ihre Sinnen erblindet und betäubt sind, so halten sie den für töricht, der mehr sieht als sie.«

Der Brief endet mit einem »Lebewohl« Balders und der Ankündigung, er werde seinem Schutzgeist folgen, der ihn mit seinen Flügeln zu sich hinüberwinke. Bevor er verschwindet, schreibt Balder einen weiteren Brief an William, in dem er von einer Zusammenkunft mit Freunden berichtet, die ihn aus Sorge und Sympathie eingeladen hatten. In schwärmerischer Emphase hielt er den Versammelten, die er als »Fleischmassen« bezeichnet, im Ton der Propheten eine Ansprache, in der er warnend ausmalte, wie Tod und Verwesung bald ihrer Eitelkeit spotten würden. Es verwundert nicht, daß der Arzt daraufhin um Balders Gesundheit mehr und mehr in Sorge gerät und ihm kühlende Mittel gegen den drohenden Wahnsinn verschreibt. »Er behandelt mich wie eine tote Maschine, ob er mir gleich selber so erscheint. Er schüttelt zu allen meinen verwirrten Gedanken den Kopf, weil er sie nicht in seinen Büchern gefunden hat, und im Grunde bin ich wahnsinnig, weil ich nicht dumm und phlegmatisch bin.« Balder fürchtet sich in diesem Stadium nicht mehr vor den Phantomen, die ihn nächtens heimsuchen. Er hat z. B. die Vision, daß alle seine Vorfahren, in Mäntel gehüllt, still am Tisch in seinem Zimmer sitzen. Wenig später verschwindet er tatsächlich, und niemand weiß, ob er nur entflohen ist oder sich umgebracht hat. Rosa berichtet, er habe am Ende »die höchste Stufe der Raserei« erreicht, Fremde mit den verächtlichsten Reden beschimpft und sogar mit dem Messer nach ihnen gestochen.

Nach dieser allmählichen pathologischen Klimax von enttäuschter Liebe über die Melancholie und die Abkapselung von der Welt bis hin zu exzessiven Wahnvorstellungen und schließlich zur manischen Raserei verschwindet Balder aus der Handlung und taucht nur noch zweimal wieder auf. Mehrere Monate nach seinem Fortgehen erhält Lovell unerwartet einen Brief von ihm. Er lebt jetzt in einer einsamen Waldhütte in einer Berggegend, deren Namen er nicht weiß, doch ergibt sich im folgenden, daß es der Apennin ist. Gelegentliche Besucher halten ihn für einen Propheten, der Aufruhr in seiner Seele scheint vorüber. Durch das

Leben in der Wildnis, das er zusammen mit den Kreaturen der Natur und einem taubstummen Freund führt, erlangt Balder eine innere Ruhe, die ihm zuvor unbekannt war. »In der Einsamkeit denkt und fühlt die Seele anders, sie wird nicht durch das unordentliche Gezwitscher und Gepolter unterbrochen. In der freien Natur ist alles mit der Seele verwandt und auf einen Ton gestimmt.«

Balder kehrt ein letztes Mal in die Handlung des Romans zurück. Der Brief, in dem William Lovell vom Wiederauftauchen des verloren geglaubten Freundes berichtet, enthält zugleich die Nachricht von seinem Tod. Auf einer Reise nach Genua glaubt Lovell hinter einem vergitterten Fenster das Gesicht Balders zu erkennen. Er stellt Nachforschungen an und erhält die Gewißheit, daß es sich tatsächlich um seinen alten Freund handelt, dessen Geschichte nun zu ihrem Ende kommt. Des Lebens in der Einsamkeit überdrüssig, faßt Balder den Entschluß, nach Deutschland zurückzukehren. Als er in Genua ankommt, lernt er ein Mädchen kennen und verliebt sich in sie – zum ersten Mal seit dem Verlust seiner angebeteten Henriette, der am Ursprung seiner Melancholie stand. Er läßt sich sein Vermögen aus Deutschland kommen, heiratet das ebenfalls einer reichen Familie entstammende Mädchen und verbringt die ersten wahrhaft glücklichen Jahre seines Lebens. Dann nimmt ihm der Tod auch seine zweite Liebe. Bis zu diesem Punkt verhält er sich wie eine vollkommen normale Person. Als er aber Lovell erzählt, er dürfe nicht einmal das Grab der Verstorbenen besuchen, wird er zunehmend erregter.

Lovell geht daraufhin beunruhigt auf und ab und hebt in Gedanken einen großen roten Mantel auf, der ausgebreitet über einigen Stühlen in der Ecke des Zimmers liegt. Darunter entdeckt er einen dicken Pfahl mit starken Ketten. Als einige Kettenglieder rasselnd zu Boden gleiten, bekommt Balder plötzlich einen Tobsuchtsanfall und rennt mit dem Kopf gegen die Wände. »Die Raserei erstickte bald seine Sprache. Sein Gesicht war jetzt blau und aufgetrieben, alle Glieder seines Körpers bewegten sich mit einer unglaublichen Schnelligkeit, in seinen gräßlichen Bewegungen lag etwas Niedriges und Komisches, das mein Entsetzen noch vermehrte.« Als Balder Lovell plötzlich mit manischer Kraft und einem höhnischen Lachen angreift, eilen mehrere Wärter mit Ruten und Knüppeln in den Raum, schleppen Balder in einen Winkel des Zimmers und schließen ihn dort an einen Block an. Bei einem erneuten Ausbruch seiner »Raserei« schleudert er sich »wie ein wildes Tier« mit glühendem Gesicht in den Ketten hin und her, und als die Wärter daraufhin erbarmungslos auf ihn einschlagen, scheint er keine Empfindung zu haben. Unfähig, den Anblick länger zu ertragen, verläßt Lovell weinend den Raum. Zwei Tage später, so berichtet Lovell am Ende seines Briefes, sei Balder in dem Haus, wo die Verwandten seiner Frau für seinen Unterhalt sorgten, bei einem solchen Anfall von Raserei gestorben. »Scheint diesem Unglücklichen der Wahnsinn nicht von der Geburt an schon mitgegeben zu sein? Zuerst ging er langsam alle Grade desselben durch, bis er durch eine neue Liebe schneller und rascher zum letzten Extreme hingetrieben ward.«

Tieck liefert dem Leser nach dem Tod Balders einige nachgetragene Erklärungen für manches rätselhafte Detail. So gibt er uns etwa Einblick in die Aufzeichnungen des mysteriösen Andrea, in denen die Visionen Balders sich als kalkulierte Inszenierungen zur Untergrabung seiner Vernunft erweisen. »Es war eine schöne Anlage zur Verrücktheit in ihm, um die es sehr schade gewesen wäre, wenn sie sich nicht entwickelt hätte. Da aber die meisten Menschen selber nicht wissen, was in ihnen steckt, so nahm ich mir vor, den Funken aus diesem seltsamen Steine herauszuschlagen. So unterhielt es mich denn, daß ich ein paarmal als ein Gespenst durch seine Stube ging, und er nachher nicht begreifen konnte, wo ich geblieben sei.« Tieck trägt mit solchen Enthüllungen den Konventionen der Schauerromane Rechnung, die eine rationalistische Auflösung aller scheinbaren Geheimnisse verlangten. Doch bleiben in seinem Roman solche Details der rückwirkenden Aufklärung psychologisch gesehen irrelevant. William Lovells Analyse des Freundes verdeutlicht, wie genau Tieck sich an den Stufen des Wahnsinns orientierte, die man im ausgehenden 18. Jahrhundert annahm. Balders erbbedingte Anlage zum Wahnsinn kommt im ersten Stadium durch den Verlust einer Geliebten zum Durchbruch; er durchläuft dann die Stadien von der Melancholie bis zur Manie mit Wahnvorstellungen, von der er sich allmählich mit Hilfe einer neuen Liebeserfahrung erholt. Als er aber zum zweiten Mal den Rückhalt der Liebe verliert, fällt er unwiderruflich in eine schwere Manie mit Zuständen der Raserei, an deren Exzessen er schließlich zugrunde geht. In gewisser Hinsicht steht die Geschichte Balders in enger Nachbarschaft zur Erzählung von »Konrad G.« in Spiess' *Biographien der Wahnsinnigen*. Auch hier erholt sich der Held vom Schock einer unglückseligen Liebeserfahrung nur, um durch eine zweite Enttäuschung erneut – diesmal unheilbar – dem Wahn zu

verfallen. Wir wissen nicht genau, woher sich Tieck seine Kenntnisse
verschaffte. Doch läßt sein Roman klar erkennen, daß er mit der im
späten 18. Jahrhundert üblichen Ätiologie und Symptomatologie des
Wahnsinns vertraut war. Er machte virtuosen Gebrauch zwar nicht von
ihrem technischen Vokabular, wohl aber von motivischen Einzelheiten,
die er in seinem erzählerischen Zusammenhang für relevant erachtete.
So schuf er einen imaginären Fall von Melancholie, der sich in voller
Übereinstimmung mit den Beschreibungen befindet, denen wir in den
Schriften von Crichton, Pinel und Kant begegneten.

In *Wilhelm Meisters Lehrjahre* (1795–1796) erreicht nur eine Figur ein
ähnliches Stadium offenen Wahnsinns wie Balder und die verschiedenen Fälle in den *Biographien der Wahnsinnigen.* Doch gelingt es Goethe,
im Verlauf seines Romans ein sehr viel breiteres und subtiler variiertes
Spektrum des Pathologischen zur Darstellung zu bringen als sowohl
Tieck wie Spiess. Wir begegnen fast jeder Form von Seelen- und
Geisteskrankheit, die das späte 18. Jahrhundert kannte, von der Hypochondrie und sporadischen Hysterie über die Melancholie bis hin zur
Manie und Demenz. Der Begriff »Wahnsinn« taucht zum ersten Mal in
der Diskussion des *Hamlet* auf, als Wilhelm und die Mitglieder von
Serlos Truppe sich auf die Aufführung von Shakespeares Stück vorberei-
ten. Während dieser Unterredung bemerkt Aurelie, der Beginn von
Ophelias geistigem Zusammenbruchs sei in dem Moment auszumachen,
»wenn sie sich verlassen sieht, verstoßen und verschmäht, wenn in der
Seele ihres wahnsinnigen Geliebten sich das Höchste zum Tiefsten um-
wendet und er ihr statt des süßen Bechers der Liebe den bittern Kelch
der Leiden hinreicht«.[45] Wenig später rechtfertigt Wilhelm die Lieder,
die Shakespeare Ophelia vor dem König und der Königin singen läßt.
Die scheinbaren Unschicklichkeiten dieser Lieder seien »in der Unschuld des Wahnsinnes« begründet. Die Einführung des Wahnsinns als
Gesprächsthema erfolgt an dieser Stelle des Romans keineswegs zufällig,
sondern steht in genauer Entsprechung zu Aurelies eigener Geschichte.
Ihre rückhaltlose Identifikation mit der Rolle der Ophelia und später
mit der Rolle der Gräfin Orsina in Lessings *Emilia Galotti* beruht darauf, daß auch sie von einem Geliebten verlassen wurde. Aurelies Leben
ist – wie das der verlassenen Liebenden in Spiess' *Biographien* – vom
Kampf gegen den Wahnsinn überschattet. »Um mich vom Wahnsinne
zu retten, überlass' ich mich wieder dem Gefühle, daß ich ihn liebe«,

bekennt sie einmal gegenüber Wilhelm. Doch ist ihr Fall hoffnungslos. Geschwächt vom Kampf gegen den Wahnsinn und von der Hemmungslosigkeit, mit der sie auf der Bühne in der Gestaltung ihrer Rollen ihre Gefühle preisgibt, verzehrt sie sich immer mehr und stirbt schließlich an einem Fieber.

Aurelie ist nur der erste aus einer ganzen Serie beständig sich verschlimmernder Fälle geistiger Verstörung, die der Roman nach und nach vorführt. Ein klassischer Fall von Melancholie ist unverkennbar in der Geschichte des Grafen. Dieser wird durch die Erscheinung seines vermeintlichen Doppelgängers, bei dem es sich in Wahrheit um den zum Scherz mit Hausmantel und Mütze des Grafen verkleideten Wilhelm handelt, im Innersten getroffen. Die Erschütterung bewirkt eine vollkommene Änderung seiner Persönlichkeit. War er zuvor eine eher unempfindliche Frohnatur, so wird er nun zu einem religiösen Eiferer und geht zu den Herrnhutern, um unter ihnen ein Leben der Frömmigkeit zu führen. Seine Frau, die Gräfin, ist von einer noch tieferen Hypochondrie befallen. Wilhelm hatte ihr beim Abschied in einer leidenschaftlichen Umarmung ein großes, mit Brillanten besetztes Porträt ihres Gatten, das sie als Medaillon trug, gegen die Brust gedrückt. Damals hatte sie nur einen heftigen körperlichen Schmerz verspürt und kurz aufgeschrien. Doch in der Folgezeit verstrickt sie sich immer mehr in den quälenden Gedanken, sie trage als Initiatorin der scherzhaften Verkleidung Wilhelms die Schuld an der Melancholie ihres Mannes. Schließlich verfällt sie – ungeachtet aller gegenteiligen Versicherungen ihres Arztes – der fixen Idee, der Moment des leidenschaftlichen Abschieds habe in ihrer Brust ein Geschwür hinterlassen. »Und wenn man ihr durch das Gefühl den Wahn benehmen will, so behauptet sie, nur in diesem Augenblick sei nichts zu fühlen; sie hat sich fest eingebildet, es werde dieses Übel mit einem Krebsschaden sich endigen, und so ist ihre Jugend, ihre Liebenswürdigkeit für sie und andere völlig verloren.«

Mignons Fall ist komplizierter. Zwar stirbt sie am Ende an einer der häufigen Herzattacken, von denen sie immer wieder heimgesucht wird, doch sind diese physischen Attacken stets von plötzlichen emotionalen Schockerlebnissen hervorgerufen. Ihr eigentümlicher Geisteszustand ist charakterisiert durch Visionen – etwa der Jungfrau Maria – und durch eine von Kindheit an hervortretende Sprachhemmung, deren Ursache dem Erzähler eher in ihrer »Denkungsart« als in den »Sprachwerkzeugen« zu liegen scheint. Mignons Herkunft legt den Gedanken nahe, ihre »sonderbare Natur« sei erblich bedingt. Denn sie ist das Produkt einer inzestuösen Verbindung. Obwohl ihre Mutter an keiner Stelle im Handlungsraum des Romans auftaucht, wird uns ihre Geschichte detailliert mitgeteilt. Als späte Frucht einer glücklichen Ehe wurde sie von ihrem Vater fortgeschickt, um in der Anonymität großgezogen zu werden. Denn er fürchtete, man werde sich – wie in einem früheren Fall schon geschehen – über die Liebesaufwallungen der schon in die Jahre gekommenen Eltern lustig machen. Als junges liebenswertes Mädchen kehrt sie in das Gebiet um den Lago Maggiore zurück und trifft dort auf ihre drei älteren Brüder, die von ihrer Identität nichts ahnen. Der jüngste von ihnen verliebt sich in sie, obwohl er für den Priesterstand bestimmt ist. Bevor ihre Verwandtschaft aufgedeckt wird, zeugen die beiden ein Kind. Der Bruder wird anschließend mit der Wahrheit konfrontiert und in ein Kloster gesperrt. Der jungen Mutter hingegen erspart man die Aufdeckung des Inzests, um sie vor den damit verbundenen Schreckensbildern zu schützen. Ihr Beichtvater aber hat die sonderbare Idee, er könne und müsse in ihr einen Grad von Reue erwecken, der dem Ausmaß der Schuld, mit der sie sich unwissentlich belud, angemessen sei. So eröffnet er ihr, bei ihrem unbekannten Geliebten handle es sich um einen Priester, und malt das Verbrechen ihrer unerlaubten Verbindung als eine vergleichbar schwere Sünde wie den Inzest in den grellsten Farben aus. »Die arme Mutter fühlte indessen ein trauriges Verhältnis zu dem Kinde; die Behandlung des Geistlichen hatte ihre Vorstellungsart so verwirrt, daß sie, ohne wahnsinnig zu sein, sich in den seltsamsten Zuständen befand.« In diesem Geisteszustand erhält sie die Nachricht, ihr Kind sei im See ertrunken. Unter dem Einfluß eines in der Gegend verbreiteten Märchens, in dem es heißt, der See dulde keinen toten Körper in sich und werfe ihn über kurz oder lang bis auf das letzte Knöchelchen wieder heraus, verbringt sie ihre Tage nun damit, am Seeufer Knochen in der Hoffnung zu sammeln, so ihr Kind wiederfinden zu können. Der Einfluß des Geistlichen bewirkt, daß man sie in der Gegend für »eine Entzückte, nicht für eine Verrückte« hält. Nach einiger Zeit macht ihr Arzt einen Vorschlag, durch den er ihre fixe Idee zu heilen hofft. Man solle die Knochen eines Kinderskeletts unter die Knochen von Tieren mischen, die sie gewöhnlich sammle. Als eines Morgens die alte Aufwärterin die Knochen aus dem Kästchen nimmt, um dem Doktor die Fortschritte der Patientin zu zeigen, wacht diese unerwartet auf, findet das Kästchen leer und ist fortan davon überzeugt, ihr Kind sei wieder ins Leben zurückgekehrt. Voller Inbrunst denkt sie nun nur noch ans Jenseits. Rasch verfällt dabei ihr Körper, und sie stirbt, vom Volk als eine Heilige verehrt.

Während diese Fälle von Melancholie, Hypochondrie und Manie mit Wahnvorstellungen gemäß den Nosologien des 18. Jahrhunderts unter die Kategorie der Geisteskrankheit fallen, lassen einige der angeblich »normalen« Figuren des Romans gewisse Eigentümlichkeiten erkennen, an denen sich Goethes wacher Sinn auch für verborgenere und weniger drastische Phänomene des Pathologischen ablesen läßt. Als Wilhelm zum Beispiel nach mehreren Jahren seinen alten Freund Werner wiedersieht, der inzwischen sein Schwager und der Verwalter des Familienvermögens geworden ist, zeigt sich, daß den geschäftlichen Erfolgen Werners eine erschreckende Verkümmerung seiner Persönlichkeit entspricht. Die Gesichtszüge scharf, die Wangen bläßlich, die Stimme schrill und gepreßt, leidet er unter Gewichtsverlust und hat kaum mehr Haare. Seine Brust wirkt zwischen den vorfallenden Schultern wie eingedrückt. All dies läßt »keinen Zweifel übrig, daß ein arbeitsamer Hypochondrist gegenwärtig sei«. Immer wieder gibt Goethe zu verstehen, Werners offenkundige ökonomische Erfolge seien mit dem Verlust des emotionalen und psychischen Gleichgewichts erkauft. Der aufmerksame Leser des Romans kann diese Perspektive leicht auf andere Figuren übertragen und etwa zu dem Schluß kommen, auch Therese – diese unerträglich selbstgefällige Pedantin in ihrem zwanghaft geputzten kleinen Puppenhaus – benötige nichts dringender als einen guten Psychoanalytiker. Unabweisbar drängt sich dieser Befund auf, als sie Wilhelm die Geschichte ihrer Kindheit und Jugend erzählt. Ihr Ordnungszwang und ihre Neigung, aus Gründen des Schutzes gelegentlich Männerkleidung anzulegen, erscheinen so als durch die tiefe Verachtung ihrer schamlosen, koketten und untreuen Mutter hervorgerufen, der eine nahezu inzestuöse Liebe zu ihrem Vater gegenüberstand. Die zwanghaften Züge in Thereses Charakter treten schließlich zurück, als sie sich verliebt. Doch gilt diese Liebe wohl kaum zufällig einem Mann, dessen allgemeine Eignung als Vaterfigur noch dadurch akzentuiert wird, daß er einer der zahlreichen Liebhaber ihrer Mutter war.

Mit subtiler Ironie demonstriert Goethe im sechsten Buch seines Romans, daß die dort mitgeteilten *Bekenntnisse einer schönen Seele* auch als Studie über einen extremen Fall religiöser Hysterie gelesen werden können, die auf eine schon in der Kindheit beginnende Unterdrückung der

Sexualität zurückgeht.[46] Wiederholt wird uns mitgeteilt, schon in der
Jugend der schönen Seele sei jedes normale Verhältnis zu Jungen und
jungen Männern durch die fixe Idee unmöglich geworden, männliche
Wesen könnten nicht nur ihre Tugend, sondern auch ihre Gesundheit
ruinieren. Sie wächst »moralisch und physisch sehr isoliert« heran und
hütet sich sogar vor Gläsern und Tassen, die von Männern angefaßt
wurden, sowie vor Stühlen, auf denen sie saßen. Als sie sich schließlich
in einen jungen Mann namens Narziß verliebt, sind beide »über die
Grenzen der Tugend und Sittsamkeit« sehr verschiedener Meinung. Es
verwundert kaum, daß die Affäre abbricht, als sich bei der jungen Frau
die Zwangsvorstellung bedrohter Reinheit verschlimmert. Ihre fort-
schreitende Entfremdung von der Alltagswirklichkeit erreicht schließlich den Punkt, an dem sie fast nur noch in der Sphäre ihrer überhitzten
Einbildungskraft lebt. Zwar betrachten ihre Freunde und Verwandten
ihre tiefe Religiösität mit Vorsicht und Respekt, doch gibt es zugleich
genügend Hinweise darauf, daß sie durchaus nicht als uneingeschränk-
tes Vorbild angesehen wird. Ihre Lieblingsnichte Natalie erkennt ihre
inneren Abgründe. »Eine sehr schwache Gesundheit, vielleicht zu viel
Beschäftigung mit sich selbst, und dabei eine sittliche und religiöse
Ängstlichkeit ließen sie das der Welt nicht sein, was sie unter andern
Umständen hätte werden können.« Der Oheim Natalies hielt sie und
ihre Geschwister als Kinder von der schönen Seele fern, weil er von ihr
einen gefährlichen Einfluß auf die Heranwachsenden befürchtete. Kurz,
die *Bekenntnisse* spielen im Gesamtzusammenhang des Romans eine
ähnliche Rolle wie die Schriften des Grafen Zinzendorf innerhalb der
Bekenntnisse selbst – sie sind nicht ein Modell, dem nachzueifern wäre,
sondern »ein psychologisches Phänomen«, das für die *Menschenkenntnis*
nützlich sein kann.

   Den schwersten Fall von Geistesgestörtheit in Goethes Roman haben
wir in der Dementia des Harfners vor uns. Er hat den männlichen Part
in der inzestuösen Liebesgeschichte, deren Frucht Mignon ist. Der Roman ist so aufgebaut, daß wir die nachgetragene Vorgeschichte dieser
Figuren erst gegen Ende erfahren, lange nach den ersten Attacken des
Wahnsinns und seiner Behandlung. Wenn wir gleichwohl mit dem
chronologischen Anfang beginnen, so haben wir uns den Harfner als den
jüngsten von drei Brüdern aus einer reichen Familie Norditaliens vorzustellen. Ursprünglich zum Soldatenberuf bestimmt, legt er so deutlich
»eine Art von schwärmerischer Ruhe« an den Tag, daß der Vater ihm

schließlich gestattet, mit dem älteren Bruder die Bestimmung zu tauschen und ins Kloster zu gehen. Als Bruder Augustin verbringt er dort »seine Jahre in dem sonderbarsten Zustande«. »Er überließ sich ganz dem Genuß einer heiligen Schwärmerei, jenen halb geistigen, halb physischen Empfindungen, die, wie sie ihn eine Zeitlang in den dritten Himmel erhuben, bald darauf in einen Abgrund von Ohnmacht und leeres Elend versinken ließen.«

Es wird deutlich, daß wir eine gefährdete Persönlichkeit mit einer starken Neigung zur manischen Depression vor uns haben. Nach dem Tod des Vaters beschwört Augustin seine beiden älteren Brüder, ihn von seinen Mönchsgelübden zu entbinden. Denn während seiner Besuche zu Hause sieht er Sperata und entbrennt in Liebe zu ihr. An diesem Punkt der Geschichte wird Speratas Herkunft enthüllt, um die Verbindung der Liebenden zu verhindern. Doch Augustin weigert sich in seiner Leidenschaft, der Eröffnung Glauben zu schenken. Er verkündet den Brüdern, Sperata sei nicht seine Schwester, sondern bereits sein Weib und trage ein Kind von ihm unter dem Herzen. Mit der gleichen Inbrunst, mit der er sich zuvor der Religiösität verschrieben hatte, beharrt er nun auf den Rechten der Natur gegenüber den künstlichen Beschränkungen bürgerlicher Gesetze und sittlicher Normen. »Der ungebundene freie Verstand sprach ihn los; sein Gefühl, seine Religion, alle gewohnten Begriffe erklärten ihn für einen Verbrecher.« Augustins Geist zerspringt unter dem schrecklichen Druck, und er flieht in der Hoffnung, zusammen mit Sperata den Verfolgern zu entkommen. Doch der Beichtvater gibt den Schiffern am Ort einen Wink, und so bringen sie Augustin ins Kloster zurück statt zu Sperata. »Nach vielen schrecklichen und sonderbaren Epochen ... war er in einen seltsamen Zustand der Ruhe des Geistes und der Unruhe des Körpers geraten.« Augustin ist fast immer in Bewegung. Sitzend trifft man ihn nur an, wenn er seine Harfe spielt und dazu singt. Seine früheren Leidenschaften scheinen sich in eine einzige *idée fixe*, eine immer wiederkehrende Todesangst aufgelöst zu haben. Stets ist sie mit der quälenden Vision eines schönen Knaben verbunden, der am Fuße seines Bettes steht und ihn mit einem blanken Messer bedroht. In diesem Zustand bleibt Augustin mehrere Jahre lang bis zum Tod Speratas, in dessen Folge das Gerücht ihrer Heiligkeit die Mauern seines Klosters durchdringt. Mit ungeheurer Schlauheit setzt er seine Flucht ins Werk und besucht die Kapelle, wo seine geliebte Sperata aufgebahrt ist. Dann verschwindet er spurlos, ohne daß seine Brüder ihn je wiedersehen.

Dieser Augustin, auf dem alle Symptome der »Dementia« im Sinne
des 18. Jahrhunderts lasten, ist der Harfner, der eines Tages in der
Schauspieltruppe auftaucht. Er wird in ihren Kreis durch Wilhelm eingeführt und entwickelt sogleich eine seltsame Gefühlsbindung an Mignon. Sie und der Harfner erkennen freilich an keiner Stelle des Romans,
daß sie Tochter und Vater sind. Über längere Zeit hinweg zeigen sich
bei dem Harfner keine Symptome des Wahnsinns. Ja, er wird trotz des
Schuldbewußtseins, das ihn plagt, mit einer Reihe praktischer Verantwortlichkeiten betraut. Als Wilhelm bei einem Raubüberfall verwundet
wird, ist es der Harfner, der forteilt, um ärztliche Hilfe zu holen. Und
später beauftragt Wilhelm ihn damit, Nachforschungen über seine
unbekannte Retterin, Natalie, anzustellen. Erst zu dem Zeitpunkt, als
Wilhelms Schauspielerkarriere ihr Ende findet, bricht Augustins Wahnsinn plötzlich hervor. Nachdem Feuer in der Unterkunft der Schauspieler ausbricht, hält der alte Mann, von Angst und Entsetzen erfaßt,
Wilhelms Sohn Felix für jenen Knaben, der ihn in seinen Visionen mit
dem Messer bedroht. Er schleudert Felix zu Boden und macht Anstalten, ihn mit einem Messer zu opfern, ehe der von Mignon alarmier-
te Wilhelm herbeieilt und seinen Sohn rettet. Nach dem Brand sucht
Wilhelm den alten Mann und befürchtet schon, nur noch seine Über-
reste in den verkohlten Ruinen zu finden. Da hört er plötzlich die
vertraute Stimme des Alten ein Lied beginnen. Es »enthielt den Trost
eines Unglücklichen, der sich dem Wahnsinne ganz nahe fühlt«. Es
handelt sich um das berühmt gewordene Lied »An die Türen will ich
schleichen...«
Unsicher, wie mit dem alten Mann, »der so deutliche Spuren des
Wahnsinns zeigte«, zu verfahren sei, übergibt Wilhelm den Harfner
einem Landgeistlichen, der durch seine Behandlungserfolge bei Geisteskrankheiten von sich reden macht. Weil es gegen die Prinzipen dieses
Geistlichen und des ihn beratenden Arztes verstößt, direkte Fragen an
die Patienten zu stellen, enthüllen sich ihnen erst allmählich die Gründe
für den Wahnsinn des Harfners. Sie erschließen sie vor allem aus seinen
Liedern und gelegentlichen zufälligen Bemerkungen. Recht bald ist
ihnen zum Beispiel seine Hauptwahnvorstellung klar: »daß er überall
Unglück bringe, und daß ihm der Tod durch einen unschuldigen Knaben bevorstehe.« Trotz der Schwere seiner Erkrankung hoffen die medi-
zinisch-therapeutischen Betreuer des Harfners, ihn heilen zu können.
»Nie habe ich«, so berichtet der Arzt, »ein Gemüt in einer so sonder-

baren Lage gesehen. Seit vielen Jahren hat er an nichts, was außer ihm war, den mindesten Anteil genommen, ja fast auf nichts gemerkt; bloß in sich gekehrt, betrachtete er sein leeres hohles Ich, das ihm als ein unermeßlicher Abgrund erschien.« Die »moralische Behandlung« im Sinne Tukes und der englischen Traditonen des »moral management« scheint erfolgreich zu sein. Innerhalb weniger Monate präsentiert der Arzt den Harfner Wilhelm und seiner Gesellschaft am Wohnsitz Natalies: glatt rasiert, in gewöhnlichen Reisekleidern, ernst und mit Würde tritt er der Gruppe gegenüber. Doch muß der Arzt zugeben, diese Heilung sei nicht durch eine normale Behandlung gelungen. »Die Genesung dieses Mannes ist uns durch den sonderbarsten Zufall geglückt. Wir hatten ihn lange nach unserer Überzeugung moralisch und physisch behandelt, es ging auch bis auf einen gewissen Grad ganz gut, allein die Todesfurcht war noch immer groß bei ihm, und seinen Bart und sein langes Kleid wollte er uns nicht aufopfern.« Dann kommt der Harfner in den Besitz eines Glases mit flüssigem Opium, das er fortan wie einen Talisman bei sich führt. Der Gedanke, seinen Leiden jederzeit durch das Gift ein Ende setzen zu können, führt ihn paradoxerweise auf den Weg der Gesundung. Doch in Übereinstimmung mit der im 18. Jahrhundert vorherrschenden Überzeugung von der Unheilbarkeit der Dementia erleidet er bald einen Rückfall. Als er zufällig auf das Manuskript mit seiner Lebensgeschichte stößt, glaubt er voller Entsetzen, nicht länger leben zu dürfen und bereitet sich das Gift. Er verläßt den Raum für einen Augenblick und glaubt beim Zurückkommen zu entdecken, Felix habe das Glas mit dem Opium getrunken. Er bringt der im Haus versammelten Gesellschaft die Schreckensnachricht, eilt in seine Mansarde und schneidet sich die Kehle durch. Zwar wird er entdeckt und bandagiert, ehe der Blutverlust zum Tode führt. Doch weigert er sich hartnäckig zu glauben, daß Felix nicht tot ist. Während der Nacht reißt er sich den Verband von den Wunden und verblutet.

Einige Charakteristika der verschiedenen »Biographien der Wahnsinnigen«, die in Goethes *Wilhelm Meister* enthalten sind, verdienen festgehalten zu werden. Erstens können die mitgeteilten Lebensgeschichten in einem Roman von so hochgradig episodischer Struktur einen gewissen Grad an Autonomie beanspruchen. Nicht zufällig werden die meisten dieser Geschichten in Form eingeschalteter Novellen erzählt. Die Geschichte von Augustin, Sperata und Mignon ist in einem Manuskript enthalten, das der Abbé auf Basis eines mündlichen Berichts seitens des

Marchese (eines der drei Brüder) niederschreibt und der versammelten
Gesellschaft vorliest. Die *Bekenntnisse einer schönen Seele* sind in Form
einer autobiographischen Erzählung in der ersten Person verfaßt. Sie
werden Wilhelm und Aurelie von eben jenem Arzt übergeben, der Wilhelm an anderer Stelle vom Schicksal des Grafen und der Gräfin in
Kenntnis setzt. Aurelie erzählt Wilhelm die Geschichte ihres Lebens,
ebenso Therese: »Unter diesem deutschen Baume will ich Ihnen die
Geschichte eines deutschen Mädchens erzählen.« Von der Form ihrer
Mitteilung her gesehen, scheint es zunächst legitim, die verschiedenen
Erzählungen innerhalb von Goethes Roman unabhängig voneinander
zu analysieren, so als läse man die miteinander nicht verbundenen *Biographien der Wahnsinnigen* von Spiess.

Auf der anderen Seite sind bei Goethe alle diese Episoden auf verschiedene Weise in die Haupthandlung des Romans eingebunden. Die
Bekenntnisse machen uns mit den Familienbeziehungen einer ganzen
Anzahl von Figuren vertraut, denen wir in den letzten beiden Büchern
des Romans begegnen werden. Die Erzählung von Augustin, Sperata
und Mignon enthüllt rückblickend die Lebensumstände zweier Figuren,
die wir bereits gut zu kennen glaubten. Die *Bekenntnisse* haben darüber
hinaus noch eine weitere Funktion, die mindestens ebenso wichtig ist
wie ihre dramaturgische Aufgabe innerhalb der Erzählkonstruktion. Seit
je gelten Mignon und der Harfner den Kritikern und Interpreten der
Lehrjahre als Repräsentanten des Dämonischen und Irrationalen. Mit
Blick auf die Gesamtanlage des Romans läßt sich das geheimnisvolle
Figurenpaar insbesondere als Gegengewicht sowohl zum Rationalismus
der Turmgesellschaft wie zum idealisierten Humanismus Natalies
deuten. Nicht zuletzt durch den italienischen Hintergrund ihrer Herkunftsgeschichte erscheinen Mignon und der Harfner als ein Element
ursprünglicher, ungebändigter Energie innerhalb der vernünftig geordneten Welt des aufgeklärten Deutschland. Vor allem die abgründige Dementia des Harfners steht in radikalem Kontrast zu jener Ordnung, die
so viele andere Figuren des Romans in ihren verschiedenen Plänen und
Unternehmungen erstreben[47]. Doch wäre es – darauf sollte hier die
Aufmerksamkeit gelenkt werden – eine unzulässige Vereinfachung, das
irrationale Element nur in den beiden Außenseitern, Mignon und dem
Harfner, zu lokalisieren. Vielmehr legt Goethe durch das breite und in
sich nuancenreich differenzierte Spektrum des Pathologischen, das sein
Roman uns vor Augen führt, den beunruhigenden Gedanken nahe, es

trenne womöglich nur eine sehr schmale Linie die allseits geschätzte Vernunft der Aufklärung von den gefährlichen Regionen des Wahnsinns. Die innere Balance kann in der Welt des *Wilhelm Meister* durch eine Vielzahl von Gefährdungen aus dem Gleichgewicht kippen: durch exzessive Frömmigkeit wie durch rückhaltlose Verausgabung der eigenen Persönlichkeit auf der Bühne, durch Prüfungen und Enttäuschungen der Liebe wie durch eine irrationale Angst vor dem Tod. Sogar die scheinbar vernunftbestimmtesten Gestalten des Romans – Werner mit seinem ökonomischen Scharfsinn und Therese mit ihrem bis ins kleinste geordneten Lebensablauf – werden in ihrer inneren Motivstruktur als Repräsentanten der Hypochondrie bzw. der Sexualunterdrückung dargestellt. In Goethes »Bildungsroman« spielt bei näherem Hinsehen das Pathologische eine sehr viel bedeutsamere Rolle als in Tiecks grellem, an die Schauerromane erinnernden *William Lovell*. Bei Tieck verkörpert der zwischen Melancholie und Manie irrlichternde Balder symbolisch eine der beiden Tendenzen im zwiespältigen Charakter des Helden William Lovell, der zwischen einem an Skeptizismus grenzenden Rationalismus und einem schwärmerischen, sich dem Wahnsinn zuneigenden Enthusiasmus hin und her schwankt. Bei Goethe hingegen gewinnt im Wahnsinn eine ganze Dimension des menschlichen Lebens und der Kultur insgesamt Gestalt: die Welt des Chthonischen, des Irrationalen, des Unerklärlichen, die vom sterilen Rationalismus erfolglos negiert wird und allein durch ihre Existenz die Absolutheitsansprüche der allzu selbstgewissen Vernunft zuschanden werden läßt.

In der ersten Version des Romans, *Wilhelm Meisters Theatralische Sendung*, die Goethe zwischen den Jahren 1777 und 1786 schrieb, ist das Motivspektrum des Wahnsinns, das sich als ein so bedeutender Aspekt der *Lehrjahre* erweist, noch kaum vorhanden. Mehrere der eben erörterten Figuren – etwa Therese und die schöne Seele – kommen in dieser früheren Version nicht vor. Zwar treten der Graf und die Gräfin schon auf, doch ohne daß die Episoden erzählt würden, die zu ihrer Melancholie führen. Und Aurelie unterliegt hier noch nicht der Manie, die schließlich ihren Tod bewirken wird. Mignon mit ihrer körperlichen Geschicklichkeit und ihren eigentümlichen Zuckungen gibt es schon in dieser früheren Fassung, doch ohne daß irgendeine Erklärung für ihren sonderbaren Zustand angedeutet würde[48].

Am bedeutsamsten in diesem Zusammenhang ist die Gestaltung des Harfners. Er gehört zwar schon zur Ursprungskonzeption des Romans, doch findet sich in der Fragment gebliebenen ersten Fassung kaum ein Hinweis auf die dämonischen Qualitäten und auf den Wahnsinn, die in den *Lehrjahren* die Essenz seines Charakters ausmachen[49]. Als er in der *Theatralischen Sendung* zum ersten Mal auftaucht, um die Schauspieltruppe zu unterhalten, sind alle von seiner bemerkenswerten Erscheinung – seinem grauen Haar, dem weißen Bart und dem langen dunklen Gewand – beeindruckt[50]. Die versammelte Gesellschaft und insbesondere Wilhelm läßt sich sogleich von den Liedern, die er singt, bezaubern. Später in der Nacht sucht Wilhelm, den seine Unruhe nicht schlafen läßt, den Harfner in dessen ärmlichem Wirtshaus auf und hört ihn dort die traurigen Zeilen des Liedes »Wer nie sein Brot mit Tränen aß ...« singen. Die sich an den Gesang anschließende lange Unterredung zwischen Wilhelm und dem Harfner vergleicht der Erzähler mit einer religiösen Zusammenkunft. Denn wie der Liturg bei einem Treffen der Herrnhuter erläutert der Harfner seine Gedanken mit Beispielen, die er verschiedenen Liedtexten entnimmt. Wilhelm ist durch diese nächtliche Begegnung tief bewegt und vom Gedanken an den Adel des Menschen und die Höhe seiner Bestimmung durchdrungen. Doch erhalten wir durch diese Szene kaum einen tieferen Einblick in die Hintergründe der Persönlichkeit des Harfners, und auch seine kurzen Auftritte auf den restlichen Seiten dieser Erstfassung bringen ihn unserem Verständnis kaum näher.

Erst in den Jahren nach 1786 und während der Revision der Jahre 1794 bis 1796 ließ Goethe die psychologisch-pathologische Sphäre in seinem Roman so auffällig an Bedeutung gewinnen. Die Veränderungen, die er vornahm, reflektieren sowohl das bereits erwähnte große öffentliche Interesse an den Geisteskrankheiten im ausgehenden 18. Jahrhundert wie seine eigene geistige Entwicklung[51]. Goethes Interesse an der Medizin läßt sich bis auf die Straßburger Studentenzeit der Jahre 1770 und 1771 zurückverfolgen. Aus dem entsprechenden Kapitel in *Dichtung und Wahrheit* geht hervor, daß viele seiner damaligen Freunde und Wohngenossen Medizinstudenten waren. Doch datiert Goethes ernsthafte Beschäftigung mit der Medizin aus dem Jahrzehnt nach 1780. Sie bildete sich im Zusammenhang mit seinem neuentdeckten Interesse an der Wissenschaft generell heraus und wurde von eigenen Krankheitserfahrungen befördert. Während der Überarbeitung und Fertigstellung der *Lehrjahre* war er häufig in Jena und hielt sich dort in Gesellschaft von Ärzten wie Justus Christian Loder, August Karl Batsch

und Christoph Wilhelm Hufeland auf, deren Vorlesungen er häufig besuchte. Unter den Jenaer Studenten, deren Fortschritte Goethe mit vä-
terlicher Attitüde überwachte, befand sich auch Johann Gottfried Langermann, der spätere Direktor der Heilanstalt in Bayreuth. Am 4. Juni
1795 schrieb der Medizinstudent David Veit an Rahel Levin, Goethe sei
erneut in Jena zu Besuch gewesen. »Er war und kömmt jedes Mal nach
unsrer Krankenanstalt und läßt sich über jede Kleinigkeit belehren. Die
theoretischen Teile der Medizin hat er vollkommen inne.«[52] Es ist aufschlußreich, daß sich Goethe in diesem Abschnitt seines Lebens und in
diesem Entwicklungsstadium der Psychiatrie als Wissenschaftler wie als
Schriftsteller so intensiv für pathologische Geisteszustände interessierte.
Kaum zwanzig Jahre später, als das öffentliche Interesse an den Geisteskrankheiten modische Züge angenommen und sein eigenes Verhältnis
zum Pathologischen sich in furchtsame Abwehr verwandelt hatte, wies
er die romantische Faszination durch den Wahnsinn brüsk zurück.

Das große Interesse an der Medizin im späten 18. Jahrhundert läßt
sich nicht zuletzt daran ablesen, daß so viele Ärzte in den *Lehrjahren*
vorkommen. Da sind zunächst die zahlreichen Wundärzte, Präfiguratio-
nen von Wilhelms Entscheidung in den *Wanderjahren*, Wundarzt zu
werden. Dazu zählen der alte Wundarzt in der Begleitung Natalies, der
Wilhelm nach seinem Zusammenstoß mit den Räubern behandelt; der
Sohn des letzteren, der Lothario bei seinem Duell und auch Mignon
während ihrer letzten Krankheit versorgt; und der Wundarzt in den
Bekenntnissen, der Narziß nach seinem Kampf mit einem eifersüchtigen
Ehemann behandelt. Überhaupt sind die *Bekenntnisse* eine Fundgrube
medizinischer Motive. Die Eltern der schönen Seele sterben an lang-
wierigen Krankheiten, der Vater wird seit seiner Jugend von Migräneanfällen gequält, für sie selbst ist Gott »der große Arzt«, und eine der
Hauptfiguren ist jener alte »Medicus«, der am Ende des Romans eine so
bedeutende Rolle spielt. Goethes Roman macht die im 18. Jahrhundert
übliche Unterscheidung zwischen den »Wundärzten«, die gerade im Begriffe waren, vom Status des Barbiers oder Drogisten in eine respektable
Position aufzurücken, und dem eigentlichen »Medicus« bzw. »Arzt«. Es
sind die letzteren, die gelegentlich ein spezifisches Interesse am psychischen Zustand ihrer Patienten entwickeln. In der Erzählung von Sperata
ist der Vorschlag ihres Arztes, man solle Kinderknochen unter die von
ihr gesammelten Tierknochen mischen, als Versuch einer psychischen
Heilung intendiert. In den *Bekenntnissen* erfahren wir, daß der alte Arzt

»sich von der Verfassung meines Körpers und meines Geistes sehr gut
unterrichtet hatte; er zeigte mir, wie sehr diese Empfindungen, wenn
wir sie unabhängig von äußern Gegenständen in uns nähren, uns gewissermaßen aushöhlen und den Grund unseres Daseins untergraben.«
Später erklärt derselbe alte Arzt Wilhelm gegenüber, man habe den
Harfner »nach unserer Überzeugung moralisch und physisch behandelt«.

Goethes Roman ist in unserem Zusammenhang in mehrfacher Weise
repräsentativ – nicht nur für die in der Spätaufklärung gewachsene Einsicht in die Kräfte des Irrationalen, die Geist und Körper untergraben
können. Er bringt auch die zeitgenössischen Ansätze zur Behandlung
der Seelenkranken und Geistesgestörten zur Darstellung. In Italien, wo
die kirchliche Irrenfürsorge länger vorherrschte als anderswo in Europa,
wird Augustin von seinem Orden in der ruhigen Abgeschiedenheit des
Klosters gepflegt. Er steht unter der Kontrolle medizinischer wie geistlicher Autoritäten, die der damals gängigen Praxis folgen, alle Besuche
aus der Außenwelt zu verhindern, weil sie davon eine Störung des
Gleichmuts bei ihrem Patienten befürchten. Augustins Brüdern ist es
gestattet, ihn aus der Entfernung zu beobachten oder ihm durch die
Fenster seiner Zelle zuzuhören, aber nicht, mit ihm zu sprechen. Von
Sperata heißt es einmal, sie sei »verwirrt, … ohne wahnsinnig zu sein«
– Kant würde hier zweifellos von »Aberwitz« bzw. »vesania« sprechen.
Sie darf zu Hause wohnen, wie es für die Tochter einer reichen Familie
angemessen ist, und befindet sich dort unter der Aufsicht ihrer alten
Aufwärterin, in der geistigen Obhut ihres Beichtvaters und unter der
medizinischen Beobachtung eines Arztes.

Im Norden Deutschlands dagegen wird Augustin von Wilhelm der
Obhut eines Landgeistlichen anvertraut, der sich auf die Behandlung
Geisteskranker spezialisiert und den Ruf genießt, sogar »die heftigsten
Anfälle von Melancholie« kurieren zu können. Seine Behandlungsme-
thode, die Wilhelm während eines Besuches kennenlernt, besteht im
wesentlichen in der Arbeitstherapie, wie sie gegen Ende des 18.Jahrhun-
derts aufkam[53]. Für die Behandlung der rein physischen Symptome seines Patienten zieht der Landgeistliche einen Arzt zu Rate, während seine »Mittel, vom Wahnsinn zu heilen«, seinen eigenen, sehr einfachen
Konzepten folgen. »Man errege ihre Selbsttätigkeit, man gewöhne sie an
Ordnung, man gebe ihnen einen Begriff, daß sie ihr Sein und Schicksal
mit so vielen gemein haben« – mit anderen Worten, man muß sie wie-

der in die Gesellschaft integrieren, aus deren gesundem Zusammenhang
sie herausgefallen sind. Der Landgeistliche teilt die Stunden Augustins
sorgsam ein und hält ihn dazu an, Kinder auf der Harfe zu unterrichten
und im Garten zu arbeiten. Als er eine leichte Besserung zu bemerken
glaubt, hofft der dadurch ermutigte Psychologe, ihm bald seinen Bart
und seine Kutte wegnehmen zu können, »denn es bringt uns nichts
näher dem Wahnsinn, als wenn wir uns vor andern auszeichnen, und
nichts erhält so sehr den gemeinen Verstand, als im allgemeinen Sinne
mit vielen Menschen zu leben«. Wilhelm verbringt einige Tage bei
diesem Psychiater des späten 18. Jahrhunderts und lauscht Geschichten
nicht nur »von verrückten Menschen, sondern auch von solchen, die
man für klug, ja für weise zu halten pflegt, und deren Eigentümlichkeiten nahe an den Wahnsinn grenzen«. In der Gesellschaft des Landgeistlichen und seines Freundes, des »Medikus«, erfährt Wilhelm die
traurige Geschichte von der Melancholie des Grafen und der Gräfin.
Nicht zufällig erhält er zudem von eben diesem Arzt das Manuskript
mit den *Bekenntnissen der schönen Seele.* Denn die »schöne Seele« kann
als exemplarisch für den zuvor erwähnten Typus jener weisen Menschen
gelten, deren Eigentümlichkeiten an den Wahn grenzen.

Die ersten Leser der *Lehrjahre* erkannten – insbesondere im Blick auf
Mignon und den Harfner – die Gegenwart des Irrationalen und Dämonischen in Goethes Roman sehr wohl. Während Körner und Schiller
»das Unbegreifliche« angesichts der Klarheit, »die im Roman herrschen
muß«, als unangemessen monierten[54], hatten die romantischen Kritiker
keine Bedenken gegen das geheimnisvolle Figurenpaar oder die Bedeutung des Wahnsinns in Goethes Roman überhaupt. Friedrich Schlegel
hob in seiner großen Rezension im *Athenäum* (1798) diesen Aspekt als
charakteristisch für das Romantische hervor. Er begreift die abgründigen Figuren des Romans als Gegengewicht zum allein geistig Interessanten, das bei vielen anderen Protagonisten des Romans dominiere und
sie daher für das Gemüt bloße »Marionetten, allegorisches Spielwerk«
bleiben lasse. »Nicht so Mignon, Sperata und Augustino, die heilige Familie der Naturpoesie, welche dem Ganzen romantischen Zauber und
Musik geben und im Übermaß ihrer eignen Seelenglut zugrunde gehen.«[55] Wenige Seiten zuvor hatte Schlegel in seiner Erörterung des
fünften Buches »die nicht seltne Annäherung zum Wahnsinn« bemerkt,
»die eine Lieblingsbeziehung und Ton dieses Teils scheinen dürfte«.
Hier, so fährt er fort, bereite sich der Roman vor, »in die äußersten Tie-

fen des innern Menschen zu graben«. Jean Paul fühlte sich gleichermaßen von dem Geheimnisvollen, das vor allem Mignon und den
Harfner umgab, angezogen. Er wünschte sogar, Goethe hätte sich nicht
durch die Gattungskonventionen dazu verpflichtet gesehen, am Ende
durch die Erzählung der Genealogien alles Geheimnis zu zerstreuen. Im
fünften Paragraphen seiner *Vorschule der Ästhetik* behauptet er, das wahre »Wunderwesen« des *Wilhelm Meister* sei nicht im »hölzernen Räder-
werk« der Auflösungen zu finden, »sondern in Mignons und des Har-
fenspielers etc. herrlichem geistigen Abgrund, der zum Glück so tief ist,
daß die nachher hineingelassenen Leitern aus Stammbäumen viel zu
kurz ausfallen«.[56]

Die Fiktionalisierung der Psychiatrie

In den Werken von Spiess, Tieck und Goethe spiegeln sich die im ausgehenden 18. Jahrhundert vorherrschenden Haltungen gegenüber der
Natur der Geisteskrankheit und ihren Behandlungsmöglichkeiten. An
einer zweiten, um das Jahr 1803 erschienenen Gruppe von Werken
lassen sich demgegenüber die Charakteristika der neuen, »romantischen« Psychiatrie ablesen, die um die Wende zum 19. Jahrhundert
Gestalt anzunehmen begann. Damit soll nicht gesagt sein, daß Jean
Pauls *Titan* (1800–1803) und die unter dem Pseudonym »Bonaventura«
erschienenen *Nachtwachen* (1804) direkt von Johann Christian Reils
Rhapsodieen (1803), dem bedeutendsten Dokument romantischer Psychiatrie, beeinflußt waren. Doch ist die geistige Verwandtschaft dieser drei
Bücher unbestreitbar. Sie treten aus dem Horizont der noch vom Rationalismus des 18. Jahrhunderts geprägten Auffassung heraus, für die der
Wahnsinn ein oft unheilbarer Zustand der Entfremdung vom natürlichen Menschsein und von der menschlichen Gesellschaft war, den man
allenfalls durch die »moralische Behandlung« kurieren zu können hoffte.

Reils exemplarische Studie über die Geisteskrankheiten unterscheidet
sich schon im Titel von den wissenschaftlichen *Inquiries*, *Traités* und
Abhandlungen der Spätaufklärung. Sie heißt *Rhapsodieen über die Anwendung der psychischen Curmethode auf Geisteszerrüttungen* (1803). Im
Verlauf seiner brillanten Karriere zeichnete sich Johann Christian Reil
(1759–1813) auf mehreren Gebieten aus, von der inneren Medizin und
Pharmakologie bis zur Ophthalmologie und Gehirnchirurgie[57]. Als

Professor an der Universität Halle in den Jahren 1787 bis 1810 war er eng mit Fichte, Schleiermacher, Wilhelm von Humboldt, Henrik Steffens, Goethe, F.A. Wolf und anderen verbunden. Zu seinem Bekanntenkreis gehörte auch der Arzt Johann Heinrich Ferdinand Autenrieth, der Hölderlin während der Jahre des Wahnsinns in Tübingen beistand. Als einer der berühmtesten Ärzte in Deutschland wurde Reil 1810 auf den Lehrstuhl für Medizin an der neugegründeten Universität von Berlin berufen. Doch fand die Karriere dieses überaus patriotischen Preußen, von dem man sagte, er sei der einzige Mann in Deutschland, dessen Haß auf die Franzosen den seines Freundes und Kollegen Fichte noch übertreffe, ein frühes Ende. Reil starb im Jahre 1813 an einem Typhusleiden, das er sich als Direktor des preußischen Militärhospitals nach der Schlacht bei Leipzig zugezogen hatte.

Wie Pinel und andere Zeitgenossen fand Reil auf dem Weg über andere Zweige der Medizin zum Forschungsgebiet der Psychiatrie, die um die Jahrhundertwende gerade erst Gestalt anzunehmen begann. Doch gingen seine *Rhapsodieen* konsequent aus der Entwicklung seiner früheren Werke hervor. Er begründete seinen Ruf mit einer Schrift *Von der Lebenskraft* (1795). Darin erläuterte er das Leben als ein Kontinuum, das sich von der Materie bis zum Geist erstrecke. Seine innere Einheit liege im Wesensmerkmal der »Lebenskraft« begründet, von der es insgesamt, im Physischen wie im Geistigen durchdrungen sei. Die romantischen Züge dieser Theorie, die sich als physiologisches Gegenstück zur *Naturphilosophie* lesen läßt, sind unverkennbar. Es war für Reil von hier aus kein weiter Weg zu seinem Hauptwerk *Über die Erkenntnis und Kur der Fieber* (1799–1805). Das Fieber gilt ihm darin als die Abweichung der »Lebenskraft« eines Organs von ihrem gesunden Normalzustand. Wenn das betroffene Organ das Nervensystem ist, sind nervöse Leiden die Folge, die ihrerseits zur Geistesgestörtheit führen – diesem Zusammenhang widmet Reil den vierten der fünf Bände seines Werks über das Fieber. Hier steht im Mittelpunkt seiner Überlegungen noch die Frage nach dem psychophysischen Zusammenhang von Körper und Geist, von physischer Erfahrung und geistiger Reaktion. Im Jahr 1799 kommt er zu dem typisch romantischen Schluß, »daß die reale und ideale Seite des Menschen Äußerungen seines Wesens und Organismus sind, das sich nach zwei Richtungen entwickelt und dadurch die innige Abhängigkeit der einen Seite von der andern begründet. In diesem Fall würde es eine höhere Naturlehre geben, der die Physiologie und Psychologie untergeordnet sind, sofern jene die objektive, diese die subjektive Seite jenes einen Urgrundes der Natur entwickelt.«[58]

Die *Rhapsodieen* fügen dieser theoretischen Diskussion wenig Neues hinzu. Sie sind Reils Versuch, als logische Konsequenz seiner Diagnose der Geistesstörungen eine »psychische Curmethode« zu entwickeln, in der die Praktiken Pinels und des englischen »moral management« an die deutschen Gegebenheiten angepaßt werden sollten.

Als Reil seine *Rhapsodieen* schrieb, hatte er im Grunde keine klinischen oder praktischen Erfahrungen mit dem Wahnsinn. Er war jedoch vertraut – und unzufrieden – mit den meisten wichtigen Büchern zum Thema, insbesondere auch mit den drei Werken von Crichton, Pinel und Kant, die wir weiter oben erörtert haben. Seine Fußnoten weisen aus, daß er die meisten seiner konkreten Beispiele von Pinel borgte, dessen erzählerisches Talent er im übrigen teilte. Dennoch beurteilte er den *Traité* des Franzosen ingesamt sehr abschätzig. »Herr Pinel genoss der schönen Erndte für dies Fach zur Zeit der Revolution, wo nach seinem eignen Geständnisse die Narren in Frankreich häufiger waren, als je zu einer anderen Zeit. Sein Werk über den Wahnsinn ist Coq à l'ane, üppig in einzelnen Theilen, aber krank im Zusammenhang, ohne Principien und Originalität, ob er gleich Nationaldünkel genug hat, sich alles dies anzumassen. Dass wir über kurz oder lang eine systematische Theorie der psychischen Curmethode bekommen werden, glaube ich: aus der Republick? das glaube ich nicht.«[59]

Wie diese Bemerkung zeigt, mißfiel Reils romantischem Temperament mit seiner Neigung zur philosophischen Spekulation vor allem der strikt experimentelle Ansatz, wie er für die theoriefeindliche französische Psychiatrie in der Folge Pinels charakteristisch war. Reil selbst war demgegenüber auf der Suche nach einem synthetischen Ansatz, der das praktisch-methodische Vorgehen mit den theoretischen Prinzipien der in Deutschland um das Jahr 1800 sehr einflußreichen *Naturphilosophie* in Übereinstimmung bringen sollte. Zu diesem Zweck gründete er zwei Zeitschriften, die jedoch nur kurzfristig existierten: zusammen mit A.B. Kayßler das *Magazin für die psychische Heilmethode* (1805–1806) und zusammen mit J.C. Hoffbauer die *Beyträge zur Beförderung einer Curmethode auf psychischem Wege* (1808–1812). Im ersten Jahrgang dieser letztgenannten Zeitschrift prägte er den Begriff »Psychiatrie«. Er wollte damit zum Ausdruck zu bringen, daß man das Studium der Geisteskrankheiten nicht einfach als einen Zweig der Medizin (»psychische

Medizin«), der Theologie oder der Straf- und Disziplinierungspraxis auffassen könne, sondern als eine eigenständige neue Disziplin anzuerkennen habe, für deren Ausübung es einer speziellen Ausbildung bedürfe.[60]

Im Jahr 1803 war Reil jedoch noch vor allem damit befaßt, das Leiden und die Notlage der Geistesgestörten in den zeitgenössischen Irrenhäusern der Öffentlichkeit bekannt zu machen. Denn noch wurden die Irren in den »Tollhäusern« Deutschlands nicht im Sinne der neuen Einsichten in die Natur ihrer Krankheit behandelt, denen in England und Frankreich jedenfalls in den besten Einrichtungen bereits Rechnung getragen wurde. Reils Argumentation zielte darauf ab, das Verständnis der Geistesgestörtheit als einer Störung des gesamten Individuums zu befördern und die Notwendigkeit einer »psychischen Curmethode« einsichtig zu machen. Sein Buch war ursprünglich als Unterstützung für die Gefängnisreform des Pastors Wagnitz gedacht und steht von daher mit der allgemeinen preußischen Reformbewegung in direktem Zusammenhang. Schon in den ersten Sätzen läßt Reil einen Standpunkt erkennen, der deutlich von der in der Aufklärung vorherrschenden Tendenz abweicht, möglichst scharf zwischen Wahnsinn und Vernunft zu unterscheiden.

»Es ist eine sonderbare Empfindung, wenn man aus dem Gewühle einer großen Stadt auf einmal in ihr Tollhaus tritt. Man findet sie hier noch einmal, im Geschmack des *Vaudeville's* vorgestellt, und irgendwo in diesem Narrensystem ein bequemes Genus für sich selbst. Das Tollhaus hat seine Usurpateurs, Tyrannen, Sklaven, Frevler und wehrlose Dulder, Thoren, die ohne Grund lachen, und Thoren, die sich ohne Grund selbst quälen. … Doch sind jene Narren in *Bicêtre* und *Bedlam* offener und unschädlicher, als die aus dem grossen Narren-Hause.«

In diesem Bild, das eine Antithese zu den Auffassungen der Aufklärung darstellt, erscheint das Tollhaus als Mikrokosmos im Makrokosmos der Welt. Reil sieht in ihm nicht lediglich einen Zerrspiegel der Wirklichkeit, sondern ein Produkt der Gesellschaft insgesamt, eine unvermeidliche Folge ihrer zunehmenden Entfernung von der Natur. Pinel hatte vermutet, die erbliche Disposition zum Wahnsinn sei in vielen Fällen durch die Ereignisse der Revolution zum Ausbruch gekommen. »Wir rücken«, schreibt Reil hingegen, »Schritt vor Schritt dem Tollhause näher, so wie wir auf dem Wege unserer sinnlichen und intellectuellen Cultur fortschreiten.« Einige der Autoren, die sich mit dem

Wahnsinn befaßten, verfolgten die Parallelen zwischen den Fortschritten der Kultur und der zunehmenden Anfälligkeit für den Wahnsinn mit äußerster Konsequenz. Sie verwiesen mit Stolz auf die Zahl der Verrückten als Gradmesser für den hohen Bildungsstand eines Landes[61].

Reil rückt in der Einleitung seiner *Rhapsodieen* den Wahnsinn in eine ausgesprochen romantische Perspektive. Der Irre erscheint darin nicht länger als der vom Gesunden wesensverschiedene Andere, den man den Blicken der Gesellschaft entziehen und an Orten, die Gefängnissen gleichen, einsperren und überwachen muß. Auch ist er nicht mehr das verstörend fremde Objekt, dem im späten 18. Jahrhundert der vernunftgeleitete Schrecken eines Kant, die religiöse Inbrunst eines Crichton oder der wissenschaftliche Eifer eines Pinel galt. Vielmehr unterscheidet sich der Geistesgestörte von allen anderen nur durch den Grad seiner Abweichung vom gesunden Normalzustand. Der Spiegel des Irrenhauses mag als Zerrspiegel erscheinen, doch läßt sich in ihm die Wahrheit über das Menschengeschlecht finden. Denn in ihm werden alle Extreme der menschlichen Natur sichtbar.

Die Haltung gegenüber dem Wahnsinn, die Reil in der Einleitung skizziert, stimmt mit den Ausführungen überein, die den eigentlichen Text des Buches bilden. Die Geisteszerrüttung ist darin kein Produkt einer physischen Verletzung oder einer erblich bedingten Krankheitsanlage, sondern eine Störung des harmonischen Zusammenspiels von *Selbstbewußtseyn, Besonnenheit* und *Aufmerksamkeit*, die Reil das »Triumvirat nahe verwandter Kräfte der Seele« nennt. Als *Selbstbewußtsein* gilt ihm diejenige Kraft, welche die Mannigfaltigkeit der Vorstellungen zur Einheit verknüpfe und die verschiedenen Teile des menschlichen Organismus im Mittelpunkt seiner »Individualität« zusammenfasse. Die *Besonnenheit* garantiere innerhalb der scheinbaren Spontaneität stets wechselnder Tätigkeiten der Seele die Kontinuität des Selbstbewußtseins und befähige die Seele zugleich, zwischen inneren und äußeren Wahrnehmungen zu differenzieren. Die *Aufmerksamkeit* schließlich definiert Reil als »das Vermögen der Seele, ihre Kraft willkührlich an den Gegenstand zu fesseln, der durch die Besonnenheit angemerkt und aus der Menge zum klaren Bewußtseyn ausgehoben ist.« Die drei so umschriebenen Seelenkräfte bringen die menschliche Individualität hervor und schützen sie. Sie sind jedoch abhängig vom Nervensystem[62]. Bei den Geisteszerrüttungen, so Reils Grundformel, »leidet der Brennpunkt des Nervensystems; er leidet an einer solchen dynamischen Intemperatur, dass fremde Erscheinungen auf normale Eindrücke folgen und alle Freiheit des Willens aufgehoben ist.«

Reil widmet das umfangreiche zwanzigste Kapitel der *Rhapsodieen* einer Erörterung der vier grundlegenden Kategorien des Wahnsinns, die auftreten können, wenn es zu einer solch gravierenden Störung des Nervensystems und damit des Gleichgewichts der Seelenkräfte kommt. Reils begriffliches Instrumentarium ist dem *Traité*, den Kategorien Pinels, in beträchtlichem Maß verpflichtet, auch wenn er dieses Werk verachtet. Die erste Kategorie – »Fixer, partieller Wahnsinn, Melancholie« – ist im Grunde identisch mit Pinels »mélancholie ou désire exclusif«. Hier ist der Patient auf verschiedene reale oder eingebildete Vorstellungsinhalte fixiert, die alle die Wirkung haben, ihn in einen Zustand der Depression und Verzweiflung zu stürzen. Als Beispiele nennt Reil in der Vergangenheit begangene Fehler oder versäumte Pflichten; die Vorstellung, vor Hunger zu sterben; Verwandlungen des Körpers und der Persönlichkeit; Aberglauben und Zwangsvorstellungen, die um religiöse Gegenstände kreisen; Liebe, Lebensüberdruß, Todesfurcht und die unbezwingbare Vorstellung, sich durch einen Akt der Selbstaufopferung bekannt zu machen.

Reils zweite Kategorie – »Tobsucht, Raserey, Furor, Mania« – ist eine Erweiterung von Pinels »mania mit oder ohne delirium«, mit der ein möglichst breites Spektrum »abnormer Handlungen« erfaßt werden soll. Die dritte Kategorie schließlich, die »Narrheit«, nähert sich der »Zerstörung der Verstandeskräfte«, die Pinel als dementia bezeichnet, und die vierte und letzte Kategorie, der »Blödsinn« ist als »abnorme Asthenie des Verstandes« ein Äquivalent zu Pinels »Idiotie«, die den Kranken aller seiner Geistesvermögen beraube.

Wenn die harmonische Balance der Seelenkräfte verloren ist, dann sind die gängigen traditionellen Behandlungsmethoden nicht länger angemessen. Mit Arzneimitteln und chirurgischen Eingriffen kann man die Folgen, nicht aber die Ursachen des Wahnsinns behandeln. Im Zustand des Wahnsinns können »die alienirten Kräfte des Gehirns«, die Reil im Unterschied zur Aufklärung nicht von der Vernunft, sondern von ihrer Natur entfremdet sieht, nur durch die Erregung bestimmter Gefühle, Vorstellungen, Triebe usw. wieder »rectificirt« werden. Dies soll die psychische Curmethode leisten, indem sie das Seelenorgan »specifisch« erregt und dadurch der »Intemperatur« entgegenwirkt. »Dies sind theoretische Gründe, aus der Natur des Seelenorgans hergenommen, die die Behauptung unterstützen, dass Gefühle und Vorstellungen, kurz Erregungen der Seele, die eigenthümlichen Mittel sind, durch welche die Intemperatur der Vitalität des Gehirns rectificirt werden müsse.« Die psychische »Curart«, so ergibt sich aus Reils Argumentation, kann entweder negativ oder positiv vorgehen. Im ersten Fall entfernt sie diejenigen Reize, die krank machen, im zweiten erregt sie künstlich bestimmte Reize, um durch die »transitorische Spannung der Kräfte« den Heilungsprozeß in Gang zu bringen. Die Mittel dieser positiven Curmethode, auf die er das Schwergewicht legt, unterteilt Reil in drei Klassen. Die erste enthält eine bemerkenswerte Vielfalt materiellphysischer Reize von bestimmten Veränderungen des Essens und Trinkens über die sexuelle Stimulierung bis hin zur Erregung von Ekel- und Unlustgefühlen und zur Verabreichung kalter Bäder. Diese gehen in »unschädliche Arten der Tortur« über, »z. B. die Brenkenhoffschen Tröge, das Tropfbad auf den abgeschornen Wirbel des Kopfes«. Die zweite Klasse enthält Objekte, die den »äußeren Sinnen«, also Auge, Ohr und Tastsinn »zur Anschauung vorgehalten werden«. Die dritte Klasse besteht aus Zeichen und Symbolen insbesondere aus der Sphäre von Sprache und Schrift, mit deren Hilfe die Vorstellungen, Phantasien, Begriffe und Urteile des Arztes auf den Patienten übertragen werden sollen. Reil vertritt den Standpunkt, der Patient müsse vom Moment seines Eintritts in die Heilanstalt an darauf vorbereitet werden, sich gelehrig und gehorsam den Erfordernissen der psychischen Cur gänzlich unterzuordnen. »Durch starke und schmerzhafte Eindrücke erzwingen wir des Kranken Aufmerksamkeit, gewöhnen wir ihn an unbedingten Gehorsam und prägen seinem Herzen das Gefühl der Nothwendigkeit unauslöschlich ein.« Zu diesem Zweck muß der Kranke von seinen Verwandten und Freunden und aus seiner gewohnten Umgebung entfernt und in die ihm unbekannte fremde Welt der Heilanstalt gebracht werden. »Er hört bey seiner Annäherung Trommelschlag, Kanonendonner, fährt über Brücken, die in Ketten liegen, Mohren empfangen ihn. Ein Eintritt unter so ominösen Vorbedeutungen kann auf der Stelle jeden Vorsatz zur Widerspenstigkeit vernichten.«

Reils *Rhapsodieen* enden mit einem leidenschaftlichen Ruf nach Heilanstalten, die im Unterschied zu den herkömmlichen als wahrhafte Versorgungs- und Behandlungsstätten der Geistesgestörten gelten könnten.

Wie wenig entsprechen unsere Irrenanstalten diesen Forderungen! Sie sind Tollhäuser, nicht bloss wegen ihrer Einwohner, sondern vorzüglich wegen des Widerspruchs, in welchem sie als Mittel mit den Zwecken stehen, die durch sie erreicht werden sollen. Sie sind weder Heilanstalten, noch Asyle unheilbarer Irrenden, denen die Menschheit huldigen kann, sondern meistens Spelunken, in welchen die Gesellschaft absetzt, was ihr lästig fällt.

Die humanen Heilanstalten, wie sie Reil vorschweben, wären nicht lediglich Anhängsel der Armen- und Zuchthäuser, sondern angenehme Zufluchtsorte. Ausdrücklich merkt er an, daß sie einen »milden Namen« haben, in einer anmutigen Gegend liegen und das Aussehen eines Hofes oder einer Meierei haben sollten. Mehrere Abschnitte seines Schlußteils widmet er der Erörterung der in der Heilanstalt nötigen Ordnung und Disziplin sowie der »äußeren Administration«, die Staat und Regierung vorbehalten sein, und der »inneren Administration«, die in den Händen der Ärzte, Psychologen und eines Oberaufsehers liegen solle. Würden solche Heilanstalten richtig geführt, dann könnten sie zugleich als Ausbildungsstätten für Ärzte dienen, die sich auf die Behandlung der Geistesgestörten spezialisieren wollten. Damit kommt Reil auf sein bereits früher geäußertes Anliegen zurück, es müsse neben der chirugischen und der medizinischen auch »die Doctorwürde in der psychischen Heilkunde« anerkannt und eingeführt werden.

Reils *Rhapsodieen* enthielten keine umfassende neue Theorie des Wahnsinns. Doch vertieften sie in romantisch-naturphilosophischer Perspektive die Erkenntnis, daß die Geisteskrankheiten primär psychischer und nicht körperlicher Natur seien. Dadurch schuf Reil die Bedingungen für die erste systematische Diskussion moderner Psychotherapie und ging deutlich über die Grenzen der Debatte des 18. Jahrhunderts hinaus, in welcher der Wahnsinn weithin als Produkt einer organischen Verletzung und von daher als unheilbar aufgefaßt wurde. Reils Buch erschien zu einem günstigen Zeitpunkt. Die Liberalisierung und Reform der Preußischen Institutionen unter der Federführung von Stein und Hardenberg wurde gerade in Angriff genommen wurde. Zugleich waren die romantischen Denker und Schriftsteller auf der Suche nach einer Interpretation des Wahnsinns, die zur Überwindung der im 18. Jahrhundert ausgeprägten Dualismen von Verstand und Materie, Geist und Natur, Wahnsinn und Gesundheit beitragen konnte. Reils

Rhapsodieen hatten daher einen nachhaltigen Einfluß sowohl auf die kulturellen wie auf die institutionellen Entwicklungen in Deutschland.

Jean Paul schrieb sein Meisterwerk *Titan* unter dem Einfluß nicht nur von *Wilhelm Meisters Lehrjahren,* sondern auch von Tiecks *William Lovell.* Angesichts seiner Bewunderung für die psychisch abgründigen Figuren in Goethes Roman ist es kaum verwunderlich, daß sich an einigen der Hauptfiguren seines eigenen Romans unterschiedliche Grade von Geisteskrankheit zeigen. Die psychologische Konzeption in diesem Werk, das über einen Zeitraum von zehn Jahren hinweg zwischen 1792 und 1802 entstand, verbindet auf charakteristische Weise ältere, rationalistische Theoreme mit den neueren romantischen Anschauungen. Der *Titan* (1800–1803) weist – selbst am Maßstab der anderen Romane Jean Pauls gemessen – eine auffällig komplizierte Handlungsstruktur auf[63]. Die meisten der zahllosen Mystifikationen, zu denen dynastische Streitigkeiten, verheimlichte Elternschaft, geheimnisvolle Prophezeiungen und eine Vielzahl anderer Utensilien aus dem Arsenal des zeitgenössischen Schauerromans gehören, begegnen schon in den einleitenden Kapiteln des ungewöhnlich langen Romans und erfahren auf den letzten fünfzig Seiten ihre rationale Auflösung. Die Haupthandlung spielt sich zwischen Frühjahr 1791 und Herbst 1792 ab. Sie enthält einen veritablen »Bildungsroman«, in dessen Verlauf der zwanzig Jahre alte Albano, heimlicher Thronerbe des Fürstentums Hohenfliess, eine Reihe von Erfahrungen macht, die ihm die Illusionen seiner Jugend rauben und ihn reif dafür werden lassen, nach Aufklärung aller Geheimnisse seiner Geburt und seines Erbes die Pflichten und Verantwortlichkeiten der Regentschaft auf sich zu nehmen. Der Bildungsprozeß Albanos vollzieht sich in Form seiner Konfrontation mit den geistigen Exzessen, die Jean Paul unter den Frühromantikern beobachten zu können glaubte. Er beschäftigte sich mit ihnen zunächst aus der Ferne und dann in unmittelbarer Nähe während der zwei Jahre in Berlin, in denen er seinen Roman vollendete – dessen doppeldeutiger Titel sich ebenso auf diesen falschen »Titanismus« wie auf den Sonnengott Títan bezieht. Am Ende erreicht Albano jenes gefestigte innere Gleichgewicht, das Jean Paul während seines Aufenthaltes in Weimar, wenn nicht an Goethe und Schiller, so doch an Herder bewunderte. Es ist charakteristisch, daß im *Titan* die romantischen Exzesse in drei der vier wichtigsten Fälle unverkennbare Zeichen des Wahnsinns erkennen lassen.

Über weite Strecken hin erzählt der Roman die Liebesgeschichte zwischen Albano und Liane und damit eine der idyllischsten und heitersten Romanzen der deutschen Literatur. Sie dauert freilich nur wenig mehr als einen Sommer lang. Liane und ihr Bruder Roquairol sind die Kinder des Ministers von Froulay, eines skrupellosen und berechnenden Regierungsbeamten am Hof von Hohenfliess. Obwohl Albano Liane zum ersten Mal im Frühling seines zwanzigsten Jahres begegnet, ist ihm das schöne Geschwisterpaar vom Hörensagen schon seit Jahren bekannt. Denn während er in einem Dorf nahe der Hauptstadt aufwuchs, kursierte dort manche Erzählung über die Vollkommenheit Lianes und Roquairols. Als er sie zum erstenmal sieht, ist er daher voller Bereitschaft, sich hinreißen zu lassen. Tatsächlich wird aus der Begegnung eine Liebe auf den ersten Blick. Die folgenden Kapitel, in denen diese erste Liebe geschildert wird, gehören zu den zartesten, die Jean Paul je schrieb. Doch ist die Liebe zwischen Albano und Liane aussichtslos. Denn Lianes ränkeschmiedende Eltern, die von Albanos wahrer Identität nichts wissen, hegen höhere Absichten mit ihrer Tochter. Sie verbieten die Romanze und ziehen dazu den Hofkaplan heran. Dieser enthüllt unter dem absoluten Siegel der Verschwiegenheit Liane den wahren Rang Albanos und damit einen unüberbrückbaren Standesunterschied. Dadurch ist ein neues Heiratshindernis gegeben. Als Liane daraufhin Albanos Briefe zurückschickt und ihm ihre Hand verweigert, kann er ihre Entscheidung nicht verstehen und gerät in Wut. Von seinem Verhalten tief getroffen, wird Liane krank und stirbt bald. An ihrem Totenbett erfährt Albano, daß sie ihm in Liebe treu geblieben ist, und kann aus der tiefen Reue, die ihn überfällt, nur mit Hilfe einer List wieder zu Sinnen gebracht werden. Seine Freunde überreden Idoine, die Prinzessin im benachbarten Fürstentum Haarhaar, deren Ähnlichkeit mit Liane frappierend ist, dem verzweifelt im Fieber daliegenden Albano als Erscheinung seiner Geliebten gegenüberzutreten und ihm zu verkünden, sie habe ihm vergeben. Sie bedienen sich damit einer Behandlungstechnik, die Reil für den Umgang mit Fällen von »fixer Idee« empfiehlt.

Diese Episode, die annähernd zwei Drittel des Romans ausfüllt, ist mehr als eine einfache Liebestragödie nach dem Modell des sozialen Dramas im Sturm und Drang, die durch die erzählerischen Machinationen des Schauerromans kompliziert wird. In Gestalt Lianes begegnet Albano einem der in Jean Pauls Augen gefährlichsten Aspekte der

Romantik: einer entkräftenden »Schwärmerei«, die zur ernsthaften Krankheit werden und zum Tode führen kann. Als Albanos Blick zum erstenmal auf Liane fällt, leidet sie gerade an einem jener Anfälle von hysterischer Erblindung, von denen sie von Zeit zu Zeit heimgesucht wird. Kurz vorher, als sie der Leiche des verstorbenen Regenten die letzte Ehre erweist, macht ihr Bruder Roquairol eine der für ihn charakteristischen rohen Bemerkungen. Ihr Hintergrund ist, daß bei der Obduktion des Toten das Herz entfernt wurde. »Diese tyrannische Erinnerung an die Leichenöffnung wirkte fürchterlich auf die kranke Liane, und sie mußte die Augen von der zugedeckten Brust abwenden, weil der Schmerz mit einem Lungenkrampfe den Atem sperrte.«[64] Nach einer gewissen Zeit erholt sich Liane von ihrem Anfall, doch ist sich Albano während der gesamten Dauer der kurzen Romanze deutlich der Zerbrechlichkeit ihrer zarten Gesundheit bewußt. Zu ihren Zwangsvorstellungen gehört, daß sie innerhalb eines Jahres sterben werde. Wenn sie von Migräneanfällen geplagt wird, hört sie von Zeit zu Zeit in ihrem Körper wie in einem Resonanzboden Musik erklingen. Jean Paul merkt dazu in einer Fußnote an, dies sei ein Phänomen, das häufig bei Fällen von Migräne »und anderen Krankheiten der Schwäche« vorkomme. Sie leidet an Wahnvorstellungen und scheinbar grundlosen Ängsten. So hat sie zum Beispiel seit der ersten Attacke hysterischer Erblindung eine seltsame Angst vor Wolken. Es ist angesichts ihrer physischen und psychischen Zerbrechlichkeit nicht verwunderlich, daß sie ein zweiter Anfall von Blindheit überkommt, als sie der emotionalen Anspannung ausgesetzt wird, Albano zurückweisen zu müssen, ohne ihm dafür eine Begründung geben zu können. Als sie immer mehr verfällt und auf den Tod zugeht, gleitet Liane am Ende in einen Zustand des Deliriums hinüber, der von Visionen der Ewigkeit unterbrochen ist.

Liane steht zum einen für das ungesunde Klima des Lebens bei Hofe[65], zum anderen für die Gefahren des romantischen Todeswunsches, dessen Zeuge Jean Paul im Fall des Novalis geworden war. Zugleich ist ihre geistige Hinneigung zum Tode auf Basis einer physiologischen Schwäche mit ihren Angstzuständen, Phobien und Anfällen hysterischer Erblindung bis hin zum Delirium deutlich als eine »Psychoneurose« jenes Typs erkennbar, der Pinel und Reil vertraut war. Obwohl Jean Paul die Symptome Lianes mit klinischer Präzision beschreibt, gibt er über die Darstellung ihrer allgemein schwachen körperlichen und seelischen Konstitution keine Hinweise auf spezifische

Ursachen. Eine gewisse Anspielung auf die Möglichkeit einer Erbkrankheit ist in dem Umstand gegeben, daß ihr Bruder Roquairol ebenfalls Zeichen von Geistesverwirrung zeigt. In seinem Fall erreichen sie ein Ausmaß, das man psychopathisch nennen kann. Schon Jahre bevor Albano ihm begegnet, hört er von einem symptomatischen Vorfall, bei dem der damals dreizehn Jahre alte Roquairol, in Liebe für ein bezauberndes junges Mädchen entbrannt, versucht hatte, sich in Nachahmung von Goethes Werther in Gegenwart der Geliebten zu erschießen.

Roquairol gehört zu den berühmtesten Gestalten in der Welt von Jean Pauls Romanen. Von seinem Autor wie von seinen Interpreten wurde er umfassend analysiert. Jean Paul zeichnete in diese Figur die Gefahren eines ungehemmten Ästhetizismus ein, wie er ihn nicht nur im Leben der Romantiker – Clemens Brentano erkannte sich im Porträt Roquairols wieder –, sondern auch in der ästhetischen Theorie der Weimarer Klassik zu erkennen glaubte[66]. Von seinen Hauslehrern frühreif ins Leben entlassen, vermag Roquairol weder im Leben noch in der Lektüre etwas Neues zu erfahren. Alles ist ihm schon bekannt. So sieht er im Leben nur eine Folge von Zitaten aus großen Werken der Kunst. Weil er ohne die Führung eines sorgenden Vaters aufwuchs, fehlt seinen Handlungen und Gedanken der Sinn für moralische Grenzen. Als er von Lianes zweiter Erblindung hört, rechnet er alle Schuld daran Albano zu und nimmt Rache, indem er Albanos unschuldige Pflegeschwester Rabette verführt. Er handelt dabei nicht aus Liebe, Leidenschaft oder auch nur Haß, sondern – so merkt er selbst an – aus Langeweile. Als Albano nach dem Tod Lianes die Liebe Linda de Romeiros gewinnt, die einst der Gegenstand von Roquairols kindlicher Leidenschaft war, wird aus dem vormaligen Freund ein bis zum Wahnsinn eifersüchtiger Rivale. Roquairol macht sich sein Talent zur Mimikry und Lindas eigentümliche Nachtblindheit zunutze. Diese Augenschwäche ist übrigens ein Zug, den sich Jean Paul – nicht gerade galant – zusammen mit einigen Briefpassagen von seiner liebevollen Weimarer Gönnerin Charlotte von Kalb borgte[67]. Durch ein gefälschtes Billett in Albanos Handschrift lockt Roquairol Linda zu einem Rendezvous, imitiert dort gegenüber der nachtblinden jungen Frau die Stimme Albanos und verführt sie. Kurz darauf stellt Roquairol in der Aufführung eines von ihm selbst geschriebenen Dramas vor der gesamten Hofgesellschaft diese Verführungsszene nach und schießt sich dann vor versammeltem Publikum eine Kugel in den Kopf. Diesmal gelingt ihm der Selbstmord, den er als Dreizehnjähriger erfolglos versuchte.

Es ist gewiß ein beträchtlicher Anteil purer Bosheit im Charakter dieses brillanten, zum Untergang verurteilten Romantikers. Walter Rehms bedeutende Abhandlung über Roquairol trägt den Titel: »Eine Studie zur Geschichte des Bösen.«[68] Doch wäre es eine Vereinfachung, in Roquairol nur die symbolische Figur zu sehen. Seine psychische Konstitution ist mit ebenso großer Sorgfalt dargestellt wie die seiner neurotischen Schwester Liane. »Ein Kind und Opfer des Jahrhunderts« nennt Jean Paul Roquairol und zählt ihn unter die »Abgebrannten des Lebens«, für die es keine neue Freude und keine neue Wahrheit mehr gebe. Häufig taucht im Umkreis Roquairols der Begriff »Wahnsinn« auf. Jean Paul läßt keinen Zweifel daran, daß er ihn als von der Familienkrankheit gezeichnet begreift. Albano sieht Roquairol zum erstenmal, als er und sein Freund Schoppe den Begräbniszug des toten Regenten betrachten. Der ironische Schoppe läßt sich gerade angesichts des leeren, pompösen Zeremoniells und der versammelten Menge zu Bemerkungen über »den ewigen, zwingenden, kleinlichen, von Zwecken und Freuden verirrten, betäubten schweren Wahnsinn des Menschengeschlechts« hinreißen. In dem unmittelbar darauffolgenden Satz wird Roquairol in den Roman eingeführt. »Plötzlich durchbrach die schwarze Kette ein bunter glänzender Ritter, Roquairol auf dem paradierenden Freudenpferde, und erschütterte unsre zwei Menschen, und keinen weiter.«

Von diesem Punkt an nimmt Jean Paul immer wieder die Gelegenheit wahr, in Roquairols Charakter mit seinen brillanten und faszinierenden wie seinen dunklen und unheimlichen Seiten den Untergrund einer schweren Geisteskrankheit sichtbar zu machen. So bemerkt schon an sehr früher Stelle der Erzähler, daß andere äußere Umstände – zum Beispiel Armut und die Notwendigkeit zu arbeiten – ihn womöglich vor seinem Schicksal hätten bewahren können. »Hätte man ihn als Neger verkauft, sein Geist wäre ein freier Weißer und ein Arbeitshaus ihm ein Purgatorium geworden. Daher gaben die ersten Christen den Besessenen immer Geschäfte, z.B. Kirchenausfegen u.s.w. Aber das müßige Offiziersleben arbeitete ihn bloß noch eitler und kecker aus.« Die Unordnung in Roquairols Quartier und seine chaotische Lebensführung läßt der Roman als Hinweise auf die Verwirrung seines Geistes erscheinen. Seine plötzlichen Stimmungsschwankungen, die von Gewaltausbrüchen und einem entschiedenen Immoralismus begleitet sind, verdeutlichen, daß hier ein schwererer Fall von Wahn als bei seiner

Schwester vorliegt. In moderner Terminologie wäre wahrscheinlich von einer »manisch-depressiven Psychose« zu sprechen. Pinel und Reil faßten solche Fälle unter den Begriff »manie avec délire«. Diese Form der Manie galt als nicht gänzlich unheilbar und stand in dem Ruf, mit zunehmendem Alter immer milder zu werden. »Gelegentlich aber«, schreibt Pinel, als habe er Roquairol vor Augen, »nehmen die Wutausbrüche auch an Häufigkeit zu, und das ist ein verhängnisvolles Zeichen.«

Der hypertrophste Fall von Wahnsinn im gesamten Roman tritt dem Leser in Gestalt von Albanos Freund und Begleiter, dem »Malteser Bibliothekar« Peter Schoppe gegenüber. Jean Paul nahm sich schon in den frühesten Stadien der Konzeption, noch bevor er sich über den Namen und die Funktion der Figur im klaren war, vor, in seinen Roman einen *Komikus* und *Humoristen* aufzunehmen, der in einer »wahnsinnigen Laune« das Tragische und das Komische vermengen sollte[69]. Lange bevor er Bekanntschaft mit Fichtes Philosophie machte, hatte Jean Paul satirisch über den extremen philosophischen Egoismus geschrieben, der keine Realität außerhalb seiner selbst anerkennt. Als im Jahr 1798 die Figur Schoppes Gestalt anzunehmen begann, kam Jean Paul der Gedanke, sie an der fixen Idee leiden zu lassen, ein Traum zu sein, und sie zudem durch die Angst vor ihren Spiegelbildern zu charakterisieren. Denn in den Spiegeln ließ sich das ungreifbare »Ich« verkörpern, von dem Schoppe sich verfolgt sehen sollte. Etwa zur gleichen Zeit entschied sich Jean Paul auch dafür, Schoppe mit der Figur des Leibgebers aus dem früheren Roman *Siebenkäs* zu identifizieren. Dadurch konnte er seinen Erzähler Gebrauch von dem Umstand machen lassen, daß Siebenkäs und Leibgeber einander bis aufs Haar ähneln.

In den ersten beiden Dritteln des Romans taucht Schoppe häufig als Begleiter Albanos auf, spielt aber nur eine untergeordnete Rolle. Er erscheint als ein Exzentriker, den nur wenige Leute mögen und der insbesondere Roquairol zuwider ist. Einmal heißt es von ihm, er sei womöglich deshalb so unbeliebt, »weil wenige einen ganz freien Menschen erdulden«. Während dieser frühen Auftritte ist Schoppe durchaus nicht verrückt. Doch wird seine geistige Unausgeglichenheit sowohl durch seine manische Ausgelassenheit wie durch die Hemmungslosigkeit angedeutet, mit der er seinen Gedanken und Worten freien Lauf läßt. Kurz nach Lianes Tod beginnen die Symptome unheimlicher zu werden. Zunächst bemerken Schoppes Freunde, daß er sich verändert und immer trübsinniger, unruhiger und grämlicher wird. Er ist in eine Frau ver-

liebt, deren Identität er sich weigert preiszugeben. Es stellt sich aber im
folgenden heraus, daß seine aussichtslose Leidenschaft der ihm gänzlich
unerreichbaren Linda de Romeiro gilt. Ungefähr zur gleichen Zeit erscheint plötzlich aus Gründen, die mit dem dynastisch-politischen
Aspekt der komplizierten Handlung zu tun haben, ein geheimnisvoller
Fremder, dessen Kahlkopf wie ein Totenschädel aussieht und der nicht
einmal Augenbrauen hat. Er prophezeit Schoppe, er werde binnen fünfzehn Monaten dem Wahnsinn verfallen. Schoppe ist an diesem Punkt
noch in der Lage, aggressiv zu antworten und ironisch darüber zu räso-
nieren, wie wenig bedrohlich ihm der Wahnsinn erscheine, da er ja oft
aus einer fortdauernden *angenehmen* Idee bestehe. Jean Paul erläutert
dies in einer Fußnote mit Hinweis auf einen englischen Gelehrten, der
darauf verwiesen habe, »daß unter den fixen Ideen des Irrhauses selten
die Unterwürfigkeit vorkomme; meistens bewohnen es Götter, Könige,
Päpste, Gelehrte«. Als Schoppe wenig später ins Schloß geht, um Idoine
dazu zu überreden, die Rolle der gestorbenen Liane zu spielen und auf
diese Weise Albano von seinem Schuldbewußtsein zu befreien, macht er
die erste einer Reihe von verstörenden Erfahrungen. Er wird zum Warten in ein Spiegelzimmer geführt und sieht sich dort von Bildern seiner
eigenen Person umgeben. Langsam hin und her gehend »mit seinem
verdrüßlichen Gefolge stummer flinker Spiegel-Urang-utangs«, ist er
angeekelt von diesen Vervielfältigungen seiner selbst. »Müsset ihr mich
stören, ihr Ichs?«, sagt er und »legte sichs nun vor, wie er stehe vor der
reichsten, hellesten Minute und feinsten Goldwaage seines Daseins, wie
ein Grab und ein großes Leben liege auf dieser Waage, und wie sein ich
ihm schwinden müsse wie die nachgemachten gläsernen Ichs umher.«

An ihrem Ort scheinen diese verstreuten Ereignisse nicht übermäßig
bedeutsam zu sein, und Schoppe bleibt in Pestitz zurück, als Albano
nach Italien aufbricht. Während seiner Abwesenheit erfährt Albano,
daß Schoppe für mehrere Monate verschwunden ist und man in der
Stadt meint, er verfalle allmählich dem Wahnsinn. Albano erfährt bei
seiner Rückkehr weitere beunruhigende Nachrichten über Schoppe. Die
meiste Zeit habe dieser vor seiner Abreise in einem »ordentlichen Diskurs« mit seinem elsässischen Wolfshund verbracht oder vor dem Spiegel gesessen, in Selbstgespräche vertieft. Schließlich bringt ein Brief von
Schoppe selbst weitere Aufklärung. Davon überzeugt, er müsse das ihm
prophezeite Schicksal erdulden und »toll werden«, grübelt er nicht mehr
darüber, ob, sondern nur noch, wann der Wahnsinn ihn überkommen

werde. Dazu listet er in zwingender Systematik verschiedene Symptome und Gründe auf: den bunten Stil seines eigenen Schreibens mit seinem Übermaß an gewagten Bildern; die Wahnsinnsprophezeiung, die ihn seither verfolgt; das Vorbild Jonathan Swifts, dessen Fall ihm, als einem Gelehrten, natürlich vertraut ist; seine große Vergeßlichkeit; den Umstand, daß er häufig geträumte mit erlebten Sachverhalten verwechselt, und noch viele weitere Symptome. Aus demselben Brief erfährt Albano, daß Schoppes geheimnisvolle Reise nach Spanien führte. Er sucht dort nach Informationen zur Aufklärung der genealogischen Verwirrungen, die an diesem Punkt des Romans jedoch noch unaufgelöst bleiben.

Als Schoppe zurückkehrt, ist eine Verschlechterung seines Zustands unverkennbar. Von Albanos Onkel hatte er in Valencia erfahren, es gebe in Madrid einen Menschen, der jener zwielichtigen Figur ähnlich sehe, die Schoppes Wahnsinn prophezeite. Dieser Mann erweist sich als Inhaber eines Wachsfigurenkabinetts, dessen täuschend echte Puppen eine Gruppe Wahnsinniger darstellen. Der Direktor läßt die Figuren bei den Vorführungen sprechen und mischt sich selbst gelegentlich als Gesprächspartner unter sie. Eines Nachts hört Schoppe in einem Gasthaus Lärm aus dem Nebenzimmer dringen. Als er auf den Erker tritt, sieht er in dem andern Raum die wächsernen Figuren des Wahns im Gespräch mit dem kahlköpfigen Direktor, der mitten unter ihnen sitzt. Sie grüßen Schoppe, nennen ihn ihren »Bruder« und laden ihn ein, sich zu ihnen zu gesellen. Schoppe berichtet Albano, wie er sich durch einen Schuß auf den Zeremonienmeister der wahnsinnigen Versammlung von seinen unheimlichen Verfolgern habe befreien wollen. Das unheimliche Erlebnis treibt aber offensichtlich Schoppe selbst endgültig in den Wahnsinn. Albano will gehen, aber Schoppe fleht ihn an, ihn zu begleiten: »Ich … wäre jetzt allein vis-à-vis de moi.« Als Albano den Grund seiner Angst nicht versteht, blickt Schoppe scheu um sich und flüstert: »Der Ich könnte kommen« und erklärt dann, er sei durch den Hang zum Egoismus, der durch die Lektüre philosophischer Schriften eine immer subtilere Form angenommen habe, schließlich in den Wahnsinn getrieben worden.

> »Herr, wer Fichten und seinen Generalvikar und Gehirndiener Schelling so oft aus Spaß gelesen wie ich, der macht endlich Ernst genug daraus. Das Ich setzt Sich und den Ich samt jenem Rest, den mehrere die Welt nennen. … Das Ich denkt Sich, es ist als Ob-

Subjekt und zugleich der Lagerplatz von beiden – Sapperment, es
gibt ein empirisches und ein reines Ich – die letzte Phrasis, die der
wahnsinnige Swift nach Sheridan und Oxford kurz vor seinem
Tode sagte, hieß: ich bin ich – Philosophisch genug!«-

Nun beginnt Schoppes Geschichte sich vollständig zu enthüllen. Er bekennt, sein wirklicher Name sei gar nicht Schoppe. Er habe vielmehr
seinen wahren Namen beständig geändert. Doch verfolge ihn »der reine
Ich« noch immer und werde ihn am Ende zugrunde richten. Wenig
später gehen Schoppe und Albano auseinander. Doch als Albano seinen
Freund am nächsten Tag erwartet, weiß niemand, was mit ihm geschehen ist. Schließlich erfährt Albano, Schoppe sei ins Irrenhaus gebracht
worden. Er habe unter der Anklage gestanden, in Spanien den Direktor
des Wachsmuseums ermordet zu haben. Als man ihm die Wahl
zwischen Gefängnis und Irrenhaus gelassen habe, habe er sich für das
zweite entschieden. Es stellt sich im folgenden heraus, daß die Anklage
zu dem finstren Komplott gegen Albano und Schoppe gehörte, dessen
angebliche Mordtat sich als Trug erweist. Doch kehrt Schoppes Geist
aus der Verwirrung nicht zurück. Das Irrenhaus, in dem Albano Schoppe besucht, ist eine Heilanstalt im modernen Sinne. Ein Ehepaar, das
dem Monsieur Pussin und seiner Frau in Bicêtre gleicht, folgt dem Modell der »moralischen Therapie«. Albano bemerkt, daß Schoppe alle
Spiegel in seiner Nähe zerschlägt, mit dem Studium zahlreicher Bücher
über den Wahnsinn beschäftigt ist und mit dem Direktor über die Einrichtung von Heilanstalten innerhalb der herkömmlichen Irrenhäuser
debattiert. Auch als Albano Schoppe mit in seine eigene Wohnung
nimmt, legt sich dessen Unruhe nicht. Alle Spiegel im Hause müssen
verhängt werden, weil auch hier Schoppe von der Furcht umgetrieben
wird, »daß er sich erscheinen und den Ich sehen könnte«. Er leidet so
sehr an Schlaflosigkeit, daß der Arzt ihm schließlich ohne sein Wissen
einen Schlaftrunk verabreicht. Doch aus diesem Zwangsschlaf fährt
Schoppe nach wenigen Minuten auf und entspringt in vollem Wahnsinn, niemand weiß wohin.

An diesem Punkt beschleunigt und kompliziert sich die Handlung.
Seinem Ziel folgend, Rache an dem Spanier zu nehmen, macht Schoppe sich wieder auf den Weg in das Schloß, wo er einst im Spiegelzimmer die Unterredung mit Idoine hatte. Diesmal sieht er sich in den
Spiegeln einem ganzen »Ichs-Volk« gegenüber und steigt auf einen

Stuhl, um einen der langen Spiegel von der Wand zu lösen. Dadurch setzt er eine Kette von Ereignissen in Gang, die schließlich – durch das Auftauchen eines verborgenen Porträts – in der Enthüllung von Albanos wahrer Identität kulminieren. Als Schoppe daraufhin zu seinem Freund eilt, um ihm die Entdeckung mitzuteilen, begegnet er dem bösen Onkel Albanos, dessen Intrigen er sein Elend verdankt. Schoppe droht, ihn zu töten – »denn ich bin ein Toller voll fixer Ideen« –, wird daran aber in letzter Minute durch Albanos Ankunft gehindert. Genau in diesem Augenblick erscheint Schoppe-Leibgebers alter Freund Siebenkäs. Durch den Schock dieser unerwarteten Begegnung mit seinem Doppelgänger bricht Schoppe endgültig zusammen und stirbt. »Lange genug! Du bist der alte Ich – nur her mit deinem Gesicht an meins und mache das dumme Sein kalt.«

In der Figur Schoppes illustriert Jean Paul die Gefahren des ungehemmten Solipsismus, wie er ihn politisch in der Französischen Revolution und philosophisch in den Lehren Fichtes verkörpert sah. Eine so exzessiv begriffene Freiheit mußte seiner Ansicht nach zum Nihilismus führen. Schoppes Leben sollte zeigen, daß eine Freiheit dieses Schlages immer weiter voranschreiten und schließlich über die Stationen der Verzweiflung und des Wahnsinns ihren Endpunkt im Tod erreichen müsse. Schon Pinel und Reil hatten ja eine Verbindung zwischen dem Wahnsinn und dem Aufruhr der Revolution gezogen und zugleich auf die Gefahren verwiesen, die bei einem in sich nicht gefestigten Geist aus allzu exzessivem Studieren und Philosophieren erwachsen können. An der spezifischen Perspektive aber, in der Jean Paul symbolischen Gebrauch vom Wahnsinn macht, läßt sich seine Differenz zur Behandlung des gleichen Stoffes in den vorangegangenen Werken verdeutlichen. Im *Titan* ist nicht der Wahnsinn das Primäre, sondern die Parodie des Fichteschen Subjektivismus und das Problem der Identität. Balder und der Harfner waren voll entwickelte Charaktere, bei denen der Übergang in den Wahnsinn sich im Einklang mit dem Stufengang psychischer Desintegration vollzog, wie ihn die Psychologie des ausgehenden 18. Jahrhunderts begriff. Schoppe hingegen ist als Figur entworfen, die Fichtes Lehren wörtlich nimmt: Darin liegt Jean Pauls Witz und die These, die er zu demonstrieren sucht[70]. Zu ihrer Demonstration benötigt Jean Paul die Symptome der *manie avec délire* bzw. des »partiellen Wahnsinns«, wie er von den Zeitgenossen definiert wurde. In der Tat sind die Stufen von Schoppes Wahnsinn mit großer Sorgfalt dargestellt. Jean Paul – vielleicht der wahlloseste bzw. unersättlichste Leser seiner Generation – ließ in diese Darstellung die Anspielung auf zahlreiche Symptome, die er sowohl aus Büchern über den Wahnsinn wie aus Swifts Biographie kannte, so deutlich eingehen, daß sich in seiner Schilderung leicht ein Fall rapide voranschreitender Schizophrenie erkennen läßt. Das gesamte Geschehen um Schoppe steht darüber hinaus im Dienste von Albanos »Bildung«. Seine Schwester Julienne bemerkt einmal an relativ später Stelle im Roman: »Ein Wunder ists nur, daß der Bruder zwischen zwei solchen Phantasten – wie dieser Schoppe und Roquairol – nicht selber einer geworden.« Ganz im Gegensatz zu dieser Erwartung erwirbt Albano schließlich durch die tragische Erfahrung der Geisteskrankheit gerade jener drei Menschen, die ihm am nächsten standen, einen Grad geistiger Integration, der ihm einen angemessenen Umgang mit der Realität erlaubt. Er hatte die Klimax der Gefahren des Wahns vor Augen – von Lianes Ängsten und plötzlichen Erblindungen über Roquairols schwere Geistesstörung bis hin zu Schoppes Wahnsinn. Die drei Gräber, die er am Ende des Romans besucht, symbolisieren lebendiger als jedes andere Bild die Gefahren des romantischen Titanismus – Gefahren, denen er selbst nur entkommt, weil er sie durch seine Stellvertreter erfährt. »Nein«, (dachte Albano), »ich brauche nicht nachzusinnen, warum sank ich nicht auch mit unter. O genug, genug fiel von mir in die Gräber –.«

Als gebe der Blick auf die Figuren des Romans dem Leser nicht schon genügend Aufschluß über das Interesse des Autors am Wahnsinn, demonstriert Jean Paul durch Hinweise im Text wie durch die Fußnoten des Erzählers seine ausgedehnte Kenntnis der wichtigsten zeitgenössischen Entwicklungen psychologisch-medizinischer Theoriebildung. Der Arzt Lianes, Dr. Spex, zitiert im Zusammenhang mit ihrer Erblindung einen Artikel über die chemischen Wirkungen der Tränen aus Reils *Archiv für die Physiologie*. Schoppe schreibt ihre Erkrankung einer Nervenattacke zu und zitiert eine Beobachtung des englischen Physiologen Robert Whytt, derzufolge eine Frau aufgrund von zuviel Magensäure an einer Trübung des Augenlichts litt. Der Autor merkt in einer Fußnote an, daß Simon-André Tissot in seinem *Traité des nerfs et de leurs maladies*, der in deutscher Übersetzung in den Jahren von 1781 bis 1784 erschienen war, vom pharmazeutischen Wert des Hochmuts spricht. Er zitiert Erasmus Darwin und Thomas Sydenham, um die heftigen Schwankungen in Roquairols Gemüt zu erläutern, und zieht an anderer Stelle die Brownsche Theorie der Reizbarkeit und ihren Hauptrepräsentanten in Deutschland, Melchior Adam Weikard heran, um die Liebe des Prinzen als ein »Fieber der Schwäche« zu charakterisieren. Im Vorbeigehen spielt Jean Paul auf Anstalten wie die Salpêtrière, das Invalidenhospital in Kopenhagen oder das englische Bedlam an und erwähnt sogar den Brand im Berliner Irrenhaus des Jahres 1798. Während Lianes Erkrankung informiert sich Albano über die Nervenkrankheiten, und Schoppes Tisch im Irrenhaus ist bedeckt mit englischen und deutschen Abhandlungen und Büchern über den Wahnsinn, die er sich vom Asyl-Inspektor ausleiht. Es ist angesichts des weitreichenden literarischen wie theoretischen Interesses, das Jean Paul den Geisteskrankheiten entgegenbrachte, kaum verwunderlich, daß er sich mit Dr. Langermann, dem Direktor der neuen Heilanstalt in Bayreuth, anfreundete. Wir dürfen darin ein äußeres Zeichen dafür sehen, daß seine Faszination durch den Wahnsinn als zeittypische Erscheinung mit einer soliden Kenntnis der neueren psychiatrischen Theorien und Behandlungsmethoden einherging. Dabei war er sowohl den Autoren des späten 18. Jahrhunderts wie seinen unmittelbaren Zeitgenossen verpflichtet. Während die Symptomatologie des Wahnsinns und die Beschreibung seiner »moralischen« Behandlung im *Titan* an die Theorien von Pinel und Crichton erinnert, führt die implizite These, der Wahnsinn sei der Gesellschaft inhärent und der Wahnsinnige ein Spiegelbild der Normalität, Jean Paul in die unmittelbare Nähe von Reils romantischer Psychiatrie.

Jean Paul gehörte zu den ersten Lesern der anonym erschienenen *Nachtwachen*. Das aufsehenerregende Buch trug das Publikationsdatum 1805, kam aber schon Ende des Jahres 1804 auf den Markt. Am 14. Januar 1805 drängte Jean Paul einen Freund: »Lesen Sie doch die Nachtwachen von *Bonaventura*, d.h. von Schelling. Es ist eine treffliche Nachahmung meines Giannozzo; doch mit zu vielen Reminiszenzen und Lizenzen zugleich.«[71] Mit seinem Hinweis auf Schellings vermutete Autorschaft und auf eines seiner eigenen Werke als Modell der *Nachtwachen* eröffnete Jean Paul die bis in die Gegenwart reichende Reihe der immer neuen Spekulationen über die Identität des anonymen Autors. Diese Anonymität schlug viele Forscher so in ihren Bann, daß sie mehr Energie auf die Identifizierung des Verfassers als auf die Interpretation eines faszinierenden Werks verwendeten.[72]

Jean Paul mußte sich von den seltsamen *Nachtwachen* angezogen fühlen. Denn wie so viele andere Tendenzen des Zeitalters werden in

diesem gnadenlos satirischen Buch auch die Ideen Fichtes dem höhnischen Gelächter preisgegeben. Es ist unübersehbar, daß der anonyme
Autor dabei Jean Pauls kurz zuvor erschienenem *Titan* in zumindest
einer Passage Tribut zollt. Während der Erzähler Kreuzgang den Arzt
Dr. Oehlmann durch das Irrenhaus führt, unterhalten sie sich mit-
einem Patienten, der von sich glaubt, er sei der Weltschöpfer.

»Sehen Sie nur, Herr Doktor,« fuhr ich fort als der Weltschöpfer
endete, »wie grimmig der Kerl es auf die Welt angelegt hat; es ist
fast gefährlich für uns andere Narren, daß wir den Titanen unter
uns dulden müssen, denn er hat eben so gut sein konsequentes
System wie Fichte, und nimmt es im Grunde mit dem Menschen
noch geringer als dieser, der ihn nur von Himmel und Hölle ab-
trennt, dafür aber alles Klassische rings umher in das kleine Ich,
das jeder winzige Knabe ausrufen kann, wie in ein Taschenformat
zusammendrängt. Jeder vermag jezt aus der unbedeutenden Hülse,
wie es ihm beliebt, ganze Kosmogonien, Theosophien, Welt-
geschichten und dergleichen, samt den dazugehörigen Bilderchen
herauszuziehen. Groß und herrlich ist das allerdings; wenn nur das
Format nicht so klein wäre!«[73]

An anderer Stelle, aber ebenfalls im »Tollhaus«, ist Kreuzgang eines
Nachts allein mit seinen dunklen Gedanken.

Ich hatte jezt aufgehört alles andere zu denken, und dachte nur
mich selbst! Kein Gegenstand war ringsum aufzufinden, als das
große schreckliche Ich, das an sich selbst zehrte, und im Verschlin-
gen stets sich wiedergebar. Ich sank nicht, denn es war kein Raum
mehr, eben so wenig schien ich emporzuschweben. Die Abwechse-
lung war zugleich mit der Zeit verschwunden, und es herrschte
eine fürchterliche ewige öde Langeweile.

Wie im *Titan* und in der Figur Schoppe wird auch in den *Nachtwachen*
die Fichtesche Spekulation zum Schlüsselphänomen und Symptom des
Wahnsinns. Aber »Bonaventura« treibt ein noch üppigeres Spiel mit
dem Wahnsinn als Jean Paul. Auch er stellt ihn mit beträchtlicher Sachkenntnis dar, darüber hinaus aber in der offensichtlichen Absicht, ihn
als Spiegel der menschlichen Existenz schlechthin erscheinen zu lassen.
Ganz am Ende des Buches erfährt Kreuzgang in der sechzehnten Nachtwache das Geheimnis seiner Geburt: Er wurde von einem Alchemisten

und einer Zigeunerin in eben dem Moment gezeugt, als beiden der Teufel erschien. Kreuzgang ist daraufhin unendlich erleichtert, am Ende doch noch den Schlüssel zu seiner nihilistischen Weltsicht gefunden zu haben.

> Welch ein helles Licht nach dieser Rede in mir aufging, das können sich nur Psychologen vorstellen; der Schlüssel zu meinem Selbst war mir gereicht, und ich öffnete zum erstenmale mit Erstaunen unheimlichem Schauder die lang verschlossene Tür – da sah es aus wie in Blaubarts Kammer, und es hätte mich erwürgt, wäre ich minder furchtlos gewesen. Es war ein gefährlicher psychologischer Schlüssel!
>
> Ich möchte mich selbst, wie ich bin, geschickten Psychologen zur Sezierung und Anatomierung vorlegen, um zu sehen ob sie das aus mir herauslesen würden, was ich jetzt wirklich las – dieser Zweifel soll übrigens der Wissenchaft selbst nicht zu nahe treten, die ich wahrlich hochschätze, weil sie es sich nicht verdrießen läßt an einen so hypothetischen Gegenstand, als die Seele ist, Zeit und Mühe zu verschwenden.

In dem ansonsten satirischen Kontext des Buches läßt sich diese Passage als eine überraschend ernsthafte, wenn auch ambivalente Würdigung der sich entwickelnden Psychologie und Psychiatrie lesen – trotz der milden Skepsis hinsichtlich der Kompetenz derer, die sie praktizieren. Sie läßt die Überzeugung erkennen, daß die menschliche Persönlichkeit von psychischen und nicht von somatischen Faktoren bestimmt sei und daß man seine eigenen Stimmungslagen und sein Verhalten nur verstehen könne, wenn man »den psychologischen Schlüssel« in der Hand habe.

Kreuzgang laboriert an der »fixen Idee« – dieser Fachausdruck kommt im Verlauf des Buches mehrmals vor –, die Welt strebe nicht zur Ordnung, sondern zum Chaos. Stets hatte er die Vorstellung im Kopf, mit Gott in Wettstreit zu treten und »erst ein gutes und vollständiges Chaos zu vollenden, aus welchem sich nachher gelegentlich, wenn es mir einfiele, eine leidliche Welt zusammen ordnen ließe«. Kreuzgangs Theorie zufolge wollte die Menschheit allzu voreilig Ordnung in das ursprüngliche Chaos bringen und verpfuschte dadurch alles, so daß nun nichts mehr an seinem richtigen Platz stehe. Aus diesem Grund sucht Kreuzgang beständig in seinem Leben wie in seinen

Ansichten in den Zustand des Chaos zurückzukehren. Durch diese *idée fixe*, von der er am Ende glaubt, sie sei das Erbteil seiner seltsamen Geburtsumstände, hat er stets »eine besondere Vorliebe für die Tollheit«.

Kreuzgangs Methode, aus der Ordnung wieder das alte Chaos hervortreten zu lassen und auf den prälogischen Stand der Dinge zurückzugehen, folgt jener Strategie der Inversion, die wir anläßlich seiner Auffassung des Rechts bereits beobachten konnten[74]. So findet er in der Geschichte reichliches Material für die Straßenballaden, derentwegen er sich die Verleumdungsklage zuzieht, etwa die »Seelenmorde durch Staat und Kirche« sowie »kleine episodische Ergötzlichkeiten von leichteren Morden, als z. B. der Ehre durch den tückischen guten Ruf, der Liebe durch kalte herzlose Buben, der Treue durch falsche Freunde, der Gerechtigkeit durch Gerichtshöfe, der gesunden Vernunft durch Zensuredikte u.s.w.«. Weil die Gesellschaft die Inversionen Kreuzgangs nicht tolerieren kann, wird er ins Tollhaus eingewiesen. Dort aber ist er letztlich in seinem Element, denn das Tollhaus – so die letzte Inversion – ist nicht nur der Spiegel der Gesellschaft, sondern auch ein Asyl des Geistes, »weil die fixe Idee der mit mir eingesperrten Narren meistens eine angenehme war«. Dementsprechend preist Kreuzgang das Irrenhaus, wo »ich in den vielen Dornen meines Lebens doch wenigstens *eine* blühende volle Rose fand« und »einen Wonnemonat unter den übrigen Winter- und Herbstmonden verlebte«.

»Die Menschheit«, so Kreuzgangs Idee, »organisiert sich gerade nach der Art einer Zwiebel.« Man müsse Schicht um Schicht abschälen, um zum individuellen Selbst des Menschen vorzudringen. Die Natur zum Beispiel habe eine große, allgemeine Weltreligion geschaffen, doch beim Entschälen stoße man auf die verschiedensten Volks- und Stammesreligionen für Juden, Heiden, Türken und Christen. Bei den letzteren lägen unter der nächsten Schale noch weitere Unterkategorien. »Eben so«, fährt Kreuzgang fort, »ist es mit dem allgemeinen Irrhause, aus dessen Fenstern so viele Köpfe schauen, teils mit partiellem, teils mit totalem Wahnsinne.« In dieses große allgemeine Irrenhaus habe man demzufolge »noch kleinere Tollhäuser für besondere Narren hineingebaut«. In ein solches kleines Tollhaus habe man auch ihn selbst gebracht, und hier verbringe er nun die schönste Zeit seines Lebens.

Weil seine Narrheit als relativ harmlos gilt, wird Kreuzgang vom Aufseher der Anstalt mit dem Amt eines »Vize- und Unteraufsehers« betraut. In dieser Funktion gehört es zu seinen Pflichten, den besuchen-

den Arzt von Zeit zu Zeit durch das Institut zu führen. Bei einer solchen Gelegenheit erklärt er dem Doktor: »Wir laborieren ... alle mehr
oder minder an fixen Ideen; nicht nur einzelne Individuen, sondern
ganze Gemeinden und Fakultäten.« Zum Wahn der akademischen
Fakultäten gehöre zum Beispiel, daß sie glaubten, durch das bloße Auf-
drücken eines der Hüte, die sie produzierten, durchaus nicht weise
Köpfe in weise verwandeln zu können. Diese Bemerkung bringt den
besuchenden Arzt dazu, bedeutsam seinen eigenen Doktorhut zu
schütteln. Kreuzgang führt den Arzt durch zwanzig Irrenkammern und
kommentiert dabei jeden einzelnen Fall. No. 2 und No. 3 zum Beispiel
seien »philosophische Gegenfüßler, ein Idealist und ein Realist«. Der
eine der beiden glaube – wie jener »Jacob W...r«, dem wir in Spiess'
Biographien begegneten –, er habe eine gläserne Brust, während der andere davon überzeugt sei, »an einem gläsernen Gesäße« zu laborieren,
»weshalb er sein Ich niemals setzt«. Die Anspielung auf den ersten
Lehrsatz in Fichtes *Wissenschaftslehre* ist unüberhörbar.

Die Insassen in Bonaventuras symbolischem Tollhaus sind nahezu
ohne Ausnahme bürgerliche Intellektuelle: No. 4 sitzt nur deshalb dort,
weil er seiner Zeit in der Bildung um ein halbes Jahrhundert zu weit voraus ist; No. 5 wurde eingewiesen, weil er allzu verständige und verständ-
liche Reden hielt; No. 6 wurde verrückt, weil er unsinnigerweise den
Scherz eines großen Mannes für Ernst genommen hat; eine ganze Reihe
von Fällen sind »Variationen über denselben Gassenhauer, die Liebe«,
und so fort. Nur zwei Fälle erhalten einen ausführlicheren Kommentar.
No. 9 glaubt, er sei der »Weltschöpfer« und hält einen traurigen Mono-
log über seine Enttäuschung angesichts der verrückten Sterblichen, die
seine Welt bevölkern. Diese »Welt« ist ein Kinderball, den er in Händen
hält. No. 20 schließlich ist Kreuzgangs eigenes »Narrenkämmerchen«, in
das er den Arzt freundlich einlädt: »Schauen Sie sich um, sind wir doch
vor Gott alle gleich und laborieren bloß an verschiedenen fixen Ideen,
wo nicht an einem totalen Wahnsinn bloß mit kleinen Nuancen.« In
diesem Zusammenhang spricht Kreuzgang von seinem Studium in den
drei »Brotfakultäten« und erläutert, warum er es aufgegeben habe. »Ich
fand bei näherer Ansicht alles eitel, und erkannte in aller dieser gepriese-
nen Weisheit zuletzt nichts anders als die Decke die über das Mosesant-
litz des Lebens gehängt ist, damit es Gott nicht schaue.«

Von hier aus kommt Kreuzgang auf seinen eigenen Fall zu sprechen.
»Es ist eben meine fixe Idee, daß ich mich selbst für vernünftiger halte

als die in Systemen deduzierte Vernunft, und für weiser als die dozierte
Weisheit.« Er fordert den Arzt auf, mit ihm zu erörtern, wie seiner
Narrheit beizukommen sei. Doch fragt er sich sogleich, wie man überhaupt gegen Krankheiten angehen könne, wenn man sich über das System nicht im klaren sei und womöglich für Krankheit halte, was in
Wahrheit höhere Gesundheit sei. »Wer entscheidet es zuletzt, ob wir
Narren hier in dem Irrenhause meisterhafter irren, oder die Fakultisten
in den Hörsälen? Ob vielleicht nicht gar Irrtum Wahrheit, Narrheit
Weisheit, Tod Leben ist – wie man vernünftigerweise es dermalen gerade im Gegenteile nimmt! – O ich bin inkurabel, das sehe ich selbst
ein.«

In der vierzehnten Nachtwache berichtet Kreuzgang von den Ereignissen, in deren Folge man ihm seine Narrenkammer im Tollhaus auf-
kündigt und damit aus dem Ort vertreibt, an dem er das einzig wahrhafte Glück seines Lebens erfahren haben will. Als er im Tollhaus
ankommt, entdeckte er, daß die Insassin im Nebenraum niemand
anders ist als eine junge Frau, die er von seiner Schauspielerzeit her
kennt. Als sie damals die Rolle der Ophelia spielte – dies ist eine expli-
zite Anspielung auf Aurelie in den *Lehrjahren* –, geschah mit ihr plötzlich, wovor es Kant schauderte: Sie erlag ihrer Rolle, machte »aus ihrem
Vexierwahnsinne Ernst« und wurde durch »dieses Umschaffen der wirklichen Person zu einer poetischen« verrückt, so daß man sie schließlich
ins Tollhaus schickte. Der größte Teil dieses Kapitels handelt von der
wachsenden Liebe zwischen »Ophelia« und Kreuzgang, ihrem »Hamlet«. Diese Liebesgeschichte wird mit Hilfe eingeschalteter Briefe erzählt. Schließlich geschieht das Unvermeidliche: Ophelia wird schwanger und stirbt über ihrem totgeborenen Kind. Kreuzgang wird für
seinen Versuch bestraft, die Narrheit fortzupflanzen und wieder hinaus-
geschickt in die Welt der Vernünftigen, unter denen er nun fremd und
allein dasteht. »Denn ich hatte aus dem Tollhause einen verstärkten
Haß gegen alle Vernünftige mitgebracht, die mit ihren platten nichtssa-
genden Physiognomien, jetzt wieder um und neben mir wandelten.«

Es ist offensichtlich, daß »Bonaventura« in der grundlegenden Inversion seiner *Nachtwachen* aus dem Thema Wahnsinn in rein symbolischer Weise Kapital schlägt. Wie Jean Paul demonstriert er, daß der
Glaube an Fichtes System unvermeidlich in den Wahnsinn führen
müsse, doch geht er sehr viel weiter in seiner impliziten Bestätigung der
paradoxen Gedankenfigur, die Vernunft sei wahnsinnig und der »Wahn-

sinn« in Wahrheit vernünftig. Nun ist der literarische Gebrauch des Wahnsinns als Metapher und des Irrenhauses als Symbol ein traditionsreicher Topos, der sich vom antiken Griechenland bis zu Nietzsche und darüber hinaus nachweisen läßt[75]. Von den Beispielen aus der klassischen Antike oder aus dem 20. Jahrhundert unterscheiden sich die *Nachtwachen* aber nicht nur durch die zeitgenössischen Anspielungen auf Novalis, Fichte, Goethe, Jean Paul, Mozart und andere, sondern auch durch die Einarbeitung von zeitgenössischen medizinischen und psychiatrischen Praktiken und Theoremen. In der sechzehnten Nachtwache ist eine ausführliche Parodie auf Novalis' *Hymnen an die Nacht* enthalten. Darin weist der junge Mann, der seine verstorbene Geliebte im Grabe sehen zu können behauptet, den Verdacht, er sei wahnsinnig, mit einem Verweis auf das von Karl Philipp Moritz herausgegebene *Magazin der Erfahrungsseelenkunde* zurück. Denn in dieser ersten deutschen psychologischen Zeitschrift wird ein ähnlicher Fall jener seltsamen Fähigkeit geschildert, die Toten in ihren Gräbern mehr oder weniger deutlich, je nach dem Grad ihrer Verwesung erkennen zu können. Einige der Fälle, die Kreuzgang bei seinem Rundgang durchs Tollhaus dem Doktor beschreibt, gehen – weniger explizit – auf Reils *Rhapsodieen* zurück[76]. Der Wahnsinn von No. 1 zum Beispiel besteht darin, eine zu hohe Meinung von der Menschheit und eine zu geringe von sich selbst zu haben. »Deshalb behält er, im Gegensatze schlechter Poeten, alle Flüssigkeiten bei sich, weil er befürchtet durch ihre Freilassung eine allgemeine Sündflut herbeizuführen.« Reil zitiert in seiner Schrift dieses bekannte psychische Phänomen als Beispiel für die Kategorie »Fixe Vorstellungen, die sich auf Verwandlungen des Körpers und der Persönlichkeit beziehen«: »Dann gehören die Fälle solcher Kranken hieher …, die so viel Harn bey sich zu haben glauben, dass eine Sündfluth entstehen würde, wenn sie ihn liessen.« Kennzeichnend für den Autor der *Nachtwachen* ist nicht nur das virtuose Spiel mit spezifischen Symptomen, von denen einige – wie die »Brust aus Glas« – ehrwürdige literarische Vorfahren haben, sondern darüber hinaus die Vertrautheit mit der psychiatrischen Kultur insgesamt[77]. So zitiert »Bonaventura« offenkundig Reils Terminologie und seine Ideen. Das häufige Auftauchen einschlägiger Begriffe wie »fixe Idee« oder »partieller Wahnsinn« fiel uns bereits auf. Aber auch die Behandlungsmethoden – nicht die offiziellen, wohl aber die romantischen Kreuzgangs – haben viel von dem Geist der Reilschen therapeutischen Schauspiele. Um beispielsweise den Wahnsinnigen No. 1 von seiner Urinhemmung zu kurieren, verfällt Kreuzgang zunächst darauf, im Kranken die Vorstellung von Feuersbrünsten zu wecken, die es zu löschen, und von ausgetrockneten Strömen mit stillstehenden Mühlen, die es zu füllen gelte. Schließlich kommt ihm der Gedanke einer wahrhaft radikalen Kur: Er führt dem Patienten jeden Tag in abschnittweiser Lektüre Dantes Hölle vor Augen, und der Patient nimmt sich tatsächlich vor, sie mit all seinem angesammelten Urin zu »verlöschen«. Insgesamt stehen die in den *Nachtwachen* zu findenden Beispiele und Methoden aus der Welt des Irrenhauses den *Rhapsodieen* Reils sehr nahe. »Bonaventura« dürfte die theoretische Grundlage für die im Kern intellektuellen Störungen seiner literarischen Wahnsinnigen bei Reil gefunden haben. Ja, Kreuzgangs Loblied auf die sanften und harmlosen Insassen des Tollhauses klingt wie ein Zitat aus Reils Einleitung, in der er die Narren von Bicêtre und Bedlam vorteilhaft denen »aus dem großen Narrenhause« gegenüberstellt. Es gehörte zur Grundüberzeugung der *Rhapsodieen*, der Wahnsinn sei nicht ein Zustand der totalen »Entfremdung« von der Gesellschaft, sondern eng an die Gesellschaft im Stadium fortgeschrittener Entwicklung gebunden.

Die romantische Faszination durch den Wahnsinn

In Jean Pauls *Titan* und besonders in den *Nachtwachen* haben wir Werke vor uns, in denen die heraufziehende romantische Auffassung des Wahnsinns als eines besonderen und höheren Bewußtseinszustandes reflektiert wird. Das Irrenhaus gilt in dieser romantischen Perspektive als Spiegel der Gesellschaft und geistiger Rückzugsort statt als Ort beschämender Ausgrenzung. Diese Vorstellungen haben ihre Entsprechung in Reils Psychiatrie, die den Wahnsinn als integralen Bestandteil der Menschheit und die Anstalt als Schauplatz des therapeutischen Dramas auffaßt. Doch war dies vielleicht für mehrere Jahrzehnte der letzte Moment, in dem zwischen den literarischen und den medizinischen Ansichten vom Wahnsinn im wesentlichen noch Übereinstimmung herrschte. Denn mit der Einrichtung der Heilanstalt in Bayreuth im Jahre 1805 begann sich die institutionelle deutsche Psychiatrie in eigenständiger, vom literarischen Prozeß weitgehend unabhängiger Richtung zu entwickeln.

Johann Wilhelm Langermann wird an mehreren Stellen der *Rhapso-dieen* als einer der wenigen Ärzte in Deutschland bezeichnet, die den Anforderungen eines Amtes als Arzt für Geisteskrankheiten gewachsen seien. Es ist anzunehmen, daß Hardenberg, als er sich nach möglichen Kandidaten für den Posten des Leiters der neuen Unternehmung in Bayreuth umsah, Langermann nicht nur aufgrund von Reils einfluß-reichem Buch, sondern darüber hinaus aus anderen Zusammenhängen kannte. Denn Langermann war ein Freund seines entfernten Verwand-ten Friedrich von Hardenberg, der sich als Schriftsteller Novalis nannte. Der Literaturgeschichte ist er als einer der Ärzte geläufig, die Sophie von Kühn, die Verlobte des Novalis, während ihres langen Kampfes mit der Tuberkulose behandelten[78]. Wie dem auch sei, Hardenbergs Wahl fiel jedenfalls auf einen Mann, dessen Ansichten vom Wahnsinn und vom Irrenhaus einen typisch preußischen Kompromiß zwischen Aufklärung und Romantik darstellten. Der künftige Direktor der Bay-reuther Anstalt stand zwischen den vom Rationalismus des 18. Jahrhun-derts geprägten Psychologen und dem im Horizont der Natur-philosophie des frühen 19. Jahrhunderts arbeitenden Reil, zwischen der Autorität der Ordnung und der Freiheit auch des Geisteskranken.

Johann Gottfried Langermann (1768–1832) wurde als der erste deut-sche »Irrenarzt« bekannt. Doch hatte er bereits vielfältige Erfahrungen gesammelt, ehe er zur Psychiatrie fand[79]. Als Sohn eines Bauern in der Nähe von Dresden geboren, hatte er in seiner Kindheit das große Glück, einen Adligen nachhaltig zu beeindrucken und so einen Gönner zu finden, der ihn auf die Schule nach Dresden schickte. Dort tat er sich vor allem in der Musik hervor. Er nahm im Jahre 1789 zunächst ein Rechtsstudium in Leipzig auf. Doch seine Vorliebe für die Philosophie entfernte ihn allmählich von der Welt der Pandekten und Gesetzes-lehren. Als er im Jahr 1794 wegen seiner Kritik an der Universitätsver-fassung in Konflikt mit den Leipziger Autoritäten geriet, siedelte er nach Jena über. Dort war er ein leidenschaftlicher Hörer von Fichtes Vorlesungen, strebte aber zugleich nach einem Abschluß in Medizin. Er erwarb ihn im Jahr 1797 mit einer Dissertation über die Diagnose und Behandlung der Melancholie.[80] Obwohl Langermann während seiner Studienjahre Irrenhäuser im Umkreis von Jena besuchte, ist sein Werk keine empirische Abhandlung, die im Sinne Pinels auf tatsächlicher klinischer Erfahrung beruhen würde, sondern eine theoretische Unter-suchung in der Art von Kants *Anthropologie*. Inspiriert ist sie vor allem vom strengen moralischen Impuls seiner Lehrer Fichte und Schiller. Wie Kant verstand auch Langermann den Wahnsinn als Unordnung der Seele, hervorgerufen durch die »selbsterzeugten« Leidenschaften des Individuums: Psychisch starke Menschen werden nicht wahnsinnig. Er lehnte aber Kants Ansicht ab, der Wahnsinn sei nicht kurierbar.

Nach seinem Doktorexamen praktizierte Langermann für einige Zeit in Bayreuth und ging dann als Arzt ans *Zucht- und Irrenhaus* in Torgau nördlich von Leipzig. Er kehrte dann aber nach Bayreuth zurück und erhielt von Hardenberg den Auftrag, die Einrichtungen der Irrenfürsorge in St. Georgen zu inspizieren und einen Plan zu ihrer Reform auszuarbeiten. Langermann nahm diese Aufgabe auf der Grundlage von empirischen Erfahrungen in Angriff, die denen Pinels ähnelten, doch vor einem theoretischen Hintergrund, der eher auf Reil verwies[81]. Der Plan, den er Hardenberg im Mai 1804 vorlegte, stellt eben jenen Typus eines preußischen Kompromisses dar, der von einem Mann seiner Herkunft, Ausbildung und administrativen Erfahrung zu erwarten war. In erster Linie schlug Langermann vor, sowohl den heilbaren wie den unheilbaren Geisteskranken Zugang zur Anstalt zu gewähren. Als Arzt war er sich darüber im klaren, daß eine scharfe Unterscheidung zwischen beiden Kategorien kaum zu treffen gewesen wäre, und als preußischer Verwaltungsbeamter ging er von der Notwendigkeit aus, die Öffentlichkeit vor den Geisteskranken zu schützen, seien sie nun heilbar oder nicht. Das von ihm entworfene Therapiekonzept sah im Sinne Reils sowohl die Übung der Geistesfähigkeiten wie Aktivitäten zur physischen Ertüchtigung vor, verwarf aber alle utopischen Ideen einer demokratischen Organisationsform oder andere Neuerungen, die eine Bedrohung der moralischen Autorität der Institution hätten sein können. In ähnlicher Weise wies Langermann die traditionellen christlichen Therapievorstellungen zurück, soweit in ihnen die Überzeugung impliziert war, der Wahnsinn sei eine Strafe für den sündigen Menschen. Als Schüler Fichtes und Kants pochte er auf die moralische Verantwortlichkeit des Patienten, den es durch Arbeit und geistige Übungen zur Vernunft zurückzuführen gelte. Langermanns Konzept ist ein vollkommenes Beispiel für den später so genannten »therapeutischen Idealismus« in Preußen und weit entfernt von jeder symbolischen Auffassung des Wahnsinns.

Die Psychische Heilanstalt für Geisteskranke, die Hardenberg im Februar 1805 offiziell begründete und deren Direktor Langermann wurde, war nicht nur die erste moderne Anstalt für Geisteskranke in Deutschland. Sie war zugleich eine typisch preußische Institution, die einen Kompromiß zwischen Pinels französischem Empirismus und Reils romantischem Idealismus darstellte. Ihr Konzept beruhte auf der wissenschaftlichen Überzeugung vom selbstverschuldeten Ursprung der Geisteskrankheit, auf der medizinischen Überzeugung ihrer prinzipiellen Heilbarkeit, auf der philosophischen Überzeugung von der moralischen Verantwortlichkeit des Menschen als Vernunftwesen und auf der pädagogischen Überzeugung der Erziehbarkeit aller, auch der Geisteskranken und Schwachsinnigen. Zugleich verkörperte sie das Verwaltungskonzept einer starken zentralen Autorität mit strengen disziplinarischen Mitteln der Ordnungssicherung. In der administrativen Struktur der Heilanstalt in Bayreuth schlugen sich diese Orientierungen erkennbar nieder. Sie beschränkte die Macht des Arztes durch die Einsetzung eines Ko-Direktors, der die Rechtsinteressen des Staates zu vertreten hatte. Darüber hinaus stellte sie beiden einen fest besoldeten Lehrer zur Seite, der die pädagogischen Überzeugungen des Zeitalters zur Geltung bringen sollte.

Die Heilanstalt in Bayreuth, der als Zwillingsinstitution eine »Pflegeanstalt« für die unheilbar Irren beigegeben wurde, lieferte das Modell für die ungefähr dreißig psychiatrischen Anstalten, die in den folgenden Jahren geschaffen wurden. Zunächst Sonnenstein in Sachsen im Jahre 1811, dann Marsberg in Westfalen im Jahr 1814. Andere kamen in schneller Folge hinzu[82]. Als Ernst Horn im Jahr 1806 zweiter Arzt für die Irren an der Charité in Berlin wurde, führte er die neue »psychische Kurmethode« für seine Patienten ein[83]. Langermann selbst, der seit dem Jahr 1810 verschiedene Verwaltungspositionen im preußischen Gesundheitswesen bekleidete und schließlich zu dessen leitendem Direktor aufstieg, hatte weitreichenden Einfluß auf die Entwicklung der psychiatrischen Anstalten in Preußen, insbesondere auf die von ihm selbst durchgeführten Neugründungen in Siegburg und Leubus. Bis um das Jahr 1850, als die von Karl Jaspers so genannte »Anstaltspsychiatrie« der »Universitätspsychiatrie« wieder Platz machte, stellten diese Einrichtungen Heilanstalten in der Art dar, wie Reil sie ins Auge gefaßt hatte. Sie waren Orte, an denen die neue Disziplin der Psychiatrie definiert wurde, wo die künftigen Praktiker ausgebildet und die Patienten humaner als je zuvor behandelt wurden[84].

Die psychiatrische Forschung fand ab dem Jahr 1805 bis zur Jahrhundertmitte im wesentlichen in Kliniken statt, die oft von den Universitä-

ten isoliert waren. Dadurch entwickelten sich in Deutschland zwei getrennte Linien in der Befassung mit Seelen- und Geisteskrankheiten.
Auf der einen Seite eine empirische Psychiatrie nach Art Langermanns,
die dem französischen Modell klinischer Psychiatrie entsprach, und auf
der anderen eine theoretische Psychiatrie, die auf den von Reil gemachten Anfang zurückging und von der *Naturphilosophie* reichlich Nahrung
erhielt. Viele Romantiker waren von dieser zweiten Linie mit ihrer Neigung zur Theologie im Stile Schellings und G.H. Schuberts fasziniert
und ließen sich durch sie zur Literarisierung des Wahnsinns als Metapher inspirieren. In den Paralipomena zum *Heinrich von Ofterdingen*
(1802) deutet Novalis die Umwandlungen des Geistes an, denen sein
Held sich in dem Bemühen unterziehen soll, nach seiner »Bildung« als
Mensch andere Formen des Seins zu erfahren. »Heinrich wird im
Wahnsinn Stein – (Blume) klingender Baum – goldner Widder –
Heinrich erräth den Sinn der Welt. Sein freywilliger Wahnsinn.«[85] In
seinen sogenannten *Stuttgarter Privatvorlesungen* (1810) entwickelte
Schelling die Ansicht, der Wahnsinn repräsentiere »das tiefste Wesen des
menschlichen Geistes«, insofern man ihn in der Trennung von der
Seele, also von Gott betrachte. »Der Wahnsinn entsteht also nicht, son-
dern tritt nur hervor, wenn das, was eigentlich Nichtseyendes, d.h. das
Verstandlose ist, sich aktualisiert, wenn es Wesen, Seyendes seyn will.
Die Basis des Verstandes selbst also ist der Wahnsinn ... Was wir Ver-
stand nennen, wenn es wirklicher, lebendiger, aktiver Verstand ist, ist ei-
gentlich nichts als *geregelter* Wahnsinn ... Die Menschen, die keinen
Wahnsinn in sich haben, sind die Menschen von leerem, unfruchtbarem
Verstand. Daher der umgekehrte Spruch: *nullum magnum ingenium sine
quadam dementia*; daher der göttliche Wahnsinn, von dem Plato, von
dem die Dichter sprechen.«[86]
  In der Person Friedrich Hölderlins, dessen sich verschlimmernder
Geisteszustand schließlich seine Einweisung in Autenrieths Tübinger
Klinik erforderte, hatten die Romantiker ein lebendiges Beispiel für den
Wahnsinn als Zugang zu höherem poetischen Wissen vor Augen. Den
nachfolgenden Generationen lieferte die Lebensgeschichte Hölderlins
das Material für die Ausgestaltung der Legende vom wahnsinnigen
Poeten. Hölderlins Krankheit ist von seinen Zeitgenossen unterschied-
lich diagnostiziert worden: als »Hypochondrie«, als »Manie« oder als
Störung des Nervensystems aufgrund exzessiver intellektueller Verausgabung, wie wir sie von den Mitinsassen Kreuzgangs im Irrenhaus der

Nachtwachen kennen[87]. Wilhelm Waiblinger verbrachte als Student in Tübingen viele Stunden mit dem von ihm verehrten Hölderlin, dessen »Leben, Dichtung und Wahnsinn« er anschließend in der ersten Biographie des Dichters beschrieb. Während der Jahre ihrer täglichen Zusammenkünfte benutzte er Hölderlin als kaum verdecktes Modell für den Helden seines Romans *Phaethon* (1823). Am 8.August 1822 notierte Waiblinger in sein Tagebuch: »Nur einen Wahnsinnigen möcht ich schildern, – ich kann nicht leben, wenn ich keinen Wahnsinnigen schildre … – Hölderlin! Hölderlin!«[88]

Und zwei Tage später ruft er aus: »Der *Held meines Romans …* ist *ein Hölderlin*, – einer der da wahnsinnig wird aus Gotttrunkenheit, aus Liebe und aus Streben nach dem Göttlichen.«

Fast zwanzig Jahre später widmete Bettina von Arnim in ihrem Buch *Die Günderode* (1840) – jenem seltsamen Gemisch aus Biographie und Briefroman, das sie über ihre Freundin Karoline von Günderode aus Briefen der Jahre 1804 bis 1806 zusammenstellte, – den letzten Brief des ersten Teils einer Rhapsodie auf den poetischen Wahnsinn und die Gestalt Hölderlins. Ein solcher Geist »fliege – vom heiligen Rhythmus hingerissen oft, dann getragen, dann geschwungen sich auf und ab in heiligem Wahnsinn, dem Göttlichen hingegeben.«[89] Der Geist, den sie wenige Sätze vorher mit einem Adler vergleicht, erhebt sich aus der Verzweiflung wie der Vogel Phoenix. »Da steige der Geist hinauf aus der Verzweiflung in den heiligen Wahnsinn, insofern *der* höchste menschliche Erscheinung sei, wo die Seele alle Sprachäußerung übertreffe, und führe der dichtende Gott sie ins Licht.« »Mir«, so schließt Bettina,« sind seine Sprüche wie Orakelsprüche, die er als der Priester des Gottes im Wahnsinn ausruft.«

Fiktionale Prosa als Form psychiatrischer Wahrnehmung

Die romantische Faszination durch den Wahnsinn erreichte schnell ein Stadium von solcher Exaltiertheit, daß Goethe im Jahr 1813 nach einem Theaterabend im Gespräch mit Riemer besorgt zu bedenken gab:

»Das Ungeheure in der Kultur ist dies, daß wir unser Publikum wider seinen Willen und zu unserm Schaden zur Ironie erheben, indem wir seine Leidenschaften reinigen dadurch, daß wir alles zur

Anschauung bringen, selbst den Wahnsinn und die Irrenhäuser und Narrenspitäler. Denn was kann von dem allen das Resultat sein, als daß es dieses sonst für das Gefühl und die Empfindung so Zerreißende auch nur als einen Zustand kennen lernt, als ein Pathologisches, dem gegenüber es sich besser, erhabener fühlt, und mit dem es zuletzt spielen lernt.«[90]

Goethe konnte im Jahr 1813 nicht wissen, daß das Schlimmste noch bevorstand. Im Vorwort zur zweiten Auflage seiner *Unsichtbaren Loge* schreibt Jean Paul im Jahre 1821, man lebe jetzt »im poetischen Tollkirschenfest« und merkt im Blick auf das zeitgenössische Publikum an, »daß auch die Lesewelt diese poetische Hinaufstimmung auf eine freundliche Weise begünstigt durch ihre Teilnahme, und, wie das Morgenland, Verrückte als Heilige ehrt, und was sie sagen, für eingegeben hält«.[91] Jean Paul dachte dabei insbesondere an E.T.A. Hoffmann, und in der Tat wimmmelt es in Hoffmanns Werk von Wahnsinnigen verschiedenster Art. Da gibt es die Melancholiker, die im Selbstmord enden wie Anselmus im *Goldnen Topf*, Nathanel im *Sandmann* und Elis Fröbom in *Die Bergwerke zu Falun*; sodann die »partiell Wahnsinnigen« mit ihren fixen Ideen wie den Juwelier Cardillac im *Fräulein von Scuderi*, der sich von seinen Produkten nicht trennen kann, Viktorin in *Die Elixiere des Teufels*, der glaubt, der Mönch Medardus zu sein, und die liebeskranke alte Gräfin in *Das öde Haus*; und schließlich die harmlosen Exzentriker wie den Rat Krespel mit seiner wunderlichen Wohnung und Kleidung, den Onkel Siegfried in *Die Genesung* mit seiner Überzeugung, die Natur bestrafe den Menschen dadurch, daß sie Bäume und Pflanzen ihrer Früchte beraube, oder den seltsamen alten Mann in Berlin, der davon überzeugt ist, der Komponist Gluck zu sein.

Doch ist trotz dieser eindrucksvollen Galerie von Figuren der Autor E.T.A. Hoffmann nicht einfach der Zeremonienmeister beim »poetischen Tollkirschenfest«. Der allgemeinen romantischen Glorifizierung des Wahnsinns läßt er sich nicht zurechnen. Seine Werke repräsentieren vielmehr eine Position der Vermittlung zwischen den klinischen Psychiatern wie Pinel und Langermann und den Theoretikern der Seele wie Reil und den Naturphilosophen. Sehr deutlich wird dies bei einem näheren Blick auf die exemplarische Erzählung *Der Einsiedler Serapion*, die Ende 1818 entstand, am Beginn der Sammlung *Die Serapionsbrüder* (1819–1821) steht und ihren Titel erläutert. Fast alle der in dieser Sammlung enthaltenen neunzehn Erzählungen waren zuvor schon in Zeitungen und Zeitschriften erschienen. Doch gehört es zur Fiktion der Rahmenerzählung, die Hoffmann für die Buchpublikation hinzuerfand, daß die vier Freunde Theodor, Cyprian, Lothar und Ottmar nach elf Jahren Abwesenheit wieder in Berlin zusammenkommen und vereinbaren, sich einmal in der Woche zur Konversation und zum vergnüglichen Geschichtenerzählen zu treffen.[92] Am ersten Abend erzählt Cyprian die Geschichte eines seltsamen Abenteuers, das er einige Jahre zuvor während seines Aufenthaltes in »B...« (= Bamberg) erlebte.

Als er eines Tages seiner Gewohnheit gemäß einen Spaziergang unternimmt, verirrt sich Cyprian in den Wäldern außerhalb der Stadt und begegnet dort einem Mann mit einem langen, verwilderten Bart, der in seiner braunen Einsiedlerkutte und mit seinem breiten Strohhut den Anachoreten des frühen Christentums ähnelt und einem Gemälde Salvator Rosas entsprungen sein könnte[93]. Als Cyprian ihn nach dem Rückweg in die Stadt fragt, schilt ihn der unheimliche Mann, seine Unterhaltung mit Freunden unterbrochen zu haben, und fordert ihn dann auf, mit seinem Freund Ambrosius von Kamaldoli nach Alexandria zu reisen. Daraufhin verschwindet er in einer Bergschlucht. Ein vorbeikommender Bauer gibt Cyprian die Auskunft, der Mann nenne sich »Priester Serapion« und bewohne seit vielen Jahren eine kleine Hütte im Wald, die er sich selbst gebaut habe. Obwohl die Leute sagten, er sei nicht richtig im Kopf, handle es sich bei dem Einsiedler um einen frommen und freundlichen Mann, der niemandem etwas zuleide tue.

Zurück in Bamberg, stellt Cyprian Nachforschungen an und erfährt von einem Bekannten, dem Doktor S** – eine Anspielung auf Hoffmanns Bamberger Freund Dr. Friedrich Speyer – die vollständige Geschichte. Der Einsiedler ist in Wahrheit der begabte und geistvolle Sproß einer der vornehmsten Familien in »M----«, der sich auf dem besten Wege zu einer steilen diplomatischen Karriere befand, als er plötzlich auf geheimnisvolle Weise verschwand. Einige Zeit später begegnet ihm einer seiner Verwandten zufällig in Tirol, wo er in einer braunen Kutte unter dem Namen »Priester Serapion« als Prediger von Dorf zu Dorf zieht. Mit seiner wahren Identität konfrontiert, verfällt Serapion in eine fürchterliche Raserei, der die berühmtesten Ärzte in »M----« nicht beizukommen wissen. »Man brachte ihn nach B*** in die Irrenanstalt, und hier gelang es wirklich dem methodischen, auf die psychische

Kenntnis gegründeten Verfahren des Arztes, der damals dieser Anstalt
vorstand, den Unglücklichen wenigstens aus der Tobsucht zu retten, in
die er verfallen.« Hier zollt Hoffmann seinem Freund Dr. Adalbert
Friedrich Marcus Tribut, der während Hoffmanns Aufenthalt in Bamberg Direktor der Anstalt St.Getreu war. In der Folge entkommt der Patient – sei es durch Zufall oder aufgrund einer kalkulierten Unachtsam-
keit des Arztes selbst – aus der Irrenanstalt und taucht schließlich in
dem zwei Stunden von Bamberg entfernten Wald auf. Der Arzt rät
dazu, ihn in Ruhe zu lassen, weil er ansonsten wieder in seine Raserei
falle, und die örtliche Polizei folgt diesem Ratschlag. Serapion baut sich
eine bequeme Hütte, verfertigt sich einen Tisch und einen Stuhl und
legt sich einen Garten mit Blumen und Gemüse an. »Bis auf die Idee,
daß er der Einsiedler Serapion sei, der unter dem Kaiser Dezius in die
Thebanische Wüste floh und in Alexandrien den Märtyrertod erlitt,
und was aus dieser folgte, schien sein Geist gar nicht zerrüttet.« Doch
erklärt ihn der Arzt für gänzlich unheilbar.

Cyprian kommt nun auf die Idee, er selbst könne den Versuch
machen, »Serapions fixe Idee an der Wurzel anzugreifen! – Ich las den
Pinel – den Reil – alle mögliche Bücher über den Wahnsinn, die mir
nur zur Hand kamen, ich glaubte, mir, dem fremden Psychologen, dem
ärztlichen Laien, sei es vielleicht vorbehalten, in Serapions verfinsterten
Geist einen Lichtstrahl zu werfen.« Vorbereitet durch das Studium der
Lebensgeschichten aller acht Heiligen und Märtyrer des Namens
Serapion macht sich Cyprian auf den Weg zur abgeschiedenen Hütte
des Einsiedlers und trifft ihn in freundlicher und ruhiger Stimmung an,
die von seinem Wahnsinn nichts ahnen läßt. Bei Brot und Wein
entlockt Cyprian seinem Gegenüber die Aussage, er sei tatsächlich jener
Märtyrer Serapion, der hunderte Jahre zuvor ein so schreckliches Ende
erlitten habe, doch habe er Dank Gottes unerforschlichem Ratschluß
sein Martyrium überlebt. Der Einsiedler versichert, nur ein heftiger
Kopfschmerz und ein gelegentliches Ziehen in den Gliedern erinnerten
ihn noch an die Qualen, die er habe erdulden müssen.

An diesem Punkt glaubt Cyprian, es sei an der Zeit, nun mit der Kur
zu beginnen. »Ich holte weit aus und sprach sehr gelehrt über die
Krankheit der fixen Ideen, die den Menschen zuweilen befalle und nur
wie ein einziger Mißton den sonst rein gestimmten Organismus verder-
be.« Er zitiert verschiedene Fälle – sie sind alle von Reil geborgt! – der
Erkrankung an einer fixen Idee und erläutert, »daß die Vertauschung

des eignen Ichs mit irgendeiner geschichtlichen Person gar häufig als
fixe Idee sich im Innern gestalte«. Als er bemerkt, daß Serapion ihm
schweigend und in ernsthafter Nachdenklichkeit zuhört, springt Cyprian auf, ergreift die Hände des Einsiedlers und ruft mit lauter Stimme
aus: »Graf P**, erwachen Sie aus dem verderblichen Traum, der Sie be-
strickt, werfen Sie diese gehässigen Kleider ab, geben Sie sich Ihrer
Familie, die um Sie trauert, der Welt, die die gerechtesten Ansprüche an
Sie macht, wieder!« Doch Serapion antwortet nur mit einem sarkasti-
schen Lächeln. Sehr ruhig erläutert er, daß es ihm nicht anders ergehe
als dem heiligen Antonius und anderen frommen Eremiten, indem er
gelegentlich durch vom Teufel getriebene Versucher heimgesucht werde.
Sie versuchten ihm einzureden, er sei der Graf P** aus M----, »um mich
zu verlocken zur Hoffahrt und allerlei bösem Wesen.« Cyprian erscheine ihm als einer der ungefährlichsten unter diesen Versuchern. »Sie sind
offenbar der ohnmächtigste von allen Widersachern, die mir erschienen,
und ich werde Sie mit Ihren eignen Waffen schlagen, den Waffen der
Vernunft.« Wenn er wirklich verrückt sei, so beginnt er seine logische
Demonstration, so könnte nur ein Verrückter auf den Gedanken kommen, ihm die fixe Idee ausreden zu wollen. Denn wären solche Kuren
möglich, dann gäbe es bald keine Wahnsinnigen mehr auf der Erde.
Wenn er aber nicht verrückt und tatsächlich der Märtyrer Serapion sei,
so sei es ebenfalls gänzlich unsinnig, ihn dazu überreden zu wollen, er
sei der Graf P** aus M----. Und sogar wenn er sich bereit erklären sollte,
Cyprian nach B… zu folgen, wie ließe sich dann zweifelsfrei feststellen,
daß es sich dabei um die süddeutsche Stadt und nicht um Alexandria
handle? Denn womöglich sei ja Cyprian seinerseits in einer täuschen-
den Illusion befangen, die ihn die Thebanische Wüste für ein Wäld-
chen und Alexandria für eine kleine deutsche Stadt halten lasse? Beschämt und verwirrt steht Cyprian vor dem Wahnsinnigen da. »Mit der
Konsequenz seiner Narrheit hatte er mich gänzlich aus dem Felde geschlagen, und ich sah die Torheit meines Unternehmens in vollem Umfange ein.« Serapion, der Cyprians Stimmungsumschwung bemerkt,
tröstet ihn mit den Worten, er sei, wie erwartet, tatsächlich kein schlimmer Widersacher, sondern eben nur vom Teufel verführt. Und er gibt
zu, daß Cyprian vielleicht zu Recht einen Wahnsinnigen in ihm hätte
sehen können, wäre er ihm als ein Vertreter jenes asketischen Zynismus
gegenübergetreten, in den viele seiner Brüder verfielen: blaß, abge-
magert, entstellt vom Wachen und Fasten, den Schatten entsetzlicher

Alpträume im Blick. Er aber sei kein besessener Fanatiker, sondern habe vielmehr nach dem Martyrium, als er »mit zerrissenen Gliedern und zerschelltem Haupt« erwachte, eine Ruhe und Heiterkeit gefunden, die ihn an Leib und Seele habe gesunden lassen. Cyprian wird es unheimlich zumute angesichts dieses Wahnsinnigen, der seinen Zustand als Geschenk des Himmels preist und ihm selbst ein ähnliches Schicksal wünscht.

Dann eröffnet Serapion seinem Gast, die rauhe Gegend, in der er lebe, sei keineswegs eine ungastliche Wüste, vielmehr erhalte er täglich von den bemerkenswertesten Männern Besuch. Eben gestern seien Ariost, Dante und Petrarca bei ihm gewesen, für heute abend erwarte er den Kirchenvater Evagrius. Wenn er auf die Spitze des nahen Berges steige, könne er deutlich die Türme von Alexandria sehen und habe die wunderbarsten Ereignisse vor Augen. »Viele haben das auch unglaublich gefunden und gemeint, ich bilde mir nur ein, das vor mir im äußern Leben wirklich sich ereignen zu sehen, was sich nur als Geburt meines Geistes, meiner Fantasie gestalte.« Doch hält Serapion dergleichen Einwürfe für spitzfindige Albernheiten und fragt: »Ist es nicht der Geist allein, der das, was sich um uns her begibt in Raum und Zeit, zu erfassen vermag?« Wenn das aber so sei, so müsse sich das auch wirklich begeben haben, was er als wirklich anerkenne. Ariost habe in ihrer gestrigen Begegnung davon gesprochen, es sei ein Mangel an höherer Erkenntnis zu glauben, der Dichter könne all das, was er dank seiner Sehergabe vom Leben erschaue, im engen Raum des Gehirns unterbringen. Als Beweis für diese Behauptung erzählt Serapion im folgenden von den Ereignissen, die sich am Morgen, als er auf der Spitze des Berges stand, vor seinen Augen abgespielt hätten. Cyprian versichert seinen Zuhörern, es habe sich bei diesen Erzählungen um geistreiche Novellen gehandelt, wie sie der phantasievollste Dichter nicht besser hätte ausführen können.

Cyprian verläßt den Einsiedler nachdenklich und mit widersprüchlichen Gefühlen. »Indem mich sein Zustand, sein methodischer Wahnsinn, in dem er das Heil seines Lebens fand, mit tiefem Schauer erfüllte, setzte mich sein hohes Dichtertalent in Staunen, erweckte seine Gemütlichkeit, sein ganzes Wesen, das die ruhigste Hingebung des reinsten Geistes atmete, in mir die tiefste Rührung.« Er besucht Serapion im folgenden regelmäßig, »und ich hütete mich wohl, etwa wieder den psychologischen Arzt machen zu wollen.« Als er jedoch B*** verlassen muß und erst drei Jahre später wieder zurückkehrt, ist Serapion gerade gestorben. Er kommt eben noch rechtzeitig, um dem Toten die letzte Ehre zu erweisen.

Cyprians Freunde nehmen seine Erzählung anfänglich mit großer Skepsis auf und schreiben sie seiner überhitzten Einbildungskraft zu. Und Cyprian selbst räumt ein: »Ihr alle kennt ja meinen besonderen Hang zum Verkehr mit Wahnsinnigen; immer glaubte ich, daß die Natur gerade beim Abnormen Blicke vergönne in ihre schauerlichste Tiefe.«

Cyprians letzte Bemerkung umschreibt Hoffmanns eigene Faszination durch den Wahnsinn, die in die Gestaltung so vieler Figuren seiner Erzählungen produktiv einging. Doch ging sein Interesse über das vage Kokettieren mit Bildern des Wahns weit hinaus, in dem viele seiner Zeitgenossen schwelgten. Hoffmann war vielmehr außerordentlich gut informiert über die aktuell kursierenden Theorien des Wahnsinns und therapeutischen Behandlungsmethoden. Er pflegte sorgfältige Recherchen insbesondere zur Symptomatologie anzustellen, bevor er eine seiner Erzählungen über Wahnsinnige verfaßte[94]. Cyprians Geschichte enthält konkrete Anspielungen auf Pinel und Reil und verweist zudem auf Dr. Marcus und seine von Hoffmann hochgeschätzte Anstalt für Geisteskranke in St.Getreu. Als er in Bamberg lebte, war Hoffmann Dr. Marcus und seinem Kreis eng verbunden, einem der fortschrittlichsten Zirkel von Ärzten in Deutschland[95]. Durch Marcus, der mit Reil befreundet war, wurde Hoffmann in die *Rhapsodieen* eingeführt. Er besuchte die Heilanstalt und überzeugte sich mit eigenen Augen vom Zustand der Kranken. Es ließe sich eine Liste von über zwanzig Autoren zusammenstellen, mit deren Büchern und Zeitschriftenaufsätzen über psychologische Themen Hoffmann sich vertraut machte.[96]

Hoffmanns Kenntnis dieser Schriften über den Wahnsinn war keineswegs oberflächlich. Im *Einsiedler Serapion* zitiert er analoge Fälle aus den Schriften Reils und benutzt Fachausdrücke wie »fixe Ideen« und »methodischer Wahnsinn« mit großer Präzision. In anderen Werken geht er weiter. So schildert er zum Beispiel in der späten Erzählung *Die Genesung* die fixe Idee Onkel Siegfrieds, daß die über den Menschen erboste Natur die Welt des Grüns beraubt habe, in offenkundig psychiatrischer Terminologie. »Vor einigen Monaten wurde der arme alte Onkel Siegfried von einer schweren Nervenkrankheit befallen, aus der ihm eine fixe Idee zurückblieb, die, da sie feststeht, nachdem der Körper gesund ist, in wirklichen Wahnsinn ausartet. .... Dahin ist das Grün, dahin die Hoffnung, dahin alle Seligkeit der Erde, denn verschmachtend, weinend verschwimmt das Blau, das alles mit liebenden Armen umschloß. Alle Mittel, dieser Idee zu widerstehen, blieben vergebens, und du kannst denken, daß der Alte der trostlosen, verderblichen Hypochondrie, welche natürlicherweise diese Idee mit sich bringt, zu erliegen drohte.«[97] Reil selbst hätte die Diagnose nicht genauer stellen können.

Nehmen wir andere Beispiele hinzu. Die Melancholie des Nathanael geht wie die des Elis Fröbom auf eine »düstere Träumerei«[98] zurück. Und als in der Erzählung *Das öde Haus* Theodor seltsame Verhaltensweisen an den Tag zu legen beginnt, weil er glaubt, in seinem Taschenspiegel die Erscheinung eines liebenswerten Mädchens gesehen zu haben, läßt einer seiner Freunde, ein Medizinstudent, in seinem Zimmer ein Exemplar von Reils *Rhapsodieen* liegen. »Ich fing an zu lesen, das Werk zog mich unwiderstehlich an, aber wie ward mir, als ich in allem, was über fixen Wahnsinn gesagt wird, mich selbst wiederfand!«[99] Durch diese Selbstdiagnose erschreckt und bedroht von der Aussicht, dem Wahnsinn zum Opfer zu fallen, eilt Theodor zum Doktor K., einer Berühmtheit auf dem Feld der Behandlung und Heilung der Wahnsinnigen. Die Figur ist eine Hommage an Hoffmanns Freund und Serapionsbruder Koreff. Der Doktor versichert ihm, sein Fall sei nicht so bedrohlich, wie er glaube. Er sei zweifellos psychisch sehr angegriffen, »aber die völlige klare Erkenntnis dieses Angriffs irgend eines bösen Prinzips gibt Ihnen selbst die Waffen in die Hand, sich dagegen zu wehren.« Der Doktor gibt ihm die Standardempfehlung für Fälle von fixer Idee: das Objekt, auf das sie sich bezieht, wenn möglich zu entfernen. »Sie sehen, daß ich bloß die fixe Idee, das heißt, die Erscheinung des Sie betörenden Antlitzes im Fenster des öden Hauses und im Spiegel vertilgen, Ihren Geist auf andere Dinge lenken und Ihren Körper stärken will.«[100]

Hoffmanns besonderer Standpunkt, der weder mit dem der institutionellen Psychiatrie noch mit dem Reils und der Theoretiker der Seele zusammenfällt, kommt insbesondere in dem Umstand zum Ausdruck, daß bei ihm nahezu alle Kuren mißlingen.[101] Die wahren Melancholiker wie Anselmus, Nathanael und Elis begehen Selbstmord. Viktorin stirbt, ohne je von seiner verzweifelten Schizophrenie bzw. »Melancholie mit fixer Idee« zu genesen. Cardillac wird getötet, als er gerade der fixen Idee folgt, die ihm keine Ruhe läßt. Die Gräfin Angelika in *Das öde*

Haus verfällt in einen lebenslangen Wahnsinn, aus dem sie nicht wieder auftaucht und der es erforderlich macht, sie unter die Aufsicht eines privaten Kammerdieners zu stellen. Gluck, Rat Krespel und Serapion verbringen trotz ihrer fixen Ideen ihr Leben in Ruhe. Einige Interpreten behaupten, auch die scheinbare erfolgreiche Behandlung des Onkel Siegfried in der Erzählung *Die Genesung* werde durch die ironische Konstruktion dementiert, daß er in seinem »Wahnsinn« der Wahrheit näher ist als die ihn umgebende Gesellschaft in ihrer »Gesundheit«[102]. Wir sahen bereits, wie gründlich Cyprians Versuch scheitert, den Einsiedler Serapion mit Hilfe Reilscher Prinzipien zu kurieren. Und in *Das öde Haus* wird Theodor nicht durch den Doktor K. und seine Anwendung des tierischen Magnetismus von seiner fixen Idee befreit, sondern durch die leibhaftige Begegnung mit dem rasenden Wahn in Gestalt der Gräfin Angelika. Ihr Anblick wird für ihn zum heilsamen Schock und treibt ihn auf den Weg zur Gesundheit zurück. Obwohl also Hoffmann in seinen Erzählungen häufig die zeitgenössische Symptomatologie des Wahnsinns, insbesondere der Melancholie und des partiellen Wahnsinns mit fixen Ideen heranzieht, steht er den vorherrschenden Konzeptionen der Behandlung und Therapie mit unverkennbarer Skepsis gegenüber. Auffällig ist vor allem, daß er die allseits herrschende Grundauffassung zurückweist, der Arzt müsse Distanz gegenüber dem Patienten wahren und ihm gegenüber auf einer klaren Unterscheidung von Wahnsinn und Vernunft beharren.

Die Zurückweisung der rationalistisch strikten Scheidung von Vernunft und Wahnsinn hängt mit Hoffmanns Überzeugung zusammen, in der Person des Wahnsinnigen erlaube die Natur den Menschen die tiefsten Einblicke in ihre Geheimnisse. Cyprian formuliert diese Einsicht im *Einsiedler Serapion*, doch spricht er dabei nicht nur für sich selbst. Daß Hoffmann seine Haltung teilt, geht aus der Erzählstruktur hervor, die er für seine Märchen bevorzugt. Stets hat hier die irdisch-alltägliche Handlung ein mythisches Pendant, aus dessen Perspektive sie erklärt wird. In *Der goldne Topf* erhält der Student Anselmus zu dem wundersamen Erlösungsmythos, der in der dritten und achten Vigilie erzählt wird, nur durch seinen Wahnsinn Zugang, der mit einer Hypochondrie beginnt und sich durch verschiedene unglückliche Zufälle bis zu einem Zustand von Melancholie steigert, von dem er sich nicht wieder erholt. (Mehr noch als der Text selbst enthalten die Kapitelüberschriften Schlüsselbegriffe der Fachterminologie zur Beschreibung psychischer Desintegration.) Die mythische Konstruktion, die den Menschen seiner realen Umgebung allegorische Rollen zuweist, wird zur fixen Idee des Anselmus, und sein selbstmörderischer Todessprung von einer Elbbrücke in den Fluß hinab stellt einen Versuch dar, in diese fixe Idee leibhaftig einzutauchen und so in das untergegangene Königreich Atlantis zu gelangen, das ihm innerlich vor Augen steht[103]. In ähnlicher Weise ist das mystische Reich der unterirdischen Welt, das die Gedanken des Elis Fröbom beherrscht, eine fixe Idee, die sich der ihn von Beginn an charakterisierenden Melancholie zuschreiben läßt. Insofern teilt Hoffmann die romantische Ansicht vom Wahnsinn als Zustand eines veränderten, höheren Bewußtseins, dem sich der Zugang zu den Regionen privilegierten Wissens eröffne.

In anderer Hinsicht ist Hoffmann seinen Zeitgenossen, insbesondere dem Autor der *Nachtwachen*, weniger nah. Denn das Irrenhaus als Institution spielt in seinem Werk eine auffällig kleine Rolle. Zu den wenigen Stellen, an denen es vorkommt, gehören die impliziten Anspielungen Cyprians auf die berühmte Heilanstalt in Bamberg und ihren Leiter Dr. Marcus und die namentliche Erwähnung derselben Einrichtung in dem Roman *Die Elixiere des Teufels*. Hier taucht gegen Ende Viktorin – unheilbar eingesponnen in die fixe Idee, der Mönch Medardus zu sein – in dem Kapuzinerkloster auf, in dem die Geschichte beginnt und endet. Der Prior ist davon überzeugt, daß in diesem aussichtslosen Fall die dem Kloster zu Gebote stehenden Möglichkeiten der Beruhigung nicht ausreichen können, und beschließt, »den fremden Mann der Irrenanstalt zu St. Getreu zu übergeben, weil ich hoffen durfte, daß, wäre Wiederherstellung möglich, sie gewiß dem Direktor jener Anstalt, einem in jede Abnormität des menschlichen Organismus tief eindringenden genialen Arztes, gelingen werde.«[104] In der Erzählung *Der Sandmann* wird Nathanael nach einem Ausbruch von Gewalttätigkeit in einer Irrenanstalt untergebracht, dann aber wieder als vollkommen geheilt entlassen, ehe er wenig später vom Kirchtum in den Tod springt und damit ein weiteres Mal das Scheitern aller Heilungsversuche demonstriert.

In Hoffmanns Erzählungen sind die Wahnsinnigen mehr oder weniger in Freiheit, und wenn sie unter einer Art von Aufsicht stehen, dann in der Regel innerhalb der Familie. In der Erzählung *Die Genesung* wird Onkel Siegfried mit seiner harmlosen fixen Idee über die Natur zu Hause von seiner Familie und ihrem Arzt, Doktor O... betreut. Die Gräfin Angelika in *Das öde Haus* steht ständig unter der Aufsicht eines

Kammerdieners der Familie. Nach seiner Entlassung aus der Irrenanstalt bleibt auch Nathanael zu Hause in der Obhut seiner Mutter und seiner Verlobten Klara. Andere Figuren dürfen sich mit ihren harmlosen fixen Ideen ungehindert in Stadt und Land bewegen. Im *Ritter Gluck* sitzt der Erzähler »bei Klaus und Weber« in einer bekannten Kaffeewirtschaft im Berliner Tiergarten, als er zum ersten Mal jener seltsamen Gestalt begegnet, die von sich glaubt, der Komponist Gluck zu sein. Und die Aufführung von Glucks *Armida*, die der »Ritter Gluck« veranstaltet, findet in einem Haus statt, das sehr wohl ein privates Sanatorium sein könnte. Der Rat Krespel mit seiner fantastischen Kleidung, seinen sonderbaren Manieren und seinen noch verrückteren Ideen nimmt ungehindert am gesellschaftlichen Leben seiner Stadt teil. Das von ihm entworfene Haus ohne Türen und Fenster ist zwar nicht seiner Funktion nach, wohl aber im Wortsinn ein Irrenhaus, »welches von der Außenseite den tollsten Anblick gewährte«[105].

Der Wahnsinn ist bei Hoffmann mitten im gewöhnlichen gesellschaftlichen Leben verborgen. Daher verwandeln sich in seinen Erzählungen »normale« Veranstaltungen so häufig in gänzlich verrückte Situationen. Der Ball bei Professor Spalanzani im *Sandmann*, bei dem keiner – »ganz kluge Studenten ausgenommen«[106] – bemerkt, daß seine Tochter in Wirklichkeit eine mechanische Puppe ist, ähnelt einer Szene aus dem Tollhaus. In der neunten Vigilie der Erzählung *Der goldne Topf* geht es ähnlich zu. Hier erreicht während einer Punschparty in Rektor Paulmanns Haus die Unterhaltung einen solchen Grad von Verrücktheit, daß der Gastgeber selbst ausruft: »Aber bin ich in einem Tollhause? bin ich selbst toll? – was schwatze ich denn für wahnsinniges Zeug? – ja ich bin auch toll – auch toll!«[107] Als er sich die Perücke vom Kopf reißt und gegen die Decke wirft, ist das für Anselmus und die anderen Gäste das Zeichen, die Punschterrine mit allen Gläsern zu zerschmettern. Durch Szenen wie diese, in denen die »Wahnsinnigen« in die »normale« Welt eindringen und umgekehrt die Verrücktheit der alltäglichen Welt offenbar wird, macht Hoffmann nachdrücklich klar, daß die von der rationalen Psychiatrie gezogene Trennungslinie zwischen Vernunft und Wahnsinn die beiden Sphären nicht voneinander scheiden kann. Zwar erreicht der Wahnsinn in Hoffmanns Erzählungen gelegentlich ein solches Stadium der Raserei, daß er zum Besten des Individuums selbst wie mit Rücksicht auf die Gesellschaft kontrolliert werden muß. In vielen Fällen aber ist ein von der »gesunden« Gesellschaft als »Wahnsinn« wahr-

genommener Zustand entweder eine harmlose Exzentrität oder gar eine
höhere Form des Wissens, die man zu verstehen, nicht aber einzusperren
hat. Jedenfalls läßt sich der Wahnsinn bei Hoffmann weder vom Recht
noch von der Medizin in improvisierte Formulare und Raster fassen.

Cyprians Erzählung trifft zunächst auf Ottmars Skeptizismus und
dann auf Theodors Kantischen Horror, im Umgang mit einem Menschen wie dem Einsiedler Serapion womöglich selbst wahnsinnig werden
zu können. Ausdrücklich verweist Theodor zudem auf die von Pinel an-
geführten Fälle, in denen die von einer fixen Idee Befallenen plötzlich in
Tobsucht geraten und »wie ein wütendes Tier alles um sich her morden«[108]. Daraufhin kündigt Theodor seine Erzählung vom *Rat Krespel*
an, »um den sanften Übergang vom Wahnsinn durch den Spleen in die
völlig gesunde Vernunft zu bewirken«. Als Theodor diese Erzählung beendet hat, kommt Lothar noch einmal auf die Bedeutung des Serapion
zurück und stellt ihn nun als eine exemplarische Figur dar: »Dein Einsiedler, mein Cyprianus, war ein wahrhafter Dichter, er hatte das wirklich
geschaut, was er verkündet, und deshalb ergriff seine Rede Herz und
Gemüt.« Im folgenden erläutert Lothar die Existenz einer inneren Realität und der geistigen Kraft, sie in voller Klarheit und im Glanz ihres Lebens zu erschauen. Nur würden durch »unser irdisches Erbteil« diese inneren Erscheinungen in denen der Außenwelt bis zur Undeutlichkeit
aufgelöst und verblaßten zu geheimnisvollen Ahnungen, die sich kaum je
zum deutlichen Bild gestalteten. Serapion aber sei mit der Fähigkeit begabt gewesen, diese innere Welt zu sehen, ohne daß sie durch die sogenannte Wirklichkeit überlagert worden wäre. Dementsprechend schlägt
Lothar vor, Serapion zum Namenspatron für die eigenen poetischen Unternehmungen zu machen. »Jeder prüfe wohl, ob er auch wirklich das geschaut, was er zu verkünden unternommen, ehe er es wagt, laut damit zu
werden. Wenigstens strebe jeder recht ernstlich darnach, das Bild, das
ihm im Innern aufgegangen, recht zu erfassen mit allen seinen Gestalten,
Farben, Lichtern und Schatten und dann, wenn er sich recht entzündet
davon fühlt, die Darstellung ins äußere Leben zu tragen.« Die Proklamation dieses »Serapiontischen Prinzips« bedeutet nichts weniger als die Erhebung des Wahnsinns zu einem ästhetischen Prinzip.

Die gleiche Tendenz, die Hoffmann so viele seiner Werke an der Grenz-
linie zwischen mythischer und Alltagsrealität, »Wahnsinn« und Vernunft ansiedeln ließ, kam in seiner Praxis als Richter in dem tiefen Re-

spekt zum Ausdruck, den er vor dem Element von Unsicherheit und Unaufklärbarkeit in Rechtsfragen an den Tag legte. Diese Einstellung ist untypisch für jede rationalistische Rechtsauffassung, gehe sie mit naturrechtlichen oder kodifizierten Rechtsnormen einher. Seine romantische Haltung gegenüber dem Recht wiederum ließ Hoffmann in Fragen der Psychologie einen Standpunkt zwischen der medizinisch-institutionellen und der philosophisch-theoretischen Auffassung des Wahnsinns einnehmen. Am klarsten wird diese Zwischenposition in dem Gutachten, das er in eben dem Jahr 1818, als der *Einsiedler Serapion* entstand, anläßlich des Prozesses gegen Daniel Schmolling verfaßte. Schmolling war ein achtunddreißigjähriger Tabakarbeiter, der unter Anklage stand, seine Geliebte erstochen zu haben[109]. Die Tatsachen dieses Falles standen außer Zweifel. Durch das Zeugnis des sterbenden Mädchens selbst wie durch Schmollings eigenes Geständnis war belegt, daß er die Tat begangen hatte. Er wurde dementsprechend des vorsätzlichen Mordes beschuldigt. Die Verteidigung räumte alle Fakten ein, bestellte aber einen ärztlichen Gutachter namens Merzdorff, der die Auffassung vertrat, Schmolling müsse aufgrund zeitweiliger Unzurechnungsfähigkeit (*amentia occulta*) freigesprochen und in eine psychische Heilanstalt eingewiesen werden. Als der Fall dem Criminal-Senat des Preußischen Kammergerichts zur Beschlußfassung übergeben wurde, war es Hoffmanns Aufgabe, das entscheidende Gutachten zu verfassen. Dies Gutachten ist ein bemerkenswertes Dokument. Es gibt uns umfassend Einblick sowohl in Hoffmanns Ansichten über die Kompetenz des Kriminalrichters wie über seine Stellung gegenüber dem psychiatrischen Denken der Zeit.

Die sehr ausführliche Erörterung beginnt mit einem Versuch, die Gebiete ärztlicher, psychologischer und juristischer Kompetenz gegeneinander abzugrenzen. Die juristische Problematik ist in den Bestimmungen des *Allgemeinen Landrechts* klar niedergelegt. »Wer frey zu handeln unvermögend ist, bey dem findet kein Verbrechen, also auch keine Strafe statt.«(II,20, §16) Damit war die Strafzumessung nicht mehr nur im Hinblick auf die Tat, sondern zugleich mit Rücksicht auf die Person des Täters zu begründen. Zu der Schwierigkeit, gesetzliche Bestimmungen zweifelsfrei auf ein konkretes Geschehen anzuwenden, trat nun als neuer Unsicherheitsfaktor der Geisteszustand des Angeklagten. Rationalistischen Theorien zufolge war das Recht übersichtlich in klar voneinander geschiedene Kompetenzgebiete aufgeteilt. Daß der Richter die

Kompetenz von herangezogenen Gutachtern auf ihrem eigenen Gebiet
in Frage stellen könnte, war in dieser Sicht nicht vorgesehen[110]. Hoffmann hingegen argumentierte im Blick auf Merzdorffs Einlassung, das
Gebiet des Arztes sei beschränkt auf »die Kenntniß des physischen
menschlichen Organismus« und umfasse nicht auch den psychischen
Organismus, für dessen Erkenntnis es vielmehr gänzlich anderer Prä-
missen bedürfe. Dies sei der Grund, so erinnert er den Leser, warum
Kant in seiner Anthropologie die Untersuchung des Gemütszustandes
der philosophischen und nicht der medizinischen Fakultät überwiesen
habe. Hoffmann selbst nennt zudem Karl Philipp Moritz, den Herausgeber des *Magazins zur Erfahrungsseelenkunde,* als Beispiel dafür, daß
auch solche Männer tiefe psychologische Kenntnisse haben könnten, die
selbst nicht Ärzte seien. Konsequenterweise gilt für Hoffmann der Arzt
als kompetent nur dann, wenn er den Zustand eines Wahnsinnigen anhand bestimmter Symptome im physischen Organismus demonstrieren
kann, die als Ursache der Geistesverwirrung gelten können. Im Falle
Schmollings aber könne der medizinische Gutachter weder eine organische Ursache belegen noch aus der Lebensgeschichte des Angeklagten
die Diagnose des Wahnsinns zweifelsfrei erweisen. Als Stützung seines
Befunds bleibe so allein Schmollings eigene Aussage übrig, ein »unwiderstehlicher Drang« habe ihn zur Tat getrieben.

Hoffmann zitiert Reil, Pinel und andere Autoren, die sich zum Phänomen des blinden Triebs oder des unwiderstehlichen Dranges zu einer Tat
geäußert haben, gesteht aber ihren Ansichten keine absolute Autorität zu.
»Von Schriftstellern in der Arzneikunde und in der Psychologie aufgestellte Lehrsätze können für den Criminalrichter nur dann von Werth
seyn, wenn sie sich auf wissenschaftlicher Erfahrung stützen, und nicht
als lediglich auf philosophische Speculation gebaute Hypothesen erscheinen.« Gebe der Richter sich der Autorität eines Schriftstellers anheim, so
werde er bei allem Scharfsinn, den dieser aufzubieten habe, doch ins vage
Gebiet der Möglichkeit geraten und zur unzweifelhaften Anwendung des
Gesetzes nicht in der Lage sein. »Vorzüglich würde dies der Fall seyn,
wenn es darauf ankommt die Zurechnungsfähigkeit eines Angeschuldig-
ten, in Rücksicht seines Gemüthszustandes, zu beurtheilen.« An diesem
Punkt formuliert Hoffmann einen Grundsatz, zu dem er nicht zuletzt
durch seine literarische Arbeit gelangt sein dürfte: »Dem im irdischen Leben befangenen Menschen ist es nicht vergönnt, die Tiefe seiner eignen
Natur zu ergründen, und wenn der Philosoph sich über diese dunkle Ma-

terie in Spekulationen verliert, so darf der Richter sich nur *daran* halten, was die unzweideutigste Erfahrung festgestellt hat.«

Nachdem er also zunächst die jeweiligen Kompetenzen des medizinischen Experten und des philosophischen Psychologen gegeneinander abwägt und beide dem Kriminalrichter gegenüberstellt, bestimmt Hoffmann im folgenden die Verantwortlichkeiten des Richters selbst. »Die Freiheit des Menschen, metaphysisch betrachtet, kann auf Gesetzgebung und Rechtspflege nie von Einfluß seyn, die moralische Freiheit des Menschen, d.h. das Vermögen, seinen Willen und dessen thaetige Außerung dem sittlichen Princip gemäß zu bestimmen (*arbitrium liberum*), wird als die Anwendung jeder Strafsanction bedingend vorausgesetzt, und jeder Zweifel dagegen muß dem Richter, soll er darauf achten, mit überzeugender Kraft dargethan werden.« Die Theorie vom blinden Trieb, so fährt er fort, der als abnormer psychischer Zustand jede Freiheit des Handelns aufhebe, stütze sich nicht auf Erkenntnisse über den physischen Organismus, sondern allein auf psychologische Beobachtungen. Daher habe der Richter nicht nur die Kompetenz, sondern zugleich und vor allem die Pflicht, sehr genau alle Argumente zu prüfen, von denen die moralische Freiheit und Zurechnungsfähigkeit des Täters in Zweifel gezogen würden. Hoffmann nimmt diese Prüfung im folgenden in einem sehr langen Abschnitt selbst vor. Sein erster Prüfungsgegenstand ist »der partielle Wahnsinn, den eine fixe Idee erzeugt«, sein zweiter »der periodische Wahnsinn, die intermittierende Tobsucht«. Er erörtert beide im Rückgriff auf Fallbeispiele Pinels und Reils, die er in knapper Form nacherzählt. Schließlich kommt er auf das Problem, ob ein Zustand der Unfreiheit vorliegen könne, ohne daß dafür physische Symptome einen eindeutigen Hinweis lieferten. In solchen Fällen müßten sowohl der Arzt wie der Psychologe ihre eigenen Schlußfolgerungen ziehen, so wie im vorliegenden Fall Merzdorff es getan habe. Dabei seien sie hinsichtlich ihres Materials auf die Tat und die Aussagen des Täters selbst beschränkt. »Dies mag nun dem Arzt, dem Philosophen, dem Psychologen vergönnt seyn; der Criminal-Richter, der die moralische Freiheit des Menschen voraussetzt, und von ihm verlangt, daß er, durch das Gesetz bestimmt, dem Antrieb zur Uebertretung desselben widerstehe, wird nicht das Gesetz für unanwendbar halten können blos deshalb: weil der Bewegungsgrund zur That nicht zu ermitteln war, und der übrigens geistig und körperlich gesunde Verbrecher bloß sagt, daß ihn ein blinder unwiderstehlicher Drang dazu getrieben habe.«

Im Rückgriff wiederum auf die psychologische Kasuistik der Zeit kommt Hoffmann zu dem Schluß, die Hypothese einer *amentia occulta* sei als bloße Vermutung für den Kriminalrichter ohne Wert. Dann wendet er sich der Aussage des Angeklagten Schmolling zu. »Wer entdeckt nicht in dieser eigenen Schilderung des Inquisiten, mit den deutlichsten Zügen, den Kampf eines bösen Vorsatzes mit dem bessern moralischen Prinzip?« Hoffmann sieht aufgrund der Belegbarkeit dieses inneren Kampfes keinen Grund, die moralische Verantwortlichkeit des Angeklagten in Zweifel zu ziehen und die von der Anklagebehörde beantragte Todesstrafe auszuschließen. Uns interessiert hier nicht so sehr diese Entscheidung selbst. Die Todesstrafe wurde übrigens im folgenden in eine lebenslange Freiheitsstrafe umgewandelt. Interessant ist vielmehr der Argumentationsgang, in dem Hoffmann zu seiner Entscheidung findet. Es handelt sich dabei um einen vorsichtigen, kenntnisreichen Prozeß des Abwägens, der nicht nur eine detaillierte Vertrautheit mit dem psychiatrischen Gedankengut der Zeit verrät, sondern darüber hinaus Hoffmanns Mittelposition zwischen den klinischen Psychiatern und den psychologischen Philosophen deutlich erkennen läßt. Wie wir insgesamt für seine juristische Tätigkeit feststellen konnten, unterscheidet Hoffmann auch hier klar zwischen Tat und Gesinnung. Was Hoffmann zu den Aufgaben des Kriminalrichters ausführt, um die Legitimität und Autonomie seiner Position zu erweisen, umschreibt zugleich den Gesichtspunkt des Schriftstellers, wie wir ihn an seinen Erzählungen beobachten konnten.

In den zwei Jahrzehnten seit dem Jahr 1795 fand in der deutschen Literatur eine bemerkenswerte Entwicklung statt. Sie führt von der noch an die Perspektiven des 18. Jahrhunderts rückgebundenen Einführung des Psychologischen in die Welt der Fiktionen bei Spiess, Tieck und Goethe über die umfassende Fiktionalisierung der noch jungen Psychiatrie bei Jean Paul und »Bonaventura« bis hin zu dem Punkt, an dem in Hoffmanns Erzählungen die Fiktion selbst zum autonomen Organ psychiatrischen Denkens wird. Diese Entwicklung läßt erkennen, wie nachhaltig die Kunst des Zeitalters durch ihre spannungsreiche Wechselbeziehung mit der Institution des Irrenhauses geprägt wurde, das sich seinerseits in eben diesen Jahren von einem Ort der Ausgrenzung und Einschließung der unheilbar Wahnsinnigen zu einer humanen Heilanstalt für die Geisteskranken wandelte.

Kapitel 5

Die Universität: Modell des Geistes

WENN Henrich Steffens in seiner Autobiographie *Was ich erlebte* (1840–1844) dazu ansetzt, seine Studentenjahre in Deutschland um 1800 zu schildern, ruft er dem Leser in Erinnerung, »daß in Jena eine Begeisterung, durch welche die ganze deutsche Literatur einen neuen Aufschwung erhielt, eben in dem ersten Moment frischer jugendlicher Ausbildung war, als ich das Glück hatte, den lebendigsten Entwicklungspunkt zu erleben«[1]. Steffens gesteht die philosophischen Differenzen zwischen Fichte und Schelling zu, er stellt die Eigentümlichkeiten des brillanten jungen Physikers Johann Wilhelm Ritter und anderer Figuren des geistigen Lebens dar, und er läßt die individuellen Extravaganzen innerhalb des Zirkels von Schriftstellern und Intellektuellen im Jena des Winters 1798/99 nicht unerwähnt. Doch was diese Zeit so aufregend und fruchtbar gemacht habe, fährt er fort, »war die Einigkeit, welche unter den Urhebern einer so wichtigen Umgestaltung in der Literatur herrschte. Wie bei einer jeden organischen Entwicklung die verschiedensten Bildungen kaum unterscheidbar von einem gemeinschaftlichen Punkte ausgehen, ... so glaubten auch alle damals, durchaus ein gemeinsames Werk zu treiben, und es entstand ein Bündnis der Geister, welches im höchsten Grade bedeutend wirken mußte.« (92)

Eine der begeistertsten Schilderungen von Jena um 1795 – also einige Jahre früher – findet sich in der Autobiographie von Johann Georg Rist. In Erinnerung an die Ideale der damaligen Studenten schreibt er: »Ein freies, der Wissenschaft, der Kunst und der Freundschaft gewidmetes Leben vereint zu führn und über einen weiten Kreis zu verbreiten, das war der Umfang unserer anspruchslosen Wünsche und Hoffnungen«.[2] In der gleichen Passage heißt es:

Was wir gestrebt und gewollt, war Großes und Treffliches; was wir geleistet, ist wenig. Aber deshalb schmähen wir die schönen Träume unserer Jugend nicht. Denn diese Träume waren Offenbarungen des großen Geistes, aus dessen Schoß wir unverfälscht und un-

verwirrt durch die Erscheinungen einer alten Welt hervorgegangen
waren; diese Träume hegten in ihrem Innern das Ideal, nach dem
der Mensch zu streben nie aufhören darf, wenn er sich endlich
auch überzeugt, daß er es in irdischer Gestalt nicht erreichen noch
schauen wird.

In ähnlichem Ton beschreibt Rudolf Köpcke in seiner 1855 erschienenen
Biographie Ludwig Tiecks die erste Begegnung zwischen Tieck und Novalis, die während Tiecks Besuch in Jena im Sommer 1799 stattfand:

> A.W. Schlegel hatte den Vermittler gemacht. In bewegten Gesprä-
> chen hatten sie die Herzen gegeneinander aufgeschlossen, geprüft
> und erkannt; die Schranken des alltäglichen Lebens fielen, und
> beim Klange der Gläser tranken sie Brüderschaft. Mitternacht war
> herangekommen, die Freunde traten hinaus in die Sommernacht.
> Wieder ruhte der Vollmond, des Dichters alter Freund seit den Ta-
> gen der Kindheit, magisch und glanzvoll auf den Höhen um Jena.[3]

Im Herbst desselben Jahres zog Tieck nach Jena und lebte dort im Hause A.W. Schlegels, im Zentrum aller Unternehmungen des Zirkels um
Friedrich Schlegel, Fichte und Schelling, Novalis und Brentano.

> In heiterer Weise vereinte man sich in dem Hause des älteren
> Schlegel zum gemeinsamen Mittagstisch ... Hier fanden sich jene
> geistig angeregten Gesellschaften in Wirklichkeit, welche er in den
> spätern Novellen so meisterhaft zu schildern verstand ... Schlegel
> selbst las sein Gedicht auf die Schauspielerin Bethmann. Ein ande-
> res Mal hielt Novalis einen Vortrag, der einen eifrigen Streit her-
> vorrief, weil man fand, daß er sich darin zum Katholizismus be-
> kannt habe. Brentano trug seine »Naturgeschichte des Philisters«
> vor, als auch Fichte zugegen war...[4]

Den fünften Band seiner 1828 in Berlin erschienenen *Schriften* widmete
Tieck A.W. Schlegel und rief sich und seinem Adressaten die nun 30
Jahre zurückliegende Welt des Jenaer Kreises in Erinnerung: »Jene schöne Zeit in Jena ist ... eine der glänzendsten und heitersten Perioden
meines Lebens. Du und Dein Bruder Friedrich, – Schelling mit uns, wir
alle jung und aufstrebend, Novalis-Hardenberg, der oft zu uns herüber-
kam: diese Geister und ihre vielfältigen Plane, unsre Aussichten in das
Leben, Poesie und Philosophie bildeten gleichsam ununterbrochen ein
Fest von Witz, Laune und Philosophie.«

Schilderungen wie diese fanden schnell Eingang in die Historiographie der Romantik. In seinem Buch *Die romantische Schule* (1870) schreibt Rudolf Haym zu Tiecks Übersiedlung und Friedrich Schlegels Rückkehr nach Jena im selben Jahr 1799:

> So vollständig und so nahe war der Kreis der Romantiker noch nie zusammengewesen. Noch nie war die Wechselwirkung der einzelnen Genossen dieses Kreises so allseitig und lebendig gewesen – es war in jeder Beziehung die eigentliche Blütezeit der Romantik.[5]

Wohl kaum zufällig griff Ricarda Huch den Begriff »Blütezeit« für den ersten Band ihres großen Werkes über *Die Romantik* (1899–1902) auf. Er beginnt mit einem Porträt der Zusammenkünfte von Jena. »Jena« blieb seitdem das Losungs- und Schlüsselwort für die deutsche Frühromantik. In seiner Monographie über Schelling schreibt etwa Karl Jaspers: »Aus jener kurzen Jenenser Zeit strahlt ein Überschwang des Geistes zu uns, der historisch einmalig erscheint.«[6] In Gert Uedings Darstellung der deutschen Literatur im Zeitalter der Französischen Revolution steht »Jena oder der Traum einer romantischen Volksbewegung« im Kontrast zu Weimar als Modell des Klassizismus[7]. Und in der Einleitung zu seinem Buch *German Romantics in Context* bemerkt Roger Cardinal: »Den Namen ›Geburtsort der romantischen Schule‹ darf mit dem größten Recht Jena für sich reklamieren. Denn hier erfolgte im Laufe nur weniger Jahre durch das Zusammentreffen einzigartiger Begabungen die rasche und aufsehenerregende Bestimmung der Bewegung.«[8]

Über mehr als ein Jahrhundert hin galt Jena als der *locus amoenus* im mythischen Universum der deutschen Frühromantik. Als Schauplatz der Begegnung zwischen Tieck und Novalis, als Ort der Entstehung von Fichtes *Wissenschaftslehre* und Schellings *Naturphilosophie*, als Zentrum des Symphilosophierens in der Zeitschrift *Athenäum* und als Hintergrund zahlloser anderer »lebender Bilder« ist es in unserer Vorstellung von dieser einzigartigen Periode deutscher Kultur gegenwärtig. Die Überzeugungskraft dieser Bilder ließ eine einfache Frage nicht zu Wort kommen, die sich jedem stellt, der sich Jena aus einem komparatistischen Blickwinkel nähert. Warum erlebte die deutsche Romantik ihre *Blütezeit* in einer Universitätsstadt und nicht – was ja auch denkbar wäre – in einem kulturellen oder politischen Zentrum? Und warum unter allen Universitätsstädten in Deutschland ausgerechnet in Jena, das

für seine rohe Atmosphäre und seine rüpelhafte Studentenschaft
berüchtigt war?

Die Kritik an den Universitäten im Europa des 18. Jahrhunderts

Die erste Frage wird jedem einleuchten, der von der Situation in England oder Frankreich aus auf Deutschland blickt. In Frankreich wäre,
um es möglichst knapp zu formulieren, während der Revolutionszeit
jede Verbindung zwischen einer kulturellen Bewegung und der Universität schon allein deshalb unmöglich gewesen, weil die Universität als
Institution nicht mehr existierte. Nach zwei Jahrhunderten, in denen die
von inneren Religionsstreitigkeiten zerrissenen konservativen Universitäten den philosophischen Zeitströmungen gegenüber resistent geblieben
waren und alle bedeutenden wissenschaftlichen und intellektuellen Aktivitäten sich in die Akademien verlagert hatten, war die Dringlichkeit einer Bildungsreform offensichtlich. Dementsprechend wurden am
15. September 1793 die Collèges und Universitäten in ganz Frankreich
vom Nationalkonvent aufgehoben und vom System staatlich betriebener
écoles spéciales ersetzt, deren Aufgabe die Ausbildung für spezifische Be-
rufsfelder sein sollte. Die École normale supérieure für Lehrer wurde im
Jahr 1794 projektiert und schließlich 1831 eingerichtet. Die École polytechnique für technische Wissenschaften und Ingenieurswesen wurde im
Jahr 1794 eröffnet, andere kamen nach und nach hinzu. Zugleich wurde
die literarische und wissenschaftliche Forschung den drei Klassen des *Institut National* überantwortet, der Nachfolgeinstitution der vormaligen
Académie française[9]. Durch ein Dekret Napoleons vom 17. März 1808
wurden die verschiedenen *écoles spéciales* nach einem umfassenden hierarchischen System angeordnet, das zunächst als *Université impériale*, später als *Université de France* firmierte. Bis zur Neukonstituierung der Universitäten im Jahre 1896 war das französische Bildungssystem durch die
Priorität der höheren Schulbildung vor den akademischen Fakultäten
geprägt. Dies bedeutete die Ausrichtung der gesamten Erziehung auf die
praktischen Bedürfnisse des Staates sowie das Fehlen irgendeiner Einrichtung, von der die akademischen Fakultäten zu einem einheitlichen
Ganzen hätten zusammengefaßt werden können[10]. Literarische Helden
des 19. Jahrhunderts wie Julien Sorel oder Frédéric Moreau durchlaufen
aus diesem Grund zwar womöglich ein Priester- bzw. Rechtsseminar, die

Universität als Institution aber spielt weder in ihrem Leben noch in dem ihrer Autoren eine nennenswerte Rolle. Bis es dazu kommt, müssen wir auf die brillanten *normaliens* warten, von denen die französische Literatur des 20. Jahrhunderts so nachhaltig geprägt ist.

Bei aller Unterschiedlichkeit war die Situation in England der in Frankreich im Prinzip vergleichbar. Folgt man den Darstellungen der Historiker des Universitätsleben, so scheinen die Studenten sowohl der niederen wie der höheren Semester in Oxford und Cambridge fast während des gesamten 18. Jahrhunderts an quälender Langeweile gelitten zu haben, die sie durch Trinken, Spielen und andere Formen des Zeitvertreibs zu bekämpfen suchten. »Dies war die unvermeidliche Konsequenz der sozialen und historischen Bedingungen, die eine Universitätsausbildung zu einer der am wenigsten attraktiven Alternativen beim Übergang vom Jugendalter zum Status eines jungen Erwachsenen machten.«[11] Oxford und Cambridge versprachen kaum mehr als eine Erweiterung der Schulausbildung. Im Mittelpunkt standen das Studium der alten Sprachen und die Verpflichtung zur Teilnahme an den Gottesdiensten. An eine weitgefächerte, breite Allgemeinbildung war hier nicht zu denken. Was konnte man schließlich erwarten von Lehrkräften, die von Beruf Geistliche waren und nicht etwa Universitätslehrer? Auch in den unüblichen Fällen, in denen von den Dozenten die Priesterweihe nicht ausdrücklich verlangt wurde, wählten die meisten eine kirchliche Laufbahn und verbrachten zehn oder fünfzehn Jahre als Lehrkraft, bis sie alt genug dafür waren, eine College-Pfründe und ein Kirchenamt angeboten zu bekommen[12]. Im Jahr 1809 formulierte R.L. Edgeworth in seinen *Essays on Professional Education* den Grundsatz, »daß der Wert alles Wissens letztlich von seiner Nützlichkeit abhängt«, und löste damit eine Debatte über die Hochschulausbildung aus, die bis zur Mitte des Jahrhunderts anhielt[13]. Als Kardinal Newman *The Idea of a University* (Vom Wesen der Universität) (1852) veröffentlichte, hatte sich die allgemeine Meinung insoweit geändert, daß man nun der Allgemeinbildung vor der religiösen Unterweisung den Vorrang geben konnte. Doch sah auch Newman in der Universität nach wie vor nur einen Ort der Verbreitung überlieferten, nicht aber der forschenden Erschließung neuen Wissens.

Was in diesen Vorträgen unter einer Universität verstanden wird, ist folgendes: Sie ist eine Stätte, an der universales *Wissen gelehrt*

wird. Das bedeutet einerseits, daß ihre Zweckbestimmung intellektueller, nicht moralischer Natur ist, anderseits, daß sie sich mehr
auf Verbreitung und Förderung des Wissens als auf den Fortschritt
der Wissenschaft selbst richtet. Wäre ihr Ziel wissenschaftliche
und philosophische Entdeckung, so sehe ich nicht ein, warum eine
Universität Studierende haben sollte; wäre es religiöse Erziehung,
dann verstehe ich nicht, wieso sie der Sitz für Geisteswissenschaften und Naturwissenschaften sein kann.[14]

Gewiß, Wordsworths *The Prelude* enthält im dritten Buch zwiespälti-
ge Erinnerungen an seine »fröhliche Zeit« in Cambridge. Und Keats
schrieb während eines einmonatigen Besuchs in Oxford an seine Schwester Fanny: »Dieses Oxford ist zweifellos die schönste Stadt in der
Welt.«[15] Doch war die Universität im Leben der englischen Romantiker, falls sie überhaupt eine besuchten, von nur geringer Bedeutung.
Oft erwarben sie nicht einmal einen akademischen Abschluß. Angesichts der konservativen Strukturen, in denen die Karriere der Lehrkräfte verlief, überrascht es kaum, daß Oxford und Cambridge im revolutionären Zeitalter um 1800 nicht zu Zentren des intellektuellen und
kulturellen Lebens wurden.
     Die Situation an den deutschen Universitäten war während des
18. Jahrhunderts kaum besser als in Frankreich und England. Die lockeren und rüden Sitten der Studenten waren ein gängiges Motiv in der
zeitgenössichen Literatur.[16] Während des 17. Jahrhunderts zielten zahlreiche Versionen der Faust-Sage darauf ab, die Institution zu kritisieren,
mit der der berüchtigte gelehrte Doktor in Verbindung gestanden haben sollte[17]. Das alte Volksbuch des *Faust* in der Version Widmanns
von 1599 enthält in der revidierten Fassung von 1674 eine über drei Seiten lange Fußnote des Herausgebers (Pfitzer), die detailliert schildert,
»wie es öffters so gar übel mit jungen Leuten, so diese auf Universitäten
… verschicket werden, gerathe und ausschlage«. Ausdrücklich werden
wohlmeinende Mütter gewarnt, mit den großzügigen Zuwendungen,
die sie ihren Söhnen schickten, könnten »an Statt der Bücher die Damen aufgeblättert« werden[18]. Von exemplarischer Bedeutung ist in diesem Zusammenhang die von Eberhard Werner Happel, einem Zeitgenossen Grimmelshausens, verfaßte akademische Satire, die unter dem
schlichten Titel *Der akademische Roman* (1690) bekannt wurde. Er handelt von den pikaresken Abenteuern einer Gruppe deutscher Studenten

in Deutschland und Italien. Dazu gehören Mord- und Liebesgeschichten, Betrügereien, Raufhändel und alle nur denkbaren Skandalaffairen. Zwei ganze Kapitel sind der ausdrücklichen Anklage des universitären Lebens und der akademischen Rituale gewidmet. In Kapitel 9 ereifert sich ein Schweizer Reisender darüber, daß »wider die Lehre und Regel der Alten« schlechte Leute zu Magistern, Lizenziaten und Doktoren promoviert würden. Und in Kapitel 24 findet sich ein regelrechter Katalog von Unzulänglichkeiten der Akademien, Professoren, Rektoren, Fakultäten, Schulpedanten und akademischen Grade.

Mit Halle im Jahre 1694 und Göttingen im Jahre 1737 waren zwei Universitäten entstanden, die ausdrücklich mit Blick auf die modernen Vernunftprinzipien in der Erziehung gegründet worden waren und in erklärter Opposition zu den eklatant schlechten Studienbedingungen an den meisten anderen Universitäten standen. Doch das Mißtrauen gegenüber den Universitäten ging dadurch nicht zurück. Friedrich der Große machte in seiner generellen Verachtung der deutschen Literatur und Kultur sogar die wichtigste Universität seines eigenen Staates Preußen zur Zielscheibe seines Witzes. In seiner Komödie *L'École du monde* (Die Schule der Welt) (1748) kehrt Bilvesée aus Halle nach Berlin zurück. Sein Vater, Mon. Bardus, ein Pedant, hatte ihn in die Universitätsstadt geschickt, damit er dort »la métaphysique, la physique et la plus sublime géométrie« studiere[19]. Bilvesée aber gibt sofort seine gänzliche Unwissenheit zu erkennen, als der Vater ihn fragt. »Eh bien, comment vont les monades?« (Nun, wie steht's mit den Monaden?) Bilvesée hört diesen philosophischen Begriff zum erstenmal und versucht seine Unkenntnis unter einer Vielzahl von Ausflüchten zu verbergen. Wie sich herausstellt, verbrachte er seine Zeit auf der Universität mit nichts als Trinken, Spielen, Raufen und der Jagd auf Frauen. Sein Diener Martin ruft ihm diese Verfehlungen in Erinnerung.

C'est que, mon cher maître, il aurait fallu plus étudier que nous n'avons fait. Je vous l'avais bien dit qu'en courant les rues toutes les nuits, en buvant le jour, en débauchant les filles lorsque nous n'avions rien de mieux à faire, en nous battant lorsque nous avions perdu notre argent au jeu, nous serions mal reçus dans la maison paternelle. (317)

(Die Sache ist die, mein lieber Herr: wir hätten mehr studieren müssen, als wir es getan haben. Aber wir sind Nacht für Nacht durch die Straßen gelaufen und haben tagsüber gezecht, wir haben die jungen Mädchen verführt, wenn wir gerade nichts besseres zu tun hatten, und haben uns geschlagen, wenn wir beim Spiel unser Geld verloren hatten. Hatte ich es Ihnen nicht gesagt, daß wir damit zu Hause schlecht ankommen würden?)

Das schlimmste von allem aber sei, bemerkt Martin, daß sich sein Herr durch die Universität eine im Kern gute Natur habe verderben lassen. »Vous étiez si bon en partant d'ici; faillait-il vous envoyer à l'université, où le mauvais exemple, une dissipation continuelle, une licence sans bornes.« (Sie waren ein so guter Mensch, als wir von hier aufbrachen; war es nötig, Sie zur Universität zu schicken, wo es schlechte Beispiele gibt, wo fortwährende Zerstreuung und unbegrenzte Freiheit herrschen?) Bilvesée verliert im Verlaufe seines »Studiums« seine Verlobte an einen anderen und wird schließlich arretiert, als er die Fensterscheiben des Bordells zerbricht, in dem er zwei angenehme Tage verbringt. Friedrich kannte seine Universität![20]

Arnold Kortums epische Satire *Die Jobsiade* (1784, fortgesetzt 1799) zählt zu den erfolgreichsten Werken des 18. Jahrhunderts. Sie schildert »Leben, Meynungen und Thaten von Hieronimus Jobs, dem Kandidaten«. Im dreizehnten Gesang wird berichtet, wie der unwissende und unglückselige Hieronimus in einer ungenannten Universitätsstadt ankommt, um das Studium der Theologie aufzunehmen. Bald befindet er sich inmitten einer Studentenschar verschiedenster Disziplin und Herkunft, von denen die meisten Zeit und Geld für ein angenehmes Leben verschwenden, statt zu studieren.

> Hieronimus, dem's Studiren zuwider,
> Mengte sich bald unter die lustigen Brüder
> Und betrug sich in kurzer Zeit schon so,
> Als wäre er längstens gewesen do.
>
> Dann so gut als der beste Akademikus
> Lebte er täglich in Floribus,
> Und es wurde manche liebe Nacht
> In Sausen und Brausen zugebracht.

> Wein, Tabak und Bier war sein Leben,
> Er that dabei die Stimme hoch erheben,
> Wenn er mit lautem und starkem Klang
> Das *Gaudeamus igitur* sang.[21]

Hieronimus erwirbt sich unter seinen Kommilitonen einen guten Ruf als »ein wahres Muster fideler Studenten« und steht seinen Mann gegen die verachteten »Häscher, Pedellen und Philister«. Er verführt die Mädchen in den umliegenden Ortschaften, zerschlägt des Nachts Fensterscheiben, geht keinem Raufhandel aus dem Weg und besucht um der gelegentlichen Abwechslung willen alle zwei Monate einmal die Vorlesungen. Er macht Schulden, betrügt seine Gläubiger, versetzt seine Bücher und Kleider, verbringt einige Zeit im Studentengefängnis und ist nahe daran, von der Universität verwiesen zu werden. Über drei Jahre hinweg gelingt es ihm, in seinen Bittbriefen um mehr Geld die Eltern zu täuschen. Als er schließlich nach Hause zurückkehren muß, ist von seiner Habe so wenig übrig, daß er vorgibt, auf der Reise bestohlen worden zu sein. Bei einem seiner Professoren kauft er sich »für bares Geld« ein akademisches Zeugnis, das er freilich nicht lesen kann, weil es in Griechisch und Latein abgefaßt ist. Es versteht sich, daß Hieronimus schmählich versagt, als er zur Erlangung eines kirchlichen Amtes als Kandidat der Theologie geprüft wird. So antwortet er zum Beispiel auf die Frage nach den Aposteln in Erinnerung an den Studentenjargon und die Saufrituale, so nenne man die großen Krüge, in denen Wein und Bier ausgeschenkt würden. Vom heiligen Augustin weiß er nichts und kennt nur den Universitätspedell Augustin, der ihn oft zum Prorektor zitiert habe. So geht es fort, und von diesem Punkt an sinkt sein Lebensglück immer tiefer, bis er – am Ende von Teil I – als Nachtwächter in seiner Heimatstadt Schildburg stirbt.

Der Philanthrop Christian Gotthilf Salzmann lieferte in seinem sechsbändigen Briefroman *Carl von Carlsberg oder über das menschliche Elend* (1783–1788) die ausgreifendste Attacke auf die zeitgenössischen Erziehungspraktiken und Bildungsinstitutionen. Unter den zahlreichen sozialen Übeln, die dieser Roman aufgreift, nimmt die Universität eine herausgehobene Stellung ein. Im ersten Band wird der Oberst von Brav zur Universitätsstadt Grünau geschickt, um dort seinem Vetter Carl beizustehen, der in einem Duell verwundet wurde. Der Oberst befindet sich seinerseits in einem Zustand starker Beunruhigung. Denn er hat gerade entdeckt, daß sein Sohn durch das Übel der Masturbation, das an seiner Schule wucherte, physisch und geistig ruiniert worden ist. Am Tag seiner Ankunft wird der Oberst Zeuge eines studentischen Aufruhrs. Er entsteht, als der Prorektor in Reaktion auf Carls Duell eine Anordnung gegen das Duellwesen erlassen und den Herausforderer arretieren will. Die Studenten begreifen dies als Angriff auf ihre akademische Freiheit, versammeln sich auf dem Marktplatz, singen dort obszöne Lieder und bombardieren schließlich das Haus des Prorektors mit Steinen, zerschmettern sein Porzellan und töten fast sein sechs Monate altes Kind. Danach versuchen sie, ihren Kommilitonen aus dem Studentengefängnis zu befreien, werden aber vom örtlichen Militär zurückgeschlagen.

Nach einem anderen Vorfall, bei dem Studenten sich in einer Gastwirtschaft flegelhaft aufführen, versichern Carl und seine Freunde dem Oberst, daß sie selbst dergleichen mißbilligten. Sie beschreiben dem Besucher die Auswüchse des Studentenstolzes und klagen, »daß es kein hochmüthiger Geschöpf gebe, als einen rohen Studenten. Er sähe auf alle andre Stände mit Verachtung herab, den geschicktesten, arbeitsamsten Bürger, nenne er einen Philister. Selbst die Stände, in die er einst zu treten hoffe, mache er lächerlich. Er spotte des Professors und Rathsherrn, des Ministers und Officiers; Prediger dürften sich nie in Auditoriis sehen lassen, wenn sie nicht wollten ausgezischt werden.«²² Gleichwohl sind diese vernünftigen Studenten der Ansicht, die Akademien hätten sich im Vergleich zu ihrem Zustand nur fünfzig Jahre früher schon beträchtlich verbessert. Zu einem späteren Zeitpunkt der Geschichte wird Carl von seinem Freund, dem Diakon Rollow mit der Ansicht konfrontiert, der Fehler liege nicht bei den Männern, die an den Universitäten lehrten, sondern im System der Institution selbst. Sie sei zu Zeiten der Kreuzzüge geschaffen worden, als kaum jemand habe lesen und schreiben können. Als Carl wegen einer Schlägerei relegiert wird, obwohl er selbst ihr Opfer war, beklagt er sich beim Prorektor, der jedoch streng nach den akademischen Regeln verfährt. Der Universitätsbeamte verteidigt die bestehenden Regelungen und sagt ihm: »Thun Sie mir doch einen Vorschlag, wie man einen Haufen von 6 bis 800 jungen Menschen, die ohne Aufsicht und ermüdende Arbeit, großentheils auch ohne moralische Grundsätze sind, verhindern kann, daß sie kein unzüchtiges Leben führen?« (II, 267) Salzmanns Auffassung der Universitäten als mittelalterliche Institutionen, die für die

moderne Welt nicht taugten, fand so breite Zustimmung, daß sich
während der folgenden zwei Jahrzehnte alle Reformer mit seiner Kritik
auseinanderzusetzen hatten.

Angesichts der allgemeinen Klagen über Studentenskandale und des
schlechten Rufes der Universitäten überrascht es kaum, im *Preußischen
Allgemeinen Landrecht,* das im Jahr 1794 in Kraft gesetzt wurde, einen
ganzen Abschnitt »Von Universitäten« (II, 12, §§ 67–129) zu finden. Einige wenige dieser Paragraphen handeln von studentischen Rechten, die
meisten aber betreffen die »akademische Disziplin« (§§ 84–96) oder enthalten Bestimmungen über die Verschuldung (§§ 99–126). Im allgemeinen unterlagen die Studenten dem Landrecht und der Stadtbehörde.
Die Aufrechterhaltung der Disziplin war in erster Linie den akademischen Ordnungskräften überlassen. Über ihren Verantwortungsbereich
äußert sich der Gesetzestext unmißverständlich. »Besonders müssen
Schlägereyen, Schwelgereyen, und andre zum öffentlichen Aergerniß,
oder zur Stöhrung der gemeinen Ruhe und Sicherheit gereichende Excesse der Studenten, nachdrücklich geahndet werden.« (§ 85)
Diese Bestrafungen erfolgten in der Regel durch Einkerkerung des
Delinquenten während vorlesungsfreier Zeiten. Es gab überdies Grenzen, deren Überschreitung unnachsichtig mit Relegation bestraft werden
sollte. »Wiederholte grobe Excesse, Widersetzlichkeit gegen den acade-
mischen Senat, und dessen zur Ausübung der akademischen Zucht ver-
ordnete Bediente; Aufwiegeleyen, Rottenstiftungen, und Verführung
Anderer, müssen mit Relegation bestraft werden.« (§ 89) In den ange-
führten Fällen mußten die relegierten Studenten nicht nur die Universität, sondern auch die Stadt verlassen.

Die in den literarischen Quellen und Gesetzestexten reflektierten Zustände des akademischen Lebens ließen im Verlauf des 18. Jahrhunderts
in Deutschland – nicht anders als in Frankreich und England – aus vielen Richtungen Rufe nach Reform und sogar nach Abschaffung der Institution Universität insgesamt laut werden.[23] Der Geist des bürgerlichen Utilitarismus verband sich nach dem Siebenjährigen Krieg mit
dem Bedürfnis nach ökonomischer Sicherheit. Viele Vertreter der mittleren Schichten wandten sich verachtungsvoll von der »Pedanterie« der
als mittelalterlich erachteten »Gelehrtenuniversität« ab und forderten
eine höhere Schulbildung, in der die allgemeine Bevölkerung nützliche
Kenntnisse und Fertigkeiten sollte erwerben können. Zum zweiten förderte der Preußische Staat mit großem Nachdruck die Entwicklung

einer praktischen Ausbildung, um qualifizierte junge Männer zur Übernahme von Posten in Regierung und Gesellschaft zur Verfügung zu haben. Die neue Universität in Halle wurde im Jahre 1694 mit dem ausdrücklichen Ziel gegründet, die Studenten auf technische und kaufmännisch-praktische Tätigkeiten vorzubereiten. Die traditionelle Gelehrsamkeit und das Studieren um seiner selbst willen sollten ein Ende haben. In Übereinstimmung mit diesem Ziel berief die Universität Christian Thomasius auf den Lehrstuhl für Recht und damit den ersten Gelehrten in Deutschland, der seine Vorlesungen in der Landessprache und nicht auf Latein hielt. Zusammen mit seinem Kollegen, dem pietistischen Theologen August Hermann Francke machte Thomasius Halle zur ersten deutschen Universität mit einem erkennbar modernen, auf die Berufspraxis zugeschnittenen Lehrplan. Strukturelle Innovationen wie die im Jahre 1717 vorgenommene Einrichtung von Lehrstühlen für Ökonomie und öffentliche Verwaltung waren Teil dieser Neuorientierung. Zur gleichen Zeit wurde die Entwicklung der berufspraktischen und dezentralisierten Ausbildung in Preußen dadurch vorangetrieben, daß man innerhalb kurzer Zeit eine ganze Reihe neuer Institutionen mit spezifischen Ausbildungszwecken schuf. Im Jahre 1724 wurde das ›Collegium Medico-Chirurgicum‹ eingerichtet, 1770 eine Bergbau-Akademie, 1790 eine Schule für Veterinärmedizin, 1795 die ›Pépinière‹ für Militärärzte, 1799 die Architekturakademie und 1806 ein Institut für Landwirtschaft.

Im letzten Jahrzehnt des 18. Jahrhunderts plädierten viele Reformer ernsthaft für die Abschaffung der Universitäten, weil sie ihnen als Relikte einer längst vergangenen mönchischen Lebensweise und als gänzlich ungeeignet für die Aufgaben der Gegenwart erschienen. Längst hatte der Titel »Professor« eine komische Färbung angenommen. Wo er genannt wurde, war das Gelächter meist nicht weit. Diesem Abwertungsprozeß entsprach die Hinwendung der intellektuell anspruchsvollen Kräfte zu den im 18. Jahrhundert etablierten wissenschaftlichen Akademien. Berlin (1700), Göttingen (1751) und München (1759) sind hier in erster Linie zu nennen. Der Bildungsreformer Johann Heinrich Campe (1746–1818), der seine Laufbahn als Hauslehrer von Wilhelm und Alexander von Humboldt begann und dann in Basedows Dessauer Philanthropinum eintrat, publizierte 1792 sein umfassendes Reformprojekt unter dem Titel *Allgemeine Revision des gesammten Schul- und Erziehungswesens von einer Gesellschaft praktischer Erzieher*. Mit dem Argument, daß eine Gelehrtenausbildung für berufstätige Bürger nutzlos, ja womöglich schädlich sei, plädierte Campe für eine radikale Trennung zwischen Schulen für Gelehrte und Schulen für die anderen Bürger innerhalb des höheren Bildungswesens. Zugleich forderte er die Auflösung der Universitäten, weil sie von ihrer ganzen Verfassung her nicht in der Lage seien, der moralischen Verworfenheit Herr zu werden, die in ihnen vorherrsche. Die Studenten, so sein Fazit, hätten alle Disziplin hinter sich gelassen, und die Professoren verstünden sich nicht auf die ethisch-moralische Ausbildung.

Der Prediger J.G. Gebhard, ein Mitglied der einflußreichen *Mittwochsgesellschaft* in Berlin, brachte im Jahr 1795 einen ähnlichen Vorschlag in Umlauf. Er vertrat die Ansicht, den Bildungsbedürfnissen der Gesellschaft könne besser durch andere Institutionen als durch die Universitäten Rechnung getragen werden. Die akademischen Disziplinarmaßnahmen seien am angemessensten von zivilen Gerichten vorzunehmen. Die Situation vieler Universitäten war inzwischen trostlos geworden. Weil jeder noch so kleine Staat seine eigene Universität eingerichtet hatte, wurden die Universitäten in ihrer unüberschaubaren Vielzahl zu einer unerträglichen Last für die Budgets. Der Druck nahm zu, als gegen Ende des 18. Jahrhunderts Säkularisierung und Mediatisierung die finanziellen Grundlagen für den Unterhalt der Universitäten zerstörten. Die öffentliche Unterstützung wurde schließlich so gering, daß während der Napoleonischen Ära zweiundzwanzig, also mehr als die Hälfte der damaligen deutschen Universitäten ihre Tore schließen mußten. Mit Blick auf diesen Vorgang sprechen die Historiker vom »Massensterben« der deutschen Universitäten.[24] Einige waren so randständig und klein geworden, daß sie sang- und klanglos eingingen: so Rinteln, Dillingen und Helmstedt. Andere, darunter Köln, Mainz und Trier, wurden von Napoleon aufgelöst. Wieder andere wurden bereits existierenden Institutionen angegliedert. So kam Altdorf zu Erlangen, Wittenberg zu Halle und Frankfurt an der Oder zu Breslau.

Die Situation in Jena

Mit Ausnahme von allenfalls Halle und Göttingen stand es am Ende des 18. Jahrhunderts schon im allgemeinen schlecht um die deutschen Universitäten. Jena aber war geradezu berüchtigt für die katastrophalen

Zustände seines akademischen Lebens. Als Friedrich Wilhelm
Zachariae (1726–1777) seine gefeiertes Spottgedicht *Der Renommist*
(1744) verfaßte, war er Student in Leipzig, das sich unter dem Einfluß
Gottscheds und seiner Nachfolger den Ruf erworben hatte, die vornehmste, d.h. »französischste« Universität in Deutschland zu sein. Es ist
symptomatisch, daß Zachariae den Anti-Helden seines Werkes einen in
Jena von der Universität verwiesenen Studenten sein läßt, der den sprechenden Namen »Raufbold« trägt und nach Leipzig gekommen ist, um
hier seine Ausbildung fortzusetzen.

> Den Helden singt mein Lied, den Degen, Muth und Schlacht,
> In Jena fürchterlich, in Leipzig frech gemacht.[25]

In Jena, so erfahren wir, gehörte es zu Raufbolds Gewohnheiten, einen
großen Degen zu tragen, auf dem Marktplatz zu randalieren, in der
Öffentlichkeit zu singen, Tag und Nacht zu saufen, seine Gläubiger zu
betrügen, beständig zu fluchen und nie zu studieren. Nach einem besonders abscheulichen Vergehen wird er relegiert und trifft nun prompt
auf einige alte Freunde aus Jena, die ebenfalls in Leipzig Zuflucht suchen und hier ihr gewohntes Studentenleben fortsetzen:

> Ihr Singen war ein Schreyn, und ihre Freude Raufen:
> Sie haßten Buch und Fleiß, und ihr Beruf war Saufen.

In der Handlung geht es um die Anstrengungen der Göttin Galanterie,
den Anti-Helden Raufbold zu bessern und ihm anständige Manieren
beizubringen. Sie bedient sich dabei Sylvans, eines ehemaligen Jenaer
Studenten, der nun das Leben eines Leipziger »Stutzers« führt, und der
lieblichen Selinde. Die Bemühungen schlagen jedoch fehl. Raufbold
und seine Freunde reisen nach Halle, und die Göttin Galanterie macht
sich auf, Jena zu erobern. Dem Leser aber ist klar, daß dies ein aus-
sichtsloses Unterfangen ist.

Durch Zachariaes Gedicht, das einen großen Erfolg beim Publikum
hatte, wurden Begriff und Figur des »Renommisten« unauflöslich mit
Jena und seinen Studenten verknüpft. Es gibt aber darüber hinaus eine
ganze Anzahl weiterer Belege für den schlechten Ruf Jenas im 18. Jahrhundert. In einem der Stammbücher, wie sie die Studenten damals
führten, finden wir die folgende typische Eintragung aus dem Jahre
1746 über das Trinken sowie die Liebes- und Duellpraxis in Jena:

> Die Gläser geschwänket, gesoffen, gespien,
> Die Jungfern geküsset, ein Vivat geschrien,
> Zu Dorfe gelaufen, geschlagen, gewetzt,
> Ist, was in Jena die Pursche ergötzt.[26]

Anderswo stoßen wir auf die Beschreibung eines Saufrituals im Jena der zweiten Hälfte des 18. Jahrhunderts: die Verleihung des Titels eines *Doctor cerevisiae et vini*. Eine zu diesem Zwecke eingerichtete »Bierfakultät« mit eigenem Dekan versammelt sich in einem örtlichen Wirtshaus. Der Kandidat wählt in Analogie zur Praxis der mündlichen Prüfungen drei Opponenten aus und muß genausoviel Bier trinken wie sie. Nach der förmlichen Beglaubigung seines Bierkonsums wird dem erfolgreichen Kandidaten der Titel *Doctor cerevisiae* verliehen, und er ist fortan berechtigt, in allen Stammbüchern seiner Kommilitonen mit »Dc.« zu unterschreiben[27]. Es paßt in dieses Bild, daß das Urmuster aller Studentenlieder, das *Gaudeamus igitur* erstmals in Jena im Jahr 1745 in Musik gesetzt und in die studentischen Festgebräuche eingeführt wurde[28].

Eine der ergiebigsten Quellen für das Leben der Studenten im späten 18. Jahrhundert ist die Autobiographie des »Magisters« F.Ch. Laukhard. Er besuchte die Universitäten in Gießen, Göttingen und Halle und lehrte danach kurze Zeit in Halle, bevor seine Schulden ihn dazu zwangen, sich unmittelbar vor Ausbruch der Revolutionskriege in den Militärdienst zu begeben. Als Kenner und Liebhaber des akademischen Milieus nutzte Laukhard jede Gelegenheit, auch diejenigen Universitäten zu besuchen, an denen er selbst nicht eingeschrieben war. Von Jena war er schon seit seinen ersten Erfahrungen in Gießen fasziniert, weil sich damals, so erfahren wir, die Gießener Studentenschaft ganz am größeren Jena orientierte: »Die vielen relegirten Jenenser, die dahin kamen, um auszustudiren, machten damals das fidele Leben der Brüder *Studio* von Jena in Gießen zur Mode.«[29] Laukhard war dementsprechend hoch erfreut, als er die Gelegenheit hatte, Jena zu besuchen. »Der Ton der Jenenser behagte mir sehr; er war bloß durch mehrerer Roheit von dem der Gießener unterschieden. Der Jenenser kannte – jedenfalls damals - keine Komplimente; feine Sitten hießen Petitmäterei, und ein derber Ton gehörte zum rechten Komment.«

Laukhard berichtet, Jena werde seinem Ruf gerecht und man könne dort leicht in ein Duell verwickelt werden. Weil aber jeder Duellant einen guten Sekundanten habe, komme es nur selten zu schweren oder gar tödlichen Verwundungen. Mit seinen neuen Freunden habe er die umliegenden Ortschaften besucht und eine Anzahl jener »Nymphen« getroffen, welche die Geldbörsen, die Gesundheit und die Moral der jungen Leute ruinierten. Er habe auch mit den örtlichen Migliedern seiner Verbindung, den *Amizisten* Kontakt aufgenommen, sie aber ungewöhnlich maßvoll und zurückhaltend vorgefunden. Denn kurz vor seiner Ankunft sei eine offizielle Untersuchung über ihre Aktivitäten durchgeführt worden.

Jena war die erste Universität, an der im Jahre 1791 die im Begriff *Komment* zusammengefaßten Verhaltensregeln der studentischen Verbindungen schriftlich niedergelegt und veröffentlicht wurden. Die Jenaer Publikation wurde zum Modell für alle nachfolgenden Werke dieser Art[30]. Als Goethe im Jahre 1775 nach Weimar kam, erfuhr er sehr bald, daß »die Akademie in Jena ... hinter dem Zeitsinn einigermaßen zurückgeblieben war und mit dem Verlust gerade sehr tüchtiger Lehrer bedroht war«.[31]

Goethe war während seiner gesamten Weimarer Laufbahn immer wieder mit den Angelegenheiten der Universität Jena befaßt, zunächst als Mitglied im Geheimen Staatsrat des Herzogs, dann nach seiner Rückkehr aus Italien im Jahr 1788 als Minister ohne Portfeuille und schließlich als berühmte »graue Eminenz« des Großherzogtums[32]. Trotz oder vielleicht gerade wegen seiner eigenen, durchaus zwiespältigen Erfahrungen mit den Universitäten in Leipzig und Straßburg war Goethe davon überzeugt, eine tüchtige Universität sei für die geistige Gesundheit Sachsen-Weimars unverzichtbar und diese Institution müsse fest in der Hand des Lehrkörpers sein. Aus dem Bericht über die landsmannschaftlichen Verbindungen in Jena, den er im April 1786 dem Herzog vorlegte, geht diese Haltung klar hervor. Über Jahre hinweg hatten diese Landsmannschaften, von denen es in Jena fünfzehn gab, die Studenten, den Lehrkörper, die städtischen Behörden und die Regierung in Atem gehalten. Am 30. Dezember 1785 hatte Carl August nach einem Duell mit tödlichem Ausgang von verschiedenen Professoren Vorschläge darüber verlangt, wie man künftig solchen Vorfällen vorbeugen könne.

Goethe übernahm in der Kommission, die damit beauftragt war, die Vorschläge zu sichten und eine Empfehlung auszuarbeiten, den Vorsitz[33]. Daß er eine bemerkenswert harte Linie vertrat, geht schon aus dem ersten Satz seines Berichts hervor: »Landsmannschaften und andre Verbindungen der Studierenden können vielleicht nicht ganz ausgerot-

tet, sie können aber geschwächt werden.«[34] Goethe empfahl, zu diesem
Zweck das aus dem Prorektor und den vier Dekanen bestehende Gremi-
um des *consilium artius* um vier angesehene Beisitzer aus den Fakultäten
zu erweitern. »Wie sollten«, so fragt er, »Männer, die ihre Lebenszeit an
Einem Orte zubringen, Erfahrung und Gewalt haben, nicht mit jungen
Leuten, die längstens alle drei Jahre wechseln, fertig werden zu können?« Das erweiterte *consilium artius* habe drei Maßnahmen zu ergreifen. Es müsse die Zulassungen zum Studium überwachen und insbesondere darauf achten, daß alle an anderen Universitäten relegierten
Studenten abgewiesen würden; es müsse »das Betragen der jungen Leute« kontrollieren, möglicherweise durch eine Vermehrung der Anzahl
von Pedellen; und es müsse die akademische Disziplin durch Relega-
tionen sicherstellen: »die *Wegschaffung* schädlicher Mitglieder auf die
glimpflichste Weise wäre sodann das Hauptgeschäft des neuen Collegii.«
Goethe merkt an, schon das gegenwärtige *consilium artius* habe das
Recht »einen unfleißigen untauglichen Studenten *brevi manu* wegzu-
schaffen«; er will die Autorität des Gremiums aber durch das Recht zur
Relegierung auch solcher Studenten stärken, die mehrfach durch ihren
»Lebenswandel« auffielen. Goethe fügte seinem offiziellen Bericht ein
»Promemoria« für den Herzog an. Darin erläuterte er, wie wichtig es sei,
die Landsmannschaften mit der Einsicht zu konfrontieren, daß die ge-
troffenen Maßnahmen nicht auf einige verschrobene Professoren, sondern auf den Landesherrn und Herzog selbst als den *Rector magnificen-
tissimus* der Universität zurückgingen.

Die Jenaer Zustände verbesserten sich freilich erst langsam. Die Professoren, die von den Einschreibungsgebühren für ihre Vorlesungen
abhängig waren, schreckten ebenso wie die ökonomisch von den Studenten profitierende Stadtbevölkerung davor zurück, ihre potentiellen
Hörer bzw. Kunden zu verschrecken. Nach seinem ersten Besuch in
Jena am 29. August 1797 schrieb Schiller an Körner: »Daß die Studenten hier was gelten, zeigt einem der erste Anblick, und wenn man sogar
die Augen zumachte, könnte man unterscheiden, daß man unter Studenten geht, denn sie wandeln mit Schritten eines Nichtbesiegten.«[35] Er
räumte jedoch ein: »Im ganzen aber sind die Sitten der hiesigen Studenten um sehr viel gebessert. Man hört auch wenig mehr von Duellen,
doch vergeht keine Woche ohne irgendeine Geschichte.« In ähnlicher
Einschätzung konnte Friedrich Gedike im Jahr 1789 in seinem für
Friedrich Wilhelm II. von Preußen verfaßten Bericht über die deut-

schen Universitäten schreiben: »Die Jenaischen Studenten waren sonst wegen ihrer Rohheit und Wildheit berüchtigt. Itzt hat sich der Ton außerordentlich verbessert. Indessen sind doch noch manche Spuren der alten Rohheit übrig.«[36]

Ihren Höhepunkt erreichten die Spannungen zwischen Studentenschaft und Obrigkeit in Jena in der Zeit vom Beginn der Französischen Revolution bis zum Jahr 1795[37]. Im Februar des Jahres 1790 führte eine Reihe von Konflikten zwischen den Studenten und dem örtlichen Militär zu einem Kampf, bei dem zahlreiche Studenten brutal mißhandelt wurden. Goethe wurde damals zur Untersuchung der Situation nach Jena geschickt, und der Herzog mußte intervenieren. Zwei Jahre später wurde die Lage erneut kritisch. Eine von den demokratischen Idealen der Revolution inspirierte Gruppe von Studenten setzte sich das Ziel, die Duelle in Jena abzuschaffen und stattdessen einen studentischen Gerichtshof einzurichten, der ermächtigt werden sollte, Ehrstreitigkeiten zu regeln[38]. Viele Professoren aber und auch die Geheimräte in Weimar wandten sich dagegen, den Studenten irgendwelche Machtbefugnisse zuzugestehen. Die Regierung beschloß einzugreifen, und Goethe machte sich umfangreiche Notizen für einen Bericht[39]. Im Verlauf der Verhandlungen kam es am 10. Juni 1792 erneut zu einem äußerst gewalttätigen Zusammenstoß zwischen Studenten und Soldaten. Als Carl August daraufhin eine Untersuchungskommission entsandte und zugleich die Garnison in Jena verstärkte, sahen die Studenten darin einen Angriff auf ihre akademische Freiheit. Diesmal setzten sie sich nicht gewaltsam zur Wehr, sondern durch einen Boykott. Am 19. Juli 1792 faßten nahezu 600 der insgesamt 800 Jenaer Studenten den Entschluß, die Universität und die Stadt zu verlassen und nach Erfurt überzusiedeln. Ein Exodus von solchen Ausmaßen hätte gravierende ökonomische Konsequenzen für die Stadt Jena nach sich gezogen. Goethe beobachtete den Auszug der Studenten in die nahegelegene Ortschaft Nohra. Dort beschlossen sie nach intensiven Verhandlungen mit der Weimarer Regierung am 23. Juli, nach Jena zurückzukehren, nachdem ihnen zugesagt worden war, man werde keine disziplinarischen Maßnahmen gegen sie ergreifen. Am 22. August 1792 konnte Goethes Kollege Voigt dem Herzog berichten: »unsere Jenaischen Jacobiner sind ruhig.«[40]

Der letzte Akt fand gegen Ende des Jahres 1794 und während der ersten Hälfte des Jahres 1795 statt. Als Fichte im Mai 1794 in Jena ankam, hielt er eine gut besuchte Reihe von Vorlesungen über die Pflichten des

Gelehrten. Der Erfolg dieser ersten Reihe ermutigte ihn dazu, diese Vorlesungen im Wintersemester fortzuführen. Er fügte nun in seine Darlegungen direkte Angriffe auf die studentischen Geheimgesellschaften ein und bezeichnete sie als eine Bedrohung der akademischen Freiheit. Beeindruckt von seinen Argumenten, traten Repräsentanten der drei in Jena existierenden geheimen Bruderschaften an Fichte heran und erklärten, sie wollten ihre Gesellschaften auflösen, diesen Beschluß durch einen förmlichen Eid in seiner Gegenwart bekräftigen und ihm ihre Bücher aushändigen. Als Fichte in Verkennung der Situation aus diesem vertraulichen Angebot eine offizielle Angelegenheit machte, wurden die Studenten mißtrauisch und wandten sich gegen ihn. Sie unterbrachen seine Vorlesungen, zerschlugen – gemäß alter Tradition in der Neujahrsnacht – die Fensterscheiben seines Hauses, belästigten seine Frau auf der Straße und drohten ihm selbst mit Gewalt. Weil man für seine Sicherheit nicht garantieren konnte, erhielt Fichte daraufhin von Carl August die Erlaubnis, die Vorlesungstätigkeit zu unterbrechen und sich bis zur Klärung der Angelegenheit nach Ossmannstedt zurückzuziehen. In den Monaten Mai und Juli wurde die Unruhe unter den Studenten so bedrohlich, daß sich die Regierung mit Zustimmung des Prorektors und des Senats entschloß, jeden Widerstand zu unterdrücken. Jena empfing militärische Verstärkung; viele Studenten wurden verhaftet, andere ausgewiesen.

Der Einfluß der Bruderschaften wurde auf Jahre hinaus zerschlagen. An ihrer Stelle etablierten Fichtes Gefolgsleute eine *Gesellschaft freier Männer*. Dies war der Auftakt für die Reform des studentischen Lebens in Jena und schließlich in ganz Deutschland.

Es scheint nach diesem Überblick über das akademische Leben im 18. Jahrhundert unwahrscheinlich, daß eine intellektuell so anspruchsvolle Bewegung wie die deutsche Frühromantik sich in einer Universität zusammengefunden haben soll, geschweige denn ausgerechnet in Jena. Doch gerade weil in Jena die Studenten so weit gingen, daß sie extreme Maßnahmen der Obrigkeit provozierten, wurden hier die ersten Anzeichen tatsächlicher Verbesserung sichtbar, wenn auch nicht über Nacht. Als Caroline Schlegel, selbst Tochter eines Professors im funkensprühenden Göttingen Lichtenbergs, in Jena ankam, berichtete sie über ihre ersten Eindrücke: »Unter uns, die Studenten sehn immer noch etwas barbarischer wie in Göttingen aus, es kommt mir vor, als hätten sie alle einen ganz verbrannten *teint*.«[41]

Schiller hatte ebenfalls keine Illusionen. Zwei Tage nach seiner An-
trittsvorlesung am 26. Mai 1789 schrieb er an Körner, er habe sich der
»Empfänglichkeit und einer gewissen vorbereitenden Fähigkeit bei den
Studierenden« durchaus nicht sicher sein können. Ihm habe sich die
Idee aufgedrängt, »daß zwischen dem Katheder und den Zuhörern eine
Art von Schranke ist, die sich kaum übersteigen läßt«[42]. Henrich
Steffens beschreibt in seiner Autobiographie mit erheiternden Details,
wie knapp zehn Jahre später Fichte – »schon bekannt mit den Schwä-
chen seiner Zuhörer« – versuchte, den Jenaer Studenten seine *Wissen-
schaftslehre* verständlich zu machen:

> »Meine Herren«, sprach er, »fassen Sie sich zusammen, gehen Sie
> in sich ein, es ist hier von keinem Äußern die Rede, sondern ledig-
> lich von uns selbst.« – Die Zuhörer schienen so aufgefordert, wirk-
> lich in sich zu gehen. Einige veränderten die Stellung und richte-
> ten sich auf, andere sanken in sich zusammen und schlugen die
> Augen nieder; offenbar erwarteten alle mit großer Spannung, was
> nun auf diese Aufforderung folgen sollte.[43]

Trotz Fichtes klarer und bestimmter Erläuterung der Differenz zwischen
Ich und *Nicht-Ich* sei nach seiner Aufforderung, zunächst die Wand zu
denken und dann denjenigen, der die Wand gedacht habe, eine gewisse
Verwirrung und Verlegenheit im Publikum entstanden.

> Viele der Zuhörer schienen in der Tat denjenigen, der die Wand
> gedacht hatte, nirgends entdecken zu können, und ich begriff nun,
> wie es wohl geschehen könnte, daß junge Männer, die über den er-
> sten Versuch der Spekulation auf eine so bedenkliche Weise stol-
> perten, bei ihren ferneren Bemühungen in eine sehr gefährliche
> Gemütsstimmung geraten konnten.

Tatsächlich berichtet Johann Georg Rist, der einer der treuesten Anhänger Fichtes werden sollte, von der Niedergeschlagenheit, die ihn anfänglich befiel, als Fichtes Theorie alle seine früheren Überzeugungen
untergrub. »Mir ward allmählich eiskalt, wie ich so um mich her alles
verschwinden sah, die befreundete Welt mit ihren heiteren Farben, die
Lust der Sinne und was das Herz liebte in der Natur, deren rechtes leib-
liches Kind ich mich wohl nennen durfte. An deren Stelle trat nun ein
düsteres, formloses Chaos, ein Unding, Nicht-Ich, ohne Gestalt, Klang
und Farbe.«[44] Im Jahre 1802 beschrieb Crabb Robinson mit unverhoh-

lener Ironie die Hörerschaft in Schellings Vorlesungen zur spekulativen Philosophie als »über 130 neugierige junge Männer, die mit gespitzten Ohren der Darlegung einer Philosophie zuhören, die sich glorreichere Aussichten anmaßt als jede andere, die seit den Tagen Platos und seiner Kommentatoren verkündet worden ist. ... Ich kann mich eines Lächelns angesichts der Gutmütigkeit einer so großen Versammlung nicht erwehren; die, weil es gerade Mode ist, geduldig der Erörterung von Einzelheiten zuhört, die nicht einer unter zwanzig begreift; und die ihre Köpfe mit nichts als trockenen Formelsammlungen und mystisch-rhapsodischer Phraseologie füllt.«[45]

Es gab eine Reihe von Gründen, warum Jena sich trotz der häufigen Unruhen und Krawalle und ungeachtet des mangelnden Bildungsniveaus großer Teile der Studentenschaft als attraktiver Ort für Gelehrte und Intellektuelle erwies[46]. Erstens herrschte hier ein ungewöhnlich großes Maß an akademischer Freiheit. Aufgrund der komplizierten dynastischen Teilungen und wechselnden Territorialgrenzen im Bereich der Ernestinischen Linie der sächsischen Herrscher befand sich Jena in einer außergewöhnlichen historischen Situation. Es unterstand nicht einer einzigen staatlichen Hoheit, sondern vier sogenannten »Nutritoren«: Weimar, Coburg, Gotha und Meiningen.[47] Für die Universität war der Mangel an Koordination und funktionierender Aufsicht, der aus dem Nebeneinander von vier Geldgebern resultierte, durchaus von Vorteil. Die Professoren in Jena konnten in der Regel tun und lassen, was sie wollten, da offizielle Entscheidungen nur im Einvernehmen aller vier Höfe getroffen werden konnten. Nach seinem ersten Besuch in Jena berichtete Schiller an Körner: »Die unter 4 sächsische Herzöge verteilte Gewalt über die Akademie macht diese zu einer ziemlich freien und sicheren Republik, in welcher nicht leicht Unterdrückung stattfindet. Diesen Vorzug rühmen mir alle Professoren, die ich sprach, und besonders Grisebach mit vielem Nachdruck. Die Professoren sind in Jena fast unabhängige Leute und dürfen sich um keine Fürstlichkeit bekümmern. Diesen Vorzug hat Jena unter den Akademien voraus.«[48] In seinem Bericht für Friedrich Wilhelm II. charakterisierte Gedike die Situation in Jena noch drastischer: »Nicht einmal einen Verweis kann ein Professor von Einem der Höfe allein erhalten, sondern die 4 Höfe müssen sich hierzu vereinigen.«[49]

Zweitens hatte der Mangel an zentraler Verantwortlichkeit einen ausgesprochenen Nachteil zur Folge, der jedoch paradoxerweise zur Anziehungskraft der Universität beitrug: Jena war bekannt für seine niedrigen

Gehälter, insbesondere im Vergleich zu Neugründungen wie Halle und Göttingen.[50] Um die Versorgung mit Lehrkräften sicherzustellen, waren die vier Höfe, die sich die Kosten für die Universität teilten, daher bereit, neues Ideengut zu tolerieren. Sie griffen überdies gern auf junge, noch nicht arrivierte Lehrkräfte zurück. Außerdem war von Bedeutung, daß Jena zu den Territorien gehörte, die durch den Basler Frieden geschützt waren. Daher unterlag es zwischen den Jahren 1795 und 1806 nicht den Napoleonischen Anordnungen, durch die viele andere Universitäten im Westen und Süden Deutschlands geschlossen bzw. nachhaltig beeinträchtigt wurden. So wurde Jena aufgrund seiner besonderen Situation am Ende des 18. Jahrhunderts nicht selten zum Ausgangspunkt für die akademischen Karrieren aufstrebender junger Gelehrter, die in der Regel an besser ausgestattete und berühmtere Universitäten zu kommen versuchten, sobald sie ihren Ruf gefestigt hatten. Fichte, Schelling und Hegel sind nur die bekanntesten Namen, die sich hier nennen ließen. Während der Zeit, die sie – übrigens oft in zweitrangiger Position ohne eigenen Lehrstuhl – in Jena verbrachten, trugen diese jungen Gelehrten erheblich zur Anziehungskraft der Universität bei.

Ein dritter Grund für die Attraktivität Jenas war die Anwesenheit von Goethe und Schiller. Schiller wurde im Jahr 1789 Mitglied des Lehrkörpers und nahm auch nach der Beendigung seiner Vorlesungstätigkeit im Jahr 1793 weiterhin Anteil am universitären Geschehen, bis er im Jahr 1799 nach Weimar übersiedelte. Goethe lebte im nahen Weimar, war aber häufig in Jena zu Gast. Teils hingen diese Besuche mit seinen amtlichen Pflichten in bezug auf die Universität zusammen, teils galten sie den Versammlungen der *Naturforschenden Gesellschaft*, bei denen er Schiller zum ersten Mal begegnete. Goethe war darüber hinaus auch anderen kulturellen und wissenschaftlichen Institutionen der Stadt verbunden, so dem Krankenhaus und der Entbindungsstation, dem botanischen Garten, den zoologischen und anatomischen Sammlungen, der Bibliothek, den Gesellschaften für Mineralogie und Naturgeschichte und der *Allgemeinen Literatur-Zeitung*. Er war um das Wohlergehen aller dieser Einrichtungen stets bemüht und würdigte sie im Jahr 1806 in seinem Memorandum an den Kriegsminister Napoleons, dem *Bericht an den Marschall Alexandre Berthier über die wissenschaftlichen und künstlerischen Institute in Weimar und Jena*[51].

Vor allem Goethes Anwesenheit zog eine ganze Generation von Schriftstellern und Intellektuellen an, von Novalis, Hölderlin und Fichte

bis zu den Romantikern, die sich gegen Ende des Jahrzehnts in Jena versammelten. Henry Crabb Robinson hielt fest, daß – im Gegensatz zu
englischen Akademien – »die protestantischen deutschen Universitäten
im allgemeinen nichts als Schauplätze der Vereinigung von Literaten und
Studenten sind, die von den mehr oder weniger großen Vorzügen der
öffentlichen Bibliotheken und naturhistorischen Kabinette profitieren,
und von Professoren der verschiedenen Wissenschaften und Künste.«[52]

Nicht zuletzt Goethe und seinem Verwaltungskollegen Christian
Gottlob Voigt war es zu verdanken, daß an der Universität Jena in den
Jahren nach 1785 einige bedeutende Berufungen erfolgten.[53] Insbesondere die theologische Fakultät hatte mit Johann Jakob Griesbach, Johann
Christoph Doederlein und H.E.G. Paulus ein starkes Gewicht. Gottlieb
Hufeland war der herausragende Jurist, Justus Loder, Christoph Wilhelm
Hufeland und Johann Christian Stark gaben der medizinischen Fakultät
neue Anregungen. Vor allem auf Carl Augusts praktische Interessen ging
die Einrichtung neuer Lehrstühle für Chemie, Botanik und Mineralogie
samt dazugehöriger Forschungseinrichtungen zurück. Doch wurde Jena
insbesondere im Gebiet der Philosophie in den zwei Jahrzehnten zwischen 1785 und 1806 zur führenden deutschen Universität. Mit der
Gründung der *Allgemeinen Literatur-Zeitung*, die im wesentlichen der
Verbreitung Kantischer Ideen diente, hatte die Jenaer Universität sich bereits seit dem Jahr 1785 als Zentrum »moderner« – d.h. an Kant orientierter – philosophischer Forschung einen Namen gemacht. Dafür standen
innerhalb des Lehrkörpers der Naturrechtslehrer Gottlieb Hufeland, der
Moraltheologe Wilhelm Schmid, den man allgemein den »Moralschmid«
nannte, um ihn von seinem theologischen Kollegen Carl Christian Erhard Schmid zu unterscheiden, sowie vor allem der Philosoph Carl Leonhard Reinhold, der Schwiegersohn Wielands. Reinhold war ein so leidenschaftlicher Kantianer, daß Schiller nach der ersten Bekanntschaft mit
ihm an Körner schrieb: »Gegen Reinhold bist du ein Verächter Kants,
denn er behauptete, daß dieser nach 100 Jahren die Reputation von Jesus
Christus haben müsse.«[54] Reinhold vertrat die Kantische Philosophie mit
so großer Emphase, daß die Studenten in immer größerer Zahl in seine
Vorlesungen strömten. Im Jahre 1793 hörten ihn nicht weniger als 600
der insgesamt 800 Jenaer Studenten. Die neuere Philosophie übte in Jena
eine so große Anziehungskraft aus, daß Schiller, Woltmann und ihre Kollegen die Studenten aus ihren historischen Vorlesungen in Massen zu
ihren philosophischen Kollegen abwandern sahen[55].

Reinholds Karriere in Jena war dadurch blockiert, daß beide Lehrstühle für Philosophie besetzt waren. Als er im Jahr 1794 einen Ruf nach
Kiel annahm, mußte seine Position neu besetzt werden. Über den damals zweiunddreißigjährigen Johann Gottlieb Fichte, der gerade ein
Buch zur Erklärung der Französischen Revolution veröffentlicht hatte,
kursierten Gerüchte, er sei ein Vertreter »demokratischer Anschauungen«. Dennoch wurde er von Voigt auf seinen ersten Universitätsposten
berufen, und für Jena begann eine fünfjährige philosophische Glanz-
periode. Fichte hatte sich mit dem anonym publizierten *Versuch einer
Kritik aller Offenbarung* (1792) Ansehen verschafft, einem Werk, das anfangs allgemein Kant zugeschrieben wurde. Fichte wurde daher als Kantianer nach Jena geholt. Aber spätestens mit der Veröffentlichung seiner
Grundlage der gesammten Wissenschaftslehre (1794), die er als eine Art
Studienhilfe für die Hörer seiner Vorlesungen verfaßte, zeigte sich, daß
Fichte – anders als Reinhold – kein Popularisator Kants war, sondern
der Exponent einer neuen Theorie des philosophischen Idealismus.
Fichtes Amtszeit in Jena verlief durchaus nicht ungestört. Er traf zum
einen auf die Opposition der studentischen Landsmannschaften und
sah sich zum anderen einer mit seinen Ideen zunehmend unzufriedene-
ren Obrigkeit gegenüber. Seine eigene Starrsinnigkeit in Grundsatzfra-
gen tat ein übriges. Für viele Studenten aber war er »der Stolz unsres
Jahrhunderts«.[56] Die von seinen Studenten ins Leben gerufene *Gesellschaft freier Männer* war nicht nur eine Keimzelle der Opposition gegen
die mächtigen Landsmannschaften und studentischen Geheimbünde,
sondern zugleich ein Forum für die Diskussion demokratischer Ideen[57].
Als Fichte im Jahr 1799 am Ende des sogenannten »Atheismus-Streits«
gezwungen wurde, sein Amt aufzugeben, unterschrieben 260 Studenten
eine Petition, in der seine Wiederanstellung verlangt wurde, und schickten sie nach Weimar: »Niemand besitzt als Führer zu dem, was wir suchen, zur Wahrheit, in so hohem, Grade das Zutrauen und die Anhänglichkeit aller Studierenden, niemand kann unsere Wünsche auf eine so
völlig befriedigende Art und der Höhe, worauf jetzt die Philosophie
steht, entsprechende Weise erfüllen, als Fichte.«[58] Die Obrigkeit setzte
sich durch, und Fichte ging nach Berlin, wo ihn eine glänzende Laufbahn erwartete.

Die Tradition des philosophischen Idealismus in Jena aber blieb un-
gebrochen. Fichtes Platz wurde von seinem jüngeren Kollegen Friedrich
Wilhelm Joseph Schelling eingenommen, der im Jahr 1798 berufen wor-

den war. Schellings vergleichsweise weniger abstrakte *Naturphilosophie* hatte für Goethe und Carl August mehr Reiz als Fichtes strikter Idealismus, in dem die Natur eine vor allem negative Größe war. Als Schelling im Jahr 1803 nach Würzburg ging, war immerhin Hegel noch in Jena und vollendete hier sein erstes großes philosophisches Werk, ehe auch er im Jahre 1806 fortging. So konnten die Jenaer Studenten die Herausbildung der drei bedeutendsten Phasen des deutschen philosophischen Idealismus verfolgen, wie sie in Fichtes Wissenschaftslehre, Schellings Naturphilosophie und Hegels Phänomenologie des Geistes Gestalt annahmen. Als Henry Crabb Robinson im Jahr 1802 in Jena ankam, berichtete er: »Jena ist der vornehmste Sitz der Neuen Philosophie.« Er fügte dieser respektvollen Bemerkung sogleich einen Passus hinzu, um die feinen Unterschiede der »kritischen Schule« zu erklären, »die unendlich unterteilt ist in Sekten, deren Differenzpunkt demjenigen gänzlich unverständlich bleiben müßte, der vom einheitlichen Charakter des Ganzen nichts weiß«.[59] Auf diesem Hintergrund ist es weniger verwunderlich, als es zunächst schien, daß die Frühromantiker gerade von Jena und seinem geistigen Reizklima angezogen wurden.

Romantische Theorien der Universität

Die Universität war für die Intellektuellen in der Romantik mehr als nur ein Versammlungsraum. Viele unter den produktivsten Köpfen des Zeitalters fühlten sich durch die akademische Aufbruchstimmung, wie sie insbesondere in Jena zu spüren war, dazu herausgefordert, sich selbst der Universität zuzuwenden. Es ist in diesem Zusammenhang charakteristisch, daß so viele junge Professoren – darunter Schiller und Fichte in Jena – in ihren Antrittsvorlesungen den Zustand von Studium und Universität erörterten und programmatisch darlegten, wie die Institution gestaltet werden müsse, wenn sie der angemessene Schauplatz für die geistige Selbstbestimmung des Zeitalters sein wolle. Schiller wurde nach dem Erfolg seiner *Geschichte des Abfalls der vereinigten Niederlande von der spanischen Regierung* (1788) auf Empfehlung Goethes nach Jena berufen. Es stellte sich aber bald heraus, daß es ein gravierender Fehler Schillers war, sich auf akademisches Terrain zu wagen. Er war auf seine Pflichten nicht angemessen vorbereitet und benötigte quälend lange Zeit zur Vorbereitung seiner Vorlesungen. Die älteren Professoren standen ihm mit einer Mischung aus Neid und Mißtrauen gegenüber und mokierten sich darüber, daß er nicht in der Lage war, seine Vorlesungen auf Latein zu halten. Der Lehrstuhlinhaber für Geschichte setzte durch, daß Schillers Stelle dem Titel nach von einer historischen in eine philosophische umgewandelt wurde. Wie alle außerordentlichen Professoren ohne feste Bezüge war Schiller auf die Vorlesungsgebühren angewiesen. Als nach wenigen Wochen wegen der attraktiven Konkurrenz der spekulativen Philosophen, aber auch aufgrund seiner eigenen Unzulänglichkeit als Vortragender die Einschreibungen bei ihm drastisch zurückgingen, hatte er erhebliche Einkommenseinbußen und sah sich gezwungen, mehr Zeit auf einträglichere schriftstellerische Projekte als auf die Vorbereitung der Vorlesungen zu verwenden. Im Jahre 1793 gab Schiller die Lehrtätigkeit gänzlich auf, hielt aber die formelle Bindung an die Universität aufrecht und verfolgte ihre Entwicklung weiterhin mit Interesse.

Schillers »Abenteuer auf dem Katheder« begann jedoch mit einem spektakulären Erfolg, von dem er Körner im Brief vom 28. Mai 1798 ausführlich berichtete[60]. Er hatte als neuer Professor eine Vorlesungsreihe unter dem Titel *Introductio in historiam universalem* angekündigt, die zweimal in der Woche abends zwischen sechs und sieben Uhr stattfinden sollte. Am Tag der Antrittsvorlesung, dem 26. Mai 1789, war das Auditorium schon um halb sechs voll von Studenten, die den berühmten Autor der *Räuber* hören wollten. Wie an den meisten anderen Universitäten hatten auch in Jena die Professoren selbst für die Vorlesungsräume zu sorgen, oft stellten sie dafür ihr eigenes Haus zur Verfügung. Schiller hatte sich Reinholds Hörsaal gesichert, der für höchstens 100 Studenten ausreichte. Wegen des großen Andrangs mußte er auf das Auditorium des Professors Griesbach ausweichen, das größte in ganz Jena. Mit großem Vergnügen beschreibt er im Brief an Körner, wie die Studenten nach der Verlegung durch die Straßen stürzten, um sich bei Griesbach einen guten Platz zu sichern. Schiller las dort vor ungefähr 400 Studenten und konnte dem Freund von einem spektakulären Einstand berichten: »Meine Vorlesung machte Eindruck, den ganzen Abend hörte man in der Stadt davon reden, und mir widerfuhr eine Aufmerksamkeit von den Studenten, die bei einem neuen Professor das erste Beispiel war. Ich bekam eine Nachtmusik, und Vivat wurde 3mal gerufen.«[61]

Schiller hielt seine Antrittsvorlesung unter dem Titel *Was heißt und*

zu welchem Ende studiert man Universalgeschichte? an zwei aufeinander-
folgenden Abenden. Eines ihrer Hauptmotive ist der Gedanke, die Bewohner der modernen Welt seien noch in den alltäglichsten Verrichtun-
gen des bürgerlichen Lebens »Schuldner vergangener Jahrhunderte«.
Schiller begreift die Weltgeschichte als ununterbrochene Folge von Begebenheiten, die vom Ursprung der Dinge bis zur »neuesten Ordnung«
der Gegenwart reiche. Hier, in der Gegenwart liege der perspektivische
Fixpunkt für die Auswahl des zu behandelnden Stoffes aus der Vielzahl
der Ereignisse. »Aus der ganzen Summe dieser Begebenheiten hebt der
Universalhistoriker diejenigen heraus, welche auf die *heutige* Gestalt der
Welt und den Zustand der jetzt lebenden Generation einen wesentlichen, unwidersprechlichen und leicht zu verfolgenden Einfluß gehabt
haben.« Schiller verspricht, so ergibt sich daraus, seinem Publikum die
Völker und Ereignisse der Weltgeschichte vor Augen zu führen, die zur
Herausbildung der bürgerlichen Welt des zeitgenössischen Deutschland
beitrugen.

Diesem Kernpunkt des zweiten Vorlesungsabends gingen am ersten
Abend allgemeinere Erwägungen über die Natur des akademischen Studiums voraus. Zu Beginn dieses ersten Vorlesungsteils beschwört Schiller die Verantwortung des Lehrers und seine Verpflichtung, den Studenten die Wahrheit zu vermitteln. In einer für ihn typischen Wendung
kommt er dann aber sogleich auf die moralische Bedeutung seines Ge-
genstandsbereiches, der Geschichte, zu sprechen: »In ihrem Kreise liegt
die ganze moralische Welt.« Jedem Studenten habe die Geschichte daher etwas Wichtiges zu sagen, gleichgültig welche Laufbahn er einschlagen werde. Schnell kommt Schiller von hier aus zu seiner berühmten
Unterscheidung zwischen dem engen und ganz berufspraktisch orientierten, pragmatisch beschränkten »Brotgelehrten« und dem universalen
»philosophischen Kopf«, der edlere Ziele verfolge. Schiller verachtet den
»Brotgelehrten« nicht etwa nur deshalb, weil er sich so kleinlich seinem
engen Fachgebiet widme, ohne größere Zusammenhänge ins Auge zu
fassen, sondern auch und vor allem, weil sein auf Bestandssicherung
fixiertes Denken alle notwendigen Reformen blockiere und den geistigen Fortschritt behindere.

Jede Erweiterung seiner Brotwissenschaft beunruhigt ihn, weil sie
ihm neue Arbeit zusendet oder die vergangene unnütz macht; jede
wichtige Neuerung schreckt ihn auf, denn sie zerbricht die alte

Schulform, die er sich so mühsam zu eigen machte, sie setzt ihn in
Gefahr, die ganze Arbeit seines vorigen Lebens zu verlieren. Wer
hat über Reformatoren mehr geschrieen als der Haufe der Brotgelehrten? Wer hält den Fortgang nützlicher Revolutionen im Reich
des Wissens mehr auf als eben diese?

Weil er sein Wissen um eines Zweckes und nicht um seiner selbst willen
erwerbe, bedürfe der Brotgelehrte der Bestätigung seines Wertes von
außen, in Form von öffentlicher Anerkennung, ehrenhaften Posten und
Versorgungsleistungen. »Er hat umsonst nach Wahrheit geforscht, wenn
sich Wahrheit für ihn nicht in Gold, Zeitungslob, in Fürstengunst verwandelt.« Er könne die Zwecklosigkeit, die Voraussetzung allen objektiven Urteilens, nicht ertragen, und fühle sich in seinem mühseligen Geschäft aus dem Zusammenhang der Dinge gerissen, »weil er unterlassen
hat, seine Tätigkeit an das große Ganze der Welt anzuschließen«.
    Der »philosophische Kopf« gehe da ganz anders zu Werk. Er sei auf
Vereinigung aus, wo der Brotgelehrte zu trennen suche.

Frühe hat er sich überzeugt, daß im Gebiete des Verstandes, wie in
der Sinnenwelt, alles ineinander greife, und sein reger Trieb nach
Übereinstimmung kann sich mit Bruchstücken nicht begnügen.
Alle seine Bestrebungen sind auf Vollendung seines Wissens gerichtet; seine edle Ungeduld kann nicht ruhen, bis alle seine Begriffe zu einem harmonischen Ganzen sich geordnet haben, bis er
im Mittelpunkt seiner Kunst, seiner Wissenschaft steht und von
hier aus ihr Gebiet mit befriedigtem Blick überschauet. Neue Entdeckungen im Kreise seiner Tätigkeit, die den *Brotgelehrten* nieder-
schlagen, entzücken den philosophischen Geist. Vielleicht füllen
sie eine Lücke, die das werdende Ganze seiner Begriffe noch verun-
staltet hatte, oder setzen den letzten noch fehlenden Stein an sein
Ideengebäude, der es vollendet. Sollten sie es aber auch zertrüm-
mern, sollte eine neue Gedankenreihe, eine neue Naturerschei-
nung, ein neu entdecktes Gesetz in der Körperwelt den ganzen
Bau seiner Wissenschaft umstürzen: so hat er *die Wahrheit immer
mehr geliebt als sein System*, und gerne wird er die alte mangelhafte
Form mit einer neuern und schönern vertauschen.

Am Ende dieses ersten Teils seiner Vorlesung fordert Schiller seine Hörer auf, sich für eine der beiden geschilderten Figuren zu entscheiden.

Er selbst wolle es allein mit dem philosophischen Kopf zu tun haben, denn wer sich an den *Brotgelehrten* wende, entferne die Wissenschaft allzu weit von ihrem hohen Endzweck und erkaufe mit einem großen Opfer einen allzu kleinen Gewinn. Dem philosophischen Geist aber werde das Studium der Weltgeschichte unschätzbare Einsichten eröffnen. »Licht wird sie in Ihrem Verstande und eine wohltätige Begeisterung in Ihrem Herzen entzünden. Sie wird Ihren Geist von der gemeinen und kleinlichen Ansicht moralischer Dinge entwöhnen.« Die Jenaer Studenten des Jahres 1789 waren es nicht gewöhnt, die Universitätsausbildung in einer Weise erörtert zu sehen, die eine so ernsthafte Hingabe an das Studium von ihnen verlangte. Der anfängliche Enthusiasmus, mit dem sie auf Schillers Vorlesung reagierten, ist noch dem heutigen Leser nachvollziehbar. Auch wenn die Hörer Schillers Vorlesungssaal bald wieder verließen, sahen sie sich seinem Thema wenige Jahre später erneut und diesmal in noch weit schärferer Formulierung konfrontiert. Im Jahre 1794 trat ein junger Gelehrter, Johann Gottlieb Fichte, mit dem Gestus unwiderstehlicher moralischer Autorität ans Katheder und entwickelte ein ganzes philosophisches System aus jenem von Schiller beiläufig bezeichneten »Mittelpunkt«, von dem aus der philosophische Kopf das Gebiet des Wissens überschaue und zur Einheit zusammenfasse.

Fichtes fünf Jenaer Jahre waren die philosophisch produktivste und zugleich die unruhigste Zeit seiner Biographie. Sie endeten mit seinem erzwungenen, von heftigen Protesten seiner studentischen Bewunderer begleiteten Rücktritt, und sie begannen mit einer ähnlich kontroversen Sensation. Für sein erstes Semester in Jena hatte Fichte eine »private« Vorlesungsreihe angekündigt. In ihr legte er zum erstenmal öffentlich seine Wissenschaftslehre dar. Parallel hierzu kündigte er im Catalogus praelectionum der Jenaer Universität eine »öffentliche« Vorlesungsreihe »de officiis eruditorum« – »Über die Pflichten der Gelehrten« – an[62]. Die erste dieser Vorlesungen fand knapp fünf Jahre nach Schillers Antrittsvorlesung im selben Vorlesungssaal statt, und sie war ein ähnlicher Erfolg. An seine Frau schrieb Fichte am 26. Mai 1794: »Verwichnen Freitag hielt ich meine erste öffentliche Vorlesung. Das gröste Auditorium in Jena war zuenge; die ganze Hausflur, der Hof stand voll, auf Tischen, u. Bänken standen sie einander auf den Köpfen.«[63] Anders als Schiller verließ ihn sein Publikum nicht. Nach vier Wochen führte man ihm zu Ehre »eine sehr sollenne Musik« auf und brachte ihm das tradi-

tionelle *Vivat!* dar. Als Hölderlin im November 1794 in Jena ankam, berichtete er seinem Freund Neuffer: »Fichte ist jezt die Seele von Jena.«[64].
    Doch trotz oder vielleicht gerade wegen seines außerordentlichen Er-
folges wurde Fichtes Position sofort von einigen seiner mißgünstigen
Kollegen angegriffen und unterminiert. Wegen seiner jüngst erschienenen Publikationen zur Französischen Revolution, insbesondere wegen
des *Beitrags zur Berichtigung der Urtheile des Publikums über die französische Revolution* (1793) galt er bei seiner Ankunft in Jena als Sympathisant
radikaler Ideen. Christian Gottlob Voigt berichtete darüber in einem
Schreiben vom 15. Juni 1794 an Goethe: »Hofrat Krüger und Rat Vogel
haben hier … sehr dienstfertig verbreitet, was Fichte für ein schlimmer
Jakobiner sei, der in einem Collegio gesagt habe, in 10 bis 20 Jahren
werde es keinen König oder Fürsten mehr geben.«[65] In Wirklichkeit
hatte Fichte in seiner zweiten Vorlesung ausgeführt: »Der Staat geht,
eben so wie alle menschliche Institute, die bloße Mittel sind, auf seine
eigene Vernichtung aus: *es ist der Zweck aller Regierung, die Regierung
überflüßig zu machen.*«[66] Als Fichte von den Anschuldigungen erfuhr,
schrieb er am 24. Juni 1794 entrüstet an Goethe, er lese durchaus nicht
über Politik, werde aber freilich auf das Naturrecht seiner Überzeugung
gemäß zu sprechen kommen, wenn es in seinem Kursus an der Reihe
sei: »Ich habe keine besondre *Sommer* – und keine besondre *Winter-Mo-
ral.*«[67] Um seine Unschuld zu erweisen, veröffentlichte er seine ersten
vier Vorlesungen exakt in dem Wortlaut, wie er sie gehalten hatte. Sie
erschienen zusammen mit einer fünften Vorlesung, die Rousseau zum
Thema hatte, noch im Herbst des Jahres 1794 unter dem Titel *Einige
Vorlesungen über die Bestimmung des Gelehrten.*
    Anders als Schiller war Fichte ein packender Redner. Bei seinen Vor-
lesungen standen die Studenten, die keinen Einlaß mehr gefunden hatten, auf Leitern an den Fenstern, um ihn hören zu können. Angesichts
des anhaltenden Erfolges seiner Vorlesungsreihe wollte er sie im Wintersemester fortsetzen, traf aber wiederum auf Schwierigkeiten. In dem Bemühen, nicht mit den bereits angesetzten Vorlesungsterminen der anderen Professoren in Konflikt zu geraten, und zudem in der Überzeugung,
dies sei für seine »auf Bildung des Herzens zur Tugend« abzielenden
Vorlesungen eine besonders geeignete Zeit, hatte er sie auf den Sonntag-
morgen zwischen 9 und 10 Uhr gelegt. Als man ihn darauf aufmerksam
machte, daß zur gleichen Zeit der Gottesdienst in der Michaeliskirche
stattfinde, verlegte er die zweite Vorlesung am 16. November 1794 auf

die Zeit von 10 bis 11 Uhr. Doch hatte inzwischen das Jenaer Konsistorium, das Fichtes Sonntagsvorlesung als einen beabsichtigten Affront gegen den Gottesdienst auslegte, den Herzog Carl August in Weimar bereits aufgefordert, Fichte die Fortsetzung seiner Vorlesungen zu untersagen. Ungeachtet der studentischen Proteste wurde die Vorlesungsreihe unterbrochen, bis ein von Carl August angeforderter Bericht des Akademischen Senats fertiggestellt war. Als die Angelegenheit im Februar des Jahres 1795 schließlich geklärt war und Fichte seine Vorlesung auf den Sonntagnachmittag verlegt hatte, war an der Universität bereits eine neue Situation eingetreten. Es kam seitens der geheimen Studentenverbindungen erneut zu Unruhen, und als Fichte seine Vorlesung dazu benützte, die geheimen Orden als eine Gefahr für die akademische Freiheit zu kritisieren, wandten sich viele Studenten gegen ihn und veranlaßten ihn, die Vorlesung vor Semesterschluß abzubrechen.

Ungeachtet aller Schwierigkeiten, die er mit seinen Vorlesungen in Jena hatte, blieb Fichte ihrer Thematik auffällig treu. Seine Antrittsvorlesung an der Universität Erlangen im Jahre 1805 trug den Titel *Über das Wesen des Gelehrten, und seine Erscheinungen im Gebiet der Freiheit.* Die Erlanger Vorlesung wurde zur Grundlage für seine im Jahr 1811 an der Universität von Berlin gehaltene Vorlesungsreihe *Über die Bestimmung des Gelehrten,* die 1812 in der Zeitschrift *Die Musen* erschien[68]. Die wesentlichen Grundzüge der späteren Fassungen aber sind schon in den Jenaer Vorlesungen des Jahres 1794 enthalten. Sie wurden zu eben der Zeit verfaßt, als Fichte seine *Wissenschaftslehre* erstmals öffentlich präsentierte, und lassen daher sehr viel deutlicher als die späteren Ausarbeitungen erkennen, wie sehr Fichtes Auffassung des Gelehrten und der Universität seinem philosophischen System verpflichtet ist. Die Vorlesungen *Über die Bestimmung des Gelehrten* lassen sich als die soziale Konkretisierung der Abstraktionen seiner Wissenschaftslehre lesen.

Fichte wäre nicht Fichte, wenn er direkt auf das angekündigte Thema, die Bestimmung des Gelehrten zu sprechen käme. Statt dessen widmet er die erste Vorlesung unter der Überschrift »Ueber die Bestimmung des Menschen an sich« einer dialektischen Erörterung seines Gegenstandes im begrifflichen und systematischen Zusammenhang seiner Philosophie. »Der Gelehrte ist nur insofern Gelehrter, inwiefern er andern Menschen entgegengesetzt wird, die das nicht sind.«[69] Was er damit meint, verdeutlicht Fichte mit einer Analogie, die den Hörern seiner parallelen Vorlesung zur *Wissenschaftslehre* bereits vertraut war.

Zwar sei das reine Ich nicht als ein Produkt des Nicht-Ich zu denken, aber dennoch könne das Ich nur in Rücksicht auf seine empirischen Bestimmungen seiner selbst bewußt werden. »Das reine Ich läßt sich nur negativ vorstellen; als das Gegentheil des Nicht-Ich, dessen Character Mannichfaltigkeit ist – mithin als völlige absolute Einerleiheit.« Das höchste Ziel des Menschen, so der Fluchtpunkt seiner Argumentation, sei »die vollkommene Übereinstimmung des Menschen mit sich selbst«. Fichte nennt dies »Identität« und zeigt in der zweiten Vorlesung »Über die Bestimmung des Menschen in der Gesellschaft«, daß der Mensch sich nur innerhalb der Gesellschaft definieren könne, wobei Fichte als Gesellschaft »die Beziehung der vernünftigen Wesen aufeinander« definiert. Der Mensch benötige die Vorstellung vernünftiger Wesen außerhalb und unterschieden von sich selbst, um zur Übereinstimmung mit sich selbst bzw. zum Bewußtsein seiner selbst gelangen zu können. »Der gesellschaftliche Trieb gehört demnach unter die Grundtriebe des Menschen.« Der Begriff vom Menschen gilt Fichte »als ein idealischer Begriff«, weil der ihm gesetzte Zweck in der allgemeinen Bestimmung als Zweck des Menschen überhaupt unerreichbar sei. Im gegenwärtigen Zustand, so behauptet Fichte, habe sich die Menschheit noch nicht sehr weit ausgebildet. »Wir stehen selbst noch auf der niedern Stufe der halben Menschheit, oder der Sklaverei. Wir sind selbst noch nicht zum Gefühl unsrer Freiheit und Selbstthätigkeit gereift.«

Bis hierher sind die beiden ersten Vorlesungen zur Bestimmung des Gelehrten im wesentlichen nichts anderes als Modifikationen des ersten Prinzips der *Grundlage der gesammten Wissenschaftslehre: »das Ich setzt sich als bestimmt durch das Nicht-Ich.«* (III.§ 5) Am Beginn der dritten Vorlesung faßt Fichte zusammen: Der Gelehrte sei nur insofern Gelehrter, als er innerhalb der Gesellschaft betrachtet werde. Er sei aber nicht bloß ein Mitglied der Gesellschaft; »er ist zugleich ein Glied eines besonderen Standes in derselben.« Bevor er nun fortfahren kann, sieht sich Fichte zur Klärung der Frage veranlaßt, warum es überhaupt verschiedene Stände unter den Menschen gebe. Die physische Ungleichheit falle in den Verantwortungsbereich der Natur, die soziale Ungleichheit aber »scheint eine moralische Ungleichheit zu seyn«. Fichte nimmt sich vor, die Frage nach der Rechtmäßigkeit der Standesunterschiede aus reinen Vernunftprinzipien zu beantworten. Er ruft in Erinnerung, daß die Natur, also das unabhängige Nicht-Ich, mannigfaltig sei. Keiner ihrer Teile sei dem anderen vollkommen gleich; »es folgt daraus, daß sie auch auf den menschlichen Geist sehr verschieden einwirke, die Fähigkeiten und Anlagen desselben nirgends auf die gleiche Art entwickle.« Dementsprechend sei kein Individuum dem anderen vollkommen gleich. Aber wie verhält sich diese Verschiedenheit zum letzten Zweck aller Gesellschaft, »der völligen Gleichheit aller ihrer Mitglieder?« An diesem Punkt läßt Fichte die Wirksamkeit des gesellschaftlichen Triebes einsetzen und durch Vernunft und Freiheit den Fehler ausgleichen, den die Natur gemacht habe: »Die einseitige Ausbildung, die die Natur dem Individuum gab, wird Eigenthum des ganzen Geschlechts; und das ganze Geschlecht giebt dagegen dem Individuum die seinige.« Die Vernunft stelle sicher, daß das Individuum mittelbar von der Gesellschaft diejenige Bildung erhalte, die es der Natur unmittelbar nicht abgewinnen könne. Die Vernunft liegt mithin in Fichtes Gedankengang mit der Natur in einem fortwährenden Kampf, in dem die Gesellschaft als Ganzes erreicht, was dem Individuum als einzelnem unerreichbar bliebe.

Bis zu diesem Punkt verfolgt Fichte nur die Herausbildung verschiedener *Charaktere*, noch nicht die Entstehung verschiedener *Stände*. Mit der Einführung des Prinzips menschlicher Freiheit geht er nun hierzu über. Jedes Individuum sei frei, die Richtung seiner Ausbildung oder den Stand zu wählen, für den es sich von seiner Natur her am besten geeignet glaube und in dem es seinen Beitrag zum gesellschaftlichen Ganzen leisten wolle. Doch hat der Mensch bei Fichte nicht das Recht, nur für seinen eigenen Genuß zu arbeiten. Vielmehr müsse er zumindest versuchen, der Gesellschaft zurückzuerstatten, was sie für ihn getan habe. Fichte ruft seinen Hörern in Erinnerung, sie seien als Erben der Vergangenheit all den Wohltätern der Menschheit – den berühmten wie den namenlosen – verpflichtet, die für sie gearbeitet hätten und aus deren Anstrengungen sie Nutzen zögen. Um der Gesellschaft zurückzugeben, was sie für das Individuum getan habe, wähle dieses ein Fach oder einen Stand, durch den es die in ihm liegenden Fähigkeiten am besten zum Dienst an der Gesellschaft ausbilden könne. Diese Wahl sei ein Akt des freien Willens, denn seinem Begriffe nach habe jedes Individuum ein freier Mitarbeiter im großen Plan des Ganzen zu sein und nicht ein gezwungenes, leidendes Instrument. »Jeder hat die Pflicht, nicht nur überhaupt der Gesellschaft nützlich seyn zu wollen; sondern auch seinem besten Wissen nach alle seine Bemühungen auf den lezten Zweck der Gesellschaft zu richten, auf den – das Menschengeschlecht immer mehr zu veredeln, d. i. es immer freier von dem Zwange der Natur, immer selbständiger und selbstthätiger zu machen – und so entsteht denn durch diese neue Ungleichheit eine neue Gleichheit, nämlich ein gleichförmiger Fortgang der Kultur in allen Individuen.«

Das scheinbare Dilemma der Ungleichheit unter den verschiedenen Ständen ist damit aufgelöst, und Fichte kehrt in der vierten Vorlesung – »Über die Bestimmung des Gelehrten« – zu seinem eigentlichen Thema zurück. Während die Gesellschaft als ganze die Entwicklung und Befriedigung aller menschlichen Bedürfnisse anstrebe, seien die meisten Menschen als Individuen notwendigerweise unfähig, die Gesamtheit dieser Bedürfnisse zu überblicken, da sie an die Perspektive ihres eigenen Standes und ihrer Ausbildung gebunden seien. »Die Sorge für diese gleichförmige Entwicklung aller Anlagen des Menschen sezt zuvörderst die Kenntniß seiner sämmtlichen Anlagen, die Wissenschaft aller seiner Triebe und Bedürfnisse, die geschehene Ausmessung seines ganzen Wesens voraus. Aber diese vollständige Kenntniß des ganzen Menschen gründet sich selbst auf eine Anlage, welche entwickelt werden muß.« Nun gebe es unter den verschiedenen Trieben des Menschen auch den zu *wissen*. Um diesen Trieb zu entwickeln und kultivieren, habe sich ein besonderer Stand herausgebildet: der des Gelehrten.

Fichte unterscheidet drei verschiedene Arten des Wissens und der Erkenntnis. Die erste gründe sich auf reine Vernunftsätze und sei *philosophisch*. Sie ziele auf die Kenntnis der Bedürfnisse sowie der Mittel zu ihrer Befriedigung ab. Die zweite beruhe zum Teil auf Erfahrung und sei daher *philosophisch-historisch*. Sie habe die philosophisch definierten Zwecke auf die in der Erfahrung gegebenen Gegenstände zu beziehen und diese als Mittel zum Erreichen der Zwecke zu beurteilen. Die dritte Art der Erkenntnis schließlich sei ganz auf die Erfahrung gerichtet und daher »blos *historisch*«. Ihre Aufgabe sei es, die Kulturstufe einer bestimmten Gesellschaft zu einem bestimmten Zeitpunkte zu definieren, die nächsthöhere Stufe ins Auge zu fassen und die Mittel anzugeben, wie sie zu erreichen sei. Die wahre Bestimmung des Gelehrten, so faßt Fichte seinen Gedankengang zusammen, sei »*die oberste Aufsicht über den wirklichen Fortgang des Menschengeschlechts im allgemeinen, und die stete Beförderung dieses Fortgangs*«.

Der Gelehrte, wie Fichte ihn auffaßt, hat vor allem seiner Verantwortung gegenüber der Gesellschaft Rechnung zu tragen. Mehr als alle anderen Stände existiere er durch und für die Gesellschaft und habe daher die besondere Pflicht, die gesellschaftlichen Talente der »Empfänglich-

keit« und der »Mittheilungsfertigkeit« in höchstmöglichem Maß in sich
auszubilden. Insofern es seine Aufgabe sei, in allen Menschen das Gefühl für das Wahre zu entwickeln, sei es die Bestimmung des Gelehrten,
»*Lehrer* des Menschengeschlechts« zu sein. Er dürfe sich aber nicht damit zufriedengeben, die Menschen nur im allgemeinen mit ihren Bedürfnissen und den Mitteln ihrer Befriedigung bekannt zu machen. Indem er sie zur Erkenntnis bestimmter Bedürfnisse einer konkreten Zeit
und eines konkreten Ortes führe, sei der Gelehrte zugleich »*Erzieher* der
Menschheit«. Der letzte Zweck jedes einzelnen Menschen wie der Gesellschaft als ganzer »ist sittliche Veredlung des ganzen Menschen«.
»Niemand aber«, so ruft Fichte seinen Hörern zu, »kann mit Glück an
sittlicher Veredlung arbeiten, der nicht selbst ein guter Mensch ist.« Der
Gelehrte müsse daher – »in der lezten Rücksicht betrachtet« – die höchste Stufe der in seiner Zeit möglichen sittlichen Ausbildung repräsentieren, er muß »der *sittlich beste* Mensch seines Zeitalters seyn.« Fichte läßt
ein sehr ausgeprägtes Bewußtsein davon erkennen, daß auch aus seinen
eigenen Arbeiten der Gang der künftigen Geschlechte, ja die »Weltgeschichte der Nationen« hervorgehen werde. »Ich bin ein Priester der
Wahrheit.« Er beschließt diese beeindruckende vierte Vorlesung mit der
Einschränkung, »ein entmanntes und nervenloses Zeitalter« werde die
Botschaft, die er zu verkünden habe, wohl kaum ertragen können.
Doch vertraue er auf die jungen Männer, die vor ihm säßen und durch
ihre Jugend noch sicher seien »vor dieser gänzlichen Nervenlosigkeit«.

Fichtes Vorlesung war eine berauschende Botschaft für die Studenten
von Jena. Sie sahen sich von der eindringlichsten moralischen Autorität
des Zeitalters herausgefordert, sich aus dem Sumpf der Roheit des bisherigen Universitätslebens zu erheben und sich zu Lehrern und Erzie-
hern, ja zu Priestern der Menschheit aufzuschwingen. Kein Wunder,
daß sie zu Hunderten in Fichtes Vorlesungen strömten und ihm Serena-
den und *Vivats!* darbrachten. Zugleich ist offenkundig, warum Schiller
von diesen Vorlesungen so eingenommen war, daß er sie seinen Freunden empfahl und im vierten seiner Briefe *Über die ästhetische Erziehung
des Menschen* (1785) zitierte. Denn Fichte hatte sich, wenn auch ausführlicher und mit stärkerer rhetorischer Emphase, genau dem gleichen Problem zugewandt, mit dem er selbst sich in seiner Antrittsvorlesung aus-
einandergesetzt hatte. In zumindest zwei Punkten sind die Parallelen
zwischen beiden Vorlesungen evident. Erstens betont Fichte wie Schiller
die Rolle der Geschichte. Das Individuum ist für ihn ein Glied in der

großen Kette, die vom Auftreten des ersten Menschen bis zur vollen Bewußtwerdung seiner Existenz reicht und darüber hinaus geht bis in die Ewigkeit. Wir sind Schuldner der Vergangenheit, und alle unsere Handlungen müssen der Verpflichtung Rechnung tragen, die wir gegenüber der Zukunft haben. Daß Fichte in diesem Kontext den Begriff »Weltgeschichte« benutzt, läßt sich durchaus als Anspielung auf Schillers fünf Jahre zuvor gehaltene Antrittsvorlesung verstehen. Zweitens ist Fichtes Verständnis des Gelehrten und seiner Rolle als philosophisches Gegenüber der spezialisierteren Stände eine deutliche Analogie zu Schillers etwas gehässig-polemischer Unterscheidung zwischen dem *Brotgelehrten* und dem *philosophischen Kopf.* In beiden Fällen haben wir es mit einer unverkennbaren Antizipation jenes akademischen Veränderungsprozesses zu tun, den Kant wenige Jahre später in den drei Abschnitten seiner Schrift zum *Streit der Fakultäten* (1798) auf den Begriff bringen sollte. Die Philosophie – und das heißt auch die Künste und Wissenschaften – machten in diesem Prozeß eine steile Karriere von der untergeordneten Position als notwendige Vorbedingung für Theologie, Jurisprudenz und Medizin hin zu ihrer neuen Stellung über und jenseits der Sphäre aller beruflich-praktisch orientierten Fakultäten. Fast wichtiger noch ist, daß wir in Fichtes Vorlesungen die Propagierung der Vorstellung vom Wissen als einem vereinigtem Ganzen beobachten können. Der Gelehrte erscheint auf diesem Hintergrund als das universell orientierte Individuum. Denn es ist seine Aufgabe, diese Einheit des Wissens zu verstehen, und die Universität ist – zumindest ihrer Bestimmung nach – der Ort, an dem die Herausbildung dieses Erkenntnisprozesses am besten gewährleistet ist. Es ist leicht nachvollziehbar, daß der junge Savigny im Anschluß an die Lektüre von Fichtes Vorlesungsreihe *Über die Bestimmung des Gelehrten* den Entschluß faßte, nicht praktischer Kameralist, sondern Professor des Rechts zu werden.[70]

Fichte scheiterte bei der Verwirklichung der großen Reformvorhaben, die er in seine Antrittsvorlesung des Jahres 1794 angekündigt hatte. Das lag zum einen an der politischen Opposition, der er sich bei seinen Kollegen gegenübersah, zum anderen aber auch an dem ihm eigenen Rigorismus in Prinzipienfragen. Im Jahr 1799 gelang es seinen Gegnern, ihn unter dem Vorwurf des Atheismus aus der Universität zu vertreiben[71]. Sein Nachfolger, der brillante junge Schelling, wandte sich der Erörterung der universitären Ausbildung unter ganz anderen Bedingungen zu.

Als er im Sommer 1802 im Alter von 27 Jahren ans Pult trat, um seine *Vorlesungen über die Methode des akademischen Studiums* (1803) zu halten, hatte er als genialischer junger Philosoph seine wichtigsten Werke – die *Ideen zu einer Philosophie der Natur* (1797), die Schrift *Von der Weltseele* (1798) und das *System des transzendentalen Idealismus* (1800) – bereits veröffentlicht und stand im Begriff, Jena zu verlassen und einen Lehrstuhl an der Universität Würzburg anzunehmen. In gewisser Hinsicht stellen Schellings Vorlesungen über das akademische Studium die am leichtesten zugängliche Zusammenfassung seiner früher Philosophie dar, der Theorie der *Identität* oder *Duplizität*.

Anders als Fichte schreitet Schelling nicht systematisch von der Bestimmung des Menschen zu der des Gelehrten voran, sondern stellt gleich an den Beginn seiner vierzehn Vorlesungen eine grundlegende Erörterung »Über den absoluten Begriff der Wissenschaft«[72]. Sein Ausgangspunkt ist die Sorge, daß ein junger Mann, wenn er am Beginn seiner akademischen Laufbahn erstmals in die Welt der Wissenschaften eintrete, den Eindruck eines undifferenzierten Chaos gewinnen und sich fühlen könnte, als sei er ohne Kompaß oder Leitstern auf einem weiten Ozean ausgesetzt. Schelling hält es daher für notwendig, daß an den Universitäten in allgemeiner Form über den Zweck, die Art und das Ganze des Studiums unterrichtet werde. Häufig vergesse sogar der ausgezeichnetste Jurist oder Physiker über seinem Fachinteresse »die höhere Bestimmung des Gelehrten« bzw. – auch dies eine Reminiszenz an Fichte – »des durch Wissenschaft veredelten Geistes«. Es sei die Philosophie, so behauptet er, die den ganzen Menschen ergreife, alle Seiten seiner Natur berühre und seinen Geist von der Beschränktheit einseitiger Ausbildung befreie, um ihn in das Reich des Allgemeinen und Absoluten zu erheben.

Der besonderen Ausbildung in einem einzelnen Fach habe die Erkenntnis des organischen Ganzen der Wissenschaft vorauszugehen. Der einzelne müsse verstehen lernen, wie sein besonderes Studiengebiet »dem harmonischen Bau des Ganzen sich anschließt«. Darum müsse eine Methodenlehre des akademischen Studiums zur »Erkenntnis des lebendigen Zusammenhangs aller Wissenschaften« vordringen. Nie, so Schelling weiter, sei diese Erkenntnis dringlicher gewesen als im gegenwärtigen Zeitalter, »wo sich alles in Wissenschaft und Kunst gewaltiger zur Einheit hinzudrängen scheint«. Diese Ansicht vom Ganzen der Wissenschaften aber sei nur von einer »Wissenschaft aller Wissenschaft« zu erwarten, d. h. von der Philosophie, deren Streben auf die »Totalität der Erkenntnis« gerichtet sein müsse.

Nach diesen einleitenden Betrachtungen formuliert Schelling das Grundprinzip, das seinem Argumentationsgang im folgenden unterliegen wird: »Es ist die Idee des an sich selbst unbedingten Wissens, welches schlechthin nur Eines und in dem auch alles Wissen nur Eines ist, desjenigen Urwissens, welches, nur auf verschiedenen Stufen der erscheinenden idealen Welt sich in Zweige zerspaltend, in den ganzen unermeßlichen Baum der Erkenntnis sich ausbreitet.« Als Konsequenz hieraus ergibt sich, daß in diesem Wissen des Wissens das *Ideale* und das *Reale* als ungeschiedene Einheit zu denken seien. Diese Einheit und Identität des unbedingt Idealen und des unbedingt Realen sei die erste Voraussetzung aller Wissenschaft, indem die Wissenschaft sich mit dem *Idealen* nur in seiner Spiegelung im *Realen* befassen könne. Schelling betont an dieser Stelle ausdrücklich, er spreche vom *Urwissen* und nicht von den einzelnen Wissenschaften, die sich in ihrer Spezialisierung von der Totalität abgesondert und vom *Urbild* entfernt hätten. Alles Wissen, das sich nicht unmittelbar oder zumindest mittelbar auf das Urwissen beziehe, habe keine Realität und sei ohne Bedeutung. Jeder Gedanke, der nicht im Geist der Ein- und Allheit gedacht werde, sei leer und verwerflich. »Da alles Wissen nur eines ist, und jede Art desselben nur als Glied eintritt in den Organismus des Ganzen, sind alle Wissenschaften und Arten des Wissens Teile der einen Philosophie, nämlich des Strebens, an dem Urwissen teilzunehmen.« Schelling beschließt diese allgemeine Erörterung mit der Bestimmung, daß im Reich des Realen Endlichkeit und Notwendigkeit, im Reich des Idealen aber Unendlichkeit und Freiheit herrschten.

Der letzte Abschnitt dieser ersten Vorlesung ist der Auseinandersetzung mit dem Haupteinwand gewidmet, den Schelling gegen seine Auffassung von der Unbedingtheit und Absolutheit der Wissenschaft erwartet: daß in der Darstellung des Absoluten das Wissen selbst nur ein Teil sei und wiederum als Mittel begriffen werden müsse, dessen Zweck das Handeln sei. Die früheren Erörterungen Schillers und Fichtes über das Wesen des Spezialisten oder »Brotgelehrten« hebt Schelling an dieser Stelle auf ein höheres philosophisches Abstraktionsniveau. Wenn es die Natur des Absoluten sei, als das absolut Ideale zugleich das Reale zu sein, so müsse diese untrennbare »Duplizität« in jedem Akt des absoluten Wissens zum Ausdruck kommen. Daraus ergebe sich, »daß die Entgegensetzung, in welcher die beiden Einheiten innerhalb der gleichen Identität des Urwissens, als Wissen und Handeln erscheinen, nur für die bloß endliche Auffassung stattfindet. ... Das zeitliche Wissen ebenso wie das zeitliche Handeln setzt nur auf bedingte Weise und sukzessiv, was in der Idee auf unbedingte Weise und zumal ist.« Diejenigen, die das Wissen als Mittel zum Handeln begriffen, hätten vom Wissen daher lediglich einen Begriff, der dem alltäglichen »Tun und Treiben« entnommen sei. Als »Nützlichkeitsapostel« könnten sie keinen Zugang zur wahren Philosophie finden. Derjenige aber, der sich von der Philosophie leiten lasse, werde demgegenüber begreifen: »Es gibt keine wahre Freiheit, als durch absolute Notwendigkeit, und zwischen jener und dieser ist selbst wieder das Verhältnis, wie zwischen absolutem Wissen und absolutem Handeln.«

Nach dieser Auftaktvorlesung zum »absoluten Begriff der Wissenschaft« spricht Schelling in der zweiten Vorlesung »Über die wissenschaftliche und sittliche Bestimmung der Akademien«. Hier geht er vom Begriff des Ganzen der Wissenschaften zu den besonderen Bedingungen über, unter denen die Wissenschaften an den Universitäten gelehrt werden. Zwar seien die Wissenschaften der Erscheinung nach ein Produkt der Zeit, ihr Ziel aber sei die »Gründung einer Ewigkeit mitten in der Zeit«. Die Wissenschaft suche dem Idealen gerecht zu werden, wie es sich im Realen offenbare. Insofern sie sich durch das Individuum ausspreche, sei die Wissenschaft an die Zeit gebunden; zugleich aber gehöre sie als wahres Wissen nicht dem Individuum, sondern der Vernunft an. Ihre damit gesetzte Unabhängigkeit von der Zeit komme darin zum Ausdruck, daß die Vervollkommnung der Wissenschaft der Gattung insgesamt aufgegeben sei. Die Gattung aber sei ihrerseits ewig. »Es ist also notwendig, daß wie das Leben und Dasein, so die Wissenschaft sich von Individuum zu Individuum, von Geschlecht zu Geschlecht mitteile.« Die *Überlieferung* begreift Schelling als den Ausdruck des ewigen Lebens der Wissenschaft.

Dieser Gedanke führt Schelling – nicht anders als Schiller und Fichte – zum Begriff der Menschheitsgeschichte. »Es ist undenkbar, daß der Mensch, wie er jetzt erscheint, durch sich selbst sich vom Instinkt zum Bewußtsein, von der Tierheit zur Vernünftigkeit erhoben habe.« Die Erinnerung an ein vorangegangenes Menschengeschlecht werde in den Mythen von Göttern und ersten Wohltätern aufbewahrt. In diesen früheren Zeiten seien die höheren Ideen, denen die Menschen folgten –

ihre Lebensweise, Gebräuche und Symbole – eng an die religiöse Sphäre gebunden gewesen. Die Sittlichkeit sei nicht die Eigenschaft eines einzelnen Individuums, sondern der Geist des Ganzen gewesen, und die Wissenschaft habe im Licht des öffentlichen Lebens und im Zusammenhang des Ganzen gelebt. Jener allgemeine Prozeß aber, durch den mit fortschreitender Geschichte das Leben immer innerlicher geworden sei, habe auch die Wissenschaft erfaßt. »Die neuere Welt ist in allem, und besonders in der Wissenschaft eine geteilte Welt, die in der Vergangenheit und Gegenwart zugleich lebt.« Das Studium der Wissenschaften wie der Künste habe sich immer mehr auf die Nachzeichnung ihrer historischen Entwicklung konzentriert, und der Philosoph glaube in der Geschichte die Absichten des Weltgeistes zu erkennen.

Nun sei es eines, die Vergangenheit zum Gegenstand von Wissenschaft zu machen; etwas anderes sei es, die Kenntnis der Vergangenheit an die Stelle des wahren Wissens selbst zu setzen. Denn im zweiten Fall verschließe das historische Wissen den Zugang zum »Urbild«. Für den allein historisch gebildeten Gelehrten habe keine Idee Bedeutung und Realität, ehe sie nicht durch andere Köpfe gegangen, Vergangenheit und damit historisch geworden sei. Im Geist dieses primär historischen Wissens, so Schelling, seien die ersten Akademien gegründet worden. »Ihre ganze wissenschaftliche Organisation möchte sich nur vollständig aus diesem Abtrennen des Wissens von seinem Urbild durch historische Gelehrsamkeit ableiten lassen.« Um ihre Aufgabe zu vereinfachen, hätten die Akademien das Wissen so weit wie möglich in verschiedene Zweige aufgespalten »und den lebendigen organischen Bau des Ganzen bis ins kleinste zerfasert«. Schelling fordert von den Universitäten, sie sollten die »in Folge jenes Zerstückelns« verlorene Einheit wiederherstellen und zur »Behandlung aller Wissenschaft im Geist des Allgemeinen und eines absoluten Wissens« zurückkehren.

Die Tendenz zur Partikularisierung und Zerstückelung sei zum Teil vom Staat befördert worden, indem er die Universitäten zu Instrumenten seiner besonderen Bedürfnisse gemacht habe. Mit diesem Gedanken spielt Schelling auf die zeitgenössischen Debatten um die Zukunft der Bildungsanstalten an. Er ist sich der um das Jahr 1800 starken Tendenz, die Universitäten aufzulösen oder in technisch-praktische Industrie-Schulen umzuwandeln, offensichtlich deutlich bewußt und gibt zu bedenken, die Aufhebung der Universitäten würde das Leben der Ideen gefährden. Die äußere Unversehrtheit allein aber bringe noch nicht das wahre organische Leben aller Teile des Wissens hervor, dem die Universitäten schon durch ihren Namen verpflichtet seien. »Nur das schlechthin Allgemeine ist die Quelle der Ideen, und Ideen sind das Lebendige der Wissenschaft.« Wer sein besonderes Fach nur als besonderes begreife und unfähig sei, das Allgemeine darin zu erkennen, der sei weder berufen, Lehrer noch Bewahrer der Wissenschaften zu sein. Er könne sich auf vielfältige Weise nützlich machen, zum »wahren« Interesse an der Wissenschaft aber werde er nicht vordringen, sondern sie stets zum Mittel für reale, äußere Zwecke degradieren. Diejenigen, die in diesem Sinn »die Wissenschaft überhaupt nur als Nützlichkeit begreifen«, sähen in den Universitäten im wesentlichen »bloße Anstalten zur Überlieferung des Wissens«. Wer aber nur überliefere, der werde in vielen Fällen eben dadurch falsch überliefern. Denn zur Überlieferung gehöre der selbsttätige Geist wie zum Lehrer gehöre, daß er zuvor gelernt habe, was in seinem Fach möglich sei. »In jeder, auch der gemeinsten Kunst, wird gefordert, daß man erst Proben des vollendeten Lernens abgelegt habe, ehe man die Kunst als Meister ausüben kann.« In den zeitgenössischen Universitäten sieht Schelling diese Anforderungen nicht erfüllt. Weil sie auf einer einseitig ausgerichteten Idee beruhten, seien sie bisher nicht wahre Universitäten, sondern lediglich Anstalten des *Wissens,* nicht der *Wissenschaft.*

Solange die bürgerliche Gesellschaft die empirischen Zwecke dem einen absoluten Zweck überordne, könne sie in den Universitäten keine wahre innere Identität herstellen. An den Universitäten dürfe aber nichts gelten als die Wissenschaft, und keine anderen Unterschiede dürften hier herrschen als die, die auf Talent und Bildung zurückgingen. Besorgt um die Reputation seiner eigenen Universität, nimmt Schelling Fichtes strenge Ermahnungen auf: »Privilegierte Müßiggänger ... sollen hier nicht geduldet, und wer seinen Fleiß und seine auf die Wissenschaft gerichtete Absicht nicht beweisen kann, soll entfernt werden.« Das Reich der Wissenschaften sei keine Demokratie, und noch weniger eine Ochlokratie, vielmehr eine Aristokratie im edelsten Sinne. Das Talent bedürfe keines Schutzes, wenn nur sein Gegenteil nicht begünstigt werde. »Das Vermögen zu Ideen verschafft sich von selbst die oberste und entschiedenste Wirkung.« Dafür die Bedingungen zu schaffen, sei die einzige Politik, derer es mit Blick auf die Universitäten bedürfe.

Nach diesen beiden einführenden Vorlesungen über die Natur des Wissens, der Wissenschaft und der Universitäten wendet sich Schelling in den verbleibenden zwölf Vorlesungen anderen Themen zu. Für jeden, der in die Universität eintreten will, hält er propädeutische Übungen in den allgemeinen Methoden des Studierens für notwendig und betont als Voraussetzungen die Fähigkeit zur »Analysis des Endlichen« wie die Vertrautheit mit fremden, insbesondere mit den klassischen Sprachen. Als Modell für die äußere, organisatorische Einheit der Universität, in der sich die innere, organische Einheit aller Wissenschaften darzustellen habe, entwirft er im folgenden eine allgemeine Enzyklopädie der Wissenschaften. Nach einem Überblick über das Studium der reinen Vernunftwissenschaften, der Mathematik und der Philosophie entwickelt er die Auffassung, die Philosophie könne keine eigene separate Fakultät neben den anderen sein. Der Grund dafür liege darin, »daß das, was Alles ist, eben deswegen nichts insbesondere sein kann«. Die Philosophie sei in dem Sinn die Grundlage aller anderen Fakultäten, daß sie die »unmittelbare Darstellung und Wissenschaft des Urwissens selbst« sei, dies jedoch nur *ideal*, nicht *real*. Im *Realen* erfolge die sukzessive Offenbarung des Urwissens in allen anderen Formen des Wissens, hier habe es eine historische Seite. So sei die Theologie die Wissenschaft des absoluten und göttlichen Wesens, die Jurisprudenz habe es mit der Geschichte und darin insbesondere mit der Herausbildung der Rechtsverfassung zu tun, und die Medizin sei die Wissenschaft der Natur und des Organismus. In den Vorlesungen 8 bis 13 befaßt sich Schelling im einzelnen mit diesen drei Fakultäten, mit den *realen* und den *idealen* Seiten ihrer Gegenstände sowie mit dem Verhältnis zwischen dem jeweils besonderen Gebiet und dem Ganzen des wissenschaftlichen Wissens.

Die Reihe endet, in gewisser Weise überraschend, mit einer Vorlesung »Über Wissenschaft der Kunst in Bezug auf das akademische Studium«. Dabei denkt Schelling weder an die Idee einer historischen Konstruktion der Werke der Kunst noch an eine Ausbildung in praktischer oder technischer Absicht. Denn zum einen fehle es in den Universitäten an unmittelbarer Anschauung der Werke, zum anderen seien sie keine Kunstschulen. So bleibe nur die intellektuelle Anschauung der Kunst übrig. Wie die Gegenstände der Theologie, Jurisprudenz und Medizin könne auch die Kunst, deren Wesen Schelling als »aus dem Absoluten unmittelbar ausfließende Erscheinung« definiert, zum Erkenntnisgegenstand der Philosophie werden. Die Kunst verhalte sich zur Philosophie »wie Reales zum Idealen«. Während die Philosophie die Gegensätze des

Wissens zur reinen Identität auflöse, bleibt sie der Kunst gegenüber »immer nur ideal. Beide begegnen sich also auf dem letzten Gipfel und sind sich, eben kraft der gemeinschaftlichen Absolutheit, Vorbild und Gegenbild.« Die Formen der Kunst sind Schelling zufolge die Formen der Dinge an sich. Daher »ist Philosophie der Kunst Darstellung der absoluten Welt in der Form der Kunst«. Schelling setzt eine solche Konstruktion der Kunst von allem ab, was zu seiner Zeit als Ästhetik, Theorie der schönen Künste und Wissenschaften oder unter anderen Titeln geläufig ist. Sie solle nicht nur an die Stelle aller psychologischen Kunsttheorien treten, sondern auch die auf Kant folgende Menge »kunstleerer Kunstlehren« überbieten. Aus der Ästhetik solle eine Philosophie der Kunst werden, die selbst wiederum der Fluchtpunkt der Philosophie sei. »Philosophie der Kunst ist notwendiges Ziel des Philosophen, der in dieser das innere Wesen seiner Wissenschaft wie in einem magischen und symbolischen Spiegel schaut.« Mit dieser überraschenden Wendung, die seine Vorlesungen sowohl mit seiner *Philosophie der Kunst* (1802) wie mit dem Schluß seines *System des transzendentalen Idealismus* (1800) verbindet, beendet Schelling seinen Beitrag zur Philosophie der Universität.

Es ist offensichtlich, daß alle drei Vorlesungsreihen über Ziel und Zweck des akademischen Studiums bestimmte grundlegende Begriffe gemeinsam haben. Zunächst sehen Schillers »philosophischer Kopf« wie Fichtes »Gelehrter« und Schellings Philosoph der »Wissenschaft aller Wissenschaften« alles Wissen als eine Totalität, als ein einheitliches Ganzes in scharfem Kontrast zur lediglich extensiven Gelehrsamkeit, wie sie aus dieser Perspektive für Bildung und Erziehung während der Aufklärung charakteristisch war. Diese Konzeption des einheitlichen Wissens führt Schelling schließlich dazu, die Universität in großzügiger etymologischer Auslegung ihres Namens als denjenigen Ort zu bestimmen, an dem diese Erkenntnis des Ganzen stattzufinden habe. Zweitens fassen alle drei das Universum des Wissens nicht einfach als ein synchrones Ganzes auf, als Enzyklopädie, sondern zugleich als organischen diachronen Prozeß, als eine Geschichte, in der der einzelne mit Bewußtsein seinen Platz einzunehmen habe. Der Gelehrte erwirbt sich bei Schiller wie bei Fichte und Schelling das Recht auf eine Position in der Universität nicht schon dadurch, daß er existierendes Wissen zusammenfaßt und weiter vermittelt, sondern nur dadurch, daß er in schöpferischer Selbsttätigkeit zum Prozeß des Wissens und – zumindest bei

Fichte – auch zur Entwicklung der Gesellschaft beiträgt. Drittens führt
die hohe Wertschätzung der Universität alle drei Autoren zu einer schar-
fen und rigorosen Unterscheidung zwischen den rechtmäßigen Bürgern
im Reich der Wissenschaften und denjenigen, die in so erhabenen Regionen nichts zu suchen haben. Schillers »philosophischer Kopf« ist
dem »Brotgelehrten« gegenübergesetzt, Fichtes »Gelehrter« dem Spezialisten, und bei Schelling stehen »Wissenschaft« und »absolutes Wissen«
in der höchsten Abstraktion programmatisch über dem zeitgebundenen
Handeln. Fichte und Schelling schließlich setzten die Philosophie ins
Zentrum der Universitätsbildung. Von dort aus soll sie die auf Einheit
zielende Auffassung des Wissens befördern, der modernen Tendenz zur
Zerstückelung und Trennung der Wissenschaften und Künste entgegen-
wirken und damit zugleich die auf verschiedene Berufe ausgerichteten
Fakultäten der Jurisprudenz, Medizin und Theologie wieder zusammen-
führen.

Jede der hier erörterten Vorlesungen fand vor einem Publikum statt,
zu dessen Erfahrung sowohl die Studentenunruhen in Jena wie die Forderungen mancher Reformer gehörten, die Universitäten abzuschaffen
oder in »nützliche« Spezialschulen umzuwandeln. Und wenn Schiller,
Fichte oder Schelling das Negativbild derjenigen Studenten entwarf, die
von der idealen Aklademie ausgeschlossen sein sollten, standen die Beispiele dafür jedem Hörer vor Augen. Die lebhafte Debatte um die Uni-
versitätsreform im letzten Jahrzehnt des 18. Jahrhunderts ist in allen drei
Vorlesungen reflektiert. Die implizite Antwort darauf ist aber bei allen
drei Autoren, die Universität dürfe auf die Kritik nicht mit der Aufgabe
aller großen Ziele reagieren. Sie könne vielmehr eine neue Blüte erreichen, wenn sie der Philosophie und den Künsten die Rolle einer neuen
zentralen Autorität zumesse. Mit ihren Vorlesungen wollten Schiller,
Fichte und Schelling der ins Wanken geratenen Institution ihre Bedeutung wiedergeben und einen Ausweg aus der Krise weisen. Sie hoben
dabei die Diskussion über die Wissenschaft und die Aufgabe der Universität auf ein neues theoretisches Niveau und werteten zugleich die in
Verruf geratene Institution nachhaltig auf.

Denkmuster und Darstellungsformen in Jena

Es ist mit Blick auf die erörterten Vorlesungen leicht zu verstehen, warum die Frühromantiker sich in Jena wohlfühlten. Die Universität, wie sie von Schiller, Fichte und Schelling idealisiert wurde, entsprach den Grundmotiven der Romantik, die uns bereits in den vorangegangenen Kapiteln beschäftigten. Die Auffassung der Universität als Ort der Konkretisierung eines einheitlichen Wissens im geschichtlichen Zusammenhang verbindet ungeachtet aller Differenzen Fichtes *Wissenschaftslehre* und Schellings *Identitätsphilosophie*. Sie steht in Analogie zur romantischen Auffassung des Bergbaus und des Rechts. Das Streben nach Vereinheitlichung und Universalität ist unverkennbar zunächst auf der Ebene romantischer Metaphorik, in der disparate Elemente durch »den Zauberstab der Analogie«[73], wie ihn Novalis in *Die Christenheit oder Europa* nennt, in erhellende neue Konfigurationen gebracht werden. Dann aber auch auf der Ebene der alles umspannenden romantischen *Enzyklopädistik*, wie sie Friedrich Schlegel, Novalis und Hegel ersehnten.

Novalis schrieb in einer der vielen Notizen seines *Allgemeinen Brouillon* (1798–1799), das den Untertitel »Materialien zur Enzyklopädistik« trägt: »Der W(issenschafts)Lehrer behandelt blos W(issenschaft) im Ganzen – Hat blos mit W(issenschaften), als solchen zu thun. / Die W(issenschafts)L(ehre) ist eine wahrhafte, unabhängige, selbstständige Encyklopädistik«[74]. An anderer Stelle notierte er: »‹1 Stunde der Encyclopaedistik überhaupt. Diese enthält wissensch(aftliche) Algeber – *Gleichungen.* Verhältnisse – Aehnlichkeiten – Gleichheiten – Wirkungen der Wissenschaften auf einander.«[75] Ungefähr zur gleichen Zeit hielt Friedrich Schlegel in seinem literarischen Notizbuch den Gedanken fest: »Die Poesie muß jetzt und will jetzt durch *Encyclopädie* und durch *Religion* reformirt und centrirt werden.« Und: »Die *Encyclopädie* wird in der Poesie harmonische Ausbildung, die Religion Enthusiasmus.«[76] Ein Jahrzehnt später begann Hegel seine *Philosophische Enzyklopädie für die Oberklasse* (1806) mit der Feststellung: »Eine Enzyklopädie hat den gesamten Umkreis der Wissenschaften nach dem Gegenstande einer jeden und nach dem Grundbegriffe desselben zu betrachten«.[77] Es stimmt mit diesem Glauben an eine einheitliche Welt des Wissens überein, daß Alexander von Humboldt seinem großen Lebenswerk, in dem er alles Wissen über die physische Gestalt der Erde zusammenfassen und harmonisieren wollte, den Titel gab: *Der Kosmos* (1845–1862).

Der Vereinheitlichungsimpuls des romantischen Denkens und seine
Tendenz, alle Natur und Wirklichkeit als ein ungeschiedenes Ganzes
wahrzunehmen, fand seinen Ausdruck in der neuen Konzeption der
Universität als eines Ortes, in dem alles konkrete Wissen der Fakultäten
von der zentralen Autorität der Philosophie zusammengefaßt und im
Kontext seiner geschichtlichen Entwicklung begriffen werden sollte. Als
Friedrich Schlegel in seinem berühmten *Athenäums-Fragment 116* die
romantische Poesie als »progressive Universalpoesie« definierte und es
als ihre Aufgabe bestimmte, die getrennten Gattungen der Poesie wieder
zu vereinigen und ihre Verbindung zur Philosophie und Rhetorik zu
erneuern, war dies im Kern eine Umformulierung jener Botschaft vom
vereinigten Wissen im geschichtlichen Zusammenhang, die Schiller,
Fichte und Schelling in ihren Vorlesungen über die Natur der Universität dargelegt hatten. Indem die romantischen Theoretiker der Universität die traditionelle Spannung zwischen Student und Philister von der
sozialen in die geistige Sphäre übertrugen und so den wahren, kritischen
Gelehrten und »philosophischen Kopf« dem spezialisierten »Brotgelehrten« entgegensetzten, schufen sie zugleich eine Kategorie, innerhalb derer sich die Gelehrten wie die nicht-akademischen Intellektuellen gleichermaßen zu Hause fühlen konnten.

Die thematischen Parallelen zwischen dieser Konzeption der Universität und anderen romantischen Idealen muß man nicht überstrapazie-
ren. René Wellek schrieb gelegentlich, zu den Elementen, die von nahezu allen Gelehrten und Interpreten als gemeinsame Merkmale der
europäischen Romantik anerkannt würden, gehöre der Glaube an eine
organische Natur, die von einem einheitlichen Bewußtsein betrachtet
werde[78]. Es wäre überraschend, käme diese Grundüberzeugung nicht
auch in den Debatten über das akademische Studium zum Ausdruck,
zumal die Überzeugung von einer einheitlichen Natur zunächst an den
Universitäten als philosophische Theorie auftrat und erst von hier aus
den Weg ins breitere öffentliche Bewußtsein fand.

Es gibt eine weitere, weniger auffällige, aber letztlich entscheidendere
Verbindung zwischen universitärer Welt und romantischem Ideal. Sie
wird sichtbar, wenn wir uns den Denk- und Darstellungsformen der
Jenaer Romantik um das Jahr 1800 zuwenden. Wir dürfen, so denke
ich, von einem Jenaer Diskursmodell sprechen, das die Schriften der
jungen Frühromantiker nachhaltig prägt und sie deutlich sowohl von
ihren Zeitgenossen in England und Frankreich wie von den vorange-

gangenen und nachfolgenden literarischen Bewegungen in Deutschland unterscheidet. Dieses Jenaer Diskursmodell entspringt der Universität und der Akademie, wobei darunter sowohl die platonische ideale Akademie wie der empirisch-konkrete Vorlesungssaal der Universität zu verstehen ist. Nicht zufällig wurden viele bedeutende Werke der deutschen Frühromantik ursprünglich als Vorlesung präsentiert, sei es an der Universität oder vor einer allgemeinen Öffentlichkeit. Über die drei Vorlesungsreihen, die wir oben erörterten, hinaus gilt das etwa für Fichtes *Wissenschaftslehre*. Sie wurde im Jahr 1794 in Form von erläuternden Vorlesungskommentaren, die Fichte für seine Studenten verfaßt hatte, erstmals öffentlich zugänglich. In dieser Version wurde sie mindestens ebenso wirksam verbreitet wie durch die offizielle Publikation. Auch Hegels akademische Karriere begann in den Jahren von 1801 bis 1806 in Jena. Die meisten seiner großen Werke der Berliner Zeit (1818–1831) – die Philosophie der Geschichte, der Religion, der Natur sowie die Ästhetik und die Logik – sind uns nur aus Vorlesungsmitschriften bekannt, die von seinen Studenten aufbewahrt und ediert wurden. Schleiermacher lehrte zwar nicht in Jena, war dem dortigen Zirkel aber im Geiste wie durch sporadische Anwesenheit verbunden. Dementsprechend verfaßte er seine Dialektik wie seine Ethik ursprünglich in Form von Vorlesungen für seine Studenten in Halle und Berlin.

Doch sind nicht nur Werke der Philosophie dem Jenaer Diskursmodell verpflichtet. Die wichtigsten kritischen Arbeiten der Brüder Schlegel, die beide ihre Laufbahn an der Jenaer Fakultät begannen, wurden dem Publikum zunächst als öffentliche Vorlesungen bekannt. Das gilt für August Wilhelm Schlegels *Vorlesungen über schöne Literatur und Kunst* (Berlin, 1801–1803) wie für seine *Vorlesungen über dramatische Kunst und Literatur* (Wien, 1808). Die erste dieser beiden Vorlesungsreihen, in der Schlegel zum erstenmal den Unterschied zwischen »klassisch« und »romantisch« zu definieren versuchte, entfaltete ihre Wirkung überhaupt nur durch den öffentlichen Vortrag, denn der Text wurde erst 1884 publiziert. Friedrich Schlegels bedeutendstes kritisches Werk, seine *Geschichte der alten und neuen Literatur*, geht auf eine im Jahr 1812 in Wien gehaltene Vorlesungsreihe zurück. Man darf es dem Jenaer Diskursmodell zuschreiben, daß neben den genannten noch viele andere grundlegende Werke der deutschen Romantik ursprünglich in der Form von Vorlesungen wirksam wurden. Die *Ansichten von der Nachtseite der Naturwissenschaft* (1808) des einstigen Jenaer Studenten

Gotthilf Heinrich Schubert ließen sich hier ebenso nennen wie Adam Müllers *Elemente der Staatskunst* (1809).

Mit der *Vorlesung* eng verwandt ist die öffentliche Rede. Diesem Genre verdanken wir nicht nur Schleiermachers Reden *Über die Religion* (1799), sondern auch solch bedeutende gesellschaftspolitische Werke wie Fichtes *Grundzüge des gegenwärtigen Zeitalters* (1804–05) und seine flammenden *Reden an die Deutschen* (1807) sowie Novalis' »Rede« *Die Christenheit oder Europa* (1799). Es tut nichts zur Sache, daß weder Schleiermachers noch Novalis' »Reden« jemals tatsächlich vor einem Auditorium gehalten wurden. Wichtig für unseren gegenwärtigen Zusammenhang ist die Überzeugung der Autoren, die angemessene rhetorische Form für die Präsentation ihrer Ideen sei nicht der Essay oder die Abhandlung, sondern die Vorlesung, das Gespräch oder die Rede – sei es in einem Vorlesungssaal der Universität, einem öffentlichen Versammlungsraum oder in einer kleinen Gruppe von Freunden.

Repräsentiert die *Rede* den öffentlichen Aspekt der universitären *Vorlesung*, so verweisen *Dialog* und *Symposium* auf die intimeren Seiten des akademischen Lebens. Sie bilden die dritte beliebte rhetorische Form des Jenaer Diskursmodells. Wie wir im nächsten Kapitel sehen werden, wählte A. W. Schlegel zur Entwicklung seiner Gedanken über die bildenden Künste die Gesprächsform (*Die Gemählde*), während Schelling (*Bruno*) und Solger (*Erwin*) ihre ästhetischen Theorien in der Form von Symposien darstellten. Entsetzt über den Mangel an Verständnis, mit dem das Publikum die verschiedenen Versionen seiner *Wissenschaftslehre* aufnahm, versuchte Fichte der Situation durch seinen *Sonnenklaren Bericht an das größere Publikum, über das eigentliche Wesen der neuesten Philosophie* (1801) Rechnung zu tragen. Es handelt sich dabei um einen Dialog zwischen »Autor« und »Leser« in der streng akademischen Form von sechs »Lehrstunden«. Der Form des Dialogs war Fichte zu dieser Zeit überhaupt sehr zugetan. Das zweite Buch der *Bestimmung des Menschen* (1800), in dem er die Implikationen »der neueren Philosophie« für nicht-akademische Zwecke zu umreißen sucht, besteht ganz und gar aus einem Dialog zwischen dem zweifelnden *Ich* – wie Fichte es im Vorwort einführt, ähnelt es dem »impliziten Leser« von heute – und dem Geist des *Wissens*. Schleiermacher, der Übersetzer Platos, formulierte eine seiner bedeutendsten Erörterungen über das Wesen der Religion in dem Text *Die Weihnachtsfeier* (1806). Er ist in Form eines Gesprächs unter Freunden verfaßt, die zusammenkommen, um gemeinsam den Heiligen

Abend zu begehen. Kurz, die von den Frühromantikern bevorzugten Genres lassen den nachhaltigen Einfluß des Vorlesungssaals wie des Seminarraums erkennen. Diese akademischen Räume wurden in Jena zu Schauplätzen für jenes *Symphilosophieren*, von dem Friedrich Schlegel, Novalis und ihre Zeitgenossen so oft sprachen.

Nur auf dem skizzierten Hintergrund können wir den gemeinsamen Nenner erkennen, der drei im übrigen gänzlich verschiedene Werke miteinander verbindet, die um 1800 in Jena geschrieben wurden: Clemens Brentanos Abhandlung über den Philister, Novalis' *Lehrlinge zu Sais* und Friedrich Schlegels *Gespräch über die Poesie*.

Brentanos »scherzhafte Abhandlung« *Der Philister vor, in und nach der Geschichte* wurde erstmals im Jahre 1811 publiziert, nachdem er sie vor den Mitgliedern der Christlich-Deutschen Tischgesellschaft in Berlin vorgetragen hatte. Die zentralen Passagen dieser Fassung aber beruhen auf einem satirischen Essay zur *Naturgeschichte des Philisters*, den Brentano im Jahre 1800 noch als Student im Kreis um die Brüder Schlegel in Jena zum besten gab[79]. Hinzugefügt wurden in der späteren Version vor allem ein gewisser Antisemitismus und die konservativen Attacken auf Hardenbergs Reformen. Brentanos Satire ist nicht einfach ein Angriff auf den Philister, der natürlich im universitären Raum eine beliebtes Standardsujet war, sondern zugleich vom Titel bis in die einzelnen Abschnitte hinein eine Travestie des akademischen Schreibstils. Der Text beginnt mit einer Liste von 16 Thesen, die zu verteidigen sind, um dann zum Unterthema »Der Philister vor der Geschichte« voranzuschreiten. Der Untertitel dieses Abschnitts lautet: »Theosophische Ansicht von Gott und der Schöpfung, Einheit, Eigenheit, Ja, Nein, Sündenfall, Luzifers, Sündenfall Adams, der Philister in der christlichen Mythe bis auf Ham.« In dem nachfolgenden Abschnitt »Der Philister in der Geschichte« verfolgt der Autor die Entwicklung von Ham bis Goliath und macht dann nach einem »Rückblick auf das Gesagte« einen großen Sprung in die Gegenwart. Unter dem Titel »Der Philister nach der Geschichte« beginnt dieser zentrale Abschnitt der Abhandlung mit einer typisch Jenaer rhetorischen Strategie – einer Parodie auf Fichtes Methode. (Wir merkten weiter oben bereits an, daß Köpkes Bericht zufolge Fichte anwesend war, als Brentano seine Abhandlung dem in A.W. Schlegels Haus versammelten Kreis vortrug.) Brentano beginnt mit der Versicherung, die jetzigen »Philister« seien nur noch »ein transzendentaler Teeaufguß, ein übersinnliches Kofentbier, ein fader idealer Nachgeschmack der alten« und von der Jugend in den hohen Schulen so benannt worden, um ihre eigene Welt von der Welt der Butter- und Käsemärkte abzugrenzen.

> Philister also wurden alle genannt, die keine Studenten waren, und nehmen wir das Wort Student im weitern Sinne eines Studierenden, eines Erkenntnisbegierigen, eines Menschen, der das Haus seines Lebens noch nicht wie eine Schnecke, welche die wahren Hausphilister sind, zugeklebt, eines Menschen, der in der Erforschung des Ewigen, der Wissenschaft oder Gottes, begriffen, der alle Strahlen des Lichtes in seiner Seele freudig spiegeln läßt, eines Anbetenden der Idee, so stehen die Philister ihm gegenüber, und alle sind Philister, welche keine Studenten in diesem weitern Sinne des Wortes sind.[80]

Die spielerische Parodie von Fichtes Setzung des *Ich* und des *Nicht-Ich* setzt sich im folgenden fort.

> Wenn ich nun das Studieren ein tätiges Leiden oder ein Empfangen aller Erkenntnis, als einer unendlich zusammenhängenden, ewigen, nenne, so könnte ich den in seiner Individualität vollendeten Studenten (heißt hier nur Nichtphilister) jenen nennen, der auf allen Punkten seiner selbst gleich stark empfängt und giebt, und diesen denke ich mir als eine Kugel, nenne ihn den Gesunden, Natürlichen, den Gebildeten; ich will aber, um meine Meinung dem Bilde zu nähern, ihn jenen nennen, dessen Berührung mit der äußeren Welt, dessen Haut (um es ledern herauszusagen) in gleichem Maße einatmet und ausdünstet. Goethe scheint mir bis jetzt unter den Bekannten der zu sein, dessen ideelle Erscheinung ich am ersten eine solche nennen möchte.

Nach dieser Definition des Studenten in seiner Opposition gegenüber dem Philister geht Brentano zur »Schilderung eines Musterphilisters« über, rollt »eine ganze Musterkarte von Philistereien« auf und liefert eine lange Liste von »Philistersymptomen«. Die Abhandlung endet mit Abschnitten zur »Erklärung der Kupfertafel«, die ihr beigegeben ist, und mit einer Abschweifung zur Klärung der Frage: »Ist diese Gattin des Philisters darum ein Philister, kann ein Weib überhaupt ein Philister sein?« In einem Postscriptum merkt Brentano am Schluß an, die Universität Helmstedt habe von ihrem Stifter einen löwenwürgenden Simson als Wappen erhalten. Daraus zieht er den Schluß, der Name Philister als »Studenten-Gegensatz« sei wahrscheinlich von Helmstedt her auch von den anderen Universitäten übernommen worden. Die der Abhandlung beigegebene »Stammtafel der Philister« endet mit der Frage: »*Können die Toten auch Philister sein?*«

Stellt Brentanos Parodie einer akademischen Dissertation die närrische Travestie des Jenaer Diskursmodells dar, so finden wir es in den beiden anderen Werken ernsthaft aufgenommen. Novalis war während des gesamten Jahrzehnts zwischen 1790 und 1800 eng mit Jena verbunden. Als Jenaer Student war er ein treuer Gefolgsmann Schillers und Reinholds. Er scheint überdies zu einer Verbindung oder geheimen Bruderschaft gehört und Friedrich Schlegel zufolge an einer Anzahl von Duellen teilgenommen zu haben[81]. Zwar lebte Novalis am Ende des Jahrzehnts nicht in Jena, doch kam er oft von Freiberg, Weissenfels oder Tennstedt herüber, um mit seinen Freunden zusammenzusein. An den wichtigsten Zusammenkünften nahm er nachweislich teil, so beim Kunstgespräch im Sommer des Jahres 1798 in Dresden und an der großen Herbstversammlung im Haus A.W. Schlegels ein Jahr später. Seine Wertschätzung der Universität kommt in zahlreichen seiner Aufzeichnungen zum Ausdruck, so in den beiden folgenden Aphorismen aus *Blüthenstaub*: »Lehrjahre sind für den poetischen, akademische Jahre für den philosophischen Jünger. Akademie sollte ein durchaus philosophisches Institut seyn: nur Eine Facultät; die ganze Einrichtung zur Erregung und zweckmäßigen Übung der Denkkraft organisirt.« Und: »Innigste Gemeinschaft aller Kenntnisse, scientifische Republik, ist der hohe Zweck der Gelehrten.«[82] Es überrascht von hierher nicht, daß in dem Brief vom 24.Februar 1798 an August Wilhelm Schlegel der Mitteilung, er schreibe gerade an einem Werk mit dem Titel *Der Lehrling zu Sais* (in diesem frühen Stadium steht er noch im Singular), gleich im nächsten Satz die Klage folgt, er vermisse die intellektuell so anregende Atmosphäre Jenas. »Es fehlt mir nur so sehr an Büchern – noch mehr an Menschen, mit denen ich philosophiren, an denen ich mich electrisiren könnte. Ich producire am meisten im Gespräch, und dies fehlt mir hier ganz.«[83]

Das Romanfragment *Die Lehrlinge zu Sais*, obwohl hauptsächlich in Freiberg 1798 geschrieben, läßt sowohl insgesamt den Einfluß des Jenaer

Diskursmodells wie die Vertrautheit mit bestimmten Einzelheiten des
Lebens in Stadt und Universität deutlich erkennen. Um diese These
plausibel zu machen, muß man keineswegs die Beobachtung relativie-
ren, daß Novalis in der Figur des Lehrers seinem Freiberger Mentor Abraham Gottlob Werner ein Denkmal setzen wollte. Aber der Lehrer ist
nur eine der Figuren, mit denen der Lehrling konfrontiert wird. Ja, das
erste Kapitel beginnt mit einer ganzen Reihe von Anspielungen, die uns
eher an Jena als an Freiberg denken lassen.

Man hat oft bemerkt, daß in Novalis' Romanfragment Bezugnahmen
sowohl auf Schiller wie auf Fichte evident sind[84]. Die gesamte Konzeption der Tempel-Schule zu Sais ist Schiller verpflichtet, dessen Gedicht
Das verschleierte Bild zu Sais 1795 erschienen war. Und die Figur des
»ernsten Mannes« im Chor der Stimmen des zweiten Kapitels vertritt
nicht nur Fichtesche Gedanken, sondern benutzt auch dessen Terminologie. Es gibt aber noch weit mehr implizite Anspielungen in diesem
Text. So nehmen zum Beispiel die Bemerkungen über die Unverständlichkeit im zweiten Abschnitt des ersten Kapitels Friedrich Schlegels
Essay *Über die Unverständlichkeit* vorweg, an dessen Beginn die weitverbreitete Überzeugung zusammengefaßt wird, »der Grund des Unver-
ständlichen liege im Unverstand«.[85] Schlegels Essay erschien erst im
Jahre 1800 in der letzten Numme des *Athenäum*. Wenn wir aber seine
Aussage ernst nehmen können, er habe sich schon lange mit dem Gedanken getragen, über dieses Thema zu schreiben und die Relativität
der Unverständlichkeit daran zu demonstrieren, daß sie oft genug gerade aus der Tendenz zum Verständigen und Verständlichmachen entstehe, dann dürfen wir vermuten, daß Novalis' Lehrling Friedrich Schlegel
im Sinn hat, wenn er sagt: »Von weitem hört' ich sagen: die Unverständlichkeit sey Folge nur des Unverstandes.«[86]

Es ist natürlich ebensogut möglich, daß der Einfluß in die andere
Richtung verlief, also von Novalis zu seinem Freund Schlegel. Wie auch
immer, die Formulierung ist eine deutliche Anspielung auf die Jenaer
Gespräche. Am Beginn des zweiten Kapitels erkennen wir Fichtesche
Terminologie: »Es mag lange gedauert haben, ehe die Menschen darauf
dachten, die mannichfachen Gegenstände ihrer Sinne mit einem ge-
meinschaftlichen Namen zu bezeichnen und sich entgegen zu setzen.«
In ähnlicher Weise verweist die Formulierung, die Zerstreuung und
»Zerspaltung« unsres Inneren sei vielleicht »nur krankhafte Anlage des
späteren Menschen« auf einen Gedanken, der Novalis und seinen

Freunden aus Schellings *Ideen zu einer Philosophie der Natur* (1797) vertraut war, wo die Reflexion als »eine Geisteskrankheit des Menschen«[87] bestimmt wird. Andere Passagen spielen mit Ideen, die uns als Topoi in den drei oben behandelten Universitätsvorlesungen begegneten. So erinnert die Erwähnung von Studenten, die ihren Lehrer verlassen und nach Hause zurückkehren, um ein Gewerbe zu treiben, an den Topos des »Brotgelehrten« und Spezialisten, und die prominente Rolle, die die Geschichte im Jenaer Diskurs spielt, findet in den rekapitulierenden Bemerkungen des Lehrlings ein vernehmbares Echo: »Die Geschichte der Welt als Menschengeschichte zu behandeln, überall nur menschliche Begebenheiten und Verhältnisse zu finden, ist ein fortwandernde, in den verschiedensten Zeiten wieder mit neuer Bildung hervortretende Idee geworden, und scheint an wunderbarer Wirkung, und leichter Überzeugung beständig den Vorrang gehabt zu haben.«

In den *Lehrlingen zu Sais* lassen sich viele Motive und Gedanken finden, die für die Jenaer Romantik insgesamt charakteristisch sind. Insbesondere aber sind die Stimmen der Schriftsteller und Philosophen, mit denen Novalis in Jena in Beziehung stand, unüberhörbar anwesend, darunter Schiller, Schlegel, Fichte und Schelling. Dem Jenaer »Diskursmodell« ist das Romanfragment des Novalis aber vor allem durch seine Form verbunden. Sie besteht zum größten Teil aus einem Gespräch, in dem die einzelnen Stimmen verschiedene Haltungen gegenüber der Natur artikulieren. Nach der kurzen Einleitung des Lehrlings sieht sich der Leser am Beginn des zweiten Kapitels in eine Vorlesung über die Geschichte der Naturphilosophie von der mythischen Vorgeschichte über die Griechen bis hin zur modernen Gegenwart versetzt. Vor diesem historischen Hintergrund ergreifen nun nacheinander verschiedene Stimmen das Wort und machen uns mit unterschiedlichen Haltungen zur Natur bekannt, von der abergläubischen Furcht vor ihrer Macht und ihren Geheimnissen über die rationalistische Naturbeherrschung bis zur Auffassung der Natur als Projektion des menschlichen Geistes.

Diesen verschiedenen Positionen folgt zunächst das Märchen von Hyazinth und Rosenblüte, in dem der Gedanke Gestalt gewinnt, nur die Liebe könne die innersten Geheimnisse der Natur enthüllen. Danach beklagt in den verlassenen Sälen der Chor der Steine – als Stimme der Natur selbst – das Heraustreten des Menschen aus der goldenen Zeit der Einheit von Mensch und Natur. Daraufhin tritt eine Gruppe von Reisenden auf, deren vier Sprecher jeweils zweimal das Wort ergrei-

fen. Die gängigsten romantischen Ansichten von der Natur kommen
hierbei zur Sprache. Wiederum reicht das Spektrum von Fichtes philo-
sophischem Egoismus über Schellings »Duplizität« bis zur allumfassen-
den Liebe. Das im Kern akademische Diskursmodell mit der Situation
des Erzählers als Lehrling und den Elementen der Überblicksvorlesung,
der Seminardiskussion und der Präsentation miteinander konkurrieren-
der Autoritäten kommt in diesen Passagen vollends zum Tragen. Es ist
bis zu diesem Punkt durchaus denkbar, daß Jena der Schauplatz des Geschehens sein könnte. Die Reisenden, so wird uns enthüllt, sind nach
Sais gekommen, weil es für seine Altertümer berühmt ist. Ihr Anliegen
ist nicht religiöser Natur, vielmehr im wesentlichen anthropologisch: Sie
suchen nach Spuren, insbesondere sprachlichen Spuren jener ursprünglichen »königlichen Menschen«, von denen die gegenwärtige Menschheit abstamme. In den Tempelarchiven hoffen sie wichtige Nachrichten
zu finden, und sie erbitten sich die Erlaubnis aus, eine Nacht im Tempel schlafen und einige Tage dem Vortrag des Lehrers beiwohnen zu
dürfen. Die Erlaubnis wird gewährt, und das Fragment schließt mit
einer hymnischen Rede des Lehrers auf seinen Beruf. Er begreift es als
seine Aufgabe, »den unterschiednen Natursinn in jungen Gemüthern zu
erwecken, zu üben, zu schärfen, und ihn mit anderen Anlagen zu höheren Blüthen und Früchten zu verknüpfen«. Der wahre Lehrer erfülle
seine Aufgabe, indem er die Einsichten, die er durch »Versuche, Zerglie-
derung und Vergleichung« gewonnen habe, in ein »System der Anwendung dieser Mittel bei jedem gegebenen Individuum« überführe, bis
dieses System ihm zur zweiten Natur geworden sei. Erst dann, so heißt
es abschließend, werde man ihn mit Recht einen »Lehrer der Natur«
nennen können und nicht nur einen »Naturalisten«, der allenfalls »zufällig und sympathetisch« den Sinn für die Natur wecke. Novalis'
Definition des Lehrers kommt den in Fichtes und Schellings Vorlesungen entwickelten Auffassungen von der Bestimmung des Gelehrten bemerkenswert nahe. Hier wie dort entsteht das Bild eines Individuums,
das um der reinen Erkenntnis willen lebt und ein System dieser Erkenntnis schafft, das es ihm erlaubt, die mannigfachen Aspekte seiner
Wissenschaft zur Einheit zu synthetisieren. Zusammenfassend dürfen
wir sagen, daß das Jenaer Diskursmodell im Romanfragment *Die Lehrlinge zu Sais* eine exemplarische Verkörperung findet. Es ist freilich,
verglichen mit Brentanos übermütiger Travestie, in seinem eindringlichen Ernst am anderen Ende der rhetorischen Skala angesiedelt.

Obwohl Friedrich Schlegel während seiner kurzen Lehrtätigkeit an der Universität Jena (1800–1801) ein bekanntermaßen erfolgloser Dozent war, teilte er den örtlichen Respekt vor der Universität als Institution. Als eine seiner beiden *Antrittsreden* kündigte er eine Vorlesung *de officio philosophi* an, wählte also ein Thema, das inzwischen für Antrittsvorlesungen in Jena nahezu verbindlich geworden war[88]. Zwar bewogen ihn die Umstände im Jahre 1802, Jena zu verlassen, weil die umfangreichen Vorbereitungen auf die Vorlesungen ihm zur Last wurden, er mit Schelling um Studenten konkurrieren und zudem mit schriftstellerischen Arbeiten sein Einkommen aufbessern mußte. Doch träumte er noch in Paris davon, »une académie centrale des litterateurs allemands« zu etablieren, aus der eine kosmopolitische europäische Universität hervorgehen sollte.[89]

In den Jahren, als er noch eine Professur anstrebte und die Enttäuschungen durch die realen Erfahrungen des Vorlesungsbetriebs ihm noch bevorstanden, schrieb Friedrich Schlegel mit der größten Emphase über die Universität als Institution. »Die Universität ist etwas sehr arabeskes«, notiert er 1798 und fährt in typisch romantischer Metaphorik fort: »*Synfonie* von Professoren«[90].

Konrad Polheims Beobachtungen zufolge ist dies die knappe Formel für Friedrich Schlegels Überzeugung, die Universität biete die besten Voraussetzungen für sein Ziel, Kunst und wissenschaftliche Gelehrsamkeit in einer einzigen Institution zu vereinen[91]. Polheim zitiert in diesem Zusammenhang einen weiteren Aphorismus des Jahres 1798: »Die Enzyklopädie und Kritik sind unzertrennlich verbunden. Die Theorie der Universität identisch mit Philosophie der Enzyklopädie. ... Nicht die Logik, sondern Enzyklopädie sollte der Gott der Universitäten sein.« Anderswo notiert Schlegel: »Die *Gelehrten* sollten nicht bloß *Denker* und *Künstler*, auch *Gesetzgeber* und Priester sein.«[92] Und einige der Aphorismen in der Sammlung *Ideen*, die er am Beginn seiner kurzen akademischen Laufbahn veröffentlichte, setzen den Gelehrten in Beziehung zum Dichter und zum Priester. »Fichte also soll die Religion angegriffen haben?«, fragt er mit Bezug auf den aktuellen Atheismusstreit und fährt fort: »Wenn das Interesse am Übersinnlichen das Wesen der Religion ist, so ist seine ganze Lehre Religion in Form der Philosophie.« Und: »Was sich tun läßt, so lange Philosophie und Poesie getrennt sind, ist getan und vollendet. Also ist die Zeit nun da, beide zu vereinigen.« Schließlich: »Heil den wahren Philologen! Sie wirken Göttliches, denn

sie verbreiten Kunstsinn über das ganze Gebiet der Gelehrsamkeit. Kein
Gelehrter sollte bloß Handwerker sein.«[93]

Auch in dem Werk, das gelegentlich als »das konzentrierteste Meister-
werk Schlegelscher Kritik«[94] bezeichnet wurde, sind die Spuren des
Jenaer Diskursmodells deutlich zu erkennen: im *Gespräch über die
Poesie.* Es entstand zwischen September des Jahres 1799 und Januar des
Jahres 1800 in Jena, als Schlegel sich mit dem Gedanken trug, die *venia
legendi* zu beantragen. Anders als Schleiermachers *Die Weihnachtsfeier* ist
Schlegels Gespräch weniger »ein platonischer Dialog in sehr freier
Form«[95] als ein Seminar zum Thema Literatur mit vorbereiteten Refera-
ten und Diskussion. Die Art, in der Schlegel in seinem Einleitungspas-
sus die Poesie zu behandeln verspricht, kommt der Form sehr nahe, in
der Novalis sich in den *Lehrlingen zu Sais* der Natur zugewandt hatte.
Das Gespräch soll »ganz verschiedene Ansichten gegeneinander stellen,
deren jede aus ihrem Standpunkte den unendlichen Geist der Poesie in
einem neuen Lichte zeigen kann, und die alle mehr oder minder bald
von dieser, bald von jener Seite in den eigentlichen Kern zu dringen
streben«.[96] Die sieben jungen Männer und Frauen, die an dem Seminar
in Gesprächsform teilnehmen, repräsentieren verschiedene romantische
Sichtweisen der Poesie. Einige der Figuren lassen sich im Hinblick auf
die ihnen zugeschriebenen Gedanken oder Eigenheiten als Mitglieder
des Jenaer Zirkels identifizieren. So spielt Amalia die soziale Rolle Caroline Schlegels, Ludoviko ist ein Philosoph, der Schellingsche Ideen vertritt, und an Antonio treten viele Züge Schleiermachers hervor, der zwar
nicht in Jena lebte, aber oft genug hinzukam, um dem Kreis anzu-
gehören. Dennoch ist das *Gespräch über die Poesie* nicht einfach ein
Schlüsseldialog über die Jenaer Freunde, sondern eine romantische *sum-
ma poetologiae.*

Nach den einleitenden Bemerkungen des Autors entwickelt sich zu
Beginn der Handlung zwischen Amalia und Camilla eine lebhafte Unterhaltung über ein neues Schauspiel. Marcus und Antonio treten hinzu, als die Debatte bereits im Gange ist. Bisher hatte man in dieser
Runde nach Art der Berliner literarischen Gesellschaften das ein oder
andere dramatische Werk vorgelesen und anschließend darüber geredet.
Als man es aber als Mangel dieser Form der Unterhaltung zu empfinden
begann, daß die einzelnen Positionen meist unklar blieben und das Gespräch in der Regel einen verworrenen Lauf nahm, schlug Amalia vor,
jeder solle einmal seine Gedanken über die Poesie oder eine ihrer Seiten

aufschreiben, »damit mans schwarz auf weiß besitze, wie's jeder meine«. Am vereinbarten Tag nun beginnt Andrea, nachdem die Teilnehmer bei einer Eingangsunterhaltung Gelegenheit hatten, sich dem Leser vorzustellen, mit dem Vortrag seines Essays »Epochen der Dichtkunst«. Es ist charakteristisch, daß das Seminar mit einem Referat beginnt, das dem historischen Denken der Romantik Rechnung trägt, wir wir es an den drei Universitätsvorlesungen beobachten konnten. Andreas Text gibt zu Anfang einen Überblick über die griechische Literatur von Homer über die wichtigsten Gattungen der attischen Poesie bis hin nach Alexandrien. Aus Friedrich Schlegels frühen Studien zur klassischen Literatur ist uns der Gang dieser Darstellung vertraut. Der nächste Abschnitt handelt in einigermaßen verächtlichem Ton von der römischen Literatur und jenem Jahrtausend des Niedergangs, als das Schlegel die mittelalterliche lateinische Literatur erschien. Ein zweiter Höhepunkt ist dann in der Poesie der Renaissance erreicht. Auf das italienische Triumvirat Dante, Petrarca und Bocaccio, das Andrea eher an die mittelalterliche Jurisprudenz und Theologie anknüpfen sieht als an die mittelalterliche Literatur, folgen Cervantes und Shakespeare. Die französische Literatur – »diese schwächliche Geisteskrankheit des sogenannten guten Geschmacks« – übergeht Andrea/Schlegel mit Schweigen und beschließt seinen Vortrag mit der Andeutung, eine dritte Periode literarischer Größe sei womöglich in Deutschland im Entstehen begriffen. Durch Winckelmanns Erneuerung der klassischen Antike, Goethes poetische Universalität und die Errungenschaften der modernen Philosophie sieht Andrea diese Hoffnung beglaubigt.

In der sich anschließenden Diskussion über diese Darlegung des romantischen Kanons klassischer Texte gibt Camilla mit der kritischen Bemerkung, Andrea habe die Franzosen allzu obenhin erwähnt, den Anstoß für eine ganze Reihe charakteristischer Rückfragen. Antonio stimmt Camilla mit der Bemerkung bei, daß man am Beispiel der Franzosen zumindest hätte zeigen können, wie es möglich sei, ohne alle Poesie eine große Nation zu sein. Ludoviko beklagt sich, Andrea habe sein geplantes »polemisches Werk über die Theorie der falschen Poesie« vorwegnehmen wollen. Als Marcus zu bedenken gibt, in Andreas Darstellung sei zu wenig Rücksicht auf die Dichtarten und zumal auf deren Theorie genommen, entgegnet Andrea, er habe sich »ganz in den Grenzen der Geschichte« halten wollen. Ludoviko merkt daraufhin an, Andreas Gegenüberstellung der epischen und der jambischen Dichtungsart bei den Griechen könne sich als Formulierung des ursprünglichen Gegensatzes der Poesie durchaus auch auf die Philosophie berufen. Im folgenden konzentriert sich die Debatte mehr und mehr auf die Notwendigkeit einer Theorie der Dichtungsarten und auf die Frage, ob Poesie gelehrt werden könne oder nicht. So wird der Übergang zum zweiten Referat vorbereitet. Es wird von Ludoviko gehalten und trägt den Titel »Rede über die Mythologie«.

Ludoviko geht von der Beobachtung aus, es mangele der modernen Poesie an einem Mittelpunkt, wie ihn die Alten in der Mythologie besessen hätten. Sein Ziel ist, die Möglichkeit einer ›»neuen Mythologie« zu erweisen. Diese könne sich aber nicht wie die alte als »die erste Blüte der jugendlichen Phantasie«, sondern im Gegenteil nur »aus der tiefsten Tiefe des Geistes« herausbilden. »Es muß das künstlichste aller Kunstwerke sein, denn es soll alle andern umfassen.« Wenn aber, so fährt Ludoviko fort, eine solche Mythologie sich aus der innersten Tiefe des Geistes herausarbeite, »so finden wir einen sehr bedeutenden Wink und eine merkwürdige Bestätigung für das, was wir suchen, in dem großen Phänomen des Zeitalters, im Idealismus!« Der Idealismus – »in praktischer Ansicht nichts anders als der Geist jener Revolution« – decke den geheimen Zusammenhang und die innere Einheit des Zeitalters auf und sei nicht bloß ein Beispiel für die neue Mythologie, sondern könne selbst ihre Quelle werden. Im Rückgang auf Spinoza führt Ludoviko den Gedanken aus, jede schöne Mythologie sei nichts anderes »als ein hieroglyphischer Ausdruck der umgebenden Natur in dieser Verklärung von Phantasie und Liebe«. Die neue Mythologie werde als eine Revitalisierung der antiken Mythologie aus der Perspektive Spinozas und der zeitgenössischen Physik zustandekommen. Doch sollten zugleich andere Mythologien als die klassische neu belebt werden. »Im Orient müssen wir das höchste Romantische suchen.« Ausdrücklich gesteht Ludoviko der Fichteschen Wissenschaftslehre zu, »ein allgemeines Schema für alle Wissenschaft« zu sein. Zur Herausbildung der neuen Mythologie aber bedürfe es darüber hinaus sowohl des Mystizismus eines Spinoza wie des Studiums der neueren Physik, »aus deren dynamischen Paradoxien jetzt die heiligsten Offenbarungen der Natur von allen Seiten ausbrechen«.

Ludovikos Vortrag zieht eine erregte Diskussion über die Rolle der Wissenschaft in der Poesie und die Möglichkeit einer didaktischen Poesie nach sich, in deren Verlauf Ludoviko und Lothario zu der Übereinkunft kommen, »daß die Kraft aller Künste und Wissenschaften sich in einem Zentralpunkt begegnet«. Plato, Spinoza und Jakob Böhme erscheinen als Vorläufer dieser Auffassung. »Eigentlich«, so fordert Lothario, »soll jedes Werk eine neue Offenbarung der Natur sein. Nur dadurch, daß es Eins und Alles ist, wird ein Werk zum Werk. Nur dadurch unterscheidet sichs vom Studium.« Antonio entgegnet dem, er könne durchaus Studien nennen, die zugleich Werke seien. Lothario entwickelt den Gedanken, in gewissem Sinne könne nur ein episches Werk Ludovikos Kriterien genügen, denn das Drama sei in seinem Sinne »nur eine angewandte Poesie«. Aus dieser Überlegung ergibt sich der Übergang zum Beitrag Antonios, dem »Brief über den Roman«.

Antonio beginnt seine »kritische Epistel« mit einer Verteidigung Jean Pauls, Sternes und Diderots gegen den Vorwurf, ihre Werke seien »keine Romane«. Er nimmt sie zunächst in Schutz mit der Behauptung, »daß solche Grotesken und Bekenntnisse noch die einzigen romantischen Erzeugnisse unsers unromantischen Zeitalters sind«, und setzt dann gegen den speziell Jean Paul gemachten Vorwurf, »daß er sentimental sei«, die Bestimmung: »Nach meiner Ansicht und nach meinem Sprachgebrauch ist eben das romantisch, was uns einen sentimentalen Stoff in einer phantastischen Form darstellt.« Im Gegensatz zur Poesie der Alten, die sich ganz an die Mythologie angeschlossen habe, ruht Antonio zufolge die moderne Poesie »ganz auf historischem Grunde«. Ausgehend von der Tautologie »Ein Roman ist ein romantisches Buch« formuliert Antonio im folgenden eine Position, die nahezu identisch ist mit Friedrich Schlegels berühmtem *Athenäum* – Fragment. »Ja, ich kann mir einen Roman kaum anders denken, als gemischt aus Erzählung, Gesang und andern Formen.« Er akzentuiert den Gedanken, eine wahre Theorie des Romans müsse selbst ein Roman sein, »der jeden ewigen Ton der Phantasie phantastisch wiedergäbe«. Das Chaos der Ritterwelt wie die heiligen Schatten aus Dantes Unterwelt, Shakespeare und Cervantes müßten darin in vertraulichem Gespräch anzutreffen sein. Aus dem Blickwinkel des romantischen Romans seien Rousseaus *Bekenntnisse* ein besserer Roman als seine *Nouvelle Héloise,* und Gibbons Memoiren erwiesen sich als komischer Roman erster Ordnung.

Antonios Vortrag provoziert Camilla zu einem ironischen Loblied auf die Güte und Nachsicht der Frauen, die so bescheiden den Belehrungen der Männer zuhörten. Denn deren Stolz und Selbstzufriedenheit hänge offenbar in nicht geringem Maße davon ab, möglichst wenig von dem

zu verstehen, was der andere wolle. Antonio erwidert darauf schlag-
fertig, die Frauen hielten meistens die Kunst, das Altertum, die Philosophie und dergleichen für unbegründete Traditionen, für Vorurteile,
welche die Männer untereinander austauschten, um sich die Zeit zu
vertreiben. Nach diesem Wortwechsel präsentiert Marcus seinen »Versuch über den verschiedenen Stil in Goethes früheren und späteren
Werken«. Ausgehend von Goethes »Universalität«, auf die zuvor schon
Andrea in seinem Vortrag über die »Epochen der Dichtkunst« verwies,
charakterisiert Marcus Goethe als einen Autor, dessen frühe und späte
Werke eine auffallende Verschiedenheit aufwiesen. In einem knappen
Überblick über Goethes schriftstellerische Laufbahn zieht er den *Götz
von Berlichingen* als Beispiel für das Ungestüm und die Formlosigkeit
der Jugendperiode heran, erläutert am *Tasso* den »Geist der Reflexion
und der Harmonie« in den Werken der zweiten Periode und im Blick
auf *Hermann und Dorothea* die »idealische Haltung« in ihrer Objekti-
vität als Charakteristikum der dritten und bisher letzten Periode. Sein
höchstes Lob reserviert Marcus dem *Wilhelm Meister*. Hier sei die Individualität des Autors in verschiedene Strahlen gebrochen und auf mehrere Personen verteilt. Unter der modernen Hülle lasse dieser Roman
den antiken Geist wiedererkennen. Die in ihm verkörperte harmonische
Verbindung des Klassischen und des Romantischen sei das höchste Ziel
aller Dichtkunst. Schließlich erweise sich der *Wilhelm Meister* mit Blick
auf die ihm innewohnende Polarität zweier Ideen als gewissermaßen
»zweimal gemacht«. Was zunächst bloß als »Künstlerroman« erscheine,
werde nach und nach zum Bildungsroman, zur »Bildungslehre der Le-
benskunst«. Marcus findet diese »Duplizität« im *Hamlet* und *Don Quijote* wieder, »den beiden künstlichsten und verstandvollsten Kunstwerken im ganzen Gebiet der romantischen Kunst«. Doch transzendiere
Goethes Kunst die statische Vollendung sowohl Shakespeares wie Cervantes', indem sie »durchaus progressiv« sei. Darum werde Goethe »der
Stifter und das Haupt einer neuen Poesie sein, für uns und die Nach-
welt, was Dante auf andre Weise im Mittelalter«.
  In der abschließenden Diskussion zeigt sich Andrea erfreut darüber,
daß in Marcus' Vortrag endlich die wichtigste aller Fragen im Blick auf
die Kunst der Poesie zur Sprache gekommen sei, »nämlich die von der
Vereinigung des Antiken und des Modernen: unter welchen Bedingungen sie möglich, inwiefern sie ratsam sei«. Ludoviko protestiert gegen
alle Einschränkungen und plädiert für die »unbedingte« Vereinigung

mit dem Argument, der Geist der sei Poesie überall ein- und derselbe.
Lothario hingegen empfiehlt eine Einteilung in »Geist« und »Buchstaben« und kommt so zu der Differenzierung, die Verbindung des Antiken und Modernen sei zwar dem Geiste nach möglich, aber nicht »im
Buchstaben der Poesie«. Denn der klassische Rhythmus und der moderne Reim müßten auf ewig geschieden bleiben. Marcus gibt angesichts
der Relativität aller Kunsturteile zu bedenken, daß allenfalls die individuelle Authentizität eines Urteils behauptet werden könne. Es sei mithin zu fordern, »daß jeder seinen eignen Eindruck ebenso rein zu fassen
und streng zu bestimmen suche, und dann den mitgeteilten der Mühe
wert achte, darüber zu reflektieren, ob er damit übereinstimmen könne,
um ihn in diesem Falle bereitwillig anzuerkennen.« Lothario hält gleichwohl die aufs Überindividuelle zielende Hoffnung aufrecht, »ein Wissen
in Dingen der Kunst« sei möglich, und zwar durch die parallele Weiterentwicklung sowohl von Andreas historischer wie Ludovikos philoso-
phisch-analytischer Bestimmung der Prinzipien der Poesie. Den Abschluß dieser Diskussion bildet Lotharios Skizze einer Verjüngung von
Mysterien und Mythologie durch den Geist der Physik mit der daran
anschließenden These, daß die modernen Tragödien eher mythologische als historische Sujets haben müßten. Denn die moderne Behandlung der Charaktere, die von historischen Stoffen erzwungen werde, sei
dem Geist der Antike als dem einen der beiden Vereinigungspole allzu
entgegengesetzt. Mit Camillas Hoffnung auf eine moderne Niobe, Marcus' Bitte um einen neuen Prometheus und Andreas Erinnerung an die
alte Fabel von Apollo und Marsyas kommt das Gespräch an sein Ende.

Es sollte aus dem bisherigen Überblick deutlich geworden sein, daß
Schlegels Gespräch, blickt man nicht nur auf die Einzelheiten, sondern
zugleich auf die Struktur des Ganzen, weder dem Modell einer brillanten Abendunterhaltung noch dem Muster eines platonischen Symposi-
ons folgt, sondern der Vorstellung eines streng geplanten Seminars. Die
vier Referate bilden eine logisch organisierte Sequenz vom historischen
Überblick und der theoretischen Bestimmung der Dichtungsarten über
die genetische Analyse des Romans bis hin zur exemplarischen Erörterung Goethes und seines *Wilhelm Meister.* In Schlegels eigener intellektueller Entwicklung vom frühen Essay *Über das Studium der griechischen
Poesie* über die *Athenäum*-Fragmente bis hin zu seiner Kritik *Über Goethes Meister* hat diese Sequenz eine deutliche Parallele. Die Vorträge wirken als Katalysatoren einer Reihe lebhafter Diskussionen, in denen jeder

Teilnehmer sich dem gegebenen Thema von einem immer deutlicher erkennbaren Standpunkt aus nähert. Nur die fünf Männer spielen übrigens in der Debatte eine aktive Rolle. Läßt man den virtuellen sozialen Hintergrund des Gesprächs, also Caroline Schlegels Wohnung außer acht, so gibt sich sein im Kern akademischer Charakter sowohl in den thematischen Akzentuierungen wie in den formalen Elementen des dargestellen Diskurstyps deutlich zu erkennen.

In den Jahren um 1800 bildete sich die moderne Form des akademischen Seminar erst langsam heraus. Historisch entstammte es der philosophischen Fakultät, und darin inbesondere dem Gebiet der klassischen Philologie[97]. Ursprünglich eingeführt wurde es von Heyne in Göttingen in der zweiten Hälfte des 18. Jahrhunderts, um Theologen auf ihre Lehrerlaufbahn vorzubereiten. Der Schwerpunkt lag aber bald nicht mehr auf der rein mechanischen Wiederholung und dem Auswendiglernen des Stoffes, den der Dozent am Pult vortrug, sondern auf den gemeinsamen Übungen der nun aktiv teilnehmenden Studenten mit dem Professor. In Halle paßte Friedrich August Wolf die Seminarform einem anderen Zweck an: der Ausbildung von Gelehrten im Gebiet der klassischen Philologie in Form von Zusammenkünften, die bereits Züge eines modernen Seminars erkennen lassen. Die Teilnehmer trafen sich zwei- oder dreimal wöchentlich zur detaillierten Analyse spezieller Texte, zur Präsentation von Aufsätzen und Abhandlungen über verschiedene Themen sowie zur gemeinsamen Diskussion des Stoffes. Doch schloß Wolf, dem es allein um die Exegese ging, alle theoretische Spekulation aus seinen Seminaren aus, und zwar so rigoros, daß einige Studenten sich über die darin herrschende gedankliche Sterilität beklagten. Erst in Fichtes Theorie gewann das Seminar seine Zentralstellung als Ort, an dem Lehrer und Student nicht lediglich zum Zweck der Aneignung vorgegebenen Lernstoffes, sondern zur gemeinsamen Erarbeitung neuer Einsichten und neuen Wissens zusammenkommen sollten. In Fichtes *Antrittsvorlesung* sind seine Reformideen schon klar erkennbar. Ihre umfassende Ausarbeitung erhielten sie aber erst in dem Plan zur Einrichtung einer Universität in Berlin, den er im Jahre 1807 auf Anforderung des Kabinettkanzlers Beyme vorlegte.

Fichtes *Deduzierter Plan einer zu Berlin zu errichtenden höheren Lehranstalt* (1817)[98] wurde gelegentlich wegen einiger darin enthaltener Vorschläge ins Lächerliche gezogen. So wollte er zum Beispiel die Studen-

ten – er nannte sie wie Novalis »Lehrlinge« – in zwei deutlich unter-
schiedene Hauptklassen einteilen. Die *regulares* sollten sich als Vollzeit-
studenten ausschließlich dem Streben nach *Wissenschaft* widmen, während alle anderen als *irregulares* bzw. »Socii« ein Studium von geringerer
Reinheit und Intensität absolvieren sollten. Darin begegnet uns erneut
die gängige Jenaer Unterscheidung zwischen dem »Brotgelehrten« und
dem »philosophischen Kopf«. Die *regulares* sollten vom Staat voll unterstützt werden und in ökonomischer Unabhängigkeit sowie bei gemein-
schaftlicher Kost und Wohnung »zu einem bestimmten organischen
Lehrlingskörper zusammenschmelzen«. Abgeschieden von den Zerstre-
ungen des städtischen Lebens und durch eine Uniform erkennbar als
Gruppe herausgehoben, sollten sie strengen Ordnungs- und Verhaltensregeln folgen, die vom *Justitiarius* der Universität zu überwachen wären.
Im Falle einer würdigen und erfolgreichen Absolvierung der Ausbildung
»stehen sie bei einer Besetzung der höchsten Ämter des Staates allen anderen vor«. Die gesamte Konzeption Fichtes orientierte sich am allgemeinen romantischen Ideal der Herausbildung des »philosophischen
Geistes«. Als dessen Erkenntnisgegenstand galt Fichte »der gesamte wissenschaftliche Stoff, in seiner organischen Einheit«.

In seinen Vorschlägen zu den Lehrmethoden entfernte sich Fichte am
weitesten von den hergebrachten Formen des Studiums. Er stellte den
Wert von Vorlesungen in einem Zeitalter des Buchdrucks grundsätzlich
in Frage und schlug ein vollständig neues System vor. Die Nützlichkeit
von Vorlesungen für Studenten im ersten Jahr gestand er freilich zu.
Denn sie sollten in »eine philosophische Enzyklopädie der gesamten
Wissenschaft, als stehendes Regulativ für die Bearbeitung aller beson-
dern Wissenschaften« eingeführt werden und dadurch einen allgemeinen Überblick über die wechselseitigen Beziehungen der Wissenschaften untereinander erhalten. Von Beginn an aber sollten die Vorlesungen
von drei weiteren pädagogischen Grundformen begleitet sein. In den
Examina wollte Fichte vom Studenten bzw. Lehrling nicht die Wiedergabe des Vorlesungs- oder Lektürestoffes verlangen. Dessen Kenntnis
setzte er vielmehr als Prämisse voraus und machte die selbständige Anwendung des Gelernten zum Prüfungsgegenstand. Die *Konversatoria*
sollten nach dem Modell philosophischer Dialoge ausgerichtet sein, »in
denen der Lehrling fragt, und der Meister zurückfragt über die Frage,
und so ein expresser Sokratischer Dialog entstehe, innerhalb des unsichtbar immer fortgehenden Dialogs des ganzen akademischen Le-

bens.« Drittens schließlich sollten dem Lehrling »durch schriftliche Ausarbeitung zu lösende Aufgaben« gestellt werden, in denen er beweisen
müsse, inwieweit ihm Stoff, Prinzipien und Methoden der wissenschaftlichen Darstellung zum geistigen Eigentum geworden seien. Die Examina, Konversatoria und schriftlichen Aufgaben waren das Herzstück in
Fichtes Erziehungsplan. Er bezeichnete sie als »die erste charakteristische Eigenheit unserer Methode«. Durch sie sollte die geplante Lehranstalt zu einer »Pflanzschule wissenschaftlicher Künstler« werden, die in
ihrer höchsten Vollendung ein »Professor-Seminarium« wäre.

Fichtes *Deduzierter Plan* war in sozialer Hinsicht wie in vielen seiner
Reformvorschläge zur akademischen Lehre eine zu radikale Abkehr von
der traditionellen Institution, als daß er zur Basis für die Neugründung
der Berliner Universität hätte werden können. Aus den Beschreibungen
der Lehrtätigkeit Fichtes durch Henrich Steffens und andere wissen wir,
daß er seine Ideen über das akademische Studium schon in Jena zu entwickeln begonnen hatte. Freilich entsprach dem Ideal des Seminars
kaum etwas im realen Universitätsalltag Jenas, wo im Jahre 1798 nur
etwa zwei Prozent der Gesamtstudentenschaft in der philosophischen
Fakultät eingeschrieben waren, also etwa 14 bis 16 Studenten von insgesamt 792[99]. In bestimmten literarischen Werken aber, die in Jena um
1800 entstanden, fand die Vorstellung des idealen Seminars ein deutli-
ches Echo. Es war – so meine These – dieses Zusammentreffen der Herausbildung des modernen Seminars als Form der akademischen Lehre,
des platonischen Dialogs als überlieferter Form des ›Symphilosophierens‹ sowie der lebhaften Veränderungen innerhalb der Universität und
des akademischen Milieus, wodurch in einer typisch romantischen
Wechselwirkung die erste Realisierung des idealen akademischen Seminars in den beiden oben erörterten Werken zustandekam – im Romanfragment *Die Lehrlinge zu Sais* des Novalis und insbesondere im *Gespräch über die Poesie* des angehenden Privatdozenten Friedrich Schlegel
mit seinen damals noch sehr idealischen Ansichten über die Universität
als Institution. Es ist übrigens durchaus denkbar, daß Novalis' Romanfragment mit seiner engverbundenen Gruppe von Lehrlingen, die in relativer Abgeschiedenheit als »organischer Lehrlingskörper« zusammen
leben und studieren, einiges zu Fichtes Vision der idealen Universität
beitrug.

Das Bild Halles in den Erinnerungen der Romantiker

Leider überlebte das philosophische Bildungsideal in Jena weder sozial noch akademisch. Zunächst war es unwahrscheinlich, daß eine Ansammlung so starker und unterschiedlicher Temperamente, wie sie in Jena zusammenkam, über längere Zeit hinweg in ruhiger Eintracht würde zusammenleben können. In diesem Sinn schrieb Steffens fünfzehn Jahre später, am 9. November 1814 an Tieck: »So gewiß, wie es ist, daß die Zeit, in welcher Goethe und Fichte und Schelling, und die Schlegel, Du, Novalis, Ritter und ich uns alle vereinigt träumten, reich an Keimen mancherlei Art waren, so lag dennoch etwas ruchloses im Ganzen. Ein geistiger Babelsthurm sollte errichtet werden, den alle Geister aus der Ferne erkennen sollten. Aber die Sprachverwirrung begrub dieses Werk des Hochmuths unter seine eigene Trümmer.«[100]

Dem Höhepunkt der Jenaer Romantik im Herbst 1799 folgte innerhalb eines Jahres ihr fast vollständiger Zerfall. Nicht lange nach der Ankunft Friedrich Schlegels und Dorothea Veits im Jahre 1799 kamen zwischen den beiden temperamentvollen Schwägerinnen ernsthafte Spannungen auf. Im Jahre 1800 verließ Caroline Schlegel August Wilhelm Schlegel, um mit Schelling zusammenzuleben. Durch den Tod von Carolines Tochter, Auguste Böhmer, wurde Schellings Fehde mit seinem Kollegen, dem klassischen Philologen Schütz ausgelöst. Schütz verbreitete das Gerücht, Schelling trage durch einen unsachgemäßen medizinischen Behandlungsversuch die Schuld am Tode des Kindes. Ebenfalls in das Jahr 1800 fiel die skandalöse Affäre Clemens Brentanos mit der Dichterin und Übersetzerin Sophie Mereau, die ihren Mann, einen Professor, verließ und mit dem jungen Dichter auf und davon ging. Tieck hatte währenddessen Jena mit seiner Familie den Rücken gekehrt und war nach kurzem Aufenthalt in Berlin nach Dresden übergesiedelt. Als Novalis im Jahre 1801 starb, waren die glorreichen Jenaer Tage bereits Vergangenheit. Und als Friedrich Schlegel 1802 mit Dorothea nach Paris aufbrach, blieb kaum jemand aus dem alten Kreis in Jena zurück.

Kurz nachdem die Schriftsteller auseinandergegangen waren, verließen auch viele der bekanntesten Professoren Jena[101]. Die Spannungen an der Universität hatten seit dem Atheismusstreit um Fichte und seinem erzwungenen Rücktritt beständig zugenommen. Zu dem Dilemma, in das er geraten war, hatte nicht zuletzt seine eigene Starrköpfigkeit beigetragen, die selbst Goethes und Voigts Eintreten für ihn zum Scheitern verurteilte. Im Jahre 1801 setzte Carl August einen Sonderkommissar für die Belange der Universität ein, der insbesondere die Finanzen, die akademische Verfassung und die Promotionsverfahren beaufsichtigen sollte. Dieser Akt administrativer Selbstherrlichkeit mußte eine Fakultät in Wut versetzen, die schon zuvor unter der Günstlings- und Vetternwirtschaft des Herzogs litt. Gehaltsaufbesserungen für bestimmte Professoren schürten ebenso den Unmut wie die weitverbreitete Überzeugung, die Ausgaben für die umfangreichen Reparaturarbeiten am Schloß in Weimar gingen zu Lasten der Fakultätsgehälter, die ohnehin bekanntermaßen niedrig waren. Hinzu kam, daß zur gleichen Zeit andere Universitäten wiederhergestellt und besser ausgestattet wurden. In Preußen ließ Friedrich Wilhelm III. im Zuge der großen Sozialreformen des frühen 19.Jahrhunderts der staatlichen Universität in Halle massive Unterstützung zukommen. Und in Heidelberg wurde die Universität, die während der vergangenen zwei Jahrhunderte vom Pfalzgrafentum vernachlässigt worden war und ein kümmerliches Dasein gefristet hatte, im Jahre 1803 im neuen Staat Baden mit der Stadt vereinigt. Damit war eine unverkennbare Erneuerung der Universität verbunden. Sie avancierte – wie wir im Zusammenhang des Kodifikationsstreites sahen – bald zu einem bedeutenden Zentrum der Jurispridenz.

Als Ergebnis dieses Zusammenspiels von innerer Unzufriedenheit und äußerer Konkurrenz mußte Jena im ersten Jahrzehnt des 19. Jahrhunderts einen Massenexodus seiner angesehensten Professoren und Dozenten hinnehmen. Im Jahr 1802 nahm der Jurist Feuerbach einen Ruf an die Universität Kiel an, während zugleich die Brüder Schlegel ihre Verbindungen mit Jena endgültig abbrachen. In den Jahren 1803 und 1804 gingen der Professor für Medizin J.C. Loder und der klassische Philologe Christian Gottlieb Schütz nach Halle, wobei der eine seine bedeutenden Sammlungen, der andere die einflußreiche *Allgemeine Litteratur-Zeitung* mitnahm. Schelling, der Theologe Paulus, der Philosoph Niethammer und der Jurist Hufeland verließen in diesen beiden Jahren Jena in Richtung Würzburg. Im Jahr 1806 wechselte Thibaut nach Heidelberg, während Hegel, der seinen Ruf erst mit der *Phänomenologie des Geistes* (1807) begründen sollte, zeitweilig die akademische Laufbahn aufgab, um Herausgeber der ›Bamberger Zeitung‹ zu werden. Als Jena im Oktober 1806 nach der Schlacht von Jena-Auerstedt von den Franzosen in Brand gesteckt und geplündert wurde, war es von innen her bereits an einem Tiefpunkt angekommen. Es war fast ausschließlich Goethes energischen Anstrengungen zu verdanken, daß Napoleon in jenem Herbst die Universität nicht einfach schloß. Aber auch so gingen die Einschreibungen von über 800 im glorreichen letzten Jahrzehnt des 18. Jahrhunderts auf gerade noch 300 in den Jahren zwischen 1806 und 1810 zurück. Erst als nach der Niederlage Napoleons Jena zum Stammsitz der nationalen Studentenbewegung und ihrer »Burschenschaften« wurde und im Jahr 1817 das Fest auf der Wartburg stattfand, errang die Universität wieder größere Bedeutung. Doch kam die fast vollständige Revision des Bildes der Universität, die in der großen Zeit Jenas stattgefunden hatte, schon im frühen 19. Jahrhundert in zumindest drei bedeutsamen Phänomenen zum Ausdruck: im Ton der autobiographischen Schriften zum universitären Leben, in der Häufigkeit des Auftretens von Studenten als Hauptfiguren in der Literatur und in der Konzeption der neugegründeten Universität in Berlin.

Noch um 1800 dürfte kaum jemand vermutet haben, daß ein Großteil der intellektuellen Kraft Jenas sich an eine Universität mit so schlechtem Ruf wie Halle verlagern würde. Im Jahr 1803 schrieb Savigny einen kurzen Artikel über die deutschen Universitäten, den Henry Crabb Robinson ins Englische übersetzte und im *Monthly Register* (3, May 1803) veröffentlichte[102]. Der junge Jurist sah klar voraus, daß »die großen politischen Ereignisse, die derzeit in Deutschland stattfinden, einen beträchtlichen Einfluß auf die Universitäten haben werden«. Es waren aber Savigny zufolge die Universitäten, denen Deutschland in Ermangelung von Reichtum, politischem Charakter und einer Metropole von vereinheitlichender Kraft seinen »Fortschritt in den Künsten und Wissenschaften«, ja seine nationale Souveränität verdankte. Doch wäre Savigny überrascht darüber gewesen, welche Universitäten in der Folgezeit zu Ansehen und Berühmtheit aufsteigen sollten. Im Jahre 1803 sah er in der Zusammenfassung seines Überblicks nur vier Institutionen, die einen gewissen Rang beanspruchen könnten: Jena, Göttingen, Leipzig und Halle. »Während der vergangenen fünfzehn Jahre war Jena der Mittelpunkt deutscher Bildung«, vor allem wegen seiner Errungenschaften auf dem Gebiet der Philosophie und wegen des brüderlichen Geistes in der Studentenschaft. Göttingen, reich und pedantisch, stelle dazu die Antithese dar. Die Bedeutung Leipzigs werde »durch seine veralteten Institute und die Passivität seiner wenig weitsichtigen Verwaltung« gemindert.

Halle schließlich sei »die schlechteste aller großen Universitäten, Grobheit ohne Genialität, ein beschränktes und engstirniges Studium, das sich über die Idee praktischer Nützlichkeit nicht erhebt«. Savigny konnte kaum ahnen, wie nachhaltig sich die akademische Landkarte Deutschlands innerhalb nur weniger Jahre ändern sollte. Es mußte ihm unvorstellbar bleiben, daß Jena seinen Ruhm einbüßen, das verachtete Halle zusammen mit dem gar nicht erwähnten Heidelberg für einige Jahre seinen Platz einnehmen und die noch nicht existierende Universität in Berlin am Ende des Jahrzehnts ihn selbst als eine der Galionsfiguren ihres glänzenden akademischen Lehrkörpers gewinnen würde.

Paradoxerweise löste nicht so sehr Heidelberg, sondern vielmehr Halle eine Flut autobiographischer Darstellungen aus, in denen die neue romatische Auffassung der Universität ihren Niederschlag fand. Für wenige kurze Jahre konnte sich Halle rühmen, die bedeutendsten Lehrkräfte in ganz Deutschland zu besitzen. Friedrich August Wolf hielt die anspruchsvollsten Seminare in klassischer Philologie ab; Schleiermacher war der Heros der Theologie; Reil lehrte, umstrahlt vom Ruhm seiner jüngst erschienenen *Rhapsodieen*, Medizin; und Steffens war von Dänemark zurückgerufen worden, um die Naturwissenschaften und vor allem die *Naturphilosophie* zu vertreten. Umfassender als Jena selbst, das vor allem wegen seiner Philosophen berühmt gewesen war, verkörperte Halle das Jenaer Ideal einer miteinander verbundenen Professorenschaft, deren Mitglieder in einer dem Geist der Einheit verpflichteten Universität zusammenarbeiteten. Zu den Gelehrten Halles gesellte sich der Komponist Johann Friedrich Reichardt, der aus seinem Haus in Giebichenstein nahe der Stadt das Zentrum einer intellektuellen und kulturellen Gemeinschaft machte. In Jena waren es die um das Jahr 1770 geborenenen Gelehrten selbst gewesen, die als junge Mitglieder der Universität zur Herausbildung ihres romantischen Idealbildes beitrugen. Für die Generation der um 1780 Geborenen hingegen gab es diese Universität schon – eben in Halle. Ihre Vertreter umgaben im Rückblick ihre Hallenser Studentenjahre mit jenem verklärenden Licht, wie es oft um ein verlorengegangenes Goldenes Zeitalter entsteht.

Die wohl unmittelbarste Darstellung Halles während seiner kurzen Glanzzeit findet sich in den Briefen, die Adolph Müller zwischen dem Oktober des Jahres 1803 und dem April des Jahres 1807 an seine Schwester und seinen Vater nach Bremen schrieb. Die Briefe enthalten nicht nur informative Berichte zum Medizinstudium in dieser Zeit, sondern zugleich ein lebendiges Porträt des studentischen Alltags im frühen 19. Jahrhundert. Müller schildert die Prügeleien zwischen den rivalisie-

renden Verbindungen und die Ausflüge nach Dresden und in den Harz,
das literarische Leben, die musikalischen Aufführungen und das Theater im nahgelegenen Lauchstädt. In den höchsten Tönen spricht er von
seinen Lehrern. Professor Wolf sei »der witzigste Mann, den ich noch
gesehen habe«, und Schleiermacher »das Muster aller Bildung und allen
Umgangs«[103]. Müller berichtet von mineralogischen Exkursionen unter
der Leitung von Henrich Steffens, und unternimmt eine Wanderschaft
nach Jena, nur um den Physiker Johann Wilhelm Ritter zu besuchen.
Erstaunlicherweise ist Müller über drei Jahre – und mehr als dreihundert Druckseiten – hinweg so restlos absorbiert vom reichhaltigen kulturellen und intellektuellen Leben in Halle, daß sich bei ihm kaum
Hinweise auf die bedrohliche politische und militärische Situation
finden. Am 25. Oktober des Jahres 1806 kommt er schließlich auf die
Schlacht und die Kämpfe in der Umgebung Halles und der Stadt selbst
zu sprechen und wirft mit eigenen Augen einen Blick auf Napoleon.
Wenig später wird die Universität geschlossen, und an die Studenten er-
geht die Aufforderung, die Stadt binnen vierundzwanzig Stunden zu
verlassen. Es gelingt Müller, in der Bibliothek angestellt zu werden und
so die Erlaubnis zu erhalten, in Halle zu bleiben. Er lernt Italienisch
und Spanisch und wartet ab, was aus der Universität wird. Bald wird
unverkennbar, daß an eine Wiedereröffnung in absehbarer Zeit nicht zu
denken ist. »Wie könnte es auch anders sein, als daß die herrlichste
Blüthe, die Deutschland treiben konnte, von französischen Barbaren
zerrissen und in alle Winde verstreut würde!« Müller stellt nun unter
Anleitung Reils innerhalb von sechs Wochen seine Dissertation fertig
und verläßt Halle, um eine Stelle an der Charité in Berlin anzutreten.

Auffällig an Müllers Briefen ist vor allem ihr neuer Ton. Nach der
Zäsur von Jena ist die deutsche Universität nicht länger eine Institution,
vor der die Prediger und Erzieher ihre Schützlinge warnen. Der Professor wandelt sich von einer lächerlichen Figur zu einem Modell geistiger
Vervollkommnung, dem man mit Respekt begegnet. Die Studenten,
zumindest diejenigen, die nun über ihre Erfahrungen schreiben, sind
nicht länger die *Renommisten* und Raufbolde der landsmannschaftlichen
Verbindungen, sondern junge Männer, die sich ernsthaft mit Angelegenheiten von Geist und Verstand befassen. An den in den Jahren 1837
bis 1859 erschienenen Erinnerungen Varnhagen von Enses läßt sich dieser Wandel besonders gut zeigen. Als Varnhagen im Jahre 1800 im Alter
von sechzehn Jahren zum Medizinstudium an die kürzlich eingerichtete

Pépinière in Berlin geschickt wird, sind die Eleven dort zum Teil militärischen Regularien unterworfen. »Man pries mich glücklich, daß ich so früh ohne die Gefahren der Universität alle ihre Vorteile genießen sollte.«[104] Sechs Jahre später geht Varnhagen, der zwischenzeitlich seine Ausbildung unterbrochen hatte und auf die Schulbank zurückgekehrt war, um sich das für eine ordentliche Einschreibung notwendige Griechisch anzueignen, an die Universität Halle, um dort sein Studium in Medizin und Philologie fortzusetzen. Als er in der Frühe des 21. April 1806 in Halle eintrifft, ist ihm zumute, »als beträte ich ein Heiligtum, eine geweihte Stätte«. Von einem solch erhabenen Gefühl wäre kein Student durchdrungen gewesen, der sich nur zwei Jahrzehnte früher Jena, Göttingen oder Halle genähert hätte.

Varnhagen widmet zwei ganze Abschnitte der *Denkwürdigkeiten* seinen Studentenjahren in Halle. Er lernte dort Adolph Müller und all die berühmten Professoren kennen, die er in ausführlichen Schilderungen porträtiert. Obwohl er ursprünglich Medizinstudent war, galt sein erster Besuch dem Philologen und Geheimen Rat Friedrich August Wolf. Dieser »erschien unter den Gelehrten wie ein König, umgeben von solchem geistigen Ansehn, von solcher Macht und Größe der Gegenwart«. Natürlich war Varnhagen – ganz Gesellschaftsmensch – mit einem Empfehlungsschreiben an Reichardt in Giebichenstein versehen; er nahm an den wöchentlichen Abendgesellschaften bei Steffens und Schleiermacher teil und wurde gelegentlich auch im Hause Wolf eingeladen. Nach der Beschreibung des sozialen Lebens in Halle, das hier wie stets in Varnhagens Ordnung der Dinge Priorität genießt, kommt er auf die Vorlesungen zu sprechen. Er hörte alte Geschichte bei Wolf, dessen Vorlesungsstil die Studenten unmerklich in »Selbstthätigkeit« versetzt habe, bei Schleiermacher die Exegese der Briefe des Apostels Paulus und bei Steffens zwei Vorlesungen über »philosophische Physiologie« und »experimentale Physik«. Die dialektische Methode Schleiermachers wie den rhapsodischen Vortrag Steffens' beschreibt Varnhagen mit der ihm eigenen Gabe lebendiger Charakterisierung. Homer und Plato waren in Halle allgegenwärtig. Denn Wolf hatte zehn Jahre zuvor mit seinen *Prolegomena ad Homerum* (1795) den Grundstein für seinen Ruhm gelegt, und Schleiermacher hatte kürzlich die ersten beiden Bände seiner Plato-Übersetzung publiziert. Doch galt Varnhagens Interesse nicht nur den Berühmtheiten. »Was irgend in Halle von ausgezeichneten jungen Leuten war, konnte uns nicht entgehen, denn außer den genannten Vereinigungsorten gab es schwerlich andere, wo Geist und Bildung bedeutend aufgestrebt hätten.« Varnhagen und sein Freund Neumann waren etwas älter als die anderen Studenten und hatten als Autoren bereits eigene Publikationen aufzuweisen. Sie nahmen daher eine herausgehobene Position ein und fanden eine gewisse Beachtung. »Die Professoren behandelten uns als junge Gelehrte.« Wie Adolph Müller blieb auch Varnhagen nach der Schließung der Universität noch für einige Zeit in Halle und zog Nutzen aus der Gesellschaft Wolfs, Schleiermachers und manch anderer Geistesgrößen. Während dieser Zeit schrieben er und Neumann die ersten Kapitel ihres parodistischen »Doppelromans«, der später unter dem Titel *Die Versuche und Hindernisse Karls* (1808) erschien. Als aber die Professoren in andere Städte abwanderten, begleitete Varnhagen seinen Freund Adolph Müller nach Berlin, um dort sein Medizinstudium fortzusetzen.

Eichendorff beginnt seinen nostalgisch getönten autobiographischen Text »Halle und Heidelberg«, der erst 1876 postum veröffentlicht wurde, mit einem Überblick über die deutschen Universitäten am Beginn des revolutionären Zeitalters. Er begreift die Universitäten als »die Werbeplätze und Übungslager« der geistigen Umwälzungen in Deutschland, die von Generation zu Generation stattgefunden hätten, von Luther in Wittenberg über Wolf in Halle und Kant in Königsberg bis hin zu Fichte und Schelling in Jena: »lauter unsichtbare Gedankenkatastrophen, die einen wesentlichen und entscheidenderen Einfluß auf das Gesamtleben ausgeübt haben, als sich die Staatskünster träumen ließen.«[105] Der ganze alte Bau, so akzentuiert Eichendorff, »war am Anfang des Jahrhunderts schon in sich zusammengebrochen, ehe der Sturm der französischen Revolution und der Besetzung durch Napoleon den Schutt auseinanderfegte«. Übriggeblieben sei nur »ein imaginäres Deutschland, das weder recht vernünftig noch recht historisch war« und in dem der Rationalismus des 18. Jahrhunderts mit den neuen romantischen Ideen im Widerstreit gelegen habe.

»Die damaligen Universitäten«, so hebt Eichendorff vom mittleren 19. Jahrhundert aus rückblickend hervor, »hatten überhaupt noch ein durchaus fremdes Aussehen, als lägen sie außer der Welt.« Mit erkennbarem Wohlgefallen ruft er sich die »phantastischen Studententrachten« und das noch mittelalterlich geprägte Studentenleben in Erinnerung und verklärt es als »ein wild-schönes Märchen, dem gegenüber die übrige Menschheit, die altklug den Maßstab des gewöhnlichen Lebens dar-

an legte, notwendig, wie Sancho Pansa neben Don Quijote, philister-
haft und lächerlich erscheinen mußte.« Dann aber sei plötzlich, als wäre
ohne sichtbare Verabredung »eine Verschwörung der Gelehrten« ausge-
brochen, eine neue geistige Welt heraufgezogen. »Am auffallendsten
wohl zeigte sich die Verwirrung, welche diese plötzliche Revolution an-
richtete, auf der damals frequentesten Universität: in *Halle*, weil dort
das heterogenste Material auch den entschiedensten Kampf provozier-
te.« Eichendorff schildert Henrich Steffens als den Kopf des romantischen Lagers. Er sei schon als Persönlichkeit eine romantische Erscheinung gewesen und habe sich kraft der dichterischen Improvisationen
seines freien Lehrvortrags besonders gut dazu geeignet, zum Führer der
begeisterungsfähigen Jugend zu werden. Neben Steffens seien Reil,
Schleiermacher und Wolf die geistigen Attraktionspunkte der Universität gewesen, zu denen sich als skurriles Element der zum Kantianer
konvertierte ehemalige katholische Priester Kayßler gesellt habe. Den
Romantikern habe »die breite schwere Masse der Kantschen Orthodoxen und der Stockjuristen« gegenübergestanden. Als Eichendorff den
nahen Giebichenstein mit seiner Burgruine – »eine ganz artige Werk-
statt für ein junges Dichterherz« – heraufruft, kann er der Versuchung
nicht widerstehen, sein damals entstandenes Gedicht »Bei Halle« ein-
zurücken. Die ersten beiden Strophen lauten:

> Da steht eine Burg über'm Tale
> Und schaut in den Strom hinein,
> Das ist die fröhliche Saale,
> Das ist der Giebichenstein.
>
> Da hab' ich so oft gestanden,
> Es blühten Täler und Höh'n,
> Und seitdem in allen Landen
> Sah ich nimmer die Welt so schön!

Das alte Halle sei im Jahre 1806 unter den Trümmern der zusammen-
brechenden preußischen Monarchie begraben worden. Napoleon, dem
in den bewaffneten studentischen Freicorps »zum ersten Male ein Symptom ernsteren Volkswillens gleichsam prophetisch warnend entgegen-
trat«, habe nach der Aufhebung der Universität die Studenten mit
äußerster Brutalität aus der Stadt vertrieben und ihnen zum Teil nicht
einmal die nötigsten Kleidungsstücke gelassen. Im Rückblick auf die

glorreichen Tage Halles und mit deutlichem Bedauern darüber, daß die Universitäten zunehmend aus den kleinen Universitätsstädten in die großen Residenzstädte verlegt worden seien, beschließt Eichendorff seine Erinnerung: »Unsere Universitäten sind endlich bisher eine Art von Republik gewesen, die einzigen noch übrig gebliebenen Trümmer deutscher Einheit, ein brüderlicher Verein ohne Rücksicht auf die Unterschiede der Provinz, des Ranges oder Reichtums, wo den Niedriggeborenen die Überlegenheit des Geistes und Charakters zum Senior über Fürsten und Grafen erhob.« Diese alte Bedeutung der Universitäten sei in der modernen, großstädtischen Universität verlorengegangen. Mit der realen historischen Situation und den faktischen Lebensbedingungen an den deutschen Universitäten um das Jahr 1800 dürften Eichendorffs Erinnerungen kaum übereinstimmen. Ihre Bedeutung liegt darin, daß sie in ihrer idealisierenden Tendenz erkennen lassen, wie nachhaltig sich das Bild der Universität durch die von Jena im späten 18. Jahrhundert ausgehende Aufbruchsbewegung verändert hatte.

Obwohl er nicht in den gleichen Kreisen wie Müller, Varnhagen und Eichendorff verkehrte, ließ sich auch Ludwig Börne vom Zauber Halles gefangennehmen. Sein autobiographischer Essay *Die Apostaten des Wissens und die Neophyten des Glaubens* (1828) beginnt mit dem Satz: »Ich erinnere mich mit Entzücken jener akademischen Jahre, die ich in Halle gelebt.«[106] Wie Eichendorff gilt auch Börne die Jugendzeit generell als schöne Zeit, »aber akademischen Jünglingen ist sie es doppelt«. Im Unterschied zu Göttingen, der Welt des altehrwürdigen Wissens, des hochgeachteten Adels und des bodenständigen Reichtums erscheint Halle als Ort eines frischen und vitalen akademischen Lebens. Auch Börne beschreibt in Kurzcharakteristiken die berühmtesten Professoren: Wolf, »dessen Ruhm nicht größer ist als dessen Verdienst«; Schleiermacher, der die Theologie gelehrt habe, »wie Sokrates sie gelehrt hätte, wäre er ein Christ gewesen«. Reil, der seine Vorlesungen über Therapie und Augenkrankheiten mit Gedichten von Schiller und Goethe begonnen habe; und Steffens, der mit seiner Naturphilosophie »die akademische Jugend zur höchsten Begeisterung trieb«. Börne gesteht zu, die Sitten der Studenten hätten noch viel zu wünschen übrig gelassen und seien »gigantisch ungezogen« gewesen. Doch wenn, so sein Gegenargument, aus dieser rohen Hülle die »wissenschaftliche Begeisterung« hervorgetreten sei, dann umso ernsthafter. Er erinnert sich an ein Festgelage, bei dem zwei Studenten über Einzelheiten der Schellingschen Naturphilo-

sophie in Streit geraten seien, »und zwei Tage später floß Blut«. Auch
Börne beschließt seine Erinnerungen an Halle mit der obligaten Ver-
fluchung Napoleons. »Verdorren möge die erste Hand, die dieses schöne
Leben beschmutzt!« Doch gibt er dem Fluch eine besondere Wendung:
»Napoleon zertrat den Geist nicht, weil er ihn als einen Wurm verachte-
te, er band ihn fest, weil er ihn als einen Löwen hochhielt.«

Während die Briefe Adolph Müllers und die Erinnerungen Varnhagens, Eichendorffs und Börnes Halle aus der Perspektive der Studenten
porträtieren, schildert Henrich Steffens in seiner Autobiographie dieselbe Welt aus der Sicht eines jungen Professors[107]. Durch seine Heirat
mit einer der Töchter Reichardts war Steffens in das Netz der sozialen
Beziehungen aufs engste verknüpft. Zugleich kannte er als Mitglied der
Fakultät seine Kollegen in anderer Weise als die Studenten, die sie bewunderten. Wiederum hören wir von Friedrich August Wolf, dessen absolute Autorität allgemein gefürchtet gewesen sei; von Reil, dessen praktische Beschäftigung es ihm nicht erlaubt habe, »sich in die Grübeleien
der Naturphilosophie einzulassen«; und vor allem von Schleiermacher,
»der von neuem Epoche in meinem Leben machte«. Während Jena um
das Jahr 1800 von inneren Spannungen und administrativem Druck zer-
rieben wurde, fiel Halle im Jahr 1806 den Kriegsgeschehnissen und Verordnungen der siegreichen Franzosen zum Opfer. Denn Napoleon arg-
wöhnte, die Studenten hätten sich gegen ihn bewaffnet, und war erbost
darüber, daß man sie von Seiten der Behörden nicht eingesperrt hatte.

Für die Studenten stellte die Schließung der Universität eine Unannehmlichkeit von begrenztem Ausmaß dar, denn sie konnten ihr Studium an einer anderen Universität fortsetzen. Für die Professoren aber bedeutete sie eine ernsthafte Bedrohung ihrer Karriere und ihres
ökonomischen Wohlergehens. Dementsprechend enthält Steffens' Darstellung seiner Jahre in Jena zugleich die Geschichte seiner Politisierung.
Durch die Ereignisse von 1806 sah er sich zu der Einsicht gezwungen,
»daß auch ich zu einer politischen Tätigkeit aufgefordert werden könnte«. Bis dahin hatten es sich die Gelehrten in Deutschland in ihrer
jüngst erst stabilisierten und gesicherten Position kaum vorstellen können, »daß eine Universität in ihrer Tätigkeit gestört werden sollte«.
Steffens sah sich im Sommer 1806 sogar einer gewachsenen Zahl von
Hörern gegenüber. Doch der Ernst der Lage ließ sich nicht mehr lange
übersehen, und Steffens liefert uns einen dramatischen Bericht über die
Kämpfe und Plünderungen, die im Verlauf der Schlacht zwischen

preußischen und französischen Truppen im Herbst 1806 in und um Halle stattfanden. »Unser ganzes zukünftiges Leben war auf eine furchtbare Weise verwandelt. Kein noch so wohlerwogener Entschluß der Vergangenheit hatte für die nächste Zukunft irgendeine Bedeutung.« Die Professoren schickten eine Deputation zu Napoleon, ohne damit etwas ausrichten zu können. »Die Truppen hatten sich entfernt, die Studierenden wurden noch im Verlaufe des Tages aus der Stadt getrieben. Wir, die Lehrer, blieben in der wüsten, öden Stadt zurück: unser Amt, unsere Tätigkeit war vernichtet, unsere zukünftige Stellung noch unbestimmt.« Unter den Namen der wenigen Studenten, die es wagten, noch in der Stadt zu bleiben, nennt Steffens die von Adolph Müller und Varnhagen von Ense. Mit Rücksicht auf die ökonomische Lage zog Schleiermacher mit seiner Schwester zu Steffens in dessen kleine Wohnung, wo man nun auf engstem Raum zusammenlebte und das Haus kaum verließ. Als das Geld ausging, verkaufte Steffens sein Familiensilber. Seine Autobiographie stellt ein bemerkenswertes Zeugnis zum Prozeß der Radikalisierung einer Professorengeneration dar, die von der absoluten Autonomie der Wissenschaft überzeugt gewesen war, als sie kaum ein Jahrzehnt früher im Jena des späten 18. Jahrhunderts ihre Gelehrtenlaufbahn begonnen hatte.

Im Jahr 1808, zwei Jahre nach ihrer Aufhebung durch Napoleon, erhielt die Universität in Halle, das inzwischen dem 1807 unter Napoleons Bruder Jérôme eingerichteten Königreich Westfalen zugeschlagen war, die Erlaubnis zur Wiedereröffnung. Aber die Konkurrenz der 1810 neugegründeten Universität in Berlin verhinderte, daß Halle die Position wiedergewann, die es im 18. Jahrhundert und dann noch einmal im Zuge der Jenaer Krise in den Jahren nach 1803 innegehabt hatte. Anders als Halle, das zu den größten deutschen Universitäten zählte, gehörte Heidelberg damals noch zu den kleinsten. Von weniger als fünfzig Studenten um das Jahr 1800 war die Zahl der Einschreibungen in den Jahren vor der Niederlage Napoleons allerdings auf immerhin ca. vierhundert Studenten gestiegen, von denen die meisten – wie wir bereits sahen – Juristen waren[108]. Vor allem drei junge Männer aus dieser Juristenschar trugen zum romantischen Heidelberg-Bild bei, das im späten 19. Jahrhundert das Bild des deutschen Studentenlebens so erfolgreich prägte. Als Otto Heinrich von Loeben nach einigen deprimierenden Semestern in Wittenberg im Frühjahr 1807 in Heidelberg eintraf, rief er aus, dies sei wahrhaft eine »Ahndung des Paradieses«. Heidelberg, so schrieb er an einen Freund, lasse sich nicht beschreiben; »man muss nur seinen Namen nennen, und dann schweigen.«[109] Loeben legte sich den Schriftstellernamen Isidorus Orientalis zu und traf bald auf die Brüder Joseph und Wilhelm von Eichendorff, die kurz zuvor von Halle nach Heidelberg gekommen waren. Die Gedichte, die diese drei jungen Studenten während ihres Heidelberger Jahres über die Stadt und über einander schrieben, trugen wesentlich zur Herausbildung des Mythos vom romantischen Studentenleben bei[110]. Ganze Passagen des Abschnitts über Heidelberg in der zweiten Hälfte von Eichendorffs *Halle und Heidelberg* beruhen auf extensiven Zitaten aus seinem Roman *Ahnung und Gegenwart*, in dem er die romantischen Posen seines Freundes Loeben porträtierte.

Ins literarische Bewußtsein der Deutschen trat Heidelberg im ersten Jahrzehnt des 19. Jahrhunderts nicht durch die weitgehend unbekannten poetischen Anstrengungen seiner Studenten, sondern durch die eher wissenschaftlich-gelehrten Unternehmungen einer älteren Generation von Schriftstellern. Dazu gehörten die einflußreiche romantische Anthologie Arnims und Brentanos, *Des Knaben Wunderhorn* (1805–1808); die Vorlesungen des nationalistischen Philosophen Johann Joseph von Görres, insbesondere seine einflußreiche Abhandlung *Die teutschen Volksbücher* (1807); und Arnims *Zeitung für Einsiedler* (1808), die eine Fundgrube hinsichtlich der gemeinsamen Studien und Projekte dieses Kreises darstellt.[111] Auch die Versuche, Tieck als Professor nach Heidelberg zu holen, beruhten weniger auf seiner poetischen Produktion als vielmehr auf seiner Edition der *Minnelieder aus dem schwäbischen Zeitalter* (1803), seinen jüngsten Studien zum *Nibelungenlied* und anderen eher wissenschaftlichen Unternehmungen[112]. Erst in späteren Jahren erlangte das Heidelberger Studentenleben seine Berühmtheit. In nicht geringem Maß ging sie auf Joseph Viktor von Scheffels *Der Trompeter von Säckingen* (1854) zurück, in dem das Gedicht »Alt-Heidelberg, du feine« enthalten ist. Hinzu kamen die Heidelberg-Lieder in Scheffels Sammlung *Gaudeamus* (1867). Im Jahre 1840 veröffentlichte Bettina von Arnim ihr Gedenkbuch für ihre Freundin Karoline von Günderode, die im Jahre 1806 nach einer unglücklichen Liebesaffaire mit Friedrich Creuzer, dem Geschichtsschreiber der Mythologie und klassischen Philologen in Heidelberg, Selbstmord begangen hatte. Nicht von ungefähr widmet Bettina ihr Werk in einer rhapsodischen Zueignung »den Studenten«: »Euch *Irrenden, Suchenden!* Die Ihr hinanjubelt den Parnassos, zu Kastalias Quell ... Die Ihr *Hermanns Geschlecht* Euch nennt, *Deutschlands Jüngerschaft!* ... Wenn der Philister Torengeschlecht den Stab Euch bricht, so gedenket, *Musensöhne*, daß ihre Lärmtrommel des leuchtenden Pythiers Geist nicht betäubt.«[113] In dem von Bettina beschworenen Jahr 1806 aber, in dem ihr Bruder Clemens in Variation auf Martin Opitz – »Nach Heidelberg, bin ein Student,/ Von Jena komm' ich angerennt« – sein *Lied von eines Studenten Ankunft in Heidelberg*[114] schrieb, war der Kampf der jungen Generation gegen die eingewurzelte Opposition der Rationalisten in Heidelberg keineswegs gewonnen. Nur zwei Jahre später, im Jahr 1808, hatten fast alle romantischen Dichter sowohl der älteren Generation um Arnim und Brentano wie des jüngeren Kreises um Loeben und die Eichendorffs Heidelberg verlassen, um empfänglichere Gefilde, darunter vor allem Berlin, aufzusuchen[115].

Der Student als Held

In den ersten Jahrzehnten des 19. Jahrhunderts fand die Bedeutung der Universitäten im romantischen Bewußtsein noch einen anderen Ausdruck. Bedenkt man, daß die Universität ein gemeinsamer Erfahrungshintergrund fast aller Schriftsteller der Epoche war, so verwundert es nicht, daß in der Literatur mit zunehmender Häufigkeit der Student als prominente Figur aufzutreten beginnt. Natürlich hatte es in der deutschen Literatur Studenten auch früher schon gegeben, man denke nur an die krakeelenden Raufbolde in Zachariäs *Renommist* oder an Salzmanns *Carl von Carlsberg*, wo »Student« nahezu gleichbedeutend war mit moralischer Verworfenheit und roher Gewalttätigkeit. Mit der von Jena ausgehenden Neubewertung der Universität als Institution aber änderte sich auch das Bild des Studenten. Das Beispiel der *Lehrlinge zu Sais*, wo die Universität in allegorischer und idealisierter Form Gestalt gewinnt, haben wir bereits kommentiert. Und es ist gewiß kein Zufall, daß sich Heinrich von Ofterdingen, ehe die Kaufleute ihm bedeuten, er lasse die Anlage zum Dichter erkennen, »mit gelehrten Dingen befassen« will, insbesondere mit der »Wissenschaft der menschlichen Geschichte«. Die Kaufleute versichern ihm, dazu müsse er nicht Geistlicher werden, denn in Schwaben gebe es »auch wahrhaft kluge und erfahrne Männer unter den Layen«[116]. Hölderlin, der ebenfalls zu Füßen Fichtes in Jena saß, läßt in seinem Roman *Hyperion* (1797) am

Ende des ersten Bandes den griechischen Jüngling – wohin sonst? – nach Deutschland aufbrechen, um ein »Erzieher unsers Volks« zu werden. Heinrich und Hyperion schlagen freilich nicht die Gelehrtenlaufbahn ein. Doch im kommenden Jahrzehnt beginnen in der romantischen Literatur in immer größerer Anzahl Studenten aufzutauchen.

In Clemens Brentanos *Romanzen vom Rosenkranz*, die wir bereits erwähnten, wird ausführlich das Universitätsleben im Bologna des 13. Jahrhunderts beschrieben. In den Werken von Brentanos Mitarbeiter und Schwager Achim von Arnim spielen demgegenüber die zeitgenössischen Studenten in Deutschland eine große Rolle. Arnims frühe Erzählung *Hollins Liebeleben* (1801) kann, was die Darstellung des Studentenlebens angeht, als Werk des Übergangs gelten. Denn der einundzwanzigjährige Autor hatte zwar in Halle und Göttingen studiert, mit dem neuen Geist der Universitäten aber noch keine Erfahrungen machen können. So ist seine Beschreibung des Studentenlebens in »H.« im Kern noch vor-romantisch. Freilich wird auch Hollin beim ersten Anblick der Universitätsstadt vom Gefühl jugendlicher Freiheit ergriffen: »Himmel, welch ein Gefühl, als ich die ersten Spitzen der Türme und immer mehr, endlich die ganze herrliche Freistadt der Jugend aus der Ebene hervortreten sah! Noch ist er nicht verhallt in mir, der innere Ruf nach Freiheit, der mich als Kind schon zum kühnen Spiele auftrieb.«[117] Er wird in eine Landsmannschaft aufgenommen und ist bald einer der besten Fechter, bemüht sich aber zugleich, »seinen Sinn für alles Tiefe in der Philosophie mitzuteilen«. Sein Freund Odoardo, der zum Studium nach »G.« geschickt wurde, schreibt ihm in warnendem Ton über die Sitten der Studenten und klagt über das unsinnige Lernen, bei dem das »Heftschreiben« an die Stelle wahren Wissens trete. Hollin aber wirft sich mit solcher Lust in das Studentenleben, daß er bald schon eine Führungsposition in seiner Landsmannschaft einnimmt und sie bei einem Konflikt mit einem der studentischen »Orden« im Duell vertreten muß. Er verwundet dabei seinen Kontrahenten, wird aber zugleich dessen enger Freund. Nach dem Duell zieht sich Hollin vom Studentenleben zu seinen Büchern zurück und gibt es auf, andre bilden zu wollen. Wenig später verläßt die Erzählung den Schauplatz der Universität, und die sowohl vom *Wilhelm Meister* wie vom *Werther* beeinflußte Geschichte kommt rasch an ihr dramatisches Ende: In der Rolle des *Mortimer* begeht Hollin bei einer Aufführung von Schillers *Maria Stuart* auf offener Bühne Selbstmord.

Ein Jahrzehnt später kam Achim von Arnim in einem seiner bekanntesten Werke auf das Thema der Universität und des Studentenlebens zurück. Der umfangreiche Roman *Armut, Reichtum, Schuld und Buße der Gräfin Dolores* (1810) ist gewiß kein Universitätsroman. Doch als die verwöhnte und unzufriedene Gräfin Dolores zum ersten Mal dem Grafen Karl begegnet, der ihr Mann werden wird, ist dieser noch ein Student, der mit einer Gruppe von Freunden aus der Universität über Land wandert. Dieser Umstand gibt dem Autor die gern genutzte Gelegenheit, ein kleines Kapitel über »Die Studenten« einzuschalten. Sitten und Gebräuche der »Musensöhne« werden hier denen erklärt, »die nichts von den Musen wissen«. Von größerer Bedeutung ist das Universitätsleben als Schauplatz im ersten Teil von Arnims Drama *Halle und Jerusalem* (1811). Es ist »zur Erinnerung guter und böser Tage in Heidelberg« Clemens Brentano und Joseph Görres gewidmet. Arnim war schon seit einigen Jahren von Andreas Gryphius fasziniert und versuchte sich in seinem »Trauerspiel in zwei Lustspielen« an einer Modernisierung von Gryphius' *Cardenio und Celinde* (1657). Den Grundriß des Barockdramas veränderte Arnim kaum. Es geht darin um die unerfüllte Liebe Cardenios zu Olympie, um sein Streben nach Glück und Rache durch die Bindung an Celinde, und schließlich um Cardenios und Celindes Suche nach Erlösung, die in Arnims Version im zweiten Teil des Dramas zu einer Pilgerreise nach Jerusalem führt. Doch verlegte Arnim den Schauplatz vom mittelalterlichen Bologna ins zeitgenössische Halle und verwandelte den Helden aus einem spanischen Studenten in einen deutschen *Privatdozenten.* Der erste Teil des Dramas ist von Auftritten der Studenten eingerahmt: In der Eröffnungsszene schlendert eine Gruppe von Studenten auf dem Marktplatz von Halle herum und unterhält sich über ein gerade stattfindendes Duell; und am Ende des Stücks fahren andere Studenten mit Kähnen die Saale herunter und singen dabei im Chor ein Lied voll jugendlicher Zuversicht:

> Mut gewinnt sich neue Zeit,
> Bald wird uns die Welt so weit.

Ein ausgesprochen akademischer Geist prägt das Geschehen in diesem ersten Teil von Arnims Drama. Zu Beginn stellt sich heraus, daß der Student, den Cardenio im Duell verwundete, der »Opponent« in einer Disputation mit dem Philosophen Wagner sein sollte[118]. Cardenio

macht es sich zur Ehrensache, den Platz des Verwundeten in der Disputation einzunehmen und tritt dort so brillant auf, daß der blamierte
Wagner einen Schlaganfall erleidet und stirbt. Olympies Bruder, der Baron Viren, ist Professor der Jurisprudenz. Er ist spezialisiert auf die Pandekten und sein Lieblingsbuch ist »ein civilistisches Werk von dem Besitz« – Arnim spielt damit auf die Abhandlung *de possessione* seines
Schwagers Savigny an. Eine ganze Szene schildert die Zusammenkunft
eines studentischen geheimen Ordens, dessen »Meister« Cardenio ist. Er
legt jedoch dieses Amt nieder, als die Umstände ihn dazu zwingen, Halle zu verlassen. Das studentische Milieu erscheint im wesentlichen noch
als vor-romantisch wie in Halle zu Arnims Studienzeit. Doch schlägt
sich in manchen Dialogen zugleich die romantische Konzeption des
Studiums nieder, wie sie zur Zeit der Abfassung des Stückes die öffentliche Diskussion prägte. Ein Beispiel hierfür findet sich in der vierten
Szene des dritten Aktes. Cardenio erklärt darin dem alten Juden Ahasver, warum er seine akademische Laufbahn aufgeben will. Beim Zusammenpacken seiner Habe reißt er auch die Sternenkarten von den Wänden seines Zimmers, »denn alle mahnen mich an jene reichen Stunden,
wo mit lebend'gem Glanz Gedanken an Gedanken im Wettspiel eifersüchtger Fechter mit ewig neuem Stoß sich prüften«. Cardenio erscheint in dem folgenden Rückblick als ein Student, der so begierig auf
das Wissen ist, daß er schon in der Morgenröte über seinen Büchern
sitzt.

Schnell wird aus dem allseits gelobten Schüler ein jugendlicher Lehrer, dem von allen Seiten Respekt und Freundschaft entgegengebracht
werden. Weil er ein guter Lehrer ist, teilt er mit jedem Schüler dessen
Zweifel beim Streben nach Wahrheit. »Es schien, als wenn die Wissenschaft hier neuen Lauf gewonnen, der träge Buchstab wurde Geistdurchdrungen, in allem Leben wurde Freude, und Kühnheit ward in allem Denken.« Man schätzt die Gelehrsamkeit des jungen Cardenio so
sehr, daß sogar alte und erfahrene Männer zu ihm kommen und seinen
Rat erbeten. Zugleich ist er durchaus nicht auf die Studierstube und die
Welt der Bücher beschränkt. »Denn weil ich nie studirt, als zum entdecken, so blieb mir viele Zeit um schwimmend, ringend, tanzend,
fechtend den Leib kräftig und gewandt zu bilden – mir konnte keiner
widerstehn und keiner kam mir gleich in diesen Künsten.« Dann aber
erweitert Cardenio allmählich sein Blickfeld in Richtung auf Philosophie und Politik. Er lernt die unter den Menschen wirkenden Kräfte

und den Geist der Völker verstehen und findet schließlich unter dem
Einfluß eines Freundes Geschmack an der Macht und an dem Gefühl,
über andere herrschen zu können. Durch seine Tätigkeit in dem studentischen Geheimorden will er Gutes tun, »indem ich meinem vielge-
liebten Vaterlande geschickte muth'ge Diener auszubilden trachtete«.
Doch läßt ihn jedes Mißlingen und jeder Streit ungeduldig und unzufrieden werden. Da wird plötzlich seine ganze ruhmreiche geistige Existenz von der Kraft der Liebe und Eifersucht erschüttert. Nun verläßt
Cardenio das akademische Leben, um Rache an dem Mann zu nehmen,
der ihn um seine geliebte Olympie betrog. An diesem Punkt endet der
akademische Strang in Arnims Werk, und der Schauplatz verlagert sich
nach Jerusalem. Das Drama *Halle und Jerusalem* teilt die ambivalente
Haltung gegenüber dem Studentenleben, die auch in der Erzählung
Hollins Liebeleben zum Ausdruck kommt. Während die Atmosphäre der
Studentenszenen im Kern noch vor-romantisch ist, spüren wir in Hollins und Cardenios Entwürfen und Ambitionen eine neue Auffassung
des Wissens: Sie wollen sich selbst umfassend bilden und mit Hilfe stu-
dentischer Organisationen die Jugend in Deutschland auf eine bessere
Zukunft vorbereiten. Doch schlagen in beiden Fällen die Entwürfe der
Helden fehl.

In seinen *Reiseschatten* (1811) porträtiert Justinus Kerner das Universitätsleben im Stil grotesk-ulkiger Verzerrung, wie er für alle zwölf
Sequenzen seines launigen Buches charakteristisch ist. Kerners Form-
vorbild waren die zeitgenössischen Schattenspiele, auf die er im Titel
anspielt. Die einzelnen Szenen sollten am Leser vorbeiziehen wie die
Bilder, die eine Laterna magica auf die weiße Wand wirft. Kerner hatte
bei Autenrieth in Tübingen Medizin studiert und im Verlauf dieser
Ausbildung den beginnenden Wahnsinn bei Hölderlin beobachten können. Nach Abschluß des Studiums im Herbst des Jahres 1808 ging er auf
eine Reise, die über ein Jahr dauerte und ihn zunächst in den Norden
nach Hamburg und dann durch Süddeutschland nach Wien führte. Im
Frühjahr 1810 kam er wieder zu Hause in Ludwigsburg an. Vorgeblich
ist diese Reise der Inhalt seiner *Reiseschatten*, tatsächlich aber beruhen
die meisten Szenen und Erlebnisse auf der Erinnerung an seine Tübinger Jahre.[119] Als der Erzähler in der Universitätsstadt Mittelsalz ankommt, ist die erste Person, der er begegnet, ein langer dürrer Kerl,
dem ein großes Manuskript aus der Rocktasche ragt. Er sei, so schreit er
dem Ankömmling entgegen, sein alter Stock, den er bei seinem letzten

Besuch Jahre zuvor zurückgelassen habe. Unter den Händen eines hiesigen Professors sei sein schlummerndes Genie erwacht. Denn er habe alles in sich eingesogen, was der Professor gelesen habe, an allen seinen
Vorlesungen teilgenommen und es schließlich so weit gebracht, das Examen mit Auszeichnung zu bestehen. Nun schreibe er Rezensionen und
halte Vorlesungen als *Doctor legens.*

Der gelehrte Rohrstock – eine nicht eben subtile Personifizierung des
hölzernen Vorlesungsstils vieler deutscher Professoren – verschwindet,
ehe der Erzähler sich von seinem Erstaunen erholt hat und einen Hörsaal betritt, um »eine historisch-kritische Vorlesung über den Untergang
der Welt durch Wasser« zu besuchen. Die Studenten sind schon alle mit
offenen Augen eingeschlafen, darunter auch ein Dichter, dessen Traum-
bild von einem Jäger und einer Schäferin der Erzähler im folgenden
mitteilt. Als der Dichter »mit einem entsetzlichen Geheul« erwacht,
schreckt die gesamte Hörerschaft auf und der Professor schließt seine
Vorlesung in der Überzeugung, er habe die Studenten durch seine Erzählung vom Untergang der Welt in eine äußerst wehmütige Stimmung
versetzt. Es folgen Szenen, die das Leben in einem studentischen Logis
beschreiben. Der dichtende Student wird in seinem Zimmer vom Pedell
verhaftet, weil er die Vorlesung gestört und – schlimmer noch – Gedichte verfaßt hat. Die daran anschließenden Szenen schildern den Prozeß gegen den Dichter vor einer Kommission, die aus einem *Präses* und
Professoren aller vier Fakultäten besteht. Das Verfahren ist eine einzige
Parodie auf die pedantische Sprache der akademischen Bürokratie.

> Die von einem hochpreislichen Senate zur Untersuchung der Ki-
> sten und Kästen des der Dichtkunst suspekten *studiosi philosophiae*
> Kullikeia ernannte Kommission hat sich *sub dato,* nach erhaltenem
> Befehle, sogleich in das Zimmer Produktens verfügt, alle *contenta*
> desselbigen aufs genaueste beaugenscheinigt und in Beschlag ge-
> nommen und lautet ein *visum repertum* hierüber also: ...«.[120]

Die Kommission entdeckt bei ihrer Durchsuchung der Räumlichkeiten
des Angeklagten schließlich einen dicken, im Boden eines Fasses verborgenen Folioband mit Werken des Hans Sachs und daneben einige
Quartbände mit folgenden Titeln: »Das Lied der Nibelungen, das Hel-
denbuch mit seinen Figuren, Historia aller Heiligen, Des Knaben Wunderhorn, altdeutsche Lieder.« Neben diesen verdächtigen Dokumenten
spürt die Kommission nicht nur vom Angeklagten selbst verfaßte Ge-

dichte, sondern auch Exzerpte aus den Werken von Jakob Böhme, Novalis »und anderer wahnwitziger Skribler« auf. Das Zimmer wird versiegelt, die Kommission geht auseinander, und der Erzähler verläßt die Stadt, während sein Vetter schwört, er werde seinen poetischen Freund rächen. Obwohl Kerners kurioses Phantasie- und Schattenspiel nicht zum Hauptstrom der romantischen Literatur gehört, machen seine Universitätsszenen doch ersichtlich Gebrauch von der gängigen Opposition zwischen Studenten und Philistern – samt pedantischen Professoren – sowie von Motiven der zeitgenössischen *Naturphilosophie.*

Wenn wir uns nun den Werken E.T.A. Hoffmanns zuwenden, so befinden wir uns in einer Zeit, in der die Figur des Studenten durch vielfältige Literarisierungen schon reiches Profil besitzt und weitverbreitet ist. Tatsächlich sind einige der bekanntesten Helden in Hoffmanns Erzählungen Studenten, etwa Anselmus im *Goldnen Topf* (1814), Nathanael im *Sandmann* (1815), Theodor im *Rat Krespel* (1815–1816) und sowohl der Titelheld wie sein Todfeind Balthasar im Märchen *Klein Zaches* (1819). Daß Theodor, der Erzähler im *Rat Krespel,* zum Zeitpunkt der berichteten Ereignisse die Universität besucht, ist hingegen von geringer Bedeutung, wenn man davon absieht, daß seine juristische Ausbildung ihm den Zugang zu dem exzentrischen alten Juristen und pensionierten Diplomaten Krespel erleichtert. Keineswegs unerheblich ist jedoch der Umstand, daß wir im Studenten Anselmus einen *Candidatus theologiae* vor uns haben, der kürzlich in Halle sein Studium beendete. Für die Struktur des ersten Kapitels ist die theologische Ausrichtung des Helden ein grundlegendes Element, denn der gesamte Anfang der Erzählung ist eng auf Motive aus der biblischen Genesis bezogen. Dem »Fall« des Anselmus aus dem Stand jugendlicher Unschuld in die Bewußtheit geht das Mißgeschick voraus, daß er am Himmelfahrtstag eine alte Frau mit ihrem Korb voller Äpfel und Kuchen über den Haufen rennt. Wenig später sieht er drei Schlangen in den Zweigen eines Holunderbaums auf und nieder gleiten, und es kommt zur ersten Begegnung mit der mythischen Welt des Archivarius Lindhorst. Diese biblischen Motive – eine Frau mit einem Apfel, Schlangen in einem Baum und ein »Fall« aus der Unschuld – sind wie die suggestiv mythische Atmosphäre der Erzählung insgesamt ein angemessener Kontext für einen Theologen. Das gilt besonders, wenn er wie dieser durch seine Studentenjahre dafür prädestiniert ist, empfänglich für die Versprechungen jener mythischen Einheit zu sein, der er sich am Ende der Handlung unterwirft.

Im Unterschied zu Anselmus ist Nathanel im *Sandmann* ein Student der Naturwissenschaften. Seine am Beginn der Erzählung stehenden Briefe nach Hause an seinen Pflegebruder und seine Schwester berichten von seinem Leben an der Universität von »G.«. Auch Nathanaels Fakultätszugehörigkeit ist seinem Fall angemessen. Spalanzanis Konstruktion eines Tanzautomaten, der so lebensecht ist, daß viele Beobachter ihn tatsächlich für lebendig halten, paßt zu seiner Position als Professor für Physik an der Universität. Zugleich nährt Hoffmanns Darstellung den Verdacht, Nathanael erliege womöglich deshalb der Täuschung, die ihn schließlich in Wahnsinn und Tod treibt, weil sein Studium so einseitig wissenschaftlich ausgerichtet war, daß es ihm eine einheitliche Sicht der Natur, die ihn hätte schützen können, vorenthielt. Wie bereits im vorangegangenen Kapitel angemerkt, spielt ein Großteil der Handlung des Märchens *Klein Zaches* an der »berühmten Universität Kerepes«, wo der mißgestaltete Zaches die Professoren durch seine Zauberkräfte blendet. Ausführlich werden wir mit den erfolgreichen Vorlesungen des Professors für Naturkunde Mosch Terpin bekannt gemacht.

> Er erklärte, wie es regnet, donnert, blitzt, warum die Sonne scheint bei Tage und der Mond des Nachts, wie und warum das Gras wächst etc., so daß jedes Kind es begreifen mußte. Er hatte die ganze Natur in ein kleines niedliches Kompendium zusammengefaßt, so daß er sie bequem nach Gefallen handhaben und daraus für jede Frage die Antwort wie aus einem Schubkasten herausziehen konnte.[121]

Aber das idyllische Universitätsleben, das in mehreren Kapiteln ausführlich porträtiert wird, erfährt eine plötzliche Unterbrechung, als der abscheuliche Zaches auftaucht, um das Rechtsstudium aufzunehmen, und alle seine Professoren – Mosch Terpin eingeschlossen – der Täuschung erliegen, er sei der brillanteste Kopf der gesamten Universität.

In den Werken Eichendorffs erfährt der romantische Student seine höchste Apotheose. Die Universität als solche spielt als Schauplatz in den Erzählungen und Romanen des Autors von *Halle und Heidelberg* keine Rolle. Doch enthalten Charakter und biographischer Hintergrund der Helden oft Andeutungen auf ihre Studentenjahre. Teile des Romans *Ahnung und Gegenwart* (1815) entstanden, als Eichendorff selbst Student war. Graf Friedrich wird hier als ein junger Mann eingeführt, der gerade die Universität verläßt und auf Reisen geht. »Ein lustiges Häufchen Studenten« begleitet ihn während der ersten Tage. Wir haben es hier mit einem Helden zu tun, der bereits die Vorzüge der romantischen Universität genießen konnte und dadurch auf all die Abenteuer der Liebe, des gesellschaftlichen Lebens und der Politik vorbereitet ist, denen ihn der Roman in der Folge aussetzen wird. In Eichendorffs anderem großen Roman, *Dichter und ihre Gesellen* (1834), hingegen sind zwei der Hauptfiguren junge Männer, die bereits vor einigen Jahren die Universität verließen. Als der Baron Fortunat auf der ersten Seite des Romans im Abendlicht und mit einem Lied auf den Lippen auftaucht und von grüner Höhe aus zu einer kleinen Stadt hinabreitet, ist er zunächst verwirrt darüber, daß ihm das Bild vor seinen Augen so vertraut vorkommt. »Da fiel es ihm plötzlich aufs Herz: wie in *Heidelberg* lagen die Häuser da unten zwischen den Gärten und Felsen und Abendlichtern, wie in Heidelberg rauschte der Strom aus dem Grunde und der Wald von allen Höhen!« Nun erinnert er sich, daß in der Stadt, auf die er zureitet, sein »treuer Heidelberger Kamerad« Walter leben müsse. Aus der Vermutung wird schnell Gewißheit, und bald schon geraten die beiden alten Freunde in die Stimmung nostalgischer Rückerinnerung und beschließen, gemeinsam eine romantische Reise zu unternehmen.

Eichendorffs Erzählung *Auch ich war in Arkadien!* (1834) trägt den Untertitel »Eine Phantasie«. Hier dient das Motiv der Universität dem konservativen Spott über die jüngsten Entwicklungen unter den liberalen und nationalen Studenten und Professoren. Der Erzähler berichtet von einer Reise, die er kürzlich unternommen habe. Es sei die erste nach einer langen Zeit gewesen, in der er wie ein Einsiedler gelebt und »von der Welt und ihrer Julirevolution leider wenig Notiz genommen« habe. Bei seinem letzten Ausflug sei gerade der Kult der »Deutschheit« aufgekommen, und so habe er diesmal nach Kräften das Deutsche herausgekehrt. In Vorbereitung auf seine Reise habe er sich das Haar wie Albrecht Dürer wachsen lassen, bei seinem Schneider »einen gewissen germanischen Reiseschnitt« bestellt und sich damit auf die Postkutsche begeben. Der Erzähler nimmt hier die akademische Atmosphäre des folgenden Geschehens vorweg, indem er vom Postwagen als »der fliegenden Universität« spricht[122]. Bei seiner Ankunft habe er erkennen müssen, daß sein altdeutscher Rock ganz aus der Mode gekommen sei. Denn seine Landsleute hätten in Nachwirkung der Revolutionen von 1830 längst das Französische und das Polnische bevorzugt. Als er in dem

berühmten Gasthof »Zum goldenen Zeitgeist« eingekehrt sei, habe er
ein eigentümliches Grußritual beobachtet. Man verneige sich kurz nach
der linken Seite hin und erwarte dann eine Erwiderung, die aus For-
meln wie »Preßfreiheit«, »Garantie«, »Konstitution« oder anderen liberalen Schlagworten zu bestehen habe. Beim Abendessen habe ein
großer, breiter Mann präsidiert, den alle »Professor« genannt hätten und
der den Braten fast allein aufgegessen habe. Zugleich aber sei die versammelte Gesellschaft von ihm mit einer sehr abstrakten Rede über
Freiheit, Toleranz und andere Wahrheiten traktiert worden. Damit erreicht die Erzählung ihren Umschlagspunkt ins Phantastische. Der Erzähler berichtet, wie er während des Gelages im Gasthof unwillkürlich
in seinen Taschenkalender geblickt und »mit Schauern« bemerkt habe,
daß Walpurgisnacht gewesen sei.

Den Rest der Erzählung füllt eine nächtliche Vision. Der »Professor«
nimmt den Erzähler auf einem fliegenden Pferd mit zum Blocksberg,
den Goethes *Faust* berühmt gemacht hatte. Dort erleben beide eine
zeitgenössische Walpurgisnacht, d. h. ein großes Getümmel der verschiedenen aktuellen politischen Prinzipien, von der Diktatur über die
konstitutionelle Monarchie bis hin zu Demokratie und Anarchie. Als
der Erzähler am Morgen mit einem Kater in seinem Bett im Gasthof
»Zum goldenen Zeitgeist« aufwacht, weiß er nicht, »ob nicht am Ende
alles bloß ein Traum war, der mir, wie eine Fata Morgana, die duftigen
Küsten jenes volkersehnten Eldorados vorgespiegelt«.

Zwar ist die Universität hier nicht der reale Schauplatz, sie wird aber
zum allegorischen Hintergrund, indem Eichendorff die Phantasmagorie
der Walpurgisnacht dazu benutzt, die ungezügelten intellektuellen Strei-
tereien innerhalb der post-romantischen Universität darzustellen. In seinem autobiographischen Essay hatte er dieses Versinken in Streit und
Parteiengeist als unrühmliches Gegenbeispiel seinen Erinnerungen an
Halle und Heidelberg gegenübergestellt. Die deutschen Universitäten,
so heißt es dort, hätten sich nicht mehr damit begnügt, sich über die
Torheiten der Philisterwelt zu belustigen. »Sie wollten sich *über* die
Welt stellen, sie meistern und sie vernünftiger einrichten. Dazu kam,
daß sie in den Befreiungskriegen wirklich auf dem Welttheater rühm-
lich mitagiert hatten, und nun auch das Recht beanspruchten, die übrigen Akte des großen Weltdramas mit fortzuspielen, mit einem Worte:
Politik zu machen.« Das aber, so hält der alternde Staatsdiener Eichendorff nachdrücklich fest, sei ein unkluges Ansinnen gewesen. Denn es

habe der Jugend an der unerläßlichen Erfahrung und den Kenntnissen
gefehlt, die nötig gewesen wären, um auf der politischen Bühne bestehen zu können. Als die Universitäten ihre politische Unschuld verloren
hätten und in die großen Residenzstädte gegangen seien, so schließt Eichendorff, hätten sie dort ihren Studenten kaum mehr bieten können
als »eine Orientierung in dem Labyrinth der neuen Bildung«. Die alte
Bedeutung der Universität werde von der »Großstädterei« völlig verwischt, und »die Studenten werden immer mehr in das allgemeine Phi-
listertum eingefangen und frühzeitig gewöhnt, die Welt diplomatisch
mit Glacéhandschuhen anzufassen«. Die politisierte Universität ist die
Zielscheibe der satirischen Intention in Eichendorffs *Auch ich war in
Arkadien!*. Die satirische Gegenwartskritik aus konservativer Perspektive
wird zum unvermeidlichen Gegenpol der rückwärtsgewandten Klage
um die romantische Universität, die – kaum war sie entstanden – schon
dem Untergang geweiht war.

Die Berliner Universität als Institutionalisierung des Ideals von Jena

Nach dem Zerfall Jenas in den Jahren nach 1803, der Schließung Halles
durch Napoleon im Jahre 1806 und den Enttäuschungen in Heidelberg,
wo Rationalismus und Pragmatismus über die romantischen Ideale die
Oberhand zu behalten schienen, wandten sich die Hoffnungen der jüngeren Generation der im Entstehen begriffenen Universität in Berlin zu.
Seit der Thronbesteigung Friedrich Wilhelms III. im Jahre 1797 hatte
man bei Hofe wie in den Kreisen der Bildungsreformer immer wieder
die Idee erörtert, eine Institution zu gründen, welche die verschiedenen
Bildungseinrichtungen der preußischen Hauptstadt miteinander verbinden und konzentrieren sollte. Man dachte dabei vor allem an die Akademie der Wissenschaften, an die blühende medizinische Schule und
andere Institute der Berufsbildung, an die bedeutenden Sammlungen
und an die Privatvorlesungen solch angesehener Gelehrter wie Fichte,
Schleiermacher und A.W. Schlegel[123]. Im letzten Jahrzehnt des 18.Jahr-
hunderts war Berlin ein Zentrum der Opposition gegen die traditionelle
Universität gewesen. Getragen wurde diese Kritik an der Universität,
wie wir weiter oben sahen, vor allem von Zirkeln der Aufklärung wie
der Mittwochsgesellschaft, von den gebildeten Kreisen bei Hofe und
von solch einflußreichen Verwaltungsbeamten wie Julius von Massow.

Im Jahre 1807 aber herrschte in Berlin und am preußischen Hof ein anderes geistiges Klima. Als eine Delegation von Professoren der aufgehobenen Universität Halle unter Führung des Rektors Theodor August Heinrich Schmalz im August dieses Jahres Friedrich Wilhelm III. am Zufluchtsort des preußischen Hofes in Memel mit der Bitte aufsuchte, die in Halle geschlossene Universität in Berlin wieder zu eröffnen, zeigte sich der König dieser Idee gegenüber aufgeschlossen. Es hieß, er habe seine wohlwollende Haltung mit dem bald als Zitat zirkulierenden Satz zum Ausdruck gebracht, »der Staat müsse durch geistige Kräfte ersetzen, was er an physischen verloren habe«.[124] Ob diese Formulierung, die ihm in den Berichten Schmalz' zugeschrieben wird, tatsächlich von Friedrich Wilhelm III. stammt, mag dahingestellt bleiben; mit den Überzeugungen des patriotischen jungen Königs ist sie jedenfalls gut vereinbar. Doch wie dem auch sei, der Satz wurde zur Parole, unter der die Anstrengungen zur Errichtung einer neuen Universität in den nächsten Jahren gebündelt wurden.

Am 4. September 1807 ermächtigte der König ungeachtet der zögernden Haltung einiger Mitglieder des Hofes durch eine Kabinettsordre den Geheimen Kabinettsrat Karl Friedrich Beyme, mit den Planungen für eine »allgemeine Lehranstalt« in Berlin zu beginnen. Beyme, der unter Suarez am *Allgemeinen Landrecht* mitgearbeitet hatte, trat mit einigen der Professoren aus Halle in Gedankenaustausch und gab zugleich Gutachten zur Konzeption der neuen Institution bei verschiedenen Gelehrten in Auftrag, darunter bei Schmalz, Friedrich August Wolf und Fichte. Schmalz schlug vor, die neu zu gründende Institution solle alle Verbindungen mit den traditionellen Universitäten aufgeben. Sie solle beispielsweise keinen Rektor, keine akademische Justiz und keine separaten Fakultäten haben und sich statt dessen mit der Berliner Akademie der Wissenschaften zusammenschließen[125]. Wolf antwortete mit einer ganzen Reihe von Vorschlägen, von denen einige sehr anregend waren. Doch erwies sich sein Gutachten insgesamt als so ungeordnet, zudem schulmeisterlich im Ton und erkennbar auf sein Eigeninteresse ausgerichtet, daß es für Beyme nahezu wertlos war[126]. Fichtes *Deduzierter Plan* enthielt – wie schon gezeigt – zu weitgehende Reformvorschläge, als daß er eine Grundlage für das Handeln der Verwaltungsinstanzen hätte darstellen können. Es gab jedoch eine Schrift zur geplanten Berliner Neugründung, die erfolgreich die öffentliche Meinung prägte und die Konzeption der ins Auge gefaßten Institution mit großem Geschick an die Universität der Vergangenheit zurückband: Friedrich Schleiermachers *Gelegentliche Gedanken über Universitäten im deutschen Sinn* (1808).

Schleiermacher war nicht unter den Gelehrten, die Beyme im Sommer des Jahres 1807 mit einem Gutachten über die Ausrichtung der in Berlin neu zu gründenden Institution beauftragt hatte. Aber sobald er hörte, daß Wolf einen Vorschlag entwarf, faßte er den Entschluß, einen eigenen Plan vorzulegen. Er arbeitete ihn im Winter 1807/08 aus und veröffentlichte ihn im Frühjahr 1808. Anders als Fichtes Vorschlag lag Schleiermachers Konzeption nicht lediglich in Form eines privaten Schreibens an Beyme vor, sondern als publizierte Monographie. Sie wurde daher weithin gelesen und heftig debattiert. Von den einschlägigen Schriften, die der Gründung der Berliner Universität vorausgingen, war sie mit Abstand die einflußreichste. In seinem ersten Kapitel, »Vom Verhältnis des wissenschaftlichen Vereins zum Staate«, bestimmt Schleiermacher grundsätzlich die wechselseitigen Beziehungen von Wissenschaft und Staat[127]. Dabei geht er von der Grundvoraussetzung aus, »es solle unter den Menschen nicht nur Kenntnisse alle Art geben, sondern auch Wissenschaft«. Der Mensch strebe von Natur aus nach einer umfassenden, alles Einzelwissen vereinheitlichenden Wissenschaft. Da aber kein einzelnes Individuum diese umfassende Synthese des Wissens erreichen könne, seien die Gelehrten darauf angewiesen, daß der Staat ihnen eine Institution verschaffe, in der sie zusammenkommen könnten. Die Gelehrten brauchen in Schleiermachers Sicht den Staat, wie der Staat das Wissen braucht, das die Gelehrten hervorbringen. Doch habe der Staat wenig Geduld mit dem wissenschaftlichen Streben nach reiner Erkenntnis, d. h. mit der »Spekulation – so wollen wir immer nennen, was sich von wissenschaftlichen Beschäftigungen überwiegend nur auf die Einheit und die gemeinschaftliche Form alles Wissens bezieht«. Der Staat strebe demgegenüber nach realen, praktischen Kenntnissen, die seinen besonderen Zwecken dienten.

Im zweiten Kapitel erörtert Schleiermacher die Unterschiede zwischen den drei wichtigsten Bildungseinrichtungen in Deutschland: Schulen, Universitäten und Akademien. Die Schule – d. h. hier das *Gymnasium* – bestimmt er als diejenige Einrichtung, in der die »Knaben von besserer Natur« entdecken, ob sie für die Wissenschaft geeignet sind, und wo sie die vielfältigen Kenntnisse erwerben können, die für jedes Eindringen in die Sphäre der höheren Bildung unabdingbar ist. In der Akademie sollen sich demgegenüber die »Meister der Wissenschaft« in einer Verbindung zusammenfinden, die das Ganze und den notwendigen Zusammenhang aller Teile des Wissens reflektiert. In der Universität schließlich wird bei den jungen Männern, deren auf der Schule erworbene Kenntnisse bereits gefestigt sind, die Idee der Wissenschaft erweckt. Sie lernen nun, »alles aus dem Gesichtspunkt der Wissenschaft zu betrachten, alles Einzelne nicht für sich, sondern in seinen nächsten wissenschaftlichen Verbindungen anzuschauen, und in einen großen Zusammenhang einzutragen in beständiger Beziehung auf die Einheit und Allheit der Erkenntnis«. In diesem Prozeß soll Schleiermacher zufolge nicht einfach das Quantum der Kenntnisse erweitert, sondern das »Vermögen selbst zu forschen« herausgebildet werden. Auf eben diesen Anspruch der Universität verweise die Ursprungsbedeutung ihres Namens, »weil eben hier nicht nur mehrere, wären es auch andere und höhere, Kenntnisse sollen eingesammelt, sondern die Gesamtheit der Erkenntnis soll dargestellt werden, indem man die Prinzipien und gleichsam den Grundriß alles Wissens auf solche Art zur Anschauung bringt, daß daraus die Fähigkeit entsteht, sich in jedes Gebiet des Wissens hereinzuarbeiten«. So erkläre sich, daß die Studenten weniger Zeit an der Universität verbrächten als die Schüler in der Schule. Denn auf der Universität gehe es nicht um so sehr um die Beherrschung einer Vielzahl von Stoffen als vielmehr um »das Lernen des Lernens«. Darum sei das Lernen hier im Kern nur »*ein Moment*« bzw. »*ein* Akt«: »daß nämlich die Idee des Erkennens, das höchste Bewußtsein der Vernunft, als ein leitendes Prinzip in dem Menschen aufwacht.« Auf der Schule schreite man von einem Einzelnen zum nächsten linear voran, auf der Universität hingegen verlaufe der Fortschritt im Lernen über den Umweg vom Mittelpunkt nach außen und wieder zurück. Hier sei man darauf bedacht, »daß man in jedem Gebiet das Enzyklopädische, die allgemeine Übersicht des Umfanges und des Zusammenhanges als das Notwendigste voranschickt, und zur Grundlage des gesamten Unterrichts macht«. Daher sei für die Universität der »philosophische Unterricht« die Grundlage aller in ihr betriebenen Lehre. Ihr höchstes Prinzip sei »der wissenschaftliche Geist«, begriffen als »unmittelbare Einheit aller Erkenntnis«. Er sei die Vermittlung zwischen dem realen Wissen und seiner philosophischen Durchdringung. »Der wissenschaftliche Geist, der durch den philosophischen Unterricht geweckt ist, ... muß seiner Natur nach auch gleich seine Kräfte versuchen und üben, indem er von dem Mittelpunkt aus sich tiefer in das Einzelne hineinbegibt, um zu forschen, zu verbinden, Eignes hervorzubringen und durch dessen Richtigkeit die erlangte Einsicht in die Natur und den Zusammenhang alles Wissens zu bewähren.«

Das dritte Kapitel mit dem Titel »Nähere Betrachtung der Universität im Allgemeinen« erweist sich als implizite Kritik an einigen Vorschlägen in Fichtes *Deduziertem Plan*, obwohl Schleiermacher Fichte nicht namentlich nennt und wahrscheinlich seinen Text nicht im Wortlaut zur Verfügung hatte. Er setzt sich insbesondere mit Fichtes Idee auseinander, die *regulares* unter den Studenten sollten von den bürgerlichen Pflichten befreit werden und eine abgesonderte Klasse bilden. Schleiermacher verwirft den Vorschlag einer strengen Trennung zwischen den besonders zur Wissenschaft befähigten und den weniger begabten oder motivierten Studenten. Darüber hinaus weist er Fichtes Kritik an der Vorlesung als Unterrichtsmethode zurück. »Wie nun die ganze Universität ein solches Zusammenleben ist, so sind die Vorlesungen insbesondere das Heiligtum derselben.«

Das Kapitel »Von den Fakultäten« entwickelt die aus Jena bekannte Auffassung, die philosophische Fakultät müsse das Zentrum der Universität bilden. »In dieser *einen* ist … allein die ganze Organisation der Wissenschaft enthalten, die reine transzendentale Philosophie und die ganze naturwissenschaftliche und geschichtliche Seite.« Die anderen Fakultäten hingegen fänden ihre Einheit nicht unmittelbar in der Erkenntnis, sondern »in einem äußeren Geschäft« und verbänden zu diesem Zweck Wissenselemente, die sie den verschiedenen Disziplinen entnähmen. »Diese *eine* also stellt allein dar, was der wissenschaftliche Verein für sich als Universität würde gestiftet haben«, während die anderen drei Fakultäten sich auf äußere Bedürfnisse zurückführen ließen. Der »wahre Geist der Universität« verlange zudem, daß innerhalb jeder Fakultät die größte Freiheit herrschen müsse, ohne daß Ordnungen vorgeschrieben seien, wie die einzelnen Vorlesungen aufeinander zu folgen hätten. Denn wenn ein Lehrer für ein bestimmtes Stoffgebiet zuständig und gezwungen sei, in einem bestimmten Zeitraum immer wieder dasselbe vorzutragen, führe dies zu einem Stillstand in seiner geistigen Entwicklung. Den Studenten wie ihren Lehrern sei am besten damit gedient, wenn der Professor seinen eigenen Interessen und Neigungen folge. Denn seine Aufgabe sei es ja, die Studenten durch sein beispielhaftes Auftreten als aktiv forschender Wissenschaftler zu inspirieren, nicht aber, ihnen nur Einzelheiten eines bestimmten Stoffgebietes zu vermitteln.

In seinem letzten Kapitel, »Von den Sitten der Universität und von
der Aufsicht«, vertritt Schleiermacher den Standpunkt, das für den
Lehrkörper zu fordernde Prinzip der akademischen Freiheit müsse auch
für die Studenten gelten. Denn der Zweck der Universität liege nicht im
Lernen an und für sich, sondern im Erkennen, und könne daher nicht
durch äußeren Zwang erreicht werden, sondern nur »in der Temperatur
einer völligen Freiheit des Geistes«. Auch wenn viele Studenten von dieser Freiheit keinen rechten Gebrauch zu machen wüßten, würden doch
die besten in ihr aufblühen. Wie Fichte klagt auch Schleiermacher über
die Neigung der Studenten, alles Nichtstudentische, außerhalb des akademischen Lebens Liegende in dem einen großen Begriff des »Philister-
wesens« zusammenzufassen, und er bedauert die weiterhin bestehende
Duellpraxis. Doch lasse sich das eine Übel mildern, indem man die allzu große Isolierung der Studenten vom Rest der Gesellschaft aufhebe.
Und dem zweiten könne man dadurch begegnen, daß man unter öffentlicher Autorität zu betreibende Fechttrainings einführe. So könne die
Gefährlichkeit der Duelle gemindert und die Neigung, für jede Kleinigkeit Genugtuung zu fordern, gedämpft werden.

Nicht zuletzt durch Schleiermachers Schrift gingen die Ideen von
Jena allmählich in das öffentliche Bewußtsein in Preußen ein. Die Auffassung der Universität als einer Institution, in der alle Fakultäten miteinander zu verbinden und vom Mittelpunkt der philosophischen Fakultät aus geistig zu vereinigen seien, begann nun auch praktische
Wirksamkeit zu entfalten. Die Überzeugungskraft, mit der Schleiermachers das Jenaer Ideal eines »enzyklopädischen« Zugangs zum Wissen
vertrat, trug dazu bei, die von der Aufklärung nachhaltig beförderte
Skepsis gegen die traditionelle Universität zu überwinden und den Boden für die Gründung der Berliner Universität zu bereiten.

Anfangs schien das Unternehmen aus einer Vielzahl von Gründen zu
scheitern. So stand der Freiherr vom Stein dem Projekt eher reserviert gegenüber; unter den Professoren, denen man keine Stellen angeboten hatte, kam Verstimmung auf, und die Wiedereröffnung der Universität in
Halle trug ebenfalls nicht zur Verbesserung der Erfolgsaussichten bei. Im
Spätherbst des Jahres 1808 aber änderte sich die Situation erneut. Auf Napoleons Drängen hin verlor sein Erzfeind, der Freiherr von Stein, sein
Amt. Es war Stein allerdings zuvor gelungen, die Struktur der preußischen Regierung in der Weise zu reformieren, daß die Macht vom königlichen Kabinett auf ein neues, zentralisiertes System von Ministerien

überging. Karl Friedrich von Beyme, der an die Spitze des Justizministeriums rückte, hatte nun nichts mehr mit der Bildungspolitik zu tun. Auf Steins Empfehlung wurde Graf Alexander von Dohna zum Innenminister ernannt. Zum Chef der neu geschaffenen Abteilung für Religion und Unterrichtswesen, die seinem Ministerium unterstellt war, ernannte Dohna, wiederum auf Steins Empfehlung, den zweiundvierzig Jahre alten Preußischen Gesandten beim Vatikan, nämlich Wilhelm von Humboldt.

Humboldt, der die in Rom verbrachten Jahre als die glücklichsten seines Lebens ansah, hatte anfangs wenig Neigung, seine Studien in der Vatikanstadt zugunsten einer langweiligen Verwaltungstätigkeit in Berlin aufzugeben und sperrte sich sieben Monate lang gegen die Ernennung. Ende Februar 1809 aber sah er sich schließlich doch verpflichtet, den Posten anzunehmen. Neben einer Vielzahl anderer Aufgaben war er damit für die Gründung der neuen Universität zuständig. Die Aufgabe, der Humboldt sich gegenübersah, war alles andere als einfach. Wie sich herausstellen sollte, hatte er nur sechzehn Monate Zeit – von Anfang Februar 1809 bis Juni 1810 –, das schwierige Vorhaben zu Ende zu bringen. Hinzu kam, daß sich während dieser Zeit der König und sein Hof überwiegend in Königsberg aufhielten. Humboldt, dessen Frau und Familie in Rom geblieben waren, verbrachte daher lange Monate – von Mitte April bis Anfang Dezember 1809 – in der provisorischen preußischen Residenz, weit entfernt von Berlin und der dortigen Situation.
Es gelang Humboldt trotz dieser Schwierigkeiten, die Aufgabe zu erfüllen, die Beyme nicht zuwege gebracht hatte, und eine Universität zu gründen, die zumindest zeitweilig eine Erfüllung der Jenaer Vision darstellte. Dieser Erfolg war vor allem zwei Faktoren zu verdanken: dem Umschwung der öffentlichen Meinung in der Folge von Schleiermachers Denkschrift sowie Humboldts eigenen außergewöhnlichen administrativen Fähigkeiten und philosophisch fundierten bildungspolitischen Konzeptionen.
Humboldt hatte Rechtswissenschaft in Frankfurt an der Oder, später wiederum Jurisprudenz und – in Heynes Seminar – Philologie in Göttingen studiert. Aber es waren nicht diese Erfahrungen, aus denen seine Konzeption der Universität erwuchs. Vielmehr stand er während der vier Jahre von 1794 bis 1797, die er hauptsächlich in Jena verbrachte, in engem Kontakt mit Goethe, Schiller, Fichte, den Schlegels und anderen führenden Köpfen jener Periode, in der das Jenaer Ideal der Universität

geformt wurde[128]. Humboldts Ansichten zum Erziehungswesen und zur Universität – so wird vor diesem Hintergrund deutlich – verbinden das Weimarer Konzept der *Bildung* und das Jenaer Ideal der Universität. Zusammen mit Fichte und dem Historiker Woltmann gehörte Humboldt zu den Gründungsherausgebern von Schillers literarischer Zeitschrift *Die Horen*. Fichtes Vorlesungen über die Universität im Jahre 1794 hörte er an der Seite Schillers. So überrascht es kaum, in Humboldts eigenen Schriften immer wieder auf Passagen zu stoßen, die das Ideal von Jena reflektieren[129].

Zunächst hatte Humboldt Argumente dafür beizubringen, daß die neue Lehranstalt eine Universität sein und daß diese in Berlin errichtet werden sollte. In dem »Antrag auf Errichtung der Universität Berlin«, den er dem König am 12. Mai 1809 vorlegte – also kaum zwei Monate, nachdem er seine neues Amt angetreten hatte – wird seine eigene Position deutlich. Sie stand in entschiedenem Widerspruch zu den seit der Aufklärung einflußreichen Plädoyers für spezialisierte Berufsschulen und war in vielen Punkten unverkennbar ein Echo auf Schleiermachers Gedanken. »Auch der Name *Universität* wird, schmeichle ich mir, bei Ew. Königlichen Majestät keiner Entschuldigung bedürfen. Er soll nur anzeygen, dass keine Wissenschaft ausgeschlossen seyn, und daß die Lehr-Anstalt auch akademische Würden ertheilen wird. Alles sonst Veraltete und Nachtheilige fällt natürlich hinweg.«[130] Es wäre mißlich, so fährt Humboldt fort, eine *höhere* Lehranstalt zu gründen, die keine Universität wäre, denn Theorie und Praxis dürften beim Unterrichten nicht getrennt werden. Darüber hinaus wäre es schwierig und zudem willkürlich, eine neuen Typ von Lehranstalt neben den drei traditionellen Modellen zu etablieren, die Schleiermacher umrissen hatte: Schule, Universität und Akademie. In einem anderen Bericht an den König vom 24. Juli 1809 greift Humboldt auf die Bestimmung der Universität als »ein organisches Ganzes« zurück. Wiederum besteht er darauf, die ins Auge gefaßte allgemeine Lehranstalt müsse »mit dem alten und hergebrachten Namen einer *Universität*« belegt werden und fügt hinzu, sie habe auf jeden Fall, welchen Titel man ihr auch gebe, alles zu enthalten, was der Begriff einer Universität mit sich bringe. »Sie könnte, von richtigen Ansichten allgemeiner Bildung ausgehend, weder Fächer ausschliessen, noch von einem höhern Standpunkt, da die Universitäten schon den höchsten umfassen, beginnen, noch endlich sich bloss auf praktische Uebungen beschränken.«

Seine Auffassung von der Universität als einer moralischen Institution, welche die Einheit allen Wissens symbolisiere und zugleich verkörpere, faßte Humboldt in dem fragmentarischen Aufsatz »Ueber die innere und äußere Organisation der höheren wissenschaftlichen Anstalten in Berlin« zusammen. Der Eingangspassus lautet:

> Der Begriff der höheren wissenschaftlichen Anstalten, als des Gipfels, in dem alles, was unmittelbar für die moralische Cultur der Nation geschieht, zusammenkommt, beruht darauf, dass dieselben bestimmt sind, die Wissenschaft im tiefsten und weitesten Sinne des Wortes zu bearbeiten, und als einen nicht absichtlich, aber von selbst zweckmässig vorbereiteten Stoff der geistigen und sittlichen Bildung zu seiner Benutzung hinzugeben.

Es sei für die Universität charakteristisch, daß sie – anders als die Schule, die es mit der Vermittlung gegebener Kenntnisse zu tun habe, – die Wissenschaften als Feld *nicht* gelöster Problemen auffasse. Für das Verhältnis zwischen Lehrer und Schüler ergebe sich daraus, daß hier nicht der Lehrer für den Schüler da sei, sondern beide gemeinsam der Wissenschaft zu dienen hätten. Die Universität müsse in ihrer Organisation dem Prinzip Rechnung tragen, daß die Wissenschaft ein Zweck in sich selbst sei und als »etwas noch nicht ganz Gefundenes und nie ganz Aufzufindendes« stets Gegenstand des Suchens und Forschens bleibe. Höre man auf, die Wissenschaft aus diesem Geist heraus zu betreiben, so bleibe nichts als eine leere Hülse ohne erzieherischen Wert zurück. »Denn nur die Wissenschaft, die aus dem Innern stammt und in's Innere gepflanzt werden kann, bildet auch den Charakter um, und dem Staat ist es ebenso wenig als der Menschheit um Wissen und Reden, sondern um Charakter und Handeln zu tun.« Folge man in der Universität dem Prinzip, die als autonom begriffene Wissenschaft als solche zu suchen, so ergebe sich die Regulierung der Einzelheiten von selbst. »Es fehlt alsdann weder an Einheit noch Vollständigkeit, die eine sucht die andere von selbst und beide setzen sich von selbst, worin das Geheimniss jeder guten wissenschaftlichen Methode besteht, in die richtige Wechselwirkung.«

Humboldt kam nie dazu und wurde auch nicht dazu aufgefordert, sich in ausführlicher Form theoretisch zum Wesen der Universität zu äußern. Es gibt aus seiner Feder keine solch umfangreiche Denkschrift, wie wir sie von Fichte, Schelling und Schleiermacher besitzen. Fast alle

seine Grundgedanken begegnen uns im Zusammenhang der offiziellen
Berichte, die er während seiner ebenso kurzen wie bemerkenswerten
Amtszeit als Direktor der Sektion für Kultus und Unterricht verfaßte.
Doch wird auch aus diesen knappen Einlassungen hinreichend deutlich,
daß das Idealbild der Universität, mit dem er seine Aufgabe in Angriff
nahm, weitgehend der ihm vertrauten Jenaer Rhetorik verpflichtet war.

Humboldts Konzeption der Universität war also nicht einzigartig.
Daß er jedoch mit der Gründung der Berliner Universität ein Vorhaben
verwirklichen konnte, an dem schon so viele Vorgänger gescheitert waren, muß weitgehend seinem persönlichen diplomatischen Geschick
und seinen ausgezeichneten verwaltungstechnischen Fähigkeiten zugeschrieben werden. Nachdem er den König zur Annahme seiner Vorschläge bewegt hatte, sah er sich der ebenso schwierigen Aufgabe gegenüber, nun mit den zu berufenden Gelehrten selbst zurechtzukommen.
Es gelang ihm, den bedeutendsten – zudem einen der jüngsten – Lehrkörper in Deutschland für seine Universität zu gewinnen: in der Philologie F. A. Wolf, in der Rechtswissenschaft Savigny, in der Theologie
Schleiermacher, in der Philosophie Fichte, in der Medizin Reil. Die Liste der bedeutenden Namen ließe sich fortsetzen. Die Romantiker verfolgten die Berliner Neugründung mit großem Enthusiasmus und an-
haltendem Interesse. Ja, die Anwesenheit Savignys, der auf Vermittlung
Arnims nach Berlin berufen worden war, ließ seine Schwager Brentano
und Arnim zu der Überzeugung gelangen, sie hätten einen gewissen
Einfluß auf die Entwicklung dieser neuen, »romantischen« Universität.
Selten war die Gründung einer akademischen Institution von so vielen
literarischen Aktivitäten begleitet wie die der Berliner Universität im
Jahre 1810.

Humboldt vertrat die Ansicht, Berlin solle aus der Not eine Tugend
machen und seine Universität mitten im Zentrum der Stadt ansiedeln
und nicht in den Außenbezirken, weit entfernt von den Versuchungen
der Großstadt, die von vielen Kommentatoren beschworen wurden. Er
hatte sich für seine Institution das Prinz-Heinrich-Palais gesichert, ein
großes schönes Gebäude an der Prachtstraße Unter den Linden. Es lag
gegenüber dem Theater und war nur wenige hundert Schritte vom königlichen Schloß entfernt. Schon seit Ende des Jahres 1809 wurden hier
Vorlesungen gehalten, fast ein Jahr vor der offiziellen Eröffnung der
Universität. Im Dezember konnte Humboldt dem König berichten, daß
er Friedrich August Wolf für die Universität gewonnen hatte. Das war

ein bedeutender Schritt nach vorn, »da sich in philologischer Gelehrsamkeit niemand mit ihm messen kann«. Der Umstand, daß Wolf bei seinem in lateinischer Sprache gehaltenen Kolleg über griechische Literatur eine erstaunlich große Zahl von Hörern hatte, ohne daß es schon formell eingeschriebene Studenten gab, schien Humboldt ein Zeichen dafür zu sein, »dass es keineswegs an Lust auch zu ernsthaften und bloss gelehrten Studien fehlt«. Diese Einschätzung wurde dadurch bestätigt, daß auch die von Fichte, Schleiermacher und anderen im Palais gehaltenen Vorlesungen großen Anklang beim Publikum fanden.

Die Universität nahm am 10. Oktober 1810 ihren Betrieb auf. An diesem Tag hielt Schmalz, der zum ersten Rektor ernannt worden war, die Begrüßungsrede bei der ersten Zusammenkunft des akademischen Senats. Die Vorlesungen begannen offiziell am 29. Oktober. Ursprünglich war eine feierliche »Proklamations«-Zeremonie für den 15. Oktober, den Geburtstag des Kronprinzen, geplant gewesen. Aus mehreren Gründen wurde diese Feier jedoch aufgeschoben. Die Mauern des Gebäudes waren noch feucht; der Lehrkörper war noch nicht vollzählig; die Statuten der Universität waren noch nicht in Kraft gesetzt; und es gab noch zu wenige Studenten, um eine solche Veranstaltung als sinnvoll erscheinen zu lassen. Schmalz teilte dem Senat bei seiner ersten Zusammenkunft mit, daß sich bereits 61 Studenten eingeschrieben hätten, darunter ein Prinz, ein Graf und zehn Adlige; als das Semester begann, gab es insgesamt 256 Studenten, fast die Hälfte von ihnen gehörte der medizinischen Fakultät an[131]. Die verschobene Eröffnungszeremonie fand nie statt, und so begann die Geschichte der Berliner Universität mit so gut wie keinem formalen Eklat. Das aber hielt die romantischen Schriftsteller durchaus nicht davon ab, die für diese feierliche Gelegenheit vorgesehenen Gedichte zu Ende zu schreiben. Am 15. Oktober veröffentlichten Kleists *Berliner Abendblätter* Achim von Arnims Gedicht *Der Studenten erstes Lebehoch bei der Ankunft in Berlin am 15. Oktober 1810*[132]. Es besteht aus fünfzehn Vierzeilern, die jeweils abwechselnd von einem »Eingebornen« Berliner Stadtbewohner und dem »Chor der Ankommenden« vorgetragen werden. Zu Beginn begrüßt der »Eingeborne« die »Pilger«, die den Staub der sandigen Mark Brandenburg von ihren Füßen schütteln, und fragt sie, was der Grund ist, der sie durch die »Wüste« treibt. Als sie ihm antworten, es sei »die fromme Lust/Nach Wissenschaft«, versichert er ihnen, daß ihre Wanderschaft nun an ein

Ende gekommen sei und sie den Ort erreicht hätten, wo ihre Wünsche
erfüllt würden.

> Geendigt ist die Pilgerreis',
> Hier schafft in gutem Willen,
> Hier betet froh in mut'gem Fleiß,
> So wird sich viel erfüllen.
>
> *Chor der Ankommenden*
> So still, so treu die Spree hier fließt,
> So hell, so weit die Straße grüßt,
> So still, so hell glänzt Wissenschaft,
> Die aller Welt Verbindung schafft.
>
> *Eingeborner*
> Hier findet ihr der Wissenschaft
> Ein Heldenschloß geweihet,
> Das deute euch den Mut, die Kraft,
> Womit sie sich erneuert.

Das Festgedicht schließt mit einer Huldigung des Königs, dem dieses
neue Schloß der Wissenschaft zu verdanken sei.

Arnims Text ist ein feierlicher Hymnus auf die im Jenaer Sinn aufge-
faßte Wissenschaft, deren prominente Rolle auf ihrer Kraft zur Vereinigung alles Einzelwissens beruht. Allerdings läßt er diesen Gedanken nur
anklingen. Das Gedicht ist im wesentlichen ein Loblied auf die Weisheit des Königs, der sich entschlossen habe, der Wissenschaft in seinem
Reich eine Heimstatt zu geben. Den eigentlichen Hymnus auf die neue
Universität schrieb – wahrscheinlich auf Anregung Savignys – Arnims
Schwager Clemens Brentano, obwohl die Feier, für die seine »Kantate
auf den 15ten Oktober 1810« unter dem Titel *Universitati Litterariae* gedacht war, nicht zustande kam. Brentanos Kantate, deren bevorstehende
Publikation die *Berliner Abendblätter* am 13. Oktober anzeigten, wurde
von Reichardt in Musik gesetzt. Sie erschien mit einer Titelvignette, die
das Universitätsgebäude darstellte, im Verlagshaus Hitzig und wurde
auch von den *Abendblättern* vertrieben. Der Titel bezieht sich auf die
Inschrift, die Humboldt in goldenen Lettern am Portal des Prinz-Heinrich-Palais hatte anbringen lassen[133]. Die Kantate beginnt mit einem
Gesang, in dem der »Chor der Vorsteher«, also der Minister und Regie-

rungsbeamten, mit Hinweis auf Jesus der Lehrtätigkeit göttlichen Charakter zuspricht.

> Es ist ein göttlich Werk, zu lehren;
> Er selbst, er hat gelehret
> Die hohen Priester in dem Tempel,
> Da er, ein Kind noch, wandelte
> Auf seiner Erde.[134]

Es folgt ein »Chor der Lehrer«. Sie geloben, in dem vom König gegründeten »Haus der Wissenschaft« zu Gottes Lob und Ehren »die Wahrheit
treu zu lehren«. Dann rühmt ein »Wechselgesang der Gelehrten und
Bürger« den König Friedrich Wilhelm III., der in einer Zeit des Aufruhrs und der Bedrängnis das Werk vollendet habe.

> mitten in dem harten Streit,
> *Du* die Wissenschaft
> Mit *Deiner* Gnade Schild
> Und brichst im Sturm ein Lorbeerreis.

Diesen drei Chören folgen weitere Stimmen, die Deutschlands besondere Mission auf dem Gebiet der Künste und Wissenschaften hervorhe-
ben. Zunächst preist die »Stimme des Dichters« Deutschlands Neigung
zu Wissen und Weisheit:

> Mein Deutschland, du stehst ewiglich,
> Tief innerlich
> Verbindet dich ein hoher Weisheitstrieb.

Seit alters her, so fügt der »Chor der Bürger« hinzu, hätten die Universitäten zu den vornehmsten Errungenschaften der deutschen Herrscher
gehört.

> Aber eure schönsten Werke
> Hat die neue Macht geehret,
> Eurer hohen Schulen Kreis.

Ein »Allgemeiner Chor« beschließt diese Sequenz:

> Fleiß ziert Deutschland,
> Wenn es nähret,
> Treu ist Deutschland,

> Wo es wehret,
> Groß ist Deutschland,
> Wenn es lehret,
> Pflug und Schwert und Buch es ehret.

Vom Lob der Nation geht die Kantate im folgenden zum Lob Berlins durch die Musen über. Sie grüßen die »königliche Stadt«, in deren Mitte sich »ein deutscher Musenberg« erhoben habe. Dann verkündet die »Stimme des Dichters« die Ankunft der Studenten:

> Ich sehe eine sel'ge Schar,
> Von Jünglingen dir nahen,
> Ein ernster Rausch durchweht ihr Haar, ...

Die Stadt, die Musen und die Bürger heißen nun die Universität, die Professoren und die Studenten willkommen. In einem Chorgesang, der ganz um die bei Brentano häufig zu findende Bergwerksmetaphorik zentriert ist, nähern sich die Studenten dem »Musenberg«. Sie singen von dem »Quell« wertvoller Erze, der sich im Herzen des Landes aufgetan habe, und kündigen an, in den neuen Schacht hinabsteigen und das Edelgestein heraufholen zu wollen.

> Glück auf, Glück auf! ihr Meister all,
> Die ihr den Bau gegründet,
> Wir grüßen euch mit lautem Schall,
> Die Lampen sind gezündet.
> Glück auf, Glück auf! wir fahren ein
> Nach edelem Gesteine,
> Ein jeder soll gewärtig sein
> Daß er es redlich meine.

An dieser Stelle kündigt ein »Wechselchor der Bürger« die Ankunft »der vier weisen hohen Frauen« an, die durch das offene Portal des Universitätsgebäudes Einzug halten: Die Allegorie der Theologie in ihrem violetten Gewand zeigt auf die aufgeschlagene Bibel, die sie in der Hand hält; die schwarz gekleidete Philosophie trägt um die Stirn einen Lorbeerkranz; im Purpur kommt die Jurisprudenz mit Waage und Schwert daher; und im Scharlachmantel schwingt die Medizin den Stab des Äskulap. Dies »göttliche Geschlecht« wird von einer »Stimme aus den Bürgern« begrüßt, und die Studenten der vier Fakultäten heißen ihre

Lehrer willkommen. Eine »Stimme aus dem Chor der Fakultäten« antwortet auf die Begrüßungen. Dann nähert sich der »Chor der Akademie
der Wissenschaften« und überreicht einen Granatapfel als Symbol der
Einheit des Wissens.

> Wir nahen uns und bieten euch die Hände,
> Ihr die, was wir gelernt, nun lehren wollt,
> Den Apfel der Granate nehmt als Spende,
> Der Vielheit Einheit in der Schale Gold.

Mit Dank nehmen die Fakultäten das Geschenk an, und die »Stimme
der Vorsteher« mahnt die Studenten und ihre Lehrer zur Dankbarkeit
gegenüber dem Staat.

> So lerne Schüler fromm,
> So werd' Studente dann gelehrt,
> Und Meister lehre treu,
> Das ist, was ernst der Staat von euch begehrt,
> Der Staat, der euch ernährt,
> Der Staat, der von euch lernend, hoch euch ehret,
> Der Staat, der hohe Freiheit euch gewährt.

Die Studenten preisen die »hohe Wissensfreiheit«, die ihnen gegeben
sei, und die Professoren versprechen, sie nicht als Schüler, sondern als
jüngere Kollegen zu behandeln.

> Nicht Schüler seid ihr, ihr seid uns Gefährten,
> Wir sind der Fahrt erfahrne Männer nur.

Zum Schluß bittet der »Chor der Bürger« um eine Auslegung der goldenen Inschrift am Portal der Universität, und die »Stimme der Lehrer«
kommt dieser Bitte in den letzten Zeilen des Gedichts nach:

> Der Ganzheit, Allheit, Einheit
> Der Allgemeinheit
> Gelehrter Weisheit,
> Des Wissens Freiheit,
> Gehört dies königliche Haus!
> So leg' ich euch die goldnen Worte aus:
> UNIVERSITATI LITTERARIAE.

Brentanos große Kantate läßt sich als poetische Darstellung des Jenaer Ideals lesen. Hier wie dort verkörpert die Universität gegenüber den voneinander getrennten, besonderen Zwecken verpflichteten Berufsschulen die Einheit eines enzyklopädischen und synthetischen Wissens, wie es nur unter den Bedingungen akademischer Freiheit und durch die kollegiale Zusammenarbeit von Studenten und Professoren entstehen könne. Doch entfernt sich Brentano von Fichte, Schleiermacher und Humboldt in seinem Verständnis der Wechselbeziehung von Universität und Staat. Daran, daß hier die Verpflichtung der Universität, sich dankbar in die Stadt und den Staat, von denen sie unterstützt wird, einzugliedern, so stark hervorgehoben wird, zeigt sich der Bewußtseinswandel, der seit den Tagen von Jena stattgefunden hatte. Humboldt gründete die Universität im Geist von Jena – Fichtes Jena – als eine Institution, die ganz dem reinen Streben nach Wissenschaft gewidmet sein sollte. Die jüngere Generation aber sah dies unter dem Einfluß des Nationalbewußtseins, das sich im Zuge der Napoleonischen Kriege entwickelt hatte, anders. Für sie war die Universität eine Institution, die vom Staat und für ihn geschaffen war. Während in Brentanos Kantate dieses Motiv nur als Nebenthema anklingt, ist es in den Schriften seiner Berliner Kollegen Heinrich von Kleist und Adam Müller unüberhörbar.

Die Gründung der Universität war das erste öffentliche Geschehen von Bedeutung, dem sich die jüngst von Kleist und Adam Müller ins Leben gerufenen *Berliner Abendblätter* zuwandten[135]. In der zweiten Nummer der Zeitschrift, am 2. Oktober 1810, begann ein dreiteiliger Artikel Müllers unter dem Titel *Freimüthige Gedanken bei Gelegenheit der neuerrichteten Universität in Berlin.* Hier wird deutlich, wie weit sich die jüngeren preußischen Romantiker von den Jenaer Zielen entfernt hatten. Müllers Ausgangspunkt ist die Beobachtung, daß im ersten Vorlesungsverzeichnis der Berliner Universität bei den Namen der Lehrer alle bürgerlichen Qualifikationen und Titel weggelassen seien. Dadurch, so die Schlußfolgerung, wolle die Universität zeigen, daß sie »nur literarische Würden und Distinctionen« anerkenne. »Sie folgt der hergebrachten Vorstellung einer von dem Staate in gewisser Rücksicht unabhängigen Republik der Wissenschaften; sie strebt, die durch Mißbrauch herabgewürdigten Doctoren- und Professoren-Titel wieder in Ehren zu bringen, und es muß ihr großentheils gelingen, da Namen wie Wolf, Niebuhr, Savigny, Reil, Fichte, usf. in diesem einfach erhabenen Schmuck auftreten.«[136] Müller hält es durchaus für gerechtfertigt, daß der Staat neben der zivilen und der militärischen Rangordnung noch eine dritte, geistige zulasse, damit die Gelehrten sich nicht im praktischen Leben aufreiben müßten, um öffentliche Anerkennung zu finden. Und er schließt diesen ersten Artikel mit dem Appell, der Staat solle der Universität jene akademische Freiheit, nämlich die Zensurfreiheit in wissenschaftlichen Fragen gewähren, durch die einst Göttingen seine Größe und Bedeutung erlangt habe.

Müllers zweiter Artikel am 3. Oktober 1810 aber beginnt mit der Forderung, die Universität müsse im Gegenzug zu den ihr gewährten Freiheiten ihrer Verantwortung dem Staat gegenüber gerecht werden. Die bisher »blos cosmopolitische« Orientierung der Gelehrten, die zur Zersplitterung ihres Standes geführt habe, müsse durch »eine vaterländische« ausbalanciert werden. »Wollen die Gelehrten in diesem bestimmten preußischen Staate bedeuten, so müssen sie zunächst ihm dienen. Zu einem bloßen Gastmahl für die wissenschaftlichen *Gourmands* von Europa, wird die Universität nicht gestiftet.« Um anderswo Anerkennung zu finden, seien die Gelehrten »dem vaterländischen Boden untreu geworden«, der »wissenschaftliche Luxus« habe sie verdorben. Dagegen setzt Müller seine strenge Bestimmung des Zwecks aller Bildung. »Der nächste Zweck alles höheren Unterrichts ist die Bildung des Staatsbeamten.« Er nimmt diesen Begriff im weitesten Sinne und meint damit im Prinzip jeden Staatsbürger, besonders aber den Gelehrten in seiner Eigenschaft als Beamter. »Die höchste Verirrung der Erziehung ist, wenn sie bloß fürs Allgemeine, ins Blaue, Entfernte hin, erzieht, und vor aller Humanität und Philanthropie nicht zum Stehen und Wirken kommt.« Nach dem Schwinden der verbindlichen Orientierung am christlichen Glauben, die dem Aufblühen der Wissenschaft in Bologna, Prag und Paris im späten Mittelalter den bestimmenden Hintergrund gab, können die Wissenschaften ihr Leben nur erhalten, »wenn sie sich in freier Dienstbarkeit dem Staate anschließen«. Müller ruft dazu auf, mit dem Aufspeichern, Sammeln, Entdecken und Emendieren nun ein Ende zu machen, das 18. Jahrhundert habe schon allzu viel überflüssiges Wissen zusammengetragen. Nur durch »die lebendigen Beziehungen, die praktische Kraft« könnten die kraftlos gewordenen Wissenschaften die Bedeutung wiedergewinnen, die sie »in der Barbarei der letzten Zeiten« verloren hätten.

Im Zentrum der kritischen Philippika am Beginn des abschließenden dritten Teils von Müllers Artikel, der am 4. Oktober 1810 erschien, steht

»der jetzt herrschende, aller wahren Wissenschaft abgewendete, hyper-
kritische Geist der Gelehrten, der Krieg aller gegen alle, die fruchtlose
Zersplitterung der literarischen Republik.« Dieser beklagenswerte Zustand könne nur vom Staat aufgehoben werden. Er allein sei in der
Lage, den entzweiten Wissenschaften wieder »ein gemeinschaftliches,
bestimmtes, praktisches Ziel« zu geben. Warum sind, so fragt Müller
suggestiv, aus den bisherigen Lehranstalten nur Virtuosen der Jurisprudenz und Provinzialbeamte, aber durchaus keine höheren Staatsbeamten
hervorgegangen? Keiner der höheren Staatsbeamten habe sein Amt
durch das Studium, alle hätten es durch Talent und praktische Erfahrung erworben. Müller hat auf seine Frage eine eindeutige Antwort:
»weil die alten Universitäten in den letzten Zeiten, etwas zu sehr und zu
ausschließend im Universo verkehrt haben, und das Studium der vaterländischen Lokalität versäumt worden ist. – Es ist das höchste Interesse
des Staates, daß die Candidaten seiner Aemter in den besonderen Gerichtshof und in das besondere administrative Departement nicht anders eintreten, als ausgerüstet mit einer tüchtigen vollständigen Anschauung des vaterländischen Universums.« Die neue Universität in
Berlin, so Müllers programmatische Schlußwendung, werde zeigen, daß
durch diese vaterländische Richtungsbestimmung weder »das Europäische Universum« noch »die Republik der Wissenschaften« etwas ver-
liere.

Die Herausgeber der *Berliner Abendblätter* setzten in der Folgezeit
ihre kritische Beobachtung der neuen Institution fort. Am 10. Oktober
1810 wird den Lesern mitgeteilt, »der uns von unbekannter Hand einge-
sandte Aufsatz über die Proklamation der Universität« könne aus ge-
wichtigen Gründen nicht ins Blatt aufgenommen werden. Es dürfte
sich hierbei um einen verlorengegangenen Artikel Kleists handeln, in
dem er sich über die Verschiebung der angekündigten Eröffnungszeremonie beklagte. Denn Müllers Artikelserie hatten die *Abendblätter* nicht
zuletzt mit Blick auf dieses Datum gebracht[137]. Am 8. Oktober 1810
griff Adam Müller mit einem Text *Ueber die wissenschaftlichen Deputationen* in die Debatte darüber ein, ob der Nutzen der Wissenschaften
für den Staat eher auf dem direkten Weg der Bildung »gelehrter Korpo-
rationen« (=Deputationen) oder auf dem indirekten der verbesserten
wissenschaftlichen und politischen Erziehung der Staatsbeamten selbst
zu sichern sei. Es ist charakteristisch, daß Müller hier für die »weise na-
turgemäße« Selbstbildung der Staatsbeamten argumentiert und gegen

die »äußere Infusion« durch ad hoc zu Rate gezogene wissenschaftliche Deputationen. Denn es geht ihm darum, daß die Wissenschaften unter der Kontrolle der Staatsbeamten zu stehen hätten und nicht umgekehrt. »Je mehr es der besondere Ruhm unserer Zeit ist, daß die Wissenschaften mächtig geworden sind, um so mehr ist es, erstes unter allen Problemen des Staatsmanns sie zu bändigen, das heißt da er sie braucht und sie sich nicht mehr unterdrücken lassen, sie zu *regieren*.« Am 27. Oktober 1810 stellte ein anonymer Mitarbeiter – es handelt sich vermutlich um Schleiermacher – die »Bescheidene Anfrage«, warum im Lehrangebot der Universität die *Naturphilosophie* ausgespart sei, wo doch zur *universitas litteraria* nicht nur die »Totalität der wissenschaftlichen Disziplinen« gehöre, sondern auch, daß sie die aktuell jeweils herrschenden Hauptrichtungen in Wissenschaft und Philosophie angemessen repräsentiere. Alle diese Richtungen müßten im Lehrkörper vertreten sein »und in Streit gebracht werden« – und die Philosophie dürfe nicht – so die implizite Stoßrichtung – wie im gegenwärtigen Vorlesungsverzeichnis nur durch den Fichteschen Idealismus repräsentiert sein.

Zwei Punkte sind mit Blick auf die *Berliner Abendblätter* festzuhalten. Zum einen brachte die Zeitschrift, wenn sie auch nicht den von ihren Herausgebern erhofften prägenden Einfluß auf die Universitätspolitik hatte, in ihrer Ankündigung von Brentanos Kantate, dem Abdruck von Arnims Gedicht und zahlreichen Artikeln das breite öffentliche Interesse an der neuen Institution zum Ausdruck. Die Gründung der Universität vor dem Hintergrund der politisch-militärischen Notsituation wurde von der literarischen, gelehrten und kulturellen Öffentlichkeit als ein heroischer Akt und Beginn einer neuen Ära Preußens und Berlins begriffen. Rahel Varnhagen zum Beispiel berichtete ihrem Gatten in einem Brief vom 12. November 1810: »Die Universität, wenn sie auch, als bloßer Anfang zu einer, verscheiden muß, ist schön. Und wahrlich einem jeden hier nach seinen Kräften lieb. Sie ist ein Produkt des Geistes. Mitten in der Besiegung, der Armut, ja der Furcht, der Störung, erdacht, entworfen, angefangen! Ein Grünen der Erde durch ihr eigenes Feuer, möge Phöbus *gnädig* leuchten, und keine Pfeile den Kühnen schicken.«[138]

Was den zweiten Punkt angeht, die repressiven Ansichten, wie sie Adam Müller in seiner Forderung nach strikter Kontrolle der neuen Institution durch den Staat vertrat, so läßt sich sagen, daß seine Haltung keineswegs repräsentativ war. Die meisten Zeitgenossen, darunter insbe-

sondere Humboldt, Savigny und Brentano verwarfen Müllers enge Auffassung der Universität. Sie taten sie als Meinung eines Mannes ab, der
verbittert war, trotz all seiner Anstrengungen nie dazu aufgefordert worden zu sein, dem Lehrkörper der neuen Universität beizutreten[139]. Zugleich aber warfen in Müllers Artikelserie die verhängnisvollen Entwicklungen der Zukunft ihre Schatten voraus. Kaum hatte die Universität
ihre Pforten eröffnet, kam es zum Konflikt zwischen dem Jenaer Ideal,
das im Lehrkörper einen starken Rückhalt hatte, und der Realität des
preußischen Staates. Es wäre kaum übertrieben zu behaupten, das Jenaer Ideal habe seine einzige »Verwirklichung« in der *Konzeption* der Berliner Universität gefunden, sei aber in eben dem Moment kompromit-
tiert worden, als diese Universität de facto ihren Lehrbetrieb aufnahm.

Humboldt, der seinen Posten als Direktor der Sektion für Kultus und
Unterricht nur widerstrebend angetreten hatte, war bald durch die Anstrengungen, die sein Amt mit sich brachte, ermüdet. Zudem war er der
politischen Intrigen in dieser sehr unruhigen Zeit und vor allem des Ge-
zänks unter den Gelehrten überdrüssig, in deren Interesse er die neue
Universität zu errichten suchte. Am 22. Mai 1810 schrieb er an seine
Frau: »Mit wie vielen Schwierigkeiten ich bei dem allen zu kämpfen
habe, wie die Gelehrten – die unbändigste und am schwersten zu befriedigende Menschenklasse – mit ihren sich ewig durchkreuzenden Interessen, ihrer Eifersucht, ihrem Neid, ihrer Lust zu regieren, ihren einsei-
tigen Ansichten, wo jeder meint, daß nur sein Fach Unterstützung und
Beförderung verdiene, mich umlagern, wie dann noch jetzt Unannehmlichkeiten und Zänkereien mit andern Kollegien und Menschen hin-
zukommen, davon hast Du, teures Kind, keinen Begriff.«[140] Im Juni
reichte er sein Rücktrittsgesuch ein und verließ Berlin am 15. August
1810, fast zwei Monate vor der offiziellen Eröffnung der Universität, die
er ins Leben gerufen hatte. In den ersten Monaten nach seinem Aus-
scheiden, d.h. in der Zeit, als die erste akademische Senatssitzung stattfand und die Vorlesungen begannen, gelang es seinem ehemaligen Kollegen und Interims-Nachfolger G.H.L. Nicolovius gemeinsam mit dem
Lehrkörper, den noch Humboldt zusammengebracht hatte, das Ideal
einer freien und unabhängigen Universität zumindest vorläufig zu verteidigen[141]. Am 20. November 1810 aber wurde Nicolovius im Zuge einer größeren Umorganisation des Ministeriums durch Friedrich von
Schuckmann abgelöst. Goethe schätzte die Fähigkeiten dieses erfahre-

nen Beamten sehr und versuchte mehrfach, ihn nach Weimar zu locken. Schuckmann war aber nicht nur ein ausgezeichneter Verwaltungsbeamter, sondern zugleich ein Preuße von sehr autoritärer Gesinnung, der die Interessen des Staates über alles stellte – natürlich auch über die romantische Konzeption einer reinen *Wissenschaft*. Kaum war er im Amt, hob er die »Einrichtungskommission« auf, die mit der Eröffnung der Universität und Verkündung ihrer Statuten beauftragt war, und ließ alle ihre Befugnisse auf die Regierungsadministration übergehen. Zusätzlich schwächte er die Unabhängigkeit der Universität an entscheidender Stelle, indem er das finanzielle Arrangement annullierte, das Humboldt vorgeschlagen und der König probeweise gebilligt hatte. Hiernach sollte die Universität ihr Einkommen aus säkularisierten Domänen bestreiten, die ihr vom Staat überschrieben wurden.

Während der Wintermonate, als die neu berufenen Mitglieder der Professorenschaft in Berlin ankamen und der Vorlesungsbetrieb aufgenommen wurde, befand sich Schmalz, der erste Rektor, in fortwährender Auseinandersetzung mit Schuckmann und seiner Sektion, um zumindest einige der Privilegien zu retten, die der Universität in der Phase ihrer idealistischen Konzipierung zugestanden worden waren. Schmalz war für den Zeitraum eines Jahres ernannt worden und brachte trotz mehrerer Rücktrittsdrohungen und Ankündigungen, Berlin zu verlassen, seine Amtszeit zu Ende. Als im Juli 1811 die dreiundzwanzig Mitglieder des akademischen Senats zusammenkamen, um einen neuen Rektor zu wählen, gab es noch keine formell sanktionierten Statuten, an denen das Wahlverfahren hätte ausgerichtet werden können. Universitätspolitische Streitigkeiten und persönlicher Ehrgeiz machten vier Wahlgänge erforderlich, ehe sich eine klare Mehrheit herausbildete. Schließlich ging Fichte aus diesen Prozeduren als Sieger hervor. Er war der erste Rektor der Universität, der tatsächlich von seinen Kollegen gewählt worden war. Die Antrittsvorlesung, die er am 19. Oktober 1811 vor einer geschlossenen Versammlung von Professoren und Studenten hielt, stellt den Kulminationspunkt der Rückgriffe auf den Geist von Jena während der Gründungsphase der Berliner Universität dar.

Fichtes Vorlesung *Ueber die einzig mögliche Störung der akademischen Freiheit*[142] ist die wohl beeindruckendste Formulierung der Quintessenz seiner Ansichten zur Universität. Ihr hoher Ton erhält eine gewisse Schärfe und Bitterkeit. Denn Fichte spürte zweifellos die Bedrohung, die über der Institution lag, deren Gründung er mit solchem Enthusias-

mus unterstützt hatte. Er begrüßte die Studenten mit einer leidenschaftlichen Beschwörung der akademischen Freiheit als der »himmlischen
Luft«, in der allein die Früchte der Universität blühen und gedeihen
könnten. Mit einer Emphase, die seine eigene untergründige Betroffenheit ahnen läßt, formuliert er die in der Druckfassung gesperrt hervor-
gehobene Überzeugung, »*dass auf keiner Universität in der Welt diese
akademische Freiheit mehr gesichert und fester begründet seyn könne, als gerade hier, auf dieser unserer Universität.*« Wenn er im folgenden den Studenten Begriff und Wesen der Universität entwickelt, so unter Aufbie-
tung aller Elemente jener Rhetorik, mit der wir nun schon seit seinen
Vorlesungen von 1794 vertraut sind. »Die gesammte Welt ist lediglich
dazu da, damit in ihr dargestellt werde das Ueberweltliche, die Gottheit; und zwar, damit es dargestellt werde vermittelst besonnener Freiheit.« Zwar offenbare sich dieses Überweltliche durch sich selbst, doch
erscheine sein Bild dem Verstand um so klarer und reiner, je gebildeter
er selbst sei. Daher liege in der Fortbildung des Verstandes die vornehmste Bestimmung des Menschengeschlechts. Durch sie allein verdiene sich jedes Zeitalter seinen Platz in der Geschichte. »Die Universität aber ist die ausdrücklich für Sicherung der Ununterbrochenheit
und Stätigkeit dieses Fortganges getroffene Anstalt, indem sie derjenige
Punct ist, in welchem, mit Besonnenheit und nach einer Regel, jedes
Zeitalter seine höchste Verstandesbildung übergiebt dem folgenden
Zeitalter.« Von der Universität lasse sich daher sagen, »dass sie die wichtigste Anstalt und das Heiligste ist, was das Menschengeschlecht besitzt«. Denn in der Universität lebe die Menschheit ein ununterbroche-
nes Leben, das alle Vergänglichkeit transzendiere. »Die Universität ist
die sichtbare Darstellung der Unsterblichkeit unseres Geschlechtes, indem sie nichts wahrhaft Seyendes ersterben lässt … Sie ist die sichtbare
Darstellung der Einheit der Welt, als der Erscheinung Gottes, und
Gottes selbst.«

Nach diesem hymnischen Beginn charakterisiert Fichte im folgenden
die innere Einrichtung der Universität. »Die gesammte Verstandesbildung des Zeitalters und die gesammten Hülfsmittel und Gegenstände
dieser Bildung müssen in der Gesammtheit der Lehrer, als den Stellver-
tretern desjenigen Zeitalters, welches seine Bildung übergiebt, vollständig umfasst seyn.« Zu den Lehrenden träten als Repräsentanten des
Zeitalters, dem die jeweils höchsten Bildungsgüter übergeben werden,
die »Lehrlinge«. Seien diese beiden Kräfte gegeben, so bedürfe es weiter

keiner Hilfe von außen. Ja, äußere Einwirkungen und Eingriffe könnten dem Zweck der Universität nur schädlich sein. Sie müsse deshalb in ihrer inneren Organisation sich selbst überlassen bleiben. Jede Generation solle ihre frei errungene Bildung der nächsten unter der Bedingung absoluter Freiheit im Denken mitteilen können. Der Studierende wiederum müsse sich ungeteilt und in persönlicher Freiheit dieser hohen Aufgabe widmen können. Dementsprechend sei es erforderlich – hier klingt noch einmal Fichtes *Deduzierter Plan* von 1807 an –, ihn während seiner Studienzeit von allen anderen bürgerlichen Belastungen und Verpflichtungen freizustellen. Er solle einer speziellen, möglichst einfachen Gerichtsbarkeit unterstehen und vor allem in seiner »sittlichen Unbefangenheit und Unverdorbenheit« erhalten werden. Alle Versuchungen, »die über die Kräfte des noch Ungeübten gehen«, müßten daher aus dem Weg des Studierenden entfernt werden.

Ob in Berlin die für die Lehrenden und Studierenden geforderten Eigenschaften und damit die Bedingungen einer erfolgversprechenden inneren Einrichtung der Universität gegeben seien, werde die Zeit erweisen. Fichte schreitet jedenfalls mit großer Zuversicht zur Prüfung der äußeren Bedingungen des Gelingens. Mit auffällig großem Nachdruck betont er, keinerlei Befürchtungen zu hegen, daß in einem so freiheitlichen Zeitalter und »bei der hellen Denkart aller derer, die zu den Höheren der Nation gehören«, im Königreich Preußen die akademische Freiheit gefährdet sein könne. Die persönliche Freiheit der Studierenden sei zudem durch das Gesetz anerkannt und gesichert – insbesondere, wie wir gesehen haben, durch einen Abschnitt im *Allgemeinen Landrecht*. Doch drohe der akademischen Freiheit von ganz anderer Seite eine große Gefahr. Damit erst kommt Fichte zu seinem eigentlichen Thema.

Vor Augen steht ihm das alte Schreckgespenst aus den Jenaer Tagen, der ewige Student, »jene bekannte Menschenart, die, da sie in der That nichts ist, und in den übrigen Verhältnissen nirgends geduldet wird, sich für Studirende ausgibt, und sich an die Universitäten anschliesst«. Fichte gibt sich überzeugt davon, in Berlin befinde sich kein Vertreter dieses verachtungswürdigen Menschenschlages im Publikum. Aber er möchte der Gefahr vorbeugen. Die falschen Studenten, die sich vom wahren Begriff der Universität keinen Begriff zu machen imstande seien, sähen nur die äußeren Merkmale des Studierens und faßten die Studenten als einen »besonderen Stand« wie Adlige, Bürger und Bauern.

Sie verkennten, daß das Studieren ein *Beruf* sei und die Universitäten nur dazu dienten, die Ausübung dieses Berufes zu sichern. »Nur derjenige ist ein Studirender, der eben studirt.« Die falschen Studenten aber glaubten, sie besäßen als *Stand* gewisse Privilegien, die allein durch ihr Dasein schon gegeben seien, statt daß sie vom Staat gewährt werden müßten. Über mehrere Seiten hinweg listet Fichte mit all der ihm zur Verfügung stehenden Ironie die Niederträchtigkeiten dieser sogenannten Studenten auf, die sich für einen besonderen Stand hielten und allen »Nichtstudenten« und »Philistern« prinzipiell überlegen glaubten. In ihrer Selbsttäuschung hätten sie ein regelrechtes »Lehrgebäude über das Universitätsleben« hervorgebracht, dem sie alle ihre Energien widmeten. Es sei diese falsche Universität mit ihren Trinkgelagen, Schlägereien und ihrem speziellen Ehrenkodex, von der »die akademische Freiheit in allen Puncten angegriffen und vernichtet, ja das ganze Wesen der Universität aufgehoben wird«. Fichte verweist seine Zuhörer auf die Klagen über die zunehmende Verwilderung an den deutschen Universitäten und erläutert die ihm aus den Jenaer Tagen so vertrauten rein ökonomisch-merkantilen Gründe der örtlichen Bevölkerung in Universitätsstädten, das flegelhafte Benehmen der Studenten zu tolerieren.

Auf die gegenwärtige Berliner Situation zurückkommend, stellt Fichte klar, daß hier die Dinge ganz anders liegen, da er davon ausgehen könne, »dass Sie alle noch rein und unbefleckt sind von den beschriebenen Irrsalen«. Er beschwört seine Hörer, »die herrliche Erscheinung darzubieten solcher Gemüther, die von dem Streben nach dem Höchsten und Heiligsten innig ergriffen sind« und über die ganze deutsche Nation das neue Bild der Universität als Ort der höchsten Bildung zu verbreiten. Fichte beschließt seine Rede mit Lobeshymnen auf den König, auf seine Staatsmänner, aus deren Anordnungen und Verfügungen die neue Universität hervorgegangen sei, und auf seine Kollegen im Lehrkörper. In ihnen hätten die Studenten »die eifrigsten Vertheidiger Ihrer akademischen Freiheit« vor sich. Am Ende entläßt er die Studenten mit der festen Überzeugung ins neue Lehrjahr, daß sie sich von den beschriebenen Gefahren nicht »ins Joch schlagen« lassen würden. »Der süsseste Lohn des mir auferlegten Amtes ist mir schon in dieser Stunde zu Theil geworden, Ihr kräftiges Gedeihen im Geiste voraus zu erblicken, und unsere Hoffnungen von Ihnen, sowie Segenswünsche für Sie, von denen um Sie herum aller Herzen schlagen, über Sie auszusprechen.«

Das Ideal der romantischen Universität, wie es in Jena entwickelt und
über Halle und Heidelberg nach Berlin gelangte, war im Grunde schon
vor dem kurzen Moment seiner Verwirklichung im Prinz-Heinrich-Palais zerbrochen. Nur vier Monate nach seiner Antrittsrede als Rektor
reichte Fichte bei der Sektion für Kultus und Unterricht sein Rücktrittsgesuch ein. Er sah sich als Opfer der Kräfte, die er in seiner Rede
attackiert hatte.[143] Ein jüdischer Student namens Brogy hatte zwei
Kommilitonen, die ihn in der offenkundigen Absicht, ihn zum Duell zu
reizen, beschimpft und angegriffen hatten, bei der Universität verklagt.
Fichte, der in diesem Vorfall ein weiteres Beispiel für die erschreckende
Moral des studentischen Verbindungswesens sah, das er bereits zwanzig
Jahre zuvor in Jena verabscheut hatte, verfolgte die betreffenden Studenten mit der ganzen Autorität seines Amtes. Er sah sich jedoch im akademischen Senat einer Mehrheit gegenüber, zu der auch Schleiermacher
gehörte, die die Mißhelligkeiten und Streit unter den Studenten nachsichtiger beurteilte und eine Kompromißlösung suchte. Ein Mann der Kompromisse aber war Fichte nie gewesen, und so trat er von seinem Amt
zurück, allerdings nicht, ehe der Vorfall heftige Spannungen in einem
Lehrkörper ausgelöst hatte, der eben erst dabei war, Gestalt anzunehmen. In einem Brief Solgers vom 22. März 1812 heißt es: »Wir haben
hier großen innerlichen und äußerlichen Krieg.« Insbesondere Fichte
»macht uns das Leben blutsauer, nicht allein durch seine paradoxen
Grillen und wahren Verkehrtheiten, sondern auch durch seinen Eigensinn und Egoismus«. Fichte hatte offensichtlich die zur Beruhigung der
Auseinandersetzungen kaum geeignete Neigung, die Kraftprobe mit seinen Kollegen als personifizierte Idee des Wahren zu suchen: »Nicht ich
als Individuum sage und will das, sondern es ist die Idee, die durch
mich spricht und wirkt.«[144] Zur Verschlimmerung der Situation trugen
andere, prosaischere Faktoren bei, etwa die direkte Konkurrenz innerhalb der Professorenschaft um die Vorlesungsgebühren der Studenten.
So bestand etwa Schleiermacher stets darauf, seine Hauptvorlesungen
zur selben Zeit wie Fichte zu halten.[145]

  Die Universität war schon durch die Streitigkeiten im Lehrkörper
und die Spannungen zwischen Studenten und Professoren von innen
her geschwächt, als sie durch die äußeren politisch-historischen Ereignisse vor und in den Befreiungskriegen des Jahres 1813 vollends erschüttert wurde. Studenten und Professoren wurden vom Taumel des Patriotismus erfaßt. Im Sommer vor der Völkerschlacht bei Leipzig waren nur

ganze fünfzehn Studenten in der Universität eingeschrieben, und die
wenigen Professoren, die noch Vorlesungen hielten, sprachen oft vor
leeren Hörsälen[146]. Viele Professoren entfalteten lebhafte patriotische
Aktivitäten. Schleiermacher gehörte zu den Gründern der politischen
Zeitung *Der preußische Korrespondent*. Schmalz bot dem Staat seine
Dienste als politischer Publizist an, und Fichte trat als »philosophischer
Kaplan« in den Militärdienst ein. Die Professoren der Medizin verließen
die Hörsäle und gingen in die Militärhospitale. Nahezu der gesamte
Lehrkörper, darunter Savigny, Fichte und Wolf nahm an Übungen des
örtlichen Militärs teil.

Die Universität, in die nach der Niederlage Napoleons die Professoren und Studenten zurückströmten, enthielt kaum noch etwas von dem
Geist, in dem sie vier Jahre zuvor unter so großer öffentlicher Anteilnahme gegründet worden war. Fichte war dem Fieber erlegen, das im
Winter 1813/14 in den Militärhospitälern gewütet hatte, und die verbliebenen Mitglieder des Lehrkörpers schienen die Tatkraft und Energie des
Anfangs durch die Ereignisse der vergangenen Jahre verloren zu haben.
Am 18. Juni 1816 schrieb Humboldt in einem Antwortbrief an Nicolovius, der sich besorgt über die weitere Entwicklung der Universität geäußert hatte:

Ihre Klagen sind vollkommen begründet; allein ich weiß ihnen
nicht abzuhelfen. Ich sehe wie Sie, daß die Berlinische Universität
mehr noch als untergeht; allein, wenn ich auch dem Staatkanzler
davon rede, so kann das nicht helfen. Das Übel kann nicht durch
einen Schritt, durch eine einzelne Geldanweisung gehoben werden. Es muß ein Geist, eine Sorgfalt, wenigstens ein guter Wille da
sein, die hegen, schützen, heben. Von dem allen ist das Gegenteil.
... Der Geist ist aus allem gewichen. Man sinkt in eine ungeheure
Alltäglichkeit zurück.[147]

Im Jahre 1817 sprach der klassische Philologe August Böckh vom Wiederaufleben der Tendenz zum »engherzigen Brotstudium« unter den
Studenten[148].

Als Hegel im Jahre 1818 nach Berlin berufen wurde, war der Geist der
romantischen, der philosophischen Universität bereits gänzlich verschwunden. In seiner Antrittsvorlesung bemerkte er:

Vor kurzem war es einesteils die Not der Zeit, welche den kleinen

Interessen des täglichen Lebens eine so große Wirksamkeit gegeben, andererseits waren es die hohen Interessen der Wirklichkeit,
das Interesse und die Kämpfe, um zunächst das politische Ganze
des Volkslebens und des Staats wiederherzustellen und zu retten,
welche alle Vermögen des Geistes, die Kräfte aller Stände, sowie die
äußerlichen Mittel so sehr in Anspruch genommen, daß das innere
Leben des Geistes nicht Ruhe gewinnen konnte.[149]

Für die Zukunft aber hegte Hegel große Hoffnungen, denn es schienen
ihm »diejenigen Umstände eingetreten zu sein, unter denen sich die
Philosophie wieder Aufmerksamkeit und Liebe versprechen darf – wo
diese beinahe verstummte Wissenschaft ihre Stimme wieder erheben
mag«. Jetzt, wo die Deutschen der andrängenden Wirklichkeit standge-
halten und ihre Nationalität gerettet hätten, sei die Zeit eingetreten,
»daß in dem Staate neben dem Regiment der wirklichen Welt auch das
freie Reich des Gedankens selbständig emporblühe«. Der Staat, auf den
Hegel diese Hoffnungen setzt, ist Preußen. »Hier ist die Bildung und
die Blüte der Wissenschaften eines der wesentlichen Momente selbst im
Staatsleben; auf hiesiger Universität, der Universität des Mittelpunktes,
muß auch der Mittelpunkt aller Geistesbildung und aller Wissenschaft
und Wahrheit, die Philosophie, ihre Stelle und vorzügliche Pflege
finden.« Hegel, der hier – man denke an den Begriff »Mittelpunkt« –
die Sprache von Jena spricht, war der Überzeugung, Deutschland sei
zur wahren Heimat der Philosophie berufen. »Diese Wissenschaft hat
sich zu den Deutschen geflüchtet und lebt allein noch in ihnen fort;
uns ist die Bewahrung dieses heiligen Lichtes anvertraut, und es ist unser Beruf, es zu pflegen und zu nähren und dafür zu sorgen, daß das
Höchste, was der Mensch besitzen kann, das Selbstbewußtsein seines
Wesens, nicht erlösche und untergehe.«

Hegels Hoffnungen erwiesen sich als unbegründet. Der Baron von
Altenstein, der im Jahre 1817 die Nachfolge Schuckmanns im Minister-
amt antrat und Hegel von Heidelberg nach Berlin berief, setzte Schuckmanns Politik mit noch größerer Strenge fort. Er leitete selbst die Un-
terdrückungsmaßnahmen, die im Zuge der berüchtigten Karlsbader
Beschlüsse ergriffen wurden. Während das philosophische Herzstück
des ursprünglichen Lehrplans mehr und mehr geschwächt wurde, ließ
die Universität nicht zuletzt auf Drängen der Staates, dem es um die
Wiederherstellung seiner Ressourcen ging, einen immer größeren Anteil

ihres Etats in die Naturwissenschaften fließen, die bald die Geisteswissenschaften aus dem Zentrum der Universität verdrängten. Die ideale
Universität, die in den Visionen der Jenaer Romantiker entworfen wurde und für einige kurze Monate in der jungen *universitas litteraria* Realität annahm, wurde nun zur Erinnerung, die nur noch in den Memoiren, Gedichten und Romanen derjenigen fortlebte, die ihre flüchtige
Existenz erlebt hatten. Und dennoch war die Universität, wie die Romantiker sie erdacht hatten, eine Verkörperung jenes transzendentalen
Geistes, der als Figur der Totalität und Einheit zu den Leitbildern der
Epoche gehörte.

Kapitel 6

Das Museum: Tempel der Kunst

Schinkels Altes Museum

KARL Friedrich Schinkels Museum im Lustgarten in Berlin – seit der Errichtung des »Neuen Museums« in den Jahren 1841 bis 1855 heißt es »Altes Museum« – zählt seit seiner Eröffnung im Jahre 1830 zu den großen Monumenten klassizistischer Architektur. Das majestätische Gebäude mit seiner beeindruckenden Front aus achtzehn jonischen, kannelierten Säulen ist ein Muster an Symmetrie. In den vertikalen Linien der scheinbar endlosen Kolonnade ist das nur selten verwirklichte stylophile Ideal erkennbar, wie es die Theoretiker des Klassizismus formulierten. Die Vertikalen stehen in hartem Kontrast zu den horizontalen Ebenen der großen, auf das Podium hinaufführenden Freitreppe und zu dem rechteckigen Dachaufbau, der die Kuppel der zentralen Rotunde verbirgt. Doch enthält diese Gestaltung Geheimnisse, die ihren Rationalismus Lügen strafen. Im Dunkel der Säulenhalle erkennt der Betrachter im Hintergrund das zu beiden Seiten hinaufsteigende Treppenhaus, welches zur offenen Eingangshalle führt. Schinkel vertraute seinem Freund Sulpiz Boisserée in einem Brief an, er halte das Museum für seine beste Arbeit.[1] Spätere Kritiker gaben ihm recht. Henry-Russell Hitchcock nennt das Museum nicht nur das beste Werk »des großen, weltberühmten Meisters des romantischen Klassizismus«, sondern darüber hinaus – zusammen mit der von Sir John Soanes entworfenen Bank of England in London – »das Meisterwerk der Epoche«.[2] Der Ruhm, den Schinkel mit seinem Museum erwarb, führte dazu, daß im 19. Jahrhundert die Rotunde in Europa wie in den Vereinigten Staaten ein bevorzugtes Stilelement der Museumsarchitektur wurde.[3] In den Arbeiten einiger bedeutender Architekten des 20. Jahrhunderts, etwa bei Mies van der Rohe, ist die Anregung durch Schinkel unverkennbar. Philip Johnson sieht im Berliner Alten Museum »das Gebäude Schinkels, das vor allen anderen maßvoll, klassisch und städtebaulich gelungen zugleich ist«.[4]

Schinkels Bauwerk, so großartig es als architektonische Leistung ist, verkörpert nicht nur den Triumph eines einzelnen Genies. Wenn irgendein Gebäude das kulturelle Denken seiner Zeit beispielhaft verkörpert, und zwar nicht nur in seiner Lage und äußeren Form, sondern bereits durch die Idee, auf die es zurückgeht, dann das Alte Museum in Berlin. Es wurde am 3. August 1830, dem sechzigsten Geburtstag Friedrich Wilhelms II. von Preußen, seiner Bestimmung übergeben. Die Eröffnung wurde dadurch zum symbolischen Akt von nationaler Bedeutung. Der König hatte sich über dreißig Jahre lang für die Idee eines nationalen Museums eingesetzt.[5] Die Forderung nach einer Vereinigung der preußischen Kunstsammlungen stand auf der Tagesordnung, seit die Berliner Akademie der Künste im Jahre 1786 auf Initiative von Friedrich Anton von Heynitz erneuert worden war. Heynitz hatte übrigens als weitsichtiger Minister zwei Jahrzehnte zuvor die Bergbauakademie in Freiberg gegründet, ehe er vom sächsischen in den preußischen Staatsdienst überwechselte. Wie andere aufgeklärte Herrscher in Europa hatte auch Friedrich der Große den bildenden Künstlern die Erlaubnis gewährt, an mehreren Tagen in der Woche in seinen privaten Galerien zu kopieren. Friedrich Wilhelm II. behielt diese Regelung nach dem Tod seines Onkels im Jahre 1786 bei.

Alois Hirt hielt sich zwischen den Jahren 1782 und 1796 in Italien auf; danach wurde er als Lehrer für den Prinzen Heinrich nach Berlin berufen. Er war Mitglied der Akademie der Künste und nach 1799 Lehrer für Architekturgeschichte an der Bauakademie. Am 25. September 1797 hielt Hirt eine Festansprache zum Geburtstag Friedrich Wilhelms II. Darin merkte er an, daß Preußen hinter anderen Höfen Deutschlands und Europas zurückstehe; nicht etwa nur Dresden und Wien, sondern darüber hinaus auch kleinere Residenzen hätten längst ihre Bildergalerien und Antikensammlungen an einer Stelle zusammengefaßt. Hirt schlug vor, alle antiken Kunstschätze des königlich-preußischen Hauses in einem einzigen Museum und die besten Gemälde in einer einzigen Galerie zusammenzuführen. Berlin weise als Standort den Vorteil auf, daß hier die Sammlungen den Studenten und Gelehrten der Akademie leicht zum Betrachten und Kopieren zugänglich wären. Der König gab daraufhin am 16. November 1797 den Plan zu einem »Museum für Künstler und Kunstfreunde zu Berlin« in Auftrag. Als er nur eineinhalb Monate später starb, wurde seinem Nachfolger Friedrich Wilhelm III. der Vorschlag Hirts mit einer nachdrücklichen Empfehlung des Ministers von Heynitz erneut unterbreitet. Am 18. Januar 1798 teilte von Heynitz Hirt mit, seine Majestät erkenne an, daß ein zentrales Museum wünschenswert wäre, sehe aber derzeit keine Möglichkeit, den Vorschlag zu verwirklichen. Denn die Finanzmittel des Preußischen Staates seien durch den Koalitionskrieg (1792–1797) erschöpft. Dennoch erhielt Hirt vom Minister den Auftrag, mit Blick auf die Zukunft eine detaillierte Konzeption für das Museum auszuarbeiten. So begann die Anteilnahme des Königs an einem Projekt, dessen Geschichte fast die gesamte Epoche der deutschen Romantik umspannen sollte. Der Museumsplan wurde auch nach der preußischen Niederlage im Krieg gegen Napoleon nicht aufgegeben. Der König und seine bedeutendsten Ratgeber – Männer wie Beyme, Hardenberg und Humboldt – versuchten vielmehr stets, geistige und kulturelle Institutionen wie die Universität oder das Museum trotz aller militärischen und politischen Rückschläge aufrechtzuerhalten – oder gerade als Antwort auf sie einzurichten.

In den zwanzig Jahren nach Hirts erstem Vorstoß ließen jedoch die äußeren Umstände die Errichtung eines Museums nicht zu. Nach der Niederlage Preußens bei Jena und Auerstedt im Jahr 1806 konfiszierte die französische Kommission für erbeutete Kriegsgüter Hunderte von Kunstgegenständen. Sie sollten in die Bestände des Louvre eingehen, der seit dem Jahr 1804 Musée Napoléon hieß, und dort das in Italien zusammengebrachte Beutegut ergänzen. In der Folge entfernten zudem die Preußen selbst Kunstwerke von ihren Standorten in Berlin und Potsdam und brachten sie an abgelegenen Orten in Sicherheit. Im Jahr 1810 ließ der König die verbliebenen königlich-preußischen Kunstschätze systematisch katalogisieren. Das Ergebnis der Zählung wurde im Jahr 1812 bekanntgegeben: 80 Statuen, 133 Büsten, 29 Vasen und 2244 Gemälde. Damit wurde unmißverständlich deutlich, daß die dezimierten preußischen Bestände nicht annähernd eine Sammlung darstellen konnten, die sich mit den führenden Galerien in Europa hätte messen dürfen. Doch trug paradoxerweise die Plünderung der preußischen Kunstschätze durch die Franzosen zur künftigen, in qualitativer Hinsicht hervorragenden Ausstattung des Museums bei. Denn die Berater des Königs beschlossen, die Sammlungen wieder aufzubauen und dabei durch eine systematisch betriebene Politik des Ankaufs alle Lücken zu schließen.

Nicht ohne große öffentliche Erregung in Frankreich – wie Varnhagen von Ense berichtete[6] – wurden nach Napoleons Niederlage die preußischen Kunstschätze von Paris nach Berlin zurückgeführt. Ein Großteil wurde im Oktober 1815 in der Königlichen Akademie der Kün-

ste zugunsten der Kriegsinvaliden in einer öffentlichen Ausstellung gezeigt. Alois Hirt nutzte in seiner Nachschrift zum Katalog dieser Ausstellung die Gelegenheit, seiner Hoffnung Ausdruck zu verleihen, die
ausgestellten Kunstschätze möchten »nie wieder vereinzelt werden«. In
den folgenden Jahren wurden die ursprünglichen Bestände durch den
Ankauf zweier bedeutender auswärtiger Sammlungen aufgestockt. Im
Jahr 1815 wurde die Giustiniani-Sammlung erworben, und im Jahr 1821
die Solly-Sammlung, welche vorwiegend religiöse Kunst enthielt. Ein
Versuch, die Boisserée-Sammlung altdeutscher Kunst für Berlin zu gewinnen, scheiterte. Sie ging schließlich nach München.

Durch diese Ankäufe wurden die Sammlungen innerhalb kurzer Zeit
in solchem Umfang erweitert, daß nun die Verwirklichung des schon
lange vorliegenden Museumsplanes an Dringlichkeit gewann. Gegen
Ende des Jahres 1822 gab der König seine Zustimmung zur Renovierung
des alten Akademie-Gebäudes an der Prachtstraße *Unter den Linden.*
Damit folgte er dem Vorschlag Hirts, der seit dem Jahr 1798 für die
Kunstakademie als Standort des Museums plädiert hatte. Wenig später
aber, am 8. Januar 1823, reichte Karl Friedrich Schinkel seinen radikal
von dieser Lösung abweichenden Plan ein: Er sah die Errichtung eines
vollständig neuen Gebäudes im Lustgarten vor.[7] Die Kommission für
den Museumsbau gab Schinkels Plan sehr schnell ihre Zustimmung.
Durch eine Königliche Kabinettsorder wurde bereits im April des Jahres
1823 ein Budget von 700 000 Talern bereitgestellt. Ursprünglich war dieses Geld für die Renovierung der Kunstakademie vorgesehen. Das einzige abweichende Votum im Ausschuß für den Museumsbau kam von
Hirt. Er fügte dem Bericht des Ausschusses ein eigenes Gutachten an, in
dem er seine Bedenken formulierte. Zunehmende Meinungsverschie-
denheiten zwischen Hirt und den Museumsplanern führten schließlich
dazu, daß er im Jahr 1829 aus der Museumskommission zurücktrat.

Hirts Kritik an Schinkels Plan verweist auf eine so bedeutsame Veränderung in der Auffassung des Museums als öffentlicher Institution,
daß eine detaillierte Erörterung seiner Einwände lohnend erscheint.
Hirt vertrat als Professor an der Kunstakademie und Schinkels ehemali-
ger Lehrer auf dem Gebiet der Baugeschichte die Überzeugung, Kunstwerke sollten zentral in Museen statt disparat und unzugänglich in
Schlössern untergebracht sein. »Nur indem man sie öffentlich zugänglich macht und an einem Ort vereint, können sie zum Gegenstand
wahrhaften Studiums werden, und jedes Resultat, was daraus ent-

springt, ist ein Gewinn für das gemeinsame Wohl der Menschheit.«[8]

Obwohl Hirt im Sinne der Aufklärung von »öffentlicher Unterrichtung und edelstem Genuß« sprach, hatte er nicht ein tatsächlich öffentliches Museum im modernen Sinne vor Augen. Er stand in seinem Denken den Vorschlägen von Heinrich Meyer, einem Freund und Berater Goethes nahe, der die Gemäldegalerien zwar den Gelehrten und Studenten jeden Tag uneingeschränkt, den »Liebhabern« aber nur zu bestimmten Tagen und Stunden zugänglich machen wollte.[9] Hirts Plan sah eine ähnliche Regelung vor. Das Museum sollte den Künstlern die ganze Woche über offenstehen, dem allgemeinen Publikum aber nur an den Wochenenden zwischen acht und sechzehn Uhr. Innerhalb der Konzeption Hirts war es nur konsequent, daß er dem Gebäude der Kunstakademie selbst vor allen anderen denkbaren Standorten des Museums den Vorzug gab. Denn so war für die Studenten und Gelehrten der bequemste Zugang gesichert.

Hirt sah im Museum eine Institution, die vor allem dem Studium dienen und den Gelehrten für ihre Zusammenkünfte zur Verfügung stehen sollte. Seine Auffassung geht deutlich aus der Kontroverse um die von ihm entworfene Inschrift für das Museum hervor: FRIDERICUS GUILELMUS III STUDIO ANTIQUITATIS OMNIGENAE ET ARTIUM LIBERALIUM MUSEUM CONSTITUIT MDCCCXXVIII[10]. Gegen diese Inschrift opponierte ein ganzer Chor einflußreicher Stimmen, darunter Ludwig Tieck, Alexander von Humboldt, der klassische Philologe August Böckh und Friedrich Schleiermacher, der im Namen der historisch-philologischen Abteilung der Königlich-Preußischen Akademie der Wissenschaften sprach. Die Kritik galt mehreren Elementen der Inschrift. Das Wort *omnigenus* sei überholt, die Formel *artes liberales* nicht klassischen Ursprungs; der Sprache mangele es an Wohlklang und Rhythmus; und vor allem bezeichne das Wort *museum* in der Antike Akademien und Bibliotheken, aber nicht Kunstsammlungen. Der Kunstkritiker Carl Friedrich von Rumohr warf Hirt vor, sein Latein sei nicht besser als das eines Schuljungen[11].

Tatsächlich sucht man in den gängigen deutschen Wörterbüchern der Epoche – von Johann Christian Adelungs *Grammatisch-kritischem Wörterbuch* (2. Auflage, 1793) über Theodor Heinsius' *Volksthümliches Wörterbuch* (1820) bis hin zu Grimms *Deutschem Wörterbuch* (Band VI, 1885) – den Begriff »Museum« vergeblich. Und das wichtigste Nachschlagewerk des 18. Jahrhunderts, Zedlers *Universal-Lexikon*, gibt zwar

an, das Wort könne sowohl einen Tempel zur Verehrung der Musen wie
eine »Kunst-Kammer« bezeichnen. Doch nennt der Artikel als Haupt-
bedeutung nur, ein »Museum« sei ein Gebäude, in dem Gelehrte zusammen lebten, die Mahlzeiten einnähmen und studierten.[12] Goethe
ließ im *Faust* den Famulus Wagner das Wort in diesem Sinn gebrauchen:

> Ach! wenn man so in sein Museum gebannt ist,
> Und sieht die Welt kaum einen Feiertag,
> Kaum durch ein Fernglas, nur von weiten,
> Wie soll man sie durch Überredung leiten?

Hirts Konzeption ging über diese hergebrachte Bedeutung des »Museums« als Refugium der Gelehrten und ihrer Studenten nicht wesentlich hinaus. Aus einem Schreiben, in dem er dem König seine Inschrift
erläuterte, geht dies deutlich hervor. Er habe, so heißt es dort, durch das
Wort STUDIO andeuten wollen, »daß die Anstalt vermöge des Reicht-
hums der Gegenstände und vermöge der inneren Anordnung nicht blos
zum Vergnügen, sondern wesentlich auch zur Belehrung errichtet sei.«[13]
Obwohl Hirts Formulierung von der konzeptionellen Entwicklung des
Museumsgedankens im Jahre 1828 bereits überholt war, fand Hirts Inschrift die Billigung des Königs und wurde an dem fertiggestellten Gebäude angebracht, wo sie noch heute zu lesen ist.

In der grundsätzlich anderen Auffassung des Museums, die Schinkel
gegenüber Hirt vertrat, schlugen sich die kulturellen Veränderungen seit
der Französischen Revolution nieder. Im zwanzigsten Jahrhundert ist
die Existenz von Museen, die ausschließlich der Kunst gewidmet und
dem allgemeinen Publikum zugänglich sind, selbstverständlich. Als
Schinkel sein Museum entwarf, befand sich hingegen diese moderne
Form der Institution gerade erst im Entstehen[14]. Zwar konnten sowohl
die königlichen wie die kirchlichen Gemäldegalerien aufgrund besonderer Genehmigungen besichtigt werden. Doch waren solche Besuche ein
Privileg, das gewährt werden mußte, und nicht ein Recht, das in Anspruch genommen werden konnte. Eine Besuchserlaubnis konnte zudem jederzeit widerrufen, mit Rücksicht auf die Arbeit der Künstler in
den Galerien eingeschränkt oder von mürrischen Kustoden um ihren
Wert gebracht werden. Winckelmann mußte noch zum Katholizismus
konvertieren, um Zugang zu den antiken Skulpturen in den Sammlungen des Vatikan zu erhalten. Zu Schinkels Zeiten lag das noch nicht

sehr lange zurück. In Wien standen die Königlichen Sammlungen nach
1792 montags, mittwochs und freitags für jedermann »mit sauberen
Schuhen« offen. Das Britische Museum war formell seit dem Jahr 1759
öffentlich zugänglich, doch war de facto der Zugang auf die Inhaber der
wenigen Eintrittskarten beschränkt[15].

Der Louvre in Paris war das erste Museum, das in einem Akt politischer Symbolik öffentlich zugänglich wurde. Als seine Pforten im Jahr
1793 dem allgemeinen Publikum geöffnet wurden, gehörte ein Besuch
im Louvre bald zu den populärsten Vergnügungen in Paris. Die Beliebtheit des Louvre ging so weit, daß sich auswärtige Besucher darüber beklagten, er diene eher der geselligen Zusammenkunft als dem ernsthaften Betrachten der Kunstwerke. Die Sammlung des Louvre war kurz
zuvor durch Gemälde, die als Kriegsbeute aus den Galerien ganz Europas nach Paris geschafft wurden, erweitert worden. Sie stellte nicht nur
die größte Kunstammlung dar, die es je gegeben hatte, sondern war zugleich ein unübersehbares Symbol französischer Macht. Doch führte die
eilig zustandegekommene Anhäufung Hunderter von Kunstwerken innerhalb eines Gebäudes, das darauf nicht vorbereitet war, zu einem heil-
losen Durcheinander. Wilhelm von Humboldt bemerkte bei seinem Besuch in Paris im Jahr 1797 den erbärmlichen Zustand des Gebäudes und
vor allem die Beschädigungen der Gemälde durch Feuchtigkeit und un-
sachgemäße Behandlung[16].

Die Klagen über den Louvre wurden zum gängigen Thema in den
Reiseberichten deutscher Paris-Besucher. Heinrich von Kleist schrieb im
November des Jahres 1801 in einem Brief an Adolfine von Werneck, der
große Saal im Louvre sehe aus »wie eine Polterkammer« und in anderen
Sälen lägen wertvolle Blätter staubbedeckt durcheinander[17]. Zwei Jahre
später kritisierte Friedrich Schlegel die Überfüllung des Louvre mit Bildern, das schlechte Licht und die ungünstige Hängung[18]. Adolph Müller besuchte den Louvre während der Renovierungsarbeiten im Jahr
1808 und zeigte sich befremdet, daß die Antiken-Sammlung täglich vom
»Pöbel« heimgesucht werde und »wie eine Tabagie« jedem offenstehe,
»der nur auf zwei Beinen geht und einigermaßen ein Menschengesicht
hat.« Über den Zustand der Gemäldegalerie berichtete er seinem
Freund Alexander von der Marwitz: »Recht eigentlich über und zwischen den Bildern wird gebaut, gemeißelt, gesägt, angekalkt. Denken
Sie sich die Raphaelische Verklärung oder den Reichthum seiner himmlischen Madonnen beschmiert, bestaubt, recht eigentlich mineralogisch

angeflogen mit Kalk, und rohe, halbnackte Kerle davor, die mit Eisen-
stangen, Baugeräthen etc. davor herumfechten.«[19] Varnhagen von Ense
erschien der Louvre im Jahr 1810 eher wie ein »Siegerdenkmal« zum
Ruhm Napoleons denn als eine Gemäldegalerie, wo die Kunstwerke
»ihrer selbst wegen beachtet werden«. Auch Varnhagen verwies auf die
Beschädigungen der Gemälde durch Regen, Staub und Bauarbeiten und
sah sich im schlecht beleuchteten und achtlos ausgestalteten Saal der antiken Skulpturen der »Empfindung der Profanation« ausgesetzt[20]. Daß
man aus dem Louvre ein öffentliches Museum gemacht hatte, bedeutete
offensichtlich eine Einschränkung seines Zwecks, als sicheres Refugium
der Kunstwerke zu dienen. Die Wirren der Revolutionszeit verhinderten jede systematische Weiterentwicklung der Konzeption des Museums
als öffentlicher Institution. Zwar wurden verschiedene Privatsammlungen dem Zeitgeist entsprechend für das Publikum leichter zugänglich.
Doch bildete sich die moderne Form des Museums, wie wir sie heute
kennen, in Deutschland im wesentlichen erst in den Jahren zwischen
1815 und 1848 heraus. Schinkels »Altes Museum« war das erste öffentliche Museum, das als solches in Preußen konzipiert und erbaut wurde,
und fungierte in diesem Prozeß als Maßstab. In Übereinstimmung mit
dem ausdrücklichen Wunsch des Königs projektierte Schinkel das Museum als Institution »für die Bildung der Nation«.[21] In dem Memorandum, das er später gemeinsam mit dem jungen Kunsthistoriker und
künftigen ersten Direktor der Gemäldegalerie, Gustav Waagen, ausarbeitete, wird als vornehmster Zweck eines Museums definiert, »im Publikum den Sinn für bildende Kunst, als einen der wichtigsten zweige
menschlicher Kultur, wo er noch fest schlummert, zu wecken, wo er
schon erwacht ist, ihm würdige Nahrung, und Gelegenheit zu immer
feinerer Ausbildung zu verschaffen«.[22] Alle Formen seiner Nutzung –
darunter auch das Kopieren von Meisterwerken durch die Künstler und
das Kunststudium der Gelehrten – sollten diesem Hauptzweck untergeordnet sein. Als Vorsitzender der Kommission, die für die Auswahl der
Kunstwerke und die innere Einrichtung des Museums zuständig war,
formulierte Wilhelm von Humboldt Leitlinien für die Gemäldegalerie,
in denen die von Waagen und Schinkel gesetzten Prioritäten bestätigt
und festgeschrieben wurden.

Humboldt verwies in einem Bericht an den König ausdrücklich darauf, es werde auf Vorschlag des Architekten wie der Kommission das
Kopieren in der Gemäldegalerie nur unter Einschränkungen erlaubt

sein, so daß der Zugang des allgemeinen Publikums zu den Kunstwerken nicht behindert würde[23].

Schinkel, Waagen und Humboldt erweiterten die ursprünglich stark auf akademische Interessen beschränkte Zweckbestimmung des Museums, wie sie Heinrich Meyer und Alois Hirt vertraten, im Sinne der umfassenden Bildungsidee des neuen Zeitalters. Der alte Vorschlag, das geplante Museum im Gebäude der Akademie der Künste unterzubringen, war dadurch sehr viel weniger naheliegend. Schinkel konnte in seinem Entwurf zudem darauf verweisen, daß die Mauern und Wände des alten Akademiegebäudes schlecht gebaut waren und zudem aufgrund von Salpeterschäden stark gelitten hatten, die durch die Königlichen Stallungen im ersten Geschoß entstanden waren. »So konnte man nicht erwarten, daß bei fortgesetztem Ausbau das Ganze der Würde und dem Zwecke eines Museums entsprechen könne.«[24] Das von Hirt vorgeschlagene Gebäude hätte neben dem Museum zwei Akademien – die der Wissenschaften und die der Künste – aufnehmen müssen. In Schinkels radikaler Abkehr von diesem Konzept zugunsten eines Gebäudes, das eigens für die Unterbringung des Museums errichtet werden sollte, kommt seine generelle Geringschätzung von Bauten zum Ausdruck, die verschiedenen Zwecken zugleich dienen sollten. Zudem spiegelt der Plan sein ästhetisches Programm der Einheit von Zweck und Form. Auf der Suche nach einem Standort für das neue Gebäude, das einer einzigartigen nationalen Institution die ihr angemessene Heimstatt geben sollte, fand Schinkel einen kühnen Lösungsvorschlag.

Die breite Allee Unter den Linden war die eleganteste Hauptstraße Berlins und als Sitz von Oper und Universität darüber hinaus das Zentrum des kulturellen Lebens der Stadt. Nahezu eine Meile lang, erstreckte sie sich von Langhans' monumentalem Brandenburger Tor ostwärts bis zur Schloßbrücke über der Spree, die Schinkel kurz zuvor als Verbindung zum Lustgarten fertiggestellt hatte. Auf einer kleinen Insel zwischen zwei Spreearmen gelegen, wurde der Lustgarten im Süden vom Königlichen Schloß, im Osten vom Dom und am jenseitigen Ufer des Flusses von Schlüters Zeughaus, dem schönsten Barockgebäude der Stadt, begrenzt. Er war das topographische Herz der Stadt und zweifellos der beeindruckendste Platz Berlins. Doch war seine Vollkommenheit dadurch eingeschränkt, daß man ein Jahrhundert zuvor an seiner Nordseite einen kleinen Kanal ausgehoben hatte, der die beiden Flußarme miteinander verbinden sollte. Schinkel plädierte nun für eine drastische und dramatische Lösung. Sein Plan sah vor, den westlichen Spreearm bis zu der Stelle zu verbreitern, wo er sich flußabwärts wieder mit dem Hauptarm vereinigte, und mit dem dabei entstehenden Aushub den Kanal auf der Nordseite des Lustgartens zu füllen. Dieser Vorschlag wies zwei unmittelbar ins Auge fallende Vorzüge auf. Er begradigte eine tückische Biegung im Westarm der Spree, ließ ihn dadurch leichter schiffbar werden und beugte so der Staubildung auf dem überlasteten Hauptarm vor. Zugleich schuf er auf der Nordseite des Lustgartens einen neuen Bauplatz in einer der schönsten Lagen Berlins. Schinkel war sich darüber im klaren, daß an dieser Stelle nur ein monumentales Gebäude in Frage kam.[25] Der Standort, den er wählte, hatte im Hinblick auf die Stadtplanung den Vorzug, daß ein Schandfleck im Stadtbild beseitigt und durch ein schönes Bauwerk ersetzt werden sollte. Zugleich setzte Schinkel durch seinen Entwurf ein Zeichen, dessen Bedeutung seinen symbolbewußten Zeitgenossen nicht entgehen konnte. Er beglaubigte mit den Mitteln der Architektur den Anspruch der Kunst, gleichrangig neben Kirche und Staat zu residieren. Denn sein Vorschlag plazierte das Museum gegenüber dem Schloß und angrenzend an den Dom. Schinkel traf seine Standortentscheidung sehr bewußt im Sinne dieser Symbolik. Das geht sowohl aus den Lageplänen und Zeichnungen hervor, in denen er den Lustgarten mit seinen künftig drei großen Gebäuden skizzierte, wie aus dem Entwurf für das Museum selbst. Er ist mit Blick auf die Proportionen von Boumanns Dom – Schinkel selbst hatte ihn wenige Jahre zuvor erneuert – wie auch mit Rücksicht auf das von Schlüter restaurierte Königliche Schloß kalkuliert.

Um die Bedeutung von Schinkels Leistung angemessen würdigen zu können, müssen wir kurz auf einen weiteren Aspekt zu sprechen kommen. Denn obwohl das öffentliche Museum als Institution seit dem Ende des 18.Jahrhunderts Gestalt anzunehmen begann, gab es im Grunde kein Modell, an dem sich der Entwurf für ein Museumsgebäude hätte orientieren können. Fast alle bestehenden kirchlichen oder weltlichen Museen waren – wie der Louvre in Paris oder die Uffizien in Florenz – durch Umwandlung bereits existierender Gebäude oder – wie das Museo Pio-Clementino im Vatikan – als Anbauten entstanden. Das Fridericianum in Kassel (1769–1779) war zwar ein selbständig errichtetes Gebäude, doch beherbergte es Sammlungen verschiedenster Art: von Bibliotheken und Naturalienkabinetten über Sammlungen wissenschaftlicher Instrumente bis hin zu Gemälden und antiken Skulpturen. Wäh-

rend der Zeit der Revolution und der Napoleonischen Kriege wurden
auf dem Kontinent außerhalb Frankreichs kaum bedeutende Bauvorha-
ben in Angriff genommen. Die zwei Museen, die errichtet wurden, bevor Schinkel seinen Entwurf vorlegte, beherbergten nicht ausschließlich
Kunstwerke. Die Dulwich Gallery, von Sir John Soane in den Jahren
1811–1814 erbaut, galt zwar als das erste eigens zur Aufnahme einer
Gemäldegalerie errichtete Gebäude. Doch handelte es sich dabei lediglich um eine kleine Galerie mit nicht mehr als fünf Sälen, die zudem
noch anderen Zwecken als der Ausstellung von Bildern diente. Und die
kurz zuvor von Leo von Klenze in München erbaute Glyptothek
(1816–1830) war vor allem für die Aufnahme antiker Skulpturen entworfen und enthielt darüber hinaus einige Räume für Staatszeremonien.
Kurz: Schinkel sah sich als erster Architekt in Europa vor die Herausforderung gestellt, ein Museum im modernen Sinne und damit einen historisch neuen Gebäudetypus zu konzipieren. Er hatte ein Bauwerk zu
schaffen, das allein der Aufbewahrung und öffentlichen Präsentation
von Gemälden und Skulpturen gewidmet sein sollte.

Der König billigte ungeachtet Hirts ablehnender Haltung den kühnen Vorschlag Schinkels, und zwar sowohl die Standortwahl wie den
Entwurf des Gebäudes selbst. Am 9. Juli 1825 wurde der Grundstein gelegt. Um den dafür notwendigen Unterbau zu befestigen, mußten unter
zusätzlichen Kosten von 70 000 Talern 3.053 Pfähle in den Sumpfboden
des aufgefüllten Kanals geschlagen werden. Die Einwände, die Hirt aus
ökonomischen wie ästhetischen Überlegungen gegen Schinkels Plan
vorbrachte, betrafen die markantesten ästhetischen Elemente des Entwurfs: die Freitreppe, den Säulengang und die Rotunde.[26] Seine Kritik
läßt die grundlegenden Differenzen zwischen dem aufgeklärten Akademiker des 18. Jahrhunderts und dem romantischen Architekten des
frühen 19. Jahrhunderts erkennen. Hirt wollte einen unprätentiösen
Raum, der möglichst wenig Ablenkung und Zerstreuung gewähren sollte. Darin wollte er die Kunstwerke zum Nutzen vor allem der Gelehrten
und Studenten versammeln. Schinkel, der einen ausgeprägten Sinn für
symbolische Aussagen besaß, folgte der zeitgenösischen Tendenz zur Sakralisierung der Kunst und faßte dementsprechend das Museum als
Heiligtum und Tempel auf. Sein Gebäude sollte selbst ein Werk der
Kunst sein, geschaffen für die Betrachtung anderer Kunstwerke.

Die architektonischen Elemente des Entwurfs, gegen die Hirt ausdrücklich opponierte, lassen sich auf Schinkels Bemühen zurückführen,

den sakralen Aspekt des Museums zu verstärken. Die monumentale
Freitreppe an der Vorderfront wie die beiden großen Aufgänge, die sich
geheimnisvoll im Dunkel der Vorhalle abzeichneten, sollten die Idee
zum Ausdruck bringen, der Besucher müsse – zum Museum hinaufstei-
gend – seine alltägliche Welt hinter sich lassen, um der Majestät der
Kunst begegnen zu können. Mit der spektakulären Säulenfront wollte
Schinkel seinem Gebäude »Grandeur« und »Charakter« verleihen, wie
sie der französische Architekt und Zeitgenosse der Revolution, Étienne-
Louis Boullée propagiert hatte. Aus Boullées posthum veröffentlichter
Abhandlung zur Architektur wissen wir, daß er seinen Studenten die
Kollonade als in besonderer Weise »majestätisches« und »angenehmes«
architektonisches Motiv empfahl[27].

Die Rotunde schließlich verteidigte Schinkel in seiner Antwort auf
Hirts Einwände ausdrücklich mit Hinweis auf ihre sakrale Wirkung:
»Endlich auch kann die Anlage eines so mächtigen Gebäudes, wie das
Museum unter allen Umständen werden wird, eines würdigen Mittelpunktes nicht entbehren, welcher das Heiligthum sein muß, in welchem das Kostbarste bewahrt wird. ... Hier muß der Anblick eines
schönen und erhabenen Raumes empfänglich machen und eine Stimmung geben für den Genuß und die Erkenntniß dessen, was das Gebäude überhaupt bewahrt.«[28] Die Idee, die Rotunde zum zentralen
Element der architektonischen Gestaltung des Museums zu machen,
entstand nicht voraussetzungslos. Schinkel nahm sich die Sala Rotonda
in Simonettis Museo Pio-Clementino im Vatikan (1775) zum Vorbild.
Er hatte diesen Bau schon auf seiner ersten Italienreise in den Jahren
1803 und 1804 kennengelernt und bei seinem zweiten Aufenthalt in
Rom im Jahr 1824 erneut bewundert. Doch war die Rotunde im Alten
Museum sehr viel deutlicher in der Absicht gestaltet, einen würdigen
Mittelpunkt zu bilden, der den Besucher geistig auf die Begegnung mit
der Kunst vorbereiten sollte. Während Hirt ihre Größe als unangemessen kritisierte, wollte Schinkel mit der Rotunde den Besucher durch
schiere Monumentalität überwältigen. Es ist in dieser Hinsicht aufschlußreich, daß Schinkel von der Rotunde als einem »Pantheon«
sprach. Seine Auffassung des Museums als eines Sakralraumes der Kunst
kommt darin deutlich zum Ausdruck[29].

Der Standort des Museums sollte den Besucher daran erinnern, daß
er er auf eine nationale, gleichberechtigt neben Kirche und Staat stehende Kulturinstitution zutrat. Die architektonische Gestaltung des Gebäu-

des war darauf berechnet, in ihm den Sinn religiöser Ehrfurcht vor der
Kunst zu wecken. Dementsprechend waren auch der inneren Rauman-
ordnung und der Aufstellung der Kunstwerke im Museum besondere
Wirkungen zugedacht. Mit dieser inneren Ordnung wurde zunächst die
Absicht verfolgt, das Eigenrecht des einzelnen Kunstwerkes zu betonen.
Bei der Gestaltung des Übergangs von der Rotunde zu den Bildersälen
war Schinkel vor die Aufgabe gestellt, architektonisch zwischen monumentaler und menschlicher Raumdimension zu vermitteln. Bei seinem
Besuch im Louvre im Jahr 1804 bemerkte Schinkel wie die meisten anderen ausländischen Besucher mit einer gewissen Mißbilligung, der
freie Zugang zu den Sälen mache diese »zur Promenade und zum Rendezvous der höheren und niederen Pariser Welt« und schränke so die
ernsthafte Betrachtung der »geheiligten Säle der Kunst« ein.[30] In Hubert Roberts Gemälde des Louvre, wie er um das Jahr 1786 aussah, ist
diese Atmosphäre festgehalten. In den Uffizien und in anderen Galerien
fühlte sich Schinkel in seinem Sinn für Ordnung dadurch gestört, daß
er Gemälde und Skulpturen in verwirrender Vielfalt präsentiert fand.[31]
In Panninis um das Jahr 1740 entstandenem Gemälde der Galleria Va-
lenti Gonzaga in Rom und in den verschiedenen Galeriebildern des
jüngeren Teniers im späten 17. Jahrhundert finden wir diese Hängungs-
und Aufstellungspraxis dargestellt.

Schinkel bemühte sich auf beiden Stockwerken seines Museums, allem entgegenzuwirken, was als Beliebigkeit oder verwirrende Unordnung in der Präsentation der Kunstwerke hätte erscheinen können.
Humboldt hob dieses Bemühen in seinem Abschlußbericht für den König vom 21. August 1830 hervor. Der Bericht enthält eine präzise Beschreibung der Einrichtung des Museums, so wie sie ursprünglich von
Schinkel und der Kommission festgelegt wurde. Schinkel nahm von
dem traditionellen Verfahren Abstand, die Statuen entlang der Wände
oder in Nischen aufzustellen, wo sie nur von einer Seite betrachtet werden konnten. Er ordnete sie vielmehr entlang den Säulen an, von denen
die Galerie in drei Abteilungen unterteilt wurde. Humboldt betonte in
seinem Bericht nachdrücklich die Neuartigkeit dieses Arrangements, für
das es in keiner anderen zeitgenössischen Galerie ein Vorbild gab. In
Klenzes Münchner Glyptothek etwa hatte man die Statuen in Nischen
entlang der Wände aufgestellt. »Die Stellung an den Säulen gewährt
den Statuen einen dunklen Hintergrund, auf dem sie sich angemessen
abheben; sie empfangen zugleich eine richtigere Beleuchtung und kön-

nen von allen Seiten betrachtet werden. Auch gewinnt das Auge den
Vortheil, nicht zu viel auf einmal zu übersehen.«[32] Schinkel entwarf
überdies einen Sockel für jede Statue, um sicherzustellen, daß jedes
Werk in der ihm angemessenen Höhe und Proportion betrachtet werden konnte.

Der gleiche Respekt für das Recht des einzelnen Kunstwerks, als Gebilde für sich wahrgenommen zu werden, zeigte sich in den Gemäldegalerien des zweiten Stockwerks. So wie er für die Statuen geeignete
Sockel entwarf, ließ Schinkel für die Gemälde individuelle Rahmen an-
fertigen, bei deren Gestaltung er auf die Proportionen und den Stil des
jeweiligen Kunstwerks Rücksicht nahm. Auch in den Sälen der Galerie
versuchte er, jeder räumlichen Zerstreuung entgegenzuwirken, indem er
rechtwinklig zu den Außenmauern Querwände aus Holz einzog, die
den Blick, wenn er durch den Gesamtraum schweifte, einschränkten, jedoch nicht bis zur Decke reichten. Dieses Verfahren, das die in den Museen des 20. Jahrhunderts allgemein übliche Verwendung beweglicher
Wandkonstruktionen in überraschender Weise vorwegnimmt, sollte in-
time Raumwirkungen schaffen und den einzelnen Bildsequenzen die
ungeteilte Aufmerksamkeit des Betrachters sichern. »Diese Abteilungen«, schrieb Schinkel selbst, »welche den Eindruck der großen Räume
im Ganzen keineswegs vernichten, haben außerdem, daß das beste
Licht für die Bilder gewonnen wird, entschiedene andere Vortheile. Zu-
vörerst wird man nicht durch eine zu große Masse von Kunstwerken,
welche man in den meisten anderen Gallerien auf einmal übersieht,
zerstreut und im Genuß des einzelnen gestört, sondern kann sich im
kleineren, behaglicheren Raume der ruhigen Betrachtung besser hinge-
ben.«[33] Die ersten Besucher des Museums bemerkten – ganz wie Schinkel angekündigt hatte –, daß die Unterteilungen der Säle den Gemälden
ein Licht ohne Blendwirkung zukommen ließen.

Die Anordnung der Gemälde innerhalb der Galeriesäle schließlich
sollte dem Umstand Rechnung tragen, daß die preußische Kunstsammlung systematischer als alle anderen großen Kunstsammlungen in Europa angelegt war. Sie war weniger stark von den subjektiven Vorlieben
und Abneigungen individueller Herrscher und von zufälligen Ergänzun-
gen durch Kunstwerke geprägt, die im Krieg erbeutet wurden. Schinkel
und Waagen verwiesen in ihrem Memorandum ausdrücklich darauf,
wie unsystematisch die meisten europäischen Galerien entstanden waren. »Wenn man die meisten berühmten Gemäldegallerien besucht:

so wird man bald gewahr, wie sie keineswegs nach einem verständig überlegten Plan angelegt worden sind, sondern vielmehr ihre Entstehung mancherlei Zufällen und besonderen Liebhabereien verdanken.«[34] Humboldt verwies in seinem Bericht auf das Systematische als einen bedeutenden Vorzug der Berliner Bestände. »Die hiesige Königliche Gallerie zeichnet sich im Gegentheil dadurch aus, dass sie sich systematisch über alle Perioden der Malerei ausdehnt, und die Geschichte der Kunst sich in ihr von ihren Anfängen an verfolgen lässt.«[35] Im späten 18. Jahrhundert hatten zwar einige Galerien damit begonnen, ihre Bestände im Sinne der Aufklärung nach »Schulen« zu ordnen – insbesondere der Italienischen, Flämischen, Französischen und Deutschen Schule. Doch waren die Gemälde in der Regel innerhalb dieser Kategorien nicht nach einem kunsthistorisch sinnvollen Prinzip angeordnet. Wenn es überhaupt ein bewußtes Arrangement gab, folgte es entweder motivisch-stofflichen Kriterien oder dem dekorativen Prinzip der Symmetrie.[36] Schinkels Unterteilungen sollten demgegenüber ermöglichen, »die Maler-Schulen gehörig zu trennen, und überhaupt jede nöthige Sonderung und Vereinigung vorzunehmen, welche der Charakter der Bilder und das Princip der Aufstellung irgend fordert«.[37]

Schinkel und Waagen folgten in ihren Vorschlägen zur inneren Gliederung der Gemäldegalerie weitgehend den Ratschlägen Carl Friedrich von Rumohrs[38]. Rumohr gehörte zu den offiziellen Beratern des preußischen Königs und gilt heute als einer der ersten modernen Kunsthistoriker in Europa. Er bestand darauf, daß zweitrangige Werke, die auf Empfehlung seines Widersachers Hirt angekauft worden waren, aus der Gemäldegalerie entfernt werden sollten. Ziel seines Vorschlages zur Anordnung der Kunstwerke war, »den ästhetischen Zweck mit dem kunsthistorischen und systematischen zu verbinden«. Ausdrücklich verwarf Rumohr die »statistisch-geographischen Abtheilungen«, wie sie durch die Verfasser von Kompendien und Kathedervorträgen in die Kunstgeschichte eingeführt worden seien. Denn darin reduziere sich der Begriff der »Schule« auf den des Geburtslandes. Wohin ein Künstler gehöre, werde durch »den nackten und bloßen Taufschein« entschieden. Rumohr schlug demgegenüber eine lockere historische Sequenz vor, in der die nationalen Schulen nach stilistischen Eigentümlichkeiten definiert und die Beziehungen der Schulen untereinander sichtbar gemacht werden sollten. »Den Gemälden gegenüber will und soll man sehn, in welchen Stücken, in welchen Zeiten und Persönlichkeiten die verschiede-

nen örtlichen Schulen einander entgegen kommen, mit einander aus-
tauschen, sich gegenseitig berühren, oder ganz verschmelzen.«³⁹ In
ihrem gemeinsamen Memorandum faßten Schinkel und Waagen die
Kriterien zusammen, nach denen die Gemälde im neuen Museum angeordnet werden sollten. Zunächst müsse jedes Kunstwerk »ein würdiger
Repraesentant der Zeit und der Schule, welcher es angehört«,⁴⁰ sein.
Die Sammlung als ganze wiederum habe einen möglichst umfassenden
Überblick über die wichtigsten Schulen der europäischen Kunst zu
geben. »Alle Urheber der verschiedenen Kunstrichtungen, welche in den
günstigeren Epochen ausgebildet worden sind, als die eigentlichen
Haupt und Grundmeister, sind möglichst vollständig und in den Charakter derselben deutlich bezeichnenden Werken, aufzustellen.« Zudem
solle man sowohl Meister, die für ihre »geistreiche Vielseitigkeit« berühmt seien, wie »vaterländische Meister, welche zugleich große Künstler sind« in die Galerie aufnehmen. Schinkel und Waagen schlugen vor,
Bilder von Meistern minderer Qualität und Eigenart nur äußerst spar-
sam aufzunehmen. Die Sammlung dürfe nur ein oder zwei Beispiele
von zweitrangigen Künstlern enthalten. Humboldt bemerkte in seinen
Vorschlägen für die Regelung künftiger Ankäufe, der Direktor des Museums werde durch den systematischen Charakter der Sammlung nicht
unbeträchtlich unterstützt. Denn dadurch fielen ihre Unzulänglichkeiten und Lücken um so deutlicher ins Auge. Man könne daher in Berlin
den bisher in den großen Europäischen Sammlungen begangenen Fehler vermeiden, beim Ankauf dem zufälligen Angebot der Händler und
den scheinbar günstigen Offerten wahllos zu folgen. Humboldt verwies
zudem mit Befriedigung auf einige angenehme Neuerungen, die den
sachgerechten Zugang des Publikums zu den im Museum gezeigten
Kunstwerken erleichtern sollten. So werde man beispielsweise den Besuchern »ein vollständiges und einigermaßen ausführliches Verzeichniss
der Gemälde« in die Hand geben und zudem jedes Bild, soweit möglich, mit Titel und Namen des Künstlers versehen.⁴¹
    Schinkels Museumsgebäude im Lustgarten stellte in seiner Verbin-
dung von Zweck, Lage, äußerer Gestalt und innerer Organisation eine
Institution dar, die so nie zuvor existiert hatte. Dieses Museum war
ausschließlich Werken der Kunst – insbesondere Gemälden und Skulpturen – gewidmet; sein Hauptzweck war die Bildung der Nation;
es symbolisierte durch seine Lage gegenüber Dom und Schloß die
Gleichrangigkeit der Kunst mit Kirche und Staat; durch seine architek-

tonische Gestaltung umgab es die Kunst mit einer sakralen Aura; durch
die Aufstellung und Hängung der Kunstwerke betonte es ihre individuelle Integrität und Autonomie; und durch ihre systematische Anordnung ließ es die Kunstgeschichte als ein Zentralphänomen im Prozeß
menschlicher Kultur sichtbar werden. Die Bedeutung des Louvre als Institution oder der Klenzeschen Glyptothek als Gebäude wird nicht her-
abgesetzt, wenn man behauptet, die Herausbildung der Gestalt und
Funktion des modernen Museums sei in nicht geringem Maß von der
Auseinandersetzung mit den planerischen und organisatorischen Erfordernissen vorangetrieben worden, die Schinkels Museumsbau in Berlin
mit sich brachte. Daß Schinkel in der Lage war, ein solches Gebäude zu
entwerfen, ist ein Beweis für sein architektonisches Genie. Daß es ihm
gelang, öffentliche Mittel, die Unterstützung durch den König und die
Billigung der gebildeten Kreise Berlins für sein umfangreiches Projekt
zu gewinnen, ist ein Hinweis auf seine weitgehende Übereinstimmung
mit dem Geist der Zeit. Das moderne Kunstmuseum, wie wir es kennen, ist in einem sehr präzisen Sinne eine romantische Institution, die
unter den besonderen historischen Bedingungen Deutschlands in den
ersten Jahrzehnten des 19. Jahrhunderts entstand.[42] Aus einer Szene in
Karl Immermanns Roman *Die Epigonen* (1836) wissen wir, wie lebhaft
die öffentliche Diskussion über das neue Museum in den Berliner Salons der Jahre nach 1820 geführt wurde. In Schinkels Entwurf gingen
die geistigen Strömungen der vergangenen dreißig Jahre seit dem späten
18. Jahrhundert ein. In dreierlei Hinsicht wurde darin seiner Konzeption des Museums der Boden bereitet: durch die Reflexion über das
Wesen der Kunst, durch die Nobilitierung der Malerei sowie der Figur
des Künstlers und durch die neue Wertschätzung der Kunstgeschichte.

Das Bild des Tempels in der romantischen Ästhetik

Dem ersten Thema, der Frage nach dem Wesen der Kunst, können wir
uns durch eine einfache Frage nähern. Wenn wir davon ausgehen, daß
Schinkel einen gänzlich neuen Gebäudetyp zu entwerfen hatte, warum
wählte er unter den gegebenen architektonischen Möglichkeiten gerade
den klassizistischen Stil? Genauer gefragt, warum griff er auf das Modell
des griechischen Tempels zurück, obwohl doch diese Form für das
nordeuropäische Klima ausgesprochen ungeeignet war? Aufgrund der

besonderen historischen Konstellation wurden zwischen den Revolutionskriegen und den antinapoleonischen Befreiungskriegen über zehn Jahre hinweg so gut wie keine großen öffentlichen Gebäude errichtet. Jede stilistische Kontinuität war unterbrochen, und die Architekten hatten nach dieser Zeit ein ganzes Spektrum gleichermaßen plausibler Gestaltungsmöglichkeiten vor Augen. Die drei geläufigsten Modelle waren für die Architekten in den zwanziger Jahren des 19. Jahrhunderts der griechische, der gotische und der italienische Stil. Schinkel war darüber hinaus auch mit anderen Stilepochen vertraut. So kannte er zum Beispiel den Stil barocker Schloßarchitektur durch die Arbeiten Schlüters, vor allem das Zeughaus und das Königliche Stadtschloß am Lustgarten, das Schlüter restauriert hatte. Als Student hatte sich Schinkel mit dem radikal geometrischen Formenrepertoire beschäftigt, das rationalistische Architekten des Revolutionszeitalters wie Boullée, Ledoux und Durand in Frankreich und George Dance in England entwickelt hatten.[43] Und seine eigenen Entwürfe zur Zeit der Planung und Errichtung des Museums lassen einen schmucklosen Funktionalismus erkennen, der direkt auf das frühe 20. Jahrhundert vorausweist.[44] Beispiele hierfür sind der Entwurf zu einem Kaufhaus Unter den Linden aus dem Jahr 1827, die in den Jahren 1831 bis 1836 entstandene Allgemeine Bauschule und der Entwurf für einen Neubau der Königlichen Bibliothek, der aus dem Jahr 1835 stammt.

Schinkel war nicht nur mit dem zeitgenössisch verfügbaren Formenrepertoire vertraut, sondern wußte auch, welche Stile in der Vergangenheit für bereits existierende Museen benutzt worden waren und deshalb mit diesem Bautyp assoziiert wurden. Dazu zählten zunächst Vasaris Magistratsgebäude aus dem Cinquecento, das umgebaut worden war, um eine der reichsten Sammlungen von Florenz aufzunehmen: die »Uffizien«. Sodann der bedeutendste Palazzo der Florentiner Renaissance, in dem die Sammlung Pitti untergebracht war. Ferner der Louvre in Paris als monumentaler Repräsentant der französischen Renaissance. Und schließlich das erst im späten 18. Jahrhundert gebaute Fridericianum in Kassel mit seiner eklektizistischen Verbindung von Barock, Klassizismus und Palladianismus. In den verschiedenen der Bauakademie in Berlin ausgeschriebenen Wettbewerben für einen Museumsentwurf hatte die Jury stets solche Gebäude favorisiert, die den wuchtigen Stil der römischen Kaiserzeit erkennen ließen, wie er durch Piranesi bekannt geworden war. Schinkels eigener frühester Museumsentwurf stammt aus dem Jahr 1800 – damals war er noch Student. Er zeigt einen strengen, weder durch Fenster noch durch äußere Dekorationen aufgelockerten Kubus, wie er für Boullée, aber auch für Schinkels Lehrer Gilly charakteristisch war. Über ein Jahrhundert später bildete dieser Entwurf die Anregung für John Russell Popes Bau der National Gallery in Washington.[45] Als Leo von Klenze im Jahr 1815 von Ludwig I. aufgefordert wurde, an dem Wettbewerb um den Bau der Münchner Glyptothek teilzunehmen, reichte er nicht einen, sondern drei Entwürfe ein: einen im griechischen, einen im römischen und einen im Stil der Renaissance. Kurz nachdem die Glyptothek in München und Schinkels Museum in Berlin fertiggestellt waren, wurden mehrere bedeutende Museumsneubauten in Deutschland im immer beliebter werdenden Renaissancestil errichtet, darunter Klenzes Neue Pinakothek in München (1826–1836) und Sempers Dresdner Gemäldegalerie (1847–1855). Dem weiten Spektrum verfügbarer Stile, wie es für den Rückgriff auf die Geschichte im frühen 19. Jahrhundert charakteristisch war, konnte der Architekt entnehmen, was er wollte, ohne durch eine verbindliche Tradition begrenzt zu werden. Warum, so ist vor diesem Hintergrund zu fragen, verfiel Schinkel gerade auf den Stil, in dem er sein exemplarisches Museum konzipierte? Und warum wurde sein Entwurf weithin mit solchem Enthusiasmus begrüßt?

Uns ist die Vorstellung geläufig, daß die Architektur eines Gebäudes etwas über die Tätigkeiten, die in ihm stattfinden, und die Menschen, die es bewohnen oder in ihm zu tun haben, verrät. Oder zumindest darüber, welche Vorstellungen der Architekt, der ein Gebäude entwirft, von diesen Tätigkeiten und Menschen hat. Die symbolische Bedeutung von Gebäuden, Kleidung, literarischen Genres und anderen kulturellen Formen war am Ende des 18. und zu Beginn des 19. Jahrhunderts noch offensichtlicher als heute. Pevsner führt überzeugende Gründe dafür an, daß die Architektur des 19. Jahrhunderts sich nicht angemessen beurteilen läßt, ohne daß man ihre »evokativen und assoziativen Elemente« in Rechnung stellt. Er zitiert eine Vielzahl zeitgenössischer Quellen, die demonstrieren, wie bewußt sich die Architekten der Bilder und Assoziationen waren, die sie durch die Wahl eines bestimmten Stiles heraufbeschworen.[46]

Der italienische Architekturtheoretiker Francesco Milizia schrieb im Jahre 1787: »Wie die Figuren in der Malerei und Skulptur müssen auch Gebäude ihre eigene Physiognomie haben. ... Wenn die Künstler nur

die Natur eines jeden Bauwerks ergründen wollten, so wüßten sie ihm
einen Charakter zu geben, den jeder erkennen könnte.« Ungefähr zur
gleichen Zeit heißt es in der nachgelassenen Abhandlung Boullées: »Einem Werk »Charakter« verleihen heißt in angemessener Weise all diejenigen Mittel heranzuziehen, die erforderlich sind, damit keine anderen
Empfindungen in uns zu erweckt werden als diejenigen, die der Gegenstand in uns auslösen soll.«[47] Gottfried Semper schrieb am anderen
Ende des Zeitalters, im Jahr 1846: »Der Eindruck, den ein Gebäude auf
die Massen macht, beruht zum Teil auf Erinnerungen.« Auffällige Beispiele eines solch evokativen, »sprechenden« Stils lassen sich leicht nennen. »So griff man für Kirchenbauten auf die Gotik zurück, um den
Geist mittelalterlicher Frömmigkeit zu beschwören; für Bankgebäude
verwendete man gerne die Formen des italienischen Palazzo, um Assoziationen an den Reichtum von Renaissance-Kaufleuten zu wecken;
und schließlich gestaltete man akademische Gebäude häufig im Stil der
Gotik oder des Klassizismus, um an das Lernen im Kloster oder das Bildungsideal im Griechenland des fünften Jahrhunderts vor Christus zu
erinnern.«[48] Wir wissen, daß es eine regelrechte Debatte darüber gab,
welchen Stil Schinkel wählen sollte. So wurde er zum Beispiel von manchen Ratgebern dazu gedrängt, dem Museum gotische Formen zugrun-
dezulegen, weil die Gemälde Van Eycks in einer »griechischen« Umgebung nicht angemessen aufgehoben seien.[49] Brentano würdigte in
seiner poetischen Huldigung *An Schinkel* (ca. 1816) das Bestreben seines
Freundes, dem klassizistischen Ideal gegenüber der modischen Neogotik
Geltung zu verschaffen:

> O zürne nicht, daß ich Dich auf die Zinnen
> Der Tempel führe, die im Geist Du bauest,
> Und unermüdlich gut der Zeit vertrauest,
> Ob einmal wohl ihr Großes geh' zu Sinnen;
> Es ist um Dir die Aussicht zu gewinnen,
> Wo Du der Erde Hoffnungsgrün erschauest
> Und Trost des blauen Himmels niedertauest
> Zu Bildern schöner Kunstzeit auf die Linnen.
> Doch ach die liebe Zeit! mit Wortposaunen
> Bläst sie Dein Bild des Griechenlebens an,
> Und bleckt bei dem Gewitterdom den Zahn,
> Wahrhaftig schön, altdeutsch, recht zum Erstaunen![50]

Pevsner hat zweifellos recht mit seiner Vermutung, daß alle drei Entwürfe Klenzes für die Glyptothek – jeder auf seine Weise – den zeitgenössischen Gedanken verkörpern sollten, die Vertrautheit mit der Kunst der Antike sei die Grundlage aller wahren *Bildung*[51]. Aber im Falle Schinkels erklärt diese Interpretation die konkrete Formentscheidung, die er traf, nur zum Teil. Gewiß lag der klassizistische Stil zum einen mit Blick auf die Antikensammlung nahe, die das Museum beherben sollte. Zum anderen aber auch mit Blick auf das Ideal öffentlicher Bildung, das in Wilhelm von Humboldt im Zuge der preußischen Erziehungsreform einen so überzeugenden Anwalt hatte. Kaum zufällig steht im Vordergrund der großen klassischen Landschaft *Ein Blick in Griechenlands Blüte*, die Schinkel nach seiner Rückkehr aus Italien im Jahr 1824 malte, ein Tempel. Doch teilt der Umstand, daß Schinkel für sein Museum gerade die Form des Tempels wählte, dem Besucher sehr viel mehr mit als nur die allgemeine Erinnerung an die Antike. Ihm wird bedeutet, daß er in die Gegenwart von Kunstwerken eintritt, die von der Aura des Heiligen umgeben sind. Weil der antike Tempel ein gängiges Modell für öffentliche Gebäude verschiedener Zweckbestimmung war, standen Schinkel mehrere zeitgenössische Varianten als Inspirationsquelle zur Verfügung[52].

Friedrich Gilly, Schinkels Lehrer, schuf im Jahre 1797 einen der kühnsten und originellsten architektonischen Entwürfe der Epoche, als er das Denkmal für Friedrich den Großen in Form eines dorischen Tempels projektierte. Unter dem Eindruck dieses Entwurfs beschloß der junge Schinkel, sich dem Studium der Baukunst zu widmen. Gillys monumentaler Entwurf wurde nie ausgeführt, aber der von ihm vorgeschlagene Rückgriff auf die Form des Tempels wurde von Napoleon für Profanbauten wie das Denkmal der Grande Armée, also die Kirche La Madeleine (1806), sowie für die Börse (1808) aufgenommen. Als der bayerische König Ludwig I. die große Walhalla nahe Regensburg als Denkmal für die Größen der deutschen Kultur in Auftrag gab, forderte er ein Gebäude »nach den schönsten Mustern antiker Tempel«.[53] Dieses Monument der Exzentrik wurde tatsächlich in den Jahren zwischen 1830 und 1842 von Leo von Klenze gebaut. Er folgte dabei einem Entwurf, den ein anderer Schüler Gillys, Karl Freiherr Haller von Hallerstein, in den Jahren 1814/15 gezeichnet hatte.

Das zeitgenössische Angebot an Formvorbildern für klassizistische Bauten war groß. Schinkel ließ sich bei seinem Entwurf hauptsächlich von Zeichnungen des großen Apollotempels in Didyma in Kleinasien inspirieren, die kurz zuvor in einem englischen Werk über *Ionian Antiquities* (1821) publiziert worden waren.[54] Strabo hatte das Heiligtum von Didyma den größten aller griechischen Tempel genannt. Schinkel ließ sich vor allem von der hier zu findenden außergewöhnlichen Kombination einander ansonsten fremder Architekturformen beeindrucken. Denn der Tempel von Didyma hatte nicht nur eine beeindruckende Kolonnade, sondern zeigt auch ein Element, das zwar in Rom üblich, in Griechenland aber nahezu unbekannt war – eine mächtige Freitreppe, die auf ein Podium hinaufführte.

An Modellen herrschte also kein Mangel. Daß Schinkel überhaupt die Tempelform wählte, ist gleichwohl nicht nur ein Reflex auf ihre Verfügbarkeit, sondern muß dem Umstand zugeschrieben werden, daß die Vorstellung eines Tempels der Kunst als Ausstellungsort für Malerei und Plastik um 1823 in der deutschen Kultur bereits weithin Verbreitung gefunden hatte. Mit seinem Bauwerk gab Schinkel dieser Vorstellung und damit einer neuen Auffassung der Kunst sichtbaren Ausdruck.

Goethe teilte die in Schinkels Entwurf enthaltene Kunstauffassung. Während seines Italienaufenthaltes (1786–1788) hatte er Alois Hirt kennengelernt und ihn an Herder als einen kompetenten »Cicerone« weiterempfohlen. Aber zugleich warnte er Herder, daß Hirt »ein Pedante« sei, und zehn Jahre später karikierte er ihn in dem fiktionalisierten Essay *Der Sammler und die Seinigen* (1799) in der Figur des »Fremden«.[55] Er spielt den Part eines kleinlichen »Rigoristen«, der in jedem Gemälde und jeder Skulptur, die er vor sich hat, auf der Suche nach dem von ihm so hochgeschätzten »Charakteristischen« ist. Goethe teilte Hirts nüchtern-akademische Auffassung des Museums als einer schmucklosen Ausstellungshalle zum Nutzen der Studenten und ihrer Lehrer nicht. In Rom hatte er zu den Gästen des Caffé Greco an der Spanischen Treppe gehört, das als »ein besonderer Kunst-Tempel« galt, weil hier häufig die deutschen Künstler zusammenkamen und ihre Bilder und Zeichnungen ausstellten.[56] Als Goethe und Heinrich Meyer, die sich zusammen mit Schiller als die »Weimarer Freunde der Kunst« stilisierten, im Jahre 1798 nach einem Namen für ihre neue (und, wie sich erweisen sollte, sehr kurzlebige) Kunstzeitschrift suchten, verfielen sie auf den Namen *Propyläen*. So hieß bei den Griechen der meist als Säulenhalle gestaltete Vorraum zum eigentlichen Tempel. Die Wahl dieses Titels erklärte Goethe in den ersten Sätzen seiner *Einleitung in die Propyläen* wie folgt:

Der Jüngling, wenn Natur und Kunst ihn anziehen, glaubt mit einem lebhaften Streben bald in das innerste Heiligtum zu dringen; der Mann bemerkt, nach langem Umherwandeln, daß er sich noch immer in den Vorhöfen befindet.

Eine solche Betrachtung hat unsern Titel veranlaßt. Stufe, Tor, Eingang, Vorhalle, der Raum zwischen dem Innern und Äußern, zwischen dem Heiligen und Gemeinen kann nur die Stelle sein, auf der wir uns mit unsern Freunden gewöhnlich aufhalten werden.[57]

Ein ähnliches Bild taucht in *Der Sammler und die Seinigen* (erschienen 1799 in den *Propyläen)* auf, wenn der Sammler im dritten Brief seine frühen Erfahrungen mit der Kunst beschreibt. Seine erste große Erfahrung mit der Kunst, die seinem ganzen Leben »entscheidende Aussicht« eröffnete, fand in der Königlichen Galerie in Dresden statt. »Mit welchem Entzücken, ja mit welchem Taumel durchwandelte ich das Heiligtum der Galerie!«[58] In dieser wie in vielen anderen Passagen dieses Aufsatzes in Form einer Erzählung faßt Goethe eigene Erfahrungen zusammen. Bekannt ist die Stelle aus *Dichtung und Wahrheit,* in der er seinen Eintritt in die Dresdner Galerie im Frühling des Jahres 1768 beschreibt, als er Student im nahgelegenen Leipzig war. »Ich trat in dieses Heiligtum, und meine Verwunderung überstieg jeden Begriff, den ich mir gemacht hatte.« Die Räume, so fährt er fort, bewirkten ein Gefühl der Feierlichkeit, »das um so mehr der Empfindung ähnelte, womit man ein Gotteshaus betritt, als der Schmuck so manches Tempels, der Gegenstand so mancher Anbetung hier abermals, nur zu heiligen Kunstzwecken aufgestellt erschien.«[59]

Goethes Verehrung für die Tempel der Kunst unterschied sich von den engeren und nüchterneren Anschauungen vieler seiner rationalistischen Freunde, namentlich Heinrich Meyer und Hirt. Von seinen jüngeren Zeitgenossen wurde sie hingegen geteilt. Freilich ging er einigen nicht weit genug. Die temperamentvolle Caroline Schlegel schrieb am 15. November 1798 an Novalis: »Wir haben die Propyläen noch nicht gesehen. Was brauchen wir auch die Vorhöfe, da wir das Allerheiligste selbst besitzen.«[60] Ihr Mann, August Wilhelm Schlegel aber benutzte im gleichen Jahr Bilder, die denen Goethes sehr nahekamen, als er schrieb: »Darf irgend etwas von Deutscher Mahlerey im Vorhofe zu Raphaels Tempel aufgestellt werden, so kommen Albrecht Dürer und Holbein gewiß näher am Heiligthum zu stehen, als der gelehrte Mengs.«[61]

Eine der denkwürdigsten und einflußreichsten Passagen, in denen die
Bedeutung des Tempels als Bild der romantischen Ästhetik greifbar
wird, findet sich in Wackenroders *Herzensergießungen eines kunstliebenden Klosterbruders* (1797). Ein Kapitel dieses Buches, das die frühroman-
tische Kunstbegeisterung nachhaltig prägte, trägt den umständlichen,
aber zugleich symptomatischen Titel »Wie und auf welche Weise man
die Werke der großen Künstler der Erde eigentlich betrachten und zum
Wohle seiner Seele gebrauchen müsse«. Darin ruft der Autor entrüstet
aus: »Bildersäle werden betrachtet als Jahrmärkte, wo man neue Waren
im Vorübergehen beurteilt, lobt und verachtet; und es sollten Tempel
sein, wo man in stiller und schweigender Demut, und in herzerheben-
der Einsamkeit, die großen Künstler, als die höchsten unter den Irdischen, bewundern, und mit der langen, unverwandten Betrachtung ihrer Werke, in dem Sonnenglanze der entzückendsten Gedanken und
Empfindungen sich erwärmen möchte.«[62]
Sogar der ironische Friedrich Schlegel war auf der Suche nach ähnlichen Gefühlen, als er zum ersten Mal den Louvre sah: »ein altes, und
wenigstens von der Seite, wo man zu dem Museum eingeht, nichts weniger als imposantes, vielmehr formloses und trauriges Haus, wie es sich
in den verfloßnen Jahrhunderten für Despoten ohne Genie und Bildung in einer dunkeln und confusen Zeit schicken mochte.« Jedenfalls,
so berichtet er den Lesern seiner Zeitschrift *Europa* (1803) in dieser
»Nachricht von den Gemählden in Paris«, ist der Louvre »keineswegs
eingerichtet ein Tempel der herrlichsten aller bildenden Künste zu
sein.«[63] Jahre später sprach Schlegel vom »neuen Kunsttempel«, den der
Kronprinz von Bayern gerade bauen ließ, um seine Sammlungen darin
unterzubringen[64].
Wenn es den größeren Galerien an der rechten tempelartigen Atmosphäre mangelte, so ließen sich in privaten Wohnungen und Sammlungen die Dinge anders arrangieren. Caspar David Friedrich stellte zur
Weihnachtszeit des Jahres 1808 sein umstrittenes Gemälde *Das Kreuz im
Gebirge*, das er als Altarbild für die Kapelle des Grafen Thun in Tet-
schen malte, in seinem dunklen Dresdner Atelier aus. »Es ergriff alle,
die ins Zimmer traten, als beträten sie einen Tempel. Die größten
Schreihälse ... sprachen leise und ernsthaft wie in einer Kirche.«[65] Marie von Kügelgen, die diesen Bericht verfaßte, war von der Wirkung, die
sie beschrieb, offensichtlich angetan. Als wenige Monate später ihr
Mann, der mit Friedrich befreundete Maler Gerhard von Kügelgen eine

Kopie von Raffaels *Sixtinischer Madonna* fertigstellte, verwandelte sie
den großen Saal ihres Hauses in einen Kunsttempel. »Das Ganze ist so
gewaltig feierlich, daß selbst die Kinder nur leise eintreten.«[66] Wie so
oft bezeugte auch hier die parodistische Inversion, daß der Topos bald
zum Allgemeingut geworden war. In seiner dreizehnten Nachtwache beschreibt der Autor der *Nachtwachen von Bonaventura* (1804) den »Tempel des Apollo« im Ton einer beißenden Satire. »An dem Berge, mitten
in das Museum der Natur, hatten sie noch ein kleines für die Kunst gebaut.« Da hinein strömen nun die Kenner und Dilettanten, um die
klassischen Statuen zu bewundern: »vor mir standen die steinernen
Götter als Krüppel ohne Arme und Beine, ja einige gar mit fehlenden
Häuptern; das Schönste und Herrlichste, wozu die Menschenmaske
sich je ausgebildet hatte, der ganze Himmel eines großen gesunkenen
Geschlechts, als Leichnam und Torso wieder ausgegraben aus Herkula-
neum und dem Bette der Tiber. Ein Invalidenhaus unsterblicher Götter
und Helden, hineingebaut zwischen eine erbärmliche Menschheit.«[67]

In den Jahren, als das neue Museum in Berlin debattiert wurde und
Schinkel das Gebäude entwarf, in dem es untergebracht werden sollte,
fand das Bild des Tempels Eingang in das allgemeine Bewußtsein und
erhielt zugleich das Echtheitssiegel philosophischer Billigung. In seinen
vier Gesprächen über die Kunst, die im Jahr 1815 unter dem Titel *Erwin*
erschienen, hatte Schinkels Jugendfreund Karl Wilhelm Friedrich Solger
den Wink gegeben, es sei die allgemeinste und höchste Bestimmung der
Architektur, »der Gottheit Tempel zu geben«.[68] Solger entwickelte diesen Gedanken systematischer in den *Vorlesungen über Ästhetik*, die er im
Jahr 1819, kurz vor seinem Tod, hielt. In einem Abschnitt gegen Ende
der Vorlesungen befaßte sich Solger mit den Künsten jenseits der Dichtkunst, also mit dem traditionellen Viergespann aus Plastik, Malerei, Architektur und Musik. Er setzte dabei die Architektur, deren Gegenstand
»bloßer Stoff« sei, der Musik gegenüber, in welcher der Begriff als
»bloße Form« auftrete. Im folgenden führte er aus:

> Das Hauptziel der Architectur ist, ein in sich vollendetes harmoni-
> sches Ganze durch das Verhältnis zu bilden. Den Gegenstand die-
> ser Kunst betreffend, so kann sie im wesentlichen nur Beziehung
> auf die *Gottheit* haben. Daher geht sie einzig und allein von dem
> Bau der *Tempel* aus und ist an und für sich zu keinem andern
> Zwecke da. Der Tempel ist Darstellung der unmittelbaren Gegen-

wart Gottes in der wirklichen Welt, und der Tempelbau, auf welchem alle Architectur beruht, geht nicht von dem gemeinen Häu-
serbau aus. Alle andern Gebäude müssen in Beziehung auf den
Tempelbau betrachtet werden.[69]

Solger bestimmte das Viereck als Grundform des Tempels und seiner
Kolonnaden: »Die vollendetsten alten Tempel sind die länglichviereck-
gen, die auf allen Seiten Säulen haben.« Er schloß mit der Behauptung,
in der neueren Welt sei die Architectur »die umfassende Kunst für alle
übrigen Künste«, insofern nunmehr sowohl die Plastik wie die Malerei
als Elemente im Ganzen der Architectur begriffen werden müßten. »Bei
dieser hohen Bedeutung der Architectur in der neueren Kunst müssen
die andern Künste nothwendig immer kränkeln, so lange nicht die Architectur auf irgend eine Weise wieder hergestellt ist.« (339)
    Hegel, der seit 1818 in Berlin lehrte, entwickelte in seinen Vorlesun-
gen ähnliche Gedanken. Schon in seiner *Phänomenologie des Geistes*
(1807) hatte er geschrieben, Kunst sei die Form des Selbstbewußtseins,
in welcher der Geist sich selbst vergegenständliche. In seinen *Vorlesungen über die Ästhetik*, die er in den Jahren 1820, 1823 und 1826 hielt,
avancierte das Bild des Tempels zum Fluchtpunkt der Einleitung. Hegel
ging von drei Grundformen der Kunst aus, die er als verschiedene Stufen der Idee des Schönen begriff: die symbolische, die klassische und die
romantische Kunst[70]. Im Zentrum der symbolischen Kunst stehe die
Architektur. Es sei ihre Aufgabe, »die äußere unorganische Natur so zu-
rechtzuarbeiten, daß dieselbe als kunstgemäße Außenwelt dem Geiste
verwandt wird.« Sie bahne der außer ihr liegenden Wirklichkeit des
Gottes den Weg, indem sie sie aus der Endlichkeit und Zufälligkeit der
objektiven Natur heraustreten lasse. »Dadurch ebnet sie den Platz für
den Gott, formt seine äußere Umgebung und baut ihm seinen Tempel
als den Raum für die innere Sammlung und Richtung auf die absoluten
Gegenstände des Geistes.«[71] So werde durch die Architektur »die unorganische Außenwelt gereinigt, symmetrisch geordnet, dem Geiste verwandt gemacht, und der Tempel des Gottes, das Haus seiner Gemeinde, steht fertig da.« In diesen Tempel läßt Hegel dann in der zweiten,
der klassischen Kunstform in Gestalt der Skulptur die Gottheit selber
eintreten. »Hat nun die Architektur den Tempel aufgeführt und die
Hand der Skulptur die Bildsäule des Gottes hineingestellt, so steht diesem sinnlich gegenwärtigen Gott in den weiten Hallen seines Hauses

drittens die *Gemeinde* gegenüber.« Der Tempel wird zum Museum, zum Ort der geheiligten Begegnung der Gemeinde mit dem Geist, der in den Formen der Malerei und Skulptur irdische Gestalt gewinnt.

Die Symbiose von Religion und Kunst

Die Formel, das Museum sei ein »Tempel der Kunst«, ist mehr als nur ein gern benutzter Topos. Sie führt ins Zentrum romantischer Weltanschauung. Wenige Vorstellungen sind für die Romantik charakteristischer und trennen sie deutlicher von der Aufklärung ab als der Glaube an die Symbiose von Kunst und Religion. Erst vor dem Hintergrund dieser Überzeugung erhält der Topos des Museums als Tempel der Kunst seine weitreichende Bedeutung. In ihrem Kerngehalt ist sie nicht mit der Vorstellung zu verwechseln, die Kunst sei an die Stelle der Religion getreten. Dieser Gedanke ist eher für Schiller – man denke an das Gedicht *Die Künstler* und die ästhetischen Aufsätze – und seine Nachfolger bis hin zum Ästhetizismus des späten 19. Jahrhunderts charakteristisch als für die Romantiker. Von Beginn an bis zu ihrem Ende ist die Romantik durchdrungen von der Überzeugung, die Kunst sei sowohl ein Produkt wie der vornehmste Ausdruck der Religion.[72]

Im Unterschied zu anderen romantischen Grundeinstellungen entwickelt diese sich nicht langsam: In den Schriften Wackenroders ist sie schon voll entfaltet und behält von da an für die nächsten dreißig Jahre ihre Kraft und Wirksamkeit. Damit meine ich nicht die eher oberflächlichen Züge wie den wiederholten Gebrauch solcher Begriffe wie »himmlisch« und »göttlich«. Wackenroders kunstliebender Klosterbruder etwa benutzt sie mehrfach zur Charakterisierung der Maler und ihrer Kunstwerke. Der Gebrauch dieser Epitheta ist ebenso mechanisch wie beispielsweise Goethes Apostrophierung Erwins von Steinbach als »heiliger Erwin« in dem Aufsatz *Von deutscher Baukunst* (1772). Es geht vielmehr um den Gedanken, die Kunst selbst sei als Offenbarung des Göttlichen ein Aspekt der Religion. In den Schlüsselbegriffen von Wackenroders Titel wird eben dies suggeriert: *Herzensergießungen eines kunstliebenden Klosterbruders.*[73] In dem Kapitel »Von zwei wunderbaren Sprachen und deren geheimnisvoller Kraft« erläutert der Erzähler: »Ich kenne aber zwei wunderbare Sprachen, durch welche der Schöpfer den Menschen vergönnt hat, die himmlischen Dinge in ganzer Macht, soviel es nämlich

(um nicht verwegen zu sprechen) sterblichen Geschöpfen möglich ist, zu
fassen und zu begreifen.« Diese beiden Sprachen sind »die Natur und die
Kunst«.[74] Während die Natur der direkte Ausdruck Gottes ist, spricht
die Kunst durch von Menschen geschaffene Bilder. Auch sie ist »eine Art
von Schöpfung, wie sie sterblichen Wesen hervorzubringen vergönnt
ward«.[75] Aus diesem Grund – so behauptet der Klosterbruder – fühle er
hier wie dort »große Dinge« sich in seinem Innern erheben: in der Anschauung der Natur wie beim Eintritt in den »gottgeweihten Tempel unsers Klosters« , wo er das Gemälde von Christus am Kreuz »mit Ernst
und Innigkeit« betrachte. Der Abschnitt endet mit der Vermutung, »daß
Gott wohl die ganze Natur oder die ganze Welt auf ähnliche Art, wie wir
ein Kunstwerk, ansehen möge«. Mit dieser Analogie wird die häufige Beschwörung der »Andacht« gegenüber der Kunst in den *Herzensergießungen* gerechtfertigt. In dem bereits zitierten Kapitel über die rechte Art der
Betrachtung von Kunstwerken vergleicht der Klosterbruder den »Genuß
der edleren Kunstwerke« mit dem Gebet[76]. Wie die Natur ist die Kunst
dem Menschen übergeordnet: Er kann sie nur bewundern und die herrlichsten Werke verehren, die sie hervorbringt. Alle Kunst, nicht nur die
Malerei, verdient diese Verehrung. Wenn in der exemplarischen Lebensgeschichte des romantischen Künstlers, mit der Wackenroders Buch
schließt, der Tonkünstler Joseph Berglinger ein Konzert besucht, so hört
er der Musik »mit eben der Andacht zu, als wenn er in der Kirche
wäre«.[77]
    Es ist naheligend, daß in *Franz Sternbalds Wanderungen* (1798), einem
Roman, den Tieck und Wackenroder vor dem frühen Tod des letzteren
gemeinsam entwarfen, ähnliche Gedanken auf Schritt und Tritt begegnen. Zum Beispiel antwortet Franz Sternbald in einem Gespräch mit einem Handwerker auf dessen Vorhaltung, die Malerei sei doch zu nichts
nütze, daß sie die Bibel durch Gemälde verherrliche und die Religion
unterstütze: »was will man von dieser edlen Kunst mehr verlangen?«
(23) Später drängt Albrecht Dürer, der Lehrer Franz Sternbalds, ihn
dazu, die Bibel und die heiligen Geschichten zu lesen: »so wirst du auch
gewißlich ein guter Maler werden«(60). Mit anderen Worten: Die
Kunst soll sowohl als Produkt wie als Werkzeug der Religion gelten.
    Wackenroders *Herzensergießungen* und Tiecks *Sternbald* gehörten zu
den meistgelesenen Büchern der frühen Romantik. Sie beeinflußten
nicht nur die ästhetischen Theorien Philipp Otto Runges, sondern auch
den Lebensstil der jungen Maler, die später als »Nazarener« bekannt

wurden. Ihre naive Ansicht, eine schlichte Frömmigkeit sei unabdingbare Voraussetzung für die höchste christliche Kunst, fand freilich nicht nur Beifall. Goethe wies sie strikt zurück und machte sich über sie lustig. Die Verknüpfung von Religion und Kunst bei Wackenroder, Tieck und den Nazarenern war jedoch kein isoliertes Phänomen, sondern brachte eine weit verbreitete Stimmung der Zeit zum Ausdruck. Diesen Befund legt zudem ein weiteres repräsentatives Werk der deutschen Romantik nahe, das ohne erkennbaren Bezug auf Wackenroder und Tieck verfaßt wurde. Daß ein Theologe, der in sein Buch ästhetische Fragestellungen aufnahm, sich mit der Beziehung zwischen Religion und Kunst befassen würde, lag nahe. Tatsächlich ist dies ein zentrales Motiv in Friedrich Schleiermachers *Reden über die Religion* (1799). In einer Erläuterung, die er in der dritten Auflage aus dem Jahr 1821 hinzufügte, schrieb Schleiermacher: »kaum jemand würde heutzutage diese Verwandtschaft von Religion und Kunst bestreiten.«[78]

Als er aber im Jahr 1799 erstmalig seine Reden über die Religion »an die Gebildeten unter ihren Verächtern« adressierte, fühlte er sich genötigt, diesen Gedanken in beträchtlicher Länge auszuführen. Die dritte der fünf Reden ist im wesentlichen der Darlegung des Verhältnisses von Kunst und Religion gewidmet.

Schleiermacher geht davon aus, daß dem Gläubigen zur Bildung des Sinns für die Religion bei seinen Mitmenschen kein anderes, äußeres Mittel zur Verfügung stehe, als daß er durch sich selbst die Religion sich frei äußern und mitteilen lasse. Sei aber auf diese Weise »der heilige Funken«[79] einmal in der Seele eines Menschen aufgeglüht, dann werde er sich zur freien und lebendigen Flamme entwickeln und aus der Atmosphäre des jeweiligen Individuums seine Nahrung holen. Um diese Flamme am Leben zu erhalten und das Individuum zur Religion zu bilden, komme es darauf an, »gewisse Übergänge ins Unendliche« zu finden. Die Kunst sei in diesem Sinne ein Weg, der »Sklaverei« ein Ende zu machen, in der durch den Rationalismus mit seinen Verstandesübungen, Erklärungen und Zerlegungen der Sinn der Menschen gefangen sei. Schleiermacher deutet an, daß die Kunst zum Auslöser einer schnellen, plötzlichen Bekehrung werden könne, zum Katalysator jenes Moments, in dem der Mensch sich über das Endliche erhebe und ihm »wie durch eine innere unmittelbare Erleuchtung der Sinn fürs Universum aufgeht«. Ausdrücklich hält er fest, »daß mehr als irgend etwas anders der Anblick großer und erhabner Kunstwerke dieses Wunder ver-

richten kann«. Vom Kunstsinn erwartet sich Schleiermacher daher, daß
er die Gebildeten unter ihren Verächtern künftig zur Religion zurückführen werde. In der Gegenwart jedoch diene die Kunst (noch) keiner
Religion. »Religion und Kunst stehen nebeneinander wie zwei befreundete Seelen, deren innere Verwandtschaft, ob sie sie gleich ahnden, ihnen doch noch unbekannt ist.« In Unkenntnis ihrer tiefen inneren Verwandtschaft stünden eine stolze Kunst und eine trocken rationalistische
Religion nebeneinander, ohne ein Bedürfnis nach einander zu ver-
spüren. Werde aber eine von beiden durch »einen großen Streich« von
ihren Fesseln befreit, so werde sie »mit schwesterlicher Treue« der anderen zu Hilfe eilen.

Die Rede endet mit einem Hymnus auf »einige bedeutende Gestalten« – wir dürfen uns darunter zweifellos seine Jenaer Gefährten vorstellen –, die Schleiermacher »eingeweiht in diese Geheimnisse aus
dem Heiligtum zurückkehren« sieht. Diese Eingeweihten würden, geschmückt und in feierliche Gewänder gekleidet, die neuen Priester der
Göttin der Kunst sein und an der Bildung des größten Kunstwerks mitwirken, dessen Stoff die Menschheit selbst sei. Schon sei die Herauf-
kunft »kühner und kräftiger Kunst« unverkennbar: »und Ihr werdet die
Neokoren sein, wenn die neuen Gebilde aufgestellt sind im Tempel der
Zeit. … Laßt uns Vergangenheit, Gegenwart und Zukunft umschlin-
gen, eine endlose Galerie der erhabensten Kunstwerke durch tausend
glänzende Spiegel ewig vervielfältigt.« (115)

Eine solch rhapsodische Bekräftigung des berauschenden Gedankens
durch einen brillanten jungen Theologen, der im Grunde die Kunst mit
der Religion gleichsetzte, mußte unter den jungen Romantikern ein en-
thusiastisches Echo finden. Sowohl die orthodoxen Theologen wie die
klassisch gesonnenen Autoren, allen voran Goethe und Schiller, reagierten demgegenüber auf Schleiermachers Reden mit unverhohlener
Feindseligkeit. Novalis jedoch begrüßte das Werk freudig und notierte:
»Schleiermacher hat eine Art *von Liebe*, von Religion verkündigt – Eine
*Kunst*religion – beynahe eine R(eligion) wie die des *Künstlers*, der die
Schönheit und das Ideal verehrt.«[80] In dem Aufsatz *Die Christenheit
oder Europa*, den Novalis im Jahre 1799 als direkte Antwort auf Schleier-
machers Buch verfaßte und der – obwohl erst 1826 publiziert – weithin
unter seinen Freunden zirkulierte, apostrophierte er den Freund als den
»Herzschlag der neuen Zeit«. Mit einem Wortspiel rechnete er ihm das
Verdienst an, er habe mit seiner Kunst-Religion »einen neuen Schleier

für die Heilige gemacht, der ihren himmlischen Gliederbau anschmiegend verräth, und doch sie züchtiger, als ein Andrer verhüllt«.[81] Schleiermacher bestätigte freilich Novalis' eigene Gedanken eher, als daß er sie inspiriert hätte. Schon ein Jahr vor der Publikation der *Reden über die Religion* schrieb Novalis in der Aphorismensammlung *Blüthenstaub*: »Dichter und Priester waren im Anfang Eins, und nur spätere Zeiten haben sie getrennt. Der ächte Dichter ist aber immer Priester, so wie der ächte Priester immer Dichter geblieben. Und sollte nicht die Zukunft den alten Zustand der Dinge wieder herbeyführen?«[82] In seiner hauptsächlich der Religion gewidmeten Aphorismensammlung *Ideen* schrieb Friedrich Schlegel: »Nur derjenige kann ein Künstler seyn, welcher eine eigne Religion, eine originelle Ansicht des Unendlichen hat.« Und: »Die Religion ist nicht bloß ein Theil der Bildung, ein Glied der Menschheit, sondern das Centrum aller übrigen, überall das Erste und Höchste, das schlechthin Ursprüngliche.«[83]

Schleiermacher selbst stand der Leichtfüßigkeit, mit der sich einige seiner frisch konvertierten Freunde auf den Spuren seiner Kunst-Religion bewegten, mit Skepsis gegenüber. Mit Blick insbesondere auf August Wilhelm Schlegel, der allzu behende zwischen dem Heidentum der Antike und einem an der Renaissance inspirierten Christentum hin und her eilte, sprach er gegenüber seinem Freund Brinkmann vom Erkünstelten dieser religiösen Begeisterung aus zweiter Hand, die nur durch die Vermittlung der Malerei oder der Poesie zustandekomme[84]. Der Gerechtigkeit halber sollte man jedoch an August Wilhelm Schlegels begeisterte Rezension von Wackenroders *Herzensergießungen* erinnern, in der er es als »unleugbar« bezeichnete, »daß die neuere Kunst bei ihrer Wiederherstellung und ihrer größten Epoche mit der Religion in einem sehr engen Bunde stand«.[85]

Jedenfalls demonstriert der Umstand, daß der leicht beeinflußbare August Wilhelm Schlegel die Gleichsetzung von Religion und Kunst aufgriff, wie rasch sie sich im romantischen Denken etabliert hatte. In seinem Gedicht *Der Bund der Kirche mit den Künsten* (1800) stellte Schlegel in dreiunddreißig (!) Strophen dar, wie der Geist der Kirche aus dem Himmel auf den Parnaß hinabsteigt. Dort fristen die Künste nun, da Apoll und die anderen Gottheiten, denen sie einstmals ihre Dienste widmeten, verschwunden sind, ein trostloses Dasein. Die Kirche eröffnet ihnen, die alten Götter seien nun durch eine neue Religion mit einer Hierarchie von Patriarchen, Heiligen, Märtyrern, der Heiligen

Jungfrau und Jesus Christus ersetzt. In ihren Dienst könnten die vier Künste – Architektur, Musik, Plastik und Malerei – nun ihre Kraft stellen und so neue Bedeutung und neues Ansehen gewinnen. Sogar die Mönche in ihren Zellen, so fährt der Geist der Kirche fort, würden die Werkzeuge der Kunst ergreifen, und ihre zwei größten Meister trügen die Namen der Engel Michael und Raphael. Schließlich lädt er die Künste nach Rom ein, in die Stadt von einstmals säkularer, nun geistlicher Weltgeltung. Dann kehrt er in den Himmel zurück, während die vier Schwesterkünste sich darauf vorbereiten, der Aufforderung Folge zu leisten.

> So eilt, ihr Schwestern, und verschmäht mit nichten
> Den kleinsten Ort: jedennoch müßt ihr euch
> Vor andern gern der großen Stadt verpflichten,
> Der weltlich einst, nun geistlich keine gleich;
> Und in der Stadt euch auf den Tempel richten,
> Den jene Schlüßel öffnen, die im Reich
> Des Himmels lösen können oder binden.
> Dort sollt ihr mich, euch Beifall winkend, finden.[86]

Solche Ergüsse, wie sie von Wackenroder bis Schlegel zu finden sind, forderten ihre satirische Vernichtung durch den »Bonaventura« der *Nachtwachen* geradezu heraus: »Die Alten sangen Hymnen und Aeschylus und Sophokles dichteten ihre Chöre zum Lobe der Götter; unsere moderne Kunstreligion betet in Kritiken, und hat die Andacht im Kopfe, wie ächt Religiöse im Herzen.« (109)

Nicht nur die Schriftsteller reflektierten über das Verhältnis von Kunst und Religion. Philipp Otto Runge kam mit bemerkenswerter Häufigkeit in seinen Briefen und Schriften immer wieder auf die Bibel, auf die Autorität Christus' und auf die Mystik Jakob Böhmes zu sprechen. Typisch hierfür ist ein Brief an seinen Vater vom 31. Dezember 1802: »Ich bin, mir unbewußt, und auf eine mir jetzt noch unbegreifliche Weise, hindurchgedrungen, und es wird nun klar und deutlich vor meinen Augen – ich müßte nichts wissen, was ich weiß, wenn ich nun nicht völlig mich auf Gott verlassen sollte und auf die Lehre Jesu Christi, denn diese geht in allen Dingen den Menschen an und ist der Felsen und der Eckstein.«[87] Für den tief in seinem Glauben verwurzelten Runge war kein Element seines Lebens, auch nicht die Kunst, ohne die Religion denkbar. »Die Religion ist nicht die Kunst; die Religion ist die höchste Gabe Gottes, sie kann nur von der Kunst herrlicher und verständlicher ausgesprochen werden.«[88] Mit Blick auf seinen Freund Tieck, dessen *Franz Sternbalds Wanderungen* sein eigenes Denken nachhaltig prägten, schrieb Runge einmal zufrieden: »durch unsern Zusammenhang ist er zu meiner großen Freude weit ruhiger und entschlossener in sich geworden, keine Kunst ergründen und begreifen zu lernen, die nicht in Gott und unsrer geoffenbarten Religion kann gegründet sein.«[89] Am genauesten formulierte Runge seine Kunstauffassung in einem Brief an seinen Bruder Daniel vom 9. März 1802. Von den Erfordernissen des Kunstwerks, die er hier auflistete, betrafen die letzten sieben naheliegende Bestimmungen bildender Kunst wie den Gegenstand, die Komposition, die Zeichnung, die Farbengebung, die Haltung, das Kolorit und den Ton. Die grundlegenden ersten drei Bestimmungen aber hätten noch zehn Jahre zuvor bei den Malern in den Akademien große Überraschung ausgelöst: »1) Unsre Ahnung von Gott; 2) die Empfindung unsrer selbst im Zusammenhange mit dem Ganzen, und aus diesen beiden: 3) die Religion und die Kunst; das ist, unsre höchsten Empfindungen durch Worte, Töne oder Bilder auszudrücken.«[90]

Runge lebte nicht lange genug, um diese Gedanken vor seinem Tod im Jahre 1810 umfassend in seiner Malerei zu realisieren. Viele seiner vorliegenden Gemälde tendierten eher in die Richtung des Klassizismus oder Realismus, als daß sie »romantisch« im Sinne seiner unmittelbaren Nachfolger gewesen wären. Aber in Dresden lebend, stand er in unmittelbar persönlichem wie in vielfältigem brieflichen Kontakt mit vielen prominenten Figuren der romantischen Bewegung, vor allem mit Tieck, Friedrich Schlegel, Brentano, Arnim, Schelling, Kleist, den Grimms, Steffens und Görres. Seine Kunstauffassung und speziell sein Beharren darauf, wahre Kunst gründe notwendig in Religion, gewann so in den Jahren nach 1800 eine große Bekanntheit in den Kreisen der Romantiker.

Caspar David Friedrich war in vielen Dingen ganz das Gegenteil zu Runge. Die beiden repräsentativen Maler der deutschen Romantik kannten sich nur flüchtig, obwohl sie in Dresden nah beieinander lebten. Friedrich äußerte sich sehr viel weniger über die Theorie der Kunst; er war zu sehr mit dem Malen selbst beschäftigt. Zudem war er sehr viel weniger Gesellschaftsmensch als Runge. Aber er brachte in seinen Bildern wie kaum ein anderer Maler der Epoche die Verbindung zwischen Religion und Kunst zum Ausruck. Nicht so sehr, indem er wie die

Nazarener explizit christliche Themen aufgriff, sondern indem er die
Landschaft spiritualisierte. Dadurch wurde in seinen Gemälden die Er-
fahrung der Natur in eine religiöse Erfahrung verwandelt, deren innere
Struktur der Definition Schleiermachers, Religion sei »Anschauen des
Universums«[91], sehr nahe kommt. In einer der wenigen theoretischen
Äußerungen Friedrichs, einer kurzen Aufzeichnung *Über Kunst und
Kunstgeist*, glaubt man ein Echo von Runges Kunstauffassung zu hören:

> Du sollst Gott mehr gehorchen als den Menschen. ... Die heiligen
> zehn gebote sind der reine lautere Ausspruch unser aller Erkenntnis
> vom Wahrhaften und Guten. Jeder erkennt sie unbedingt als die
> Stimme seines Innern, niemand kann sich dagegen empören.
> Willst du dich also der Kunst widmen, fühlst du einen Beruf, ihr
> dein Leben zu weihen, oh! so achte genau auf die Stimme deines
> Innern, denn sie ist Kunst in uns.[92]

Nachdrücklich warnte Friedrich den angehenden Künstler vor Pedanterie und Vernünftelei, die sein Herz und sein Gemüt zerstörten. »Heilig
sollst du halten jede reine Regung deines Gemütes; heilig achten jede
fromme Ahndung; denn sie ist Kunst in uns! In begeisternder Stunde
wird sie zur anschaulichen Form; und diese Form ist dein Bild!« Derartige Gesinnungen hätten in den Akademien Hirts und Meyers als Symptome geistiger Verwirrung gegolten.

Bedenkt man den wachsenden Zuspruch, den die Vorstellung einer
symbiotischen Verknüpfung von Kunst und Religion um 1800 fand, so
scheint es unvermeidlich, daß die Philosophen dieses Motiv aufgriffen
und systematisierten. Daß Hegel in seiner *Phänomenologie des Geistes*
(1807) sich mit der Kunst im Abschnitt über die Religion (Kap.7) befaßt, ist in diesem Zusammenhang symptomatisch[93]. Hegel verfolgt in
seinem großen philosophischen *Bildungsroman* den Weg des Geistes von
der einfachen sinnlichen Gewißheit bis zum absoluten Wissen. In seiner
ersten Erscheinungsform entwickelt sich das Bewußtsein von der unmittelbaren sinnlichen Gewißheit zur reflektierteren Wahrnehmung
fort. Diese einfache Bestimmung weicht allmählich dem *Selbstbewußtsein*, in dem das Bewußtsein nicht mehr nur Bewußtsein von Dingen,
sondern Bewußtsein seinesgleichen ist. Es erfährt nun seine Bestimmung durch das *andere* Selbstbewußtsein und die Gesellschaft. Beim
Gang durch die Bewegungen des Selbstbewußtseins entwickelt der
Geist verschiedene Strategien. Auf der ersten Ebene schreitet die *Ver-*

nunft von der Beobachtung der Natur und der Gemeinschaft voran zur Einsicht in die Notwendigkeit der Tugend und des Rechts. Auf der nächsthöheren Ebene durchläuft der *Geist* die Sphären der Sittlichkeit und der Entfremdung, bevor er als der seiner selbst gewisse Geist zur Moralität und zum Gewissen findet. An diesem Punkt schließlich erhebt sich der Geist zur Erkenntnis der Religion, also der Erfahrung eines Geistes, der das individuelle Bewußtsein transzendiert und als göttlich begriffen werden kann.

Hegel erörtert zunächst die »Naturreligion«. Die Gestalt, in welcher der Geist sich selbst erscheint und weiß, ist hier die Lichtgottheit wie in der iranischen Religion oder die Pflanzen- und Tiergottheit wie in der ägyptischen Religion. Die nächste Stufe begreift Hegel mit Blick auf die Antike als Religion in der Gestalt der klassischen Kunst. Der Geist ist nun nicht mehr an die bewußtlose Naturgestalt gebunden, sondern erhebt sich über die Wirklichkeit und läßt das Bewußtsein selbst zur Form werden, in der er Gestalt gewinnt. So tritt die absolute Kunst hervor. In dieser *Kunstreligion* wird der Geist zunächst als »das abstrakte Kunstwerk« in Gestalt kultischer Gottheiten oder als »Geist des sittlichen Volkes« verehrt, wie er im Orakel zum Ausdruck kommt. Dann tritt er als »das lebendige Kunstwerk« in Gestalt personalisierter Gottheiten wie Bacchus und Ceres auf. Und schließlich als »das geistige Kunstwerk«, wie es sich in Epos und Tragödie der Griechen manifestiert. Im Durchgang durch diese Stufen der Religion der Kunst tritt der Geist aus der Form der *Substanz* in die des *Subjekts*. Er bedarf nun nicht mehr wie in der klassischen Kunst der Antike einer Substanz, in der er Gestalt gewinnt, und so tritt als letzte Stufe, bevor der Geist im absoluten Wissen zur Vollendung findet, »die offenbare Religion« an die Stelle der »Kunstreligion«.

Hegel ging es – zumindest in seinem frühen Hauptwerk – um die Phänomenologie des *Geistes* und nicht um die Kunst als solche; es schmerzt ihn daher nicht, daß die Kunst zusammen mit der Religion zurückbleibt, wenn der Geist schließlich die höchste Stufe erreicht: das absolute Wissen. Hegels Kollege Solger aber war darüber ernsthaft besorgt. Wie Hegel erkannte auch er, daß die Religion der Kunst der Antike inhärent und das Drama ursprünglich religiöse Handlung war. Im dritten Gespräch seines *Erwin,* einer beeindruckenden Reminiszenz an Novalis' *Blüthenstaub,* läßt er eine der Figuren sagen, alle enthusiastischen Propheten Gottes seien, je nachdem sie sich dem göttlichen Mit-

telpunkt oder dem Besonderen der äußeren Welt zuwendeten, entweder
»heilige Priester oder schöpferische Künstler«. Aber hinsichtlich der Beziehung zwischen beiden gibt es bei Solger keine Zuversicht mehr. Mit
Blick auf die Entwicklung der antiken Kultur schreibt er am Ende seiner *Vorlesungen über Ästhetik* lakonisch: »Die Kunst hatte die Religion,
in sofern sie sich als gegenwärtig offenbart, verschlungen; daher drängte
sich das ganze Leben der Alten in der Kunst zusammen und wollte symbolisch sein.«[94]

Solger, der zwanzig Jahre nach Schleiermachers Reden *Über die Religion* schrieb, ging durchaus nicht davon aus, die moderne Kunst habe
sich durch die Religion bereits verjüngt. »Die Kunst wird nicht wieder
erstehen, so lange man nicht einsieht, daß die ganze neuere Kunst auf
der Religion beruht, diese aber sich wesentlich durch Architectur und
Musik ausdrückt, und Malerei und Plastik nur in Beziehung auf jene
Künste ihre Bedeutung haben. So knüpft sich die Kunst auch hier an
die Offenbarung.«[95] Zwar war zu Zeiten Solgers der Glaube weitverbreitet, es gebe eine Symbiose zwischen Kunst und Religion und die
moderne Kunst könne nur zu einer neuen Blüte gelangen, wenn sie wie
die antike Kunst auf dem Boden der Religion emporwachse. Doch die
Erwartung einer unmittelbaren Erneuerung der Kunst durch die Religion, wie sie um das Jahr 1800 von Schleiermacher, Wackenroder, Novalis
und Schlegel formuliert worden war, sah keiner erfüllt. In einem Brief
aus Paris schrieb Schinkel im Jahre 1826 bekümmert, man habe ihm
dort gesagt, »die Idee von der Heiligkeit der Kunst existire nicht mehr,
und es entstehe zwar noch immer sehr viel, aber wenig Gutes«.[96] Die
Errichtung eines Tempels für die andächtige Betrachtung der Kunst
stellte auf diesem Hintergrund nicht nur eine Reminiszenz an den sakralen Charakters vergangener Kunst dar, sondern auch eine Geste der
Hoffnung für die Zukunft und eine emphatische Veranschaulichung
der Kunstauffassung am Ende des romantischen Zeitalters in Deutschland.

Der Künstler als Held

Schinkel traf seine Formentscheidung für den neuen Museumsbau, der
in der schönsten Lage Berlins gegenüber dem Schloß und neben dem
Dom errichtet werden sollte, innerhalb der beschriebenen geistigen und

kulturellen Atmosphäre Preußens und Deutschlands überhaupt. Bedenkt man, wie allgemeine Verbreitung der »Tempel der Kunst« als Topos der ästhetischen Debatte seit Wackenroders *Herzensergießungen* und Goethes *Propyläen* gefunden hatte, so war die Entscheidung für den Tempel als äußere Form des Gebäudes naheliegend. Konnte schon die Symbolik der Tempelform kaum mißverstanden werden, so war auch die Rotunde, in die der Besucher nach dem Hinaufsteigen der Freitreppe und Durchqueren der Eingangshalle eintrat, von bedeutungsvollen Assoziationen getragen. Schinkel bezeichnete die Rotunde als »Pantheon«. Klassizistische Architekten mit ihrer Leidenschaft für geometrische Formen hatten eine besondere Vorliebe für das Pantheon als »Paradigma sphärischer Reinheit«.[97] Erstens war das Pantheon in Rom der besterhaltene Bau der Antike und darüber hinaus der einzige mit einem monumentalen Innenraum. Und zweitens stellt es eine ideale Synthese zweier Formen dar, die viele Autoritäten – darunter Hegel in seinen *Vorlesungen zur Ästhetik* – als exemplarisch für die beiden architektonischen Hauptstile der Antike ansahen: die Säulen griechischer Tempel und die mächtigen Gewölbe römischer öffentlicher Gebäude. Schinkel war sich der strukturellen Vorzüge der Rotunde bewußt. In seiner Antwort auf Hirts Kritik an seinem Museums-Entwurf schrieb er, die Rotunde sei »dasjenige Gebäude, welches mit dem geringsten Umfange den größten Raum umschließt«.[98] Hinzu komme, so fuhr er fort, daß eine Rotunde günstige Voraussetzungen für eine angemessene Beleuchtung der Kunstwerke biete; und schließlich sei in dieser großen, schönen und würdigen Bauform ein Raum für die Aufbewahrung und Präsentation auch »colossaler Gegenstände« gegeben. Doch hatte die Rotunde darüber hinaus eine ebenso wichtige symbolische Funktion. Das Museum war nicht nur ein Tempel, in dem abstrakt die Gottheit oder der Geist der Kunst verehrt werden sollte. Es war zugleich ein Pantheon, das die Werke vieler einzelner Künstler beherbergte. Erst darin fand die Rotunde im Zentrum des Gebäudes – Schinkel nannte sie das »Heiligthum« des Tempels – ihre volle Rechtfertigung[99].

Die Romantik beförderte nicht nur eine bis zur Sakralisierung reichende Verherrlichung der Kunst, sondern auch ein neues Interesse an der Figur des Künstlers[100]. In der Antike hatten Schriftsteller wie Xenokrates und der ältere Plinius Künstlergeschichten in ihre Schriften über die Kunst eingefügt. Doch ging während des Mittelalters, das die Kunst als Handwerk und den Künstler als Handwerksmann im Dienste Gottes begriff, diese Tradition weitgehend verloren. Die ersten Lebensgeschichten von Künstlern seit der Antike erschienen im Italien des vierzehnten Jahrhunderts. Filippo Villani nahm in die Chronik seiner Heimatstadt Florenz Berichte über die großen Maler auf, deren schöpferischer Genius ihm bedeutender erschien als der von Gelehrten und Literaten. In Leon Battista Albertis Abhandlung *Della Pittura* (1436) finden sich wie in Lorenzo Ghibertis *Commentarii* (1455) gelegentlich Anekdoten aus dem Leben einzelner, meist der Antike entstammender Künstler. Aber in diesen frühen Werken ist das Interesse am Leben der Künstler erkennbar dem Interesse an Theorie und Praxis der Malerei untergeordnet.

Erst um die Mitte des 16. Jahrhunderts verfaßte Giorgio Vasari sein umfangreiches Werk *Le Vite de' più eccellenti architetti, pittori et sculptori italiani da Cimabue insino a' tempi nostri (Die Lebensgeschichten der hervorragendsten italienischen Architekten, Maler und Bildhauer von Cimabue bis in unsere Zeit).* (1550) In diesem Buch verband sich die Neigung der Renaissance zu einer pragmatischen Geschichtsschreibung mit dem leidenschaftlichen Interesse am Individuum und seinen künstlerischen Fähigkeiten. Obwohl die Einleitung von der Theorie der Kunst handelte, standen Anekdoten aus dem Leben meist zeitgenössischer Künstler im Mittelpunkt des Werkes. Im 17. Jahrhundert verlor die in der Renaissance bevorzugte Form der theoretischen Abhandlung, in der die Berichte über einzelne Maler vor allem illustrative Funktion hatten, an Bedeutung. An ihre Stelle trat die barocke Lust an Kompendien und enzyklopädischen Darstellungen, in denen die Prinzipien der Kunstkritik ad hoc und ad hominem aus der Erörterung bestimmter Künstler und ihrer Werke abgeleitet wurden. Die Tendenz zum Nachschlagewerk ist an den Titeln der beliebtesten Quellensammlungen zur Kunst im Zeitalter des Barock ablesbar: an den Werken von Gian Pietro Bellori, *Le vite de' pittori, scultori ed architetti moderni* (1672); Joachim von Sandrart, *Teutsche Akademie der edlen Bau-, Bild- und Mahlereykünste* (1675); A. Félibien, *Entretiens sur les vies et les ouvrages des plus excellens peintres, anciens et modernes* (1666–1668); sowie Roger de Piles, *Abrégé de la vie des peintres* (1699).

Bis zum Ende des 17. Jahrhunderts mischten die Autoren Kunsttheorie, Kunstgeschichte und Kunstkritik mit den Lebensgeschichten der Künstler in unterschiedlicher Gewichtung durcheinander. Im 18. Jahrhundert war man auf eine rational fundierte Ordnung bedacht und handelte die verschiedenen künstlerischen Funktionen und Tätigkeiten in deutlich voneinander geschiedenen Abteilungen ab. Theoretiker der Ästhetik in der Nachfolge von Shaftesbury, Vico und Baumgarten zeigten wenig Interesse an Einzelwerken, noch weniger an den Künstlern selbst. Winckelmann, der erste und bedeutendste Kunsthistoriker des 18. Jahrhunderts, neigte dazu, den individuellen Künstler aus den Augen zu verlieren. Bei seiner unablässigen Suche nach Stilen jenseits des Individuell-Besonderen war ihm vielmehr daran gelegen, die Kunstgeschichte ein für allemal als Disziplin sowohl der begrifflich-formalen Ästhetik wie den anekdotischen Lebensgeschichten von Künstlern entgegenzusetzen. Das neue Phänomen der Salons mit ihren Ausstellungen zeitgenössischer Kunst brachte ein eigenes Genre der Kunstkritik hervor, das nicht auf theoretischer Ästhetik oder Kunstgeschichte, sondern auf dem Geschmacksurteil beruhte. Diderot war über Jahrzehnte hinweg der bedeutendste Vertreter dieses Genres. Im Gefolge dieser drei sich weitgehend unabhängig voneinander entwickelnden Formen der Auseinandersetzung mit Kunst brachte man dem einzelnen Künstler nur auffällig wenig Interesse entgegen. Noch in den entfalteten idealistischen Theorien der Kunst bei Schiller und Kant blieb diese Tendenz des 18. Jahrhunderts spürbar.

Wackenroders *Herzensergießungen* mußten auf diesem Hintergrund neu und originell wirken, auch wenn der Autor für seine Anekdoten aus dem Leben von Raphael, Leonardo, Michelangelo, Dürer und anderen Malern der Renaissance ausführlich auf ältere Quellen wie Vasari und Sandrart zurückgriff. Wackenroder erhob die Anekdoten in den Rang privilegierter Ereignisse von besonderer Bedeutung, indem er dem Leben des Künstlers spirituellen Wert beimaß. Der große Künstler, so die Botschaft, könne bedeutende Werke nur schaffen, weil er ein moralisch gutes und frommes Leben führe. Wackenroders Buch hat maßgeblichen Anteil daran, daß der *Künstlerroman*, genauer der *Malerroman* seit der Frühromantik in der deutschen Literatur eine so große Rolle spielt. Die Traditionslinie führt von Gottfried Kellers Roman *Der grüne Heinrich* (1855) über Hermann Hesses Roman *Roßhalde* (1914) und seine Novelle *Klingsors letzter Sommer* (1919) bis zu Siegfried Lenz' Roman *Deutschstunde* (1968).[101] Oft wird Wilhelm Heinses Roman *Ardinghello und die glückseeligen Inseln* (1787) als erstes Werk in dieser Reihe genannt. Insofern der Held dieses Buches nicht nur Dichter, Musiker, Philosoph und politischer Theoretiker, sondern auch Maler ist, mag man dem zustimmen. Und tatsächlich treten hier nicht nur Veronese und andere be-

rühmte Maler als Figuren auf, es finden sich auch ausgezeichnete Beschreibungen der Gemälde, die Ardinghello in Perugia, Florenz und
anderen italienischen Kunstzentren zu sehen bekommt. Dennoch ist
Heinses Briefroman letztlich kein *Malerroman* im engeren Sinn. Zur
Philosophie des Hedonismus und Sensualismus, die er zelebriert und
die in seinem Mittelpunkt steht, gehört vielmehr unter anderem auch
das Vergnügen an der Betrachtung von Gemälden.

Wackenroder setzte, wie wir gesehen haben, einen anderen Schwerpunkt. In seinem Buch trägt die Kunst nicht zu unserem Vergnügen
oder unserer Tugend bei, sondern beansprucht als menschliche Schöpfung einen Platz in unmittelbarer Nähe der Religion. Der Künstler ist
nicht mehr unter anderem *auch* Künstler wie Ardinghello. Der wahre
Künstler ist vielmehr im Innersten seiner Existenz vom göttlichen Geist
der Kunst durchdrungen. Dementsprechend steht im Zentrum der *Herzensergießungen* nicht mehr nur die Wertschätzung der Kunst, sondern
vor allem der Prozeß künstlerisch-schöpferischer Tätigkeit[102]. August
Wilhelm Schlegel hob in seiner Rezension des Buches hervor: »Mit
großer Wärme empfiehlt der Verf. die meistens so vernachläßigte Künstlergeschichte, und vorzüglich die Lesung des Vasari.«[103] Ausdrücklich
lobte Schlegel die Geschicklichkeit, mit der Wackenroder das von Vasari
bereitgestellte Material so arrangiert und verarbeitet habe, daß es zur Er-
hellung des Künstlercharakters und seiner höheren Eigenschaften diene.
Nach dem Erfolg der *Herzensergießungen* in den Jahren um 1800 traten
in der romantischen Literatur der folgenden Jahrzehnte so viele Künstler
als Helden auf, daß Friedrich Theodor Vischer im Jahr 1832 in seiner
Rezension von Eduard Mörikes Roman *Maler Nolten* den Titel kritisierte, weil er ein Genre suggeriere, das bereits »ganz abgelebt« sei[104].

Die Wirkung von Wackenroders Buch wird anschaulich, wenn wir
einen Blick auf die Entstehungsgeschichte von Tiecks Roman *Franz
Sternbalds Wanderungen* (1798) werfen. Schon im Jahr 1795 hatte Tieck
unter dem unmittelbaren Einfluß seiner Lektüre des Goetheschen *Wilhelm Meister* den Plan zu einem *Bildungsroman* gefaßt. Ein Jahr später
begann er mit der Niederschrift[105]. Tieck, der sich selbst lange Zeit dem
Wunsch hingegeben hatte, Schauspieler zu werden, war schon als Junge
von Shakespeare fasziniert. An Goethes Roman, dessen Urfassung den
Titel *Wilhelm Meisters theatralische Sendung* trägt, fesselten ihn vor allem die theatralischen Aspekte. Dementsprechend entwarf er seinen ei-

genen Roman als Geschichte eines jungen Handwerkers, der sich in seinen Lehrjahren auf die Wanderschaft begibt und dabei auf ein Schloß
gerät, wo sein schauspielerisches Talent entdeckt wird. Im Sommer des
Jahres 1796 aber legte Tieck den angefangenen Roman beiseite und vollendete ihn erst gut vierzig Jahre später unter dem Titel *Der junge Tisch-
lermeister*. Sein Freund Wackenroder hatte ihm auf der gemeinsamen
Reise nach Dresden zum ersten Mal Einblick in das bisher sorgsam
gehütete Mansukript seines eigenen Werkes gewährt. Tieck war von der
Lektüre so beeindruckt, daß er alle eigenen Arbeiten abbrach und das
Manuskript des Freundes zur Publikation noch im Herbst desselben
Jahres 1796 vorbereitete. Er fügte dabei in die *Herzensergießungen* vier
von ihm selbst verfaßte Abschnitte ein. Eines dieser Stücke, der »Brief
eines jungen deutschen Malers in Rom an seinen Freund in Nürnberg«
enthielt den Grundriß zu *Franz Sternbalds Wanderungen*. In beständi-
gem Austausch mit Wackenroder entwickelte Tieck eine Neukonzepti-
on seines Romans und nahm dabei radikale Änderungen am ursprünglichen Entwurf vor. Aus dem jungen Handwerker und Schauspieler
wurde ein Maler, und das Geschehen wurde von der Gegenwart ins
frühe 16. Jahrhundert zurückversetzt. Die Handlung des unvollendet
gebliebenen Romans erstreckt sich nun vom Herbst des Jahres 1520 bis
zum Frühling des Jahres 1522 und führt den Helden von Nürnberg über
die Niederlande und Elsaß-Lothringen nach Florenz und Rom. Auf diesem Weg kommt er mit bedeutenden Künstlern der Zeit wie Albrecht
Dürer, Lucas van Leyden und Andrea del Sarto in Berührung. Tieck
brach die Arbeit an seinem Werk ab, bevor der Held im letzten Band
nach seiner Rückkehr in die Heimatstadt Nürnberg zur großen Vereinigung von deutscher und italienischer Kunst schreiten konnte[106].

Tiecks Roman bleibt zwar in seinem komplizierten Handlungsverlauf
und in der genealogischen Unübersichtlichkeit seiner deutsch-italieni-
schen Familienbeziehungen dem zeitgenössischen Schauerroman verpflichtet. Doch ist er im Kern unzweifelhaft ein *Malerroman*, der in er-
staunlicher Klarheit typisch romantische Kunstauffassungen, und zwar
insbesondere die Spannung zwischen Bürger und Künstler antizipiert
und umfassend zum Ausdruck bringt. Franz Sternbald muß wiederholt
die Kunst gegen ihre Verunglimpfung als unnütze Spielerei verteidigen.
Dabei rühmt er sie als Unterpfand der Unsterblichkeit des Menschen,
als Offenbarung der »Hoheit der Menschenseele«. Er weist die vorherrschende Auffassung der Kunst als Nachahmung der Natur zurück; er

rechtfertigt sie vielmehr als symbolische Ausdrucksform, die unabhängig von der Natur bestehe. Er beschuldigt die Anhänger systematischen Denkens, die wahre Schöpferkraft zu ersticken und tritt für die Landschaftsmalerei als reinste Form absoluter Kunst ein. Schließlich verteidigt er das Eigenrecht des Künstlers gegen einen seichten römischen Akademiker, der keinen Künstler, sei er noch lebend oder schon gestorben, als Musterbild gelten lassen will. »Er belächelte oft Sternbalds Heftigkeit, der ihm Raffael, Buonarotti oder gar Albrecht Dürer nannte, der sich ungern in Vergleichungen einließ und meinte, jeder sei für sich der Höchste und Trefflichste. ›Ihr seid noch jung‹, sagte dann sein älterer Freund, ›wenn Ihr weiterkommt, so werdet Ihr statt der Künstler die Kunst verehren und einsehn, wieviel noch einem jeden gebricht‹.«[107]

Die nachhaltige Wirkung von Tiecks Roman ist angesichts der Vielzahl romantischer Ideen, die er zur Darstellung brachte, wenig verwunderlich.[108] Freilich fand er keine ungeteilte Zustimmung. Caroline Schlegel etwa konnte sich bei der Lektüre einer gewissen Langeweile nicht erwehren. August Wilhelm Schlegel und Clemens Brentano waren ebenfalls nicht sehr angetan. Und Goethe ließ sich von dem Roman zu seinem bekannten vernichtenden Urteil über »das klosterbrudrisirende, sternbaldisirende Unwesen« provozieren, das die größte Gefahr für die Kunst der Gegenwart darstelle.[109] Die meisten jüngeren Zeitgenossen aber reagierten enthusiastisch. Friedrich Schlegel insistierte gegenüber seinem skeptischen Bruder auf dem hohen Rang des Buches und stellte ihn sogar über Goethes Roman: »Es ist der erste Roman seit Cervantes der romantisch ist, und darüber weit über Meister.« Der junge Philipp Otto Runge schrieb nach der Lektüre des Romans am 3. Juni 1798 an einen Freund: »Mich hat nie etwas so im Innersten meiner Seele ergriffen, wie dies Buch.« Novalis schrieb in einem Brief an Tieck vom 23. Februar 1800, sein eigener Roman *Heinrich von Ofterdingen* werde große Ähnlichkeit mit dem *Sternbald* haben. Und Bettina Brentano war, wie sie am 31. Juli 1802 in einem Brief an Friedrich Carl von Savigny mitteilte, bei der Lektüre des Buches so gerührt, daß ihr Bruder Clemens darüber ganz böse wurde. E.T.A. Hoffmann empfahl im September 1805 seinem Freund Theodor Gottlieb von Hippel: »lies so bald als möglich dies wahre Künstlerbuch – .« Gemeinsam mit Wackenroders *Herzensergießungen* war Tiecks Roman im übrigen das Manifest der Gruppe junger deutscher Künstler in Rom, die ein Jahrzehnt später als »die Nazarener« bekannt wurden.

Friedrich Schlegel und seine künftige Frau, Dorothea Veit, gehörten zu den ersten Bewunderern des *Sternbald*. Sie folgten dem Beispiel Tiecks und Wackenroders und schrieben wenig später Romane, deren Helden zwar nicht im 16. Jahrhundert lebten, aber doch Maler waren. Friedrich Schlegels *Lucinde* (1799), der vielleicht ungewöhnlichste aller romantischen Romane, läßt sich freilich beim besten Willen nicht wie *Franz Sternbalds Wanderungen* als *Malerroman* im engeren Sinne lesen. Vor allem zwei seiner Besonderheiten fallen sofort ins Auge[110]. Zunächst die provokative Moral, wonach die menschliche Vollendung und Erfüllung allein durch die physische Liebe von Mann und Frau erreicht werden kann. Schleiermacher deutete und rechtfertigte diese erotische Komponente des Buches schon kurz nach der Veröffentlichung in seiner Schrift *Vertraute Briefe über Schlegels Lucinde* (1800). Spätere Interpreten sahen in Schlegels »Religion der Liebe« eine radikale Revision des Dualismus von geistiger und sinnlicher Liebe, der das Denken und die Literatur des 18. Jahrhunderts weitgehend geprägt hatte. Zum zweiten stellt dieser Roman die erste und wohl gelungenste Verkörperung von Friedrich Schlegels Theorie des Romans dar. In ihrem Mittelpunkt steht der Gedanke, der Roman müsse alle anderen literarischen Gattungen in sich aufnehmen und vereinigen. Das Buch ist in Form einer Arabeske konstruiert. Zwei Gruppen von jeweils sechs kleineren Stücken – Briefen, Allegorien, Idyllen, Reflexionen, Dialogen – rahmen eine zentrale Handlung unter dem Titel »Lehrjahre der Männlichkeit«. In diesen zwölf kleineren Abschnitten wird auf die Malerei nicht explizit Bezug genommen, sieht man davon ab, daß die Beschreibungen oft in einem Stil gehalten sind, der an Bilder denken läßt. Im ersten Satz des ersten Briefes zum Beispiel faßt Julius seine Reflexionen in die Begriffe von Farbe und Form. »Die Menschen und was sie wollen und tun, erschienen mir, wenn ich mich daran erinnerte, wie aschgraue Figuren ohne Bewegung: aber in der heiligen Einsamkeit um mich her war alles Licht und Farbe und ein frischer warmer Hauch von Leben und Liebe wehte mich an und rauschte und regte sich in allen Zweigen des üppigen Hains.«[111] Doch wären solche Passagen für sich genommen nicht Grund genug, daß wir uns in unserem Zusammenhang mit diesem Roman befassen.

Gerade wegen der relativ geringen Bedeutung der Malerei in den Seitenstücken fällt auf, daß Schlegel im stark autobiographisch gefärbten Mittelstück des Romans den fiktiven Helden als Maler darstellt. Auch hier wird dies nur in wenigen Passagen deutlich. Den größten Teil der

Erzählung nimmt der Bericht über die Frauen ein, die Julius kannte, bevor er auf Lucinde traf. Hier gibt es nur wenige Bezugnahmen auf die
Kunst. Im Boudoir eines der Mädchen, Lisette, hängen neben kostbaren Spiegeln »einige gute Kopien von den wollüstigsten Gemälden des
Correggio und Tizian«. Lisette, die als recht oberflächlich geschildert
wird, findet die Poesie lächerlich und kann der Musik nichts abgewinnen. Sie zeigt aber viel Verständnis für die bildenden Künste, so daß Julius oft mit ihr über seine Arbeiten und Ideen spricht und die in der
Unterhaltung mit ihr gezeichneten Skizzen für seine besten hält. In diesen Jugendjahren wird er zum Maler. »Er erkannte in sich den hohen
Beruf zur göttlichen Kunst.« Den mangelnden Fleiß seiner Jugend, die
Lücken seiner Bildung sucht er durch die Anspannung aller Energien
und einen künstlerischen Enthusiasmus auszugleichen, der ihm die Gegenwart hinter den geliebten Ruinen der Vergangenheit und den Hoffnungen auf die Zukunft verschwinden läßt. Doch bleiben seine Werke
stets hinter seinen Entwürfen zurück. »Was er bildete, war groß gedacht
und in altem Stil, aber der Ernst war abschreckend, die Formen fielen
ins Ungeheure, das Antike ward ihm zu einer harten Manier, und seine
Gemälde blieben bei aller Gründlichkeit und Einsicht steif und stei-
nern.« (50)
    Julius findet erst durch seine Bekanntschaft mit Lucinde, die eben-
falls Malerin ist, zur wahren Kunst. Ihre Malerei ist ganz das Gegenteil
der seinen. Zwar sind die Umrisse ihrer Bilder undeutlich und ihre
technischen Fertigkeiten mangelhaft, aber ihre Landschaften »stimmten
zusammen zu einer Einheit für das Gefühl«. Lucinde betreibt die Malerei nicht wie ein Gewerbe, ja auch nicht als Kunst, sondern »bloß aus
Lust und Liebe«. Zur Ölmalerei fehlt es ihr an Geduld und Fleiß, dafür
ist sie im Umgang mit der Feder und den Pastellfarben ihrer Aquarelle
um so geschickter, und Julius freut sich »über die schöne Wildheit in
ihren Landschaften«. Unter ihrem Einfluß erreicht er selbst schließlich
eine höhere Stufe der Malerei. »Seine Gemälde belebten sich, ein Strom
von beseelendem Licht schien sich darüber zu ergießen und in frischer
Farbe blühte das wahre Fleisch.« (56) Während Lucinde vor allem Landschaften malt, steht in Julius' Bildern die menschliche Gestalt im Mittelpunkt. Allerdings entsprechen seine Figuren nicht immer den hergebrachten Gesetzen der schönen Kunst. »Was sie dem Auge empfahl, war
eine gewisse stille Anmut, ein tiefer Ausdruck von ruhigem heitern Dasein und von Genuß dieses Daseins. Es schienen beseelte Pflanzen in

der gottähnlichen Gestalt des Menschen.« (57) Vor allem in der Darstellung von Liebenden in der Umarmung zeichnet sich Julius aus, und der Erzähler läßt offen, wie freizügig man sich diese erotischen Bilder vorzustellen hat. »In ihnen schien wirklich der flüchtige und geheimnisvolle Augenblick des höchsten Lebens durch einen stillen Zauber überrascht und für die Ewigkeit angehalten.« (57)

In diesen wenigen Seiten des Romans hat die Kunst eine im wesentlichen befreiende Funktion. Nicht nur sind die beiden Protagonisten Maler, nicht nur reift Julius durch ihre Liebe zum wahren Künstler: Am Ende der »Lehrjahre der Männlichkeit« wird die Kunst zudem zum Prinzip des Lebens selbst. »Wie seine Kunst sich vollendete und ihm von selbst in ihr gelang, was er zuvor durch kein Streben und Arbeiten bringen konnte: so ward ihm auch sein Leben zum Kunstwerk, ohne daß er eigentlich wahrnahm, wie es geschah. Es ward Licht in seinem Innern, er sah und übersah alle Massen seines Lebens und den Gliederbau des Ganzen klar und richtig, weil er in der Mitte stand.« (57 f.)

Diese zentrierende Wirkung erweist sich im folgenden als Organisationsprinzip für den Gesamtaufbau des Romans. Der Held, der im erzählenden Mittelstück des Ganzen zur künstlerischen Reife findet, ist fähig, als Maler in seinen Entwürfen die disparaten Elemente zusammenzubringen, aus denen die Arabeske um die »Lehrjahre der Männlichkeit« besteht. In gewissem Sinn stellt Schlegels *Lucinde* ein literarisches Gegenstück zu den Gemälden Philipp Otto Runges dar – insbesondere zu den vier *Tageszeiten*. Zugleich teilt Schlegel mit Wackenroder und Tieck die hohe Wertschätzung der Kunst, allerdings mit einer bemerkenswerten Differenz. Auch in seinem Roman offenbart sich in der Kunst die Religion, doch handelt es sich hier um die säkularisierte Religion der Liebe.

Dorothea Veit war so leicht als Modell der Lucinde des Romans erkennbar, daß viele Zeitgenossen über Schlegels Mangel an Diskretion entsetzt waren. Der *Malerroman*, den Dorothea Veit selbst nicht zuletzt zur finanziellen Unterstützung ihres geliebten Friedrich schrieb, ist ein sehr viel konventionelleres Buch. Er wurde unter dem Titel *Florentin* im Jahr 1800 anonym, aber mit dem Zusatz »herausgegeben von Friedrich Schlegel« publiziert. Der Roman ist unverkennbar von Goethes *Wilhelm Meisters Lehrjahre* und von Tiecks *Franz Sternbalds Wanderungen* abhängig. Als Schiller ein Exemplar des Buches an Goethe schickte, schrieb er im Begleitbrief vom 16. März 1801: »Sie werden darin auch die Gespen-

ster alter Bekannten spuken sehen.«[112] Der Held des Romans ist ein
junger Italiener, der nach Amerika gehen will, um dort für die Sache der
um ihre Unabhängigkeit kämpfenden Vereinigten Staaten zu streiten.
Auf der Durchreise durch Deutschland gewinnt er neue Freunde, die
ihm auf geheimnisvolle Weise verbunden scheinen. Doch werden nicht
alle Andeutungen aufgelöst, da die geplante Fortsetzung des Romans
ungeschrieben blieb. Florentin ist unverkennbar einer der jüngeren Brüder Wilhelm Meisters[113]. Doch ist er auch mit den Helden der Ma-
lerromane verwandt. In einer zwischengeschalteten autobiographischen
Erzählung, die an die »Lehrjahre der Männlichkeit« in der *Lucinde* erinnert, berichtet er seinen neuen Freunden von seinem bisherigen Leben.
Hier erscheint das Thema der Malerei.

Nach einer seltsamen und streng religiös bestimmten Kindheit flieht
Florentin als Jüngling aus dem Kloster, in das man ihn einsperren wollte, nach Venedig. Dort begeistert er sich in der Freundschaft mit einem
deutschen Maler für die Kunst und zeigt seinen Freunden aus England
die Kunstwerke der Stadt. Als er durch seine Verwicklung in einen
Mordfall gezwungen ist, Venedig zu verlassen, geht er nach Rom und
arbeitet dort als Stadtführer, um seine Kunststudien betreiben zu können. Er versucht sich nicht ganz erfolglos in der Landschaftsmalerei,
heiratet ein Modell und führt eine glückliche Ehe. Er muß jedoch bald
erkennen, daß er keine wahre Berufung zur Kunst hat und sieht sich zudem gezwungen, auch aus Rom zu fliehen. Denn seine Frau läßt sich
von einem Kardinal verführen, und als Florentin sich mit bitteren
Spottversen an dem mächtigen Mann rächt, gerät er in Gefahr, auf die
Galeeren geschickt zu werden. Auf seinem Weg durch Frankreich und
England bis in die Schweiz verdient er sich seinen Lebensunterhalt, indem er auf Bestellung Porträts malt und Zeichenunterricht gibt. Er gibt
aber schließlich das Malen auf, weil er die hohe Kunst nicht zur prosaischen Einnahmequelle herabwürdigen will. »Es ward mir schwerer und
zuletzt ganz unmöglich, eine Kunst, die die Göttin, das Glück und die
Gefährtin meiner schönen und glücklichen tage gewesen war, im Unglück als Magd zu gebrauchen.«[114] So entsagt Florentin der Kunst und
wird, wie der Epilog andeutet, als bedeutende Persönlichkeit in Amerika
ein neues Leben beginnen. Auf dem Weg dahin begegnen wir ihm auf
dem Schloß seiner Freunde in Deutschland, wo er einige Wochen lang
Station macht. Zwar ist in diesem Roman, anders als in *Franz Sternbalds
Wanderungen*, das Künstlertum des Helden für die Entfaltung der

Handlung nicht zwingend notwendig. Doch zeigt sich auch hier, wie die Zeitstimmung die Wahl von Malern als Romanhelden beförderte.

Das neue Interesse an der Figur des Künstlers zog einen weiteren Typus populärer Publikationen nach sich, in denen die Konzeption, wenn auch nicht immer der Geist der *Herzensergießungen* nachgeahmt wurde: fiktive Lebensgeschichten oder Episoden aus den Biographien berühmter Maler. Der beliebteste Gegenstand dieses Genres war Raphael, dessen »Göttlichkeit« Wackenroder und Tieck in den *Herzensergießungen* wie in den *Phantasien über die Kunst* proklamiert hatten[115]. Die klassizistisch gesinnte Generation von Winckelmann über Lessing bis hin zu Goethe hatte die Kunst des reifen Raphael bewundert und ihr zahlreiche Analysen und Beschreibungen gewidmet. Die Romantiker aber beschäftigten sich in Form von Dramen, Gedichten und Erzählungen mit seinem Leben. Zacharias Werner schrieb in Form von Kanzonen »Raphael Sanzio von Urbine« und »Raphaels Stanzen«, Georg Christian Braun verfaßte ein fünfaktiges Raphael-Drama und Achim von Arnim eine Erzählung, »Raphael und seine Nachbarinnen« (1824), die auf drei von Vasari mitgeteilte Geschichten zurückgeht. Arnims Briefe und journalistische Schriften geben zusammen mit vielen seiner Gedichte ausführlich Auskunft über seine lebenslange Liebe zur Malerei. Er schrieb eine komische Romanze in gereimten Zweizeilern über die bekannte Anekdote, daß Rembrandt seinen eigenen Tod fingiert habe, um einem verständnislosen Kunsthändler zu beweisen, daß nach seinem wirklichen Ableben seine Gemälde im Preis steigen und nicht etwa vergessen sein würden. Das Gedicht »Rembrandts Versteigerung« findet sich in Arnims Sammlung *Landhausleben* (1826).

Adelbert von Chamisso schrieb eine Reihe von Balladen, in denen er Lebensgeschichten von Künstlern verarbeitete. Die Ballade »Das Kruzifix« (1830) erzählt in Terzinen die Legende eines Bildhauers, der in Verzweiflung gerät, weil die Figur seiner Kreuzigungsszene so wenig lebensecht wirkt; daraufhin läßt sich ein junger Mann aus Liebe zur Kunst als lebendiges Modell ans Kreuz schlagen und ermöglicht so dem Bildhauer, sein Meisterwerk zu vollenden. Der Künstler aber wird nach einer Pilgerschaft zum heiligen Grab, durch die er seine Sünde büßen will, am Ende selbst ans Kreuz geschlagen. Das ebenfalls in Terzinen verfaßte Gedicht »Ein Kölner Meister« beruht auf einer von Ghiberti mitgeteilten Geschichte aus dem 14. Jahrhundert. Sie handelt von einem Goldschmied, der seiner Kunst entsagt. Als ihn die Nachricht er-

reicht, sein Auftraggeber habe den von ihm geschaffenen kostbaren
Schmuck einschmelzen lassen, erkennt er die Eitelkeit des Lebens und
zieht sich als frommer Einsiedler in die Wildnis der Berge zurück. In
dem Gedicht »Francesco Francias Tod« (1834) schließlich griff Chamisso
– wiederum in Terzinen – auf die berühmte Episode aus Vasaris Werk
zurück, die schon Wackenroder in den *Herzensergießungen* benutzt hatte. Der alte Maler stirbt darin vor Verzückung und Betroffenheit in dem
Moment, als er zum ersten Mal Raphaels Gemälde »Die heilige Cäcilie«
sieht.

E.T.A. Hoffmann, der neben seinen literarischen und musikalischen
Fähigkeiten auch ein beachtenswertes Talent als Zeichner besaß, nutzte
für seine Erzählungen nahezu alle Facetten der im romantischen Zeitalter so beliebten Künstlergeschichten. Hoffmann begann seine literarische Laufbahn im Zeichen eines bildenden Künstlers. Seine erste
Sammlung von Erzählungen erschien unter dem Titel *Fantasiestücke in
Callots Manier* (1814). Die programmatische Bedeutung seiner Bezug-
nahme auf den französischen Kupferstecher und Radierer Jacques Callot
(1592–1635) erläuterte Hoffmann selbst in der Vorbemerkung des Buches. Callot sei es gelungen, selbst die gemeinsten Szenen des Alltagsle-
bens im »Schimmer einer gewissen romantischen Originalität«[116] erscheinen zu lassen, der jedes fantastisch gestimmte Gemüt anziehen
müsse. »Könnte ein Dichter oder Schriftsteller, dem die Gestalten des
gewöhnlichen Lebens in seinem innern romantischen Geisterreiche erscheinen, und der sie nun in dem Schimmer, von dem sie dort umflos-
sen, wie in einem fremden, wunderlichen Putze darstellt, sich nicht
wenigstens mit diesem Meister entschuldigen und sagen: Er habe in
Callots Manier arbeiten wollen?« Hoffmann beschränkte sich nicht darauf, seine Erzählungen »in Callots Manier« zu verfassen, sondern machte die bildende Kunst auch zum Inhalt seines literarischen Werks. In der
Erzählung »Signor Formica« (1819) findet sich eine heitere Episode, in
welcher der Maler Salvator Rosa seinem Freund Antonio bei der Eroberung des Mädchens Marianne hilft. Zwar befaßt sich die an Boccaccio
erinnernde Erzählung nicht im einzelnen mit der Landschaftsmalerei
und der Figur Salvator Rosas selbst, doch läßt sie in ihrer atmosphäri-
schen Authentizität die Sorgfalt erkennen, mit der Hoffmann von den
zeitgenössischen Quellen und Künstlerbiographien Gebrauch machte.
Zu nennen sind hier vor allem D'Argensvilles *Leben der berühmtesten
Maler* (Leipzig, 1767–1768), Hans Rudolf Füsslis und Hans Heinrich

Füsslis *Allgemeines Künstlerlexikon* (Zürich, 1812) sowie Jean Joseph Tail-
lassons *Observations sur quelques grands peintres* (Paris, 1807). Hoffmanns Interesse an den Malern und ihren Werken geht auch daraus
hervor, daß einige seiner Erzählungen durch Bilder veranlaßt wurden.
So entstand etwa die Erzählung »Die Fermate« (1815) nach einem Bild
von Johann Erdmann Hummel, einem Professor an der Berliner Akademie der Künste. Ein Gemälde Karl Wilhelm Kolbes, das Hoffmann in
der Berliner Kunstausstellung des Jahres 1816 sah, gab die Anregung zu
der Erzählung »Doge und Dogaresse« (1817). Und gleichfalls ein Gemälde Kolbes führte zu der Erzählung »Meister Martin Küfner und seine
Gesellen« (1812).

Die Art, in der Hoffmann knapp zwei Jahrzehnte nach den *Herzensergießungen eines kunstliebenden Klosterbruders* die Figur des Malers als
Helden aufgriff, ist aufschlußreich. Sie läßt seine ironische Instanz zu
dem Genre erkennen, das Wackenroder und Tieck durch ihre program-
matische Verknüpfung von Kunst und Religion und durch ihre Beschwörung des Malers als exemplarischer Verkörperung des frommen
Künstlers etabliert hatten. In einigen von Hoffmanns wichtigsten Werken erscheint der Maler als Figur sündhafter Verwirrung und Scham.
Das mußte schockierend wirken, gerade weil man vom Maler demütige
Frömmigkeit und Gottesfurcht erwartete. In Hoffmanns Schauerroman
Die Elixiere des Teufels (1815–16) findet sich das erste Beispiel für diese
Umwertung der Figur des frommen Malers. Zwar spielt in dieser langen
und verwickelten Geschichte der Maler nur eine kleine Rolle, doch ist
sie dafür um so bedeutsamer. Nach ungefähr zwei Dritteln des Romans
fügt der Erzähler und Herausgeber eine seltsame Familienchronik in die
Handlung ein, die lapidar als »das Pergamentblatt des alten Malers« angekündigt wird. Aus diesem in »altem Italienisch« abgefaßten Dokument erfahren wir die Geschichte von Francesco, dem Stammvater der
Familie des Medardus. Er ist ein Edelmann aus Genua, der seine Erbschaft ausschlägt und sich im Atelier Leonardo da Vincis ganz dem Studium der Kunst hingibt. In seinem Enthusiasmus für die Kunst könnte
man sich den jungen Francesco in der Gesellschaft Franz Sternbalds
oder der frommen Renaissancemaler Wackenroders vorstellen. Als sein
Vater ihn dazu auffordert, die Regierungsgeschäfte zu übernehmen, weigert sich Francesco standhaft. »Er erklärte daß ein Fürst, von allem
Glanz des Thrones umstrahlt, ihm nur ein elendiglich Wesen dünke gegen einen tüchtigen Maler und daß die größten Kriegestaten nur ein

grausames irdisches Spiel wären, dagegen die Schöpfung des Malers die
reine Abspiegelung des ihm inwohnenden Geistes sei.«[117]

Trotz dieser hohen Gesinnung oder vielleicht gerade durch sie verfällt
Francesco nach dem Tod Leonardos einer maßlosen Überheblichkeit.
Zusammen mit anderen jungen Malern, vor allem aber Bildhauern
gründet er eine Künstlergruppe, die nur noch die antike Kunst verehrt
und die fromme Kunst des Christentums verlacht. Um Geld zu verdienen, führt Francesco dennoch den vor Jahren erhaltenen Auftrag aus,
für ein Kapuzinerkloster ein Bild der heiligen Rosalia zu malen. Er verfällt auf die blasphemische Idee, die Heilige nackt und ganz so wie die
antike Venus darzustellen. Doch wetteifern in seiner überhitzten Einbildungskraft die christliche Heilige und die antike Göttin so heftig miteinander, daß es ihm nicht gelingt, das Bild fertigzustellen. Erst als einer
seiner Künstlerfreunde ihm einen Zaubertrank verabreicht, gerät er in
einen Schaffensrausch und vollendet das Bild. »Nicht das Antlitz der
heiligen Rosalia, sondern das geliebte Venusbild lachte ihn mit üppigem
Liebesblicke an.« Wie ein neuer Pygmalion verliebt er sich auf der Stelle
in sein eigenes Werk, und wenig später steht plötzlich das lebendige
Original seines Gemäldes vor ihm – eine junge Frau, die ihn schon bewunderte, als er noch Lehrling bei Leonardo war. Ohne das Sakrament
der Ehe zu empfangen, leben die beiden in sündigem Glück miteinander. Die Frau stirbt bei der Geburt des gemeinsamen Sohnes und verwandelt sich auf dem Totenbett in eine gräßliche Alte mit häßlich ver-
zerrten Gesichtszügen. Da erkennt Francesco, daß er unter dem Bann
einer Hexe des Satans stand. Er flieht mit seinem Kind in die Wildnis
und betet dort zu der heiligen Rosalia, sie möge vor dem Thron des
Herrn seine Fürsprecherin sein. Er sieht sich in einer Vision von Gott
verflucht, doch erscheinen ihm später die Jungfrau Maria und die heilige Rosalia. Francesco folgt ihrer Aufforderung, nach Preußen zu gehen
und dort eine Kirche auszumalen. An diesem Punkt endet die Geschichte des Malers. Sein Sohn aber wird von einem Edelmann gefunden und adoptiert. Damit beginnt eine grelle Handlungssequenz voller
Inzest und Ehebruch, die schließlich zur Geburt des Medardus führt.
Sein Vorfahre Francesco wird währenddessen durch die heilige Rosalia
vor dem ewigen Verderben errettet, bleibt aber dazu verurteilt, ruhelos
über die Erde zu wandern, bis sich – in der Geschichte des Medardus –
das Schicksal seines Stammes erfüllt.

Es ist für unsere Zwecke nicht notwendig, die Verwirrungen um diese Familienchronik aufzulösen und die Frage nach ihrem Wahrheitsgehalt zu beantworten. Ist sie eine Fälschung oder eine »echte« Chronik? Ist sie eine Erfindung des Medardus – oder seines Herausgebers? –, die seine Verbrechen als Konsequenz eines über ihm lastenden Familienfluches erscheinen lassen soll? Im Blick auf ein Verständnis der Figur des Medardus ist es reizvoll, diese Fragen zu klären. In unserem Zusammenhang aber sind drei andere Beobachtungen von größerem Interesse.[118] Erstens machte Hoffmann offensichtlich um des Schockeffektes willen ausgerechnet einen Maler zum Ausgangpunkt der skandalösen Familienchronik voller Verbrechen und Inzest. Eben die Künstlerfigur, die seit Wackenroder und Tieck zum Inbegriff der Frömmigkeit geworden war, sollte sich als zu Verbrechen und schlimmster Sündhaftigkeit fähig erweisen. Zweitens fällt auf, daß außer vagen Hinweisen auf Francescos freche Selbstüberhebung kaum eine Erklärung dafür gegeben wird, daß er dem Bösen verfällt. Der Maler spricht gelegentlich von den »dunklen Mächten«, die ihn und seine Familie in die Schuld treiben, doch wird dies nicht weiter erläutert. Die psychologische Motivierung des Geschehens findet sich erst in den späteren Werken Hoffmanns.

Drittens schließlich ist auf die Parallelen zwischen Hoffmanns Roman und dem zeitgenössischen Werk eines anderen Autors zu verweisen, das Hoffmann womöglich kannte: Brentanos fragmentarische *Romanzen vom Rosenkranz*. In einem Brief an Philipp Otto Runge, den Brentano dafür gewinnen wollte, Randzeichnungen zu seinen Romanzen anzufertigen, charakterisierte er sie als »eine Reihe von romantischen Fabeln, in welchen sich eine schwere, alte Erbsünde mit der Entstehung des Rosenkranzes löst«.[119] Tatsächlich ist die Handlungsstruktur in Brentanos epischem Gedicht noch komplizierter und undurchsichtiger als in Hoffmanns phantastischem Roman über den Mönch Medardus[120]. Sie führt bis auf ein Ereignis zurück, das angeblich während der Flucht der Heiligen Familie nach Ägypten stattfand. Die Hauptzüge des Geschehens, das im 13. Jahrhundert in Bologna angesiedelt ist, zeigen einige auffällige Ähnlichkeiten zu Hoffmanns Roman. Wiederum spielt das Motiv des Inzests eine große Rolle, und wiederum handelt es sich bei der Schlüsselfigur des Ganzen um einen frommen Maler. Kosme ist das Kind einer inzestuösen Verbindung zwischen Tannhäuser und seiner Schwester. Er wird Maler und heiratet eine Sängerin und Tänzerin namens Rosalaeta, mit der er drei Söhne zeugt. Als er den Auftrag erhält, für ein Nonnenkloster eine Madonna zu malen, verliebt er sich in sein Modell, die Nonne Rosatristis. Ohne zu ahnen, daß Rosatristis die Schwester Rosalaetas ist und daß die beiden ebenfalls einer inzestuösen Verbindung entstammen, verläßt Kosme Weib und Kind, verführt Rosatristis mit der Hilfe von Satan und Venus und hat mir ihr drei Töchter. Als er die Wahrheit erfährt, zieht er sich in die Einsamkeit zurück und verbringt dort den Rest seines Lebens als »frommer« Maler. Aus der Ferne beobachtet er, wie sich das Familienschicksal mit vorhersehbarer Konsequenz erfüllt und auch die drei Brüder und Schwestern sich in inzestuöse Beziehungen verstricken.

Brentano begann die Arbeit an seinem Epos im Jahr 1803 und hatte erst neunzehn der vorgesehenen vierundzwanzig Romanzen vollendet, als er die Arbeit daran im Jahr 1812 abbrach. Das in vierzeiligen Strophen trochäischer Verse verfaßte Werk wurde erst im Jahr 1852, also nach dem Tod des Autors veröffentlicht. Wir wissen aber, daß eine Kopie des Manuskripts unter Brentanos Freunden zu eben der Zeit in Berlin zirkulierte, als E.T.A. Hoffmann am zweiten Teil seines Romans arbeitete[121]. Es ist also nicht ganz unwahrscheinlich, daß er von den fragmentarischen Romanzen Brentanos wußte. Die Parallelen zwischen beiden Werken sind jedenfalls auffällig. Hier wie dort verliebt sich ein Maler in das Modell eines religiösen Gemäldes und zeugt ein Kind (oder Kinder), wodurch eine Genealogie der Sünde und des Inzests ihren Anfang nimmt. Hier wie dort findet der Maler schließlich zur Frömmigkeit zurück und wird vor der ewigen Verdammung bewahrt, muß aber machtlos zusehen, wie sich das Schicksal seiner Familie erfüllt. Bei Hoffmann wie bei Brentano dürfte in der Wahl eines Malers als Ursprungsfigur des satanischen Geschehens eine bewußte Antwort auf die Konzeption des frommen Malers liegen, wie sie in der Frühromantik entwickelt wurde. In beiden Fällen tritt das Walten »dunkler Mächte« an die Stelle einer analytischen, etwa psychologischen Motivierung des Geschehens.

E.T.A. Hoffmann setzte sich in zwei weiteren Erzählungen, die um das Jahr 1815 entstanden und mehrere Motive gemeinsam haben, ausführlicher mit der Problematik des modernen Künstlers auseinander. In beiden Erzählungen wird der Maler-Held von der Spannung zwischen einem inneren Idealbild und der äußeren Realität zerrissen. Aber im einen Fall führt dies zu einer komischen oder zumindest romantisch-ironischen, im andern Fall zu einer tragischen Auflösung. Der Titel der Erzählung »Der Artushof« (1815) bezieht sich auf ein Gildenhaus des

14. Jahrhunderts, das in jüngerer Zeit als Börse genutzt wird. Der junge Traugott, der mit seiner Laufbahn als Geschäftsmann immer unglücklicher ist, stiehlt sich eines Tages von der Arbeit fort, um die holzgeschnitzten und bemalten Figuren abzuzeichnen, mit denen der große Saal im Artushof geschmückt ist. Nach einer Begegnung mit dem Maler Godofredus Berklinger und seinem Sohn widmet Traugott immer mehr Zeit der Malerei und macht dabei beträchtliche Fortschritte. Im Haus seiner neuen Freunde schlägt ihn das Bild der früh verstorbenen Felizitas, der Tochter des Malers in seinen Bann. Als er eines Tages das Haus unangemeldet betritt, sieht er Felicitas am Klavier sitzen und erkennt, daß der angebliche Sohn des Malers in Wahrheit niemand anders als die zum Jüngling verkleidete Felizitas ist. Ihr Vater bewacht sie so eifersüchtig, weil ihm prophezeit ist, er werde sterben, sobald seine Tochter ihn aus Liebe zu einem anderen Mann verlasse. Als Berklinger nach der Aufdeckung seines Geheimnisses mit seiner Tochter verschwindet, kommt Traugott zu Ohren, die beiden seien nach »Sorrent« gegangen. Da gibt er seinen Beruf auf, verläßt seine Verlobte und folgt den beiden nach Italien, wo er sich unter den deutschen Künstlern in Rom einiges Ansehen erwirbt. Insbesondere wird er für seine Porträtmalerei bewundert, deren Gegenstand immer wieder Felizitas ist. Seine Freunde entdecken ein junges Mädchen, das dem Gemälde ähnelt, doch stellt sich heraus, daß es sich dabei um Dorina, die Tochter eines unbedeutenden italienischen Malers handelt. Sie erscheint, wie Traugott es formuliert, als »dasselbe Bild von Raphael und Rubens gemalt«.[122] Obwohl Dorina ihn anzieht, bringt Traugott es nicht über sich, sie zu heiraten, da sich ihm ständig das Bild der verschwundenen Felizitas aufdrängt. Schließlich reist er nach Sorrent und kehrt von dort aus erfolglos nach Danzig zurück. Dort erfährt er, daß Felizitas und ihr Vater die ganze Zeit über nahe der Stadt in einem Landhaus lebten, das sein Erbauer »Sorrent« genannt hatte. Felizitas ist jedoch längst mit einem Justizbeamten verheiratet und Mutter mehrerer Kinder. Ihr Vater ist tot. Traugott erkennt nun, daß zwar das lebendige Urbild seiner Kunst, aber nicht ihr Ideal verloren ist. Denn es überlebt in seiner Einbildungskraft. Befreit kehrt er nach Rom zurück, heiratet dort Dorina und widmet sein Leben der Kunst.

Die Erzählung Hoffmanns läßt deutlich ihre Verpflichtung gegenüber Tieck und Wackenroder erkennen. Traugotts Verteidigung der Kunst gegen seine bürgerliche Umgebung erinnert an ein Leitmotiv in Tiecks

Roman *Franz Sternbalds Wanderungen.* Und in der Figur Berklingers findet einer der wichtigsten Namen in Wackenroders *Herzensergießungen* ein Echo. Dort heißt zwar keiner der Maler so, aber der romantische Musiker des Schlußteils trägt den Namen Joseph Berglinger. Wie Berglinger, aber im Unterschied zu Wackenroders frommen Malern, ist Hoffmanns Maler Traugott eine Figur der Zerrissenheit zwischen künstlerischem Ehrgeiz und Selbstzweifeln, zwischen der Liebe zur Kunst und den Ansprüchen des alltäglichen Lebens, zwischen Ideal und Wirklichkeit. Hoffmann löst hier die Krise mit Humor und Ironie auf. Traugott wird durch seine Enttäuschung über sein irdisch-leibhaftiges Ideal nicht im Innersten vernichtet. Vielmehr geht er aus dieser Erfahrung mit gestärktem Vertrauen in seine Berufung und in sein inneres künstlerisches Ideal hervor und ist stark genug, die Kunst und das wirkliche Leben mit Dorina in Rom in Einklang zu bringen.

In der Erzählung »Die Jesuiterkirche in G.« (1816) hingegen schildert Hoffmann in düsteren Farben, wie die Auseinandersetzung eines Künstlers mit der Spannung zwischen Ideal und Wirklichkeit dramatisch scheitert. Die Handlung geht auf eine Erfahrung Hoffmanns im Jahre 1796 zurück, als er während seines Rechtsstudiums bei der Innenraumgestaltung der Kirche in Glogau behilflich war. Der Erzähler begegnet dem vierzig Jahre alten Maler Berthold, der sich trotz seines großen Talents aus unerklärlichen Gründen damit bescheidet, die Jesuiterkirche mit illusionistischen Bildern und architektonischen trompe-l'œils wie etwa scheinbaren Marmorsäulen auszustatten. Der Jesuit Professor Aloysius Walther, ein kruder Pragmatiker und Materialist, mit dem der auf einer Reise in G. festgehaltene Erzähler Bekanntschaft macht, verkörpert das Unverständnis gegenüber der Kunst. Er läßt dem Erzähler ein Manuskript mit der Lebensgeschichte Bertholds zukommen, das von einem ehemaligen Lehrling des Malers stammt. Als junger Mann, so geht daraus hervor, widmet sich Berthold in D[resden] vor allem der Landschaftsmalerei. In Rom jedoch gerät er angesichts des allgemeinen Enthusiasmus für die Historienmalerei in Zweifel über seine wahre Neigung als Maler. Dennoch geht er nach Neapel und macht dort unter der Anleitung des deutschen Landschafters Philipp Hackert große Fortschritte in der Landschaftsmalerei. Doch werden durch die Begegnung mit einem geheimnisvollen Malteser seine Selbstzweifel erneut geweckt. Der Fremde spricht Hackerts Landschaften alle Originalität ab und bezeichnet sie als »korrekte Abschriften eines in ihm fremder Sprache geschriebenen Originals«.[123] Berthold sieht wenig später im Skizzenbuch seines Freundes Florentin – der Name ist zweifellos eine Anspielung auf Dorothea Schlegels Roman – die Umrisse eines von Florentin abgezeichneten Gemäldes der heiligen Katharina und erlebt daraufhin in einer Grotte unweit Neapel eine mystische Erscheinung der Heiligen. Von diesem Augenblick an ist er wie umgewandelt. Die Selbstzweifel verfliegen, und er malt »wie von göttlicher Kraft beseelt«. Dem Trübsinn entkommen, studiert er nun die besten Werke der alten Meister, und es gelingen ihm mehrere große Altarblätter, die allseits Anerkennung finden. Er wählt sich mit Vorliebe Stoffe aus dem christlichen Legendenschatz zum Thema, »aber überall strahlte die wunderherrliche Gestalt des Ideals hervor«.

Während der Belagerung Neapels durch die napoleonischen Truppen kommt es zu dramatischen Szenen von Gewalt und Plünderung, in deren Verlauf Berthold die Prinzessin Angiola vor dem Tode rettet. Er erkennt in ihr das Urbild seines Ideals, flieht mit ihr nach M[ünchen] und läßt sich dort als Maler nieder. Doch sein Leben mit dem Ideal seiner künstlerischen Träume wird nicht zum Paradies auf Erden. Durch ein großes Gemälde, auf dem er Maria und Elisabeth zusammen mit den Kindern Jesus und Johannes dem Täufer darstellen will, hofft Berthold seinen Ruf in Deutschland zu begründen. Aber er ringt vergeblich um die Verwirklichung dieser Bildidee. Stets tritt ihm statt der himmlischen Maria, die er malen will, die irdische Angiola »auf greuliche Weise verzerrt« vors innere Auge. Da verflucht er Angiola, ihn um sein Leben und Talent gebracht zu haben, verläßt sie und das gemeinsame Kind, zieht arm und von einer schweren Krankheit entkräftet durch die Lande und ernährt sich dürftig von Wandmalereien. An diesem Punkt bricht das Manuskript ab, und der Erzähler verläßt wenig später die Stadt. Ein halbes Jahr später aber teilt ihm der Professor Walther brieflich das Ende der Lebensgeschichte Bertholds mit. Der Maler habe seine Verzweiflung überwunden und sein Altarbild »auf die herrlichste Weise« vollendet; dann sei er verschwunden und alles deute darauf hin, daß er sich im nahen Fluß ertränkt habe. Die Parallelen zwischen Traugott und Berthold sind offensichtlich. In beiden Fällen verliebt sich der fromme Maler in das Modell seines Gemäldes; in beiden Fällen findet das Gemälde in einer wirklichen Frau seine Verkörperung und sein Gegenstück. Doch während es Traugott am ironisch-versöhnlichen Schluß der Erzählung »Der Artushof« gelingt, die zunächst schockierende Erfahrung des Auseinanderklaffens von Ideal und Wirklichkeit zu bewältigen, versinkt Berthold in Verzweiflung, Wahnsinn und schließlich Tod. In beiden Fällen aber legt es Hoffmann bei allen Unterschieden in der Gestaltung des Schlusses darauf an, zu zeigen, daß die Figur des frommen Malers, wie Wackenroder und Tieck sie entwarfen, zu naiv ist, um wahr sein zu können. Der Maler, so gibt er zu verstehen, ist vielmehr den gleichen Zweifeln und Anfechtungen ausgesetzt wie alle anderen romantischen Künstler. So wird die Figur des romantischen Malers in den Erzählungen Hoffmanns problematischer und gewichtiger zugleich.

Ein Motiv taucht von Wackenroders *Herzensergießungen* über Tiecks *Franz Sternbalds Wanderungen* und Dorothea Schlegels *Florentin* bis hin zu den Erzählungen Hoffmanns im Umkreis der Figur des romantischen Malers so häufig auf, daß es zum literarischen Klischee zu werden beginnt: das Zusammentreffen deutscher Künstler in Rom. E.T.A. Hoffmann ist keineswegs der letzte Autor, der dieses Motiv aufgreift. Noch in exemplarischen Büchern der späteren Romantik wie Eichendorffs *Aus dem Leben eines Taugenichts* (1826) oder seinem Roman *Dichter und ihre Gesellen* (1834) ist es von großer Bedeutung. Wir sollten daher in unserem Zusammenhang abschließend auf die Gruppe deutscher Künstler in Rom zu sprechen kommen, in deren Auftreten das Leben unverkennbar die Kunst nachahmte. Sie ging in die Kunstgeschichte unter dem ursprünglich pejorativ gemeinten Namen »Die Nazarener« ein[124].

Die Geschichte dieser Gruppe ist so pittoresk und bizarr, daß sie einer Erzählung Hoffmanns entnommen sein könnte. Sie beginnt in Wien. Dort war eine Gruppe junger Studenten an der Kunstakademie vom herrschenden Klassizismus so enttäuscht, daß sie sich am 10. Juli des Jahres 1809 zu einer oppositionellen Gemeinschaft zusammenschloß. Die Gruppe – Franz Pforr, Friedrich Overbeck und vier weniger bekannte Freunde – gab sich den programmatischen Namen »Lukasbund«. Bereits August Wilhelm Schlegel hatte in einem Gedicht innerhalb des Gesprächs »Die Gemälde« den Heiligen Lukas, den sie sich zum Namenspatron wählten, als Schutzheiligen der christlichen Malerei kanonisiert. Die jungen Idealisten in Wien ließen sich durch Wackenroders kunstliebenden Klosterbruder und Tiecks Franz Sternbald inspirieren und nahmen sich vor, eine neue Kunst zu schaffen, die von Moral und Religion getragen und nicht rein ästhetischen Zielen verpflichtet sein sollte. Sie zogen aus der Akademie aus und machten sich im Mai 1810 auf den Weg nach Rom, wo sie sich im Kloster San Isidoro auf dem Monte Pincio, einem ehemaligen Franziskanerkolleg niederließen. In krassem Unterschied zu den deutschen Künstlern der vorangegangenen Generationen, die um der klassischen Kunst willen nach Rom gepilgert waren, lehnten sie die Antike zugunsten der christlichen Kunst des Spätmittelalters ab. In ihrem Bemühen, der Bilderwelt von Wackenroders *Herzensergießungen* nahezukommen, lebten und arbeiteten die Mitglieder des Bundes, zu dem bald weitere Künstler stießen, in mönchischer Disziplin von morgens bis abends in ihren Zellen. Zu den Mahlzeiten, zur gemeinsamen Lektüre und zum Zeichnen von Modellen trafen sie sich im Refektorium. Sie trugen weite Gewänder, ließen ihr Haar lang wachsen und pflegten im gesamten Auftreten einen altdeutschen Stil. Im Porträt Franz Pforrs, das Overbeck im Jahr 1810 knapp zwei Jahre vor dem frühen Tod seines Freundes malte, ist diese altertümelnde Selbststilisierung der »Lukasbrüder« festgehalten. Sie ging auch in die anderen wechselseitigen Porträts ein, welche die Maler gern in ihre historischen und biblischen Szenen einarbeiteten. Zu nennen wäre etwa das Overbeck-Porträt in Pforrs Gemälde *Shulamith und Maria.*

Wie die zeitgenössischen Schriftsteller gern Malerfiguren in den Mittelpunkt ihrer Romane, Erzählungen und Gedichte stellten, so neigten die Maler ihrerseits dazu, ihre Stoffe und Motive literarischen Werken, insbesondere der Bibel zu entnehmen und einen streng narrativen Stil zu kultivieren. Rumohr fand für dieses Phänomen Jahre später die wohl beste Formulierung, als er schrieb, daß die Maler nicht einfach ihre Themen von der Literatur borgten; vielmehr hätten die Maler und Schriftsteller aus einer gemeinsamen kulturellen Quelle geschöpft.[125] Overbeck verdankt seine Berühmtheit vor allem Gemälden mit biblischen Themen wie *Die Auferstehung des Lazarus* oder *Einzug Christi nach Jerusalem.* Pforr zog Motive aus Dramen Shakespeares (*Macbeth und die Hexen*), Schillers (*Wallenstein bei der Schlacht von Lützen*) oder Goethes (*Götz von Berlichingen*) vor. Peter Cornelius, der sich kurz nach Franz Pforrs Tod der Gruppe anschloß, war bereits durch seine Illustrationen zu Goethes *Faust* und zum *Nibelungenlied* bekannt.

Der stark narrative Grundimpuls dieser Malerei mit ihrem von klaren Linien und Primärfarben bestimmten Stil fand in der reinen Freskotechnik ohne *a secco*-Modifikationen seinen angemessenen Ausdruck.

Die Wiederentdeckung dieser Technik durch die Nazarener ließ im Rom des frühen 19. Jahrhunderts einige mit unbestrittener Virtuosität ausgeführte große Freskenzyklen entstehen.

Im Jahr 1815 beauftragte der gerade eingetroffene preußische Generalkonsul Jakob Salomon Bartholdy eine Gruppe von Nazarenern – Cornelius, Overbeck, Philipp Veit, Wilhelm Schadow und Franz Catel –, den Empfangsraum in seinem nahe beim Kloster San Isidoro gelegenen Haus auszumalen. Die Fresken zur biblischen Josephs-Geschichte, die daraufhin entstanden, wurden rasch berühmt. Im Jahr 1887 wurden sie in die Berliner Nationalgalerie überführt. Der Erfolg der Fresken in der ›Casa Bartholdy‹ führte dazu, daß Joseph Anton Koch zusammen mit Overbeck, Philipp Veit, Julius Schnorr von Carolsfeld von einer einflußreichen römischen Familie den Auftrag erhielt, die Villa Massimo mit Fresken zu schmücken, die Szenen aus Werken von Dante, Tasso und Ariost darstellen sollten.

Die Nazarener gerieten im späteren 19. Jahrhundert bald in Vergessenheit. Das sollte uns jedoch nicht über die Beachtung hinwegtäuschen, die sie gut zwei Jahrzehnte lang über die Grenzen der bildenden Kunst hinaus fanden. Zunächst hatten sie enge persönliche Kontakte zu wichtigen Persönlichkeiten des kulturellen und politischen Lebens. Peter Cornelius erfreute sich sowohl der Freundschaft Goethes wie der Unterstützung des Kronprinzen Ludwig von Bayern, der ihm den Auftrag gab, die neue Glyptothek in München mit Fresken auszumalen. Overbeck wurde von Carl Friedrich von Rumohr, dem späteren Berater bei der Planung der Gemäldegalerie im Berliner Museum, gefördert. Philipp Veit war Friedrich Schlegels Stiefsohn. Durch ihn machte Schlegel die Bekanntschaft vieler Maler der jüngeren Generation. Der Generalkonsul Bartholdy war ein Schwager von Dortheas Bruder Abraham Mendelssohn, dem Vater Felix Mendelssohns. Auf seiner Reise nach Rom im Jahr 1824 war Schinkel insbesondere von Schnorr von Carolsfelds Fresken in der Villa Massimo stark beeindruckt[126]. Als die Romantik dem Realismus zu weichen begann, verblaßte der Ruhm der Gruppe rasch. Doch überlebte die Erinnerung an die Nazarener nicht zuletzt in den Werken ausländischer Künstler, die sich an ihrer Auffassung von Linie und Farbe orientierten. Das gilt etwa für Ingres, Ruskin, Pugin und Overbecks Freund William Dyce, der das Parlamentsgebäude in London ausschmückte.

Das öffentliche Aufsehen, das die Nazarener erregten, läßt sich vielleicht am besten an der Vehemenz ablesen, mit der sie publizistisch angegriffen wurden. Das gilt vor allem für die bekannte Polemik gegen die »Neu-deutsche religiös-patriotische Kunst«, die Heinrich Meyer im Jahr 1817 auf Anregung Goethes für die Zeitschrift *Über Kunst und Alterthum* verfaßte. »Die Neigung, oder Geschmacksrichtung von der wir zu reden uns vorgenommen, hat besonders unter den Deutschen Anhänger und Förderer gefunden; folgende Nachrichten sollen sich darum vornehmlich über Deutschland und bis nach Rom erstrecken, wo deutsche Künstler mit reisenden Liebhabern eine Art von akademischer Landsmannschaft bilden, da denn die nach Hause zurückkehrenden, gemäß der empfangenen Eindrücke, den Geschmack der Nation wirklich lenken.«[127] Meyers Artikel beginnt mit einem knappen Überblick zur Geschichte der deutschen Kunst seit dem letzten Jahrzehnt des 18. Jahrhunderts. Vor allem Tieck, Wackenroder und den Brüdern Schlegel lastet Meyer die Beförderung einer altertümelnden, patriotisch-nationalen und christlichen Kunst an, in der er eine Bedrohung der klassischen Tradition sieht. Die Kontroverse war damit nicht beendet. Der Kronprinz von Bayern war von den Nazarenern so begeistert, daß er ihren altdeutschen Kleidungsstil für sich übernahm.

Im konservativen Österreich war die Bewunderung der jungen Künstler weniger überschwenglich. Im Frühling des Jahres 1819 veranstaltete die deutsche Künstlergemeinde in Rom – sie bestand aus ungefähr fünfzig Malern, acht Bildhauern und einigen Graphikern und Kupferstechern – anläßlich des Besuches von Kaiser Franz im Palazzo Caffarelli eine umfangreiche Ausstellung deutscher Kunst. Zur Enttäuschung der Künstler verbrachten der Kaiser und sein Gefolge nur despektierliche anderthalb Stunden in der Ausstellung, die zudem von der österreichischen Presse sehr abschätzig beurteilt wurde. Die negativen Rezensionen veranlaßten Friedrich Schlegel, den Stiefvater von Johannes und Philipp Veit, zu seiner großen Rechtfertigungsschrift »Über die deutsche Kunstausstellung zu Rom im Frühjahr 1819, und über den gegenwärtigen Stand der deutschen Kunst in Rom«.[128] Nach einer Einleitung zum älteren Kunstgeschmack widmete Schlegel mehrere Seiten seines Artikels einer Würdigung der beiden Maler Cornelius und Overbeck, in denen er auch jetzt noch die Führer der Gruppe sah. Schlegel schilderte im folgenden die Wiederentdeckung der Fresco-Technik durch die Nazarener als bedeutende Leistung und lobte ihre Beiträge zu diesem Genre. Er schloß seinen Artikel mit einer Zurückweisung der

»geistlosen« Ausstellungskritik und warf ihr seinerseits »manirirte Alter-
tümlichkeit« vor. Die Nazarener lösten sich als Gruppe bald auf, und
die Anerkennung ihrer künstlerischen Leistungen ließ bis zur Wiederentdeckung ihrer besten Repräsentanten in unserer Zeit auf sich warten.
Doch ist nicht diese Wirkungsgeschichte für unseren Zusammenhang
der ausschlaggebende Punkt, sondern die Existenz der Künstlergruppe
selbst.

Zu Beginn des 19. Jahrhunderts, so läßt sich zusammenfassen, wurde
das Interesse an der Figur des Künstlers von Autoren wie Wackenroder,
Tieck und E.T.A. Hoffmann geweckt. Es erhielt Nahrung durch die
Nachrichten über eine aufsehenerregende Gruppe junger deutscher Maler in Rom und wurde durch die Kontroversen zwischen den bedeutendsten Kunstkritikern weiter angefacht. Als Schinkel im Jahrzehnt
zwischen 1820 und 1830 sein Museum entwarf, war das Publikum auf
seine Konzeption gut vorbereitet. Es war absehbar, daß es einen »Tempel der Kunst«, der zugleich ein »Pantheon« zur Würdigung individueller Künstler und Kunstwerke der Vergangenheit und Gegenwart sein
sollte, gutheißen würde.

Das Gespräch in der Gemäldegalerie als Genre

Das romantische Museum war nicht nur ein Tempel der Kunst und ein
Pantheon der Künstler. Es erwies sich zugleich als idealer Ort für die
Kenner. Das ist keine triviale Feststellung, denn das Museum trug zur
Änderung der Art und Weise bei, in der man Kunstwerke betrachtete,
und begünstigte ihre Wahrnehmung als historische Phänomene. Seit
Jahrhunderten betrachteten Kunstliebhaber Skulpturen und Gemälde.
Aber meistenteils mußten sie dafür die Ateliers der Künstler aufsuchen,
wie Vasari es oft tat, oder sich in die Kirchen, Schlösser und Herr-
schaftssitze begeben, für welche die Kunstwerke in Auftrag gegeben
waren. In jedem Fall konnte die Aufmerksamkeit auf die historische
Kontinuität bei der Bewegung von Ort zu Ort und angesichts des willkürlichen Arrangements der Werke leicht verlorengehen. In jüngerer
Zeit waren durch die Einrichtung der Salons neue Möglichkeiten entstanden, Kunstwerke zu sehen. Doch blieb hier der historische Kontext
per definitionem ausgeblendet, denn die Salons zeigten ausschließlich
zeitgenössische Kunst. Zudem waren die Werke nur für den begrenzten

Zeitraum der Ausstellung an einem Ort versammelt und wurden gleich darauf wieder zerstreut. Diderot etwa hatte seine Salonberichte nicht selten auf Grundlage von Notizen zu verfassen, die er vor Ort schnell aufzeichnete und oft erst Wochen oder gar Monate später ausarbeitete[129].

Gewiß hingen Gemälde verschiedener Künstler und Zeitalter in den Privatsammlungen, angefangen vom *Gemäldesaal* örtlicher Maler, den Goethes Vater in Frankfurt unterhielt, bis hin zu den großen königlichen und päpstlichen Sammlungen[130]. In den meisten Fällen waren diese Sammlungen jedoch nach Maßgabe persönlicher Vorlieben und Abneigungen entstanden und stellten deshalb kaum eine repräsentative Auswahl dar, an der sich ein historisches Studium der Malerei hätte angemessen betreiben lassen. Hinzu kam, daß sie durch ihren privaten Charakter nur mit Einschränkungen zugänglich waren. Wo immer aber Bilder in größerer Zahl zusammenkamen, sei es in Privatsammlungen oder an öffentlichen Ausstellungsorten, da erwies sich im späten 18. Jahrhundert die Gemäldegalerie als der Ort, an dem die gebildeten Reisenden der Zeit auf die ästhetische Elite der kleinen Städte wie der großen Metropolen treffen konnten[131]. Diderots Salonberichte, Heinses Gemäldegalerie-Briefe und Goethes *Italienische Reise* enthalten lebendige Darstellungen, wie es in den Galerien von Paris in den sechziger, Düsseldorf in den siebziger und Rom in den achtziger Jahren des 18. Jahrhunderts zuging. Von den nach dem Jahr 1793 häufig stattfindenden Ausstellungen im Louvre gibt es eine ganze Anzahl von Schilderungen aus der Feder verschiedener Autoren[132]. Es ist demnach kaum überraschend, daß Wackenroder in einer der wichtigsten Episoden der *Herzensergießungen eines kunstliebenden Klosterbruders* auf das Gespräch in einer Gemäldegalerie als kulturell einflußreiche Form eines Bildungserlebnisses zurückgreift.

Zur Rahmenhandlung des Buches gehört die Fiktion, daß es sich bei seinem Autor um einen älteren Laienbruder handelt, der die letzten Jahre seines Lebens in der Einsamkeit und Abgeschiedenheit eines Klosters verbringt. Hier erinnert er sich an die Erfahrungen seiner Jugend, während der er die Kunst über alles liebte, und schreibt nun seine Gedanken und Erinnerungen zum Nutzen junger Leser auf. Der Abschnitt »Die Malerchronik« findet sich zwar gegen Ende des Buches. Doch wird hier das Ursprungsereignis geschildert, das am Beginn aller Kunsterfahrung des Erzählers steht[133]. Es kann in gewissem Sinn als Katalysator al-

ler folgenden Darlegungen gelten und verlangt von daher unsere besondere Aufmerksamkeit. Als der spätere Mönch, so beginnt die Episode,
in seiner Jugend umherzieht, stets begierig auf Gelegenheiten, Kunstwerke zu sehen, befindet er sich einmal auf einem gräflichen Schloß
und verbringt dort drei Tage mit der ausführlichen Betrachtung der
umfangreichen Gemäldesammlungen. Er bemüht sich, alles, was er
sieht, auswendig zu lernen, doch verwirren sich bei dieser Anstrengung
die Bilder in seinem Kopf. Am dritten Tag erscheint ein alter Mann, ein
italienischer Pater, dessen Namen der Erzähler nie in Erfahrung bringen
wird. (Mysteriöse Patres gehörten zum festen Repertoire der zeitgenössischen Schauerromane.) Der Fremde erweist sich als grundgelehrter
Mann und gleicht »einem Weltweisen aus dem sechzehnten Jahrhundert«. Ungeachtet der Jugend des Erzählers läßt der alte Mann sich in
ein freundliches Gespräch mit ihm ein und verbringt den ganzen Tag
mit ihm zusammen in den Bildersälen.

Als der Pater den Eifer des jungen Mannes bei der Betrachtung der
Gemälde bemerkt, fragt er ihn, ob er denn die Namen der Meister zu
nennen wisse, welche die Kunstwerke geschaffen hätten. Der Erzähler
kennt zwar die Namen der berühmtesten Künstler, doch stellt sich heraus, daß er darüber hinaus im Grunde nichts über sie weiß. »Du hast
bisher die schönen Bilder angestaunt, mein lieber Sohn, als wären es
Wunderwerke, vom Himmel auf die Erde heruntergefallen. Aber beden-
ke, daß dies alles Werk von Menschenhänden ist, – daß manche Künstler schon in deinen Jahren ganz vortreffliche Sachen zustandebrachten.
Was meinst du nun? Solltest du nicht Lust empfinden, von den Männern, welche sich in der Malerei hervorgetan haben, etwas mehreres zu
erfahren?« (94 f.) Als der Fremde die Vorliebe seines jungen Begleiters
für Raffael bemerkt, erzählt er ihm in groben Zügen Raffaels Lebensgeschichte und gibt ihm einige Beispiele, wie edel und liebenswürdig
der Künster als Mensch gewesen sei. Er verweist im folgenden auf die
Kunstchroniken, die von verdienten Männern verfaßt wurden, und
nennt als ältesten und vornehmsten unter ihnen Giorgio Vasari. Der Pater erzählt im folgenden einige weitere Malergeschichten, um das Zu-
sammenspiel von Malerei und Persönlichkeit im »Künstlercharakter« zu
demonstrieren. Vor allem aber betont er nachdrücklich die religiöse
Bindung von Talent und Geschicklichkeit bei den verehrungswürdigen
Malern älterer Zeiten. »Sie machten die Malerkunst zur treuen Dienerin
der Religion und wußten nichts von dem eitlen Farbenprunk der heuti-

gen Künstler.« (103 f.) Nach dem Gespräch in der Galerie reist der Pater
ab und läßt den Erzähler mit dem Gefühl zurück, er sei durch die Erzählungen in einen Traum versetzt. »Ich war in eine ganz neue, wunderbare Welt eingeführt.« (105) Sofort forscht er nun überall nach Büchern
über die Lebensgeschichten von Malern, besonders nach dem Werk
Vasaris, in dem er alle Geschichten des Paters wiederfindet. »Dieser mir
unvergeßliche Mann ist es gewesen, der mich auf das Studium der
Künstlergeschichte geleitet hat, welches dem Verstande, dem Herzen
und der Phantasie soviel Nahrung gibt, und ich habe ihm darum gar
viele glückliche Stunden zu verdanken.« Das zukunftsträchtige Genre
des Gesprächs in der Gemäldegalerie, wie es sich hier herauszubilden
beginnt, stellt die Grundlage für die *Herzensergießungen* insgesamt dar.
Alle Kapitel dieses Buches sind mehr oder weniger Lebensgeschichten
von Künstlern, die auf Vasari oder andere Quellen zurückgehen, oder
Reflexionen über das Verhältnis von Religion und Kunst.

Es bleibt unklar, in welcher Gemäldegalerie diese exemplarische Szene stattgefunden haben könnte, – falls Wackenroder in dieser Episode
überhaupt eine spezielle Galerie vor Augen hatte. Wir wissen, daß er
mehrere bedeutende zeitgenössische Galerien kannte, darunter Kassel,
Salzthalen und Pommersfeld[134]. Der bedeutendste Schauplatz prägen-
der Kunsterlebnisse war im 18. Jahrhundert zweifellos die Königliche
Gemäldegalerie in Dresden. Die Stadt wurde wegen ihrer Kunstsammlungen und ihres regen kulturellen Lebens sowie mit Blick auf ihre Lage
an den Ufern der Elbe weithin als »Elbflorenz« gerühmt[135]. Ja, man
könnte eine epiphanische Kunsterfahrung in Dresden als den Ausgangspunkt für das wissenschaftliche Studium der abendländischen Kunst bezeichnen. Denn hier sah sich der junge Winckelmann dazu bestimmt,
sein Lebenswerk den Gemälden und Skulpturen zu widmen. In Dresden verfaßte er seine erste bedeutende Abhandlung *Gedanken über die
Nachahmung der griechischen Werke in der Malerei und der Bildhauer-
kunst* (1755). Goethe, der als Student von Leipzig aus herüberreiste, hatte ebenfalls in Dresden seine erste Begegnung mit einer bedeutenden
Sammlung originaler Gemälde[136]. Die Originalgemälde, die er in seinem Frankfurter Vaterhaus sehen konnte, stammten von örtlichen
Künstlern und waren im wesentlichen zweitrangige Werke; Meisterwerke kannte er nur von Kupferstichen oder aus farbigen Miniatur-Kopien,
wie sie im berühmten Morgensternschen Gemälde-Kabinett versammelt
waren. Während eines Besuchs in Dresden gewann im Jahre 1789 der

siebzehnjährige Friedrich Schlegel die tiefen Eindrücke, aus denen all
seine folgenden Studien zur Antike hervorgingen. Im Vorwort zu der
im Jahr 1822 erschienen Sammlung seiner kunstkritischen Schriften ist
diese Erfahrung festgehalten. Auf einer Reise nach Dresden gab Wilhelm Heinrich Wackenroder seinem Begleiter Ludwig Tieck zum erstenmal Einblick in seine Manuskripte über die Kunst, aus denen
schließlich die *Herzensergießungen* werden sollten, und regte dadurch
den Freund zu seiner eigenen Beschäftigung mit der bildenden Kunst
an. Ein Besuch in der Dresdner Gemäldegalerie gehört zu den Stan-
dardelementen in autobiographischen Texten der Zeit. Adolph Müllers
Briefe von der Universität ließen sich hier nennen, doch der wohl über-
schwenglichste Bericht eines Besuchs in Dresden findet sich in Henrich
Steffens' Autobiographie.

Auf Goethes Empfehlung hin ritt Steffens von Freiberg aus, wo er an
der Bergakademie bei Werner studierte, mit einem Freund nach Dresden hinüber, um zum ersten Mal in seinem Leben eine bedeutende
Gemäldegalerie zu besuchen. Erschöpft von dem nächtlichen Ritt und
von etwas mehr Wein als gewöhnlich beim Frühstück in euphorische
Stimmung versetzt, eilten die beiden Freunde zur Galerie. Steffens verstand in seinem aufgeregten Zustand kaum etwas von den Belehrungen,
die Friedrich Justus Riedel, der Direktor der Galerie, den Besuchern zu-
teil werden ließ.

> Wir hatten nicht bedacht, daß zur stillen Betrachtung der Gemäl-
> de eine innere Ruhe und Nüchternheit gehört, die wir nun gar
> nicht besaßen. Für mich schwankten und bewegten die bunten
> Bilder sich untereinander; ebenso chaotisch und verworren misch-
> ten sich die Namen der Maler, die ich, obgleich sie mir wohl zum
> Teil bekannt waren, doch meistenteils zum erstenmal nennen hör-
> te.[137]

Nach einem längeren Verweilen in den Räumen mit Bildern der nieder-
ländischen Schule traten die Besucher in die italienische Galerie ein,
von der Steffens sich die höchste künstlerische Offenbarung erwartete.
Doch war er in seiner Müdigkeit und Erschöpfung unfähig, irgendwelche Eindrücke und Bedeutungen festzuhalten. »Die Gestalten der Bilder schwebten mir halb wie Visionen vor, schienen sich zu bewegen, aus
dem Rahmen zu treten, sich mit den Fremden, die hin und her gingen,
zu vermischen.« Steffens geriet so sehr in Verwirrung, daß er glaubte, je-

der müsse seinen sonderbaren Zustand bemerken. Dann trat er vor ein großes Bild, das man auf Augenhöhe herabgeholt hatte, weil es gerade kopiert wurde.

> Eine weibliche Gestalt schwebte aus den Wolken hervor und trug ein wunderbares Kind. Der Moment überraschte mich, die seltsame Spannung, in der ich war, hatte den höchsten Gipfel erreicht, ich vergaß, wo ich war. Ein tiefes Gefühl durchdrang mich, und ich brach in Tränen aus, die unaufhaltsam flossen. … Ich blickte um mich, ich sah, wie ich Gegenstand der allgemeinen Aufmerksamkeit geworden war, ich suchte mich zu fassen und erfuhr nun, daß das Bild, welches mich so heftig in Bewegung gesetzt hatte, das berühmteste der Galerie, daß es Raffaels Madonna war.

Es dürfte sich kaum feststellen lassen, inwieweit Steffens' autobiographische Darstellung durch kunsttheoretische Gedanken und Assoziationen aus den fünfzig Jahren zwischen Erlebnis und Niederschrift sowie durch Elemente bewußter Fiktionalisierung und Stilisierung angereichert ist. Immerhin lieferte die gleiche Episode das Material für eine beträchtlich umfangreichere Schilderung in der zweiten Novelle des Zyklus *Die vier Norweger*, die Steffens im Jahr 1828 niederschrieb. Jedenfalls vermittelt sein Bericht einen Eindruck von der Atmosphäre in der großen Dresdner Gemäldegalerie und läßt die Gefühle erkennen, mit denen Angehörige der jüngeren Generation die in ihren Kreisen als heilig und erhaben geltenden Bildersäle betraten.

Keine andere Zusammenkunft der jungen Romantiker fand einen größeren Wiederhall als ihre Treffen im Spätsommer und Herbst 1798 in Dresden. Man verbrachte Stunden über Stunden in der Gemäldegalerie, sprach über Bildhauerei und Malerei und entwickelte die romantische Theorie der Kunst.[138] Es gibt mehrere anschauliche Berichte jener denkwürdigen Tage – nicht alle stammen von unvoreingenommenen Verfassern. Dora Stock zum Beispiel war die Schwägerin von Schillers bestem Freund, Christian Gottfried Körner. Von daher war sie den Brüdern Schlegel, die Goethe auf Kosten Schillers verehrten, wenig freundlich gesonnen, und noch weniger freundlich stand sie Caroline gegenüber, die zum Bruch ihrer Verlobung beigetragen hatte. Dora Stock war Malerin und arbeitete als Kopistin in der Dresdner Galerie. Sie konnte also gut beobachten, wie die Schlegels zusammen mit Schelling und dem jungen Übersetzer Johann Diederich Gries fast jeden Morgen in die Galerie kamen und die Vormittage dort verbrachten. In ihren Briefen an Charlotte Schiller berichtete sie darüber. »Sie schrieben auf und docirten, daß es eine Freude war.« Die praktizierende Malerin schilderte die unbegreiflichen Theorien der Kritiker nicht ohne Ironie. »Sie sprachen zuweilen über Kunst mit mir, fragten mich so manches, welches ich aber gar nicht beantworten konnte. Ich fühle und ich male; aber ich verstehe die Kunstsprache nicht, und so bin ich scheu gegen die, deren höhere Weisheit mich meine Beschränktheit fühlen läßt.« Dora Stock war nicht die einzige, die von den Schlegels mit ihren Theorien beglückt wurde. »Auch Fichten weihten sie in die Geheimnisse der Kunst ein. Du hättest lachen müssen, liebe Lotte, wenn du die Schlegels mit ihm gesehen hättest, wie sie ihn herum schleppten und ihm ihre Überzeugungen einstürmten.«[139]

Aus anderer, wohlwollenderer Quelle erfahren wir von einer mystischen abendlichen Versammlung einer Gruppe von Freunden, darunter Novalis, die Brüder Schlegel mit ihrer Schwester Charlotte Ernst und der Direktor des Weimarer Gymnasiums und Gräcist Karl August Böttiger. Sie fand im Hause Wilhelm Gottlieb Bekkers, des Direktors der Skulpturengalerie, statt und diente der gemeinsamen Betrachtung der Antiken bei Kerzenschein[140].

Das unmittelbare Ergebnis dieser gemeinsamen Kunsterfahrungen und zugleich eine Zusammenfassung der frühromantischen Theorien der Kunst war der Dialog »Die Gemählde«, den August Wilhelm und Caroline Schlegel gemeinsam verfaßten und im folgenden Jahr in der Zeitschrift *Athenäum* veröffentlichten[141]. Das Gespräch beginnt im Antikensaal des Dresdner Schlosses, wo Waller und Louise die ästhetischen Gesetze der klassischen Skultpuren erörtern. Sie begegnen ihrem Freund Reinhold, der verstimmt ist, weil seine Zeichnung der Skulptur, die er kopieren will, nicht gerecht wird. Seine Klagen lösen eine Diskussion über die Unterschiede zwischen den Kunstarten aus. Louise bekennt, daß sie die Malerei leichter genießen kann als die Bildhauerei, weil die Bilder den Sinnen leichter zugänglich seien. Auf den Dichter Waller antwortend, der Poesie und Malerei einander nähern will, vertritt Reinhold den Standpunkt, die Sprache sei ein den Werken der bildenden Kunst gänzlich unangemessenes Medium. Louise und Waller erheben Einspruch gegen Reinholds Auffassung, die Werke der Kunst seien allein zum Nutzen der Künstler da, damit diese durch das Studium der Werke der Vergangenheit die Fähigkeit erwürben, selbst etwas Gutes hervorzubringen. »Nein, mein Freund, Gemeinschaft und gesellige Wechselberührung ist die Hauptsache«, gibt Louise ihm zu bedenken. Es stellt sich heraus, daß Louise bei den Galeriebesuchen detaillierte Beschreibungen der Gemälde aufgezeichnet hat. Zum einen will sie auf diesem Wege ihr Auge in der kritischen Betrachtung der Kunstwerke üben, zum anderen – man lebte noch nicht im Zeitalter der technischen Reproduzierbarkeit – ihre Erfahrungen der Schwester Amalia mitteilen, die sich dem Ausflug der Gruppe nach Dresden nicht anschließen konnte.

Beim Verlassen der Galerie lassen sich die drei Freunde am Ufer der Elbe nieder, wo sich die Stadt mit der Kuppel der Frauenkirche im Wasser des Flusses spiegelt. Dort liest Louise den beiden Männern einige ihrer Bildbeschreibungen aus der Königlichen Galerie im Zwinger vor. Es paßt zu dem Schauplatz im Freien, daß sie mit der Schilderung von Landschaften Salvator Rosas, Claude Lorrains und Jacob Ruisdaels beginnt. Im Verlauf der sich anschließenden Kommentare wird klar, daß Waller für August Wilhelm Schlegel selbst und Louise für Caroline Schlegel steht, während Reinhold eine Synthese der Ansichten Friedrich Schlegels, Novalis' und anderer Freunde verkörpert. Das Wechselspiel der Meinungen reflektiert also die Ästhetik der Frühromantik in allen ihren Facetten. Die Erörterung der Landschaftsmalerei, die sich an Louises Beschreibungen anschließt, führt zur Formulierung der These, sie sei die höchste Gattung, »weil in ihr das bloße Phänomen eine so wichtige Rolle spielt«. Darin kündigt sich der Gedanke an, als reine Kunst sei die Landschaftsmalerei das transparenteste Medium für den Ausdruck der Künstlerseele. Das charakteristisch Romantische dieses Gedankens fällt uns heute leicht ins Auge, im Jahr 1799 aber – vor den großen Werken Caspar David Friedrichs und seiner Nachfolger sowie vor den Theorien Philipp Otto Runges – war er verblüffend weitsichtig.

Das Gespräch geht im folgenden von der Landschaftsmalerei auf die Porträtkunst der Deutschen und schließlich auf die Darstellung biblischer Motive bei verschiedenen italienischen Meistern über. Nach Louises Beschreibung der Werke Leonardos liest Waller einige seiner eigenen Notizen zu Rubens, Poussin, Cignani und Carracci vor. Als die Freunde fragen, warum Louise die Bilder Raphaels in ihren Beschreibungen so auffällig auslasse, bekennt sie, daß Reinholds Ansicht in diesem Fall zutreffe: hier sei die Sprache tatsächlich der Herausforderung nicht gewachsen, »das Höchste des Ausdruckes wiederzugeben«. Die drei Freunde geraten im folgenden in eine lebhafte Diskussion über Raffaels *Six-tinische Madonna*, die in einer Debatte über die wechselseitigen Beziehungen von bildender Kunst und Poesie kulminiert. Zwar teilen sie nicht Wackenroders mystischen Sinn für die Kunst als Religion, doch sieht Waller in der oft gescholtenen Verpflichtung der christlichen Maler von einst auf die Darstellung von Madonnen, Heiligen Familien, Aposteln, Himmelfahrten und dergleichen den unschätzbaren Vorteil, »einen bestimmten mythischen Kreis zu haben, wo die Gegenstände schon bekannt und von lange her mahlerisch organisirt sind, und die Aufmerksamkeit sich daher um so ungetheilter auf die Behandlung richten kann«. Aus diesem Grunde, so kommt man überein, wurde die christliche Religion erneut zum Hauptgegenstand der Maler, ungeachtet der zeitgenössischen Tendenzen, sich Gegenständen der antiken Mythologie oder Geschichte, Allegorien oder gar Elementen der nordischen Mythologie zuzuwenden. Das Gespräch klingt mit der Rezitation von Sonetten aus, die Louise als »Verwandlung von Gemählden in Gedichte« bezeichnet. Waller behandelt darin verschiedene Stoffe aus dem neuen Testament.[142] Gemeinsam ist man danach der Meinung, im Gegensatz zur Bildhauerei sei die Malerei eine im wesentlichen christliche Kunst. Für die Bildhauer sei in der antiken Mythologie immerhin Dädalus zuständig, die Malerei aber müsse ohne Muse und Schutzgottheit auskommen. In der christlichen Welt hingegen habe die Malerei im Evangelisten Lukas einen Schutzheiligen. Waller liest zum Abschluß eine poetische Legende über den Heiligen Lukas und sein Porträt der Jungfrau, das von Raphael vollendet wird. Reinhold wiederum verspricht, die erste Madonna, die ihm gelinge, werde »dem heiligen Lukas und dem heiligen Raphael gemeinschaftlich gewidmet seyn«.

Das Gespräch »Die Gemählde« enthält in nuce alle grundlegenden romantischen Auffassungen der Kunst. Das abrupte Verlassen der Skulpturengalerie und die sich anschließende Unterhaltung über die Gemälde veranschaulichen dramatisch die romantische Aufwertung der Malerei auf Kosten der Bildhauerei, mithin die Abkehr von der klassizistischen Vorliebe für die antiken Skulpturen bei Winckelmann und Lessing. Die Auffassung der Malerei als im wesentlichen christlicher Ausdrucksform entspricht dem neuen Bewußtsein von der geschichtlichen Entwicklung der Kunst. Waller etwa bemerkt gelegentlich: »Ich weiß nicht, warum uns Holbein so sehr alt vorkommt, da er doch grade in der blühendsten Periode der Italiänischen Kunst lebte. Bey seinem Vorgänger Albrecht Dürer, der auch Zeitgenosse Raphaels war, ist dieß in noch weit höherem Grade der Fall.« Auch diese Anerkennung historischer Differenzen unterscheidet sich von der Haltung Winckelmanns, der die antike Kunst als Vollendung und alle andere Kunst entweder als ihren Verfall oder ihre Nachahmung begriff. Das romantische Denken betont die Wesenseinheit und Komplementarität aller Künste; zugleich hat es ein waches Bewußtsein für die Unterschiede zwischen den Künsten und erörtert die Unfähigkeit der Sprache, die Wirkungen bildender Kunst angemessen zum Ausdruck zu bringen.

Schließlich heben die Romantiker zwar die Bedeutung der reinen Kunst in Form der Landschaftsmalerei als Spiegel der Künstlerseele hervor, doch weist Louise die Vorstellung einer Kunst um der Kunst willen nicht zufällig zurück. Die von ihr ins Spiel gebrachte Hervorhebung der sozialen und kollektiven Seite der Kunst rechtfertigt den Gebrauch der Gesprächsform als das im Gegensatz zur Abhandlung geeignete Genre zur Entwicklung romantischer Kunsttheorie in allen ihren Facetten. Das Gespräch »Die Gemählde« ähnelt in seiner Abkehr von der Bildhauerei zugunsten der Malerei wie in seinem Verständnis der Malerei als einer christlichen Kunst den *Herzensergießungen* Wackenroders. In einem entscheidenden Punkt aber gehen die Schlegels über Wackenroder hinaus: Sein kunstliebender Klosterbruder sah in der passiven Verehrung des Kunstwerks ein Gebet, während für die drei jungen Romantiker in Dresden die Betrachtung der Kunst eine kritische Erfahrung zu sein hat, die man am besten durch die eigene Aktivität kommentierender Gemäldebeschreibungen und durch den lebhaften Austausch von Ansichten über die Kunstwerke befördert. Am Höhepunkt des Gesprächs, der Erörterung von Raphaels Werken, treten die vorab verfaßten Bildbeschreibungen Wallers und Louises in den Hintergrund und geben der Unmittelbarkeit des Dialogs Raum, in dem die Ansichten der einzelnen spontan zur Sprache kommen und, mit einem Lieblingswort der Romantiker, »progressiv« geformt werden.

Es war aus mehreren Gründen naheliegend, daß August Wilhelm und Caroline Schlegel die Form des Gesprächs wählten, um ihre Theorie der Malerei darzustellen. Denn das Gespräch als literarische Form war, wie wir schon im Blick auf das Jenaer Diskursmodell festgestellt haben, in vielerlei Hinsicht ein genuin romantisches Genre. In ihm kam das im Präfix *sym-* verdichtete Ideal von Friedrich Schlegels *Symphilosophieren*

am deutlichsten zum Ausdruck. Und zugleich war das Gespräch eine
Form jener *Verbrüderung*, wie sie im Vorwort zur Zeitschrift *Athenäum*
proklamiert wurde. Zudem begünstigte es die Wiedergabe der geistigen
Atmosphäre bei den Diskussionen in Gemäldegalerien, wie sie für die
deutsche Kultur um das Jahr 1800 so charakteristisch waren. Dennoch
ergab sich die Wahl der Gesprächsform als literarisches Genre nicht von
selbst.

Der Dialog wurde als Form des philosophischen Diskurses nach einem langen Zeitraum der Vernachlässigung von Moses Mendelssohn
wieder in die deutsche Literatur eingeführt. Der Erfolg seiner drei Gespräche über die Unsterblichkeit der Seele, die im Jahr 1767 unter dem
Titel *Phaidon* erschienen, ließ zahlreiche Autoren – darunter Lessing,
Wieland, Herder, Jacobi und Goethe – auf die gesellige und geschmei-
dige Gesprächsform zurückgreifen[143]. Insbesondere den Popularphilo-
sophen der Aufklärung galt das Gespräch als allgemein zugängliche
Form des öffentlichen Räsonnements. Unter dem Einfluß von Kants
kritischer Philosophie jedoch änderte sich die Situation. Man begann,
den platonischen Dialog als unangemessen für die streng logische Entfaltung einer systematischen Philosophie anzusehen. Eine Generation
später bestand Hegel darauf, die Dialektik sei die einzig angemessene
Form der ernsthaften philosophischen Spekulation. Bei den Schriftstellern des romantischen Zeitalters bedeutete daher der Gebrauch des platonischen Dialogs für den philosophischen Diskurs zugleich eine pole-
mische Wendung gegen Kant und seine Nachfolger. Schleiermacher sah
als hingebungsvoller Übersetzer und Interpret Platos im Gespräch den
wahrhaftigsten Ausdruck jener geselligen Natur des Menschen, die er in
den Mittelpunkt seiner vierten Rede *Über die Religion* stellte. In mehreren eigenen Werken verwendete Schleiermacher die Form des philosophischen Dialogs, ebenso wie Schelling in seiner Schrift *Bruno oder über
das göttliche und natürliche Prinzip der Dinge* (1802). Es erscheint als folgerichtig, daß auch Solgers *Erwin: Vier Gespräche über das Schöne und
die Kunst* (1815) als Fluchtpunkt der romantischen Ästhetik in Form eines philosophischen Dialogs verfaßt ist.

Es waren jedoch keineswegs nur philosophische Werke, durch die
sich die Gesprächsform den Romantikern mit ihrer Leidenschaft für
alles Diskursive empfahl. Friedrich Schlegel nutzte, wie gezeigt, die
Form für sein »Gespräch über die Poesie« (1800). In vielen romantischen
Romanen tritt gelegentlich der reine Dialog an die Stelle der Erzählung

– wie etwa in Schlegels *Lucinde*. Andere Autoren, besonders Ludwig
Tieck in seinem *Phantasus* (1811) und E.T.A. Hoffmann in seinem Zy-
klus *Die Serapionsbrüder* (1818) schufen für die Sammlungen ihrer Er-
zählungen Rahmenfiktionen, in denen eine Gruppe von Freunden im
Gespräch ihre ästhetischen Theorien entwickelt. August Wilhelm und
Caroline Schlegel bedienten sich demnach einer genuin romantischen
Form für ihre Erörterung der Malerei. Sie war in diesem Fall doppelt geeignet, weil sie den Autoren erlaubte, einen lebendigen Eindruck von
den Kunstdebatten in den zeitgenössischen Bildergalerien zu vermitteln.
Im wesentlichen durch das im Jahr 1799 im *Athenäum* veröffentlichte
Modell der Schlegels wurde das Gespräch in der Gemäldegalerie ein so
beliebtes Genre, daß es bald parodiert werden konnte. Das geschah etwa
in dem Bericht, den Achim von Arnim und Clemens Brentano im Jahr
1810 über Caspar David Friedrichs Ausstellung seines Bildes *Der Mönch
am Meer* verfaßten[144]. Kleist überarbeitete den Artikel sehr stark, ließ
dabei die Gesprächsform fallen und publizierte ihn schließlich unter eigenem Namen in der Ausgabe der *Berliner Abendblätter* vom 13. Oktober 1810. In dieser Fassung wird er gewöhnlich innerhalb der Wirkungsgeschichte der Gemälde Caspar David Friedrichs zitiert. Doch sollte
man darüber die ursprüngliche Gesprächsform nicht übersehen. Arnim
und Brentano wählten sie, um ihren Ausstellungsbericht zu einer Parodie auf die erfolgreiche Form des Galeriegesprächs machen.

August Wilhelm und Caroline Schlegel orientierten sich in ihrer Ge-
meinschaftsarbeit »Die Gemählde« nicht nur an der Form des philosophischen Gesprächs. Sie machten sich zudem mit der literarischen Bildbeschreibung ein Genre zunutze, das im Jahr 1798 eine zwar erst kurze,
dafür aber wirkungsreiche Geschichte hatte[145]. Die literarische Beschreibung von Gemälden war im wesentlichen ein Produkt des neuen
Interesses an der Malerei in einer Zeit, die massenhafte Reproduktionen
noch nicht kannte. Goethes Erfahrungen mit der Kunst sind in diesem
Kontext nicht untypisch. Er kam nur selten in seinem Leben mit Originalen großer Kunst in Berührung: als Student in Dresden, als End-
dreißiger in Italien und bei wenigen weiteren Gelegenheiten. Ansonsten
waren ihm während seines langen Lebens nur zweit- oder drittrangige
Sammlungen in Frankfurt und Weimar oder grobe Reproduktionen
von Meisterwerken zugänglich[146]. Goethe und seine Zeitgenossen waren also auf die Beschreibung von Werken der bildenden Kunst angewiesen. Diese schriftlichen Wiedergaben, mit deren Hilfe man seine Er-

innerungen auffrischen oder einen Eindruck von einem unbekannten
Kunstwerk gewinnen wollte, konzentrierten sich naturgemäß stärker auf
die stofflich-thematische Seite ihrer Gegenstände als auf die technisch-
malerischen Aspekte. Als Antwort auf das wachsende Interesse an der
Malerei entstanden um die Mitte des 18. Jahrhunderts zwei literarische
Genres, die bis zur Entwicklung leistungsfähiger Reproduktionsverfah-
ren im 19. Jahrhundert ihre Stellung behaupteten: der Salonbericht, wie
ihn seit 1759 Denis Diderot schuf und vervollkommnete, und die Galeriebriefe, wie sie von Wilhelm Heinse in Düsseldorf und von Georg
Forster im Rahmen seines Reiseberichts *Ansichten vom Niederrhein*
(1791) verfaßt wurden. Heinse hat man gelegentlich als »den ersten
Kunstfeuilletonisten« bezeichnet[147].

Die Schlegels waren sich der Tradition, in der sie standen, sehr wohl
bewußt. Bevor Louise ihre Bildbeschreibungen vorträgt, wird sie von
Waller gefragt, ob sie Diderots *Salon de peinture* kenne. Louise kennt
Diderots Salonberichte, distanziert sich aber ausdrücklich von ihnen.
Diderot kokettiere allzu sehr mit seinem leichten Gesellschaftston und
seiner »brusquerie«. Vor allem aber betont Louise die Differenz zwischen einer Salonausstellung, wo Kunstwerke ersten Rangs Seite an
Seite mit gänzlich wertlosen Bildern stehen können, und bedeutenden
ständigen Sammlungen, wo die Qualität der Gemälde durchgängig
hoch ist und der Besucher im Gegensatz zum Salon Zeit genug hat, sie
in Ruhe zu betrachten. Sie bestreitet zudem jede Beeinflussung durch
Georg Forsters Bildbeschreibungen, da Forsters Kunstsinn sehr viel weniger entwickelt sei als sein sittliches Gefühl. »Er sucht die Würde des
Gegenstandes und vergißt darüber das Verdienst der Behandlung.« Aus
diesem typisch romantischen Beharren Louises auf der reinen Form
geht im folgenden die Diskussion über die Landschaftsmalerei als Ausdruck der Künstlerseele hervor.

Trotz dieser Abgrenzungen gehören die von Louise und Waller verle-
senen Bildbeschreibungen in zweierlei Hinsicht der Traditionslinie an,
die von Diderot über Heinse – er wird von den Schlegels nicht zitiert –
zu Forster führt. Zunächst bewahrt hier wie dort die Nähe zur Briefform den zufällig-spontanen Charakter des Gesprächs. Diderot ließ gelegentlich seine Briefe über den Salon in eine imaginäre Unterhaltung
mit seinem Freund Melchior Grimm übergehen[148]. In ähnlicher Weise
gab Heinse seiner Beschreibung der Düsseldorfer Gemäldegalerie, die in
den Jahren 1776/77 in Wielands Zeitschrift *Teutscher Merkur* erschien,

die Form von Briefen an seinen Freund Gleim. Und Forsters Reisebe-
richt *Ansichten vom Niederrhein* ließ in Ton und Stil deutlich erkennen,
daß er aus Briefen des Autors – an seine Frau, seinen Schwiegervater
und verschiedene Freunde – hervorgegangen war. Kurz, das Genre der
Bildbeschreibung suchte die Nähe zur Unmittelbarkeit, die für das Galeriegespräch selbst charakteristisch war.

Zugleich – und dies ist der zweite Punkt der Verwandtschaft unter
ihnen – besaßen alle genannten Autoren dieser briefnahen Gemäldebeschreibungen ein ausgeprägtes Bewußtsein von der Unzulänglichkeit
der Sprache, das Wesen der Gemälde angemessen zum Ausdruck zu
bringen.[149] Bei den früheren Autoren führte dies zu der von Louise monierten Tendenz, sich auf Kosten von Form und Stil der Gemälde vor
allem ihrer thematisch-motivischen Seite zuzuwenden. Im übrigen ist
hervorzuheben, daß die literarische Bildbeschreibung, obwohl sie damals schon gut vierzig Jahre lang praktiziert wurde, in den neunziger
Jahren des 18. Jahrhunderts, noch den Charakter der Neuigkeit hatte.
Zwar hatte Diderot seine Salonberichte seit dem Jahr 1759 regelmäßig
vertrieben, aber sie erschienen nur in Grimms *Correspondence littéraire*
und waren nicht für eine größere Öffentlichkeit bestimmt.

Erst lange nach Diderots Tod wurde dieser Teil seiner Schriften dem
allgemeinen Publikum zugänglich: Im Jahr 1796 erschien eine unvoll-
ständige Ausgabe des *Salon de 1765* zusammen mit dem *Essai sur la peinture*; im Jahr 1798 wurden die vollständigen *Salons* der Jahre 1765 und
1767 veröffentlicht; und im Jahr 1799 übersetzte Goethe einen Teil des
Essai sur la peinture für seine *Propyläen*. Forsters *Ansichten vom Niederrhein* erschienen erst im Jahr 1791, auf Forster selbst hatte sich die Aufmerksamkeit der jüngeren Romantiker erst kürzlich durch Friedrich
Schlegels bewundernden Essay des Jahres 1797 gerichtet. Louise bezieht
sich also in den entsprechenden Passagen des Schlegelschen Galeriegesprächs auf Werke, die trotz ihrer Entstehungszeit zeitgenössisch und
aktuell waren. (Es ist denkbar, daß die Schlegels Heinses Galeriebriefe
nicht kannten, da sie seit ihrer Erstveröffentlichung zwanzig Jahre zuvor
nicht nachgedruckt waren.) Die Schlegels bedienten sich in ihrem literarischen Galeriegespräch also der avanciertesten und anspruchsvollsten Form zeitgenössischer Kunstkritik, indem sie das Genre der Bildbeschreibung aufgriffen.

Man muß diesen Kontext des Gesprächs »Die Gemählde« bedenken,
will man seine Modernität und seine synthetisierende Leistung würdi-

gen. Zum ersten Mal wurden hier in einer neuen Form die verschiedenen Aspekte der Kunstkennerschaft, die im 18. Jahrhundert weitgehend
getrennt waren, zusammengeführt: eine umfassende Theorie der Kunst,
in der die Malerei ebenso ihren Platz hatte wie die Bildhauerei; eine kritische Würdigung des individuellen Kunstwerks, die in seiner unmittelbaren Gegenwart vorgenommen wurde; und die Einordnung des einzelnen Werks in den Zusammenhang einer Kunstgeschichte, die von der
Skulptur der klassischen Antike bis zur Malerei des modernen christlichen Europa reichte. Der angemessene Schauplatz dieser in der literarischen Form wie im kritischen Gehalt sehr anspruchsvollen Synthese war
eine Galerie. Denn die Gemäldegalerie, die langsam den Status eines
öffentlichen Museums zu gewinnen begann, war in der zeitgenössischen
Kulturlandschaft Deutschlands und beim Publikum zur festen Größe
geworden. Die angemessene Form dieser Synthese aber ergab sich aus
der Zusammenführung zweier aktueller Genres, die sowohl die Unmittelbarkeit der Kunsterfahrung in einer Galerie wie das Wechselspiel der
diskursiven Verständigung über die Gemälde zum Ausdruck brachten:
das Gespräch und der Brief.

August Wilhelms und Caroline Schlegels Gespräch »Die Gemählde« ist
der nachdrücklichste Beleg für die Bedeutung der romantischen Kunst-
gespräche in der Dresdner Gemäldegalerie im Jahr 1798. Aber es gibt
noch andere Zeugnisse. Novalis schrieb nach seiner Rückkehr aus Dresden von Freiberg aus an Caroline und bezog sich in diesem Brief auf
einen Aufsatz über antiken Skulpturen, den er offensichtlich als ein Seitenstück zu dem Gespräch »Die Gemählde« zu schreiben versprochen
hatte. Er entwarf diesen Aufsatz ursprünglich in der konventionellen
Form eines Galeriebriefs, arbeitete dann aber, so teilte er seiner Adressa-
tin mit, diesen »Brief über die Antiken« in ein »romantisches Fragment«
mit dem Titel »Der Antikenbesuch« um[150]. Wäre der Aufsatz fertiggestellt worden, hätte auch er die gerade entstehende, für die romantische Kunstreflexion typische Form des Galeriegesprächs angenommen.
     Leider ließ Novalis seinen Entwurf unausgeführt. Doch können wir
die Intentionen, die er damit verfolgte, seinen Aufzeichnungen und Notizen entnehmen.[151] Sie zeigen eine auffällige Ähnlichkeit mit den Gedanken des Schlegelschen Gesprächs »Die Gemählde«. Obwohl Novalis
sich verpflichtet hatte, über die Skulpturen zu schreiben, verirren sich
seine Gedanken von Beginn an ins Gebiet der Malerei, und dort beson-

ders zur Sixtinischen Madonna. (Sein Brief an Caroline schließt mit der Floskel: »Die Madonna erhalte Sie gesund und beschütze unsere Freundschaft.«) Die Kopfzeile seines ersten größeren Abschnitts von Stichworten beginnt mit den Worten: »*Antiken.* Die Madonna.« Nach einer gänzlich assoziativen, aber für Novalis typischen Mischung von Ideen zur Menschheitsgeschichte und zur – auf Fichte anspielenden – »intellektuellen Chemie« notiert er als Überschrift des nächsten Komplexes: »*Gemähldebeschreibungen etc.*« Sie wird spezifiziert durch die Notiz: »Über *Landschaftsmalerey* – und Malerey gegen Sculptur überhaupt.« Im Umfeld des Begriffs »Landschaft« hält Novalis nicht nur die geometrischen Aspekte fest – *»Oberflächen – Structuren – Architektonische«* –, sondern auch topographische Elemente wie die Atmosphäre, die Wolken, die Vegetation und die anorganische Natur. Wenig später findet sich die Überlegung: »müssen nicht Sculptur und Malerey symbolisch seyn«, und gleich im Anschluß hieran folgt eine Bemerkung zum Interesse des Dichters an Gemälden. »Die Gemälde Gallerie ist eine Vorrathskammer indirecter Reitze aller Art für den Dichter.« Zum Begriff der Kunstkritik heißt es: »Jedes K‹unst›W‹erk› hat ein ideal a priori – hat eine Nothwendigkeit bey sich *da* zu seyn. Hiedurch wird erst eine ächte Kritik d‹er› Maler möglich.« Zur ihm aufgegebenen Thematik kehrt Novalis noch einmal zurück, wenn er notiert: »Man wird durch die Antiken gezwungen, sie als Heiligthümer zu behandeln.«

Novalis kam über diese knappen Notate, die sein Beitrag zur ästhetischen Theorie der Zeitschrift *Athenäum* werden sollten, nicht hinaus. Doch geht aus ihnen deutlich hervor, daß er bestimmte Grundauffassungen mit August Wilhelm und Caroline Schlegel teilte. Sie betrafen die Unterschiede zwischen Bildhauerei und Malerei, die historische Entwicklung der Kunst von der Antike bis zum Christentum, die Vorrangstellung der Landschaftsmalerei, die symbolische Qualität, die Autonomie und die Heiligkeit der Kunst und schließlich die Bedeutung der Kunstkritik. Novalis ging von der für seine Generation charakteristischen Überzeugung aus, daß es für das Studium, die Wertschätzung und das Verständnis von Kunstwerken Gemäldegalerien und Museen die geeigneten Orte waren. Hier sollte aus dem Gespräch gebildeter Laien, und nicht aus den Überlegungen professioneller Künstler und Gelehrter die Theorie, Geschichte und Kritik der Kunst hervorgehen.

Die Zusammenkunft der Romantiker in Dresden hatte noch einige weitere greifbare Ergebnisse. So verfaßte etwa Johann Diederich Gries

noch im Jahr 1798 eine Folge von sechs Sonnetten über religiöse Bilder
in der Königlichen Galerie[152]. Das wichtigste Ergebnis jenes Sommers
aber war die gemeinsam gewonnene Überzeugung, daß künftig die
Gemäldegalerie der angemessene Ort für die Entwicklung von Gedanken zur Geschichte, Theorie und Kritik der Kunst sein solle. Wenn wir
einen Seitenblick auf Friedrich Schlegels Beiträge zur Diskussion werfen, fällt dies unmittelbar ins Auge. Die vier Aufsätze zur Malerei, die er
in den Jahren 1803 bis 1805 für seine Zeitschrift *Europa* verfaßte, trugen
zur Herausbildung der romantischen Theorie der Kunst entscheidend
bei[153]. Schon der Titel dieser Zeitschrift löste alle noch verbliebenen
Bindungen an den Klassizismus, wie sie im Titel des früheren *Athenäum*-Projektes noch anklangen. Und nachdem Novalis' Abhandlung
»Die Christenheit oder Europa« in den Kreisen der Romantiker weite
Verbreitung gefunden hatte, nahmen wohl nur wenige Leser den Titel
der Zeitschrift ohne die entsprechende Assoziation wahr. Es stimmte
mit den so geweckten Erwartungen überein, daß Schlegel in seinen *Europa* – Aufsätzen die Theorie der Malerei ausarbeitete, die schon im Gespräch »Die Gemählde« im *Athenäum* angelegt war. Auch er bestimmte
sie als eine im wesentlichen christliche Kunst und setzte diesen Gedanken in ausdrücklichen Gegensatz zu den Auffassungen der Weimarer
Kunstfreunde und ihrer Zeitschrift *Propyläen*. Doch wiederholte Friedrich Schlegel nicht nur die Position von August Wilhelm und Caroline
Schlegel, sondern ging in einem wichtigen Punkt darüber hinaus. Das
Gespräch »Die Gemählde« konzentrierte sich hauptsächlich auf Raphael
und seine Nachfolger in der Hochrenaissance. Friedrich Schlegel erweiterte den Kanon, indem er die ältere Malerei sowohl Italiens wie
Deutschlands als exemplarisch für die europäisch christliche Kunst aufnahm.

Obwohl Schlegels Vorgehen durch seinen intertextuellen und herme-
neutischen Ansatz frappierend modern war, entschied er sich dafür, seine Ansichten innerhalb der Konvention des Galeriebriefs zu entwickeln
und mitzuteilen. Seinen Aufsatz »Nachricht von den Gemählden in Paris« adressierte er »An einen Freund in Dresden«. Bei diesem ungenannten Freund handelte es sich um Ludwig Tieck, und die Anspielung auf
Dresden ließ für den Eingeweihten eine Verbindungslinie zwischen dem
Dresdner Sommer 1798 und dem Sommer des Jahres 1802 in Paris erkennen. In den Eingangssätzen ist die Briefform deutlich greifbar. »Ich
werde Dich zuerst so genau als es möglich ist, mit dem Lokale bekannt

machen, um Dir sodann eine Übersicht von den Gemählden zu verschaffen, die gegenwärtig hier aufgestellt sind.«[154] Schlegel gibt im folgenden eine detaillierte Beschreibung des Louvre, wie er ihm nach seiner Ankunft in Paris bei seinen ersten Besuchen im Juli und August des
Jahres 1802 erschien. Wir wissen bereits, daß er das Gebäude keineswegs
so eingerichtet fand, wie er es für einen Tempel der Kunst angemessen
hielt. Schlegel bezieht sich in seinem Bericht auf die drei Kataloge, um
die Gemälde, die er seinem Freund schildert, genau bestimmen zu können. Zugleich warnt er ihn, daß die häufigen Veränderungen – man
schaffe Raum für Spezialausstellungen, verschicke zweitrangige Bilder in
die Provinz und entferne einzelne Werke zur Restaurierung – die Werk-
gruppen ständig auseinanderreiße und in ihrer Zusammensetzung ände-
re. Diese Beobachtung führt zu der allgemeinen Bemerkung: »Alle
Kunstwerke einer Gattung gehören zusammen, und sie selber erklären
sich gegenseitig am besten.« Die Unvollkommenheit jeder Sammlung
zeige wie die häufige Zerstreuung der Werke dem Betrachter die Gemälde in stets wechselnden Zusammenhängen und erinnere ihn so daran,
daß alles, was er sehe und kenne, nur ein »Theil des großen Ganzen«
der Malerei sei. Alle Beschreibungen der älteren italienischen Malerei –
»Titian, Corregio, Julio Romano, Andrea del Sarto, das sind für mich
die letzten Mahler« – sind auf dem Hintergrund dieser ausgesprochen
historischen Kunstauffassung verfaßt, wie sie nur in einer Gemäldegalerie erworben werden konnte.

Schlegels bewußte Hervorhebung des Umstands, sich in einer Gemäldegalerie zu befinden, stimmt mit seiner Auffassung von Kunstkennerschaft überein. Am Beginn seines dritten Artikels warnt er vor der
Trennung von Kunsttheorie und unmittelbar kritischer Erfahrung der
Kunst. »Die Theorie der Kunst (darf) nie von der Anschauung getrennt
werden, ohne unvermeidlich in willkührliche Hirngespinste oder in leere Allgemeinheiten zu gerathen.«[155] Mit diesem Satz rechtfertigt Schlegel sein Verfahren, den Begriff der Malerei nicht im Horizont philosophischer Ästhetik zu deduzieren, sondern in der Betrachtung der alten
Gemälde selbst zu entwickeln. »Die Anschauung soll überall das Erste
seyn; die Resultate desselben ordnen sich an den Ruhepunkten der Betrachtung von selbst zu allgemeinern Grundsätzen, deren Zusammenhang, so wie die innere Einheit der hier aufgestellten Ansicht, der Nach-
denkende leicht finden wird.« Schlegel lieferte daher in seinen Berichten
über die Malerei stets lebhafte Schilderungen der Umgebung, in der er

die Kunstwerke betrachtete, angefangen von der großen Gemäldegalerie
und den Restaurierungsräumen im Louvre über die Privatsammlungen
Lucian Bonapartes bis hin zu Ausstellungen in Brüssel und Köln. Schlegel wußte die Einsicht zu nutzen, daß eine angemessene Synthese von
Theorie, Kritik und Geschichte der Kunst nur in Gemäldegalerien entwickelt werden könne, in denen bedeutende Sammlungen repräsentativer Kunstwerke dem erfahrenen Kenner leicht zugänglich sein müßten.

Es empfiehlt sich, am Ende dieses Überblicks zum Gespräch in der
Gemäldegalerie als literarisches Genre ein Werk heranzuziehen, das in
mehrerer Hinsicht den Kreis schließt. Im Jahr 1819 zog Ludwig Tieck
nach Dresden, wo er gut 25 Jahre zuvor von seinem Freund Wackenroder in die Welt der christlichen Kunst eingeführt worden war. Die folgenden zwanzig Jahre bildeten in Tiecks Leben einen deutlichen Abschnitt. Er war gekennzeichnet durch seine öffentliche Anerkennung als
zweiter großer deutscher Schriftsteller neben Goethe und durch eine beständige Produktion im Genre der Novelle, das vom Publikum des
19. Jahrhunderts sehr geschätzt wurde. Eine der frühesten und zweifellos
besten Erzählungen, die in diesem Lebensabschnitt Tiecks entstanden,
geht auf sein Interesse an der Kunst in den Jahren um 1800 zurück:
»Die Gemälde« (1823)[156]. Die Erzählung schildert vier Tage im Leben
ihres Helden Eduard. Er ist der verlorene Sohn eines reichen Vaters, der
mit viel Geschick sowohl eine ausgezeichnete Bibliothek wie eine bedeutende Sammlung von Gemälden zusammenbrachte. Als Eduard
nach dem Tod seines Vaters ins Elternhaus zurückkehrt, sind die Gemälde längst verkauft. Nach und nach veräußert Eduard auch die Bibliothek, um sein bekanntermaßen ausschweifendes Leben führen zu
können. Daß er zugleich auch den Armen beträchtliche Summen zukommen läßt, ist weniger bekannt.

Die Handlung setzt ein, als Eduard seinem Freund, dem alten Maler
Eulenböck, dabei helfen will, die geschickte Fälschung einer Landschaft
Salvator Rosas an den Sammler Walther, einen Freund von Eduards Va-
ter zu verkaufen. Eduard trifft bei dieser Gelegenheit auf Walthers
Tochter Sophie, die er nur als Kind kannte, und verliebt sich auf den er-
sten Blick in sie. Die Fälschung wird jedoch durch einen Besucher der
Waltherschen Gemäldegalerie aufgedeckt. Eduard kommt es zwar zu-
gute, daß Walther an seiner Mitschuld zweifelt, doch muß er sich von
ihm in unzweideutigen Worten sagen lassen, ein solch unberechenbarer
Verschwender könne sich keinerlei Hoffnungen auf die Hand seiner

Tochter machen. In den nächsten zwei oder drei Tagen häufen sich die
bedeutsamen Ereignisse. Der hochmütige Fremde, der den Salvator
Rosa als Fälschung erkannte, erweist sich als eben der Prinz, bei dem
Eduard eine Stellung als Bibliothekar oder Sekretär zu finden hofft.
Diese Aussicht Eduards, der seinen Lebenswandel ändern und ein nütz-
liches Mitglied der Gesellschaft werden will, wird von dem Prinzen kühl
zunichte gemacht. Der Prinz wiederum läßt sich im folgenden seinerseits durch Eulenböck täuschen und erwirbt von ihm die brillante Fälschung eines Gemäldes von Giulio Romano. Der alte Maler sichert sich
zudem ein komfortables Auskommen im Gefolge des Prinzen. Eduard
hat als junger Mann von gelassener Gemütsart Humor genug, um sich
über Eulenbocks Erfolg zu freuen und über die Leichtgläubigkeit des
Prinzen zu amüsieren. Bei einem Abschiedsgelage, das in eine wüste
Trinkerei ausartet, beginnen Eduards Gäste die Wandvertäfelung seiner
nunmehr leeren Bibliothek herunterzureißen, um mit dem Holz ein
großes Feuer im Kamin zu entfachen. Die Vertäfelung stellt sich als
falsche Wand heraus, hinter der Eduards Vater die bedeutendsten
Gemälde seiner Sammlung versteckt hatte. Begierig darauf, die beiden
großen Sammlungen zusammenzuführen, gibt Walther nun seinen Se-
gen zur Hochzeit zwischen Sophie und Eduard, der durch die jüngsten
Ereignisse ernüchtert und vollends zur Vernunft gebracht ist. Wir haben
also Grund zu der Annahme, daß das junge Paar inmitten der bedeutenden Kunstsammlung und der Bibliothek, die Walther in Erinnerung
an den Vater Eduards über Jahre hinweg heimlich aufkaufte, ein glückliches Leben führen wird.

Tiecks anmutige Erzählung spielt auf eine ganze Anzahl der beliebtesten Themen und Motive in der spätromantischen Kunstwelt an. Die
noch nicht lange zurückliegende Kontroverse um die Nazarener gewinnt einerseits in der Figur eines jungen Malers Gestalt, der schulter-
langes Haar hat, altdeutsche Kleider trägt und den Stoff für seine Bilder
der Bibel entnimmt. Ihm steht in dem strengen Prinzen ein Vertreter jener akademisch-klassizistischen Gesinnung gegenüber, aus der heraus
viele Kritiker die Ausstellung der Nazarener in Rom attackierten. Zudem steht der Prinz, der durch die Geschicklichkeit eines gerissenen
Fälschers hinters Licht geführt wird, für die hohlen Anmaßungen der
besseren Gesellschaft, die sich ohne wahre Berufung der Kennerschaft
in Kunstdingen rühmt. Eulenböck und Eduard debattieren bei verschiedenen Gelegenheiten über Kunsttheorie und -kritik, etwa über die Pro-

blematik von Echtheit und Fälschung. Für unseren Zusammenhang ist vor allem die Beobachtung hervorzuheben, daß in Tiecks Erzählung fast jede wichtige Episode in einer Gemäldegalerie stattfindet. Das gilt zum Beispiel für die Ereignisse, die zu Beginn die Handlung in Gang bringen. In Walthers Gemäldegalerie entlarvt der Prinz die angebliche Landschaft Salvator Rosas als Fälschung. Im selben Raum wirft Eduard den ersten Blick auf Sophie. Das Gespräch über die wahren Gegenstände der Malerei findet wie die Entdeckung einer weiteren Fälschung Eulenböcks im weiteren Verlauf der Erzählung wiederum in derselben Galerie statt. Der Raum, in dem sich das Abschiedsgelage mit seinen weinseligen Kunsterörterungen zur Zerstörungsorgie auswächst, erweist sich durch die in der Holztäfelung verborgenen Kuntsschätze ebenfalls als Gemäldegalerie. Und die abschließende Szene, in der Walther die Hand seiner Tochter dem wieder ehrbar und vermögend gewordenen Eduard gibt, hat das Haus eines Kunsthändlers zum Hintergrund, in dem die neuentdeckten Gemälde in bestem Licht zu einer Ausstellung versammelt sind. Es dürfte schwierig sein, ein Stück Literatur zu finden, in dem die Gemäldegalerie als Schauplatz des Geschehens umfassender für symbolische Effekte benutzt wird.

Zwei weitere, allgemeinere Aspekte in Tiecks Erzählung seien abschließend hervorgehoben. Von Wackenroders Klosterbruder und seinem kunstsinnigen Pater bis zu den Figuren in Tiecks Erzählung können wir die Entwicklung des Kunstkenners als typischer Figur innerhalb der romantischen Literatur beobachten. Natürlich könnte man auch andere zeitgenössische Beispiele zitieren, von Goethes Roman *Die Wahlverwandtschaften* (1811) bis zu Immermanns Roman *Die Epigonen* (1836). Jedenfalls ist Tieck in dieser Hinsicht ganz dem kulturellen Leben seiner Zeit verpflichtet. Man ist versucht anzunehmen, daß er beim Schreiben seiner Erzählung an prominente Zeitgenossen wie Carl Friedrich von Rumohr dachte, den berühmten Exzentriker und Feinschmecker, der den Übergang vom Kenner des 18. Jahrhunderts zum Kunsthistoriker des 19. Jahrhunderts verkörperte. Der Kenner ist für das Jahrzehnt ab 1820 eine so typische Figur, daß Wolfgang Hildesheimer sie in den Mittelpunkt seines Romans *Marbot* (1981) stellte. Der Held dieser »fiktiven Biographie«, die ein präzises Bild des romantischen Zeitalters entwirft, erscheint als erster ernsthafter Kunstpsychologe. Tatsächlich taucht Carl Friedrich von Rumohr in diesem Roman auf. Er wird zum Adressaten zahlreicher Briefe des Helden Marbot und könnte das Modell für Hildesheimers jungen Kunstkenner abgegeben haben. Die Figur des Kenners in Gestalt des Kunsthistorikers, so sollten wir festhalten, bedurfte der öffentlichen Galerien und Museen, um sich als kulturell bedeutender Typus zu entfalten. Jedes systematische Kunststudium und jede umfassende Kunstkritik war schwierig, wenn nicht unmöglich, solange die Kunstwerke an die oft unzugänglichen Räume der Kirchen und Schlösser gebunden waren.

Tieck war sich über die Veränderungen, die in der Kunstwelt seiner Zeit vor sich gingen, im klaren. »Wer die Kunst liebt«, bemerkt der Prinz gelegentlich, »sollte, falls er gesammelt hat, seine Schätze um ein Billiges Fürsten verkaufen, oder sie größern Gallerien durch Testament einverleiben.« Eben dies geschieht im Verlauf von Tiecks Erzählung: Durch die Heirat zwischen Eduard und Sophie werden die Gemäldegalerien ihrer beiden Familien zu einer großen Sammlung zusammengefaßt. Tieck wußte, daß die großen Privatsammlungen der Zeit – die Sammlungen Giustiniani, Solly und Boisserée – nach und nach aufgekauft wurden, um die Bestände der öffentlichen Museen zu erweitern, die sich in Berlin, München und anderen Städten Europas herauszubilden begannen. Seine Erzählung reflektiert diese institutionellen Entwicklungen in fiktionaler Form.

Es ist vor diesem Hintergrund ein stimmiges Detail, wenn das Galeriegespräch, in dem ein Großteil romantischer Kunsttheorie literarische Gestalt annahm, als Grundelement in einer der gelungensten Novellen des Zeitalters wiederkehrt. In den Biographien der Nazarener ahmte das Leben die Kunst nach. Im Falle Tiecks tendierte die Kunst dazu, die Formen romantischen Lebens nachzuahmen. Seine Erzählung »Die Gemälde« wurde in eben dem Jahr veröffentlicht, in dem Schinkel seinen Entwurf für das Museum in Berlin zeichnete. Sie war als Echo des romantischen Galeriegesprächs die exemplarische Fiktionalisierung jener Diskursform, auf die hin Schinkels Konzeption des Museums ausgerichtet war.

Schinkels Museum als Institutionalisierung des musealen Impulses

Das Alte Museum in Berlin verkörperte in seiner architektonischen Gestaltung die wichtigsten neuen Einstellungen gegenüber der Kunst, die sich im Verlauf des romantischen Zeitalters herausgebildet hatten. Indem Schinkel das Museum als Tempel entwarf, bekräftigte er die Auffassung vom »heiligen« Charakter der Kunst. Indem er diesen Tempel dem Dom und dem Schloß gegenüberstellte, brachte er zum Ausdruck, daß die Kunst gleichen Rang und gleiche Autorität wie Kirche und Staat beanspruchen könne. Und indem er sich der Form der Rotunde bediente und sie ausdrücklich ein »Pantheon« nannte, reflektierte er das Interesse an der Figur des Künstlers, wie es seit mehreren Jahrzehnten die romantische Literatur prägte. Die radikale innere Neugestaltung der Bildersäle schließlich erfolgte in Übereinstimmung mit der romantischen Konzeption des Museums; ihr zufolge war es ein Ort, an dem die Nation zum Verständnis der Kunst in ihrer historischen Abfolge und zur Betrachtung und Wertschätzung des Einzelwerks in seinem ästhetischen Eigenrecht gebildet werden sollte[157]. Wer Schinkels Gebäude in seinen geistigen wie in seinen architektonischen Bezügen verstehen will, sieht sich auf die Haupttendenzen der deutschen Kultur im Zeitraum zwischen den Jahren 1789 und 1830 verwiesen.

Wie plausibel auch immer die bisher beigebrachten Argumente sein mögen, ihre Beweiskraft hängt davon ab, ob sich zeigen läßt, daß Schinkel sich der geistigen und kulturellen Zeitströmungen bewußt und nicht nur auf seinen Zeichentisch fixiert war. Gewiß hat die Architektur ihre eigene Geschichte und ihre mächtigen Traditionen, und Schinkel war mit ihnen durch seine Studien wie durch seine Reisen vertraut. Wie alle seine Bauten ist auch das Alte Museum nicht denkbar ohne den kenntnisreichen Rückbezug auf die Geschichte der Bauformen. Zugleich aber können Schinkels Bauten wegen seiner intensiven Auseinandersetzung mit den bedeutenden Denkern seiner Epoche als zuverlässige Indizien für den *Zeitgeist* ausgelegt werden[158]. Schinkel war mit den wichtigsten zeitgenössischen Architekten persönlich bekannt. Er hatte in Berlin zusammmen mit Leopold von Klenze und Haller von Hallerstein sowohl beim alten wie beim jungen Gilly studiert. Er kannte überdies viele bedeutende Vertreter der bildenden Kunst seiner Zeit. Auf seiner ersten Reise nach Italien machte er die Bekanntschaft führender Maler und Bildhauer der älteren Generation wie Joseph Anton Koch, Philipp Hackert, Christian Daniel Rauch und Bertel Thorvaldsen. Während seiner zweiten Italienreise traf er zwanzig Jahre später auf die jüngere Generation deutscher Maler in Rom und bewunderte insbesondere die Fresken der Nazarener. Zwar kam es nie zu einer persönlichen Begegnung zwischen ihm und Caspar Cavid Friedrich, doch kannte

Schinkel Friedrichs Landschaften aus Berliner Ausstellungen. Auf Wilhelm von Humboldt traf er erstmals im Jahr 1803 in Italien. Die Verbindung zwischen den beiden Männern reichte über die Jahre der gemeinsamen Arbeit am Museumsprojekt hinaus bis zu Humboldts Tod im Jahr 1835. Schinkel entwarf im Jahr 1820 die Pläne zum Umbau des schönen kleinen Schlosses in Tegel, in dem Humboldt die letzten Jahre seines Lebens verbrachte. Auf einer Reise nach Paris lernte er auch auch Alexander von Humboldt kennen und traf sich später mit ihm in Berlin. Die Sammler und Kunstkenner spielten in seinem Leben ebenfalls eine auffällige Rolle. Er stand über Jahre hinweg in Austausch mit den Brüdern Boisserée und verfolgte ihre Bemühungen um die Vollendung des Kölner Doms mit Interesse. Mit Gustav Waagen, dem führenden Kunsthistoriker der jüngeren Generation, arbeitete er eng zusammen. Waagen war übrigens der erste Kunsthistoriker, der zum Kurator eines bedeutenden Museums ernannt wurde. Im Jahr 1844 veröffentlichte er eine Biographie Schinkels, die eine reichhaltige Quelle hinsichtlich der Rolle des Architekten im kulturellen Leben Berlins darstellt. Schinkel wie Waagen wiederum lernten viel von Carl von Rumohr, der allgemein als der beste zeitgenössische Kunstkenner galt.

Doch war Schinkels Bekanntenkreis keineswegs auf bildende Künstler und Architekten beschränkt. Er war über Jahrzehnte hinweg ein Freund des preußischen Königshauses, vor allem Friedrich Wilhelms III., der populären Königin Luise und des Kronprinzen Friedrich Wilhelm IV., dem er Privatunterricht gab. Zudem arbeitete er eng mit einer ganzen Anzahl von Staatsministern zusammen. Er nahm aktiv am kulturellen Leben Berlins teil, war Mitglied der Christlich-Deutschen Tischgesellschaft und kannte von daher Achim von Arnim, Clemens Brentano – der ein Gedicht auf ihn schrieb –, Bettina von Arnim, Karl Friedrich von Savigny, Karl Wilhelm Ferdinand Solger – der zu seinen Schulkameraden gehörte –, Karl Immermann und andere Berliner Schriftsteller und Gelehrte. Er besuchte Fichtes Vorlesungen und machte sich dort detaillierte Notizen. In den Salons parlierte er mit Schelling, und für die Premiere von E.T.A. Hoffmanns Oper *Undine* entwarf er im Jahr 1816 das Bühnenbild. Durch seine Verbindungen zur Oper und zum Theater und als Erbauer des Schauspielhauses am Gendarmenmarkt kam Schinkel mit den führenden Figuren in der Welt der Musik, des Dramas und des Tanzes in Berührung. Außerhalb Berlins begegnete er Goethe, und durch Gustav Waagen, der ein Neffe Ludwig Tiecks war, hatte er zudem

Kontakt zu dem anderen der beiden prominentesten zeitgenössischen
Schriftsteller. Tiecks Bruder Friedrich schuf die schönste Büste Schinkels.

Schinkel teilte die romantische Kunstauffassung vieler seiner Zeitgenossen und gab ihr in seinen Werken Gestalt. Das geht aus einer kurzen
Aufzeichnung hervor, deren Titel den Einfluß der Fichteschen Rhetorik
nicht verleugnen kann: »Bestimmung der Kunst«.

> Was ist Bestimmung der Kunst? Die verschiedenen mechanischen,
> chemischen, organischen Kräfte der Natur stehen nicht nur unter
> sich, sondern auch mit den selbstthätigen Kräften, die das Reich
> der Freiheit constituiren, in der innigsten Verbindung und bilden
> in sofern das All. Von diesem All wohnt jedem Menschen ohne
> Ausnahme eine mehr oder weniger helle Ahnung bei. Das durch
> diese Ahnung geweckte Bedürfniß, den Zusammenhang einer gege-
> benen Anzahl von Erscheinungen zu erforschen, hat die Wissen-
> schaft hervorgebracht; das durch eben dieselbe geweckte Bedürfniß,
> eine möglichst große Anzahl von Erscheinungen im Zusammen-
> hange anzuschauen, die Kunst. Die Bestimmung der Kunst ist also
> eine solche Darstellung ihres Gegenstandes, welche möglichst viele
> Beziehungen desselben anschaulich macht.[159]

Wenn wir Schinkel beim Wort nehmen und sein Museum im Licht dieser Aufzeichnung interpretieren, so ergibt sich zunächst der Anspruch,
das Museum müsse die Werke der Kunst in einer Weise in sich aufnehmen, die ihre mannigfachen Verbindungslinien sichtbar mache – dies
war in der Tat die Hauptintention in Rumohrs Anordnung der Gemälde. Darüber hinaus liegt es in der Logik von Schinkels Ausführungen,
vom Museumsgebäude selbst zu fordern, es müsse so deutlich wie nur
möglich die kulturellen Kräfte zur Darstellung bringen, denen es seine
Entstehung verdanke. Schinkels Biographie und sein Denken zeigen,
daß er die prägenden Ideen des romantischen Zeitalters keineswegs nur
beiläufig oder zufällig, sondern mit klarem Bewußtsein und program-
matischer Absicht in seiner Gestaltung des Museums Gestalt gewinnen
ließ.

Zu den charakteristischen Zügen der Kultur des 19. und 20. Jahrhunderts zählen manche Interpreten den »musealen Trieb«. In dieser Perspektive ist die Herausbildung des Kunstmuseums als Institution nur

ein Teilaspekt dieses umfassenden Musealisierungsimpulses, der als Ausgleichsmoment im Prozeß der Modernisierung wirksam wird. Das Museum erscheint so als Ausdruck der konservativen Tendenz der Gesellschaft, die Güter ihrer kulturellen Überlieferung gegen die Bedrohung durch die Dynamik der ökonomischen und technisch-industriellen Entwicklung zu sichern[160]. Der »museale Trieb« mußte sich in einem revolutionären Zeitalter, das die traditionellen Werte europäischer Kultur hinwegzufegen schien, besonders heftig regen. Am Beginn des 19. Jahrhunderts zeigte er sich im Bemühen von Männern wie Goethe, Wilhelm von Humboldt und Sir John Soane, aus ihren eigenen Wohnungen Museen zu machen. Ludwig I. ging in München noch einen Schritt weiter und versuchte, die ganze Stadt in ein Architekturmuseum zu verwandeln. Und Hermann von Pückler-Muskau, einer der größten Sonderlinge in einem Zeitalter von Sonderlingen, steckte eines der größten Vermögen Europas in den Versuch, seine ausgedehnten Besitztümer nahe Cottbus in ein Museum der Garten- und Landschaftsarchitektur umzugestalten. Im 20. Jahrhundert ließ die Kraft des musealen Triebes nicht nach. Viele Kirchen und Kathedralen Europas dienen längst nicht mehr ihren ursprünglichen Zwecken, sondern sind in Museen verwandelt, die der Besucher aus keinem anderen Grunde betritt, als sie anzuschauen. Und die Reliquien in den ehemaligen Sakralbauten werden ebenfalls zu musealen Objekten. Ernst Jünger beobachtete schon in den dreißiger Jahren die Verwandlung von Fürsten in Museumsdirektoren, die vom Verkauf der Eintrittskarten für den Besuch ihrer Schlösser lebten.

Eine der Wirkungen des musealen Impulses, der Schlösser, Dörfer, Häuser, Gärten und Kunstgegenstände vor den Zerstörungen durch Zeit oder Vernachlässigung schützen will, ist die Trennung der Kunstwerke von ihren ursprünglichen Funktionen. Hans Sedlmayr sprach in diesem Zusammenhang von der »Entgesellschaftung« der Kunst[161]. Die kritische Kommentierung dieser Tendenz war bereits ein kulturhistorisches Klischee, als André Malraux auf die Auslöschung alles Modellhaften in Porträtbildern durch ihre Überführung ins Museum verwies. »Für das Museum gab es kein Palladium mehr, keinen Heiligen, keinen Christus; die Begriffe Verehrung, Ähnlichkeit, Phantasie, Schmuck oder Besitz sind mit seinen Objekten nicht mehr verbunden.«[162]

Die von Sedlmayr und Malraux aufgezeigte Entwicklung ist keineswegs ein Produkt des 20. Jahrhunderts. Sie begann mit zwei nahezu gleichzeitigen Ereignissen in den ersten Jahren der Französischen Revolution. Durch ein Dekret vom 21. August 1791 öffnete die Nationalversammlung den Salon erstmals für alle Künstler, Franzosen wie Ausländer, ungeachtet der Tatsache, ob sie Mitglieder der Akademie waren oder nicht.[163] Durch diesen Akt wurde die bildende Kunst von der Vormundschaft der Akademie befreit, die bis dahin ihre Autorität dazu genutzt hatte, die schönen Künste im wesentlichen als »Emanation des Thrones« zu definieren und solche Themen aus Mythologie oder Bibel zu begünstigen, die allgemein als Allegorien der Macht verstanden werden konnten. Zugleich hatte die Ausstellung der im Louvre versammelten, aus ganze Europa nach Paris gebrachten Kunstschätze eine Veränderung im Verhältnis der Kunstwerke zu ihrem angestammten sozialen und lokalen Hintergrund zur Folge. Obwohl viele der Werke schließlich in ihre Herkunftsländer zurückkehrten, war damit die traditionelle Bindung von Kunstgegenständen an einen spezifischen Ort und Wirkungszusammenhang gelockert. Mehr und mehr wurden dadurch die Kunstwerke als Objekte für sich betrachtet[164]. Goethe beispielsweise bedauerte diese Entwicklung nachdrücklich. Am Ende seiner Einleitung in die *Propyläen* schrieb er: »Für die Bildung des Künstlers, für den Genuß des Kunstfreundes war es von jeher von der größten Bedeutung, an welchem Orte sich Kunstwerke befanden; es war eine Zeit, in der sie, geringe Dislokationen abgerechnet, meistens an Ort und Stelle blieben; nun aber hat sich eine große Veränderung zugetragen, welche für die Kunst im ganzen sowohl als im Besonderen wichtige Folgen haben wird.«[165] Man habe, so fuhr er fort, Italien gegenwärtig um so mehr »als einen großen Kunstkörper« zu betrachten, da »von diesem großen und alten Ganzen« immer mehr Teile »abgerissen« und anderswohin – vor allem nach Paris – transferiert würden. Es sei zu früh, so schließt Goethe skeptisch, für eine Darstellung »jenes neuen Kunstkörpers, der sich in Paris bildet«. Ihm blieb fraglich, ob Paris die Rolle Italiens in der europäischen Kulturgeschichte würde übernehmen können.

Die Konfrontation der Ästhetik mit der Tendenz zur »Entgesellschaftung« der Kunst trug zur Entwicklung des Begriffs der »Nutzlosigkeit« bzw. »Zwecklosigkeit« als Kriterium der Kunst bei[166]. Die Wertschätzung der »Nutzlosigkeit« begann bei vorromantischen Denkern wie Rousseau, der in seinen *Träumereien eines einsamen Spaziergängers* (1782) behauptete: »Nie fand ich die Freuden des Geistes reizvoller, als wenn ich die körperlichen Bedürfnisse ganz aus den Augen verlor.«[167] Es gibt

keine höhere Wonne, so fuhr er fort, als die »einer lauteren und unei-
gennützigen Betrachtung«. Wenn Rousseau von einer »contemplation
pure et désintéressée« sprach, so benutzte er genau die Wendung, mit
der Kant wenige Jahre später in seiner *Kritik der Urteilskraft* (1790) seine
Unterscheidung zwischen dem Guten, dem Angenehmen und dem
Schönen erläuterte. Im Unterschied zum moralischen und zum Wohlgefallen der Sinne, die an das persönliche Interesse gebunden seien, bestimmte Kant das ästhetische Geschmacksurteil als ein »Wohlgefallen,
oder Mißfallen, ohne alles Interesse«. Schiller machte sich die Kantische
Vorstellung einer Kunst, deren rein ästhetisches Reich über alle niederen
menschlichen Bedürfnisse erhaben ist, sofort zu eigen. Im zweiten seiner Briefe *Über die ästhetische Erziehung des Menschen* (1795) sah er in
der Herrschaft der Bedürfnisse den Grund für den beklagenswerten Zustand der Kunst: »Der *Nutzen* ist das große Idol der Zeit, dem alle Kräfte fronen und alle Talente huldigen sollen. Auf dieser groben Waage hat
das geistige Verdienst der Kunst kein Gewicht, und, aller Aufmunterung beraubt, verschwindet sie von dem lärmenden Markt des Jahrhunderts.« Die Kunst, so Schiller, sei »eine Tochter der Freiheit«, sie müsse
sich daher kühn über die Sphäre der Bedürfnisse und der »Notdurft der
Materie« erheben.

Die Vorstellung der »Nutzlosigkeit« besaß für die Romantiker eine
große Anziehungskraft. In Tiecks Roman verteidigt Franz Sternbald
sich und seine Kunst mehrfach gegen den Vorwurf des »Unnützen«. Bei
einer dieser Gelegenheiten fragt er einen Alten, der die Malerei als
»unnütze Spielerei« bezeichnet:

Was drückst du mit dem Worte Nutzen aus? Muß denn alles auf
Essen, Trinken und Kleidung hinauslaufen? ... Ich sage es noch
einmal, das wahrhaft Hohe darf und kann nicht nützen; dieses
Nützlichsein ist seiner Natur ganz fremd, und es fordern heißt die
Erhabenheit entadeln und zu den gemeinen Bedürfnissen der
Menschheit herabwürdigen.[168]

Ein ähnlicher Gedanke taucht, wie gezeigt, in dem Gespräch »Die
Gemählde« auf. Es wäre lehrreich, die Spuren des »Unnützen« und der
»Zwecklosigkeit« in der Herausbildung der Theorie der Landschaftsmalerei zu verfolgen – von Philipp Otto Runges Briefen bis zu Goethes
späten Aufsatzentwürfen, in denen er die Welt der Landschaftsmalerei
als »eine unnütze Welt« bezeichnete[169]. Die Rebellion gegen die Nütz-

lichkeit als Forderung an die Kunst war in der deutschen Kultur so weit
verbreitet, daß sie bald als typisch deutsches Phänomen begriffen wurde. Thomas Carlyle gab in seinem Essay »The State of German Literature« (1827) eine Zusammenfassung der romantischen Kunstauffassung:
»Die Kunst wird nicht wegen ihrer Wirkungen, sondern um ihrer selbst
willen geliebt; nicht weil sie nützlich für das geistige Vergnügen ist und
nicht einmal, weil sie der moralischen Kultur dient, wird die Kunst geliebt, sondern weil sie Kunst ist, das Höchste im Menschen und die Seele aller Schönheit. Nach ihrer Nützlichkeit zu fragen wäre ähnlich, als
wollte man nach der Nützlichkeit eines Gottes fragen. Oder als wollte
man, was für deutschen Ohren sehr viel befremdlicher klänge als für
unsere, nach der Nützlichkeit von Tugend und Religion fragen.«[170]
   Wenn aber die Kunst »nutzlos« und »entgesellschaftet« ist, dann
braucht sie einen Ort, an dem ihre Zweckenthobenheit sichtbar werden
kann. Dieser Ort kann nicht eine Kathedrale sein, bei der die religiöse
oder ein Schloß, bei dem die politische Bestimmung im Vordergrund
stünde. Die Kunst verlangt vielmehr ein Gebäude, in dem sie ehrfürchtig in ihrer erhabenen Autonomie betrachtet werden will, einen Ort, an
dem der Betrachter sich der Geschichtlichkeit des Kunstwerks bewußt
werden und sein Verständnis im Gespräch mit anderen Kunstfreunden
vertiefen kann. Sie verlangt ein Gebäude von eben der Art wie den
Tempel der Kunst, den Schinkel der Stadt Berlin mit der Errichtung des
Alten Museums schenkte.

Kapitel 7

Schluß

FÜNF soziale Institutionen wurden in den vorangegangenen Kapiteln dieses Buches betrachtet, und wir konnten dabei beobachten, wie sie im Verlauf der romantischen Epoche in Deutschland ihre neue Form und moderne Bedeutung gewannen. Wir begannen in jedem Fall mit einer Darstellung der historischen Bedingungen, die das Entstehen der jeweiligen Institution möglich werden ließen, konzentrierten uns dann aber auf die Wechselwirkung zwischen den Institutionen und der zeitgenössischen literarischen Kultur. Eröffnete dieser institutionenbezogene Ansatz Perspektiven auf die deutsche Romantik, die auf andere Weise nicht zugänglich wären? Ließen sich Einsichten gewinnen, die den herkömmlichen Verfahren von Interpretation und Literaturgeschichte entgangen wären? Nun, diese Studie bestätigt zum einen bereits existierende Deutungskonventionen von einem neuen theoretischen Standpunkt aus. Zugleich aber deckt sie bestimmte durchgängige Gemeinsamkeiten der romantischen Literatur in Sprache, Gehalt und Motivik auf, die bisher nicht so offensichtlich waren.

Alle fünf untersuchten Institutionen beeinflußten die Literatur ihrer Zeit, aber bei jeder von ihnen wurde dieser Einfluß in verschiedener Weise wirksam. Der Bergbau diente vor allem als Quelle für Bilder und Metaphern, insbesondere für den »Abstieg« in die Seele, aber auch in anderen Zusammenhängen, etwa bei der Umschreibung der Universität als »Musenberg«. Das Recht stellte demgegenüber den Schriftstellern ein reichhaltiges Reservoir von Fabeln und Handlungsstrukturen zur Verfügung. Zugleich war es ein Brennpunkt für die patriotische Lyrik während der Befreiungskriege und in der nach-napoleonischen Ära der Restauration. Das Interesse am Irrenhaus, an der neuen Auffassung der Geisteskrankheiten und an der daraus resultierenden Umformung des »Tollhauses« zur Heilanstalt führte dazu, daß die Literatur das Spektrum ihrer Charaktere erweiterte, und gab dem psychologischen Blick eine größere Tiefenschärfe. In den Debatten über das Wesen der Universität wurden neue Stoff- und Themengebiete erschlossen und zu-

gleich die von den Romantikern favorisierten Diskursmodelle entfaltet
und allgemein verbreitet. Die Entstehung des Museums schließlich ließ
sich als Parallelphänomen der Hinwendung zur Geschichte und Kunstkritik wie zum wachsenden Interesse an der Figur des Künstlers darstellen.

Es wurde darüber hinaus im Verlauf der Untersuchung deutlich, daß
fast alle fünf Institutionen nicht nur Auswirkungen auf die Literatur hatten, sondern zugleich ihrerseits von der Romantik als kultureller und intellektueller Bewegung entscheidend geprägt wurden. Savignys Erfolg
gegen Thibaut und damit der Rückgriff auf eine Form des römischen
Rechts in Deutschland war nur innerhalb einer Gesellschaft und einer
Öffentlichkeit möglich, in der die romantische Auffassung der Geschichte und die ihr entsprechende Überzeugung vom organischen Wachstum
der Institutionen virulent waren. Die Form der Psychiatrie, die sich in
Deutschland im Kontrast zu Frankreich und England allmählich herausbildete, läßt sich weitgehend als Niederschlag des romantischen Interesses an den Extremen der menschlichen Persönlichkeit und als Konsequenz des Versuchs erklären, die praktischen Reformbestrebungen Pinels
in Frankreich und Crichtons in England mit der *Naturphilosophie* der
deutschen Romantik zu verbinden. Die romantische Universität, wie sie
in Jena erdacht und in Berlin – wie flüchtig auch immer – verwirklicht
wurde, beruhte auf der philosophischen Konzeption einer *Wissenschaft,*
die zugleich synthetisch-enzyklopädische Vereinigung des Wissens wie
seine unendliche Progression sein sollte. Und der Entwurf des Museums
als Tempel der Kunst entsprang der romantischen Überzeugung von der
sakralen Natur autonomer Kunst.

Wir sehen im Rückblick auf das in dieser Studie ausgebreitete Material, daß in den fünf Institutionen einige repräsentative Themen der
deutschen Romantik gebündelt wurden. Das Bergwerk stellte den Abstieg in das Reich der Seele dar, wo die Kräfte der Geschichte, Religion
und Sexualität am Werk sind. Das große Interesse am Recht reflektierte
sowohl das sich immer stärker herausbildende Geschichtsbewußtsein
wie die eindringlichen Überlegungen zum Verhältnis von individueller
Freiheit und staatlichen Beschränkungen. Das Irrenhaus symbolisierte
die zeitgenössische Faszination durch die Exotik des inneren Auslands
und wurde zugleich zum Kristallisationspunkt der Überzeugung, daß
der »Wahnsinn« gelegentlich Wahrheiten zum Ausdruck bringe, die der
philiströsen Vernunft unzugänglich blieben. Die Universität verkörperte

den romantischen Glauben an die Einheit und Totalität des Wissens. Das Museum war die angemessene Antwort auf die Apotheose der Kunst.

Diese fünf Institutionen existierten im Zeitraum zwischen Französischer Revolution und nach-napoleonischer Restauration nicht isoliert und unabhängig voneinander, sondern waren eng miteinander verbunden. Sowohl die Menschen, die mit ihnen zu tun hatten, wie die Sphären, die sie verkörperten, standen in Beziehung zueinander. Es fällt auf, wie viele Namen bei einem Gesamtüberblick über die hier erörterten Institutionen immer wieder auftauchen. Brentanos Wanderungsbewegungen als Student sind hierfür exemplarisch. Er studierte zunächst im Jahre 1794 Bergbau in Bonn und dann 1797 Rechtswissenschaft in Halle; zwischen 1798 und 1800 war er als Medizinstudent in Jena eingeschrieben; und er beendete seine Universitätslaufbahn in Göttingen in der philosophischen Fakultät. Nur wenige Studenten wechselten so oft das Studiengebiet, doch war bei den meisten ein ausgeprägtes Interesse an diesen Institutionen unverkennbar. So machte Adolph Müller, als er 1803 auf dem Weg nach Halle war, um dort Medizin zu studieren, in Celle Station und besuchte das dortige Irrenhaus. Er schrieb anschließend an Schwester und Vater, es sei zwar gefährlich, die Wahnsinnigen, Narren und Rasenden im bürgerlichen Leben um sich zu haben, im Tollhaus aber gewährten sie »die angenehmste Unterhaltung«. Später ging Müller auf die rituelle Pilgerschaft zur Dresdner Gemäldegalerie und unternahm zusammen mit Steffens Ausflüge zu den Bergwerken im Harz. Kleist war zunächst Student der Physik, der Mathematik, der Kulturgeschichte und des Naturrechts in Frankfurt an der Oder. Auf seiner Reise nach Würzburg im Jahre 1800 hatte er es zu eilig, um in Freiberg in die Minen herabzusteigen. Aber er besuchte in Würzburg das berühmte Juliusspital und berichtete darüber ausführlich in seinen Briefen. Kleists Feder verdanken wir zudem eine lebendige Beschreibung des Louvre im Jahre 1801 und ein bemerkenswertes Zeugnis zur Wirkung der Ausstellung von Werken Caspar David Friedrichs in Berlin. E.T.A. Hoffmann war ausgebildeter Jurist und praktizierender Richter. Er schrieb aber zugleich eine der klassischen Erzählungen zum Bergbau, verteidigte die akademische Freiheit gegen die reaktionären Maßnahmen der Metternich-Ära und führte ein humanes Verständnis der Geisteskrankheit in der Rechtsdefinition der geistigen Zurechnungsfähigkeit ein. In allen diesen Fällen, die auch und gerade die prominentesten Autoren betreffen, läßt sich das weitgespannte Interesse der Romantiker an den hier untersuchten repräsentativen Institutionen dokumentieren. Die Bedeutung dieses Befundes tritt sogleich hervor, blickt man auf die wenigen englischen oder französischen Autoren des gleichen Zeitraums, die Juristen waren, ein Irrenhaus besuchten oder in einen Bergwerksschacht hinabstiegen. Die meisten von ihnen, so sahen wir, besuchten keine Universität, und zum Kunstgespräch im Dresden des Jahres 1798 gab es in der Mythologie der französischen und englischen Romantik kein Gegenstück.

Es ist in der Tat erstaunlich, wie viele Repräsentanten der romantischen Epoche in Deutschland aktiv an den hier behandelten fünf repräsentativen Institutionen Anteil nahmen. Macht man sich dies bewußt, so erscheint das persönliche und intellektuelle Beziehungsgeflecht, in dem sie standen, in einem neuen Licht. Goethe war von der Ausbildung her Jurist. Während seiner amtlichen Karriere in Weimar beaufsichtigte er die Bergbau-Unternehmungen des Herzogtums und gehörte zu den Inspektoren der Jenaer Universität. Er war selbst Zeichner und Künstlerbiograph und verfaßte häufig Kommentare zur bildenden Kunst und zu den zeitgenössischen Kunstsammlungen. Und wenn er auch, anders als viele seiner Zeitgenossen, selbst kein Irrenhaus besuchte, so war er doch mit den »Irrenärzten«, etwa mit Langermann, bekannt und zudem mit den zeitgenössischen Schriften zum Thema vertraut. In der Vorrede zur zweiten Auflage seines Romans *Die unsichtbare Loge* (1821) schrieb Jean Paul bewundernd von Goethe als dem zeitgenössischen Autor, »der unter allen bekannten Dichtern die meisten Grundkenntnissse in sich verknüpft, von der Reichspraxis und Rechtslehre an durch alle Kunststudien hindurch bis zur Berg- und Pflanzen- und jeder Naturwissenschaft hinauf.«[1]

Friedrich Anton von Heynitz (1725–1802) gehört zu den eher unbekannten Figuren in der Geschichte der deutschen Romantik. In den Registern der Standarddarstellungen sucht man seinen Namen vergeblich. Und warum sollte er dort auch begegnen? Er war Ingenieur und Nationalökonom und stieg in der Verwaltungshierarchie immer weiter hinauf. Er war zunächst in Braunschweig, dann in Sachsen und schließlich in Preußen tätig, wo er unter drei Königen als Minister sehr geschätzt wurde. Doch auch in der politischen Geschichte findet er kaum Erwähnung. Dabei war er eine jener bemerkenswerten Persönlichkeiten des Zeitalters, die auf zurückhaltende Art an vielen bedeutenden Entwicklungen der zeitgenössischen Kultur beteiligt waren. Sein stiller Professionalismus hatte durch die Institutionen, in denen er arbeitete, einen weitreichenden Einfluß auf so viele Repräsentanten der Epoche, daß sein Name in den verschiedensten Zusammenhängen immer wieder begegnet. Er war durch Heirat mit Novalis und dem preußischen Minister Karl von Hardenberg verwandt und zudem ein wichtiger Förderer des Freiherrn vom Stein, der ihn als väterlichen Freund verehrte. Anton von Heynitz gründete nicht nur die Bergakademie in Freiberg, sondern trug zudem dreißig Jahre später wesentlich zu den ersten Planungen für das künftige Museum in Berlin bei. Er stand als Mitarbeiter und Gründer einflußreicher Institutionen durchaus nicht allein innerhalb der Gruppe von exzellenten Verwaltungsbeamten in Preußen. In der jüngeren Generation folgten ihm Männer wie Wilhelm von Humboldt, der mit der Gründung der Berliner Universität beauftragt wurde und an der Errichtung des Museums im Lustgarten beteiligt war.

An den literarischen Werken der Epoche läßt sich leicht ablesen, daß die Schriftsteller und Gelehrten mit den Institutionen in vielfältiger Beziehung standen. Justinus Kerners locker gefügte Szenenfolge *Reiseschatten* (1811) führt in dem »wahnsinnigen Dichter« namens Holder eine Figur ein, die auf seiner klinischen Beobachtung Hölderlins während seiner Zeit als Medizinstudent in Tübingen beruht. Das Buch enthält zwei lange satirische Abschnitte zur Universität und schließt mit einer Vision von Albrecht Dürers Begräbnis. Diese Vision ist von der altdeutschen Malerei inspiriert, die der Erzähler in der Sebaldus-Kirche sieht. In den *Nachtwachen von Bonaventura* (1804) stellt das Irrenhaus einen der Hauptschauplätze dar, und sie enthalten zudem ausgedehnte satirische Passagen über die Universitäten, das Museum und die Rechtsprechung. Viele Dichter der Epoche widmeten der Auseinandersetzung mit den verschiedenen Institutionen ganze Werke. Brentano feierte die Eröffnung der Berliner Universität, schrieb eine Hymne auf Schinkels Architektur und einen Bericht über Caspar David Friedrichs Malerei. Er griff in einem seiner bedeutendsten Gedichte auf die Bilderwelt des Bergbaus zurück. Und die Rechtsgeschichte lieferte ihm den Schauplatz für wichtige Abschnitte seiner *Romanzen vom Rosenkranz*. Novalis gab im *Heinrich von Ofterdingen* die glanzvollste Apotheose des Bergbaus in der romantischen Literatur. Er plante einen Dialog über die Skulpturengalerie in Dresden, und er allegorisierte die neue Konzeption der Universität in seinem Romanfragment *Die Lehrlinge zu Sais*. E.T.A.

Hoffmann schließlich ließ die nur scheinbar prosaischen Institutionen in der poetischen Welt seiner Erzählungen stets gegenwärtig sein. Man denke nur an den universitären Schauplatz im *Sandmann* und im *Klein Zaches*, an die düster lockenden Minen der *Bergwerke zu Falun*, an den Wahnsinn des Studenten Anselmus und des Einsiedlers Serapion, an die zweideutigen »frommen Maler« und schließlich an die komplizierten Rechtsfälle und die allgegenwärtigen Advokaten seiner späten Prosa.

Die Institutionen waren Verbindungsglieder zwischen den Zeitgenossen der Epoche auch dann, wenn diese verschiedene Anschauungen vertraten. Bei allen ihren geistigen Differenzen stimmten Goethe und Fichte in ihrem ernsthaften Interesse an der Universität überein. Thibaut und Savigny – oder Brentano und Kleist – waren in der hohen Wertschätzung des Rechts miteinander verbunden, ungeachtet gravierender Meinungsunterschiede auf der Ebene konkreter Gesetzgebung. Heine machte seine Scherze über die Minen und Schächte, die Novalis idealisiert hatte, aber beide trugen der großen Bedeutung des Bergwerks für die romantische Bilderwelt Rechnung. Kant und Reil schlugen gänzlich verschiedene Wege in Richtung auf das gemeinsame Ziel einer menschenwürdigen Versorgung der Geisteskranken ein. Goethe und die Romantiker unterschieden sich scharf in ihren Kunstauffassungen, aber hier wie dort stand am Ursprung des jeweiligen Interesses eine überwältigende Kunsterfahrung in der Dresdner Gemäldegalerie. Ein institutionenbezogener Ansatz kann zahlreiche Kräfte und Strukturen sichtbar machen, die der Epoche ihre Signatur und Einheit gaben. Denn in den Institutionen kristallisierten sich die Grundfragen der Zeit, auf die verschiedene Antworten vorgeschlagen wurden.

So waren die hier behandelten fünf Institutionen zum einen durch die Menschen miteinander verbunden, die in ihnen und durch sie agierten. Zugleich aber standen sie durch ihre gemeinsame Teilhabe an den verschiedenen Facetten des »Zeitgeistes« miteinander in Beziehung. Wie wir beobachten konnten, war die Geschichte eine der drei Erfahrungsdimensionen, die durch den Abstieg ins Bergwerk der Seele erschlossen wurden. Die Entdeckung der Geschichte war aber zugleich der entscheidende Anstoß für die Erforschung des römischen Rechts im Kontrast zum theoretisch »zeitlosen« und ungeschichtlichen Naturrecht. Sie eröffnete zudem einen neuen Zugang zur Welt der Kunstwerke, de'rim Museum in Berlin seine institutionelle Verkörperung fand. Die romantische Psychiatrie schließlich unterschied sich nicht zuletzt in ihrer historisch orientierten Ätiologie von der rationalistischen Psychologie mit ihrer Auffassung des Wahnsinns als unheilbarer, auf physischen Ursachen beruhender Krankheit. Kurz, das romantische Verständnis dieser vier Institutionen war von jeweils charakteristischen Ausprägungen des historischen Bewußtseins geprägt. Entwicklung und Bewegung im Horizont der Zeit erschienen als nahezu überall anzutreffende Eigentümlichkeit des menschlichen Strebens. Das gilt für Fichtes »produktive Einbildungskraft«, in der sich das *Ich* unablässig dem *Nicht-Ich* entgegensetzt, für Hegels Phänomenologie, in welcher der Geist nach und nach immer höhere Stufen des Selbstbewußtseins erreicht und schließlich für Schleiermachers Auffassung der Entwicklung positiver Religionen und Grimms Konzeption des Ursprungs der Sprache.

Dem romantischen Beharren auf der »Zwecklosigkeit« der Kunst korrespondierten innerhalb der akademischen Welt der Abscheu vor dem *Brotgelehrten* und beschränkten Spezialisten sowie die von Schiller bis Schelling wirksame Überzeugung, die universitäre *Bildung* dürfe nicht auf ein unmittelbar berufsorientiertes Ziel verpflichtet werden. Das Zwecklosigkeitsideal lag aber auch der Verklärung des frommen Bergmanns zugrunde, der bei seiner Arbeit im Innern der Erde nicht den schnöden persönlichen Gewinn, sondern das Wissen über die Natur und das Wohlergehen der Menschheit vor Augen habe.

Die Einsicht in die Einheit der Kunst, wie sie in der Ästhetik A.W. Schlegels, Solgers und Hegels formuliert wurde und in der architektonischen Konzeption von Schinkels Museum Gestalt annahm, stellte eine Parallele zu jener Einheit des Wissens im Denken Fichtes, Schellings, Novalis' und Humboldts dar, die zur theoretischen Grundlage für das Ideal der romantischen Universität wurde. Diese romantische Grundüberzeugung von der Wesenseinheit alles Seienden lag sowohl Savignys Verständnis des Rechts zugrunde wie Novalis' Vision einer Einheit der Natur, der in seinem Romanfragment *Die Lehrlinge zu Sais* auch die anorganischen Steine zustrebten. Auch in Reils Auffassung des Wahnsinns, derzufolge er nur graduell, nicht aber qualitativ von der Gesundheit unterschieden ist, war sie wirksam.

Es gab im romantischen Zeitalter im wesentlichen drei regulative Ideen, die in allen hier behandelten Institutionen wirksam wurden und ihnen einen gemeinsamen Horizont gaben. Zunächst die Vorstellung einer grundlegenden Einheit aller sozialen, natürlichen und geistigen Phänomene. Sodann die Überzeugung, das Wissen sei wie die Kunst ein

absoluter Wert in sich. Und schließlich die Auffassung, Natur, Gesellschaft und Wissenschaft seien Produkte der geschichtlichen Entwicklung. Alle drei Elemente sind grundlegende Charakteristika der romantischen Weltsicht: die Geschichte, die Autonomie der Kunst und die
Einheit alles Seienden.

Am Ende des ersten Kapitels legte ich den Gedanken nahe, die institutionenbezogene Interpretation einer Gesellschaft und ihrer Literatur sei
in historischer Perspektive selbst ein typisch romantisches Verfahren.
Mein Ansatz steht aber zugleich in einem sehr aktuellen Kontext. Während der unmittelbaren Nachkriegsjahre wandten sich die deutschen
Schriftsteller bei ihrer Suche nach einem »Nullpunkt«, von dem aus ein
radikaler Neuanfang gemacht werden könnte, von der Romantik ab.
Denn sie waren zu der Überzeugung gelangt, die überlieferte bürgerliche Kultur und damit auch die romantische Tradition sei kompromit-
tiert, weil der Nationalsozialismus sie für seine Zwecke instrumentali-
siert habe. In den siebziger und achtziger Jahren aber fand sowohl in der
Literaturwissenschaft wie bei den Schriftstellern selbst eine geradezu lei-
denschaftliche Rückwendung auf die Romantik statt[2]. Peter Härtling
publizierte seinen weithin beachteten biographischen Roman *Hölderlin*
(1976). Christa Wolf schilderte in *Kein Ort. Nirgends* (1979) unter Verwendung von Exzerpten aus Briefen, Tagebüchern und anderen zeitgenössischen Quellen eine imaginäre, doch durchaus vorstellbare Begegnung zwischen den beiden künftigen Selbstmördern Heinrich von
Kleist und der Dichterin Karoline von Günderode im Jahre 1804. In seinem Buch *Marbot* (1981) legte Wolfgang Hildesheimer die Biographie
eines romantischen Kunstkritikers vor, die in fast allen Details authen-
tisch war und doch eine gänzlich fiktive Persönlichkeit zur Hauptfigur
hatte. Und Peter Henisch erfand in seinem zwischen Vergangenheit und
Gegenwart oszillierenden Briefroman *Hoffmanns Erzählungen: Aufzeichnungen eines verwirrten Germanisten* (1983) einen Dozenten für deutsche
Literatur, der bei seiner leidenschaftlichen Erforschung von Leben und
Werk E.T.A. Hoffmanns einem Mann begegnet, der sich als Reinkarna-
tion des romantischen Schriftstellers ausgibt und verspricht, den Erzähler mit den »wahren« Umständen von Hoffmanns Leben vertraut zu
machen.

   In allen diesen Fällen handelte es sich nicht lediglich um eine allgemeine Faszination durch die Romantik, vielmehr spürten die Schrift-

steller der siebziger und achtziger Jahre eine enge Verwandtschaft zwischen der vergangenen Epoche und ihrer eigenen Gegenwart. Gleich auf der ersten Seite ihres Buches sprach Christa Wolf wie in einem Brief Kleist und die Günderode direkt an – »Vorgänger ihr« – und führte so ihr Hauptthema ein: die Spannung zwischen Individuum und Staat im Preußen des Jahres 1804 und in der DDR des Jahres 1979.[3] Peter Härtlings Buch über Hölderlin begann mit einer Selbstreflexion des Schreibenden:

> – ich schreibe keine Biographie. Ich schreibe vielleicht eine Annäherung. … Ich bemühe mich, auf Wirklichkeiten zu stoßen. Ich weiß, es sind eher meine als eine. Ich kann ihn nur finden, erfinden, indem ich mein Gedächtnis mit den überlieferten Erinnerungen verbünde. Ich übertrage vielfach Mitgeteiltes in einen Zusammenhang, den allein ich schaffe.[4]

Peter Henisch ließ den Erzähler seines Romans, der wie eine der Hauptfiguren Hoffmanns »Kreisler« heißt, ein Seminar »Über die Spätromantik und ihre Beziehung zur Gegenwart unter besonderer Berücksichtigung der schizoiden Struktur bei E.T.A. Hoffmann«[5] halten. Er betonte nicht nur die Identifikation des zeitgenössischen Erzählers mit der historischen Figur, sondern legte zugleich seinem »Hoffmann« Worte in den Mund, in denen die historische Romantik und die politische Bewegung der sechziger Jahre zueinander in Beziehung gesetzt werden:

> Nun, Kreisler, wir wissen inzwischen, wie solche Träume enden. Von Bewußtseinsrevolution und vom Marsch durch die Institutionen war ja auch in der jüngeren Vergangenheit so oft wie letzten Endes vergeblich die Rede. Damals aber wußten wir das noch nicht. (120)

Die Geschichte der fünf hier behandelten Institutionen reicht bis in die Gegenwart hinein. Der Bergbau, dessen traditionelle Gestalt sich im vorindustriellen Deutschland herausgebildet hatte, unterlag während der stürmischen deutschen Industrialisierung im 19. Jahrhundert tiefgreifenden Veränderungen. Der »romantische« Bergbau überlebte daher nur in Form einer rein literarischen Bilderwelt, die in der äußeren Realität der nachfolgenden Zeiten kaum noch eine Entsprechung hatte. Das Wiederaufleben dieser Bergbau-Metaphorik konnten wir bei

Rainer Maria Rilke, Robert Musil, Günter Grass und anderen Autoren
beobachten. Die Vorstellung einer einheitlichen Naturauffassung, wie
sie von der romantischen Naturwissenschaft erstrebt wurde, kam auf
spektakuläre Weise sowohl in der modernen Physik und ihrer Suche
nach einer »großen vereinheitlichenden Theorie« wie in der biologi-
schen Erforschung der grundlegenden Prinzipien des molekularen Geschehens erneut zum Tragen.

Das römische Recht, das zu Beginn des 19. Jahrhunderts unter dem
Einfluß Savignys und seiner Gefolgsleute in den meisten deutschsprachigen Ländern wieder eingeführt wurde, herrschte bis zum Jahr 1900 vor,
als das Bürgerliche Gesetzbuch im Deutschen Reich in Kraft trat. Aber
die mächtige »Naturrechtsbewegung«, die in den vergangenen Jahrzehnten in Deutschland und anderen Ländern das bestehende Rechtssystem
herausforderte, ließ eine Kontroverse wiederaufleben, deren klassische
Positionen im Deutschland der Napoleonischen Ära formuliert wurden.
Die fiktionalen Analysen und Beschreibungen des Wahnsinns in der
romantischen Literatur lieferten den modernen Theorien der Psychoanalyse reichhaltiges Material. Sowohl die Freudianer wie die Jungianer
setzten sich intensiv mit E.T.A. Hoffmann auseinander, und die Traum-
theorien Gotthilf Heinrich Schuberts und der romantischen Erzähler
nach ihm fanden aus psychoanalytischer Sicht Bestätigung. Und die romantische Auffassung des Irrenhauses als Asyl des entgrenzten Geistes
wurde in der deutschen Nachkriegsliteratur, in der sich im »Blick aus der
Irrenanstalt« oft die Perspektive gesunder Menschlichkeit inmitten einer
grausamen und inhumanen Welt verdichtet, häufig aufgegriffen[6].

Die romantische Konzeption der Universität, wie sie für kurze Zeit in
der Berliner Universität Gestalt annahm, lieferte das Modell für die
moderne Forschungsuniversität, die sich in Deutschland wie in den
Vereinigten Staaten im 19. Jahrhundert herausbildete. Ernst Anrich
rechtfertigte im Jahre 1964 seine Neuausgabe der grundlegenden Uni-
versitätsschriften von Fichte, Schelling, Schleiermacher, Steffens und
Humboldt mit Verweis auf die Krise der Universität um 1800.[7] Sowohl
Wilhelm Weischedel (1960) wie Otto Rühle (1966) gingen in den Vor-
worten ihrer jeweiligen Gedenkschrift auf die Gründung der Berliner
Universität im frühen 19. Jahrhundert zurück. Weischedel leitete die
von ihm herausgegebene Gedenkschrift mit dem Satz ein: »Eine Universität kann ihrer Vorgängerin nicht angemessener gedenken, als im
Versuch, den Geist, in dem diese lebte, noch einmal zur Sprache zu

bringen.«[8] Und Otto Rühle räumte in seiner aus marxistischer Perspektive verfaßten Darstellung zur Vorgeschichte der Universitäten in der Deutschen Demokratischen Republik »dem Leitbild, wie es ein *Wilhelm von Humboldt* und andere Idealisten gezeichnet haben«[9], einen besonderen Rang ein. Die deutschen Studenten der sechziger Jahre waren sich ebensowenig wie ihre Kommilitonen in Frankreich und den Vereinigten Staaten der historischen Paradoxie ihrer Aktionen bewußt. Sie ließen in ihrer Rebellion die romantische Bewegung zur Erneuerung der Universität wiederaufleben, in deren Folge die Institution sich herausgebildet hatte, gegen die sie einhundertundfünfzig Jahre später Sturm liefen.

Schinkels Altes Museum steht in Berlin noch immer neben dem im Krieg schwer beschädigten, inzwischen restaurierten und längst nicht mehr als Gotteshaus genutzten Dom. Von der Freitreppe des Museums aus blickt man auf den verlassenen »Palast der Republik«, den ehemaligen Sitz der Volkskammer der untergegangenen DDR. Manche Berliner plädieren für den Wiederaufbau des Schlosses gegenüber Dom und Altem Museum, das nach wie vor als Gebäude für große Ausstellungen genutzt wird. Das Museum als Institution, das im Zuge der Errichtung dieses Gebäudes im frühen 19. Jahrhundert seine charakteristisch moderne Form gewann, breitete sich als Modell öffentlicher Kunsterziehung und Bildung über die ganze Welt aus.

Ein institutionenbezogener Ansatz liefert nicht nur neue Einsichten in die Struktur der Romantik als historische Bewegung und in Sprache, Stoff und Ideenwelt der romantischen Literatur. Er erlaubt dem nachdenklichen Beobachter zugleich verblüffende Einsichten in die Probleme unserer eigenen, nach-romantischen Gesellschaft.

Anmerkungen

Kapitel 1

1 Das Bild wird zum Beispiel als Cover-Illustration herangezogen auf dem Paperback-Reprint von Erich Hellers *The Artist's Journey into the Interior and Other Essays* (New York 1968), als Rückseiten-Illustration auf Roger Cardinals *German Romanticism in Context* (London 1975) und auf dem Schutzumschlag von Mark Kippermans *Beyond Enchantment: German Idealism and English Romantic Poetry* (Philadelphia 1986). Heller nannte es anläßlich der Ausstellung »The Romantic Movement« in der Tate Gallery 1959 »das romantischste Bild in der Galerie« (77).

2 Vgl. Wolfgang Frühwald, »Der Regierungsrat Joseph von Eichendorff: Zum Verhältnis von Beruf und Schriftstellerexistenz im Preußen der Restaurationszeit«, In: *Internationales Archiv für Sozialgeschichte der deutschen Literatur*, 4, 1979, S. 37–67.

3 Vgl. Gerhard Schulz, »Die Berufslaufbahn Friedrich von Hardenbergs (Novalis)«, In: *Jahrbuch der deutschen Schillergesellschaft*, 11, 1963, S. 253–312.

4 Vgl. Wulf Segebrecht, »Hoffmanns Auffassung vom Richteramt und vom Dichterberuf«, In: *Jahrbuch der deutschen Schillergesellschaft*, 11, 1967, S. 62–138.

5 Harry Levin, »Literature as an Institution«, in: *Accent*, 6, 1946, S. 159–168; hier zitiert nach dem Wiederabdruck in Morton Dauwen Zabel (Hrsg.), *Literary Opinion in America*, rev. Ausgabe, New York 1951, S. 66. Der Kern dieses Aufsatzes ist erneut abgedruckt in der Einleitung zu Harry Levin, *Gates of Horn: A Study of Five French Realists*, New York 1966.

6 Vgl. René Wellek, Austin Warren, *Theorie der Literatur*, Frankfurt am Main 1972, S. 245.

7 Frank Kermode, »Institutional Control of Interpretation«, in: *Salmagundi*, 43, 1979, S. 72.

8 Stanley Fish, *Is There a Text in This Class? The Authority of Interpretive Communities*, Cambridge 1980, S. 331 f.

9 Vgl. Gerald Graff, *Professing Literature: An Institutional History*, Chicago 1987.

10 Alvin B. Kernan, *The Imaginary Library: An Essay on Literature and Society*, Princeton 1982, S. 13 f.

11 Vgl. Peter Uwe Hohendahl, *The Institution of Criticism*, Ithaca 1982, S. 11–43 sowie ders., *Literarische Kultur im Zeitalter des Liberalismus 1830–1870*, München 1985, S. 11–54.

12 Arno Holz, *Die Kunst. Ihr Wesen und ihre Gesetze*, Berlin 1891, S. 117.

13 Walter Benjamin, »Das Kunstwerk im Zeitalter seiner technischen Reproduzierbarkeit«, in: *Gesammelte Schriften* I/2, Frankfurt am Main 1974, S. 431–470.

14 Max Horkheimer und Theodor W. Adorno, *Dialektik der Aufklärung*, Frankfurt am

Main 1971, S. 108–150.

15 Vgl. Jürgen Habermas, *Strukturwandel der Öffentlichkeit*, Neuwied 1962.

16 Peter Bürger, *Vermittlung – Rezeption – Funktion: Ästhetische Theorie und Methodologie der Literaturwissenschaft*, Frankfurt am Main 1979, S. 182 f.

17 Peter Bürger, »Literary Institution and Modernization«, In: *Poetics*, 14, 1985, S. 432.

18 Cees J. van Rees, »Introduction«, In: *Poetics*, 12, 1983, S. 290.

19 Peter Bürger, *Vermittlung – Rezeption – Funktion*, S. 174.

20 Ralph Waldo Emerson, *Versuche*, hrsg. von Mario Spiro, Berlin 1915, S. 31–66.

21 James K. Feibleman, *The Institutions of Society*, London 1956, S. 162.

22 Talcott Parsons, *The Social System*, Glencoe, Illinois 1951, S. 39 u. 43.

23 Vgl. *International Encyclopedia of the Social Sciences*, New York 1968, Bd. XIV, S. 410.

24 Bronislaw Malinowski, *Freedom and Civilisation*, New York, 1944, S. 153–171 (»Freedom through Organisation«).

25 Lloyd Vernor Ballard, *Social Institutions*, New York 1936, S. 3.

26 Wilhelm Bernsdorf (Hrsg.), *Wörterbuch der Soziologie*, 2. Auflage, Stuttgart 1969, S. 466.

27 Meine Charakterisierung der Typen ist absichtlich überscharf pointiert. Ich bin mir darüber im klaren, daß Raymond Williams in *Culture and Society*, London 1958 einige Themen der deutschen Gesellschaftstheoretiker vorwegnimmt und daß Christa Bürger in *Der Ursprung der bürgerlichen Institution Kunst im höfischen Weimar*, Frankfurt 1977, die eher allgemein gehaltene Theorie auf spezielle Fragestellungen hinsichtlich des Charakters der Literatur als einer Institution angewandt hat.

28 Die Wechselwirkung zwischen einer einzelnen Institution und einer einzelnen Gattung wird analysiert in John Bender, *Imagining the Penitentiary: Fiction and Architecture of Mind in Eighteenth-Century England*, Chicago 1987.

29 Georg Friedrich Wilhelm Hegel, *Vorlesungen über die Geschichte der Philosophie I* (= Werke, hrsg. von Eva Moldenhauer und Karl Markus Michel, 20 Bände, Bd. 18), Frankfurt am Main 1971, S. 74.

30 G.W.F. Hegel, *Vorlesungen über die Philosophie der Geschichte*, Werke Bd. 12, Frankfurt am Main 1970, S. 69.

31 Karl August Varnhagen von Ense, *Denkwürdigkeiten des eignen Lebens*, herausgegeben von Konrad Feilchenfeldt, 3 Bände, Frankfurt am Main 1987. Hier Band 2, S. 382.

32 Novalis, *Schriften* II, S. 437.

33 Friedrich Schlegel, *Kritische Ausgabe*, Band 1, S. 206.

34 Friedrich Schlegel, *Kritische Ausgabe*, Band 5, S. 191.

35 Giambattista Vico, *Il Diritto Universale*, II, Teil 2, Kap. 1, § 1; *Opere*, Hrsg. Fausto Nicoline, Bari 1936, II/2, S. 308; Vgl. Michael Mooney, *Vico in the Tradition of Rhetoric*, Princeton 1985, S. XIV–XV, 185 u. 220.

36 Germaine de Staël, *De la littérature considérée dans ses rapports avec les institutions sociales*, hrsg. von Paul van Tieghem, Paris 1959, Band 1, S. 17.

37 Johann Gottlieb Fichte, *Gesamtausgabe der Bayerischen Akademie der Wissenschaften*, Hrsg. von Reinhard Lauth und Hans Jacob, Stuttgart-Bad Cannstatt, 1962 ff., Band 6, S. 320 f.

38 Friedrich Carl von Savigny, »Vom Beruf unsrer Zeit für Gesetzgebung und Rechtswissenschaft«, In: Hattenhauer, Hans (Hrsg.), *Thibaut und Savigny: Ihre Programmatischen Schriften*, München 1973, S. 171.

39 J.W. Goethe, *Dichtung und Wahrheit*, Hamburger Ausgabe, Band 9, München 1981, S. 524.

40 Vgl. Walter Horace Bruford, *Kultur und Gesellschaft im klassischen Weimar 1775–1806*, Göttingen 1966.

41 J.W. Goethe, Weimarer Ausgabe, Band 53, S. 175–192.

42 Friedrich Meinecke, *Das Zeitalter der deutschen Erhebung, 1795–1815*, Bielefeld und Leipzig 1913, S. 23.

43 Vgl. Theodor Steinbüchel (Hrsg.), *Romantik: Ein Zyklus Tübinger Vorlesungen*, Tübingen und Stuttgart 1948 sowie Richard Brinkmann (Hrsg.), *Romantik in Deutschland: ein interdisziplinäres Symposion*, Stuttgart 1978.

44 Roger Cardinal, *German Romantics in Context*, London 1975, S. 11.

45 Isaiah Berlin, »The Counter-Enlightenment«, in ders., *Against the Current: Essays in the History of Ideas*, London 1979, S. 20.

46 Novalis, *Schriften*, Band 2, S. 419.

Kapitel 2

1 Vgl. Julius Voigt, *Goethe und Ilmenau*, Leipzig 1912 (Fotomechanischer Nachdruck mit einem Geleitwort von Karl-Heinz Hahn und einem Nachwort von Rosalinde Gothe, Leipzig 1990) sowie Josef Dürler, *Die Bedeutung des Bergbaus bei Goethe und in der deutschen Romantik*, Frauenfeld und Leipzig, 1936.

2 Vgl. Gerhard H. Weiss, »An Interpretation of the Miners' Scene in Goethe's *Wilhelm Meisters Lehrjahre*«, In: Jeffrey L. Sammons u. Ernst Schürer (Hrsg.), *Lebendige Form. Festschrift für Heinrich E. K. Henel*, München 1970, S. 83–88 sowie Monika Wagner, »Der Bergmann in Wilhelm Meisters Wanderjahren«, In: *Internationales Archiv für Sozialgeschichte der deutschen Literatur*, 8, 1983, S. 145–168.

3 Vgl. Richard Samuel, »Der berufliche Werdegang Friedrich von Hardenbergs«, In: DVjS, Buchreihe 16: Romantik-Forschungen, Halle 1929, sowie Josef Dürler, *Die Bedeutung des Bergbaus ...*, S. 110–154.

4 Vgl. Merete van Taack, *Königin Luise: Eine Biographie*, Stuttgart 1985, S. 30.

5 Jean Paul, *Werke*, Bd. 1, S. 507; vgl. auch Josef Dürler, *Die Bedeutung des Bergbaus ...*, S. 154–170.

6 Friedrich Hölderlin, *Sämtliche Werke*, Herausgegeben von Friedrich Beißner. Kleine Stuttgarter Ausgabe, 6 Bände, Stuttgart 1944–1962, hier Band 3, S. 138.

7 Oskar Loerke u. Peter Suhrkamp (Hrsg.), *Deutscher Geist: Ein Lesebuch aus zwei*

Jahrhunderten, Berlin u. Frankfurt am Main, 1953, S. 523.

8 Vgl. Wilhelm Heinrich Wackenroder, *Werke und Briefe*, Herausgegeben von Gerda Heinrich, München 1984, S. 20 f.

9 Friedrich Carl von Savigny, Brief an Georg Friedrich und Leonhard Creuzer vom 10./11. September 1799, In: Rudolf Walbiner (Hrsg.) *Reisebriefe deutscher Romantiker*, Berlin 1979, S. 97 f.

10 Joseph von Eichendorff, Tagebucheintrag vom 13. September 1805, *Werke und Schriften*, Band 3, S. 115.

11 Adolph Müller, *Briefe von der Universität in die Heimat*, Herausgegeben von Ludmilla Assing, Leipzig 1874, S. 248 u. 233.

12 Vgl. den Kommentar von Jost Hermand zur Harzreise in Heinrich Heine, *Gesamtausgabe*, Band VI, S. 520 u. 603.

13 Heinrich Heine, *Die Harzreise*, Gesamtausgabe, Band VI, S. 94.

14 Karl Alfred von Zittel, *Geschichte der Geologie und Paläontologie*, Leipzig 1899.

15 Vgl. Charles C. Gillispie, *Genesis and Geology: A Study in the Relations of Scientific Thought, Natural Theology, and Social Opinion in Great Britain, 1790–1850*, New York, 1959, S. 184–216.

16 Vgl. Marjorie Hope Nicholson, *Mountain Gloom and Mountain Glory: The Development of the Aesthetics of the Infinite*, New York 1959, wiederaufgelegt 1963 sowie Theodore Ziolkowski, *The Classical German Elegy, 1795–1950*, Princeton 1980.

17 Vgl. *Caspar Wolf (1735–1783): Landschaft im Vorfeld der Romantik*, Ausstellungskatalog, Kunstmuseum Basel 1930, bes. S. 93–97: »Die Höhlenbilder Caspar Wolfs«.

18 Vgl. Carl Lang, *Gallerie der unterirdischen Schöpfungswunder und des menschlichen Kunstfleisses unter der Erde*, Leipzig 1806, I, S. 26, zit. nach Barbara Maria Stafford, »Toward Romantic landscape Perception: Illustrated Travels and the Rise of the ›Singularity‹ as an Aesthetic Category«, In: *Art Quarterly*, N.S. 1, 1977–78, S. 89–124.

19 Vgl. David S. Landes, *The Unbound Prometheus: Technological Change and Industrial Development in Western Europe from 1750 to the Present*, Cambridge 1969 sowie John Temple, *Mining: An International History*, New York 1972.

20 Vgl. Marjorie Hope Nicholson, *Mountain Gloom and Mountain Glory*, S. 341–345 sowie David Daiches und John Flower, *Literary Landscapes of the British Isles*, New York 1971 und Margaret Drabble, *A Writer's Britain: Landscape in Literature*, London 1979, S. 195–245 (»The Industrial Scene«).

21 John Dalton, »Two Ladies, At their Return from Viewing the Mines near Whitehaven«, In: *The Poetry of Industry: Two Literary Reactions to the Industrial Revolution*, New York 1972, S. 1 f.

22 *The British Poets in One Hundred Volumes*, Chiswick 1822, IV, S. 194 f.

23 Anna Seward, »Colebrook Dale«, In: Walter Scott (Hrsg.), *The Poetical Works of Anna Seward*, Edinburgh 1810, II, S. 314–319.

24 George Gordon Lord Byron, Brief an Francis Hodgon vom 10. Oktober 1811, In: Leslie A. Marchard (Hrsg.) *Byrons Letters and Journals*, London 1973, II, S. 109.

25 Thomas Sadler (Hrsg.), *Henry Crabb Robinson. Diary, Reminiscences, and Correspondence*, 2 Bde. London 1896, Band I, S. 88 f.

26 David Landes, *Prometheus Unbound*, S. 142. Vgl auch Knut Borchardt, *Grundriß der deutschen Wirtschaftsgeschichte*, Göttingen 1978.

27 Vgl. Heinrich Winkelmann, *Der Bergbau in der Kunst*, Essen 1958, S. 16.

28 Vgl. zu Freiberg die *Festschrift zum hundertjährigen Jubiläum der Königl. Sächs. Bergbauakademie zu Freiberg am 30. Juli 1866*, 2 Bände, Dresden 1866/67 sowie Frederick Gleason Corning, *A Student Reverie: An Album of Saxony Days*, New York 1920 und *Bergakademie Freiberg: Festschrift zu ihrer Zweihundertjahrfeier am 13. November 1965*, Band 1: *Geschichte der Bergakademie Freiberg*, Leipzig 1965.

29 Die *Festschrift* von 1866 enthält ein vollständiges Verzeichnis der im ersten Jahrhundert ihres Bestehens an der Bergakademie eingeschriebenen Studenten.

30 G.B. Tennyson, *Sartor Called Resartus: The Genesis, Structure, and Style of Thomas Carlyle's First Major Work*, Princeton 1965, S. 21 f. und 26.

31 Vgl. LeRoy Wiley McCoy, »My Student Days in Germany«, In: *Journal of Chemical Education*, 7, 1930, S. 1081–1099.

32 Zu Werner und seiner Rolle in der Geschichte von Bergbau und Geologie vgl. B. von Cotta, »Die Geologie seit Werner« in der Freiberger Festschrift von 1866, Band II, S. 99–120; Dürler, *Die Bedeutung des Bergbaus*, S. 12–29; S. F. Mason, *A History of the Sciences: Main Currents of Scientific Thought*, London 1953; von Zittel, *Geschichte der Geologie*, S. 46 ff. ; Frank Dawson Adams, *The Birth and Development of the Geological Sciences*, 1938, Reprint New York 1954, S. 209–238; Samuel, »Der berufliche Werdegang Friedrich von Hardenbergs«; sowie *Abraham Gottlob Werner*. Gedenkschrift aus Anlaß der Wiederkehr seines Todestages nach 150 Jahren am 30. Juni 1967, Leipzig 1967.

33 Vgl. Alexander M. Ospovat, »Romanticism and German Geology: Five Students of Abraham Gottlob Werner«, In: *Eighteenth-Century Life*, 7, 1982, S. 105–117 sowie besonders die Werner-*Gedenkschrift*, Leipzig 1967, passim.

34 In Frankreich entwickelten sich der Bergbau als Institution und die Bergbau-Ausbildung deutlich unterschiedlich. Hier wurde 1783 die nationale *École des Mines* in Paris entsprechend der Grundstruktur der militärischen Ingenieurschule in Mézières aufgebaut, weniger im Anschluß an das alte Bergwerkshandwerk und seine überlieferten Verfahrensweisen. Vgl. Charles C. Gillispie, *Science and Policy in France at the End of the Old Regime*, Princeton, N. J., 1980.

35 Henrik Steffens, *Novellen*. Gesammt-Ausgabe, 16 Bde. Breslau 1837/38, hier Band VIII, S. 26.

36 Northrop Frye, »The Drunken Boat: The Revolutionary Element in Romanticism«, In: Ders., *Romanticism Reconsidered*. Selectet Papers from the English Institute, New York 1963, S. 16.

37 Vgl. Walter A. Strauss, *Descent and Return: The Orphic Theme in Modern Literature*, Cambridge 1971, S. 20–49 sowie Albert B. Smith, »Variations on a Mythical Theme: Hoffmann, Gautier, Queneau and the Imagery of Mining«, In: *Neophilologus*, 63,

1979, S. 179–186.

38 Vgl. Adams, *The Birth and Development of the Geological Sciences*, S. 77–136 (»On the ›Generation of Stones‹«) sowie Paul Sébillot, *Les Travaux Publics et les mines dans les traditions et les superstitions de tous le pays*, Paris 1894, S. 392–402.

39 Vgl. Mircea Eliade, *Schmiede und Alchemisten*, Darmstadt 1957.

40 Vgl. Hanns Bächtold-Stäubli (Hrsg.), *Handwörterbuch des deutschen Aberglaubens*, Berlin 1927, Band VI, S. 207–211 (»Metalle, Erze«).

41 Georgius Agricola, *Ausgewählte Werke*, herausgegeben von Hans Prescher, Berlin 1956, Band III, S. 161.

42 Vgl. Bern Dibner, *Agricola on Metals*, Norwalk 1958, S. 21.

43 Johann Heinrich Zedler, *Großes Vollständiges Universal-Lexikon aller Wissenschaften und Künste*, 64 Bände, Halle und Leipzig, 1732–1750, hier Band XXI, S. 340–344.

44 Vgl. Fritz Paul, *Henrich Steffens: Naturphilosophie und Universalromantik*, München 1973, S. 140–148.

45 Gotthilf Heinrich Schubert, *Ansichten von der Nachtseite der Naturwissenschaften*, Dresden 1808, S. 200 f.

46 Novalis, *Schriften* I, S. 245 f.

47 Novalis, *Schriften* I, S. 252.

48 Novalis, *Schriften* I, S. 253 f.

49 Ludwig Tieck, *Gesammelte Novellen*, VIII, S. 186 f.

50 Heinrich Heine, *Gesamtausgabe*, VI, S. 94

51 Vgl. Adams, *The Birth and Development of the Geological Sciences*, Kap. 8: »›Figured Stones‹ and the Birth of Palaeontology« sowie Stafford, »Toward Romantic Landscape Perception«.

52 Zit. nach Stafford, S. 93.

53 Novalis, *Schriften* III, S. 335 und 340.

54 Henrich Steffens, *Novellen*, VIII, S. 11.

55 ebd., S. 12.

56 Vgl. Erwin Rohde, *Psyche. Seelenkult und Unsterblichkeitsglaube bei den Griechen*, I–II, (1890–1894), Nachdruck Darmstadt 1980, Band I, S. 111–145.

57 Vgl. Wolfgang Kemp, »Die Höhle der Ewigkeit«, In: *Zeitschrift für Kunstgeschichte*, 32, 1969, S. 133–152.

58 Vgl. den Artikel »Bergentrückt« im *Handwörterbuch des deutschen Aberglaubens*, I, S. 1056–1071.

59 Novalis, *Schriften* I, S. 263.

60 Henrich Steffens, *Was ich erlebte*, S. 153.

61 Vgl. Wilhelm Dilthey, *Das Leben Schleiermachers*, Berlin 1870, Band I, S. 354.

62 Jean Jacques Rousseau, *Schriften*, Herausgegeben von Henning Ritter, Band 2, S. 637–760.

63 ebd., S. 722.

64 Die erste lateinische Ausgabe von *De re metallica* wurde 1556 gedruckt, die erste, sehr unzulängliche deutsche Übersetzung erschien ein Jahr später. Die erste Über-

setzung ins Englische wurde in London 1912 von Herbert Hoover, dem späteren
Präsidenten der Vereinigten Staaten, und seiner Frau Lou Henry Hoover herausge-
bracht. Beide studierten Bergbau und Geologie an der Stanford University. Einen
Abriß mit nützlicher Einleitung bietet Bern Dibner (Hrsg.), *Agricola on Metals*,
Norwalk 1958.

65 Die geistige und moralische Auszeichnung des Bergmanns ist ein Topos, der sich
von Agricola über Goethe, Novalis und Steffens bis ins 19. Jahrhundert verfolgen
läßt. Vgl. Corning, *A Student Reverie*, S. 29 sowie den Abschnitt »Das Bergmänni-
sche Studium« in der in Anm. 28 zitierten Freiberger *Festschrift* von 1866, Band I,
S. 89–138.

66 Joseph von Eichendorff, *Werke und Schriften*, Band I, S. 375. Eichendorff benutzte
Bergbaumotive auch in anderen Gedichten, z.B. in »Glück auf«, ebd., Band I,
S. 306, nirgends aber so konsistent wie hier.

67 Theodor Körner, *Sämmtliche Werke*, S. 30.

68 ebd., S. 39 f.

69 ebd., S. 30–35.

70 ebd., S. 296–308.

71 Der Text des Dramas findet sich in Zacharias Werner, *Ausgewählte Schriften*, 12 Bände, Nachdruck Bern 1970, Band VI.

72 Achim von Arnim, *Werke*, Band II, S. 341–351.

73 Vgl. Dürler, *Die Bedeutung des Bergbaus*, S. 200–211.

74 Clemens Brentano, *Werke*, Band I, S. 223–224.

75 Clemens Brentano, *Werke*, Band I, S. 329–332.

76 Barbara Maria Stafford, »Toward Romantic Landscape Perception« (wie Anm. 18)
sowie J. Christopher Middleton, »Two Mountain Scenes in Novalis and the Ques-
tion of Symbolic Style«, In: *Literary Symbolism*, Austin 1965, S. 85–106, bes. S. 99 f.

77 Novalis, *Schriften*, Band I, S. 247.

78 Heinrich Heine, *Gesamtausgabe*, Band VI, S. 94.

79 Ludwig Tieck, *Werke in vier Bänden*, Hrsg. M. Thalmann, Band 2, S. 61.

80 Vgl. unter den zahlreichen Abhandlungen über diesen Stoff vor allem Karl Reu-
schel, »Über Bearbeitungen der Geschichte des Bergmanns von Falun«, In: *Studien
zur vergleichenden Literaturgeschichte*, 3, 1903, S. 1–28 sowie John Neubauer, »The
Mines of Falun: Temporal Fortunes of a Romantic Myth of Time«, In: *Studies in
Romanticism*, 19, 1980, S. 475–495.

81 G.H. Schubert, *Ansichten von der Nachtseite der Naturwissenschaft*, S. 215.

82 ebd., S. 216.

83 Johann Peter Hebel, *Poetische Werke*, München 1961, S. 252–255.

84 E.T.A. Hoffmann, *Poetische Werke*, Band III, S. 220.

85 Vgl. zum Motiv von Johannistag und Mittsommernacht Frederick Burwick, »De-
monic Seduction: Sexual Dreams on Holy Nights«, In: *The Haunted Eye: Perception
and the Grotesque in English and German Romanticism*, Heidelberg 1987, S. 137–204,
bes. S. 177–187. Burwick läßt allerdings Hoffmanns Erzählung unter seinen zahlrei-

chen Beispielen für die Bedeutung der Nacht des St. Johannistages unerwähnt.

86 Vgl. Heinrich Winkelmann, *Der Bergbau in der Kunst*, Essen 1958 sowie Gerhard Heilfurth, *Der Bergbau und seine Kultur: Eine Welt zwischen Dunkel und Licht*, Zürich 1981.

87 Vgl. Kurt Ringger und Christof Weiand, »Aspects littéraires de la mine«, In: *Revue de Littérature Comparée*, 58, 1984, S. 417–441.

88 Vgl. Johann Jakob Bachofen, »Versuch über die Gräbersymbolik der Alten«, In: ders., *Mutterrecht und Urreligion: Eine Auswahl*, Stuttgart 1954, S. 43.

89 Sigmund Freud, *Die Traumdeutung*, 5. Auflage, Leipzig und Wien 1919, S. 247–249.

90 E.F. Lorenz, »Die Geschichte des Bergmanns von Falun, vornehmlich bei E.T.A. Hoffmann, Richard Wagner und Hugo von Hofmannsthal«, In: *Imago*, 3, 1914, S. 250–301.

91 Vgl. C.G. Jung, »Zur Phänomenologie des Geistes in Märchen«, In: C.G. Jung, *Die Archetypen und das kollektive Unbewußte*, Olten und Freiburg 1976 (= Gesammelte Werke, Band IX,1), S. 221–269. Jung verweist hier (S. 239) unter anderem auf »die Erzmännchen der Bergwerke, die kunstfertigen Daktylen der Antike, die homunculi der Alchemisten, die Heinzelmännchen, die schottischen brownies etc.«.

92 Vgl. Paul Sébillot, *Les Travaux publics et les mines*, S. 446–478.

93 Rainer Maria Rilke, *Sämtliche Werke*, Hrsg. Ernst Zinn, Wiesbaden 1955–1956, hier Band I, S. 542.

94 ebd., S. 723.

95 Thomas Mann, *Gesammelte Werke in zwölf Bänden*, Frankfurt am Main 1960, Band VI, S. 263.

96 Vgl. Margret Jacobs, »Hugo von Hofmannsthal: Das Bergwerk zu Falun«, In: F. Norman (Hrsg.), *Hofmannsthal: Studies in Commemoration*, London 1963, S. 53–82 sowie Gotthart Wunberg, *Der frühe Hofmannsthal: Schizophrenie als dichterische Struktur*, Stuttgart 1965, S. 68–91.

97 Robert Musil, *Gesammelte Werke in neun Bänden*, Hrsg. Adolf Frisé, Reinbek bei Hamburg, 1978, Band VI, S. 252.

98 Unter den vielen Studien zu diesem Roman setzt sich nur die von Gundi Wachtler ausführlich mit den mythischen Aspekten auseinander. Vgl. Gundi Wachtler, »Der Archetypus der Großen Mutter in Hermann Brochs Roman *Der Versucher*«, In: Manfred Durzak (Hrsg.), *Hermann Broch: Perspektiven der Forschung*, München 1972, S. 231–250.

Kapitel 3

1 Vgl. »Fausts Pakt mit Mephistopheles in juristischer Beleuchtung«, In: Goethe-Jahrbuch 24, 1903, S. 113–131 mit den Ansichten der zwei prominenten Juristen E. Landsberg und J. Kohler; Georg Müller, *Das Recht in Goethes* Faust: *Juristische Streifzüge durch das Land der Dichtung*, Berlin 1912 sowie den Forschungsüberblick

bei Eugen Wohlhaupter, *Dichterjuristen*, Herausgegeben von H. G. Seifert, 3 Bände, Tübingen, 1953–1957, Band I, S. 356–385.

2 Zu Kleists Erzählung ließe sich eine umfangreiche Bibliographie von Studien aus juristischer Perspektive zusammenstellen. Dazu gehört als frühes Beispiel Rudolf von Jherings berühmte Abhandlung. Vgl. Rudolf von Jhering, *Der Kampf ums Gesetz*, 1872. Aus jüngerer Zeit ist etwa Peter Horns Aufsatz zum *Kohlhaas* zu nennen. Vgl. Peter Horn, »Was geht uns eigentlich der Gerechtigkeitsbegriff in Kleists Erzählung 'Michael Kohlhaas' noch an?«, In: *Acta Germanica*, 8, 1973, S. 59–92. Einen Forschungsüberblick gibt Paul Michael Lützeler. Vgl. Paul Michael Lützeler, »Heinrich von Kleist: Michael Kohlhaas«, In: *Romane und Erzählungen der deutschen Romantik. Neue Interpretationen*, Stuttgart 1981, S. 213–239.

3 Vgl. William Seagle, *The History of Law*, New York 1946 sowie ders., *Men of Law from Hammurabi to Holmes*, New York 1948.

4 Vgl. Richard Weisberg und Jean-Pierre Barricelli, »Literature and the Law,« In: Jean-Pierre Barricelli und Joseph Gibaldi (Hrsg.) *Interrelations of Literature*, New York 1982, S. 150–175; Hans Fehr, *Das Recht in der Dichtung*, Bern 1931; Klaus Kanzog, »Literatur und Recht«, In: *Reallexikon der deutschen Literaturgeschichte*, 2. Auflage, Berlin 1965, Band II, S. 164–195 sowie Ephraim London (Hrsg.), *The World of Law*, Band I: *The Law in Literature*, New York 1960.

5 Vgl. Richard H. Weisberg, *The Failure of the Word: The Protagonist as Lawyer in Modern Fiction*, New Haven 1984. Weitere Beispiele in Karen L. Kretschman, *Legal Novels: An Annotated Bibliography*, Tarlton Law Library Legal Bibliography Series 13, University of Texas, 1976.

6 Vgl. hinsichtlich der wichtigsten biographischen Informationen Eugen Wohlhaupter, *Dichterjuristen* (wie Anm. 1). Hinsichtlich der Diskussion literarischer Werke ist Wohlhaupter weniger ergiebig.

7 Franz Finke, »Gustav Hugos Laudatio auf Heine«, In: *Heine-Jahrbuch* 7, 1968, S. 14.

8 Oliver Wendell Holmes, Jr., *Collected Legal Papers*, New York 1920, S. 164–165.

9 Vgl. »Catalogue of the Works of Sir William Blackstone«, In: D. Douglas (Hrsg.) *The Biographical History of Sir William Blackstone*, London 1782, S. 3–7.

10 Robert A. Ferguson, *Law and Letters in American Culture*, Cambridge 1984.

11 John Marshall Gest, *The Lawyer in Literature*, Boston 1913, S. 113–155

12 Vgl. Charles E. McClelland, *State, Society and University in Germany, 1700–1914*, Cambridge 1980; Dietrich Rueschemeyer, *Lawyers and Their Society: A Comparative Study of the Legal Profession in Germany and in the United States*, Cambridge 1973; Roscoe Pound, *The Lawyer from Antiquity to Modern Times*, St. Paul, Minnesota 1953.

13 Vgl. Michael Mooney, *Vico in the Tradition of Rhetoric*, Princeton 1985, S. 76 (Fußnote 94).

14 Vgl. J. W. Goethe, *Dichtung und Wahrheit*, Buch II, Kap. 6, Hamburger Ausgabe, Band 9, S. 246.

15 Gertrud Schubart-Fikentscher, *Goethes sechsundfünfzig Strassburger Thesen vom*

6. August 1771: Ein Beitrag zur Geschichte der deutschen Rechtswissenschaft, Weimar
1949, S. 6.

16 Als Goethe in Straßburg ankam, wurde ihm schnell klar, daß sich das Rechtsstudium an der französisch orientierten Universität grundlegend von seinem bisherigen
Rechtsstudium in Leipzig unterschied. Alle Übungen waren hier aufs Praktische
ausgerichtet. Man machte ihm klar, daß der philosophische und historische Ansatz
des Rechtsstudiums, wie er ihn kannte, in Straßburg wenig zählte im Vergleich zum
Auswendiglernen und Memorieren der in der Praxis benötigten Gesetze. Vgl. *Dichtung und Wahrheit*, Buch 9, Hamburger Ausgabe, Band 9, S. 359 f.

17 Vgl. Franz Eulenberg, *Die Frequenz der deutschen Universitäten von ihrer Gründung
bis zur Gegenwart*, Abhandlungen der Philologisch-historischen Klasse der Königl.
Sächsischen Gesellschaft der Wissenschaften XXIV/II, Leipzig 1904.

18 Wolfgang Leppmann, *Winckelmann. Ein Leben für Apoll*, Bern und München 1982,
S. 47.

19 Vgl. Charles E. McClelland, *State, Society and University* (wie Anm. 12), S. 39 ff.

20 Eberhard Werner Happel, *Der akademische Roman*, Bern, Stuttgart, Wien 1962,
S. 277.

21 Vgl. hierzu Alfred R. Neumann, »Werther the Lawyer«, In: Luanne T. Frank und
Emery G. George (Hrsg.), *Husbanding the Golden Grain. Studies in Honor of Henry
W. Nordmeyer*, Ann Arbor, Michigan 1973, S. 218–222.

22 Goethe selbst war vom Gericht in Frankfurt wegen seines lockeren Stils kritisiert
worden. Vgl. Wohlhaupter, *Dichterjuristen*, I, S. 229 f.

23 Brief vom 27. November 1792, In: Wilhelm Heinrich Wackenroder, *Dichtung.
Schriften. Briefe*, Herausgegeben von Gerda Heinrich, München 1984, S. 402 f.

24 Brief vom 1. Mai 1795, In: E.T.A. Hoffmann, *Briefwechsel*, herausgegeben von Friedrich Schnapp, 3 Bände, München 1967–1969, Band I, S. 62.

25 Vgl. John Henry Merryman, *The Civil Law Tradition: An Introduction to the Legal
System of Western Europe and Latin America*, Stanford 1969 sowie Alan Watson, *The
Making of the Civil Law*, Cambridge 1981.

26 Vgl. Karl Bader, »Deutsches Recht«, In: Wolfgang Stammler (Hrsg.), *Deutsche Philologie im Aufriß*, 2. Auflage, Berlin 1962, Band III, Sp. 1971–2023.

27 Vgl. Karl Bader, »Deutsches Recht« sowie Paul Koschaker, *Europa und das römische
Recht*, Berlin und München 1947.

28 J.W. Goethe, *Dichtung und Wahrheit*, Hamburger Ausgabe, Band 9, S. 530.

29 Vgl. Otto Gierke, *Natural Law and the Theory of Society 1500 to 1800*, Cambridge
1950 sowie Werner Maihofer (Hrsg.), *Naturrecht oder Rechtspositivismus*, 3. Auflage,
Darmstadt 1981.

30 Gertrud Schubart-Fikentscher, *Goethes sechsundfünfzig Strassburger Thesen*, S. 3. Die
These ist ein Zitat aus Ulpian, das sich am Beginn der *Digesta* im *Corpus Juris Civilis* findet.

31 Vgl. Ernst Landsberg, *Geschichte der deutschen Rechtswissenschaft*, München und Leipzig 1898. Der gesamte erste Halbband dieses Werks ist dem Naturrecht gewidmet.

32 Friedrich von Schiller, *Sämtliche Werke*, Herausgegeben von Gerhard Fricke und
    Herbert G. Göpfert, 5 Bände, München 1965–1967, Band 1, S. 222f.

33 Joseph Freiherr von Eichendorff, *Werke und Schriften*, Herausgegeben von Gerhard
    Baumann, 4 Bände, Stuttgart 1957–1958, Band 2, S. 1047.

34 Vgl. hierzu die Einleitung des Herausgebers in Hans Hattenhauer (Hrsg.), *Thibaut
    und Savigny. Ihre programmatischen Schriften*, München 1973; Klaus Epstein, *The
    Genesis of German Conservatism*, Princeton 1966, S. 372–387 sowie Uwe-Jens Heuer,
    *Allgemeines Landrecht und Klassenkampf: Die Auseinandersetzungen um die Prinzipien
    des Allgemeinen Landrechts Ende des 18. Jahrhunderts als Ausdruck der Krise des Feu-
    dalsystems in Preußen*, Berlin (Ost), 1960.

35 Vgl. Hans Hattenhauer, ebd., S. 12: »Das Projekt des Corporis Juris Friedriciani, das
    ist Seiner Königlichen Majestät in Preußen in der Vernunft und Landesverfassungen
    gegründetes Landrecht, worinnen das Römische Recht in eine natürliche Ordnung
    und richtiges System … gebracht. «

36 Vgl. Reinhart Koselleck, *Preußen zwischen Reform und Revolution. Allgemeines Land-
    recht, Verwaltung und soziale Bewegung von 1791 bis 1848*, Stuttgart 1967, S. 26,
    Anm. 12.

37 Ludwig Achim von Arnim, *Briefe an Savigny 1803–1831*, herausgegeben von Heinz
    Härtl, Weimar 1982, S. 143.

38 Vgl. Elisabeth Fehrenbach, *Traditionale Gesellschaft und revolutionäres Recht: Die
    Einführung des Code Napoléon in den Rheinbundstaaten*, Göttingen 1974.

39 Vgl. Hans Hattenhauer, *Thibaut und Savigny*, S. 40.

40 Vgl. ebd., S. 61–94, hier S. 67.

41 Zur Rolle Thibauts in der Musikgeschichte vgl. Wohlhaupter, *Dichterjuristen*, I,
    S. 120–166 (»Thibaut und Robert Schumann«).

42 Ludwig Achim von Arnim, *Briefe an Savigny*, S. 143.

43 Vgl. Hattenhauer, *Thibaut und Savigny*, S. 98–192, hier S. 98.

44 Eine Auswahl repräsentativer Dokumente bei Hattenhauer, *Thibaut und Savigny*,
    S. 193–298.

45 Über Kant und das Naturrecht vgl. insbesondere Ernst Landsberg, *Geschichte der
    deutschen Rechtswissenschaft*, Band I, S. 503–511.

46 Vgl. zur Wirkungsgeschichte von Kants Schrift Gerhard Schulz, *Die deutsche Literatur
    zwischen Französischer Revolution und Restauration*, München 1983, Band I, S. 159–180.

47 Immanuel Kant, *Werke in zehn Bänden*, herausgegeben von Wilhelm Weischedel,
    Band IX, S. 217.

48 Wilhelm von Humboldt, *Werke in fünf Bänden*, herausgegeben von Andreas Flitner
    und Klaus Giel, 3. Auflage, Darmstadt 1980–1981, Band I, S. 69.

49 Friedrich Schiller, *Sämtliche Werke*, Band II, S. 959.

50 Friedrich Hölderlin, *Sämtliche Werke*, herausgegeben von Friedrich Beißner (Kleine
    Stuttgarter Ausgabe), 6 Bände, Stuttgart 1944–1962, hier Band VI, S. 78.

51 ebd., Band VI, S. 249.

52 Friedrich Hölderlin, *Sämtliche Werke*, Band II, S. 38.

53 Heinrich von Kleist, *Sämtliche Werke und Briefe*, herausgegeben von Helmut Sembdner, 2 Bände, München 1961, Band 2, S. 491.

54 Vgl. Gerd Heinrich, »Die Geisteswissenschaften an der brandenburgischen Landesuniversität Frankfurt/Oder um 1800«, In: *Kleist-Jahrbuch*, 1983, Berlin 1983.

55 Kleist, *Sämtliche Werke und Briefe*, Band 2, S. 683.

56 Bonaventura, *Nachtwachen*, herausgegeben von Wolfgang Paulsen, Stuttgart 1964, S. 61.

57 Diese Beobachtung stimmt mit der Vermutung Franz Heiduks überein, bei dem anonymen Autor könne es sich um den juristisch ausgebildeten Erfurter Schriftsteller Theodor Ferdinand Kajetan Arnold handeln. Vgl. Franz Heiduk, »Bonaventuras ›Nachtwachen‹: Erste Bemerkungen zum Ort der Handlung und zur Frage nach dem Verfasser,« In: *Aurora*, 42, 1982, S. 143–165.

58 Zit. nach Hans Hattenhauer, *Thibaut und Savigny*, S. 24.

59 Novalis, *Schriften*, Band II, S. 487.

60 Friedrich Schlegel, *Kritische Ausgabe*, herausgegeben von Ernst Behler mit Jean-Jacques Anstett und Hans Eichner, 35 Bände, München, Paderborn, Wien 1958 ff., hier Band V, S. 399 f.

61 ebd., S. 401.

62 Adolph Müller, *Briefe von der Universität in die Heimat*, Leipzig 1874, S. 473.

63 Ludwig Uhland, *Gedichte*, herausgegeben von Hans-Rüdiger Schwab, Frankfurt 1987, S. 74.

64 ebd., S. 79.

65 Vgl. für eine Darstellung der Rechtssituation in Baden und Württemberg aus erster Hand Varnhagen von Ense, *Denkwürdigkeiten*, Band III, S. 217–235.

66 J.W. Goethe, *Dichtung und Wahrheit*, Hamburger Ausgabe, Band 9, S. 361.

67 Vgl. zum Verhältnis von Savigny und Brentano Eugen Wohlhaupter, *Dichterjuristen*, Band I, S. 3–96.

68 Clemens Brentano, *Werke*, herausgegeben von Wolfgang Frühwald, Bernhard Gajek und Friedhelm Kemp, 4 Bände, München 1963–1968, hier Band 2, S. 454 f.

69 Clemens Brentaon, *Werke*, Band 4, S. 545.

70 Clemens Brentano, *Werke*, Band 1, S. 795–797.

71 Über das Verhältnis zwischen Savigny und Arnim vgl. Eugen Wohlhaupter, *Dichterjuristen*, Band 1, S. 97–119.

72 Ludwig Achim von Arnim, *Briefe an Savigny*, Weimar 1982, S. 108.

73 Ludwig Achim von Arnim, *Gedichte*. Zweiter Teil, herausgegeben von Herbert R. Liedke und Alfred Anger, Tübingen 1976, S. 116–121.

74 Vgl. zu Eichendorff die Darstellung bei Eugen Wohlhaupter, *Dichterjuristen*, Band 2, S. 99–190 sowie Wolfgang Frühwald, »Der Regierungsrat Joseph von Eichendorff«, In: *Internationales Archiv für Sozialgeschichte der deutschen Literatur*, 4, 1979, S. 37–67.

75 Diese Aufsätze, z.B. »Preußen und die Konstitutionen« oder »Über Verfassungsgarantien« sind Variationen des Grundthemas. Vgl. Eichendorff, *Werke und Schriften*, IV,. S. 1275–1353.

76 ebd., Band II, S. 1035 f.

77 ebd., S. 127.

78 Egon Schwarz hat darauf hingewiesen, daß jedes der drei Bücher des Romans einen verschiedenen Erfahrungsbereich repräsentiert: den persönlich-poetischen, den sozial-politischen und den philosophisch-religiösen. Vgl. Egon Schwarz, »Ahnung und Gegenwart«, In: *Romane und Erzählungen der deutschen Romantik*, S. 308.

79 Vgl. Wilhelm Schoof (Hrsg.) *Briefe der Brüder Grimm an Savigny*, Gunhild Ginschel, *Der junge Jacob Grimm 1805–1819*, Berlin 1967 sowie Gerhard Dilcher, »Jacob Grimm als Jurist«, In: Dieter Henning und Bernhard Lauer (Hrsg.), *Die Brüder Grimm: Dokumente ihres Lebens und Wirkens*, Kassel 1985, S. 25–41.

80 Gunhild Ginschel, *Der junge Jacob Grimm*, S. 38.

81 Jacob Grimm, *Kleinere Schriften*, 8 Bände, Berlin 1864–1890, Band VI, S. 153.

82 Vgl. *Die Brüder Grimm. Dokumente ihres Lebens und Wirkens*, S. 271 f.

83 Vgl. Schubart-Fikentscher, S. 82–85.

84 Vgl. Carl Maria von Weber, *Der Freischütz: Texte, Materialien, Kommentare*, herausgegeben von Attila Csampai und Dietmar Holland, Reinbek 1981, S. 9–30.

85 Peter A. Kroner, »Adelbert von Chamisso«, In: Benno von Wiese (Hrsg.), *Deutsche Dichter der Romantik: Ihr Leben und Werk*, Berlin 1971, S. 385.

86 Adelbert von Chamisso, *Werke*, herausgegeben von Heinrich Kurz, 2 Bände, Leipzig und Wien o.J., Band I, S. 437.

87 Clemens Brentano, *Werke*, Band 2, S. 806.

88 Vgl. Wolfgang Frühwald, »Clemens Brentano«, In: Benno von Wiese (Hrsg.) *Deutsche Dichter der Romantik: Ihr Leben und Werk*, Berlin 1971, S. 280–309.

89 Karl Marx und Friedrich Engels, *Gesamtausgabe (MEGA)*, Dritte Abteilung, Briefwechsel Bd. I, Berlin 1975, S. 11.

90 Karl Marx, »Das Philosophische Manifest der historischen Rechtsschule« (1842), *MEW*, Bd. I, Berlin 1961, S. 78–85.

91 Heinrich Heine, *Gesamtausgabe*, Band VI, S. 9.

92 Die folgenden Abschnitte basieren auf Analysen, deren ausführlichere Fassung zu finden ist in Theodore Ziolkowski, »Kleists Werk im Lichte der zeitgenössischen Rechtskontroverse«, In: *Kleist-Jahrbuch 1987*, S. 28–51.

93 Heinrich von Kleist, *Sämtliche Werke und Briefe*, Band 2, S. 323.

94 Vgl. Hans-Peter Schneider, »Justizkritik im ›Zerbrochnen Krug‹«, In: *Kleist-Jahrbuch 1988/89*, S. 309–326.

95 Vgl. Hans Kiefner, »Species facti. Geschichtserzählung bei Kleist und in Relationen bei preußischen Kollegialbehörden um 1800«, In: *Kleist-Jahrbuch 1988/89*, S. 13–39.

96 Heinrich von Kleist, *Sämtliche Werke und Briefe*, Band 2, S. 491.

97 Brief vom 25. Oktober 1807 an Ulrike von Kleist, In: *Sämtliche Werke und Briefe*, Band 2, S. 793.

98 Brief vom 13. Februar 1811 an Karl von Hardenberg, In: *Sämtliche Werke und*

Briefe, Band 2, S. 851.

99 Heinrich von Kleist, *Sämtliche Werke und Briefe*, Band 2, S. 458.

100 Vgl. Hartmut Boockmann, »Mittelalterliches Recht bei Kleist: Ein Beitrag zum Verständnis des *Michael Kohlhaas*« sowie Klaus Lüderssen, »Recht als Verständigung unter Gleichen in Kleists *Prinz von Homburg* – ein aristokratisches oder ein demokratisches Prinzip?«, beide in: *Kleist-Jahrbuch 1985*, S. 56–83.

101 Vgl. Hans Höller, *Der ›Amphitryon‹ von Molière und der von Kleist. Eine sozialgeschichtliche Studie*, GRM-Beiheft 3, Heidelberg 1982, S. 28 und 60 f.

102 Diese Bestätigung des positiven Rechts ist von Rechtshistorikern gelegentlich bemerkt worden. Vgl. etwa Joachim Bohnert, »Positivität des Rechts und Konflikt bei Kleist,« In: *Kleist-Jahrbuch 1985*, S. 46.

103 Vgl. Eugen Wohlhaupter, *Dichterjuristen*, Band II, S. 35–98; Wulf Segebrecht, »E.T.A. Hoffmanns Auffassung vom Richteramt und vom Dichterberuf,« In: *Jahrbuch der deutschen Schillergesellschaft*, 11, 1967, S. 62–138; E.T.A. Hoffmann, *Juristische Arbeiten*, herausgegeben von Friedrich Schnapp, München 1973 sowie Wulf Segebrecht, »Beamte, Künstler, Außenseiter: Analogien zwischen der juristischen und der dichterischen Praxis E.T.A. Hoffmanns«, In: *Imprimatur. Ein Jahrbuch für Bücherfreunde*, N.F. 11, 1984, S. 295–307.

104 E.T.A. Hoffmann, *Briefwechsel*, Band II, S. 62.

105 Brief an Hippel vom 23. Dezember 1808, In: E.T.A. Hoffmann, *Briefwechsel*, Band I, S. 254.

106 Brief an Hippel vom 12. März 1815, In: E.T.A. Hoffmann, *Briefwechsel*, Band II, S. 45.

107 E.T.A. Hoffmann, *Briefwechsel*, Band II, S. 27.

108 ebd., S. 47.

109 Brief an Friedrich de la Motte Fouqué vom 3. April 1817, ebd., S. 127.

110 So im Jahresbericht 1816 von Friedrich von Trützschler und Falkenstein, Vizepräsident des Kammergerichts, zitiert nach E.T.A. Hoffmann, *Juristische Arbeiten*, S. 30.

111 E.T.A. Hoffmann, *Juristische Arbeiten* S. 53 und 519.

112 E.T.A. Hoffmann, *Poetische Werke*, Band III, S. 15.

113 E.T.A. Hoffmann, *Briefwechsel*, Band III, S. 259.

114 E.T.A. Hoffmann, *Poetische Werke*, Band II, S. 202.

115 ebd., S. 449.

116 E.T.A. Hoffmann, *Poetische Werke*, Band VI, S. 271.

117 E.T.A. Hoffmann, *Briefwechsel*, Band III, S. 259.

118 E.T.A. Hoffmann, *Poetische Werke*, Band II, S. 634 f.

119 ebd., S. 582.

120 E.T.A. Hoffmann, *Poetische Werke*, Band VI, S. 634.

121 E.T.A. Hoffmann, *Poetische Werke*, Band V, S. 19.

122 Die einschlägigen Dokumente sind abgedruckt in E.T.A. Hoffmann, *Briefwechsel*, Band III, S. 117–213, hier S. 150 f.

123 E.T.A. Hoffmann, *Briefwechsel*, Band II, S. 263

124 Vgl. Mark Pavlyshyn, »Interpretation of Word as Act: The Debate on E.T.A. Hoffmanns *Meister Floh*«, In: *Seminar*, 17, 1981, S. 196–204.

125 E.T.A. Hoffmann, *Poetische Werke*, Band VI, S. 86.

126 E.T.A. Hoffmann, *Briefwechsel*, Band III, S. 236.

127 E.T.A. Hoffmann, *Poetische Werke*, Band II, S. 558.

Kapitel 4

1 Michel Foucault hat die Geschichte der administrativen Ausgrenzung und Einsperrung der Irren mit Blick vor allem auf Frankreich verfolgt. Vgl. Michel Foucault, *Wahnsinn und Gesellschaft. Eine Geschichte des Wahns im Zeitalter der Vernunft*, Frankfurt am Main 1969 [Originalausgabe:1961]. Die Entwicklung des preußischen »therapeutischen Idealismus« ist nachgezeichnet bei Klaus Dörner, *Bürger und Irre. Zur Sozialgeschichte und Wissenschaftssoziologie der Psychiatrie*, Frankfurt/Main 1969, hier zitiert nach der Taschenbuchausgabe Frankfurt 1975.

2 H.A. Korff, *Der Geist der Goethezeit*, Band III: *Frühromantik*, 3. Aufl. Leipzig 1959, S. 162: »Der Wahnsinn gehört zu den charakteristischen Motiven der Goethezeit.« Systematisch aufgenommen wurde diese Beobachtung erstmals bei Albrecht Schöne, *Interpretationen zur dichterischen Gestaltung des Wahnsinns in der deutschen Literatur*, Diss., Münster 1951. In jüngerer Zeit sind mehrere einschlägige Studien erschienen. Vgl. z.B. Anke Bennholdt-Thomsen und Alfredo Guzzoni, *Der »Asoziale« in der Literatur um 1800*, Königstein 1979, bes. S. 165–214; Jutta Osinski, *Über Vernunft und Wahnsinn: Studien zur literarischen Aufklärung in der Gegenwart und im 18. Jahrhundert*, Bonn 1983; Franz Loquai, *Künstler und Melancholie in der Romantik*, Frankfurt/Main 1984; Georg Reuchlein, *Bürgerliche Gesellschaft, Psychiatrie und Literatur. Zur Entwicklung der Wahnsinnsthematik in der deutschen Literatur des späten 18. und frühen 19. Jahrhunderts*, München 1986; Reuchlein gibt auf S. 14–35 einen wertvollen Überblick über die Sekundärliteratur zum Thema Wahnsinn und Literatur; Lothar Pikulik, *Romantik als Ungenügen an der Realität*, Frankfurt/Main 1979; dies Buch hat trotz seines Titels über den Wahnsinn wenig zu sagen.

3 Vgl. vor allem Dieter Jetter, *Grundzüge der Geschichte des Irrenhauses*, Darmstadt 1981. Zur architektonischen Gestaltung der Irrenhäuser siehe das Kapitel »Hospital« in Nikolaus Pevsner, *A History of Building Types*, Princeton N. J., 1976, S. 139–158.

4 Michel Foucault, *Wahnsinn und Gesellschaft*, S. 27.

5 Johann Heinrich Zedler, *Großes Vollständiges Universal-Lexikon aller Wissenschafften und Künste*, 64 Bände, Leipzig/Halle 1732–1750, hier Band XLIII, Sp. 1140 sowie Band LXIII, Sp. 1007–1014.

6 Vgl. Franz G. Alexander und Sheldon T. Selesnick, *The History of Psychiatry: An Evaluation of Psychiatric Thought and Practice from Prehistoric Times to the Present*,

506   *Anmerkungen*

New York 1966, S. 115. Siehe in diesem Zusammenhang auch Andrew T. Scull, »From Madness to Mental Illness«, In: *Archive européenne de sociologie*, 16, 1975, S. 218–251.

7 Alexander und Selesnick, *The History of Psychiatry*, S. 112.

8 Vgl. Martin S. Staum, *Cabanis: Enlightenment and Medical Philosophy of the French Revolution*, Princeton, N. J. 1980.

9 Vgl. Dieter Jetter, *Grundzüge der Geschichte des Irrenhauses*, S. 120–128.

10 Vgl. Werner Leibbrand und Annemarie Wettley, *Der Wahnsinn: Geschichte der abendländischen Psychopathologie*, Freiburg und München 1961, S. 341 sowie Klaus Dörner, *Bürger und Irre*, S. 92 f.

11 Vgl. Klaus Dörner, *Bürger und Irre*, S. 237–242 sowie Leonard Krieger, *The German Idea of Freedom: History of a Political Tradition*, Chikago 1957, S. 139–165.

12 Vgl. Dieter Jetter, *Grundzüge*, S. 34 f.

13 Vgl. Anke Bennholdt-Thomsen und Alfredo Guzzoni, »Der Irrenhausbesuch: Ein Topos in der Literatur um 1800«, In: *Aurora*, 42, 1982, S. 82–110 sowie Jutta Osinski, *Vernunft und Wahnsinn*, S. 59–75.

14 Bennholdt-Thomsen und Guzzoni, »Der Irrenhausbesuch«, S. 85.

15 Heinrich von Kleist, *Sämtliche Werke und Briefe*, Band 2, S. 561.

16 Zit. nach Bennholdt-Thomsen und Guzzoni, »Der Irrenhausbesuch,« S. 88.

17 Vgl. zur Psychiatrie des romantischen Zeitalters zunächst die entsprechenden Kapitel in Klaus Dörner, *Bürger und Irre*, Leibbrand/Wettley, *Der Wahnsinn* und Alexander/Selesnick, *The History of Psychiatry*. Außerdem George Rosen, *Madness in Society: Chapters in the Historical Sociology of Mental Illness*, Chikago 1968; Erwin Ackerknecht, *Kurze Geschichte der Psychiatrie*, Stuttgart ³1985; Gerhard Fichtner (Hrsg.), *Psychiatrie zur Zeit Hölderlins*, Ausstellungskatalog der Universität Tübingen, Tübingen 1980; Geza Wunderlich, *Krankheits- und Therapiekonzepte am Anfang der deutschen Psychiatrie*, Husum 1981 sowie Gunter Herzog, »Heilung, Erziehung, Sicherung: Englische und deutsche Irrenhäuser in der ersten Hälfte des 19. Jahrhunderts«, In: Jürgen Kocka (Hrsg.), *Bürgertum im 19. Jahrhundert: Deutschland im europäischen Vergleich*, München 1988, Band 2, S. 418–446.

18 Alexander Crichton, *Inquiry into the Nature and Origin of Mental Derangement*, London 1798 (Faksimile-Edition, herausgegeben von Richard Ellenbogen, New York 1976).

19 Philippe Pinel, *Traité médico-philosophique sur l'aliénation mentale ou la manie*, Paris 1800, (Faksimile-Edition Genf und Paris 1980), S. li.

20 Immanuel Kant, *Werke*, Band X, S. 529.

21 Vgl. zu Crichton Leibbrand und Wettley, *Der Wahnsinn*, S. 355–360.

22 Vgl. zu Cullen Leibbrand und Wettley, *Der Wahnsinn*, S. 341–350.

23 Vgl. zu Pinel, Klaus Dörner, *Bürger und Irre*, S. 152–169; Leibbrand und Wettley, *Der Wahnsinn*, S. 418–423 sowie Erwin Ackerknecht, *Kurze Geschichte der Psychiatrie*, S. 41 ff.

24 Zu Kants Ansichten über den Wahnsinn vgl. Klaus Dörner, *Bürger und Irre*,

S. 180–187 sowie Leibbrand und Wettley, *Der Wahnsinn*, S. 361–368.

25 Durch die Übersetzung des Buches von Feuchtersleben, *The Principles of Medical Psychology*, London 1847 fand der Begriff »Psychosis« Eingang in die englische Sprache.

26 Vgl. Sander L. Gilman, *Seeing the Insane: A Cultural History of Madness and Art in the Western World*, New York 1982 sowie die nützliche Dissertation von Jane E. Kromm, *Studies in the Iconography of Madness 1600–1900*, Emory University 1984.

27 Vgl. Marianne Thalmann, *Der Trivialroman des 18. Jahrhunderts und der romantische Roman*, Berlin 1923, S. 64–66.

28 Friedrich von Blanckenburg, *Versuch über den Roman*, 1774 (Reprint Stuttgart 1965), S. 461.

29 Herman Meyer, *Der Sonderling in der deutschen Dichtung* (1943), Neuauflage München 1963, S. 101 sowie 22 f.

30 Vgl. Erwin Ackerknecht, *Kurze Geschichte der Psychiatrie*, S. 59 sowie Alexander und Selesnick, *History of Psychiatry*, S. 134.

31 Erwin Ackerknecht, *Kurze Geschichte der Psychiatrie*, S. 59.

32 Philippe Pinel, *Traité médico-philosophique*, S. 54–57.

33 Vgl. Gerhard Schulz, *Die deutsche Literatur zwischen Französischer Revolution und Restauration*, Band 1: *Das Zeitalter der Französischen Revolution*, München 1983, S. 283–296.

34 Vgl. zu Spiess' Biographie das Nachwort von Wolfgang Promies zur Neuausgabe Christian Heinrich Spiess, *Biographien der Wahnsinnigen*, Neuwied 1966. Zum schriftstellerischen Werk von Spiess vgl. auch Jutta Osinski, *Über Vernunft und Wahnsinn*, S. 59–75 bzw. S. 141–146 sowie Georg Reuchlein, *Bürgerliche Gesellschaft, Psychiatrie und Literatur*, S. 98–130.

35 Johann Heinrich Spiess, *Biographien der Wahnsinnigen*, S. 7 Ich zitiere nach der leichter zugänglichen Neuausgabe von Promies. Sie enthält jedoch nur acht der achtzehn Episoden aus der vierbändigen Originalfassung, Leipzig 1795–1796.

36 Vgl. Marianne Thalmann, *Der Trivialroman* sowie James Trainer, *Ludwig Tieck: From Gothic to Romantic*, The Hague, 1964, S. 26–49.

37 Vgl. Victor Lange, »Zur Gestalt des Schwärmers im deutschen Roman des 18. Jahrhunderts«, In: Herbert Singer und Benno von Wiese (Hrsg.) *Festschrift für Richard Alewyn*, Köln 1967, S. 151–164.

38 Vgl. Eric Blackalls Ausführungen in ders., *The Novels of the German Romanticism*, Ithaca, N.Y. 1983, S. 151–159.

39 Vgl. zur Erörterung der Bilderwelt des Romans William J. Lillyman, *Reality's Dark Dream: The Narrative Fiction of Ludwig Tieck*, Berlin 1979, S. 21–41.

40 Tieck überarbeitete den Roman zweimal: das erste Mal im Jahre 1813 und dann noch einmal für seine »Gesammelten Werke« im Jahre 1828. Da die erste Fassung nie nachgedruckt wurde und kaum zugänglich ist, beziehe ich mich auf die dritte Fassung in der Wiedergabe bei Ludwig Tieck, *Werke in vier Bänden*, München 1963–1966, Band 1.

41 Vgl. Alfred Angers Nachwort in Ludwig Tieck, *Franz Sternbalds Wanderungen. Stu-*

dienausgabe, Stuttgart 1966, S. 543–583.

42 Vgl. Gerhard Schulz' Ausführungen über Tieck und den *William Lovell* in Ders., *Das Zeitalter der Französischen Revolution*, S. 371–398, hier S. 376.

43 Vgl. Marianne Thalmann, *Die Romantik des Trivialen: Von Grosses »Genius« bis Tiecks »William Lovell«*, München 1970, S. 108 f.

44 Mein Versuch, den Roman im Lichte der zeitgenössischen psychiatrischen Theorie zu interpretieren, unterscheidet sich sowohl von der Untersuchungsperspektive bei Walter Münz, *Individuum und Symbol in Tiecks »William Lovell«: Materialien zum frühromantischen Subjektivismus*, Frankfurt am Main 1975, der den Wahnsinn im Roman mit Hilfe moderner psychologischer Theorien der endogenen Depression analysiert, wie von der weitgehend sozialhistorischen Interpretation bei Anke Bennholdt-Thomsen und Alfredo Guzzoni, *Der »Asoziale« in der Literatur um 1800*, S. 195 f. sowie 208–215.

45 J. W. Goethe, *Wilhelm Meisters Lehrjahre*, Hamburger Ausgabe, Band 7, S. 247.

46 Vgl. zu diesem Zusammenhang Frederick J. Beharriel, »The Hidden Meaning of Goethe's ›Bekenntnisse einer schönen Seele‹«, In: Jeffrey L. Sammons und Ernst Schürer (Hrsg.), *Lebendige Form. Festschrift für Heinrich E. K. Henel*, München 1970, S. 37–62.

47 Siehe hierzu Eric Blackalls Erörterung in Eric Blackall, *Goethe and the Novel*, S. 111–136; Jutta Osinski, *Über Vernunft und Wahnsinn*; Anke Bennholdt-Thomsen und Alfredo Guzzoni, *Der »Asoziale« in der Literatur um 1800*, S. 180–188. Georg Reuchlein, *Bürgerliche Gesellschaft, Psychiatrie und Literatur*, S. 131–180 diskutiert mehrere Werke Goethes (insbesondere den *Faust*, *Wilhelm Meisters Lehrjahre* und *Iphigenie*) unter der Überschrift »Psychologisierung der Literatur und Moraldidaxe«.

48 Vgl. Dorothea Flashar, *Bedeutung, Entwicklung und literarische Nachwirkung von Goethes Mignongestalt*, Berlin 1929, S. 53–71.

49 Vgl. Paul Krauss, »Mignon, der Harfner, Sperata: Die Psychopathologie einer Sippe in *Wilhelm Meisters Lehrjahren*«, In: DVjS, 22, 1944, S. 327–354. Georg Reuchlein, *Bürgerliche Gesellschaft, Psychiatrie und Literatur*, S. 149–161, gesteht der Figur des Harfners wenig Entwicklung von der frühen zur späteren Fassung zu. Doch scheinen mir die Unterschiede beider Versionen unverkennbar.

50 Die wichtigsten Szenen mit dem Harfner in der *Theatralischen Sendung* finden sich in Buch IV, Kap. 12–13.

51 Vgl. Gloria Flaherty, »The Stage-Struck Wilhelm Meister and the 18th-Century Psychiatric Medicine,« In: *MLN*, 101, 1986, S. 493–515. Wichtig für diesen Zusammenhang auch Gottfried Diener, *Goethes »Lila«: Heilung eines »Wahnsinns« durch »psychische Kur«*, Frankfurt/Main 1971.

52 Wilhelm Bode (Hrsg.) *Goethe in vertraulichen Briefen seiner Zeitgenossen, 1749–1803*, Berlin 1921, S. 517.

53 Friedrich Husemann, *Goethe und die Heilkunst: Beobachtungen zur Krise in der Medizin*, Dresden 1936, geht fehl, wenn er behauptet, die von Goethe beschriebenen Methoden seien erst im 20. Jahrhundert von Rudolf Steiner praktiziert worden.

Vielmehr beschreibt Goethe die Praxis des »moral management«, wie es in England gegen Ende des 18. Jahrhunderts aufkam.

54 Vgl. Schillers Brief an Goethe vom 20. Oktober 1797, In: *Der Briefwechsel zwischen Schiller und Goethe*, Leipzig 1955, Band I, S. 171.

55 *Athenäum. Eine Zeitschrift.* (Faksimile-Edition 1960), I,2, S. 354 und 346.

56 Jean Paul, *Werke*, V, S. 44 f.

57 Vgl. zu Reil Klaus Dörner, *Bürger und Irre*, S. 227–237; Leibbrand und Wettley, *Der Wahnsinn*, S. 387–399; Alexander und Selesnick, *History of Psychiatry*, S. 135–137; Jutta Osinski, *Über Vernunft und Wahnsinn*, S. 222–226 sowie das *Dictionary of Scientific Biography*, XI, S. 363–365.

58 Zit. nach Leibbrand und Wettley, *Der Wahnsinn*, S. 395.

59 Johann Christian Reil, *Rhapsodieen über die Anwendung der psychischen Curmethode auf Geisteszerrüttungen*, Halle 1803 (Faksimile-Edition Amsterdam 1968), S. 31.

60 Vgl. A. Mechler, »Das Wort 'Psychiatrie'«, In: *Der Nervenarzt*, 34, 1963, S. 405.

61 Vgl. Erwin Ackerknecht, *Kurze Geschichte der Psychiatrie*, S. 49.

62 Hier liegt der Zusammenhang zwischen Reils *Rhapsodieen* und seinen früheren Arbeiten über die Lebenskraft und das Fieber.

63 Vgl. Hans Söhnlein, »Die Fabel des Titan: Ein Versuch zu ihrer Entschlüsselung«, In: *Hesperus*, 24, 1962, S. 32–43. Eine erschöpfende Erörterung des Romans findet sich bei H. A. Korff, *Der Geist der Goethezeit*, III, S. 122–169; siehe zur neueren Diskussion (mit Bibliographie) Eric Blackall, *The Novel of the German Romantics*, S. 84–90; Gerhard Schulz, *Das Zeitalter der Französischen Revolution*, S. 350–360. Rainer Matzker, *Der nützliche Idiot: Wahnsinn und Initiation bei Jean Paul und E.T.A. Hoffmann*, Frankfurt/Main 1984 versucht Jean Paul im Rahmen von Philosophie und Religion zu lokalisieren und nicht, wie der Titel verspricht, im Blick auf die zeitgenössische Diskussion über den Wahnsinn.

64 Jean Paul, *Titan*, Werke III, S. 156.

65 Vgl. Lucie Stern, »Wilhelm Meisters Lehrjahre und Titan« (1922), wiederabgedruckt in Uwe Schweikert (Hrsg.), *Jean Paul: Wege der Forschung*, Darmstadt 1974, S. 41 f.

66 Siehe Emil Steigers Interpretation des *Titan* in Ders., *Meisterwerke deutscher Sprache aus dem neunzehnten Jahrhundert* (1945), Neuauflage München 1973, bes. S. 66 f.

67 Vgl. Eduard Berends Einleitung zu seiner Edition des *Titan* in Jean Paul, *Sämtliche Werke*, I. Abt., VIII, lix und lxxv.

68 Walter Rehm, »Roquairol: Eine Studie zur Geschichte des Bösen«, In: ders., *Begegnungen und Probleme: Studien zur deutschen Literaturgeschichte*, Bern 1957, S. 155–242.

69 Vgl. hierzu den detaillierten Bericht über die Entstehung des Romans in Berends' bereits zitierter Einleitung zu seiner Edition des Romans. Zu Schoppe insbesondere xvii,lv,lxxvi und lcviii.

70 Vgl. Bennholdt-Thomsen und Guzzoni, *Der »Asoziale« in der Literatur um 1800*, S. 196 f.

71 Jean Paul, *Sämtliche Werke*, Abt. 3, V, S. 20.

72 Für einen Überblick über die einschlägigen Hypothesen vgl. Gerhart Hoffmeisters
Aufsatz über die *Nachtwachen* in Paul M. Lützeler (Hrsg.), *Romane und Erzählungen
der deutschen Romantik*, S. 194–212. Außerdem Jeffrey L. Sammons, »In Search of
Bonaventura: The *Nachtwachen*-Riddle 1965–1985«, In: *The Germanic Review*, 61,
1986, S. 50–56. Die meisten Studien über das Werk beginnen mit inzwischen fast ri-
tuell wirkenden Erörterungen zur Verfasserfrage und kommen oft darüber kaum
hinaus. Ein Ende der 80er Jahre erschienener Aufsatz von Ruth Haag, »Noch einmal: Der Verfasser der Nachtwachen von Bonaventura«, In: *Euphorion*, 81, 1987,
S. 286–297 liefert zwingende Belege für die Autorschaft von August Klingemann
und könnte die Debatte vielleicht endlich zum Abschluß bringen.

73 Bonaventura, *Nachtwachen*, S. 83.

74 Vgl. zu diesem Zusammenhang Gerhart Hoffmeister, S. 204–208.

75 Vgl. Lillian Feder, *Madness in Literature*, Princeton N. Y., 1980 sowie Theodore
Ziolkowski, »Der Blick aus der Irrenanstalt«, in: *Strukturen des modernen Romans:
Deutsche Beispiele und europäische Zusammenhänge*, München 1972, S. 283–307.

76 Vgl. Franz Loquai, *Künstler und Melancholie in der Romantik*, S. 5–8. Loquai führt
diesen Nachweis ausführlicher durch in seinem Aufsatz »Der Nachtwächter im
Irrenhaus. Zum Thema des Wahnsinns in den *Nachtwachen von Bonaventura*«, In:
Internationales Archiv für Sozialgeschichte der deutschen Literatur, 12, 1987, S. 134–155.

77 Franz Loquai, *Künstler und Melancholie*, S. 280 f. betont nachdrücklich diese Vertrautheit Bonaventuras mit dem psychiatrischen Schrifttum seiner Zeit.

78 Vgl. Langermanns Brief an Novalis vom 23. Dezember 1796, in dem er über Sophies
Fortschritte berichtet. Novalis, *Schriften*, IV, S. 466 f.

79 Vgl. zu Langermann Klaus Dörner, *Bürger und Irre*, S. 243–247; Leibbrand und
Wettley, *Der Wahnsinn*, S. 499–501 sowie die *Allgemeine Deutsche Biographie*, XVII,
Sp. 682–683.

80 Während dieser Zeit in Jena war Langermann Assistent des Professors Johann Chr.
Stark, der unter anderem Schillers persönlicher Arzt war. Als Begleiter Starks war
Langermann an der Behandlung Sophie von Kühns beteiligt und machte auch die
Bekanntschaft Goethes.

81 Die wichtigsten Dokumente sind zusammengefaßt bei Klaus Dörner, *Bürger und
Irre*, S. 243–247.

82 Vgl. Dieter Jetter, *Grundzüge der Geschichte des Irrenhauses*, S. 36 f. Diese Entwicklung hielt bis ungefähr 1840 an, als viele der neuentstandenen Institutionen wiederum zu den typisch deutschen *Heil- und Pflegeanstalten* kombiniert wurden. Träger
dieses Prozesses war eine neue Generation von Psychiatern, deren führender Kopf
Friedrich Wilhelm Roller war.

83 Die beste Darstellung ist Horns eigene Schrift *Oeffentliche Rechenschaft über meine
zwölfjährige Dienstführung als zweiter Arzt des Königl. Charité-Krankenhauses zu
Berlin*, Berlin 1818. Sie entstand in Reaktion auf seine Entlassung wegen der fahrläs-
sigen Tötung eines Irren durch den berüchtigten »Hornschen Sack«, den er zur Dis-
ziplinierung Tobender erfand. Vgl. zum preußisch-autoritären Grundzug (militäri-

sche Härte, Gehorsamszwang etc.) in Horns therapeutischer Praxis Klaus Dörner, *Bürger und Irre*, S. 247 f.

84 Vgl. Karl Jaspers, *Allgemeine Psychopathologie*, Berlin und Heidelberg 1948, S. 703–716.

85 Novalis, *Schriften* I, S. 344.

86 Friedrich Wilhelm Joseph Schelling, *Werke*, herausgegeben von Manfred Schröter, Band IV, S. 362.

87 Vgl. Gerhard Fichtner, *Psychiatrie zur Zeit Hölderlins*, S. 51–86.

88 Wilhelm Waiblinger, *Die Tagebücher 1821–1826*, Stuttgart 1956, S. 216 f.

89 Bettina von Arnim, *Werke und Briefe*, 5 Bände, Köln 1959–1963, Band I, S. 394.

90 J.W. Goethe, *Gedenkausgabe*, XXII, S. 680 f.

91 Jean Paul, *Werke*, I, S. 19

92 Die Fiktion beruht auf den tatsächlichen wöchentlichen Zusammenkünften Hoffmanns mit dem Juristen Julius Eduard Hitzig, dem Dichter Carl Wilhelm Contessa und dem Arzt Johann Ferdinand Koreff. Die Treffen fanden seit 1814 in Hoffmanns Wohnung in Berlin statt.

93 E.T.A. Hoffmann, *Poetische Werke*, III, S. 23.

94 Vgl. Friedhelm Auhuber, *In einem fernen dunklen Spiegel: E.T.A. Hoffmanns Poetisierung der Medizin*, Opladen 1986, S. 2.

95 Vgl. Wulf Segebrecht, »Krankheit und Gesellschaft: Zu E.T.A. Hoffmanns Rezeption der Bamberger Medizin,« In: Richard Brinkmann (Hrsg.) *Romantik in Deutschland: Ein interdisziplinäres Symposion*, Stuttgart 1978, S. 267–290.

96 Siehe Friedhelm Auhuber, *In einem fernen dunklen Spiegel*, S. 10–12.

97 E.T.A. Hoffmann, *Poetische Werke*, Band VI, S. 735.

98 E.T.A. Hoffmann, *Poetische Werke*, Band II, S. 385 und 390; Band III, S. 219.

99 E.T.A. Hoffmann, *Poetische Werke*, Band II, S. 553.

100 ebd., S. 553 f.

101 Dies ist eine der Hauptthesen, die Auhuber überzeugend vertritt.

102 Vgl. Auhuber, S. 100–108 im Anschluß an Claudio Magris, *Die andere Vernunft: E.T.A. Hoffmann*, Königstein 1980.

103 Vgl. James M. McGlathery, »The Suicide Motif in E.T.A. Hoffmanns ›Der goldne Topf‹,« In: *Monatshefte für deutschen Unterricht*, 58, 1966 sowie Maria M. Tatar, *Spellbound: Studies on Mesmerism an Literature*, Princeton N. J., S. 145 f.

104 E.T.A. Hoffmann, *Poetische Werke*, Band II, S. 344.

105 E.T.A. Hoffmann, *Poetische Werke*, Band III, S. 41.

106 E.T.A. Hoffmann, *Poetische Werke*, Band II, S. 408.

107 E.T.A. Hoffmann, *Poetische Werke*, Band I, S. 350.

108 E.T.A. Hoffmann, *Poetische Werke*, Band III, S. 37.

109 Abgedruckt in E.T.A. Hoffmann, *Juristische Arbeiten*, S. 83–120.

110 Vgl. Wulf Segebrecht, »E.T.A. Hoffmanns Auffassung vom Richterberuf: Mit unbekannten Zeugnissen aus Hoffmanns juristischer Tätigkeit«, In: *Jahrbuch der deutschen Schillergesellschaft*, 11, 1967, S. 92 f. Siehe auch Georg Reuchlein, *Das Pro-*

blem der Zurechnungsfähigkeit bei E.T.A. Hoffmann und Georg Büchner: Zum Ver-
hältnis von Literatur, Psychiatrie und Justiz im frühen 19. Jahrhundert, Frankfurt/
Main 1985, S. 20–44.

Kapitel 5

1 Henrich Steffens, *Was ich erlebte,* München 1956, S. 91.

2 Johann Georg Rist, *Lebenserinnerungen,* herausgegeben von G. Poel, Drei Bände, Gotha 1880–1888, Band 1, S. 47–75, hier S. 71 f.

3 Zitiert nach Novalis, *Schriften,* Band IV, S. 632.

4 ebd., S. 633.

5 Rudolf Haym, *Die romantische Schule: Ein Beitrag zur Geschichte des deutschen Geistes,* 1870 (Reprint:Darmstadt 1961), S. 61.

6 Karl Jaspers, *Schelling: Größe und Verhängnis,* 1955 (Neuauflage: München 1968), S. 275.

7 Gert Ueding, *Klassik und Romantik: Deutsche Literatur im Zeitalter der Französischen Revolution, 1789–1815,* München 1988, Band I, S. 65–139.

8 Roger Cardinal, *German Romantics in Context,* London 1975, S. 14 f.

9 Vgl. S.F. Mason, *A History of the Sciences: Main Currents of Scientific Thought,* London 1953, S. 352–363, »Scientific Institutions in France and Britain during the Nineteenth Century«.

10 Vgl. Paul Farmer, »Nineteenth-Century Ideas of the University: Continental Europe«, In: Margaret Clapp (Hrsg.), *The Modern University,* Ithaca, N.Y., 1950, S. 3–26.

11 Sheldon Rothblatt, »The Student Sub-Culture amd the Examination System in Early 19th Century Oxbridge«, In: Lawrence Stone (Hrsg.), *The University in Society,* Princeton, N.J., 1974, I, S. 247.

12 Vgl. Arthur Engel, »Emerging Concepts of the Academic Profession at Oxford 1800–1854«, In: Lawrence Stone (Hrsg.), *The University in Society,* I, S. 307 f.

13 Vgl. Michael Sanderson (Hrsg.), *The Universities in the Nineteenth Century,* London 1975, S. 35.

14 John Henry Kardinal Newman, *Vom Wesen der Universität. Ihr Bildungsziel in Gehalt und Gestalt,* übersetzt von Heinrich Bohlen (= Matthias Laros und Werner Becker, Hrsg., *Ausgewählte Werke von John Henry Kardinal Newman,* Band V) Mainz 1960, S. 1.

15 Brief vom 10. September 1817, In: John Keats, *Complete Poems and Selected Letters,* herausgegeben von Clarence DeWitt, New York 1935, S. 510.

16 Vgl. Herbert Nimtz, *Motive des Studentenlebens in der deutschen Literatur von den Anfängen bis zum Ende des achtzehnten Jahrhunderts,* Würzburg 1937. Leider ist diese Dissertation für das späte 18. Jahrhundert wenig hilfreich.

17 Vgl. Theodore Ziolkowski, »Faust and the University: Pedagogical Ruminations on

a Subversive Classic«, in: John L. Hibberd und Hugh B. Nisbet (Hrsg.), *Texte, Motive und Gestalten der Goethezeit. Fetsschrift für Hans Reiss*, Tübingen 1989, S. 65–79.

18 Georg Rudolf Widmann, *Fausts Leben*, herausgegeben von Adelbert von Keller, Tübingen 1880, S. 67–69.

19 Friedrich II. von Preußen, *Œuvres de Frédéric le Grand*, 31 Bände, Berlin 1846–1847, Band XIV, S. 308.

20 Vgl. zum damaligen Studentenleben Friedrich Schulze und Paul Ssymank, *Das deutsche Studententum von den ältesten Zeiten bis zur Gegenwart*, 4. Auflage, München 1932, S. 181–222 sowie Henri Brunschwig, *Gesellschaft und Romantik in Preußen im 18. Jahrhundert*, Frankfurt und Berlin 1976.

21 Carl Arnold Kortum, *Die Jobsiade. Ein komisches Heldengedicht in drei Teilen*, Leipzig, 1906, S. 42.

22 Christian Gotthilf Salzmann, *Carl von Carlsberg oder über das menschliche Elend*, 6 Teile in drei Bänden, Leipzig, 1783–1788, I, S. 155.

23 Vgl. René König, *Vom Wesen der deutschen Universität*, 1935 (Reprint: Darmstadt 1970), S. 17–47 sowie R. Steven Turner, »University Reformers and Professional Scholarship in Germany 1760–1806«, In: Lawrence Stone (Hrsg.), *The University in Society*, Band II, S. 495–531.

24 Laetitia Boehm, »Einführung«, In: Laetitia Boehm und Rainer A. Müller (Hrsg.), *Universitäten und Hochschulen in Deutschland, Österreich und der Schweiz*, Düsseldorf 1983, S. 23.

25 Friedrich Wilhelm Zachariä, *Scherzhafte epische Poesien*, canto 1.

26 Vgl. Helmut Henne und Georg Objartel, *Historische deutsche Studentensprache*, Berlin und New York, 1982, S. 12.

27 Vgl. Friedrich Schulze und Paul Ssymank, *Das deutsche Studententum von den ältesten Zeiten bis zur Gegenwart*, S. 199 f.

28 Laetitia Boehm und Rainer A. Müller (Hrsg.), *Universitäten und Hochschulen*, S. 213.

29 *Magister F. Chr. Laukhards Leben und Schicksale*, herausgegeben von Viktor Petersen, 2 Bände, Stuttgart 1908, Band I, S. 50.

30 Vgl. Schulze und Ssymank, *Das deutsche Studententum*, S. 196.

31 J.W. Goethe, *Dichtung und Wahrheit*, Buch 20, Hamburger Ausgabe, Band 10, S. 174.

32 Vgl. Hans Tümmler, *Goethe der Kollege: Sein Leben und Wirken mit Christian Gottlob von Voigt*, Köln und Wien 1970, bes. Kap. 5, 9 und 15.

33 Fritz Hartung, *Das Großherzogtum Sachsen unter der Regierung Carl Augusts 1775–1828*, Weimar 1923, S. 165.

34 Goethes amtliche Berichte über die Jenaer Universität sind mit nützlichen Anmerkungen abgedruckt in der Weimarer Ausgabe, I, Band 53, hier S. 275.

35 Friedrich Schiller, *Briefe*, herausgegeben von Fritz Jonas, Sieben Bände, Stuttgart 1892, hier Band I, S. 401.

36 Richard Fester (Hrsg.), »Der Universitäts-Bereiser« Friedrich Gedike und sein Bericht an Friedrich Wilhelm II,« Beiheft Nr. 1 zum *Archiv für Kulturgeschichte*, Berlin

1905, S. 78–85, hier S. 78.

37 Vgl. insbesondere Fritz Hartung, *Das Großherzogtum Sachsen*, S. 159–172 sowie Karl-Heinz Hahn, »Im Schatten der Revolution – Goethe und Jena im letzten Jahrzehnt des 18. Jahrhunderts«, In: *Jahrbuch des Wiener Goethe-Vereins 81–83*, 1977–1979, S. 37–58.

38 Vgl. Pauls Ssymank, »Die Jenaer Duellgegner des Jahres 1792 und Karl Augusts Kampf gegen die geheimen Studentenverbindungen«, In: Herman Haupt (Hrsg.), *Quellen und Darstellungen zur Geschichte der Burschenschaft und der deutschen Einheitsbewegung*, Heidelberg 1913, Band IV, S. 1–30.

39 Vgl. J. W. Goethe, *Weimarer Ausgabe*, I, Band 53, S. 285–290.

40 Vgl. Karl-Heinz Hahn, »Im Schatten der Revolution,« S. 43, Anm. 9.

41 Brief Carolines an Karl Schlegel und seine Frau vom Juli 1796, In: Erich Schmidt (Hrsg.), *Caroline. Briefe aus der Frühromantik*, 2 Bände, Leipzig 1913, Band I, S. 393.

42 Friedrich Schiller, *Briefe*, Band II, S. 291.

43 Henrich Steffens, *Was ich erlebte*, S. 70.

44 Johann Georg Rist, *Lebenserinnerungen*, Band I, S. 63.

45 Edith J. Morley, *Crabb Robinson in Germany 1800–1805. Extracts from his Correspondance*, Oxford 1929, S. 118.

46 Vgl. Siegfried Schmidt, Ludwig Elm und Günter Steiger (Hrsg.), *Alma mater Jenensis: Geschichte der Universität Jena*, Weimar 1983, S. 127–175 (»Die Klassische Zeit der Universität Jena«).

47 Vgl. Fritz Hartung, *Das Großherzogtum Sachsen*, S. 137–148.

48 Friedrich Schiller, *Briefe*, I, S. 403.

49 »Der Universitäts-Bereiser«. Friedrich Gedike und sein Bericht an Friedrich Wilhelm II, S. 79.

50 Siegfried Schmidt e. a. (Hrsg.), *Alma mater Jenensis: Geschichte der Universität Jena*, S. 164.

51 J. W. Goethe, »Bericht an den Marschall Alexandre Berthier über die wissenschaftlichen und künstlerischen Institute in Weimar und Jena«, In: *Weimarer Ausgabe*, I, Band 53, S. 243–249.

52 Vgl. *Crabb Robinson in Germany*, S. 115.

53 Vgl. Fritz Hartung, *Das Großherzogtum Sachsen*, S. 148–159 sowie *Alma mater Jenensis*, S. 140–155.

54 Friedrich Schiller, *Briefe*, I, S. 397.

55 Vgl. Fritz Hartung, *Das Großherzogtum Sachsen*, S. 156 sowie *Alma mater Jenensis*, S. 157. Man sollte der Gerechtigkeit halber im Blick auf diese Abwanderungsbewegung festhalten, daß Schillers Vorlesungsstil allgemein als schlecht, gespreizt und deklamatorisch-pathetisch empfunden wurde und er im Ruf stand, in den historischen Fakten nicht sicher zu sein. Vgl. »Der Universitäts-Bereiser«…, S. 84.

56 »Petition der Studenten an den Herzog Carl August vom 20. April 1799«, In: Frank Böckelmann (Hrsg.), *Die Schriften zu J. G. Fichtes Atheismus-Streit*, München 1969, S. 213.

57 Vgl. Paul Raabe, »Das Protokollbuch der Gesellschaft der Freien Männer in Jena 1794–1799«, In: Hans Werner Seiffert und Bernhard Zeller (Hrsg.), *Festgabe für Eduard Berend*, Weimar 1959, S. 336–383.

58 Frank Böckelmann (Hrsg.), *Die Schriften zu Fichtes Atheismus-Streit*, S. 217.

59 *Crabb Robinson in Germany*, S. 103.

60 Friedrich Schiller, *Briefe*, II, S. 289–294.

61 Friedrich Schiller, *Sämtliche Werke*, Band IV, S. 749–767.

62 J.G. Fichte, *Gesamtausgabe*, Band I/3, S. 3–22 sowie Fichtes *Schriften zur Gesellschaftsphilosophie*, Band II, S. 1–32. Im folgenden zitiert nach der Gesamtausgabe.

63 J.G. Fichte, *Gesamtausgabe*, Band I/3, S. 19.

64 Friedrich Hölderlin, *Sämtliche Werke* (= Kleine Stuttgarter Ausgabe), Band VI, S. 152.

65 J.G. Fichte, *Gesamtausgabe*, Band I/3, S. 13.

66 ebd., S. 37.

67 ebd., S. 14.

68 Alle drei Vorlesungsreihen sind bequem zugänglich im zweiten Band von Fichtes *Schriften zur Gesellschaftsphilosophie*, Jena 1928–1929.

69 Zit. nach J.G. Fichte, *Gesamtausgabe*, Band I/3, S. 25–68, hier S. 27.

70 Vgl. Ingeborg Schnack (Hrsg.), *Der Briefwechsel zwischen Friedrich Carl von Savigny und Stephan August Winkelmann (1800–1804)*, Marburg 1984, S. 40. Eine eher negative Einschätzung von Fichtes Ideen gibt Frederic Lilge, *The Abuse of Learning: The Failure of the German University*, New York 1948, S. 37–56.

71 Vgl. Frank Böckelmann, *Die Schriften zu J.G. Fichtes Atheismus-Streit*, München 1969.

72 F.J.W. Schelling, »Vorlesungen über die Methode des akademischen Studiums«, In: Ernst Anrich, *Die Idee der deutschen Universität. Die fünf Grundschriften aus der Zeit ihrer Neubegründung durch klassischen Idealismus und romantischen Realismus*, Darmstadt 1956 und 1964, S. 1–123.

73 Novalis, *Schriften*, Band II, S. 518.

74 ebd., S. 249.

75 ebd., S. 280.

76 Friedrich Schlegel, *Literarische Notizen 1797–1801. Literary Notebooks*, Herausgegeben und eingeleitet von Hans Eichner, Frankfurt, Berlin, Wien 1980, Nr. 1864 und 1870, S. 189.

77 G.W.F. Hegel, *Werke*, Herausgegeben von Eva Moldenhauer und Karl Markus Michel, Frankfurt 1969–1971 Band 4, S. 9.

78 René Wellek, »The Concept of Romanticism in Literary History« sowie ders., »Romanticism Re-examined«, In: Stephen G. Nichols (Hrsg.), *Concepts of Criticism*, New Haven, Conn., 1963, bes. S. 161 und 220.

79 Vgl. hierzu die Anmerkungen des Herausgebers Wilhelm Kemp in Clemens Brentano, *Werke*, Herausgegeben von Wolfgang Frühwald, Bernhard Gajek und Friedhelm Kemp, Vier Bände, München 1963–1968, Band II, S. 1209ff.

80 Clemens Brentano, *Werke*, II, S. 983f.

81 Vgl. Novalis, *Schriften*, Band IV, S. 22f. sowie Friedrich Schlegels Brief an seinen Bruder vom Januar 1792, ebd.,S. 572.

82 Novalis, *Schriften*, Band II, S. 413.

83 Novalis, *Schriften*, Band IV, S. 251.

84 Vgl. Jurij Striedter, »Die Komposition der ›Lehrlinge zu Sais‹«, In: *Der Deutschunterricht*, 7, 1955, S. 5–23; Géza von Molnar, »The Composition of Novalis' *Die Lehrlinge zu Sais*. A Reevaluation«, In: *PMLA* 85, 1970, S. 1002–1014 sowie Nicholas Saul, *History and Poetry in Novalis and in the Tradition of German Enlightenment*, London 1984, S. 126–140.

85 Friedrich Schlegel, *Kritische Schriften*, München 1956, S. 341.

86 Novalis, *Schriften*, Band I, S. 79.

87 F.J.W. Schelling, *Schriften von 1794–1798*, Darmstadt 1967 S. 337.

88 Vgl. zu Schlegels Universitätslaufbahn Josef Körners Einleitung zu seiner Edition Friedrich Schlegel, *Neue Philosophische Schriften*, Frankfurt/Main 1935, S. 35–45.

89 Vgl. Friedrich Schlegel, *Kritische Ausgabe*, Band XI, Einleitung Ernst Behlers, S. XXXI–XXXIV.

90 Friedrich Schlegel, »Ideen zu Gedichten«, In: *Kritische Ausgabe*, Band XVI, S. 198.

91 Vgl. Konrad Polheim, »Studien zu Fr. Schlegels poetischen Begriffen«, In: *DVjS*, 35, 1961, S. 363–398, bes. S. 378–389; überarbeitete Fassung in Konrad Polheim, *Die Arabeske: Ansichten und Ideen aus Friedrich Schlegels Poetik*, München 1966, S. 72–95.

92 Friedrich Schlegel, *Kritische Ausgabe*, Band XVI, S. 292.

93 Friedrich Schlegel, *Kritische Schriften*, S. 98 f.

94 René Wellek, *A History of Modern Criticism*, II, S. 35.

95 ebd.

96 Friedrich Schlegel, *Kritische Ausgabe*, Band II, S. 286. Die folgenden Zitate im Text nach dieser Edition.

97 Vgl. zum folgenden Friedrich Paulsen, *Geschichte des gelehrten Unterrichts auf den deutschen Schulen und Universitäten vom Ausgang des Mittelalters bis zur Gegenwart*, 3. Auflage, Berlin und Leipzig, 1921, Band II, S. 226, 258 f., 271.

98 Im folgenden zitiert nach dem Wiederabdruck bei Ernst Anrich, *Die Idee der deutschen Universität*, S. 125–217.

99 Vgl. *Alma mater Jenensis*, S. 141.

100 Karl von Holtei (Hrsg.), *Briefe an Ludwig Tieck*, Breslau 1964, Band III, S. 65.

101 Vgl. Fritz Hartung, *Das Großherzogtum Sachsen*, S. 172–188; Hans Tümmler, *Goethe der Kollege*, S. 100–118 sowie *Alma mater Jenensis*, S. 162–167.

102 Abgedruckt in René Wellek, »Ein unbekannter Artikel Savignys über die deutschen Universitäten«, In: *Zeitschrift der Savigny-Stiftung für Rechtsgeschichte, Germanistische Abteilung*, 51, 1931, S. 529–537.

103 Adolph Müller, *Briefe von der Universität in die Heimat*, S. 75 und 363.

104 Karl August Varnhagen von Ense, *Denkwürdigkeiten des eignen Lebens*, herausgegeben von Konrad Feilchenfeldt, 3 Bände, Frankfurt am Main 1987, Band I, S. 203.

105 Joseph von Eichendorff, »Halle und Heidelberg«, In: *Werke und Schriften*, Band II,

S. 1044–1076, hier S. 1044 f.

106 Ludwig Börne, *Sämtliche Schriften*, Herausgegeben von Inge und Peter Rippmann, 5 Bände, Düsseldorf 1964–1968, Band I, S. 597–609, hier S. 597.

107 Henrich Steffens, *Was ich erlebte*, S. 174–202.

108 Vgl. Peter Classen und Eike Wolgast, *Kleine Geschichte der Universität Heidelberg*, Berlin 1983, S. 35–45.

109 Otto Heinrich Graf von Loeben, *Gedichte*, herausgegeben von Raimund Pissin, 1905 (Neudruck Darmstadt 1968), S. X.

110 Vgl. *Joseph und Wilhelm von Eichendorffs Jugendgedichte*, herausgegeben von Raimund Pissin, Berlin o. J., passim.

111 Vgl. Karl Bartsch, *Romantiker und germanistische Studien in Heidelberg 1804–1808*, Heidelberg 1881 sowie Friedrich Strack (Hrsg.), *Heidelberg im säkularen Umbruch: Traditionsbewußtsein und Kulturpolitik um 1800*, Stuttgart 1987.

112 Vgl. Roger Paulin, *Ludwig Tieck: A literary biography*, Oxford 1986, S. 164f.

113 Bettina von Arnim, *Werke und Briefe*, Band I, S. 217.

114 Clemens Brentano, *Werke*, Band I, S. 173–184.

115 Vgl. Hartmut Fröschle, *Der Spätaufklärer Johann Heinrich Voss als Kritiker der deutschen Romantik*, Stuttgart 1985.

116 Novalis, *Schriften*, Band I, S. 207f.

117 Ludwig Achim von Arnim, *Werke*, herausgegeben von Reinhold Steig, 3 Bände, Leipzig 1911, Band I, S. 307.

118 Die Anspielung auf Goethes Wagner war aktuell, weil der erste Teil des *Faust* 1808 erschienen war.

119 Hölderlin taucht in den *Reiseschatten* gelegentlich als »der wahnsinnige Dichter Holder« auf.

120 Justinus Kerner, *Werke*, Herausgegeben von Raimund Pissin, Sechs Teile in Drei Bänden, Leipzig o.J., Teil 3, S. 113–114.

121 E.T.A. Hoffmann, *Poetische Werke*, Band V, S. 27.

122 Joseph von Eichendorff, *Werke und Schriften*, Band II, S. 729–748, hier S. 731.

123 Vgl. zur Gründung der Berliner Universität Rudolf Köpke, *Die Gründung der königlichen Friedrich-Wilhelms-Universität zu Berlin*, Berlin 1866; Max Lenz, *Geschichte der Königlichen Friedrich-Wilhelms-Universität zu Berlin*, Halle 1910, Band I; Wilhelm Weischedel (Hrsg.), *Idee und Wirklichkeit einer Universität: Dokumente zur Geschichte der Friedrich-Wilhelms-Universität zu Berlin*, Berlin 1960; Charles E. McClelland, *State, Society and University in Germany 1700–1914*, Cambridge 1980 sowie Ulrich Muhlack, »Die Universitäten im Zeichen von Neuhumanismus und Idealismus: Berlin«, In: Peter Baumgart und Notker Hammerstein (Hrsg.), *Beiträge zu Problemen deutscher Universitätsgründungen der frühen Neuzeit* (= Wolfenbütteler Forschungen 4), Nendeln/Liechtenstein, 1978, S. 299–340.

124 Max Lenz, *Geschichte der Königlichen Friedrich-Wilhelms-Universität zu Berlin*, I, S. 78.

125 Vgl. Wilhelm Weischedel (Hrsg.), *Idee und Wirklichkeit einer Universität*, S. 11–15.

126 Vgl. Max Lenz, *Geschichte*, I, S. 85–92.

127 Friedrich Schleiermacher, »Gelegentliche Gedanken über Universitäten in deutschem Sinn, nebst einem Anhang über eine neu zu errichtende«, In: Ernst Anrich,
Die Idee der deutschen Universität, S. 219–374. Nach diesem Abdruck die folgenden
Zitate. Schleiermachers Schrift ist im übrigen bequem zugänglich in der kommen-
tierten Textsammlung Ernst Müller (Hrsg.), *Gelegentliche Gedanken über Universitäten von J.J. Engel, J.B. Erhard, F.A. Wolf, J.G. Fichte, F.D.E. Schleiermacher, K.F.
Savigny, W. v. Humboldt, G.W.F. Hegel*, Leipzig 1990.

128 Vgl. Herbert Scurla, *Wilhelm von Humboldt: Werden und Wirken*, 1970 (Neudruck
Düsseldorf 1976), S. 131–184.

129 Vgl. zum Einfluß der Jenaer Theorien auf Humboldts Bildungsauffassung Otto
Rühle, *Idee und Gestalt der deutschen Universität: Tradition und Aufgabe*, Berlin
(Ost) 1966 sowie Günter Steiger,«*Brotgelehrte* und *Philosophische Köpfe*: Universitäten und Hochschulen zwischen zwei Revolutionen«, In: Günter Steiger und Werner Flaschendräger (Hrsg.), *Magister und Scholaren, Professoren und Studenten: Geschichte deutscher Universitäten und Hochschulen im Überblick*, Leipzig, Jena,
Berlin, 1981, S. 72–102.

130 W. v. Humboldt, »Antrag auf Errichtung der Universität Berlin im Mai 1809«, In:
Werke in fünf Bänden, herausgegeben von Andreas Flitner und Klaus Giel, 3. Aufla-
ge, Darmstadt 1980–1981, Band 4, S. 29–35, hier S. 31. In diesem Band sind alle
Schriften Humboldts zur Universität leicht zugänglich.

131 Max Lenz, *Geschichte...*, Band I, S. 287.

132 *Berliner Abendblätter*, Herausgegeben von Heinrich von Kleist. Mit einem Nachwort und einem Quellenregister von Helmut Sembdner, Darmstadt 1965, S. 52–54.

133 Vgl. Max Lenz, *Geschichte...*, Band I, S. 301.

134 Clemens Brentano, *Werke*, Band I, S. 218.

135 Vgl. Reinhold Steig, *Heinrich von Kleists Berliner Kämpfe*, Berlin und Stuttgart
1901, S. 289–324.

136 *Berliner Abendblätter*, S. 7.

137 Reinhold Steig, *Heinrich von Kleists Berliner Kämpfe*, S. 302.

138 Rahel Varnhagen, *Briefwechsel*, Herausgegeben von Friedhelm Kemp, Vier Bände,
München ²1979, Band 2, S. 157.

139 Reinhold Steig, *Kleists Berliner Kämpfe*, S. 296.

140 *Wilhelm und Caroline von Humboldt in ihren Briefen*, 7 Bände, Herausgegeben von
Anna von Sydow, Berlin 1907–1918, Band 3, S. 399.

141 Vgl. zu den Einzelheiten dieser Phase Max Lenz, *Geschichte...*, Band I, S. 305–468.

142 J.G. Fichte, »Ueber die einzig mögliche Störung der akademischen Freiheit. Eine
Rede beim Antritte seines Rectorats an der Universität zu Berlin, den 19. October
1811 gehalten, Erste Ausgabe: 1812«, In: J.G. Fichte, *Sämmtliche Werke*, Band VI,
S. 349–476. Nach diesem Abdruck alle folgenden Zitate im Text.

143 J.G. Fichte, »Gesuch an die Sektion für Kultus und Unterricht ihn seines Amtes
als Rektor zu entheben, 14. 2. 1812,« In: Wilhelm Weischedel (Hrsg.), *Idee und*

Wirklichkeit einer Universität, S. 252–256.

144 Solgers Brief ist abgedruckt in Weischedel (Hrsg.), *Idee und Wirklichkeit*, S. 260 f.

145 Vgl. Ekkehart Mühlenberg, »Der Universitätslehrer,« In: Dietz Lange (Hrsg.), *Friedrich Schleiermacher 1768–1834*, Göttingen 1985, S. 39.

146 Vgl. Max Lenz, *Geschichte...*, Band I, S. 496.

147 Wilhelm von Humboldt, *Briefe*, München 1952, S. 376.

148 Vgl. Wilhelm Weischedel (Hrsg.), *Idee und Wirklichkeit*, S. XXVIII.

149 Hegels Antrittsrede ist abgedruckt bei Wilhelm Weischedel, ebd., S. 310–314, hier S. 310.

Kapitel 6

1 Karl Friedrich Schinkel, Brief an Sulpiz Boisserée vom 22. Dezember 1822, zit. nach *Karl Friedrich Schinkel 1781–1841*, Katalog der Ausstellung im Alten Museum vom 23. Oktober 1980 bis 29. März 1981, herausgegeben von den Staatlichen Museen zu Berlin/Hauptstadt der DDR in Zusammenarbeit mit den Staatlichen Schlössern und Gärten Potsdam-Sanssouci, Berlin 1981, S. 135.

2 Henry Russell-Hitchcock, *Architecture: Nineteenth and Twentieth Centuries*, 4. Auflage, Baltimore 1977, S. 57–61.

3 Vgl. Nikolaus Pevsner, *A History of Building Types*, Princeton 1976, S. 127.

4 Vgl. Philip Johnson, »Introduction«, in: Karl Friedrich Schinkel, *Collection of Architectural Designs*, Chicago 1981 (= Reprint von Karl Friedrich Schinkel, *Sammlung architektonischer Entwürfe*, Berlin 1866).

5 Vgl. zur Entstehungsgeschichte des Museums Volker Plagemann, *Das deutsche Kunstmuseum, 1790–1870: Lage, Baukörper, Raumorganisation, Bildprogramm*, München 1967, S. 66–81. Bei Hans Ebert findet sich eine nützliche Zusammenstellung der wesentlichen Daten und Materialien. Vgl. Hans Ebert, »Daten zur Vorgeschichte und Geschichte des Alten Museums«, In: *Forschungen und Berichte*, Staatliche Museen zu Berlin, 20/21, 1980, S. 9–22.

6 Karl August Varnhagen von Ense, *Denkwürdigkeiten des eignen Lebens*, herausgegeben von Konrad Feilchenfeldt, Frankfurt am Main 1987, Band 2, S. 728 f.

7 Vgl. zu Entwurf und Baugeschichte des Museums: Karl Friedrich Schinkel, *Sammlung architektonischer Entwürfe*, Berlin 1866, S. 41 f. sowie die Illustrationen Nr. 37–48; Alfred Freiherr von Wolzogen (Hrsg.), *Aus Schinkel's Nachlass: Reisetagebücher, Briefe und Aphorismen*, Vier Bände, Berlin 1862–1864, Band III, S. 217–327; Hans Kauffmann, »Zweckbau und Monument: Zu Friedrich Schinkels Museum am Berliner Lustgarten«, In: Gerhard Hess (Hrsg.), *Eine Freundesgabe der Wissenschaft für Ernst Helmut Vits*, Frankfurt 1963, S. 135–166; Hermann G. Pundt, *Schinkel's Berlin: A Study in Environmental Planning*, Cambridge, Mass., 1972, S. 138–157; sowie Erik Forssmann, *Karl Friedrich Schinkel: Bauwerke und Baugedanken*, München 1981, S. 110–126.

8   Zit. nach Nikolaus Pevsner, *History of Building Types*, S. 126.
9   Heinrich Meyer, »Über Lehranstalten, zugunsten der bildenden Künst«, In: *Propy-läen*, II/2, 1799, S. 153.
10 Vgl. *Aus Schinkel's Nachlass*, Band III, S. 272–283.
11 Carl Friedrich Rumohr, *Drey Reisen nach Italien*, Berlin 1832, S. 295 f.
12 *Zedlers Universal-Lexikon*, Band XXI, Sp. 1375.
13 *Aus Schinkel's Nachlass*, Band III, S. 313.
14 Vgl. zur Geschichte des Museums als Institution Volker Plagemann, *Das deutsche Kunstmuseum*, München 1967; Nikolaus Pevsner, *History of Bulding Types*, S. 111–138; Luc Benoist, *Musée et muséologie*, Paris 1960; Gudrun Calov, *Museen und Sammler des 19. Jahrhunderts in Deutschland*, Berlin 1969; Wolfgang Becker, *Paris und die deutsche Malerei 1750–1840*, München 1971 sowie Kenneth Hudson, *A Social History of Museums*, London 1975.
15 Vgl. Nikolaus Pevsner, *History of Building Types*, S. 117 f. ; Kenneth Hudson, *Social History*, S. 6–9.
16 Wilhelm von Humboldt, *Gesammelte Schriften*, Band XIV, S. 383 f.
17 Heinrich von Kleist, Brief an Adolfine von Werdeck im November 1801, In: *Sämtli-che Werke*, Band II, S. 702.
18 Friedrich Schlegel, »Nachtrag italiänischer Gemählde«, In: *Europa* 2, 1803, S. 97.
19 Adolph Müller, *Briefe von der Universität*, S. 438 f.
20 Karl August Varnhagen von Ense, *Denkwürdigkeiten des eignen Lebens*, Band 2, S. 93–95.
21 Karl Friedrich Schinkel, *Sammlung architektonischer Entwürfe*, S. 41.
22 Friedrich Stock, »Urkunden zur Vorgeschichte der Berliner Museen«, In: *Jahrbuch der preußischen Kunstsammlungen*, 51, 1930, S. 314.
23 Wilhelm von Humboldt, »Bericht an den König vom 21. August 1830«, In: *Gesam-melte Schriften*, Band XII, S. 539–566; der Bericht ist auch abgedruckt in *Aus Schin-kel's Nachlass*, Band III, S. 298–327. Zur Rolle Humboldts bei der Einrichtung des Museums vgl. Hermann Lübbe, »Wilhelm von Humboldt und die Berliner Mu-seumsgründung 1830«, In: *DVjS*, 54, 1980, S. 656–676.
24 Schinkel, *Sammlung architektonischer Entwürfe*, S. 41. Viele der frühen Kunstgale-rien waren in ehemaligen Ställen untergebracht. Denn die Stallanlagen waren oft geräumig und hell. Die große Dresdner Sammlung befand sich lange Zeit im Stall-gebäude, und die Augustina in Wien befindet sich bis heute im Gebäude der ehe-maligen Königlichen Stallungen.
25 Vgl. Schinkel, *Sammlung architektonischer Entwürfe*. S. 41 f.
26 Vgl. *Aus Schinkel's Nachlass*, Band III, S. 272–283.
27 Étienne-Louis Boullée, *Architecture. Essai sur l'art*, Paris 1968, S. 81.
28 *Aus Schinkel's Nachlass*, Band III, S. 248.
29 *Aus Schinkel's Nachlass*, Band III, S. 231 f. Die Idee der Kombination von Kolonnade und Rotunde wurde in Schinkels Gebäude zum erstenmal verwirklicht. Sie war aber nicht nur in der Museumsarchitektur anzutreffen. Der während der Revolutionszeit

sehr einflußreiche Architekt Jean-Nicolas-Louis Durand setzte die Kombination für verschiedene öffentliche Gebäude ein: neben dem Museum auch für die Staatskasse, für Institutsgebäude und Bibliotheken. Doch weicht Durands – übrigens nie gebauter – Museumsentwurf in zwei Punkten deutlich von Schinkels Konzeption ab. Die Kolonnade erstreckt sich nur über zwei Drittel der Vorderfront, und die Rotunde ist nicht durch einen rechteckigen Aufbau maskiert. Der Gesamteindruck des Entwurfs ist daher ein gänzlich anderer als der von Schinkels Museum. Vgl. J.N.L. Durand, *Précis des leçons d'architecture données à l'École Polytechnique*, Paris 1805, Band II, S. 56 f. und Plan 11.

30 Karl Friedrich Schinkel, *Reisen nach Italien: Tagebücher, Briefe, Zeichnungen, Aquarelle*, Berlin 1979, S. 126.

31 ebd., S. 170.

32 Wilhelm von Humboldt, *Gesammelte Schriften*, Band XII, S. 543.

33 Schinkel, *Sammlung architektonischer Entwürfe*, S. 42.

34 Vgl. Friedrich Stock, »Urkunden zur Vorgeschichte der Berliner Museen«, S. 209.

35 Wilhelm von Humboldt, *Gesammelte Schriften*, Band XII, S. 556.

36 Vgl. Volker Plagemann, *Das deutsche Kunstmuseum*, S. 22 f.

37 Karl Friedrich Schinkel, *Sammlung architektonischer Entwürfe*, S. 41.

38 Rumohrs Konzept für die Gemäldegalerie ist beschrieben in Carl Friedrich Rumohr, *Drey Reisen nach Italien*, S. 277–302. Vgl. zu Rumohr Wilhelm Waetzold, *Deutsche Kunsthistoriker von Sandrart bis Rumohr*, Leipzig 1921, S. 292–318.

39 Vgl. Carl Friedrich Rumohr, *Drey Reisen nach Italien*, S. 279–284.

40 Vgl. Pevsner, *History of Building Types*, S. 16, sowie Friedrich Stock, »Urkunden zur Vorgeschichte des Berliner Museums«, S. 209–214.

41 Vgl. Wilhelm von Humboldt, *Gesammelte Schriften*, Band XII, S. 556 f. sowie S. 549 f.

42 Vgl. Volker Plagemann, *Das deutsche Kunstmuseum*, S. 30.

43 Vgl. Nikolaus Pevsner, *History of Building Types*, S. 20.

44 Vgl. Paul Ortwin Rave, *Karl Friedrich Schinkel* (1953), herausgegeben von Eva Börsch-Suphan, München 1981; Wolfgang Herrmann, *Deutsche Baukunst des 19. und 20. Jahrhunderts* (1932), Neudruck Basel 1977, S. 35–48 sowie Tilmann Buddensieg und Henning Rogge (Hrsg.), *Industriekultur. Peter Behrens und die AEG 1907–1914*, Berlin 1979, S. 66 f.

45 Vgl. Robert Rosenblum, *Transformations in Late Eighteenth Century Art*, Princeton 1967, S. 138.

46 Vgl. Nikolaus Pevsner, *A History of Building Types*, S. 16. Hier sind auch die folgenden Passagen aus den Werken von Milizia und Semper zitiert.

47 Étienne-Louis Boullée, *Architecture*, S. 41.

48 Niklaus Pevsner, *History of Building Types*, S. 293.

49 Vgl. August Grisebach, *Carl Friedrich Schinkel: Architect, Städtebauer, Maler* (1912), Neudruck Frankfurt am Main 1983, S. 178.

50 Clemens Brentano, *Werke*, Band I, S. 342.

51 Nikolaus Pevsner, *A History of Building Types*, S. 124. Vgl. zum Klassizismus Geoffrey Broadbent (Hrsg.), *Architectural Design*, Vol. 49, No. 8–9 (= Sonderheft) sowie Paul Klopfer, *Von Palladio bis Schinkel. Eine Charakteristik der Baukunst des Klassizismus*, Esslingen 1911.

52 Nikolaus Pevsner, *A History of Building Types*, S. 11–26.

53 ebd., S. 18.

54 vgl. Gerhard Rodenwaldt, *Griechisches und Römisches in Berliner Bauten des Klassizismus*, Berlin 1956, S. 28 f.

55 Goethe, Brief an Herder vom 5. Juni 1788, In: *Briefe*, Hamburger Ausgabe, Band VII, S. 94; »Der Sammler und die Seinigen«, In: *Gedenkausgabe der Werke, Briefe und Gespräche*, herausgegeben von Ernst Beutler, Zürich 1948–1960, Band XIII.

56 Vgl. Hubert Schrade, *Deutsche Maler der Romantik*, Darmstadt 1967, S. 41; Elizabeth Gilmore Holt (Hrsg.), *The Triumph of Art for the Public*, Douibleday-Anchor 1979, S. 12–16 und 52–57.

57 Goethes Schriften zur Kunst sind am bequemsten in Band XIII der *Gedenkausgabe* zugänglich. Hier S. 136 f.

58 *Gedenkausgabe*, XIII, S. 276.

59 Goethe, *Dichtung und Wahrheit*, Buch II, Kapitel 8. Zit. nach Hamburger Ausgabe, Band 9, S. 320.

60 Brief vom 15. November 1798, In: Erich Schmidt (Hrsg.) *Caroline: Briefe aus der Frühromantik*, 2 Bände, Leipzig 1913, Band I, S. 472 f.

61 August Wilhelm Schlegel, »Fragmente«, In: *Athenäum*, Band I/2, S. 222.

62 Wilhelm Heinrich Wackenroder, *Werke und Briefe*, herausgegeben von Gerda Heinrich, München 1984, S. 201.

63 Friedrich Schlegel, »Nachricht von den Gemählden in Paris«, In: *Europa*, I, 1803, S. 108–157, hier S. 108.

64 Schlegels Schriften zur Kunst sind versammelt in Friedrich Schlegel, *Kritische Ausgabe*, Band IV, herausgegeben von Hans Eichner, hier S. 244.

65 Helen Marie von Kügelgen, *Ein Lebensbild in Briefen*, 6. Auflage, Stuttgart 1912, Brief vom 28. Dezember 1808, S. 147.

66 Brief vom 27. März 1809, ebd., S. 154.

67 Bonaventura, *Nachtwachen*, S. 107.

68 Karl Wilhelm Ferdinand Solger, *Erwin: Vier Gespräche über das Schöne und die Kunst*, herausgegeben von Wolfgang Henckmann, München 1971, S. 272.

69 Karl Wilhelm Ferdinand Solger, *Vorlesungen über Ästhetik*, herausgegeben von Karl Wilhelm Ludwig Heyse, Darmstadt 1962, S. 335–339, hier S. 339.

70 G.W.F. Hegel, *Vorlesungen über die Ästhetik*, I, Werke 13, S. 116–119.

71 ebd., S. 117. Wir haben uns hierbei daran zu erinnern, daß die Gottheit bzw. der Gott für Hegel nicht mehr und nicht weniger ist als die Offenbarung des Geistes einer moralischen Nation, wie er in § 712 der *Phänomenologie des Geistes* feststellt.

72 Zu Unrecht sieht Volker Plagemann im Topos des »Tempels der Kunst« nur eine bedeutungslose Metapher, eine rhetorische »gebildete Floskel«. Vgl. Volker Plage-

mann, *Das deutsche Kunstmuseum*, S. 25 f. Wenn er jede substantielle Verbindung von Religion und Kunst bei den Romantikern leugnet, so reagiert er allzu stark auf die übertriebene Darstellung von Kunst *als* Religion in Hubert Schrades frühem Buch. Vgl. Hubert Schrade, *Schicksal und Notwendigkeit der Kunst*, 1936. In einem jüngeren Buch vertritt Schrade einen moderateren Standpunkt, der sich meinen eigenen Thesen nähert. Vgl. Hubert Schrade, *Deutsche Maler der Romantik*, S. 20 f.

73 Es ist für unseren Zusammenhang unerheblich, daß, wie wir heute wissen, nicht Wackenroder selbst den Titel formulierte, sondern sein Freund, der Komponist Reichardt; die Figur des kunstliebenden Klosterbruders ist schon in den frühesten Entwürfen des Buches vorhanden. Vgl. hierzu den umfassenden Überblick bei Martin Bollacher, *Wackenroder und die Kunstauffassung der frühen Romantik*, Darmstadt 1983, S. 102–114.

74 Wilhelm Heinrich Wackenroder, *Werke und Briefe*, S. 191.

75 ebd., S. 193.

76 ebd., S. 201.

77 ebd., S. 232.

78 Friedrich Schleiermacher, *Über die Religion. Reden an die Gebildeten unter ihren Verächtern*, 3. Auflage. Die folgenden Zitate nach der auf die Erstausgabe zurückgehenden Edition Friedrich Schleiermacher, *Über die Religion. Reden an die Gebildeten unter ihren Verächtern*, mit einem Nachwort von Carl Heinz Ratschow, Stuttgart 1985.

79 ebd., S. 95.

80 Novalis, *Schriften*, Band III, S. 562.

81 Novalis, *Schriften*, Band III, S. 521.

82 Novalis, *Schriften*, Band II, S. 441.

83 Friedrich Schlegel, »Ideen«, In: *Athenäum*, Dritten Bandes erstes Stück; S. 4–33, hier S. 6.

84 Rudolf Haym, *Die romantische Schule*, S. 459.

85 August Wilhelm Schlegel, *Sämmtliche Werke*, herausgegeben von Eduard Böcking, 12 Bände, Leipzig 1846–1847, Band X, S. 363–371, hier S. 365.

86 August Wilhelm Schlegel, *Sämmtliche Werke*, Band I, S. 87–96, hier S. 96.

87 Karl Privat (Hrsg.), *Philipp Otto Runge. Sein Leben in Selbstzeugnissen und Berichten*, Berlin 1942, S. 151. Vgl. zu Runge Rudolf M. Bisanz, *German Romanticism and Philipp Otto Runge: A Study in Nineteenth-Century Art Theory and Iconography*, Illinois 1970.

88 Brief vom 3. September 1802, In: *Philipp Otto Runge. Sein Leben in Selbstzeugnissen und Berichten*, S. 126.

89 Brief vom 18. Dezember 1802, ebd., S. 146.

90 Brief vom 9. März 1802, ebd., S. 110.

91 Schleiermacher, *Über die Religion*, S. 38.

92 Caspar David Friedrich, *Bekenntnisse*, herausgegeben von Karl Eberlein, Leipzig 1924, S. 102–105.

93 Vgl. zur Ästhetik Hegels René Wellek, *A History of Modern Criticism, 1750–1950*,

Band II: *The Romantic Age*, New Haven 1955, S. 318–334 und Ernst Gombrich, »Hegel and Art History«, In: Demetri Porphyrios, *Architectural Design*, 1981, S. 3–9 (= Sonderheft »On the Methodology of Architectural History«).

94 Solger, *Vorlesungen über Ästhetik*, S. 344.

95 ebd., S. 345.

96 *Aus Schinkel's Nachlass*, Band III, S. 25.

97 Vgl. Rosenblum, *Transformations in Late Eighteenth Century Art*, S. 107–145 und Carroll L. V. Meeks, »Pantheon Paradigm«, In: *Journal of the Society of Architectural Historians*, 19, Dec. 1960, S. 135–144.

98 *Aus Schinkel's Nachlass*, Band III, S. 244f.

99 Vgl. hierzu Hans Sedlmayr, *Verlust der Mitte: Die bildende Kunst des 19. und 20. Jahrhunderts als Symptom und Symbol unserer Zeit* (1948), Berlin 1965, S. 27–30 sowie Hans Kauffmann, *Zweckbau und Monument*, S. 159.

100 Vgl. Lionello Venturi, *History of Art Criticism*, Neue und revidierte Auflage, New York 1964.

101 Vgl. Käte Laserstein, *Die Gestalt des bildenden Künstlers in der Dichtung*, Berlin 1931 und G. Bebermeyer, »Malerroman«, In: Paul Merker und Wolfgang Stammler (Hrsg.), *Reallexikon der deutschen Literaturgeschichte*, Berlin 1926–1928, Band II, S. 328–332.

102 Vgl. hierzu die Einleitung von Mary Hurst Schubert zu ihrer Wackenroder-Übersetzung. Wilhelm Heinrich Wackenroder, *Confessions and Fantasies*, Pennsylvania 1971, S. 44–52.

103 August Wilhelm Schlegel, *Sämmtliche Werke*, Band X, S. 366 f.

104 Friedrich Theodor Vischer, *Kritische Gänge*, herausgegeben von Robert Vischer, 2. Auflage, Leipzig 1914, Band II, S. 4.

105 Vgl. Alfred Angers Nachwort zu seiner Edition des Romans: Ludwig Tieck, *Franz Sternbalds Wanderungen. Studienausgabe*. Mit 16 Bildtafeln herausgegeben von Alfred Anger, Stuttgart 1979, S. 557 f. und Roger Paulin, *Ludwig Tieck: A Literary Biography*, Oxford 1986, S. 91–97.

106 Zu Tiecks vergeblichen Anstrengungen der Jahre 1815–1816, den Roman zu überarbeiten und zu vollenden Roger Paulin, *Ludwig Tieck*, S. 202 f.

107 Tieck, *Franz Sternbalds Wanderungen*, S. 392.

108 Die folgenden Belege nach Angers Edition, S. 503–533.

109 Die Bemerkung findet sich in einem Abschnitt, den er J. H. Meyers Aufsatz »Über Polygnots Gemälde« (1805) hinzufügte. J. W. Goethe, *Gedenkausgabe*, Band XIII, S. 451.

110 Vgl. Hans Eichners Einleitung in Friedrich Schlegel, Kritische Ausgabe, Band V, S. xvii–xlvi und Eric A. Blackall, *The Novels of the German Romantics*, S. 21–43.

111 Alle Zitate aus der *Lucinde* im folgenden nach Friedrich Schlegel, *Kritische Ausgabe*, Band V, hier S. 1.

112 Friedrich Schiller, *Briefwechsel*, Band II, S. 361.

113 Vgl. zur Vorbildfunktion Wilhelm Meisters in der zeitgenössischen Literatur Jür-

gen Jacobs, *Wilhelm Meister und seine Brüder: Untersuchungen zum deutschen Bildungsroman*, München 1972. Jacobs erwähnt seltsamerweise den *Florentin* nicht.

114 Vgl. Dorothea Schlegel, *Florentin. Roman, Fragmente, Varianten.* Herausgegeben und mit einem Nachwort versehen von Liliane Weissberg, Frankfurt am Main und Berlin, 1987, S. 81.

115 Vgl. hierzu Wilhelm Hoppe, *Das Bild Raffaels in der deutschen Literatur von der Zeit der Klassik bis zum Ausgang des 19. Jahrhunderts*, Frankfurt am Main 1935.

116 E.T.A. Hoffmann, *Poetische Werke*, Band I, S. 63.

117 E.T.A. Hoffmann, *Poetische Werke*, Band II, S. 288.

118 Zur Diskussion der Forschung um die Figur des Medardus siehe James M. McGlathery, »Demon and Love: E.T.A. Hoffmann's *Elixiere des Teufels*«, In: *Colloquia Germanica*, 1, 1979, S. 61–76.

119 Brief vom Februar oder März 1810, In: Clemens Brentano, *Werke*, Band I, S. 1206. Da Runge im Jahr 1810 starb, kam es nicht zu der von Brentano gewünschten Zusammenarbeit.

120 Vgl. Clemens Brentano, *Werke*, Band I, S. 649–1010. Man muß die Handlungsstruktur des fragmentarischen Werkes aus den tatsächlich vollendeten Abschnitten und aus den Paralipomena Brentanos zusammensetzen.

121 Clemens Brentano, *Werke*, Band I, S. 1209.

122 E.T.A. Hoffmann, *Poetische Werke*, Band III, S. 208.

123 E.T.A. Hoffmann, *Poetische Werke*, Band II, S. 497.

124 Vgl. Keith Andrews, *The Nazarenes: A Brotherhood of German Painters in Rome*, Oxford 1964; William Vaughn, *German Romantic Painting*, New Haven, 1980, S. 163–190 sowie W.D. Robson-Scott, »German Romanticism and the Visual Arts«, In: Siegbert Prawer (Hrsg.), *The Romantic Period in Germany*, London 1970, S. 259–281.

125 Carl Friedrich von Rumohr, »Über den Einfluß der Litteratur auf die neueren Kunstbestrebungen der Deutschen«, In: Athanasius Raczynski, *Geschichte der Neueren deutschen Kunst*, Berlin 1841, Band III, S. 371–382.

126 Karl Friedrich Schinkel, *Reisen nach Italien*, S. 179.

127 Heinrich Meyer, *Kleine Schriften zur Kunst*, herausgegeben von Paul Weizsäcker, Stuttgart 1886, S. 97–131. Die Einleitung zu dieser Edition enthält sehr viel nützliche Materialien zu Meyer, Goethe und den Ansichten der Weimarer *Kunstfreunde*. Meyers Aufsatz ist auch zugänglich in J. W. Goethe, *Gedenkausgabe*, Band XIII, S. 708–727.

128 Friedrich Schlegel, *Kritische Ausgabe*, Band IV, S. 237–262.

129 Vgl. Albert Desdner, *Die Entstehung der Kunstkritik im Zusammenhang der Geschichte des europäischen Kunstlebens*, München 1915, S. 263.

130 Vgl. hierzu Goethes Schilderungen in den Büchern I–III von *Dichtung und Wahrheit*. J.W. Goethe, Hamburger Ausgabe, Band 9, S. 10–114.

131 Vgl. Wilhelm Waetzold, *Deutsche Kunsthistoriker*, Leipzig 1921, S. 234.

132 Vgl. Elizabeth Gilmore Holt (Hrsg.), *The Triumph of Art for the Public*. Hier findet sich eine Auswahl lebendiger Schilderungen von Salons und Galerien im Zeitraum

der Jahre 1785–1848.

133 Wilhelm Heinrich Wackenroder, *Werke und Briefe*, S. 217–228. Das Buch enthält ein weiteres Galeriegespräch. Es ist Teil der Traumszene »Ehrengedächtnis unseres ehrwürdigen Ahnherrn Albrecht Dürers« (182–190).

134 Vgl. Tiecks Vorwort zu seiner Ausgabe der *Phantasien über die Kunst* im Jahr 1814.

135 Vgl. Hans Joachim Neidhart, *Die Malerei der Romantik in Dresden*, Leipzig 1976, S. 7–11.

136 Vgl. die Schilderung dieses Ereignisses im achten Buch von *Dichtung und Wahrheit*, J. W. Goethe, Hamburger Ausgabe, Band 9, S. 320. Zu den Reproduktionstechniken und ihrer Bedeutung für die Kunstwahrnehmung André Malraux, *Das imaginäre Museum* (1947), Frankfurt am Main und New York 1987, S. 7 ff.

137 Henrich Steffens, *Was ich erlebte*, S. 141 f.

138 Eine ausgezeichnete Darstellung der frühromantischen Kunstdebatten gibt Albert Schlagdenhauffen, *Frédéric Schlegel et son groupe: le doctrine de l'Athenäum, 1798–1800*, Paris 1934, S. 195–237; außerdem Emil Sulger-Gebing, *Die Brüder A.W. und F. Schlegel in ihrem Verhältnisse zur bildenden Kunst*, München 1897, S. 31–80.

139 Brief vom 24. Oktober 1798, In: *Charlotte Schiller und ihre Freunde*, Stuttgart 1865, Band III, S. 25.

140 Albert Schlagdenhauffen, *Schlegel et son groupe*, S. 219.

141 »Die Gemählde. Ein Gespräch von W.«, In: *Athenäum*, Zweiten Bandes erstes Stück, 1799, S. 39–151.

142 Zwar gab es eine lange Tradition von Gedichten auf weltliche Bilder, insbesondere mit Motiven aus der Antike. Schlegels Sonnette begründeten demgegenüber das populäre Genre des religiösen Bildgedichts, für das besonders gern die Sonnettform verwendet wurde. Vgl. Gisbert Kranz, *Das Bildgedicht in Europa. Zur Theorie und Geschichte einer literarischen Gattung*, Paderborn 1973, S. 96–98.

143 Vgl. Rudolf Hirzel, *Der Dialog: Ein literarhistorischer Versuch*, Leipzig 1895, Band II, S. 418–437; das Nachwort von Wolfhart Henckmann zu seiner Edition Karl Wilhelm Ferdinand Solger, *Erwin*, München 1971, S. 492–501 sowie Rudolf Wildbolz, »Dialog«, In: *Reallexikon der deutschen Literaturgeschichte*, 2. Auflage, Berlin 1955, Band I, S. 251–255.

144 »Verschiedene Empfindungen vor einer Seelandschaft von Friedrich«, In: Clemens Brentano, *Werke*, Band II, S. 1034–1038.

145 Vgl. Christian Schuster, *The Work of Art in German Literature: Methods and Techniques of Description from 1755–1830*, Diss. Columbia, 1948.

146 Vgl. Christian Beutlers Einleitung zu den von ihm herausgegebenen Band *Schriften zur Kunst*, Goethe, Gedenkausgabe, XIII, S. 1087–1100.

147 Wilhelm Waetzold, *Deutsche Kunsthistoriker*, S. 131.

148 Denis Diderot, *Œuvres complètes*, Paris 1821, Band VIII, S. 328–340.

149 Wilhelm Waetzold, *Deutsche Kunsthistoriker*, S. 236.

150 Brief vom 9. September 1798, In: *Novalis*, Schriften, Band IV, S. 260.

151 Novalis, »Studien zur bildenden Kunst«, In: Novalis, *Schriften*, Band II, S. 648–651.

152 J.D. Gries, *Gedichte und poetische Übersetzungen*, Stuttgart 1829, S. 212–217.

153 Vgl. Henri Chélin, *Friedrich Schlegels Europa*, Frankfurt am Main 1981, S. 81–94 und besonders Hans Eichners Einleitung zu dem Band Friedrich Schlegel, Kritische Ausgabe, Band IV, S. xi–lvi.

154 Friedrich Schlegel, »Nachricht von den Gemählden in Paris«, In: *Europa*, Erster Band, Frankfurt 1803, S. 108.

155 Friedrich Schlegel, »Zweiter Nachtrag alter Gemählde«, In: *Europa*, Zweiten Bandes zweites Heft, Frankfurt 1805, S. 1–41, hier S. 1.

156 Ludwig Tieck, *Werke*, Band III, S. 7–74.

157 Vgl. zur Neubestimmung der kulturellen Bedeutung des Museums in den Jahren 1816 bis 1848 Volker Plagemann, *Das deutsche Kunstmuseum*, S. 30 und Bernhard Knauss, *Das Künstlerideal des Klassizismus und der Romantik*, Reutlingen 1925.

158 Vgl. Wolfgang Herrmann, *Deutsche Baukunst des 19. und 20. Jahrhunderts*, S. 35–48. Hier wird Schinkel als Exponent der geistigen Strömungen seiner Zeit gewürdigt. Zur Biographie siehe Paul Ortwin Rave, *Karl Friedrich Schinkel*; August Grisebach, *Karl Friedrich Schinkel* sowie Max Neumann, *Menschen um Schinkel*, Berlin 1942.

159 *Aus Schinkel's Nachlass*, Band II, S. 207.

160 Die Formulierung vom »musealen Trieb« findet sich bei Ernst Jünger, »In den Museen«, einem Abschnitt aus der zweiten Auflage (1938) von *Das abenteuerliche Herz*, In: Ernst Jünger, *Werke*, Stuttgart 1960–1963, Band VII, S. 280–285.

161 Hans Sedlmayr, *Verlust der Mitte*, S. 27. Sedlmayr knüpft an Ernst Jüngers Beobachtungen an.

162 André Malraux, *Das imaginäre Museum*, S. 8.

163 Elizabeth Gilmore Holt (Hrsg.), *The Triumph of Art for the Public*, S. 40.

164 ebd., S. 79.

165 J. W. Goethe, »Einleitung in die Propyläen«, In: *Gedenkausgabe*, Band XIII, S. 155.

166 Vgl. Werner Strube, »Interesselosigkeit«, In: *Archiv für Begriffsgeschichte*, 23, 1980, S. 148–174.

167 Jean-Jacques Rousseau, *Träumereien eines einsamen Spaziergängers*, In: *Schriften*. Herausgegeben von Henning Ritter, Zwei Bände, Frankfurt am Main, Berlin und Wien, 1981, Band 2, S. 721.

168 Ludwig Tieck, *Franz Sternbalds Wanderungen*, S. 177.

169 J. W. Goethe, »Landschaftliche Malerei«, In: *Gedenkausgabe*, Band XIII, S. 790.

170 Thomas Carlyle, *Critical and Miscellaneous Essays*, New York, 1885, S. 60.

Schluß

1 Jean Paul, *Werke*, Band I, S. 17.

2 Vgl. Theodore Ziolkowski, »Das Nachleben der Romantik in der modernen deutschen Literatur: Methodologische Überlegungen«, In: Wolfgang Paulsen (Hrsg.),

Das Nachleben der Romantik in der modernen deutschen Literatur, Heidelberg 1969,
S. 15–31; Per Öhrgaard, »Die Romantik als Bezugspunkt in der deutschen Gegen-
wartsliteratur«, In: Sven-Aage Jörgensen, Per Öhrgaard und Friedrich Schmöe
(Hrsg.), *Aspekte der Romantik*, Kopenhagen und München 1983, S. 128–145. Das
Phänomen begegnet natürlich nicht nur in der deutschen Literatur. In Robertson
Davies' Roman *The Lyre of Orpheus* (1989) spielt »ETAH«, der Schatten Hoffmanns,
eine Hauptrolle. Er kommentiert von der Vorhölle aus die Handlungen der Figuren
im zeitgenössischen Toronto, die eine angeblich von Hoffmann bei seinem Tod unvollendet zurückgelassene Oper mit dem Titel *Arthur von Britannien oder der
großmütige Hahnrei* fertigstellen und zur Aufführung bringen. Im Verlauf des Romans ergeben sich zwischen Romantik und Gegenwart wie zwischen der Opern-
und der Romanhandlung zahlreiche Parallelen.

3 Christa Wolf, *Kein Ort. Nirgends. Erzählung*, Berlin 1979, S. 5; Vgl. Alexander Stephan, Christa Wolf, München ²1979, S. 128–134.

4 Peter Härtling, *Hölderlin. Ein Roman*, Darmstadt und Neuwied 1978, S. 7.

5 Peter Henisch, *Hoffmanns Erzählungen: Aufzeichnungen eines verwirrten Germanisten*, München 1983, S. 15.

6 Vgl. Theodore Ziolkowski, »Der Blick aus der Irrenanstalt«, In: ders., *Strukturen des
   modernen Romans: Deutsche Beispiele und europäische Zusammenhänge*, München
   1972, S. 283–307.

7 Ernst Anrich, *Die Idee der deutschen Universität*, S. vii–x.

8 Wilhelm Weischedel (Hrsg.), *Idee und Wirklichkeit einer Universität*, S. vii.

9 Otto Rühle, *Idee und Gestalt der deutschen Universität*, S. 7.

Bibliographie der Quellen

Georgius Agricola, *Ausgewählte Werke, herausgegeben* von Hans Prescher. 8 Bände, Berlin: Verlag der Wissenschaften, 1956–1974

Allgemeines Landrecht für die Preußischen Staaten von 1794, herausgegeben von Hans Hattenhauer, Frankfurt am Main: Metzner, 1970

Ernst Anrich (Hg.), *Die Idee der deutschen Universität,* Darmstadt: Wissenschaftliche Buchgesellschaft, 1964

Bettina von Arnim, *Werke und Briefe,* herausgegeben von Gustav Konrad and Joachim Müller, 5 Bände, Frechen-Köln: Bartmann, 1959–1963

Ludwig Achim von Arnim, *Briefe an Savigny,* herausgegeben von Heinz Härtl, Weimar: Böhlau, 1982

– *Gedichte.* Zweiter Teil, herausgegeben von Herbert R. Liedke und Alfred Anger. Tübingen: Niemeyer, 1976

– *Sämtliche Romane und Erzählungen,* herausgegeben von Walther Migge. 3 Bände, München: Hanser, 1962–1963

– *Werke,* herausgegeben von Reinhold Steig, 3 Bände, Leipzig: Insel, [1911]

Athenaeum. Eine Zeitschrift, 3 Bände, Faksimile-Ausgabe mit einem Nachwort von Ernst Behler, Darmstadt: Wissenschaftliche Buchgesellschaft, 1960

Berliner Abendblätter, Faksimile-Ausgabe, herausgegeben von Georg Minde-Pouet, Leipzig: Klinkhardt & Biermann, 1925

Ludwig Börne, *Sämtliche Schriften,* herausgegeben von Inge und Peter Rippmann, 5 Bände, Düsseldorf: Melzer, 1964–1968

Bonaventura, *Nachtwachen,* herausgegeben von Wolfgang Paulsen, Stuttgart: Reclam, 1964

Clemens Brentano, *Werke,* herausgegeben von Wolfgang Frühwald, Bernhard Gajek und Friedhelm Kemp, 4 Bände, München: Hanser, 1963–1968

Caroline. Briefe aus der Frühromantik, herausgegeben von Erich Schmidt, 2 Bände, Leipzig: Insel, 1913

Adelbert von Chamisso, *Chamissos Werke,* herausgegeben von Heinrich Kurz, 2 Bände, Leipzig und Wien: Bibliographisches Institut, [o. J.]

Alexander Crichton, *Inquiry into the Nature and Origin of Mental De-*

rangement, London, 1798. Faksimile-Ausgabe, herausgegeben von Richard Ellenbogen, New York: AMS, 1976

Joseph Freiherr von Eichendorff, *Werke und Schriften,* herausgegeben von Gerhart Baumann, 4 Bände, Stuttgart: Cotta, 1957–1958

Joseph Freiherr von Eichendorff, *Joseph und Wilhelm von Eichendorffs Jugendgedichte,* herausgegeben von Raimund Pissin, Berlin: Frensdorff, [o. J.]

Europa. Eine Zeitschrift, Faksimile-Ausgabe mit einem Nachwort von Ernst Behler, Darmstadt: Wissenschaftliche Buchgesellschaft, 1963

J. G. Fichte, *Gesamtausgabe der Bayerischen Akademie der Wissenschaften,* herausgegeben von Reinhard Lauth und Hans Jacob, 4 Teile. Stuttgart–Bad Cannstadt: Frommann, 1962 ff.

– *Schriften zur Gesellschaftsphilosophie,* herausgegeben von Hans Riehl, 2 Bände, Jena: Fischer, 1928–1929

– *Sämmtliche Werke,* herausgegeben von J.H. Fichte, 8 Bände, Berlin: Veit, 1845–1846

Frederick II of Prussia, *Oeuvres de Frédéric le Grand.* 31 Bände, Berlin: Decker, 1846–1857

Caspar David Friedrich, *Bekenntnisse,* herausgegeben von Kurt Karl Eberlein, Leipzig: Klinkhardt & Biermann, 1924

Johann Wolfgang von Goethe, *Goethes Werke,* herausgegeben von Erich Trunz, 14 Bände, Hamburg: Christian Wegner, 1941–1960

– *Gedenkausgabe der Werke, Briefe und Gespräche,* herausgegeben von Ernst Beutler. 24 Bände, Zürich: Artemis, 1948–1960

– *Goethes Werke.* 143 Bände, Weimar: Böhlau, 1887–1919

– *Der Briefwechsel zwischen Schiller und Goethe,* herausgegeben von Hans Gerhard Gräf und Albert Leitzmann, 3 Bände, Leipzig: Insel, 1955

J.D. Gries, *Gedichte und poetische Übersetzungen.* Stuttgart: Löflund, 1829

Jacob Grimm, *Kleinere Schriften.* 8 Bände,. Berlin: Dümmler, 1864–1890

– *Briefe der Brüder Grimm an Savigny,* herausgegeben von Wilhelm Schoof, Berlin: Erich Schmidt, 1953

Eberhard Werner Happel, *Der akademische Roman,* Bern-Stuttgart-Wien: Scherz, 1962

Hans Hattenhauer (Hg.), *Thibaut und Savigny: Ihre Programmatischen Schriften,* München: Franz Vahlen, 1973

Johann Peter Hebel, *Poetische Werke,* herausgegeben von Theodor Salfinger, München: Winkler, 1961

G.W.F. Hegel, *Werke,* herausgegeben von Eva Moldenhauer and Karl Markus Michel, 20 Bände, Frankfurt am Main: Suhrkamp, 1960–1971

Heinrich Heine, *Historisch-kritische Gesamtausgabe der Werke,* herausgegeben von Manfred Windfuhr, Hamburg: Hoffmann und Campe, 1973 ff.

– *Sämtliche Werke,* herausgegeben von Ernst Elster, 7 Bände, Leipzig und Wien: Bibliographisches Institut, 1887–1890

Friedrich Hölderlin, *Sämtliche Werke,* herausgegeben von Friedrich Beißner, Kleine Stuttgarter Ausgabe, 6 Bände, Stuttgart: Cotta, 1944–1962

E.T.A. Hoffmann, *Briefwechsel,* herausgegeben von Friedrich Schnapp, 3 Bände, München: Winkler, 1967–1969

– *Juristische Arbeiten,* herausgegeben von Friedrich Schnapp, München: Winkler, 1973

– *Poetische Werke,* herausgegeben von Gerhard Seidel, 6 Bände, Berlin: Aufbau, 1958

Wilhelm von Humboldt, *Gesammelte Schriften,* herausgegeben von Albert Leitzmann und B. Gebhardt, 17 Bände, Berlin: Behr, 1903–1936

– *Werke in fünf Bänden,* herausgegeben von Andreas Flitner und Klaus Giel, 3. Auflage, 5 Bände, Darmstadt: Wissenschaftliche Buchgesellschaft, 1980–1981

– *Wilhelm und Caroline von Humboldt in ihren Briefen,* herausgegeben von Anna von Sydow, 7 Bände, Berlin: Mittler, 1907–1918

– *Briefe,* herausgegeben von Wilhelm Rößle, München: Hanser, 1952

Immanuel Kant, *Werke in zehn Bänden,* herausgegeben von Wilhelm Weischedel, 10 Bände, Wiesbaden: Insel, 1960–1964

Justinus Kerner, *Werke,* herausgegeben von Raimund Pissin, 6 Bände, Berlin–Leipzig: Deutsches Verlagshaus Bong, [o. J.]

Heinrich von Kleist, *Sämtliche Werke und Briefe,* herausgegeben von Helmut Sembdner, 2., revidierte Auflage, 2 Bände, München: Hanser, 1961

Theodor Körner, *Sämmtliche Werke,* herausgegeben von Karl Streckfuß, 3. Auflage, Berlin: Nicolai, 1838

Carl Arnold Kortum, *Die Jobsiade. Ein komisches Heldengedicht in drei Teilen,* Leipzig: Insel, 1906

Magister F.Ch. Laukhards Leben und Schicksale, herausgegeben von Viktor Petersen, 6 Bände, Stuttgart: Lutz, 1908

Otto Heinrich Graf von Loeben, *Gedichte,* herausgegeben von Raimund Pissin, 1905. Darmstadt: Wissenschaftliche Buchgesellschaft, 1968

Adam Müller, *Die Elemente der Staatskunst: Sechsunddreißig Vorlesungen,* Meersburg–Leipzig: Hendel, 1936

[Adolph Müller], *Briefe von der Universität in die Heimat,* herausgegeben von Ludmilla Assing, Leipzig: Brockhaus, 1874

Novalis, *Schriften. Die Werke Friedrich von Hardenbergs,* herausgegeben von Paul Kluckhohn und Richard Samuel, 2. Auflage, 4 Bände, Stuttgart: Kohlharnmer, 1960–1975

Philippe Pinel, *Traité médico-philosophique sur l'aliénation mentale ou la manie,* Paris, 1800. Faksimile-Ausgabe, herausgegeben von François Asouvi, Genève-Paris: Slatkine, 1980

Propyläen, Eine periodische Schrift. Faksimile-Ausgabe, herausgegeben von Wolfgang von Löhneysen, 3 Bände in einem Band, Stuttgart: Cotta, 1965

Johann Christian Reil, *Rhapsodieen über die Anwendung der psychischen Curmethode auf Geisteszerrüttungen,* Halle, 1803, Faksimile-Ausgabe, Amsterdam: E.J. Bonset, 1968

J.P. Friedrich Richter, *Jeans Pauls Werke,* herausgegeben von Norbert Miller, 6 Bände, München: Hanser, 1960–1963

– *Sämtliche Werke,* herausgegeben von Eduard Berend, 24 Bände, Weimar: Böhlau, 1927 ff.

Johann Georg Rist, *Lebenserinnerungen,* herausgegeben von G. Poel, 3 Bände, Gotha: Perthes, 1880–1888

Crabb Robinson in Germany 1800–1805. Extracts from his correspondence, herausgegeben von Edith J. Morley, London: Oxford University Press, 1929

Jean-Jacques Rousseau, *Rêveries du promeneur solitaire,* herausgegeben von Henri Roddier, Paris: Garnier, 1960

Philipp Otto Runge, *Sein Leben in Selbstzeugnissen und Berichten,* herausgegeben von Karl Privat, Berlin: Propyläen, 1942

Christian Gotthilf Salzmann, *Carl von Carlsberg oder über das menschliche Elend,* 6 Teile in 3 Bände, Leipzig: Crusius, 1783–1788

Friedrich Wilhelm Joseph Schelling, *Schriften von 1790–1798,* Darmstadt: Wissenschaftliche Buchgesellschaft, 1967

– *Werke,* herausgegeben von Manfred Schröter, 1927. 6 Bände, München: Beck, 1958–1959

Friedrich Schiller, *Briefe*, herausgegeben von Fritz Jonas, 7 Bände, Stuttgart: Deutsche Verlagsanstalt, 1892

– *Sämtliche Werke*, herausgegeben von Gerhard Fricke und Herbert G. Göpfert, 5 Bände, München: Hanser, 1965–1967

Karl Friedrich Schinkel, *Aus Schinkel's Nachlass: Reisetagebücher, Briefe und Aphorismen*, herausgegeben von Alfred Freiherr von Wolzogen, 4 Bände, Berlin: Decker, 1862–1864

– *Reisen nach Italien: Tagebücher, Briefe, Zeichnungen, Aquarelle*, herausgegeben von Gottfried Riemann, Berlin: Rütten & Loening, 1979

– *Sammlung architektonischer Entwürfe*, Berlin: Ernst & Korn, 1866, Faksimile-Ausgabe, herausgegeben von Kenneth S. Hazlett, Stephen O'Malley und Christopher Rudolph, Chicago: Exedra, 1981

August Wilhelm von Schlegel, *Sämmtliche Werke*, herausgegeben von Eduard Böcking, 12 Bände, Leipzig: Weidmann, 1846–1847

[Dorothea Schlegel], *Florentin. Ein Roman hrsg. von Friedrich Schlegel*, herausgegeben von Paul Kluckhohn, In: Deutsche Literatur in Entwicklungsreihen, Reihe Romantik 7, S. 89–244. Leipzig: Reclam, 1933

Friedrich Schlegel, *Kritische Friedrich-Schlegel-Ausgabe*, herausgegeben von Ernst Behler with Jean-Jacques Anstett und Hans Eichner, 35 Bände, München–Paderborn–Wien: Schöningh, 1958 ff.

– *Kritische Schriften*, herausgegeben von Wolfdietrich Rasch, München: Hanser, 1956

– *Literary Notebooks 1797–1801*, herausgegeben von Hans Eichner, Toronto: Univ. of Toronto Press, 1957

Friedrich Schleiermacher, *Über die Religion. Reden an die Gebildeten unter ihren Verächtern*, herausgegeben von Carl Heinz Ratschow, Stuttgart: Reclam, 1980

Gotthilf Heinrich Schubert, *Ansichten von der Nachtseite der Naturwissenschaft*, Dresden, 1808. Faksimile-Ausgabe, Darmstadt: Wissenschaftliche Buchgesellschaft, 1967

Karl Wilhelm Ferdinand Solger, *Erwin: Vier Gespräche über das Schöne und die Kunst*, herausgegeben von Wolfhart Henckmann, München: Fink, 1971

– *Vorlesungen über Ästhetik*, herausgegeben von K.W.L. Heyse, Leipzig: Brockhaus, 1829

Christian Heinrich Spiess, *Biographien der Wahnsinnigen*, herausgegeben von Wolfgang Promies, Neuwied: Luchterhand, 1966

Henrich Steffens, *Novellen.* Gesammt-Ausgabe, 16 Bände, Breslau, 1837–1838
– *Was ich erlebte,* herausgegeben von Willi A. Koch, München: Winkler, 1956
Ludwig Tieck, *Werke in vier Bänden,* herausgegeben von Marianne Thalmann, 4 Bände, München: Winkler, 1963–1966
– *Gesammelte Novellen,* 12 Bände, Berlin: Georg Reimer, 1852–1854
– *Franz Sternbalds Wanderungen,* Studienausgabe, herausgegeben von Alfred Anger, Stuttgart: Reclam, 1966
– *Kaiser Oktavianus,* Jena: Frommann, 1804
Ludwig Uhland, *Gedichte,* herausgegeben von Hans-Rüdiger Schwab Frankfurt am Main: Insel Taschenbuch, 1987
Karl August Varnhagen von Ense, *Denkwürdigkeiten des eignen Lebens,* herausgegeben von Konrad Feilchenfeldt, 3 Bände, Frankfurt am Main: Deutscher Klassiker Verlag, 1987
Rahel Varnhagen, *Briefwechsel,* herausgegeben von Friedhelm Kemp, 2. Auflage, 4 Bände, München: Winkler, 1979
Wilhelm Helnrich Wackenroder, *Dichtung. Schriften. Briefe,* herausgegeben von Gerda Heinrich, München: Hanser, 1984
Wilhelm Waiblinger, *Die Tagebücher 1821–1826,* herausgegeben von Herbert Meyer, Stuttgart: Klett, 1956
Zacharias Werner, *Ausgewählte Schriften,* 12 Bände, Rpt. Bern: Lang, 1970
Georg Rudolf Widmann, *Fausts Leben,* herausgegeben von Adelbert von Keller, Bibliothek des Litterarischen Vereins in Stuttgart 146. Tübingen, 1880
Friedrich Wilhelm Zachariä, *Scherzhafte Epische Poesien nebst einigen Oden und Liedern,* Braunschweig und Hildesheim: Schröder, 1754
Johann Heinrich Zedler, *Großes Vollständiges Universal-Lexikon aller Wissenschafften und Künste,* 64 Bände, Halle und Leipzig: Zedler, 1732–1750

Register

Geschichte
der deutschen Literatur
im Mittelalter

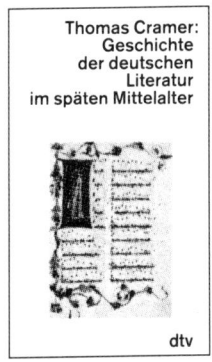
Dieter Kartschoke:
Geschichte der
deutschen Literatur
im frühen Mittelalter
Originalausgabe
dtv 4551

Joachim Bumke:
Geschichte der
deutschen Literatur
im hohen Mittelalter
Originalausgabe
dtv 4552

Thomas Cramer:
Geschichte der
deutschen Literatur
im späten Mittelalter
Originalausgabe
dtv 4553

Das reichhaltige moderne Studienwerk für alle,
die an der Literatur- und Kulturgeschichte des
deutschen Mittelalters interessiert sind. Vor dem
Hintergrund der politischen, sozialen und kulturellen Verhältnisse werden die literarischen
Strömungen, Formen und Gattungen sowie die
Dichter und Schriftsteller mit ihren Werken und
ihrem Publikum ausgiebig geschildert.

Der Begriff Literatur ist sehr weit gefaßt – er reicht
von Zaubersprüchen und einfachen Liedern über
die reiche Lyrik und die großen Epen, Bibelüber-
setzungen, Predigten und Mysterienspielen bis zu
Legenden und Viten und zu Städtechroniken,
Rechts- und Naturbüchern. Es ist die Literatur
aus acht Jahrhunderten, von den ersten, oft
fragmentarisch überlieferten althochdeutschen
Zeugnissen bis zu den Schriften der Humanisten
Erasmus und Melanchthon.

Über Literatur

Albin Lesky:
Geschichte der griechischen Literatur
dtv 4595

Michael v. Albrecht:
Die Geschichte der römischen Literatur
2 Bände · dtv 4618

Barbara Becker-Cantarino:
Der lange Weg zur Mündigkeit
Frauen und Literatur
dtv 4548

Joachim Bumke:
Höfische Kultur
dtv 4442

Siegmar Döpp:
Werke Ovids
dtv 4587

Umberto Eco:
Lector in fabula
Die Mitarbeit der Interpretation in erzählenden Texten
dtv 4531

K.R. Eissler:
Goethe
2 Bände · dtv 4457

Die englische Literatur
Herausgegeben von Bernhard Fabian
Epochen – Formen – Autoren
dtv 4494 / 4495

Dieter Kartschoke:
Geschichte der deutschen Literatur im frühen Mittelalter
dtv 4551

Joachim Bumke:
Geschichte der deutschen Literatur im hohen Mittelalter
dtv 4552

Thomas Cramer:
Geschichte der deutschen Literatur im späten Mittelalter
dtv 4553

Georg Lukács:
Theorie des Romans
dtv 4624

Peter von Matt:
Liebesverrat
Die Treulosen in der Literatur
dtv 4566

Martin Meyer:
Ernst Jünger
dtv 4613

Mario Praz:
Liebe, Tod und Teufel
Die schwarze Romantik
dtv 4375

Theodore Ziolkowski:
Das Amt der Poeten
Die deutsche Romantik und ihre Institutionen
dtv 4631

Philosophie
im dtv

Willy Hochkeppel:
Endspiele
Zur Philosophie
des 20. Jahrhunderts

dtv wissenschaft

Hans van der Loo
Willem van Reijen:
Modernisierung
Projekt und Pradox

dtv

Wolfgang Bauer:
**China und
die Hoffnung
auf Glück**
Paradiese, Utopien,
Idealvorstellungen in
der Geistesgeschichte
Chinas
dtv 4547

Ernest Gellner:
**Pflug, Schwert und
Buch**
Grundlinien der
Menschheits-
geschichte
dtv 4602

Christopher Robert
Hallpike:
**Die Grundlagen
primitiven Denkens**
dtv 4534

Willy Hochkeppel:
Endspiele
Zur Philosophie des
20. Jahrhunderts
dtv 4594

**Klassiker des
philosophischen
Denkens**
Herausgegeben von
Norbert Hoerster
2 Bände
dtv 4386/4387

**Klassische Texte
der
Staatsphilosophie**
Herausgegeben von
Norbert Hoerster
dtv 4455

Panajotis Kondylis:
**Die Aufklärung
im Rahmen des
neuzeitlichen
Rationalismus**
dtv 4450

Jacques Le Goff:
**Die Intellektuellen
im Mittelalter**
dtv 4581

Hans van der Loo
Willem van Reijen:
Modernisierung
Projekt und Paradox
dtv 4573

Ernst R. Sandvoss:
**Geschichte der
Philosophie**
Band 1: **Indien,
China, Griechen-
land, Rom**
dtv 4440
Band 2: **Mittelalter,
Neuzeit, Gegenwart**
dtv 4441

Peter F. Strawson:
**Analyse und
Metaphysik**
Eine Einführung in
die Philosophie
dtv 4615

Texte zur Ethik
Herausgegeben von
Dieter Birnbacher
und Norbert
Hoerster
dtv 4456